ESTAT
DE LA PERSE

EN 1660

PAR

Le P. RAPHAËL DU MANS

SUPÉRIEUR DE LA MISSION DES CAPUCINS D'ISPAHAN

PUBLIÉ AVEC NOTES ET APPENDICE

Par CH. SCHEFER

MEMBRE DE L'INSTITUT
ADMINISTRATEUR DE L'ÉCOLE DES LANGUES ORIENTALES VIVANTES

PARIS
ERNEST LEROUX, ÉDITEUR
LIBRAIRE DE LA SOCIÉTÉ ASIATIQUE
DE L'ÉCOLE DES LANGUES ORIENTALES VIVANTES, ETC.
28, RUE BONAPARTE, 28
—
1890

PUBLICATIONS

DE

L'ÉCOLE DES LANGUES ORIENTALES VIVANTES

IIe SÉRIE. — VOL. XX

ESTAT DE LA PERSE EN 1660

ANGERS, IMP. BURDIN ET Cie, 4, RUE GARNIER.

ESTAT
DE LA PERSE

EN 1660

PAR

Le P. RAPHAËL DU MANS

SUPÉRIEUR DE LA MISSION DES CAPUCINS D'ISPAHAN

PUBLIÉ AVEC NOTES ET APPENDICE

Par CH. SCHEFER

MEMBRE DE L'INSTITUT

PARIS
ERNEST LEROUX, ÉDITEUR
28, RUE BONAPARTE, 28

1890

Les relations diplomatiques et commerciales de la France avec la Perse, nulles pendant toute la durée du xvie siècle, n'eurent que fort peu d'activité dans le cours du siècle suivant. Depuis la conclusion du traité de Madrid, François Ier avait recherché l'alliance de la Turquie, et les rois ses successeurs cultivèrent toujours avec soin une amitié dont le secours leur était si utile dans leur lutte contre la maison d'Autriche. La Perse, engagée dans des guerres longues et désastreuses contre la Turquie, avait tenté, dès l'époque du sultan Ouzoun Hassan, de s'assurer l'appui de certains États chrétiens qui, en menaçant les provinces européennes des sultans, auraient détourné des frontières d'Asie une partie des forces de l'ennemi commun. Châh Ismayl, fondateur de la dynastie des Sèfèvis, après avoir anéanti les tribus turcomanes du Mouton blanc et du Mouton noir, avait essayé d'entrer en relations avec l'Empire germanique, le roi de Hongrie et la république de Venise[1]. Ses tentatives n'avaient

---

1. Un agent de Châh Ismayl, désigné dans la correspondance de Charles-Quint sous le nom de Frater Petrus de Monte Libano, apporta en 1525, à Tolède, une lettre dont la traduction latine fut publiée à cette époque avec celle adressée au roi de Hongrie, sous le titre suivant : *Sophi regis Persarum epistola ad Carolum imperatorem et Ludovicum regem Hungariæ, quibus eis perpetuum fœdus pollicitur, eosque ad arma socia in immanissimum Turcarum regem capienda*

point été couronnées de succès, et plusieurs de ses envoyés, découverts en Asie-Mineure, avaient été conduitsà Constantinople pour y être mis à mort[1]. Les Vénitiens, de leur côté, après avoir soutenu contre Mahomet II une guerre longue et malheureuse, ne se souciaient nullement de sacrifier les intérêts de leur trafic dans le Levant, pour secourir des princes dont les États étaient si éloignés de leurs possessions. Ils avaient dû renoncer en Perse au commerce de la soie qui avait été pour eux, pendant une longue période, la source de profits considérables, et ils avaient perdu, par la mort de Ouzoun Hassan, la situation prépondérante qu'ils avaient à la cour de Tauriz[2]. Des consuls de la Seigneurie résidaient

summopere hortatur, dolens vias Christianorum qui se perpetuis bellis dilanient, unde Ottomanorum imperium latius propagari possit. S. l. n. d., 4 ff. Ces deux lettres sont ainsi datées et signées : Scripta est mense Xevel (chevval), anno Arabum D.C.C.C.C.XXIX. (août 1523). Humilis servus et maximus amicus, Xara Ismael Sophy filius Xaiki Hider (Châh Ismayl Sfèvèy, fils de Cheikh Hayder). Le frère Pierre du Mont-Liban fut renvoyé en Perse, porteur de la réponse de Charles-Quint écrite à Tolède, le 25 août 1525. Châh Ismayl était mort le 14 mai 1524, et la chancellerie de la cour impériale était si mal informée des événements qui se produisaient en Asie, que Charles-Quint accréditait, en 1529, auprès de Châh Ismayl, Jehan de Balbi, chevalier de Jérusalem et gentilhomme de l'hôtel. Jehan de Balbi était chargé de demander au châh de Perse de prendre les armes contre le Sultan et s'il ne pouvait faire une expédition en règle, « de faire guerroyer ès limites et frontières des pays dudict Turcq et en plus de lieux qu'il sera possible pour le contraindre à tenir ses gens divisez et divertir ses forces et mesmes du costé du royaume d'Hongrie, qu'est le quartier où il peult plus grever ». Karl Lanz, *Correspondenz des Kaiser Karl V.* Leipzig, 1844, t. I, p. 52, 168, 292-294.

1. « Certezza di quei havemo nove freschissime di un mese e mancho, che de quelli lochi venne uno et dixe che Sophi havea mandato uno suo embasciatore alla Maestà de re de Hungaria, ché debbia fare campo contra el Turcho perchè dicto Sophi gli seria presto dall' altro canto con grande exercito el quale embasciatore fu discoperto appresso Angori et fu preso et menato in Constantinopoli et subito fu tagliato a pezzi con tutta la sua compagnia. » Marino Sanuto, *Diarii*, t. VIII, col.

2. Jean, empereur de Trébizonde, avait donné en mariage à Ouzoun Hassan sa fille Despina Theodora dont la sœur épousa Nicolò Crespo, duc de l'Archipel. Crespo eut de son mariage quatre filles qui épousèrent : Fiorenza, Mario Cornaro ; Lucrezia, un membre de la famille Priuli ; la troisième, Valenza, fut unie à Giovanni Cornaro et la quatrième, Violante, à Caterino Zeno qui fut, en 1472, ambassadeur de la Seigneurie auprès de Ouzoun Hassan. Caterino Zeno était le fils de Pier Zeno, sur-

dans cette ville, à Lahidjan et dans certaines localités du Khorassan, où les marchands vénitiens avaient monopolisé, outre le commerce de la soie, celui des marchandises précieuses de l'Asie centrale et de la Chine.

Pendant la guerre soutenue par Ouzoun Hassan contre Mahomet II, le Sénat avait fait parvenir en Perse des secours en artillerie et en munitions, et avait mis à la disposition du prince turcoman des officiers expérimentés et des soldats exercés au maniement des armes à feu. Les guerres d'extermination qui suivirent l'apparition de Châh Ismayl ruinèrent le commerce et l'influence des Vénitiens. Châh Tahmasp, fils et successeur de Châh Ismayl, se trouva engagé, durant les premières années de son règne, dans une guerre avec les Turcs qui ne prit fin qu'en 1554. Les vingt dernières années de sa vie ne furent troublées que par les incursions des Uzbeks dans le Khorassan; le commerce européen essaya alors de reprendre le chemin de la Perse; la reine Élisabeth, préoccupée des intérêts commerciaux de ses sujets, encouragea les projets d'Anthony Jenkinson, qui avait formé le dessein d'ouvrir au négoce britannique des voies nouvelles en Russie et dans l'Asie centrale. Le 25 avril 1561, la reine écrivit à Châh Tahmasp une lettre le priant d'accorder sa protection à Jenkinson qui se proposait de

nommé « il Dragone », qui, après avoir visité l'Arabie et la Perse, mourut à Damas. A son retour à Venise, Caterino Zeno fit imprimer une relation de son voyage dont tous les exemplaires disparurent sans que Ramusio et Zeno le jeune aient pu s'en procurer un seul. Zeno le jeune se servit des lettres que Caterino avait écrites à ses amis et publia en 1568 : *Dei commentarii del viaggio in Persia di M. Caterino Zeno il K. et delle guerre facte nell' imperio Persano dal tempo di Ussun Cassano in qua, libri due*, etc. Vincenzio Formaleoni a fait imprimer à Venise, en 1783, un ouvrage intitulé : Caterin Zeno, *Storia curiosa delle sue avventure in Persia, tratta de antico originale manoscritto*, qui n'a aucune valeur historique.

Cf. Berchet, *La repubblica di Venezia e la Persia*. Venise, 1865, p. 2 et 97 et suivantes.

parcourir ses États dans un but commercial ; ce voyage ne produisit pas les fruits que l'on avait espéré recueillir [1]. Les troubles qui agitèrent la Perse, depuis la mort de Châh Tahmasp jusqu'à l'avènement de Châh Abbas Ier, et les difficultés intérieures et extérieures avec lesquelles ce prince eut à lutter au commencement de son règne, n'encouragèrent pas les Européens à se rendre en Perse ; mais la vigueur de son gouvernement et les succès qu'il remporta sur ses ennemis mirent un terme à la confusion dans laquelle le royaume était tombé depuis si longtemps.

Dans la dernière année du XVIe siècle, on vit paraître à la cour du Châh un Anglais, sir Anthony Shirley, qui venait offrir ses services militaires.

Sir Anthony Shirley, né à Wiston en 1568, appartenait à une famille noble. Après avoir achevé ses études à l'Université d'Oxford, il embrassa la carrière des armes et alla guerroyer dans les Pays-Bas. Il se distingua à la bataille de Zutphen (1591), et, pour récompenser sa valeur, Henri IV lui accorda le collier de Saint-Michel.

La reine Élisabeth ne lui permit pas d'accepter cette marque de distinction, et, à la suite d'une enquête dirigée par

---

1. Les relations de Jenkinson ont été publiées par Hakluyt dans le premier volume de *The principal navigations, voyages and discoveries of the English nation, made by sea or overland*. Londres, 1598-1600. Samuel Purchas les a réimprimées dans le tome III de son *Hakluytus posthumus or Purchas his pilgrimes, contayning a history of the world, in sea voyages and land travells by Englishmen and others*. Londres, 1625, pages 231-242.

Melchisedech Thévenot en a inséré une traduction française abrégée dans la *Relation de divers voyages curieux qui n'ont pas été publiés et qu'on a traduits ou tirés des originaux*. Paris, 1696, t. I, 1re partie, p. 17-45, traduction qui a été insérée dans le tome IV du *Recueil des voyages au Nord contenant divers mémoires très-utiles au commerce et à la navigation*. Amsterdam, 1732, pages 470-516. Enfin on trouve dans le *Persia, seu regni Persici status* de la collection des républiques publiées par les Elzevirs (Leyde, 1647, pages 270-279) une traduction latine également abrégée des itinéraires de Jenkinson.

sir John Packering et par lord Buckhurst, il dut renvoyer le collier qu'il avait reçu du roi de France.

La protection du comte d'Essex valut, en 1596, à sir Anthony Shirley le commandement d'une expédition dirigée contre les îles espagnoles de l'Amérique : deux années plus tard, ce seigneur l'invitait à se mettre à la disposition de don César d'Este, fils naturel du duc de Ferrare, auquel le pape Clément VIII contestait la possession du duché. Clément VIII ayant fait son entrée à Ferrare avant l'arrivée de sir Anthony Shirley, la mission dont il était chargé devint sans objet. Le comte d'Essex lui fit alors proposer de se rendre en Perse pour déterminer Châh Abbas à entrer dans une ligue générale dirigée contre l'Empire ottoman, et à accorder aux sujets anglais certains avantages commerciaux. Sir Anthony Shirley accepta sans hésiter une mission qui n'était point exempte de périls. Il s'embarqua à Venise, le 24 mai 1598, avec une suite de vingt-cinq personnes, parmi lesquelles se trouvaient son frère Robert Shirley, le capitaine Powel qui fut créé chevalier par Jacques Ier, John Howard, John Parrot, qui mourut à Lahore, et un artilleur habile dans l'art de fondre les canons.

Sir Anthony Shirley débarqua à Alexandrette, et après avoir séjourné pendant quelque temps à Alep, il traversa le désert et gagna Bagdad et les frontières de Perse. A Qazbin, il fut reçu, en l'absence du Châh, par le grand maître de l'hôtel de ce prince et par le gouverneur de la ville. Peu de jours après, Châh Abbas, revenant du Khorassan où il avait dirigé une expédition heureuse contre les Uzbeks, fit une entrée solennelle dans cette ville. Sir Anthony Shirley, dans l'audience qui lui fut accordée, ne déploya pas le caractère d'ambassadeur. Se conformant à l'usage des cours orientales, il offrit en présent au Châh six paires de pendants d'oreilles en émeraude, deux bijoux ornés de topazes, deux coupes, l'une en cristal de roche, l'autre en or émaillé, et une salière en or. Grâce à l'influence d'Allah Verdy Khan, généralissime des armées persanes, sir Anthony Shirley réussit à faire agréer ses services et ses projets. Un ambassadeur ottoman, qui était venu solliciter le renouvellement de la trêve conclue entre la Turquie et la Perse, fut brusquement congédié, et Châh Abbas offrit à Shirley de prendre part à la campagne qui allait s'ouvrir contre les Turcs. L'intention du Châh était d'envoyer en Angleterre Robert Shirley qui aurait été chargé d'offrir en son nom des présents à la reine Elisabeth et de conclure un traité d'alliance avec cette princesse : mais sir Anthony Shirley représenta qu'il serait plus utile d'accréditer un ambassadeur auprès de tous les princes de la chrétienté, et de former avec eux une ligue à laquelle la reine d'Angleterre s'empresserait d'acquiescer.

Cette ligue aurait pour résultat l'anéantissement de la puissance ottomane, incapable de résister aux attaques combinées de l'Europe et de la Perse. Châh Abbas adopta ce projet et chargea sir Anthony Shirley de négocier des traités avec l'empereur Rodolphe, le pape, la république de Venise et le roi d'Espagne. Sir Anthony Shirley, pour donner un gage de sa sincérité, laissa à la cour de Châh Abbas son frère Robert et cinq de ses compagnons. Le Châh lui adjoignit un fonctionnaire de médiocre importance nommé Husseïn Aly bek[1], quatre *Qourtchy* (cavaliers de race noble), et cinq interprètes. Trente-deux chameaux étaient chargés de caisses ren-

---

1. « Le roy de Perse ayant résolu d'envoyer Cyrle pour ambassadeur, il luy donna pour compagnon Ussein Alibeg, gentilhomme de sa maison et l'un des petits huissiers de son palais. » Antoine de Gouvea, *Relation des grandes guerres et victoire obtenues par le roy Cha Abbas*, etc., 1646, p. 105.

fermant les présents du Châh. Sir Anthony Shirley prit congé de ce prince à Ispahan et après avoir traversé les villes de Kachan, de Qoum, de Savèh, de Qazbin et la province du Guilan, il s'embarqua sur la mer Caspienne et atteignit Astrakan après une pénible navigation. Il fallut six mois à l'ambassadeur et à sa suite pour se rendre à Moscou[1]. Par ordre du grand-duc, on affecta de ne point reconnaître à Shirley le caractère d'ambassadeur. Toutes les prévenances et tous les honneurs furent réservés à Hussein Aly bek. Les lettres dont sir Anthony Shirley était porteur furent ouvertes et il lui fut expressément défendu de voir les marchands anglais établis à Moscou. Après un séjour de six mois dans cette ville, l'ambassade persane reçut l'ordre de se rendre à Archangel et de s'y embarquer pour Stettin ; après avoir traversé l'Allemagne, elle arriva à Prague dans l'automne de l'année 1600. Elle fut honorablement reçue par l'empereur Rodolphe, mais ce

---

1. Sir Anthony Shirley a publié une relation de son voyage en Perse sous le titre de : *Sir Anthony Sherley, his relation of his travels into Persia. The dangers and distresses which befell him in his passage, both by sea and land, and his strange and unexpected delivrances. His magnificent entertainement in Persia, his honourable imployment there-hence as Embassador to the princes of Christendome, the cause of his disapointment therein, with his advice to his brother sir Robert Sherley, also a true relation of the great magnificence, valour, prudence, justice, temperance and other manifold vertues of Abas, now king of Persia, with his great conquests, whereby he hath inlarged his dominions. Penned by Sr Antony Sherley and recommended to his brother Sr Robert Sherley, being now in prosecution of the like honourable imployment.* London, *Printed for Nathianell Butter and Joseph Bagfet*, 1613, 139 pp. Outre la relation de sir Anthony Shirley nous possédons celle de W. Parry : *A new and large discourse of the travels of sir Anthony Shirley, knight, by sea and overland to the Persian Empire, written by William Parry, gentleman, who accompanied sir Anthony in his travels*, London, 1601. Un résumé de la relation de Parry a été inséré à la fin du volume publié par Aug. Courbé en 1651 sous le titre de *Relations véritables et curieuses de l'Isle de Madagascar et du Brésil. Relation d'un voyage de Perse faict ès années 1598 et 1599 par un gentilhomme de la suite du Seigneur Scierly, ambassadeur du roi d'Angleterre*. John Cartwright, a publié : *Observations in his voyage from Aleppo to Hispaan and back again, about 1603, and returne by the way of Persia, Susiana, Chaldea, Assyria and Arabia*.

prince n'accueillit pas sans réserve les propositions de sir Anthony Shirley; il lui donna le conseil de renoncer à la visite qu'il lui était enjoint de faire aux principales cours de l'Europe et lui proposa d'expédier des courriers spéciaux porteurs des lettres dont il était chargé. Après un séjour de trois mois à Prague, l'ambassadeur reçut son congé[1]. L'empereur lui fit remettre, au moment de son départ, cinquante pièces d'argenterie et deux mille ducats pour ses frais de route. Chacun de ses officiers reçut une grande coupe en argent doré et une gratification de deux cents ducats.

L'ambassade fut reçue avec pompe dans toutes les villes de l'Empire qu'elle traversa pour se rendre en Italie; elle fut magnifiquement accueillie à Mantoue par le duc Vincent de Gonzague. Shirley avait fait prévenir la seigneurie de Venise de sa prochaine arrivée, par un certain Michel-Ange Cerray d'Alep; un courrier fut, en outre, expédié de Mantoue, mais la réponse qu'il rapporta était loin d'être favorable. Des négociations étaient engagées entre la Seigneurie et la Porte ottomane et un envoyé du Sultan se trouvait alors à Venise. Le Sénat estimait que l'arrivée d'un ambassadeur de Châh Abbas pourrait donner de l'ombrage à la Porte ottomane et nuire au succès des pourparlers. Il invita donc sir Anthony Shirley et ses compagnons à renoncer à leur visite. Les envoyés du Châh se déterminèrent alors à se rendre à Rome. Ils se dirigèrent sur Florence où le grand-duc les accueillit avec la plus grande courtoisie, et ils trouvèrent à Sienne un cardinal chargé par le pape de les accompagner jusqu'à Rome[2]. Dans l'audience

---

1. Les dépêches relatives à la mission de sir Anthony Shirley adressées au Doge par Piero Duodo, ambassadeur de Venise auprès de l'empereur Rodolphe, sont insérées dans l'Appendice, pages 277-284.

2. Cf. *L'entrée solennelle faicte à Rome aux ambassadeurs du roy de Perse, le cinquiesme avril 1601. Envoyez à N. S. Pere le Pape pour contracter ligue contre*

qui lui fut accordée, sir Anthony Shirley exposa au Saint-Père les vues de Châh Abbas au sujet de la ligue contre les Turcs ; il promit au nom de ce prince le libre exercice de la religion chrétienne dans toute l'étendue de la Perse, et il fit luire aux yeux de la cour de Rome l'espérance de faire entrer un jour les Géorgiens dans le giron de l'Église catholique. Le séjour de sir Anthony Shirley à Rome se prolongea jusqu'au mois de juillet 1601. A cette époque, il quitta secrètement la capitale du monde chrétien, et, en compagnie d'un serviteur et d'un page, il gagna Ancône et Venise. Les motifs de ce brusque départ sont restés enveloppés de mystère. On a prétendu que ses papiers et les lettres adressées aux différents souverains par Châh Abbas, avaient été dérobés par un de ses gens, portés à Constantinople et livrés au grand vizir. Ne se sentant point en sûreté, sir Anthony Shirley avait cru devoir se mettre sous la protection de la seigneurie de Venise. Don Juan de Persia[1], de son côté, affirme que sir Anthony Shirley avait vendu, en Moscovie et à des marchands anglais établis dans les ports de la Baltique, une partie des présents destinés aux souverains chrétiens : une dispute très violente aurait eu lieu à Sienne, en présence du cardinal envoyé par le pape, entre sir Anthony Shirley et Husseïn Aly bek, lorsque

le Turc et moyenner la reduction de son royaume à la religion catholique, apostolique et romaine. Traduit de l'italien imprimé à Rome. Paris, chez J. et P. Mettayer, imprimeurs et libraires ordinaires du Roy, 1601. Jouxte la copie imprimée à Lyon par Jacques Roussin.

1. *Relaciones de Don Juan de Persia*, f° 156. Don Juan de Persia portait avant sa conversion au christianisme le nom de Ouroudj bek. Il était le fils d'un officier distingué appelé Sultan Aly bek, appartenant à la tribu kurde des Beyat et qui trouva une mort glorieuse au siège de Tauriz. Le roi d'Espagne fut son parrain et lui donna le nom de Juan. Il a publié, avec l'assistance du licencié Remon, un ouvrage intéressant intitulé : *Relaciones de Don Juan de Persia dirigidas a la Magestad Catholica de Don Philippe III rey de las Españas y señor nuestro. Dividias en tres libros donde se tratan las cosas notables de Persia, la genealogia de sus reyes, guerras de Persanos, Turcos, Tartaros y las que vido en el viaje que hizo a España*

celui-ci réclama les cadeaux que l'on devait remettre au pape et qui ne purent être retrouvés. Cet incident désagréable aurait déterminé la fuite de Shirley.

Husseïn Aly bek demeura encore deux mois à Rome. En le congédiant, le pape lui fit don d'une chaîne en or et d'une somme de deux mille ducats, et chacun des Qourtchy reçut une chaîne et le portrait de Sa Sainteté. Trois Persans qui avaient manifesté le désir d'embrasser le christianisme demeurèrent à Rome. Un chanoine, originaire de Barcelone, nommé don Francisco Guasque, fut chargé d'accompagner l'ambassade et de subvenir à tous ses besoins jusqu'à son arrivée en Espagne. Husseïn Aly bek et sa suite allèrent s'embarquer à Gênes sur deux galères qui les conduisirent à Savone : de cette ville ils se dirigèrent sur Avignon, puis ils arrivèrent à Perpignan après avoir traversé Nîmes, Montpellier et Narbonne. A Barcelone, ils furent reçus par le duc de Feria, vice-roi de Catalogne, et conduits à Valladolid où Philippe III leur accorda une audience solennelle. Husseïn Aly bek séjourna pendant deux mois à la cour : il y éprouva un chagrin cuisant. Son neveu, Aly Qouly bek et Ouroudj bek, touchés par les cérémonies de l'Église catholique et séduits par la manière de vivre et les coutumes des Espagnols, manifestèrent l'intention d'abjurer l'islamisme. Sur leur demande, ils furent confiés aux soins de Pères de la Compagnie

---

y su conversion y la de otros dos cavalleros persianos. Anno 1604. Con privilegio. En Valladolid por Juan de Bostillo en la calle de Samano. Cet ouvrage est divisé en trois livres. Le premier contient la description sommaire des provinces de la Perse, la façon dont elles sont gouvernées, leurs coutumes, les principales tribus qui y résident, enfin on y trouve la chronologie des rois de Perse depuis Nemrod jusqu'à Châh Abbas. Le deuxième livre est consacré à la dynastie des Sèfèvis et aux guerres soutenues par les Persans contre les Turcs et les Uzbeks. Le troisième nous fournit le récit de l'arrivée de sir Anthony Shirley à la cour de Perse et celui du voyage de l'ambassade depuis son départ d'Ispahan jusqu'à son arrivée à Lisbonne.

de Jésus qui se chargèrent de leur instruction religieuse. Ils furent tenus l'un et l'autre sur les fonts baptismaux par le roi et par la reine et on leur donna les noms de Don Philippe et de Don Juan.

Husseïn Aly bek reçut du roi, à son audience de congé, une chaîne d'or de la valeur de cinq cents écus et une somme de dix mille ducats pour ses frais de voyage. Il fut conduit à Lisbonne et embarqué sur un des navires de la flotte qui se rendait à Ormuz. Pendant les quelques jours qu'il passa à Lisbonne, il eut encore le cruel déplaisir de voir un des cavaliers attachés à sa mission, Bouniat bek, renoncer à l'islamisme et recevoir au baptême le nom de Don Diego.

Husseïn Aly bek essaya de tirer vengeance de ces néophytes; il soudoya un Maure qui, après avoir ramé sur les galères d'Espagne avait été rendu à la liberté, et il fallut l'intervention énergique du marquis de Santa Cruz pour sauver d'un guet-apens les nouveaux chrétiens Don Diego et Don Juan de Persia.

Pendant que l'ambassadeur persan parcourait l'Italie et l'Espagne, l'empereur Rodolphe avait envoyé un agent auprès de Châh Abbas afin de s'éclairer plus complètement sur ses intentions et sur sa puissance. Il avait désigné pour remplir cette mission un gentilhomme de Transylvanie, Étienne Kakasch de Zalonkemeny. Ses instructions lui prescrivaient de conclure un traité d'alliance et il devait engager le Châh à ne point souscrire, avant la prise de Tauriz, aux propositions de paix qui lui seraient faites par le Sultan. Kakasch avait, en outre, l'ordre d'inviter, à son passage à Moscou, le grand-duc Boris à joindre ses efforts à ceux de l'Empire et de la Perse pour abattre la puissance ottomane. Kakasch partit de Prague le 27 août 1602 et arriva à Moscou le 9 novembre suivant. De Moscou il gagna Astrakan où il s'embarqua le 22 juillet 1602 et, après une navigation pénible de trente et un jours sur la mer Caspienne, il débarqua à Langueran. Il put arriver à Lahindjan où la maladie de huit des personnes de sa suite le contraignit de s'arrêter ; lui-même ne tarda pas à succomber aux fatigues et aux privations endurées pendant son voyage. Son secrétaire, Tectander von der Jabel, remit à Châh Abbas les lettres de l'Empereur et revint à Prague accompagné par un ambassadeur, nommé Abbas Qouly Khan, accrédité par le Châh auprès de la cour impériale, et par Henri de Logau qui venait de remplir une mission auprès du grand-duc de Moscovie[1].

Dans les dernières années de son règne, Philippe II avait résolu d'envoyer en Perse un ambassadeur chargé de demander à Mohammed Châh Khoudabendèh d'autoriser dans ses États le libre exercice de la religion chrétienne, de continuer la guerre contre l'Empire ottoman et de stipuler pour ses sujets certains avantages commerciaux. Le vice-roi des Indes

---

1. Tectander von der Jabel nous a laissé une relation du voyage de Kakasch : une première édition remplie de fautes grossières parut en 1605 et fut désavouée par l'auteur qui donna au public en 1609 une seconde édition dédiée à Christian II, duc de Saxe et aux princes Jean, Georges et Auguste, ducs en Saxe et margraves de Magdebourg, et portant le titre suivant : *Iter Persicum, Kurtze doch ausz-fuhrliche und warhafftige Beschreibung der Persianischen Reiss : welche auff der Röm : Kay : Maj : allergnedig. Befelch, im Jahr Christi 1602, von dem Edlen und Gestrengen Herren Stephano Kakasch von Zalonkemeny vornehmen Siebenburgischen von Adel, angefangen : und als derselbig unterwegen zu Lantzen in Medier Land todes verschieden : von seinem Reissbefehrten Georgio Tectandro von der Jabel vollends continuiret und verichtet worden*, etc., 1609. *Gedruckt zu Altenburg in Meissen*. (Iter persicum, brève mais non moins détaillée et véridique description du voyage en Perse entrepris en l'année du Christ 1602 sur l'ordre de Sa Majesté Impériale et Romaine par le noble seigneur Étienne Kakasch de Zalonkemeny, gentilhomme de Transylvanie : et lorsque celui-ci mourut en route à Lantzen au pays des Mèdes : continué et achevé par son compagnon de voyage George Tectander von der Jabel. Imprimé à Altenbourg en Misnie.)

La relation du voyage de Kakasch a été traduite en français et publiée en 1877 à Paris, chez Ernest Leroux.

dom Mascarenhas, comte de Santa Cruz, reçut l'ordre de désigner un personnage capable de s'acquitter avec succès d'une mission si délicate. L'état des finances de la vice-royauté des Indes ne permettait pas de faire les dépenses qu'entraînait l'envoi d'un personnage de distinction à l'une des cours les plus fastueuses de l'Asie. Le conseil du vice-roi dut se contenter de faire partir pour Ispahan le Père Simon Moralès qui avait une connaissance approfondie de la langue persane et la parlait avec la plus grande facilité. Le Père Moralès, fut accueilli avec bienveillance par le Châh qui le chargea de donner à son fils, Hamzèh Mirza, des leçons de mathématiques et d'astronomie. Les propositions, faites par le Père Moralès, d'une action de l'Espagne et de ses alliés contre l'Empire ottoman, furent agréées et Mohammed Châh Khoudabendèh rompit les négociations entamées en vue de la conclusion de la paix. Le Père Moralès avait, en outre, déterminé la cour de Perse à envoyer un ambassadeur en Espagne. Il s'embarqua avec lui sur un navire appelé le *Bon Voyage* ; assailli par une violente tempête sur la côte orientale d'Afrique, le *Bon Voyage* se perdit corps et biens.

Philippe III, préoccupé comme son père de l'extension de la foi chrétienne en Orient, chargea, dans le courant de l'année 1601, le vice-roi dom Arias Saldanha et Alexis de Menessez, archevêque de Goa et primat des Indes, d'envoyer une mission en Perse. Les Pères Jérôme de la Croix, Christophe du Saint-Esprit et Antoine de Gouvea, religieux de l'ordre des Hermites de Saint-Augustin, furent désignés pour se rendre à la cour de Châh Abbas. Cette mission partit de Goa le 15 février 1602 et arriva le 4 septembre à Mechhed, où résidait alors le Châh. Ce prince envoya à sa rencontre les principaux officiers de sa cour à la tête desquels se trouvait Robert Shirley[1]. Une audience fut accordée sans délai aux religieux et le Père Jérôme de la Croix[2] présenta au Châh la lettre du roi d'Espagne, les cadeaux du vice-roi des Indes, et il offrit au nom d'Alexis de Menessez un exemplaire richement relié de la *Vie de Jésus-Christ* et quelques tableaux de sainteté. Châh Abbas témoigna tout d'abord de grands égards aux Pères Augustins qui l'accompagnèrent à Kachan et à Ispahan ; mais les excès d'un zèle indiscret et le spectacle déplorable des querelles et des scènes de violence qui eurent lieu entre Diego de Miranda et Francesco da Costa, envoyés par le pape Clément VIII, refroidirent singulièrement les bonnes intentions du Châh. Il essaya vainement de réconcilier les deux envoyés du pape ; il permit néanmoins aux religieux Augustins de construire un couvent et une église à Ispahan, et il fit payer, par son trésorier, les artistes chargés de couvrir les murs d'arabesques en or et en azur. Après avoir reçu de Gouvea l'assurance que le vice-roi des Indes ne dirigerait aucune expédition sur les côtes du golfe Persique, il déclara la guerre au Sultan et fit partir pour l'Espagne, en compagnie de Gouvea, un de ses officiers, Allah Verdy bek, chargé de remettre des lettres au roi Philippe III[3].

1. « Un peu devant les autres, marchoit un jeune homme Anglois de nation, aagé de vingt ans ou environ, nommé Robert Cyrle, qui faisoit sa résidence en la cour du Roy depuis quatre ans. Il estoit venu avec un sien frère plus aagé, nommé Anthoine Cyrle, homme fort entendu et de grande expérience ès choses de la guerre. » Gouvea, *Relation*, etc., p. 102.
2. On peut consulter pour les missions diplomatiques confiées aux Hermites religieux de Saint-Augustin les : *Brieves relations des progrès de l'evangile au royaume des Perses en la conversion des Mores, préparation des Perses à la moisson evangelique et en la reünion des Armeniens avec l'Eglise de Rome, par les frères heremites religieux de Saint-Augustin. Item, les grandes conquestes du grand Roy de Perse sur nos communs ennemis les Turcs*, à Liège, 1610. Cet ouvrage est dû à la plume de George Maigret, docteur théologien et prieur de S. Augustin lez Liège.
3. Antoine de Gouvea nous a laissé une relation des différentes missions envoyées par le roi d'Espagne Philippe III à la cour de Perse. Cet ouvrage fut publié à Lisbonne, en 1611, sous le titre de : *Relaçam en que se tratam as guerras e*

Châh Abbas était toujours préoccupé de l'idée de s'emparer d'Ormuz et de chasser les Portugais des places qu'ils occupaient à l'entrée du golfe Persique ; mais ce projet ne pouvait être réalisé sans l'appui de la marine d'une puissance européenne et sans la conclusion d'une paix avantageuse avec la Turquie. Le Châh crut devoir tenter un nouvel effort pour unir les princes chrétiens dans une ligue contre l'empire ottoman ; il se décida à envoyer en Europe Robert Shirley, porteur de lettres l'accréditant auprès des princes chrétiens. Robert Shirley s'était distingué dans les combats livrés aux Turcs dans l'Azerbaidjan et dans l'Arménie persane,

grandes victorias que alcançon o grande Rey da Persia Xa Abbas do grão Turco Mahometto e seu filho Amethe : as quais resultarão das Embaixadas q̃ por mandado da Catholica e real Magestade del rey D. Felippe segundo de Portugal fizerão alguns religiosos da ordem dos Eremitas de S. Augustinho a Persia. Composto pello Padre F. Antonio de Gouvea. Lisboa, Por Pedro Craesbeeck, 1611. Il a été traduit en français et mis au jour sous le titre de *Relation des grandes guerres et victoires obtenues par le roy de Perse Cha Abbas contre les empereurs de Turquie, Mahomet et Achmet son fils, ensuite du voyage de quelques religieux de l'ordre des Hermites de Saint-Augustin, envoyez en Perse par le roy Catholique Dom Philippe second roy de Portugal par le P. Fr. Anthoine de Gouvea, religieux du mesme ordre, recteur du collége de Saint-Augustin de Goa, professeur en théologie. A l'Illustrissime et Reverendissime seigneur Dom F. Alexis de Meneses, archevesque de Goa, primat et gouverneur de l'Inde orientale. Traduit de l'original portugois imprimé à Lisbonne, avec licence de l'Inquisition, de l'ordinaire et du Palais.* Rouen, 1646.

Antoine de Gouvea a publié également l'*Histoire orientale des grans progrès de l'église catholique, apostolique et romaine en la reduction des anciens Chrestiens dits de Saint-Thomas, de plusieurs autres schismatiques et hérétiques à l'union de la vraye eglise, conversion encore des Mahometans, Mores et payens par les bons devoirs de l'Illustrissime et reverendissime seigneur Dom Alexis de Meneses de l'ordre des Eremites de Saint-Augustin, archevesque de Goa et primat en tout l'Orient. Composée en langue portugoise par le R. P. T. Antoine de Gouvea et puis mise en espagnol par V.-F. François Munoz et tournée en françois par F. Jean-Baptiste de Glen, docteur en théologie, tous frères du mesme ordre.* A Bruxelles, par Rutger Velpius, imprimeur juré à l'Aigle d'or, près de la cour, l'an 1609.

Antonio Gouvea est aussi l'auteur de la *Relação breve de algunas causas mais notaveis que os religiosos de Sancto Agostinho fizeram na Persia em servico da sancta Igreça Romana e de Sua Magestade etc o anno passado de 1607 que mandou fazer o Padre Provincial de Sancto Augustinho.* Lisboa, Por Viente Alvarez, 1609. Je n'ai point eu cet ouvrage entre les mains, mais tout me porte à croire qu'il a servi de base à celui de Maigret dont il a été question dans la note précédente.

et Châh Abbas lui avait fait épouser, en 1607, la fille d'un chef circassien nommé Ismayl Khan. Robert Shirley quitta la Perse dans le courant de février 1608, accompagné par le capitaine Thomas Powel, qui avait rendu des services signalés en organisant les troupes persanes ; il traversa la Russie et arriva à Cracovie où il fut honorablement reçu par le roi Sigismond. Nous ne connaissons point la durée du séjour de Shirley à la cour de ce prince, mais nous savons qu'il se trouvait à Prague au mois de juin de l'année suivante. C'est à cette époque qu'il fut créé chevalier par l'empereur Rodolphe ; peu de temps après, ce prince lui conféra le titre de comte palatin et lui remit pour Jacques Ier, roi d'Angleterre, une lettre dans laquelle il lui rendait compte des bons offices prodigués aux chrétiens de Perse par Robert Shirley. Celui-ci souhaitait se rendre directement de Prague en Angleterre ; le comte de Salisbury auquel il fit part de son désir lui répondit qu'il serait le bienvenu à son arrivée en Angleterre, mais que le roi le verrait avec plaisir s'acquitter d'abord auprès des autres souverains de la mission qui lui était confiée.

Robert Shirley se mit en route pour l'Italie : il traversa la Toscane et arriva à Rome le dimanche 27 septembre 1609 ; il y fit le lendemain son entrée solennelle. Dans l'audience qui lui fut immédiatement accordée, il fit connaître le vif désir de Châh Abbas de prendre part à une ligue de tous les princes chrétiens, dirigée contre la puissance ottomane. Il remit entre les mains du pape Paul V les lettres de Châh Abbas et celles que l'Empereur lui avait confiées. Robert Shirley quitta Rome comblé de cadeaux par le pape et par le cardinal Borghese ; il gagna Milan et alla s'embarquer à Gênes pour se rendre à Barcelone. Arrivé dans cette ville, il fut invité à s'y arrêter jusqu'à la réception des ordres de la cour : le roi et le duc de Lerme le voyaient arriver avec une certaine appréhension ; le secrétaire Prado disait à Francis Cottington, ambassadeur d'Angleterre, qu'on avait été si souvent dupé par des gens venant de ces pays éloignés que Sa Majesté était résolue, avant de le recevoir, de se convaincre qu'il était revêtu réellement du caractère d'ambassadeur. « D'ailleurs, ajoutait-il, nous n'avons pas grande opinion de sa sagesse en le voyant arriver la tête couverte d'un turban. » Robert Shirley dut faire à ses frais le voyage de Barcelone à Alcala et d'Alcala à Aranjuez. Il eut son audience dans le courant du mois de janvier 1610. Il remit deux lettres au roi et essaya dans un long discours de le déterminer à se joindre à d'autres princes chrétiens pour faire une guerre active à l'empire ottoman. Le roi lui répondit en peu de mots ; la reine, de son côté, lui adressa quelques paroles banales. Robert Shirley se plaignit avec beaucoup de vivacité au duc de Lerme de la façon singulière dont il était reçu. Il se rendit cependant à Madrid et il y fut logé et défrayé par le roi. Sur l'avis reçu par lui qu'il serait traité en ambassadeur par le roi Jacques, Robert Shirley manifesta le désir de se rendre en Angleterre ; il annonça qu'il suivrait la cour d'Espagne à Lerma et, qu'après avoir reçu son congé, il irait s'embarquer à Saint-Sébastien pour Londres où il comptait arriver pendant les fêtes de Pâques. Robert Shirley eut, en effet, son audience de congé dans les premiers jours du mois de mars 1610, et il reçut, avec la réponse du roi aux lettres de Châh Abbas, une gratification de quatre mille ducats. Diverses circonstances ne lui permirent pas de se rendre en Angleterre avant l'été de l'année 1611. Il envoya chercher sa femme demeurée en Pologne et demeura avec elle toute l'année à Madrid.

Au mois d'août 1610, la cour d'Espagne, influencée par l'arrivée d'Imam Qouly khan porteur de riches cadeaux en soieries et en pierres précieuses et accompagné par Gouvea, avait paru adopter les projets commerciaux que lui avait soumis Shirley. On affirmait de toutes parts qu'il allait s'embarquer à Lisbonne pour retourner en Orient; mais, l'acquiescement de la cour d'Espagne aux propositions de Shirley tardant à lui être donné, il se détermina à aller offrir à Jacques Ier les avantages commerciaux qu'il avait en vain proposés au duc de Lerme. Une dépêche adressée par Cottington à lord Salisbury sous la date du 5 janvier 1611, nous fait connaître les appréhensions de Robert Shirley. Il craignait que le roi d'Angleterre dont il était le sujet ne voulût pas consentir à l'accueillir avec les mêmes marques de considération que les autres souverains. Il n'aurait pas demandé mieux, s'il n'avait point été entouré de Persans dont les rapports pouvaient lui créer de sérieux embarras, que d'être reçu avec la plus grande simplicité. Enfin, il exprimait la crainte que la cour d'Espagne s'opposât à son départ pour l'Angleterre, et il souhaitait savoir si le roi n'interviendrait pas pour qu'il lui fût permis de continuer son voyage. Robert Shirley soumettait en même temps à l'appréciation du ministre les propositions qu'il comptait faire au nom de Châh Abbas: Les négociants anglais auraient la faculté de s'établir dans deux ports du golfe Persique où seraient installés deux consuls de S. M. Britannique, et la direction des comptoirs et des opérations commerciales serait entièrement abandonnée aux mains des agents de la Compagnie des Indes orientales. Cottington demanda à Robert Shirley pourquoi le gouvernement espagnol n'avait point accepté les propositions qui lui étaient faites; Robert Shirley lui répondit que Philippe III n'avait pas voulu s'engager à déclarer la guerre aux Turcs ni abolir le droit de 23 pour 100 prélevé à Lisbonne sur les marchandises destinées à être exportées en Orient. L'intention de Robert Shirley était de ne proposer à la cour de Saint-James qu'une convention commerciale ayant pour objet de priver le Grand Seigneur des droits de douane prélevés sur les marchandises de Perse traversant les provinces de l'empire ottoman et destinées à l'Europe.

Dans les derniers temps de son séjour à Madrid, les démarches de Robert Shirley avaient été entravées par son frère, sir Anthony, qui, revenu de Naples dans un état de complet dénuement, accusait son frère de vouloir se rendre en Angleterre pour y conspirer contre la monarchie espagnole. Robert Shirley en était arrivé à craindre que l'on ne tentât de se débarrasser de lui par le poison et l'ambassadeur d'Angleterre près la cour de Madrid était persuadé, de son côté, qu'il ne pourrait s'éloigner d'Espagne que clandestinement. L'audience de congé qu'il avait sollicitée ne lui avait point été accordée; cependant, malgré toutes les machinations de son frère, sir Anthony, Robert put quitter le territoire espagnol au mois de juin 1611, et arriver sain et sauf à Bayonne. Au mois d'août, il était avec sa femme dans le domaine paternel de Wiston et, le 1ᵉʳ octobre, le roi Jacques lui donnait audience à Hampton-Court et recevait les lettres de Châh Abbas. Douze jours plus tard, quatre marchands, membres de la Compagnie orientale, furent désignés pour faire appel à son expérience et examiner les propositions qu'il était appelé à faire. « M. Robert Shirley, écrivait M. Chamberlain à sir Dudley Carleton, a assisté à plusieurs conférences; mais je doute que ses projets réussissent, car la route est longue, les profits incertains et nous détruirions notre commerce avec les Turcs. » Les négociants qui trafiquaient avec le Levant étaient opposés aux propositions de Shirley qui avait, en outre, à se défendre des accusations portées par les Espagnols contre lui depuis qu'ils avaient vu le roi Jacques disposé à accueillir les ouvertures qui lui seraient faites. Le séjour de Robert Shirley en Angleterre se prolongea pendant un an et demi. Le roi Jacques s'était décidé à conclure une convention qui devait engager non seulement les deux souverains, mais encore leurs successeurs. Le roi d'Angleterre se chargea d'une partie des frais nécessités par l'équipement d'un navire et d'une pinasse qui devaient conduire Shirley aux Indes ; les officiers de cet armement avaient reçu l'ordre de s'assurer si les vaisseaux anglais pourraient gêner les entreprises tentées par les Espagnols et si les rapports faits par les marchands étaient exacts et méritaient confiance. Robert Shirley s'embarqua pour retourner en Perse : au mois de novembre 1614, il se trouvait à Agra à la cour du Grand Mogol et, au mois de juin de l'année suivante, il était de retour à Ispahan [1].

Le roi d'Espagne de son côté, auquel Robert Shirley s'était engagé à réserver à ses sujets, sous certaines conditions, le commerce exclusif de la soie, crut devoir s'éclairer sur les ouvertures qui lui avaient été faites et il désigna pour se rendre en Perse avec le titre d'ambassadeur, don Garcias de Silva Figueroa de la maison des ducs de Feria.

Parti d'Espagne au commencement de l'année 1614, Figueroa arriva à Goa au mois d'octobre de cette même année. Les circonstances étaient critiques : Châh Abbas venait de

---

1. On peut consulter, sur cette mission de Robert Shirley, *The Sherley brothers, an historical memoir of the lives of sir Thomas Sherley, sir Anthony Sherley and sir Robert Sherley knights, by one of the same house...* Chiswick, 1848, pages 55-96.

s'emparer des îles de Kich et de Bahreïn et du fort de Goumroun à l'abri duquel se formaient les caravanes qui portaient
dans l'intérieur de la Perse les marchandises de l'Inde. Les
Portugais, jaloux de voir un Espagnol investi des fonctions
d'ambassadeur, suscitèrent mille difficultés à Figueroa et
mirent obstacle à son départ. On lui promit pendant trois ans
le navire sur lequel il devait s'embarquer et l'argent que le
vice-roi des Indes avait ordre de lui remettre pour ses frais
de voyage. Lassé d'attendre, Figueroa nolisa une petite
barque de commerce et partit de Goa le 17 mars 1617. Il
aborda à Ormuz après une navigation de cinq semaines et il
y éprouva les mêmes difficultés qui l'avaient si longtemps
retenu à Goa. Il put cependant gagner la côte du Lar, débarquer à Bander, arriver à la ville de Lar et gagner de cette
dernière ville Chiraz après un voyage de six jours. Il dut y
attendre pendant quatre mois les ordres de Châh Abbas qui
montrait peu d'empressement à le recevoir et ne jugeait pas
à propos de le faire venir à Ferahabad dans le Mazandéran.
Il reçut l'autorisation de se rendre à Ispahan où il demeura
jusqu'au 18 mai. Il reçut alors la permission de partir pour
Qazbin où se trouvait la cour. Deux jours après son arrivée
dans cette ville, le Châh lui donna audience, et au bout de deux
mois, il dut retourner à Ispahan où il résida jusqu'à la fin de
la campagne contre les Turcs et jusqu'au terme du séjour du
roi dans le Mazandéran. Châh Abbas revint dans sa capitale
au commencement de l'été de l'année 1619. Il reçut à son arrivée, dans une audience solennelle, l'envoyé de Philippe III,
les ambassadeurs du Grand Mogol, du khan de Boukhara,
du grand-duc de Moscovie et des Cosaques de Pérécop. Figueroa remit à Châh Abbas une lettre de Philippe III qu'un
religieux, frère Jean Thadée du Saint-Esprit, venait de lui

apporter et il voulut, selon la teneur de ses instructions, renouer les négociations. Il demandait la restitution au roi d'Espagne des îles et des places du littoral du golfe Persique dépendant de l'île d'Ormuz dont le Châh avait fait la conquête et il devait insister auprès de ce prince pour obtenir de lui l'engagement de ne point permettre aux Anglais et aux sujets des autres puissances européennes de trafiquer en Perse. Le monopole du commerce devait être réservé aux sujets de Sa Majesté Catholique. Sur ces deux points, Figueroa essuya des refus si catégoriques et si persistants qu'il considéra sa mission comme terminée et sollicita son audience de congé. Elle lui fut accordée le 2 août et le 19 octobre suivant, il débarquait à Ormuz. L'ambassade de Figueroa marque la dernière tentative faite par l'Espagne pour établir directement avec la Perse des relations diplomatiques et commerciales [1]. La cour de Madrid vit cependant reparaître au mois de juin 1619 sir Robert Shirley, dont le séjour se prolongea jusqu'au printemps de 1622. Il se rendit

---

1. Don Garcias de Silva Figueroa naquit à Badajoz en 1570. Après avoir servi Philippe II en qualité de page, il embrassa la carrière des armes et obtint une compagnie à la tête de laquelle il fit les campagnes des Pays-Bas. Parti en 1614, Figueroa ne revit l'Espagne qu'en 1624. Pendant son séjour à Ispahan, Figueroa adressa au marquis de Bedmar une lettre qui fut traduite en latin et parut sous le titre de : *Garciæ Silva Figueroa Philippi III Hispaniarum Indiarumque regis ad Persiæ regem legati, de Rebus Persarum epistola* v kal. an. M.D.C.XIX *Spahani exarata ad marchionem Bedmari nuper ad Venetos nunc ad Sereniss. Austriæ archiduces, Belgarum principes, regium legatum.* Antwerpiæ, ex officina Plantiniana. M.D.C.XX, 16 pages.

La relation de l'ambassade de Figueroa fut traduite en français sur le manuscrit original et publiée sous le titre de : *L'ambassade de D. Garcias de Silva Figueroa en Perse, contenant la politique de ce grand empire, les mœurs du roy Schach Abbas et une relation exacte de tous les lieux de Perse et des Indes, où cet ambassadeur a esté l'espace de huit années qu'il y a demeuré. Traduite de l'espagnol par Monsieur de Wicquefort.* A Paris, chez Louis Billaine, 1669.

L'ouvrage de Garcias de Silva Figueroa abonde en détails intéressants sur la géographie de la Perse, sur les villes d'Ispahan, de Qazbin, de Chiraz et sur les ruines de Persépolis.

à cette époque à Rome et, au mois de janvier 1624, il était revenu à Londres et y était reçu comme ambassadeur de Châh Abbas. Deux ans après, un Persan nommé Naqd Aly bek se présentait comme envoyé du Châh et contestait à sir Robert Shirley le titre d'ambassadeur. Il déchirait les lettres de créance, accusant Shirley de les avoir falsifiées et portait sur lui les accusations les plus outrageantes. Charles Ier voulut s'éclairer sur une situation aussi étrange. Il désigna comme ambassadeur auprès de Châh Abbas, sir Dormer Cotton qui fut accompagné par sir Robert Shirley et Naqd Aly bek. Sir Dormer Cotton avait pour mission de s'enquérir de la vérité ou de la fausseté des accusations portées contre sir Robert Shirley et de négocier une convention commerciale. Naqd Aly bek embarqué sur un des navires de l'escadre anglaise s'empoisonna pendant une relâche sur la côte orientale d'Afrique. Sir Dormer Cotton débarqua à Bender Abbassy le 9 janvier 1626. Châh Abbas résidait alors à Echref dans le Mazandéran, où il avait fait construire un palais pour y passer les hivers. L'ambassadeur de Charles Ier dut traverser toute la Perse pour aller l'y rejoindre ; il obtint une seule audience dans laquelle il félicita le Châh des succès qu'il avait obtenus contre les Turcs, ennemis acharnés de la chrétienté : il exposa ensuite que le but de son long voyage était l'établissement du commerce des soies et autres marchandises de Perse et la justification de sir Robert Shirley des accusations violentes portées contre lui par Naqd Aly bek. Enfin, l'ambassadeur insista sur ce point qu'il était chargé d'affermir les relations amicales existant entre la Grande-Bretagne et la Perse. Dans sa réponse au discours de sir Dormer Cotton, Châh Abbas proposa de livrer tous les ans à Charles Ier, à Ormuz, dix mille balles de soie et de prendre en paiement des draps

— XXIV —

jusqu'à concurrence de leur valeur. Quant à la justification de sir Robert Shirley, elle était complète puisque Naqd Aly bek s'était soustrait, en se donnant la mort, à un châtiment mérité. Après cette audience, sir Dormer Cotton ne revit plus le Châh, les fonctionnaires de la cour s'éloignèrent de lui et on cessa d'avoir pour lui les égards que l'on témoigne toujours aux envoyés des princes. Sir Dormer Cotton quitta Echref profondément attristé par l'insuccès de sa mission et par les procédés du premier ministre Mohammed Aly bek. Il dut s'arrêter à Qazbin et, le 23 juillet 1627, il succomba aux attaques d'une violente dysenterie et fut inhumé dans le cimetière des Arméniens. Sir Robert Shirley l'avait précédé de dix jours dans la tombe et ses compatriotes avaient dû l'enterrer sous le seuil de sa maison[1].

1. Sir Thomas Herbert avait été placé auprès de sir Dormer Cotton par son parent le comte de Pembroke. Après la mort de sir Dormer Cotton, les membres de l'ambassade gagnèrent Ispahan et de cette ville allèrent à Bagdad et descendirent le Tigre et le Chatt el Arab jusqu'au golfe Persique. Sir Thomas Herbert continua son voyage jusqu'aux îles Moluques et rentra en Angleterre après une absence de quatre années. Sir Thomas Herbert qui s'était attaché à la personne de Charles Ier fut créé baronnet par Charles II. Il mourut en 1681. La première édition du voyage de sir Thomas Herbert a paru à Londres en 1634 sous le titre de : *Some leares-travels into Africa and Asia the great, especially describing the famous empires of Persia and Industan interwoven with such remarkable occurences as hapned in those parts during these later times as also many other rich and famous kingdoms in the oriental India with the isles adjacent. — Severaly relating their religion, language, customs and habits als also proper observations concerning them.* Cette édition fut suivie de trois autres. La troisième édition est *much enlarged with many additions nigh a third part more then was in any of the former impressions besides the addition of many new and lively brasscuts all by the author now living*. Londres, 1675. La relation de sir Thomas Herbert a été traduite en hollandais et Wicquefort en a fait paraître à Paris en 1663 une traduction française sous le titre de *Relation du voyage de Perse et des Indes orientales, traduite de l'anglois de Thomas Herbert avec les révolutions arrivées au royaume de Siam l'an mil six cens quarante sept, traduites du flamand de Jérémie van Vliet*. La relation du voyage de Thomas Herbert abonde en citations classiques souvent déplacées; mais elle offre un intérêt réel par l'exactitude des descriptions. Je citerai pour la Perse celles de Chiraz et de la réception qui fut faite à l'ambassadeur anglais par Imam Qouly khan gouverneur du Fars, celle de Persépolis, d'Ispahan, de Qazbin, de

Pendant le cours de la dernière mission de sir Robert Shirley, Châh Abbas avait ruiné d'une manière définitive la puissance portugaise dans le golfe Persique. La Compagnie anglaise des Indes orientales avait établi en 1613 un comptoir à Bender Abbassy : ses agents, accueillis avec empressement par les autorités persanes, avaient été l'objet de mauvais traitements de la part des Portugais d'Ormuz ; des navires de la Compagnie avaient été capturés, leurs équipages massacrés ou réduits en esclavage. Les sujets de Châh Abbas avaient dû aussi subir de nombreuses avanies, et aucun négociant persan, passant par les possessions portugaises, n'avait été autorisé à se rendre dans l'Inde[1]. Châh Abbas n'ayant pu faire admettre aucune de ses réclamations proposa à la Compagnie anglaise de s'unir à lui pour mettre fin à la domination portugaise. Ces ouvertures, faites en 1620, furent favorablement accueillies, et à la fin de l'année suivante (16 novembre 1621), un conseil se réunit à Soualy près de Surate sous la présidence de M. Thomas Rostell ; il y fut décidé que cinq navires et quatre pinasses se rendraient de conserve dans le golfe Persique et captureraient tous les navires appartenant aux Portugais ou au Samorin, s'empareraient de leurs cargaisons et feraient leurs équipages prisonniers. L'escadre de l'amiral Ruy Frera devait aussi être attaquée dès qu'elle serait aperçue par les navires anglais. Le gouverneur de la province de Fars, Allah Verdy khan et son fils Imam Qouly khan avaient reçu de Châh Abbas l'ordre

Qoum et d'Echref. Les noms appartenant à des langues étrangères sont toujours singulièrement défigurés au point d'être méconnaissables.

1. « On m'écrivit de plus que tous les Ormuziens s'étoient saisis de tous les marchands de l'Perse qu'ils avoient pu rencontrer et les avoient mis en prison pour s'assurer de leurs personnes et pour les retenir comme otages jusqu'à ce qu'ils vissent plus clair dans leurs affaires. » *Voyages de Pietro della Valle*. Rouen, 1745, tome VIII, page 70.

de mettre leurs troupes en mouvement ; dès qu'ils apprirent l'arrivée des navires anglais, ils se dirigèrent vers la côte et dépêchèrent des fonctionnaires pour réclamer l'assistance des capitaines anglais contre l'ennemi commun. Le 21 décembre, un conseil fut tenu à bord du *Jonas Whal* et on rédigea les conditions exigées par les officiers anglais pour prix de leur coopération. Elles étaient formulées en ces termes : 1° Dans le cas où avec notre assistance, Dieu rendrait les Persans maîtres de l'île et du château d'Ormuz, le butin et les marchandises seraient partagés par moitié entre les Persans et les Anglais ; 2° Le château ainsi que l'artillerie et les munitions seront remis aux Anglais. Les Persans construiront un autre château à leurs frais ; 3° Les revenus de la douane seront également partagés, et les marchandises des Anglais seront exemptées de tous droits. Les prisonniers chrétiens seront remis aux Anglais, et les prisonniers musulmans aux Persans. Enfin, les Persans devront subvenir à la moitié de la dépense de l'escadre pour la nourriture, la solde des équipages et la détérioration du matériel. Ils devront, de plus, fournir la poudre et les projectiles.

Allah Verdy khan et Imam Qouly khan arrivèrent le 8 janvier 1622 à Mina sur la côte du golfe Persique. Les négociations pour la conclusion du traité s'ouvrirent immédiatement. Le premier article fut ratifié sans aucune modification ; il fut stipulé, dans le second, que le château d'Ormuz serait occupé simultanément par les Anglais et les Persans, jusqu'à ce que Châh Abbas eût fait connaître son bon plaisir. Le troisième article fut approuvé à la condition que les marchandises destinées au Châh et au gouverneur de la province de Fars seraient seules affranchies de tout droit. Le dernier article comportait une réserve à l'égard du

Ruy Frera, capitaine du château de Kich, et de Simon de Mila, gouverneur du château d'Ormuz. Il fut encore stipulé que l'on ne tolérerait aucun changement de religion de la part des prisonniers, et que les deux parties contractantes supporteraient, par portion égale, les dépenses faites pour les poudres et les projectiles.

La conquête d'Ormuz marque la fin de la puissance portugaise dans le golfe Persique et son affaiblissement dans l'Inde ; elle rendit les Anglais maîtres du commerce de la Perse et contribua puissamment à la consolidation de l'influence et au développement de la Compagnie des Indes orientales. Nous possédons plusieurs relations de cette expédition[1]. Je mets sous les yeux du lecteur le récit qui nous en est donné par sir Thomas Herbert : « Les chefs les plus considérables de l'armée payenne sous le chan de Schiras estoient Allyculy beg, Pollot beg, Schaculi beg, Scharckary Mohamet sultan et Ally beg, roy du port. Ceux-cy camperent avec le reste de l'armée à Bandar Combron, et deux jours après, qui fut le 20 janvier 1622, ils se rendirent

---

1. Purchas en a inséré quelques-unes dans ses *Pilgrimes* : en voici les titres : *Relation of Ormuz and of the late taking thereof by the English and Persians.*

A relation of the kings of Ormuz and of the foundation of the citie of Ormuz tacken out of a chronicle which a king of the same kingdome composed called Pacaturunxa (Padichah Touran Châh) written in arabicke.

Relation of Ormuz businesse by Master W. Pinder. Part of a letter written to Sir John Wostenholme by T. Wilson chyrurgian containing many particulars of the Ormus warre and cause thereof as also of the most admirable taking of a great Portugall ship well manned by a small English pinesse.

Relation of the last Ormuz businesse gathered out of the journall of Master Edward Monoxe the agent of the East Indian merchants trading in Persia.

A certificate from the Portugals of their kind usage, wherein was performed more then was promised them.

The vice admiral, his second letter. A certificate made by Sundrie Portugals how the Treasure, Jewels, etc. belonging to the king and his Vizeer of Ormuz which were secretly ware conveyed out of the castle of Ormus by the Persians.

A letter written from Ruy Frera Dandrada and send aboard the « Jonas » by one of his captaines named Alfonso Borgea at our first arrivali neare the castle of Keshme.

maistres du port avec peu de peine ; après quoy le chan et les capitaines anglois Wedal, Blyth et Woodcock trouverent bon de faire aussitost une batterie et de battre le château avec douze pièces de canon cinq heures durant, quoy que d'abord ils eussent fort peu d'esperance de venir à bout de ceste conqueste. Toutesfois, afin que l'on ne crust pas qu'ils manquoient de courage, les Anglois transporterent le 9 février en deux frégates qu'ils avoient prises depuis peu et en deux méchantes chaloupes du païs qui ne pouvoient servir à autre chose, trois mille Persans dans l'isle. Ces Persans n'eurent pas si-tost mis pied à terre qu'ayant faict quelques retranchemens pour se couvrir et des batteries pour le canon, commencerent à battre la place furieusement, croyant n'y pas trouver grande resistance. Mais les Portugois qui avoient souffert le débarquement et qui avoient mesmes abandonné la ville firent une sortie sur eux avec tant de courage et de resolution qu'ils arreterent la furie des attaquans, renverserent leurs barricades où ils tuerent plus de trois cens hommes et les repousserent avec leur artillerie, en sorte que les Perses temoignerent plus d'étonnement en leur retraicte qu'ils n'avoient temoigné de courage aux approches.

« En ce desordre un bastion sauta, mais le combat ne laissa pas de continuer. Il y eut peu de perte considérable de part et d'autre jusques au 24 février, que les Anglois avancerent leurs tranchées vers le chasteau sous lequel la flotte portugoise estoit à l'anchre; et en dépit de l'artillerie de la citadelle et de la diligence que la flotte voulut faire qui estoit composée de cinq galions et de vingt frégates, ils mirent le feu au vaisseau *Saint-Pierre* qui estoit de quinze cens tonneaux et servoit d'admiral à la flotte. Le reste de la flotte espagnole apprehendant le mesme malheur pour tous les autres vaisseaux et n'ayant point de retraitte ny le moyen de se defendre de cette sorte d'attaque coupa les cables du navire qui estoit en feu et le laissa en cet état aller là où le vent et la marée le pourroient porter. Les Anglois trouvoient cette occasion trop chaude pour en oser profiter et sçavoient d'ailleurs qu'il n'y avoit point d'autre butin à faire que des munitions. Mais dès que le navire tourna vers Larack, une troupe d'Arabes et de Perses s'y jetterent et l'aborderent comme des matins affamés, avec tant de furie que leur avarice et leur rapine ne consuma pas moins le vaisseau et n'y fit pas moins de mal qu'avoit fait le feu qui le brusloit depuis deux heures. Le 17 mars, les Persans voulant sortir d'affaire et voulant faire voir qu'ils n'avoient point esté oisifs, mirent le feu à une mine remplie de quarante barils de poudre qui emporta une bonne partie du rampart. Les Portugois ne perdirent pas le cœur pour cela, mais ils se servirent de la breche pour faire une sortie sur les assiegeans et combattirent plus d'une heure avec tant d'opiniastreté qu'ils repousserent un gros bataillon qui s'estoit presenté pour donner l'assaut. Toutesfois, les assiegeans estant encouragez par leurs chefs retournerent à la charge avec beaucoup de courage qui fit étendre grand nombre de morts sur la place de part et d'autre, en sorte qu'après un combat de neuf heures, les assiegés furent contraints de faire sonner la retraite, quoy qu'ils la fissent avec tant d'ordre qu'il sembloit qu'elle fut tout à fait volontaire. Comme en effet les Portugois furent assez adroits pour temoigner plus de peur qu'ils n'en avoient en effet, si bien que les Persans se tenant asseurez de la victoire commencerent à monter par la breche et à entrer dans la ville de tous les costez dont les assiegez furent fort aises, car ils les reçurent si bien à coups de grenade, pots et cercles de feu et verserent sur eux tant de plomb et soufre fondu que les assiegeans malgré leur bravoure furent contraints de se retirer, laissant plus de mille des leurs dans le fossé et dans la breche. Schaculibeg, voyant cette misere et enragé de la perte de tant de gens, passa avec deux cens hommes à travers du feu des assiegez et s'empara d'un bastion, mais il ne le put garder qu'environ une demy heure, car cinquante *Hialgos* bien résolus après avoir été attaqués par les feux d'artifice des assiegeans, les chargerent, les contraignirent de se retirer et les suivirent jusques auprès des barricades d'où ils rentrerent victorieux dans la place après un combat de trois heures. Cette resistance morfondit tellement le courage des Persans qu'ils furent cinq jours sans oser rien entreprendre, demeurant estonnez de la valeur et de l'adresse de leurs ennemis. Mais le 23, leur esperance commença à revivre, après avoir veu le succez du combat entre les Anglois et les Portugois. Nostre canon qui estoit sur le bord de la mer, après avoir continuellement battu les murailles et les fortifications de la place fut enfin tourné contre les navires où apres avoir abattu quantité de masts et de defenses, ils coulerent enfin le vice admiral et le contre admiral de la flotte de Ruy Friera et ruinerent ainsi l'esperance qui pouvoit encore rester aux assiegez tant qu'ils se voyoient en quelque façon maistres de la mer. Cependant, ils n'estoient pas moins assiegés des maux qu'ils sentoient au dedans; la peste, la famine et le flux de sang diminuant sensiblement la garnison tous les jours et ils estoient incommodez des attaques continuelles des assiegeans, de sorte que cinq jours apres, ils firent sortir de la place deux gentils hommes bien faits et bien suivis qui se presenterent dans un fort bel equipage aux premiers corps de garde du camp ennemy où ils furent receus par quelques Kizil Basches du regiment de Schaculibeg et après quelques complimens, ils commencerent à parler de capitulation et à demander une cessation d'armes. Ils offrirent de reconnoistre la faveur que le chan leur feroit en leur accordant la paix par un present de deux cent mille tumains qui valent un million de pistoles et de payer tous les ans sept vingt mille ecus de tribut pour lequel ils donneroient de bonnes asseurances quoy qu'ils dissent depuis que ce qu'ils avoient fait n'avoit esté que pour gagner du temps. Le capitaine les renvoya en leur disant qu'ils vinssent querir la responce le lendemain et en fit son rapport au general, lequel manquant d'argent, écouta les ouvertures de paix et dit qu'il estoit prest de l'accorder pourveu qu'ils payassent comptant cinq cent mille tumains qui montent à deux millions de Jacobus et deux cent mille tous les ans; à quoy les Portugois repartirent qu'ils n'estoient point encore en si mauvais estat qu'on leur pust extorquer des conditions si desadvantageuses et pour les obliger à acheter une paix si honteuse et puisque l'avarice les possedoit à un tel point, ils declaroient qu'ils ne donneroient pas la cinquiesme partie de ce qu'ils demandoient pour acheter la plus grande faveur qu'ils pourroient esperer d'eux. Après cela, ils firent proposer des moyens d'accommodement aux Anglois ausquels ils firent representer qu'ils estoient et les uns et les autres chrestiens, qu'il n'y avoit pas longtemps mesme des lors que Jean de Gand, comte de Flandre, leur avoit fait la guerre, ils avoient tiré du secours de Portugal et qu'encore depuis ce temps là, il y avoit eu plusieurs traittez d'alliance entr'eux qui pourroient donner de bons sentimens à des gens de cœur et faire naistre de la bonne volonté en ceux qui n'estoient point ennemis. Que s'ils avoient esté offensez en quelque chose par les Portugois, ils en estoient marris et prests de le réparer de telle façon, par argent ou autrement, qu'ils auroient sujet d'en estre satisfaits; au reste, que les actes d'hostilité que les Anglois faisoient pendant que leurs Roys estoient amis, ne pouvoient pas estre excusés par aucunes loix, ny par le droit des gens, ny par les regles du christianisme. Ce furent à peu près les raisons que les Portugois alleguerent pour tacher de porter nos gens à un accommodement : mais soit que nos gens de marine eussent de l'aversion pour les Portugois ou qu'ils ne les entendissent point, ou bien qu'ils fussent trop avant engagez en cette entreprise pour la pouvoir quitter avec reputation ou bien que l'on reconnut que ce n'estoit qu'une feinte que cette soumission, celuy qui avoit entrepris de négocier cette affaire s'en retourna avec peu de satisfaction. Deux jours aprez, les assiegiez virent des marques infaillibles de leur perte et du ressentiment des Anglois quand ceux cy firent mettre le feu à deux mines qui firent une si grande ouverture que toute la ville en demeura comme découverte; et neantmoins, les assiegeans n'oserent hazarder l'assaut, tant ils estoient rebutez de la perte qu'ils avoient faicte en la derniere attaque, de sorte que s'amusant à regarder l'effet des mines, ils faisoient assez connoistre qu'ils manquoient de cœur pour monter à la breche; ils donnerent du cœur aux moribonds des Portugois qui estoient dejà plus qu'à moitié defaits par la peste, la famine et les autres incommodités, sans celle de la soif qui commençoit à s'augmenter, depuis que les trois puits de la place estoient taris. Le 14, un navire chargé de Mores arriva à Ormus au secours des Portugois; mais se voyant découverts, ils se voulurent retirer, à dessein de debarquer ailleurs. Le general de l'armée de Perse leur fit dire qu'ils n'avoient qu'à aborder et leur jura qu'ils n'auroient point de mal ; mais estant assez simples pour se fier à la parole du Persan, il y en eut quatre-vingts à qui on trancha la teste et l'on mit le reste à la chaisne.

« Ceux d'Ormuz combattoient cependant avec tant d'opiniastreté contre toutes ces incommoditez dont ils estoient assaillis tant au dedans que par dehors, parce qu'ils attendoient à toute heure le secours de Ruy Friera, mais inutilement. Le 17, on donna feu à une autre mine où soixante barils de poudre firent une horrible bresche. Les Perses y entrerent en tres-grand nombre, à dessein de se loger dans le bastion, mais dix-huit gentilshommes suivis de quelque peu de soldats le conserverent et contraignirent les ennemis de se retirer. Le 18 avril, les Persans reprirent courage et se logerent dans le bastion. Le mesme jour, deux faux renegats sortirent de la place et s'estant presentez au camp des ennemis, furent amenez devant le general auquel ils dirent qu'ils se venoient rendre volontairement et luy dirent que la place estoit dans un estat où il estoit impossible que les assiegez la pussent encore conserver longtemps, parceque la maladie y consumoit bien plus de monde que ne faisoient toutes les attaques des assiegeans. Cet advis donna du courage aux Persans, en sorte qu'ils resolurent de donner le lendemain un assaut general et d'entrer pesle-mesle par la bresche. Ce que les Portugois presvoyant et qu'il n'y avoit point d'asseurance à prendre dans la parole des Mahometans, ils traitterent avec les Anglois ausquels ils rendirent le chasteau avec leurs trésors le 23 avril, stipulant seulement leur vie et escorte pour les conduire à Muskat en Arabie. Les Anglois executerent de bonne foy ce qu'ils avoient promis et transporterent jusqu'à trois mille Portugois en la terre ferme, à dessein de sauver aussi le reste; mais les Persans, envieux de la gloire des Anglois, surprirent environ trois cens Arabes dont les uns estoient chretiens, les autres musulmans, à qui ils firent trancher la teste, contre la parole qu'ils avoient donnée et contre leur honneur. Ils envoyerent les testes à Gombron, comme les trophées de leur victoire et des marques assurées de leur conqueste aussi bien que de leur inhumanité. Après cela, l'on ferma les magasins des munitions de guerre et des vivres et l'on porta les trésors en des lieux qui furent fermez sous le cachet des armes des deux nations, pendant que les soldats achevoient de tuer ce qui restoit encore en vie, de violer les femmes qui ne s'estoient point sauvées, de polluer les églises et de ruiner et d'abattre les plus belles maisons. Dans ce désordre, un malheureux Anglois, sans avoir égard à l'ordre expres qui avoit esté donné et contre les defenses, entra par force dans un couvent où l'on avoit retiré beaucoup de richesses et, en sortant de là, il fut blamé de tout le monde à cause de son facheux sacrilège : mais les Persans n'en eurent pas sitôt donné advis à leur general qu'il leur permit de faire des violences partout et de prendre tout ce qu'ils trouveroient à leur bien seance, de sorte que toute la ville fut pillée pendant que les Anglois ne songeoient à rien moins qu'à cela. Dès qu'ils le sceurent, ils en demanderent raison aux Perses, mais ceux-cy se voyans maîtres de la place, s'en moquerent et ne laisserent aux Anglois que la valeur d'environ vingt mille jacobus pour l'important service qu'ils venoient de leur rendre. L'on partagea également toute l'artillerie qui fut trouvée dans la ville et dans le chateau, montant à trois cens pièces de canon de fonte. Il y en a qui doublent ce nombre encore que nos gens disent qu'il n'y avoit que cinquante trois pièces de batterie montées sur leurs affuts, quatre autres canons, six demy canons, deux demy couleuvrines de fonte, seize pierriers de fonte, un de fer, sept bastardes de fonte, quelques basilisques de la longueur de vingt deux pieds et quatre vingt douze pièces de fonte demontées. Ce que je croy d'autant plus aisement, que les Portugois se sont toujours vantez que s'ils eussent eu l'artillerie qui leur estoit necessaire, l'on n'eust jamais pris la place. Les Perses firent emmener le canon qu'ils y avoient gagné à Gombron, Lahor, Schiras et mesmes jusques à Ispahan et Bagdet. Seid Mahomet Schah, roi d'Ormus, demeura prisonnier entre les mains des Persans qui le font encore aujourd'huy garder à Schiras, où ils ne luy donnent pour sa subsistance que environ quinze ecus par jour, au lieu que la pension que les Portugois luy payoient auparavant montoit à cent quarante mille ecus par an. Toute la ville est aujourd'huy entierement ruinée à la reserve du chateau qui conserve sa premiere beauté et grandeur et est habité par des Persans.

« Les matelots y trouverent suffisament de quoy contenter leur avidité, quoy qu'ils en profitassent peu, parce que le jeu, le vin et les femmes emportèrent en un moment tout ce qu'ils avoient gagné avec peu de peine. Le capitaine Woodcock eut une grande fortune et un tres grand malheur en mesmes temps : car il prit par rencontre une fregate qui s'alloit retirer, chargée d'argent et de perles d'une valeur inestimable, où il trouva un million d'ecus pour sa part. Mais il ne joüit pas longtemps de ce riche trésor. En effet, l'or n'est que de la boüe et il n'y a pas de plus meschans idolatres que ceux qui font leur idole de la terre. Il ne perdit pas seulement ses richesses, mais aussi sa vie et son vaisseau nommé *La Baleine* qui coula à fond à la barre de Swalcy, sans que l'on put sauver la valeur d'un seul denier de toutes ces richesses [1]. »

Les Anglais s'étaient modestement établis, depuis 1613, dans deux ports de la côte du Laristan ; la prise et la ruine d'Ormuz leur assurèrent, avec la prépondérance de leur marine dans le golfe Persique, le monopole du commerce des Indes orientales avec la Perse. Les Hollandais, de leur côté, profitèrent aussi de l'anéantissement de la puissance portugaise pour fonder des comptoirs dans les ports où les Anglais avaient été autorisés à résider. Ils s'engagèrent à acheter, à un prix convenu d'avance, une certaine quantité de balles de soie qui leur seraient fournies par le roi, et il leur était permis de faire entrer dans leurs magasins, affranchies de tous droits, les épices qu'ils tiraient de leurs établissements de la Malaisie, ainsi que les marchandises qu'apportaient de Hollande les flottes qu'ils envoyaient tous les ans dans l'océan Indien. Les agents des Compagnies anglaise et hollandaise avaient reçu en cadeau du roi des maisons à Ispahan et à Chiraz. Ils avaient obtenu la permission de faire, dans cette dernière ville, du vin et de l'eau-de-vie pour leur usage, et ils en expédiaient aux Indes tous les ans des quantités considérables. Châh Abbas, lors de la conclusion de l'accord relatif à la coopération des navires anglais pour l'attaque d'Ormuz, s'était engagé à abandonner aux agents britanniques la moitié des revenus de la douane de Bender-Abbassy, et à exempter leurs marchandises de tous droits de douane et de péage. Ces engagements ne furent point observés : les Persans prétendirent que les Anglais n'entretenaient pas dans le golfe Persique le nombre de navires qui avait

---

1. Thomas Herbert, *Relation du voyage de Perse et des Indes orientales*, Paris, 1663, pages 190-197.

été stipulé et ils cessèrent de payer la moitié des sommes perçues par la douane de Bender-Abbassy. Les Anglais furent réduits, au bout de quelque temps, à consentir qu'une somme fixe de quarante-cinq mille écus fût versée, chaque année, entre les mains du délégué de la Compagnie des Indes.

Les Hollandais ne furent pas mieux traités : ils s'étaient engagés à recevoir en échange de leurs marchandises une certaine quantité de soie appartenant au roi, ainsi que des tapis, des laines et des brocards. Chaque année, on abaissait le prix d'estimation de leurs marchandises et on élevait la valeur de celles que fournissait le roi, et leur qualité laissait, en outre, de plus en plus à désirer.

Richelieu, qui poursuivait partout la lutte contre la maison d'Autriche, songea pendant un moment à enlever à l'Espagne les places possédées par les Portugais sur la côte de Malabar et placées sous la souveraineté de Philippe III. Il lui fallait, pour atteindre ce but, s'appuyer sur l'alliance d'un souverain asiatique ; il jeta les yeux sur Chàh Abbas, qui avait fait contre les Turcs et les Uzbecks plusieurs campagnes heureuses. Il désigna, pour traiter avec la cour de Perse, Louis des Hayes, baron de Courmenin, conseiller et maître d'hôtel du roi, qui, déjà en 1622, avait été envoyé à Constantinople et en Palestine pour s'opposer aux agissements des Arméniens. Ceux-ci avaient empiété, à Bethléem et à Jérusalem, sur les sanctuaires possédés par les Franciscains et menaçaient de les dépouiller complètement. Pour éviter le retour de pareilles spoliations, des Hayes devait installer un consul à Jérusalem, et il fit, en effet, reconnaître, en cette qualité, un sieur Lempereur.

Cet agent eut pour mission spéciale de faire exécuter strictement le firman obtenu de la Porte par M. de Césy, ambassadeur du roi à Constantinople. Revenu en France, des Hayes reçut l'ordre de se rendre en Danemark et en Suède et, à son retour du Nord, il dut se préparer au voyage de Perse. Les instructions qui lui furent données portent la date du 18 février 1626. Elles lui enjoignaient de préparer, au moyen d'un traité, l'établissement de relations politiques et commerciales entre les deux États, la protection de la religion chrétienne et la création de comptoirs pour l'échange des marchandises. L'alliance offerte à la Perse était surtout dirigée contre l'Espagne qui, par l'annexion du Portugal, était devenue maîtresse des places conquises au xvie siècle par cette dernière puissance.

Des Hayes crut pouvoir traverser sans danger les provinces asiatiques de l'Empire ottoman; mais à son arrivée à Constantinople, le grand vizir mit obstacle à son voyage, et des Hayes dut retourner en France sans avoir pu s'acquitter de sa mission. Son arrivée avait été annoncée à Châh Abbas. Le Père Pacifique, dans l'audience qui lui fut accordée par ce prince, donna le motif qui n'avait pas permis à des Hayes de se rendre à sa cour.

« Vostre Majesté, dit-il, a sceu par aucuns de ses subjets arméniens qui estoient à Paris, il y a trois ans, comme le roy de France, mon prince et mon seigneur, avoit envoyé un gentilhomme de sa cour nommé Monsieur des Hayes, gentilhomme fort accomply et de mérite, pour venir saluer Vostre Majesté de sa part, l'assurer de la grande inclination qu'il avoit en son cœur pour l'honorer et l'aymer, tant pour la grande renommée que vostre valeur et vos victoires glorieuses vous ont acquise, que pour la grande liberté que vous donnez aux chrestiens sur les royaumes de vostre obéissance, comme aussi pour vous remercier du bon accueil que tous ses subjets de France venus en ces quartiers disent avoir reçu de vous, avec lesquels vous avez tesmoigné grandement la pratique et le commerce dont il avoit ordre de vous entretenir et non moy : aussy Vostre Majesté a-t-elle appris il y a sept ou huit mois par deux jeunes gentilshommes françois qui sont venus icy pour voir vostre païs, comme ledit gentilhomme envoyé du Roy, ayant pris son chemin par Constantinople, il l'a trouvé fermé pour luy et s'en est retourné[1]. »

La mission religieuse confiée au Père Pacifique obtint un plein succès. Il avait une première fois parcouru presque tout le Levant en 1622. Parti de Marseille au mois de janvier de cette année, il s'était rendu à Constantinople et y avait été témoin de la révolution qui coûta la vie à Sultan Osman. De Constantinople, il se rendit en Égypte et visita ensuite les saints Lieux de la Palestine. De retour en Europe, il soumit à la Propagande un projet ayant pour objet l'établissement, dans le Levant, de couvents de son ordre ; ses propositions ayant été agréées par le Saint-Siège et par le cardinal de Richelieu, il repartit en 1627 accompagné de deux religieux pour fonder un hospice à Alep. Le Père Pacifique trouva auprès des religieux et des communautés chrétiennes de cette

---

1. Des Hayes de Courmenin se rendit en Russie en 1629 ; il devait obtenir du grand-duc de Moscovie la permission pour des marchands français de s'établir à Narva : il était, en outre, chargé de solliciter, à son retour, du roi de Danemark, le droit de passage par le Sund, et du roi de Suède, la liberté de navigation dans les mers voisines.

Des Hayes prit parti contre le cardinal de Richelieu. Il fut arrêté en Allemagne où il essayait de réaliser un emprunt sur les pierreries de la reine-mère. Amené dans le Languedoc où se trouvait la cour, il fut jugé et exécuté à Béziers. Le secrétaire qui accompagnait des Hayes a donné à sa première relation le titre de *Voiage de Levant fait par le commandement du Roy en l'année 1621*. A Paris, chez Adrian Taupinard, rue Saint-Jacques, à la Sphère, 1624.

Dans une seconde édition parue en 1629, l'auteur a ajouté « plusieurs choses notables observées en un troisiesme voyage fait à Constantinople il y a deux ans ». Une troisième édition a vu le jour en 1643. *Les voyages au Danemark enrichis d'annotations par P. L. M.* ont été publiés à Paris en 1664, in-12.

ville une mauvaise volonté si marquée qu'il dut recourir à l'intervention de quelques renégats français, qui servaient dans l'armée turque rassemblée dans le nord de la Syrie, et qui agirent sur l'esprit du grand vizir en sa faveur. Les firmans, expédiés par la Porte, autorisaient l'établissement à Alep d'un couvent de capucins. Toutes les formalités juridiques ayant été remplies, le Père Pacifique se hâta de se rendre dans l'île de Chypre et d'acquérir à Nicosie une maison dans laquelle il installa un de ses compagnons, pour y attendre les secours qui devaient être envoyés de France.

Revenu à Alep, le Père Pacifique fit connaître son dessein de passer en Perse : il ne se laissa point détourner par les avis fâcheux qu'on lui donna sur les périls du voyage et sur les mauvaises dispositions du Châh à l'égard des religieux francs. Emmenant avec lui le Père Gabriel de Paris et le Père Juste de Beauvais, il partit d'Alep pour Bagdad et arriva dans cette dernière ville après un voyage pénible de cinquante-deux jours. Le Père Pacifique fut favorablement accueilli par le gouverneur persan ; il laissa à Bagdad le plus jeune de ses compagnons, le Père Juste de Beauvais, et il prit le parti de se rendre, non point à Qazbin où se trouvait Châh Abbas, mais à Ispahan où il reçut une cordiale hospitalité dans la maison du gendre de Khodja Nazar, chef de la communauté des Arméniens établis dans le faubourg de Djoulfa. L'arrivée du Père Pacifique causa une vive émotion parmi les membres des Compagnies anglaise et hollandaise. Ils craignaient qu'il ne fût le précurseur d'agents d'une Compagnie française que l'on supposait vouloir s'établir en Perse. Ces soupçons furent promptement dissipés et, grâce à l'appui de l'archevêque arménien, le vartabed Khatchadour, et à l'influence de Khodja Nazar, le Père Pacifique fut appelé à

Qazbin où se trouvait la cour. Le Père et son compagnon furent invités à un grand repas auquel assista le roi et ils lui présentèrent, à la fin du banquet, les portraits de Louis XIII, de la reine et de la reine-mère. Le Père Pacifique sollicita des commandements royaux lui permettant d'établir une mission à Bagdad et une autre à Ispahan. Ils furent promptement expédiés et le Père Pacifique s'empressa de retourner en France[1]. Après une navigation fertile en incidents, il débarqua à Barcelone, et passant par Narbonne il se rendit au camp d'Alais, où il remit, avec une lettre de Châh Abbas, les riches étoffes que ce prince l'avait chargé de présenter en son nom à Louis XIII. L'honneur d'avoir établi en Perse la première mission de religieux français revient au Père Pacifique de Provins. Il accrédita, pour ainsi dire, à la cour de Perse et fit connaître aux Arméniens, encore nombreux à Ispahan, des religieux qui purent contre-balancer l'influence des Hermites de Saint-Augustin portugais et celle des Carmes déchaussés italiens et espagnols. Les Capucins français ont, dans certaines circonstances, rendu aux voyageurs et aux négociants français des services qui ne sauraient être oubliés[2].

1. V. à l'Appendice les pièces X, XI, XII.
2. Le Père Pacifique de Provins a publié une *Lettre sur l'estrange mort du Grand Turc, empereur de Constantinople*. Paris, 1622. *Relation du voyage de Perse faict par le R. P. Pacifique de Provins, predicateur capucin, où vous verrez les remarques particulieres de la Terre Sainte et des lieux où se sont operez plusieurs miracles depuis la création du monde jusques à la mort et passion de Nostre Seigneur Jesus Christ. Aussi le commandement du Grand Seigneur Sultan Murat pour establir des couvens de Capucins par tous les lieux de son Empire. Ensemble le bon traitement que le roy de Perse fit au R. P. Pacifique, luy donnant un sien palais pour sa demeure avec permission aussi de bastir des monasteres par tout son royaume et finalement la lettre et présent qu'il luy donna pour apporter au Roy Tres-Chretien de France et de Navarre Louis XIII, avec le testament de Mahomet que les Turcs appellent sa main et signature qu'il fit avant de mourir*. Paris, 1631.
L'année suivante, il parut à Lille, une nouvelle édition in-12, dédiée à Albert-Henri, prince de Ligne.

Châh Abbas Ier mourut en 1629 à l'âge de soixante-trois ans, après un règne de quarante-cinq ans. Ce prince avait vu paraître à sa cour les ambassadeurs de presque tous les souverains de l'Europe et de l'Asie, et il avait accrédité des envoyés auprès de la plupart des princes chrétiens. Pour augmenter ses revenus, il avait favorisé le commerce et monopolisé quelques-uns des produits de son empire. Les Arméniens, ses sujets, fréquentaient les marchés de l'Europe et avaient fondé des établissements à Livourne, à Venise et à Amsterdam. Ils venaient faire à Paris l'acquisition d'objets de luxe, et leur exemple était suivi par des marchands musulmans.

La sécurité des routes était complète en Perse, grâce à une police vigilante et à des exemples sévères ; partout le Châh faisait élever des caravansérails pour abriter voyageurs et marchandises. Des négociants anglais, hollandais et français, dont les noms nous ont été conservés, résidaient à Ispahan, et le Châh avait à son service un certain nombre d'artisans français, horlogers, armuriers, orfèvres, appartenant presque tous au culte réformé.

Le calme et la prospérité que la Perse devait au génie de Châh Abbas subirent quelques altérations pendant le règne de son petit-fils, Châh Sefy, qui monta sur le trône après lui ; mais les relations diplomatiques et commerciales du royaume avec l'Europe n'en furent pas affectées.

Frédéric, duc de Holstein, avait fondé la ville de Friedrichstadt et il désirait en assurer la prospérité en y établissant des fabriques de soieries dont la Perse aurait fourni la matière première. Il voulut profiter des liens qui l'unissaient au grand-duc de Moscovie, Michel Fédorovitch, pour obtenir, avec une partie des soies vendues chaque année aux Anglais et aux Hollandais, l'autorisation de les faire passer par la

Russie. Le duc de Holstein résolut donc d'envoyer une première mission au grand-duc de Moscovie. Il chargea de négocier une convention commerciale le jurisconsulte Philippe Crusius et Otto Brugman, négociant de Hambourg. Oelschläger, plus connu sous le nom d'Olearius, leur fut adjoint en qualité de secrétaire. Le 22 septembre 1633, les envoyés du duc de Holstein prirent congé de lui et partirent pour Lubeck afin de gagner Riga. La distance qui sépare cette ville de Moscou ne put être franchie qu'en huit mois. Le 14 août 1634, Crusius, Brugman et Olearius furent reçus par le grand-duc en audience solennelle. Ce prince leur témoigna la bienveillance la plus marquée et leur accorda la permission de faire construire à Nise les navires destinés à la navigation du Volga et de la mer Caspienne, lorsqu'ils se rendraient en Perse. Le grand-duc Michel exprima aux envoyés du duc de Holstein le désir de les voir séjourner à Moscou jusqu'après les fêtes de Noël, mais ceux-ci insistèrent pour obtenir leur congé et, après un voyage que les rigueurs de l'hiver rendaient pénible et dangereux, ils arrivèrent à Gottorp le 7 avril 1635. Le succès de cette première tentative détermina le duc de Holstein à ne point tarder à donner suite à ses projets. Les mêmes personnages furent chargés d'offrir à Châh Sefy de riches présents et de stipuler certains avantages pour le commerce des soies : ils quittèrent Gottorp le 24 octobre 1635 et firent leur entrée à Moscou, le 28 mars 1636. Le 6 avril, le grand-duc recevait les envoyés de Frédéric de Holstein en audience solennelle et, le 20 mai, ils étaient autorisés à continuer leur route. La navigation sur la Caspienne fut des plus pénibles ; le navire qui portait Crusius et sa suite échoua sur la côte de Derbend et ils ne purent quitter cette ville que le 22 décembre, pour se diriger sur Chemakhy. Ils durent y attendre pendant trois mois les ordres du Châh, et s'arrêter encore pendant deux mois à Ardebil. Ils traversèrent les villes de Sulthaniéh, de Qazbin, de Qoum et de Kachan et firent leur entrée à Ispahan le 3 avril 1637. Le jour même, ils reçurent la visite de l'agent de la Compagnie hollandaise, le sieur Nicolas Jacobs Overschle qui leur déclara sans détour qu'il avait ordre d'entraver leurs négociations et de tout mettre en œuvre pour en empêcher le succès. Le 16 août, Châh Sefy leur accorda une audience dans laquelle il déploya la plus grande magnificence. Outre les cadeaux du duc de Holstein, Crusius offrit personnellement « une arquebuse dont le bois estoit d'ébène et qui se bandoit en baissant seulement le chien. Un vase de cristal de roche garny d'or et enrichy de rubis et de turquoises. Un cabinet d'ambre et une petite horloge sonnante. Le sieur Brugman donna un chandelier de cuivre doré à trente branches, ayant une monstre sonnante dans le pommeau, une paire de pistolets dorez dans de beaux fourreaux. Une fort belle horloge de sable. Une montre dans une boëte de topaze. Une enseigne de diamans et de rubis et, dans un billet, le présent de deux pièces de canon que nous avions laissées à Ardebil ».

Le 2 décembre, Abbas Qouly bek, qui était attaché à l'ambassade en qualité de mihmandar, vint apporter les cadeaux du Châh. Chaque envoyé reçut « un cheval dont la selle étoit couverte de lames d'or et la bride chargée de boucles du même métal, deux vestes à la persane accompagnées du *mendil* et du *mianbend*, c'est-à-dire du turban et de la ceinture de brocard d'or, de la façon du païs. De plus, pour eux, deux cent cinq pièces de quinze sortes d'étoffes de soye, de satin, de damas, de darai ou de taffetas renforcé de coton et deux cens tumains en argent qui valent justement trois mille trois cens soixante dix piastres ou mille pistoles, pour la dépense du voyage dans le retour. Les cinq principaux de la suite eurent chacun une veste de satin et une autre à fleurs d'or et de soye. Les autres gentilshommes en eurent chacun une de tabis à fleurs d'or, mais le reste de la suite n'eut rien ».

L'inconduite et la violence du sieur Brugman hâtèrent le départ de l'ambassade : elle quitta Ispahan le 21 décembre 1637, et ce jour-là, Crusius apprit que Châh Sefy avait désigné un de ses maîtres d'hôtel, Imam Qouly Sultan, pour se rendre en qualité d'ambassadeur auprès du duc de Holstein et lui offrir, en son nom, des cadeaux estimés valoir vingt-cinq mille écus. Crusius et ses compagnons trouvèrent Imam Qouly Khân à Astrakhan ; ils revirent Moscou pour la troisième fois le 2 janvier 1639, et le 1er août, ils rentraient à Gottorp sans avoir pu obtenir les avantages que l'on s'était promis d'un commerce régulier avec la Perse [1].

Au milieu du xviie siècle, il y avait à Ispahan trois couvents appartenant à des religieux catholiques. L'un était celui des Augustins placé sous la protection du roi de Portugal, dont les religieux jouissaient des revenus de leurs propriétés dans l'Inde, et recevaient d'abondantes aumônes que leur faisait parvenir le patriarche des Indes. Le second était celui des Carmes déchaussés, originaires pour la plupart d'Espagne et d'Italie. Ces religieux travaillaient surtout à la conversion des Arméniens schismatiques. Le troisième appartenait aux Capucins ; le roi de France pourvoyait à leur entretien [2].

---

1. La traduction française des Voyages d'Olearius par Abraham de Wicquefort a paru à Amsterdam en 1727, sous le titre de : *Voyages très curieux faits en Moscovie, Tartarie et Perse, trad. en françois par Abraham de Wicquefort.*

2. « Il y a quatre églises de catholiques romains dont l'une a esté fondée par monsieur l'evesque de Babylone, autrefois de l'ordre des Carmes deschauds. L'autre est

— XLVI —

L'évêque de Babylone, Bernard de Sainte-Thérèse, carme déchaussé français, avait, pendant son séjour à Alep, reçu l'hospitalité chez les Pères de la Compagnie de Jésus établis dans cette ville. Témoin de leurs succès, il forma le projet de fixer une mission à Ispahan.

La reine de Pologne, Marie-Louise de Gonzague, constitua sur son épargne un fonds pour subvenir aux frais d'établissement de cette maison, et plusieurs grands seigneurs et dames de la cour y ajoutèrent des dons considérables. Le Père Alexandre de Rhodes qui, pendant plus de trente ans, avait répandu l'enseignement de l'évangile parmi les populations de la Chine, de la Cochinchine et du Tonkin, fut choisi par le supérieur général de la Compagnie pour aller, avec un autre Père et un frère, procéder à l'installation de la mission d'Ispahan[1]. Les trois missionnaires s'embar-

de capucins françois qui ont acquis leur maison sous le nom du roy de France afin de n'estre point molestez. La troisième est d'Augustins portugois autresfois bastie par la magnificence des roys de Castille, lorsqu'ils estoient roys d'Ormous et des conquestes des Indes orientales. La quatrième est des Carmes deschauds italiens qui sont envoyez par la Congrégation *de Propaganda fide* dont monsieur le cardinal Capponi est à présent préfet. Ces religieux ont de quoy exercer leurs missions et ont pour object la conversion des Monsulmans, Arméniens, Juifs, Parsis, Indous et Sabis qui se rencontrent tous en grand nombre en Hispahan. » *Les voyages et observations du sieur de la Boulaye Le Gouz.* Paris, 1653, page 98.

1. « Les Jésuites allèrent en Perse, l'an 1645, un Père Rigourdy étant leur supérieur. Il avoit des lettres de recommandation du pape, du roi et de plusieurs autres potentats de la chrétienté ; mais il n'avoit point de présents pour les accompagner, chose sans laquelle on n'est jamais bien reçu en Orient. A ce défaut, le Père Rigourdy proposa de grandes et impraticables alliances entre la France et la Perse, pour ruiner l'empire du Turc, dont les principales conditions étoient que l'on donneroit mademoiselle de Montpensier en mariage au roi de Perse; que M. le Prince de Condé la meneroit à Ormus avec une flotte sur laquelle il y auroit vingt mille hommes, tandis qu'une autre grande armée attaqueroit le Turc du côté de la Syrie, et autres semblables propositions extravagantes, pour toutes lesquelles le bon Père ne demandoit qu'une maison et des lettres patentes pour l'établissement des Jésuites. Le roi trouva ces offres si impertinentes et toute la proposition si absurde, qu'il remit à une autre fois à donner la maison; mais il donna les lettres patentes pour l'établissement. » *Voyages du chevalier Chardin*, Paris, 1811, tome VIII, page 107.

quèrent à Marseille, le 16 novembre 1654 et arrivèrent à Ispahan après une année de voyage. Le Père de Rhodes trouva à Ispahan le Père Aimé Chezaud, ancien supérieur de la maison d'Alep qui avait une certaine connaissance des langues orientales; il avait déjà composé un dictionnaire persan, écrit en cette langue quelques opuscules religieux et rédigé, et remis au premier ministre du Châh, un traité sur le mystère de la Trinité et de l'Incarnation du Verbe, fils de Dieu. Les Pères Jésuites étaient soutenus à la cour de Perse, sans grand succès, par un sieur de la Chapelle, gentilhomme normand, qui jouissait de quelque crédit auprès de Châh Sefy. Ce prince donna l'ordre à son premier ministre de convoquer les plus savants docteurs musulmans, pour discuter avec le Père Chezaud sur les principaux dogmes du christianisme. Les membres du clergé persan ne permirent pas au Châh d'assister à ces controverses théologiques; elles ne convertirent du reste personne et les Jésuites, qui s'étaient flattés d'obtenir à la cour d'Ispahan des succès éclatants, durent se borner à ouvrir des écoles pour les enfants à Tauriz, à Chemakhy, à Nakhtchivan et dans quelques autres localités du nord de la Perse[1].

Louis XIV et Colbert, constamment préoccupés de l'extension et de la prospérité de la marine et du commerce de la France, songèrent à reprendre le projet qui avait été un instant caressé par le cardinal de Richelieu, et à disputer aux Anglais et aux Hollandais les marchés de l'Inde et de l'Ex-

---

1. La relation du voyage du Père de Rhodes en Perse a été rédigée par le Père Jacques de Machault sous le titre de: *Relation de la mission des Pères de la Compagnie de Jésus establie dans le royaume de Perse par le R. P. Alexandre de Rhodes dressée et mise au jour par un Père de la mesme Compagnie.* Paris, 1659. On a réimprimé à Lille, en 1884, *Les voyages et missions du P. Alexandre de Rhodes, S. J., en la Chine et autres royaumes d'Orient.*

trême-Orient. Les Anglais et les Hollandais avaient, dans Bombay et dans l'île de Ceylan qu'ils occupaient, une excellente base d'opérations en cas d'événements venant à se produire dans l'océan Indien ou les mers de Chine. La France ne possédait dans les Indes aucune place qui pût assurer la sécurité des magasins et des établissements d'une grande compagnie. Un capitaine Ricaut avait formé une association de vingt-quatre personnes pour le commerce de la côte orientale d'Afrique et la colonisation de Madagascar. Malgré les droits du capitaine Ricaut, le maréchal de la Meilleraye avait fait nommer gouverneur de Madagascar un de ses protégés nommé Pronis et, sur les rapports envoyés par celui-ci, il témoignait le plus vif intérêt à tout ce qui se passait dans cette grande île. Une première concession de dix ans avait été renouvelée au mois de septembre 1643 et lorsqu'elle fut arrivée à son expiration, on accorda une nouvelle prolongation de dix années. Madagascar semblait pouvoir former une excellente station sur la route des Indes ; on songea alors, après s'être accommodé avec M. le duc de Mazarin, héritier du maréchal de la Meilleraye, à constituer la Compagnie à laquelle on accorderait le privilège exclusif du commerce de l'Asie [1].

1. La première Compagnie française à privilège exclusif pour le commerce des Indes fut formée en 1604; en 1611, elle n'avait fait aucune expédition; mais pour écarter toute rivalité, elle fit renouveler son privilège par lettres patentes de Louis XIII, du 2 mars 1611. En 1635, le privilège exclusif de la Compagnie étant expiré, le capitaine Regimont, avec l'aide de quelques négociants de Dieppe, forma une compagnie qui envoya un navire aux Indes. Il revint richement chargé. Regimont s'associa le capitaine Ricault et les deux navigateurs firent encore quelques voyages avantageux. Le cardinal de Richelieu crut faire prospérer ce commerce en accordant à la Compagnie un privilège exclusif pour dix ans. L'événement ne justifia pas ses espérances. La Compagnie avait envoyé, en 1643, un vaisseau qui devait former un établissement à Madagascar : quatre autres partirent en 1644 et 1648, mais vers 1650, elle avait cessé tous ses envois. *Mémoire sur la situation actuelle de la Compagnie des Indes,* juin 1769, par M. l'abbé Morellet, pages 10 et 11.

Le projet de la Compagnie des Indes fut dressé le 26 mai 1664 dans une assemblée des négociants notables de Paris : trois jours après, les statuts étaient présentés au roi à Fontainebleau et ils étaient immédiatement arrêtés en conseil. Les lettres patentes en forme d'édit furent expédiées à Vincennes au mois d'août et enregistrées au Parlement en septembre. Le roi accordait à la Compagnie le droit de faire naviguer, seule à l'exclusion de tous ses sujets, dans toutes les mers des Indes, d'Orient et du Sud pendant l'espace de trente ans. La Compagnie devait avoir à perpétuité la possession de l'île de Madagascar et toutes les places, terres qu'elle pourrait conquérir sur les barbares, à la seule condition d'offrir au roi, à chaque changement de règne, une couronne et un sceptre d'or. Le roi s'engageait à faire le cinquième des frais des trois premiers armements et ne demandait de remboursement qu'à la fin de la dixième année. Toutes les pertes subies par la Compagnie devaient être imputées à la somme fournie par le roi. Les marchandises importées aux Indes ou exportées de cette contrée seraient exemptes de tous droits, ainsi que les bois et matériaux nécessaires à la construction et à l'armement des navires de la Compagnie. Ces conditions réglées, on désigna les agents qui devaient se rendre à la cour du Grand Mogol et des princes de l'Inde, en passant par la Perse où il avait été jugé nécessaire d'avoir, à l'exemple des Anglais et des Hollan-

---

On ne s'occupa dans le principe que d'un établissement à Madagascar, et c'est dans cet esprit que François Charpentier, doyen de l'Académie française, écrivit en 1664, le *Discours d'un fidèle sujet du roi touchant l'établissement d'une Compagnie françoise pour le commerce des Indes orientales adressé à tous les François*. L'année suivante, Charpentier fit paraître la *Relation de l'établissement de la Compagnie françoise pour le commerce des Indes orientales, dédiée au Roi avec le recueil de toutes les pièces concernant le même établissement*. Une seconde édition fut publiée en 1666.

d

dais, des établissements à Ispahan, à Chiraz et à Bender-Abbassy.

La Compagnie chargea du soin de ses intérêts, en Perse et dans les Indes, trois négociants, les sieurs Beber, Mariage et Dupont; le roi désigna pour le représenter auprès de Châh Sefy, M. de Lalain, gentilhomme ordinaire de la chambre, et M. de La Boullaye Le Gouz, gentilhomme angevin, qui avait déjà fait un voyage en Perse et était allé aux Indes en compagnie d'un de ses compatriotes, le Père Zenon, capucin. Rappelé en France par des affaires de famille, La Boullaye Le Gouz, qui avait parcouru l'Orient sous le nom d'Ibrahim bey et prenait en France le titre de voyageur catholique, fut présenté à Louis XIV. Il parut à la cour en costume persan, et ses récits intéressèrent le roi qui l'engagea à publier la relation de ses voyages.

De Lalain et La Boullaye furent autorisés à écrire au roi pour lui rendre compte des incidents qui pourraient survenir[1]. Ils ne déployèrent aucun caractère diplomatique à leur entrée sur le territoire persan, et leur passage à Érivan et à Tauriz ne fut pas signalé à la cour par les gouverneurs de ces villes. De Lalain, La Boullaye Le Gouz et les trois députés de la Compagnie arrivèrent à Ispahan le 13 novembre 1665 : les deux premiers allèrent se loger chez un négociant français, le sieur de l'Estoile[2], et les autres chez un Arménien. De Lalain était chargé de remettre au sieur de l'Estoile la singulière lettre dans laquelle celui-ci, qualifié de premier valet de cham-

---

1. Le lecteur trouvera dans l'Appendice, pièces XX à XXXVI, pages 290-320, les lettres adressées par de Lalain et La Boullaye Le Gouz au roi et à M. de Lionne. Ces lettres sont conservées aux Archives du Ministère des Affaires étrangères.

2. Ce sieur de l'Estoile se trouvait à Paris en compagnie d'un marchand persan, nommé Seïf aga, lorsque Poullet entreprit son voyage du Levant. *Nouvelles relations du Levant*. Paris, 1668, tome I, page 3.

bre du Châh de Perse, était invité à accorder ses bons offices aux délégués français[1]. La division avait éclaté parmi eux dès les premiers jours qui suivirent l'arrivée à Ispahan. Il avait été prescrit aux députés de la Compagnie de suivre pour leur conduite les avis de M. de Lalain. Sur les excitations du sieur Beber, ils se refusèrent absolument à reconnaître son autorité. Le Père Raphaël, qui devait les faire profiter de son expérience et les guider par ses conseils, éprouva les plus grandes difficultés à leur faire entendre la voix de la conciliation. Ce fut avec des peines infinies qu'il put faire adopter par les deux partis le texte de deux lettres collectives par lesquelles les délégués annonçaient leur arrivée au Nazir ou grand maître de la cour et à son adjoint, Mirza Tahir.

Châh Sefy revint à Ispahan quelques jours après l'arrivée des députés français ; il s'arrêta dans une de ses maisons, aux portes de la ville et l'Itimad eddaoulèh ou premier ministre et le Nazir envoyèrent chercher le Père Raphaël, pour savoir de lui quelle était la condition des gens qui venaient d'arriver et qui les avait envoyés. Ces deux ministres ne pouvaient croire qu'ils fussent de véritables délégués chargés d'une mission spéciale, et que La Boullaye Le Gouz, qui était déjà venu en Perse, en eût laissé ignorer les usages à la cour de France et à ses compagnons. La mésintelligence qui continuait à règner parmi les Français n'était pas faite pour effacer cette première impression défavorable. Malgré les efforts et les soins du Père Raphaël, elle éclatait en toute occasion. Le jour de l'audience accordée par le Châh, La Boullaye Le Gouz et Beber se tinrent pour offensés de ce que ce prince eût parlé à cinq reprises différentes au Père Raphaël et à MM. de Lalain et

---

1. Appendice, pièce XV, page 289.

Mariage, tandis qu'il ne leur avait adressé la parole qu'une seule fois. Châh Sefy avait reçu des mains de M. de Lalain la lettre écrite par le roi de France ; elle était placée dans un petit coffret sur le couvercle duquel étaient brodées en relief les armes de France et de Navarre. Le Châh ouvrit ce coffret fermé par un simple crochet et se montra fort surpris de trouver une lettre écrite sur une feuille de parchemin de petit format et dépourvue du grand sceau ; elle différait essentiellement de celles qui lui avaient été adressées précédemment par le roi en faveur des Pères Jésuites. « Raphaël, dit-il, je ne reçois pas de lettre ouverte et sans sceau ; prends-la et l'emporte, car je ne crois pas qu'elle vienne d'un grand roi comme le roi de France. » Le Père Raphaël parvint à calmer le mécontentement du Châh, et le premier ministre l'invita à se rendre à son palais avec le gentilhomme qui avait remis la lettre entre les mains du Châh Sefy, afin que l'on pût en faire la traduction. La Boullaye Le Gouz prétendit avoir été convié par l'Itimad eddaoulèh et il insista pour accompagner le Père Raphaël et M. de Lalain. Le Père y consentit et fit tous ses efforts pour déterminer l'Itimad eddaoulèh à entrer en pourparlers avec les députés de la Compagnie. Ce fut en vain ; le ministre déclara qu'il n'avait pas reçu l'ordre de se mettre en rapport avec eux. Les égards témoignés au Père Raphaël et à M. de Lalain, et le peu de cas que l'on semblait faire de leurs personnes portèrent au plus haut degré l'exaspération des députés du commerce. Ils exhalèrent leur mécontentement dans les termes les plus violents et menacèrent d'écrire au roi qui, selon eux, « ferait voler des têtes pour venger les affronts qui leur étaient faits ». Le Nazir fut chargé de les écouter et de prendre note de leurs demandes. Quand il fallut se rendre chez lui, les délégués refusèrent de s'y présenter en même temps que les deux gentilshommes et il fallut toute la prudence et toute l'adresse du Père Raphaël pour éviter un nouvel éclat et les déterminer à rédiger les demandes, qui devaient être soumises à l'agrément du Châh. Ces demandes étaient les suivantes : les marchandises importées en Perse par la Compagnie devaient être, pendant les trois premières années qui suivraient son établissement, exemptes de tous droits de douane et de tous péages. Pendant les années suivantes, les agents de la Compagnie jouiraient des grâces ou des privilèges qui sont ou pourraient être accordés à l'avenir aux autres nations. En reconnaissance de ces avantages, les députés s'engageaient à faire au Châh et à ses ministres des cadeaux dont ceux-ci auraient lieu d'être satisfaits. Ces députés réclamaient, à la cour et dans les cérémonies publiques, la préséance sur toutes les autres nations, comme les agents du roi l'avaient dans toutes les cours de la chrétienté et à la Porte du Grand Seigneur. Enfin, le Châh était prié d'accorder une maison à Ispahan aux représentants de la Compagnie. Le Nazir promit de soumettre et de recommander à la bienveillante sollicitude de son maître les demandes des Français. Le Châh se mettait alors en route pour se rendre dans le Mazandéran. Deux jours après son départ, le Père Raphaël fut averti que la réponse à la lettre du roi de France et le *raqam*, ou ordre relatif aux privilèges accordés à la Compagnie, étaient expédiés et un courrier vint lui apporter l'ordre de venir, avec les députés, rejoindre la cour qui se trouvait à Tadj-Âbad, à trois journées d'Ispahan. De nouvelles scènes fâcheuses marquèrent leur arrivée dans ce village, et la mésintelligence devint telle que le Père Raphaël refusa d'accompagner chez le Nazir de Lalain et Mariage qui voulaient faire modifier certains articles qu'ils jugeaient désavantageux pour le commerce. Il fut alors décidé que de Lalain et Mariage suivraient la cour, pour s'occuper des affaires de la Compagnie et que La Boullaye Le Gouz, Beber et Dupont se rendraient à Bender-Abbassy en compagnie du fils de l'Estoile, leur interprète, et que de là ils passeraient aux Indes. Mariage revint à Ispahan après avoir obtenu l'autorisation de faire faire à Chiraz, à l'exemple des Anglais, des Hollandais et des Portugais, douze mille *men* de vin pour l'usage des agents et des employés de la Compagnie. De Lalain le rejoignit bientôt dans la capitale après avoir visité les villes de Tauriz, d'Ardebil et de Qoum. La Boullaye, Beber et Dupont se mirent en route le 16 novembre pour se rendre à Bender-Abbassy et s'embarquer là pour Surate. Dupont, le plus judicieux et le plus conciliant des députés du commerce, avait été vivement affecté par les querelles et la désunion de ses compagnons. Il succomba à Chiraz à la maladie qui le minait depuis quelque temps, et il fut enterré dans le cimetière des Arméniens de cette ville. De Lalain partit six jours après eux ; arrivé à Bender-Abbassy, il subit l'influence funeste du climat. Il fut atteint d'une fièvre pernicieuse et voulut se faire transporter à Chiraz où, grâce à un air plus salubre, il espérait rétablir sa santé. La mort l'arrêta à trois lieues de Bender-Abbassy, au village de Bendi-Aly où il fut inhumé dans le sable.

De La Boullaye et Beber arrivèrent à Surate le 1er avril 1666. Ils y donnèrent, comme en Perse, le triste spectacle d'une vie scandaleuse et devinrent l'objet du mépris des fonctionnaires du Grand Mogol et des résidants étrangers. De La Boullaye disparut, assassiné, croit-on, par des soldats persans, ainsi qu'un jeune esclave qu'il avait acheté à un

Français nommé Murzin, arquebusier au service du Châh de Perse. Beber, après mille aventures fâcheuses, mourut misérablement à Goa.

Il n'entre pas dans mon sujet de tracer une histoire de la Compagnie des Indes orientales. Le départ d'une flotte pour l'océan Indien avait fait naître en France les plus brillantes espérances, mais la rivalité des agents de la Compagnie, la mort de la plupart d'entre eux, le choix d'une île insalubre qui n'offrit pas les ressources que l'on avait cru en tirer sur la foi de relations inexactes, les malversations d'un Hollandais, le sieur Caron, auquel on avait confié des intérêts considérables dans ces pays éloignés, portèrent la plus grande atteinte à la considération et aux ressources de la Compagnie. La guerre de 1667, celle de 1672, la destruction sur la côte de Ceylan d'une partie de l'escadre commandée par M. de la Haye et la prise de Saint-Thomé anéantirent le commerce français aux Indes. Louis XIV avait fait en 1671 une nouvelle démarche auprès du Châh en faveur de la Compagnie. Un sieur de la Jonchère fut chargé d'offrir quelques présents au nom du roi et dut solliciter le renouvellement des privilèges accordés cinq ans auparavant. On avait promis au gouvernement persan l'établissement d'un commerce régulier et l'arrivée à Bender-Abassy, à époques fixes, de vaisseaux chargés de riches marchandises. On s'étonnait à Ispahan de voir que aucune des promesses faites n'avait été tenue. Si l'on s'en rapporte à la traduction d'un *raqam* faite par Pétis de la Croix, Châh Suleyman aurait, en considération de la demande faite par Louis XIV, accordé au mois de décembre 1671, le renouvellement des privilèges accordés en 1666[1].

---

1. Appendice, pièce XLV, pages 340-342.

Cette démarche paraît être la dernière que le roi ait tentée en faveur du commerce de ses sujets en Perse, avant les missions confiées aux sieurs Fabre et Michel en 1708.

Les guerres qui marquèrent la fin du xviie siècle, les tentatives faites pour obtenir un établissement dans le royaume de Siam et pour nouer des relations commerciales avec la Chine influèrent sur les décisions de la Compagnie et détournèrent son attention des comptoirs du golfe Persique et d'Ispahan. Toute la sollicitude de Louis XIV se porta désormais sur les missions des capucins et des jésuites établies dans la capitale et les provinces de la Perse.

Les lettres adressées par le roi au Châh ont toutes pour objet de recommander à la bienveillance de ce prince les hospices et les écoles des Capucins à Ispahan et à Tauriz, les églises et les écoles des jésuites à Chemakhy, à Érivan et la communauté des dominicains à Nakhtchivan. Un prélat arménien-uni, Mathieu de Avanic, avait été nommé évêque du diocèse de Nakhtchivan et était allé se faire sacrer à Rome en 1668. A son retour en Perse, il fixa sa résidence à Ispahan : deux dominicains qu'il envoya en Europe en 1673 furent reçus par le pape et par le roi auxquels ils remirent des lettres rédigées en persan et, jusqu'en 1674, Mathieu de Avanic fut considéré par les ministres persans comme le représentant accrédité du roi, du pape et de la république de Venise. Neuf années plus tard, François Picquet, évêque de Cesarople *in partibus infidelium*, fut revêtu du caractère d'ambassadeur.

François Picquet appartenait à une famille honorable de Marseille. Il fut destiné au commerce, mais, en 1652, le consulat de France à Alep étant venu à vaquer, il obtint ce poste et l'occupa pendant huit ans à la satisfaction générale.

Sa dévotion et sa charité, le zèle qu'il déploya pour la défense des intérêts chrétiens en Syrie et sa correspondance avec la Congrégation de la Propagande attirèrent sur lui les regards de la Curie romaine. François Picquet était attiré vers l'état ecclésiastique par une vocation sincère et irrésistible.

Pendant un congé qu'il vint passer en France, il entra au séminaire, fut ordonné et reçut le prieuré de Grimaud, en Provence. M. du Chemin, vicaire apostolique de Babylone, retenu en France par ses infirmités, était dans l'impossibilité d'aller rejoindre ses ouailles. Picquet fut désigné pour le remplacer. Le 24 juillet 1675, il recevait le titre d'évêque de Cesarople en Macédoine et un bref du pape lui conférait les fonctions de vicaire apostolique de Nakhtchivan. Il s'adjoignit quelques prêtres pour l'aider dans les travaux de sa mission et s'embarqua à Marseille pour se rendre dans le Levant. Il arriva à Alep au mois de novembre 1679. Les dominicains établis à Nakhtchivan avaient fait entrer dans le giron de l'Église romaine un certain nombre d'Arméniens qui formaient une communauté riche et importante. Elle avait à subir de la part des gouverneurs persans de nombreuses avanies et de cruelles persécutions. Pour obtenir justice et être assurés d'une protection efficace, ils s'adressèrent au roi de France et au pape et les supplièrent de revêtir François Picquet du caractère d'ambassadeur, afin qu'il pût faire connaître leurs griefs aux ministres persans et obtenir réparation des injustices dont ils avaient à souffrir. Picquet ne repoussa pas le vœu qui fut exprimé et il écrivit à Versailles et à Rome pour faire connaître les désirs des Arméniens unis. Après une assez longue négociation entre le cabinet de Versailles et la Curie, Picquet fut investi du caractère d'ambassadeur. Il quitta Alep, passa par Diarbekir où il s'arrêta pendant quelque temps et arriva enfin à Nakhtchivan. Son premier soin fut de réunir la communauté catholique pour la faire procéder à la nomination d'un évêque. L'unanimité des suffrages se réunit sur son nom : il n'accepta pas l'honneur qui lui était conféré et il fit désigner pour le remplacer le Père Knap, dominicain d'origine allemande, dans le zèle duquel il avait la plus grande confiance. L'évêque de Cesarople reçut en 1682, les lettres du roi l'accréditant auprès du Châh en qualité d'ambassadeur. A son arrivée à Ispahan, il apprit avec douleur que la maison, l'église et les vases sacrés de la mission de Bagdad avaient été vendus à des Turcs. Il mit tout en œuvre pour relever les ruines accumulées de toutes parts ; il sollicita son audience du Chàh, bien que les présents du roi ne fussent point arrivés ; il fit admettre par les ministres les réclamations des Arméniens catholiques et celles des Jésuites. L'évêque de Babylone étant mort en 1683, Picquet fut désigné pour occuper le siège épiscopal. Les relations de la Perse et de la Turquie étant des plus tendues, Picquet jugea prudent de ne point se rendre immédiatement dans son nouveau diocèse. Ses travaux apostoliques avaient ébranlé sa santé qui avait toujours été délicate ; il crut la raffermir en allant respirer un air plus salubre, et il se fixa à Hamadan auprès de M. Pidou de Saint-Olon. Il y mourut le 26 août 1685[1]. Sa mort excita parmi les colonies européennes et les chrétiens d'Orient des regrets unanimes. Le

---

1. Une *Vie de François Picquet* a été publiée à Paris en 1732. Cet ouvrage est attribué à Mgr Anthelmy, évêque de Grasse. Le Père Labat a inséré, dans le t. IV des Mémoires du chevalier d'Arvieux, les lettres écrites par François Picquet à d'Arvieux, alors consul de France à Alep. V. dans l'Appendice, pièce XLIV, pages 339-340, la lettre par laquelle François Picquet rend compte de son audience, et, pièce XLV, pages 340-342, la réponse de Chàh Suleyman à la lettre de Louis XIV.

siège épiscopal de Babylone resta vacant pendant deux ans. Le pape Innocent XI appela à l'occuper Pidou de Saint-Olon qui avait pris à Rome l'habit des clercs réguliers théatins et avait fait profession le 8 décembre 1659. Le Père Pidou de Saint-Olon était le frère de l'envoyé de Louis XIV à la cour de Maroc, auquel nous devons l'*Estat présent du Maroc* publié en 1694 et qui fut chargé d'accompagner vingt ans plus tard Riza bek lors de son voyage en France et pendant son séjour à Paris. Pidou de Saint-Olon avait fait une étude approfondie de la langue arménienne et cette connaissance l'avait désigné au choix de la cour de Rome pour remplir en Russie, en Arménie et en Perse, des missions apostoliques. Il avait fixé sa résidence à Hamadan et c'est de cette ville qu'il se rendit à Ispahan en 1694, pour y être sacré dans l'église des Pères Jésuites. Quelques années plus tard le roi lui confia les fonctions consulaires : Pidou de Saint-Olon, sous prétexte de les exercer avec plus de profit pour la nation, alla s'établir à Hamadan, laissant à Ispahan son coadjuteur Gatien de Gallizcan, évêque d'Agathopolis. Pidou de Saint-Olon ne soutint qu'avec mollesse les intérêts qui lui étaient confiés. L'Empereur et le pape voulurent prendre en main la défense des religieux résidant en Perse et celle des sujets catholiques du Châh de Perse. C'est ainsi que l'évêque d'Ancyre se présenta à la cour de Perse de la part de l'Empereur et du pape et que le Père Felice Maria da Sellano obtint en parlant au nom de la cour de Vienne et du Souverain Pontife le redressement des griefs dont avaient à se plaindre les missionnaires catholiques des provinces du nord de la Perse.

En 1683, on avait vu arriver à Ispahan Fabricius, envoyé du roi de Suède Charles XI ; il était chargé d'inviter Châh Suleyman à tourner ses armes contre l'Empire ottoman. Une puissante armée turque envahissant l'Autriche devait faire tomber Vienne, boulevard de la chrétienté. Fabricius avait pour mission de faire savoir au Châh que Charles XI mettait douze régiments à la disposition de l'Empereur et qu'il se proposait d'en lever six autres pour concourir au salut de la chrétienté ; il engageait le Châh à faire une diversion sur les frontières asiatiques de l'Empire ottoman. Le roi de Suède manifestait de plus l'intention de conclure, avec le gouvernement persan, une convention commerciale. Pour rendre les relations plus sûres et plus promptes, Fabricius était autorisé à déclarer que son souverain était prêt à mettre à la disposition du Châh des ingénieurs, des forgerons, des charpentiers et autres ouvriers qui suppléeraient à l'inexpérience des sujets persans établis sur le littoral de la mer Caspienne, et construiraient des navires à marche rapide et assez solides pour résister aux tempêtes et échapper aux périls d'une mer capricieuse. Le roi de Suède demandait aussi, pour ses agents, l'autorisation d'explorer les forêts du Mazandéran. François Picquet assistait à l'audience accordée à Fabricius, avec l'ambasseur de Siam, le comte Suski, envoyé du roi de Pologne, un carme déchaussé, nommé le Père Élie, qui avait une lettre de l'Empereur à remettre au Châh, les ambassadeurs uzbeks et Constantin Christophorovitch, interprète du grand-duc de Moscovie pour la langue grecque.

Les limites que je me suis fixées pour ce rapide exposé des relations de la France avec la Perse ne me permettent pas de mentionner la mission de MM. Fabre et Michel ni celle de Mehemmed Riza bek à Paris. Le temps n'était pas, du reste, éloigné où la Perse allait être envahie par les Afghans et où un soldat de fortune, Nadir Châh, faisant disparaître le dernier rejeton de la dynastie des Sèfèvis, allait remplir l'Orient et l'Europe du bruit de ses exploits. La catastrophe qui coûta la vie à Nadir Châh plongea de nouveau la Perse dans le trouble et la confusion : Kerim Khan rendit la paix et le repos aux provinces qui reconnurent son gouvernement, mais cet empire, qui, à différentes époques, avait jeté un si vif éclat, ne jouit d'une tranquillité assurée qu'à l'avènement de la dynastie à laquelle appartient le souverain actuel qui occupe le trône depuis plus de trente années.

J'ai fait mention des relations rédigées par des personnages revêtues d'un caractère diplomatique tels que Shirley, Kakasch de Zalonkemeni, Gouvea, Figueroa et Olearius. Je crois devoir indiquer aussi celles qui ont été écrites, soit par des voyageurs, soit par des marchands ou des missionnaires.

Je ne sais si je dois compter Teixeira parmi les voyageurs qui ont parcouru la Perse. Nous ne connaissons ni la date ni le lieu de sa naissance. Il ne nous donne sur lui-même que fort peu de renseignements. Dans un premier séjour à Ormuz, il paraît s'être adonné à l'étude de la langue persane. Il a eu entre les mains un exemplaire du *Raouzet oussefa* de Mirkhond, et il a extrait de cet ouvrage une liste des souverains des quatre dynasties persanes qui ont régné jusqu'à l'époque du triomphe de l'islamisme ; il énumère ensuite les khalifes Omeyyades et Abbassides, les descendants de Djenguiz Khan, les souverains Ilkhanis, les princes des tribus turcomanes du Mouton blanc et du Mouton noir, enfin les Châhs de la dynastie des Sèfèvis jusqu'au règne de Châh Abbas Ier. Teixeira a possédé un ouvrage précieux dont malheureusement aucun exemplaire n'est parvenu jusqu'à nous. Je veux parler de la Chronique d'Ormuz, écrite par Touran Châh, un des princes qui ont gouverné cette île. La perte de ce livre est d'autant plus regrettable que les historiens orientaux ne nous donnent que fort peu de détails sur ces petits souverains qui, forcés d'abandonner les villes du littoral à la fin du xiiie siècle, firent de cette île l'entrepôt du commerce des Indes orientales et de la Perse avec l'Égypte, la Syrie et l'Europe. L'abrégé de la Chronique de Touran Châh, fait par Teixeira, ne nous offre qu'un récit confus et mal disposé. Il jette peu de lumières sur les événements qui se sont produits dans le golfe Persique jusqu'à la conquête d'Ormuz par Albuquerque. Teixeira a placé à la suite de cette traduction le récit de son voyage de retour en Europe. Il partit d'Ormuz au mois d'avril 1605 pour se rendre à Bassora. De cette ville, il gagna Bagdad, visita Nedjef et Kerbela, traversa le désert et arriva à Alep. Il alla s'embarquer à Alexandrette, et le 11 juillet, il débarquait à Venise, d'où il se rendit à Anvers où il fixa sa résidence et publia sa relation sous le titre de : « *Relationes de Pedro Teixeira del origen, descendencia y succession de los reyes de Persia y de Hormuz y de un viaje hecho por el mismo autor donde la India oriental hasta Italia por tierra*. En Amberes. Hieronymo Verdussen, 1610. » Cotolendi dédia au duc de Montausier une traduction de cet ouvrage qu'il fit paraître sous le titre de : *Voyages de Texeira ou l'histoire des rois de Perse traduite d'espagnol en françois*. Paris, 1681, 2 volumes.

Le Voyage de Teixeira ne présente aucun intérêt, et les noms orientaux qui figurent dans cet ouvrage sont, pour la plupart, transcrits de la façon la plus barbare.

J'ai déjà fait mention de la relation de Cartwright. Hakluyt et Purchas ont admis dans les recueils publiés par leurs soins, divers récits de voyage : je ne crois point utile de les analyser, je me bornerai donc à en relever les titres. Nous trouvons, dans les *Pilgrims* de Purchas, *Les Voyages en Perse* de Meldenholl, *La Perse et le golfe Persique* de Salbank, *Le Voyage* de Cowet (1610), *Le Voyage d'Adjmir à Ispahan en* 1615-1616 de Scetl et Crowther, celui de *Moscou à Ispahan* de Hobbs (1620).

Quelques années auparavant, le 8 juin 1614, Pietro della Valle s'était embarqué à Venise pour se rendre à Constantinople. Pietro della Valle, né à Rome en 1586, avait, dans sa jeunesse, cultivé les belles-lettres avec un certain succès et, lors de son admission dans l'Académie des *Umoristi*, il avait pris le surnom de *Fantastico*. Il embrassa la carrière des armes, lors des différends qui éclatèrent entre le pape Paul V et la république de Venise, mais la médiation de Henri IV et les bons offices du cardinal de Joyeuse ayant aplani toutes les difficultés, Pietro della Valle s'embarqua sur une galère de la flotte d'Espagne et, en 1611, il assista à plusieurs engagements avec les pirates barbaresques sur les côtes d'Afrique. Dédaigné, à son retour à Rome, par une dame à laquelle il adressait ses hommages, il se rendit à Naples et fit solennellement vœu dans une église d'aller visiter les Lieux saints de la Palestine. Il répudia le nom de *Fantastico*, adopta celui de *Pellegrino* et se mit en route pour le Levant.

De Constantinople, Pietro della Valle se rendit au Caire et arriva à Jérusalem, après avoir traversé le désert qui sépare ces deux villes. Il séjourna pendant quelque temps à Damas et à Alep et descendit le Tigre jusqu'à Bagdad. C'est dans cette ville qu'il s'éprit d'une jeune fille chrétienne, Sitti Maani, dont la famille était originaire de la ville de Mardin. Il l'épousa en 1616, et partit avec elle pour la Perse ; il traversa la ville de Hamadan et alla trouver Châh Abbas à Ferahâbad, puis à Échref, dans le Mazandéran. Il offrit ses services à ce prince et il assista, ainsi que sa femme qui l'accompagnait à cheval, à la bataille que Châh Abbas livra aux Turcs près d'Ardebil.

Pietro della Valle se rendit ensuite à Ispahan (1621), puis à Chiraz : pendant son séjour dans cette dernière ville, il alla visiter les ruines de Persépolis dont il donne une description détaillée. Il s'arrêta pendant quelque temps à Lar, d'où il gagna la côte du golfe Persique. Les fatigues et les privations, jointes à l'insalubrité du climat, altérèrent la santé de Pietro della Valle et celle des personnes qui l'accompagnaient. Sa femme, Sitti Maani, succomba aux atteintes d'une fièvre pernicieuse à Mina, sur la côte, en face d'Ormuz[1]. La guerre que les Portugais soutenaient contre les Persans unis aux Anglais le retint à Lar. Enfin, le 10 février 1624 il put s'embarquer à Bender-Abbassy, sur un navire anglais qui le conduisit à Surate. Après avoir parcouru l'Inde pendant une année, il revint en Europe par la voie de Bassora et d'Alep. Il revit Rome au mois de mars 1626. Le pape Urbain VIII lui accorda une audience dans laquelle Pietro della Valle lui remit un mémoire sur l'état de la Géorgie et sur les moyens à employer pour en faire entrer les peuples dans le giron de l'Église romaine. Urbain VIII, pour reconnaître son zèle, le nomma son camérier d'honneur. Banni

1. Pietro della Valle ramena à Rome le corps de Sitti Maani et lui fit faire des funérailles solennelles dans l'église de Santa Maria d'Ara Cæli. L'éloge funèbre, les épitaphes, les inscriptions, dont quelques-unes sont en syriaque, en arabe, en persan et en turc, ont été recueillis par Rocchi et publiés sous le titre de : *Funerale della signora Sitti Maani Gioerida della Valle, celebrato in Roma l'anno* 1627 *et descritto dal signor Girolamo Rocchi*. In Roma, 1627, in-4°. Ce volume renferme le portrait de Sitti Maani, la représentation du catafalque et le grand sceau de Sitti Maani ayant une double inscription syriaque et arabe.

de Rome pour avoir commis un meurtre en présence du pape, Pietro della Valle reçut sa grâce et mourut dans sa ville natale, le 20 avril 1652.

La relation de ses voyages a été publiée sous le titre de : *Viaggi in lettere familiari al suo amico Mario Schipano divisi in tre parti cioe la Turchia, la Persia e l'India*. Rome, 1650.

Une seconde édition a été publiée en 1662-1663 et une troisième, à Bologne en 1672. Une nouvelle édition du texte italien a été donnée par M. Gancia, en 1843.

Une traduction française, due aux PP. Étienne Carneau et François Le Comte, des *Fameux voyages de Pietro della Valle, gentilhomme romain, dans la Turquie, l'Égypte, la Palestine, la Perse, les Indes orientales et autres lieux*, parut à Paris en quatre volumes in-4°, 1661-1663. Une autre édition, en huit volumes in-12, fut donnée en 1745.

A son retour en Italie, Pietro della Valle avait publié un panégyrique de Châh Abbas : *Delle conditioni di Abbàs, rè di Persia*. Venetia, 1628. Cet ouvrage fut traduit en français par J. Baudoin, sous le titre de : *Histoire apologétique d'Abbas, roy de Perse, traduite de l'Italien de messire Pierre de la Valée*. Paris, 1631.

La relation de Pietro della Valle est formée d'une série de lettres adressées par lui à son ami Mario Schipano, à Naples. Celles qui ont trait à la Perse sont, sans contredit, les plus intéressantes et elles forment plus de la moitié de l'ouvrage. Les voyageurs de la seconde moitié du xviie siècle nous ont donné des descriptions plus détaillées d'Ispahan, de Chiraz et de Persépolis, mais il y a, dans l'ouvrage de Pietro della Valle, un morceau digne de fixer l'attention ; c'est celui qui contient le récit du voyage de l'auteur dans le Mazandéran, ainsi que la description des villes de Kachan, de Sari, de Ferahâbad et du palais d'Échref, que Châh Abbas venait de faire construire pour y passer les hivers, et pour complaire à sa mère qui avait vu le jour dans cette province. En retournant à Ispahan, Pietro della Valle passa à Téhéran, qualifiée par lui de ville des platanes, et qui n'avait d'autre renommée que celle que lui valaient l'abondance et l'excellente qualité de ses fruits. Quelques pages sont aussi consacrées à la description de Qazbin. Pendant son séjour à la cour de Châh Abbas, Pietro della Valle jugea à propos de recommander à ce prince de faire alliance avec les Cosaques dont les ambassadeurs se trouvaient alors à sa cour. Pietro della Valle prétendait qu'avec leur aide le Châh pourrait expulser les Turcs de la mer Noire et amener la chute de Constantinople. Il est, du reste, fort au courant des négociations de Robert Shirley en Espagne, et de celles de Gouvea et de Figueroa en Perse. La septième lettre, écrite d'Ispahan, est consacrée tout entière aux propositions faites par le roi d'Espagne pour l'envoi d'une escadre de cinq galions dans la mer Rouge, à ses réclamations pour que les places conquises dans le golfe Persique lui fussent restituées, ainsi qu'à son désir de conclure une convention pour le commerce des soies. La dernière partie du voyage en Perse nous fournit les détails les plus complets sur l'expédition des Anglais alliés aux Persans, qui amena la conquête de l'île d'Ormuz. Les lettres de Pietro della Valle se lisent avec plaisir et profit, malgré de trop nombreuses digressions qui détournent l'attention du lecteur : l'amour ardent que Sitti Maani avait inspiré à son mari éclate à chaque page de son livre, et il ne cesse de célébrer sa beauté et ses vertus avec les accents de la passion la plus vive.

Grâce à Pietro della Valle nous avons un tableau fidèle de la Perse au commencement du xvii° siècle, une idée exacte du caractère de Châh Abbas et de ses ministres, ainsi que des notions utiles sur le commerce et l'industrie des principales villes de la Perse.

Jean de Laet publia, en 1633 chez les Elzevirs, un volume ayant pour titre : *Persia, seu regni persici status variaque itinera in atque per Persiam, cum aliquot iconibus incolarum.* Cet ouvrage dédié à William Boswell, agent de S. M. Britannique auprès des États généraux des Provinces-Unies, est divisé en deux parties. La première renferme la description topographique des provinces de la Perse et un aperçu sur le climat et sur les productions du sol. Un chapitre nous fait connaître les mœurs, les institutions et les coutumes des habitants ; un autre est consacré à la religion et aux dissentiments religieux qui séparent les Turcs des Persans, et il nous offre le tableau du régime politique, de la puissance et des ressources de l'empire de Perse ; il nous donne aussi l'origine des princes Sèfèvis qui régnaient alors dans ce pays, et il se termine par l'énumération des monarques des anciennes dynasties. La seconde partie de l'ouvrage nous fournit des extraits du voyage de Josaphat Barbaro (1471), de celui de Contarin, ambassadeur de la Seigneurie de Venise à la cour du sultan Ouzoun Hassan (1473), l'itinéraire d'un marchand vénitien extrait des *Navigations* de Ramusio, des fragments du voyage de Cartwright et les deux itinéraires d'Anthony Jenkinson. Nous voyons aussi figurer, dans cette seconde partie, celui de John Newberry qui en 1581 partit d'Alep pour aller à Ormuz et voyagea en Perse, celui de Nicolas Hemmy d'Ormuz à Ispahan, celui de Salbank et de Robert Cowet qui, après leur naufrage sur la côte de Malabar, traversèrent la Perse en 1609 pour rentrer en Europe, celui de Robert Steele, de l'Inde à Bagdad, enfin l'itinéraire de Teixeira, d'Ormuz à Basra, en traversant une partie du Kerman.

Ce petit volume, exécuté avec le soin que les Elzevirs apportaient à leurs publications, est orné de huit gravures sur bois d'une grande finesse, copiées sur des dessins originaux persans.

Un carme déchaussé français, natif du bourg de Malaucène, dans le comtat d'Avignon, le P. Philippe de la Très-Sainte Trinité, fut désigné au mois de février 1629, par le cardinal Barberini, pour aller, en compagnie des PP. Épiphane de Saint-Jean-Baptiste et Ignace de Jésus, s'acquitter en Perse des devoirs d'une mission apostolique. Ils débarquèrent à Alexandrette, traversèrent Alep et Bagdad et arrivèrent à Ispahan le 19 du mois d'août. Le P. Philippe de la Très-Sainte Trinité n'y séjourna que neuf mois. Il reçut l'ordre de se rendre à Basra où, pendant quinze mois, il se livra à l'étude de la langue arabe. Il passa ensuite neuf années dans les Indes, où il exerça le saint ministère et il revint en Europe en 1640, après avoir de nouveau traversé la Perse et avoir visité les saints Lieux de la Palestine.

Le P. Philippe de la Très-Sainte Trinité publia en 1649 son *Itinerarium orientale, in quo varii itineris successus, plures Orientis regiones, earum montes, maria et flumina, series principum qui in eis dominati sunt, incolæ tam christiani quam infideles, populi, animalia, arbores, plantæ et fructus, religiosorum in Oriente missiones ac varii celebres eventus describuntur*. Lyon, 1649.

Le Père Pierre de Saint-André en a donné une traduction française dédiée par lui à Paul-Albert de Forbin, grand prieur de Saint-Gilles : *Voyage d'Orient du R. P. Philippe de la*

Très-Saincte Trinité, carme dechaussé, où il decrit les divers succez de son voyage, plusieurs regions d'Orient, leurs montagnes, leurs mers et leurs fleuves, la chronologie des Princes qui y ont dominé, leurs habitans tant chrestiens qu'infidèles....... composé, reveu et augmenté par luy mesme et traduit du Latin par un Religieux du mesme Ordre. Lyon 1652 et 1669.

Cinq chapitres du second livre du *Voyage d'Orient* contiennent la description des différentes provinces de la Perse. Elle est fort succincte et il n'y a qu'un très mince profit à tirer des renseignements fournis par le P. Philippe. Son ouvrage a eu cependant quelque succès : il a été traduit en italien et publié à Rome en 1666, et l'année suivante à Venise : trois éditions allemandes ont vu le jour à Francfort en 1671, 1673 et 1696.

Le P. Ignace de Jésus, qui accompagnait le P. Philippe de la Très-Sainte Trinité, a publié à Rome, en 1661, une *Grammatica linguæ persicæ*.

Jean-Baptiste Tavernier naquit à Paris en 1605 ; il nous apprend dans l'Introduction, placée en tête de ses *Voyages*, que les conversations des savants et des curieux qui se réunissaient chez son père, Gabriel Tavernier, graveur et éditeur de cartes géographiques, lui inspirèrent, dès sa plus tendre jeunesse, le vif désir de parcourir les pays étrangers. « Ma première sortie du royaume, dit-il, fut pour aller en Angleterre..... d'Angleterre je passay en Flandre pour voir Anvers, la patrie de mon père ; de Flandre, je continuay mon voyage dans les Provinces Unies où l'inclination que j'avois à voyager s'accrut par le concours de tant d'étrangers qui se rendent à Amsterdam de tous les costez du monde. »

Après avoir parcouru l'Allemagne, la Pologne et la Silésie,

passé quelques années en Hongrie, visité Venise, Mantoue, Rome et Naples, Tavernier se trouvait à Ratisbonne en 1636, à l'époque où l'empereur Ferdinand II y faisait couronner son fils, roi des Romains. Tavernier vit dans cette ville le P. Joseph envoyé par le roi Louis XIII ; ce religieux lui proposa d'accompagner l'abbé de Chappes, frère du maréchal d'Aumont et un autre gentilhomme, nommé de Saint-Liebau, qui désiraient se rendre à Constantinople et faire le pèlerinage de Jérusalem. Tavernier accepta avec empressement l'offre qui lui était faite, mais à son arrivée à Constantinople, il se sépara de ses compagnons et, après avoir attendu pendant onze mois le départ d'une caravane, il put enfin se diriger sur Ispahan en traversant l'Anatolie et en passant par Erzroum, Érivan, Tauriz, Qoum et Kachan. De 1636 à 1663, Tavernier entreprit six voyages en Orient. Des spéculations heureuses, le commerce des pierreries, dont il vendit à Louis XIV pour une somme de trois millions, lui assurèrent une fortune considérable ; mais ses revenus ne purent suffire pendant longtemps aux dépenses du train qu'il menait : il emmena avec lui en Orient son neveu qui, au lieu de se rendre aux Indes pour y vendre les marchandises que lui avait confiées son oncle, s'établit à Ispahan et, par ses prodigalités et ses spéculations malheureuses, compromit d'une manière irrémédiable les ressources de Tavernier. Celui-ci, pour satisfaire ses créanciers qui le harcelaient, dut vendre la baronnie d'Aubonne et accepter, en 1684, les offres du Grand-Électeur qui voulait fonder une Compagnie coloniale[1].

---

1. M. Joret, professeur à la Faculté des lettres d'Aix, a publié, en 1885 : *Jean-Baptiste Tavernier, écuyer, baron d'Aubonne, chambellan du Grand-Électeur, d'après des documents nouveaux inédits.* Cet excellent travail nous donne le résumé des voyages de Tavernier et nous fournit des renseignements ignorés jusqu'ici sur le séjour de Tavernier à la cour de Prusse, sur son dernier voyage et sur sa mort à Moscou.

Tavernier mourut à Moscou en 1689. L'itinéraire donné par lui, dans la première partie de ses voyages, est celui de Constantinople à Ispahan, en traversant le nord de l'Asie Mineure (1636).

Le second voyage de Tavernier eut lieu en 1638. Il débarqua à Alexandrette, passa par Alep et Mossoul, et entra en Perse par Hamadan. Dans son troisième voyage (1644), il prit également terre à Alexandrette, et d'Alep se dirigea sur Birédjik, Ourfa, Nissibin, Mossoul, Hamadan pour arriver à Ispahan, après un voyage qui avait duré cinquante-huit jours. Dans son quatrième voyage, qui eut lieu en 1651, Tavernier descendit le Tigre, de Mossoul à Bagdad; de cette ville, il se rendit à Basra où il s'embarqua pour Ormuz. Il nous faut citer aussi l'itinéraire d'Ispahan à Chiraz et à Bender-Abbassy. Le récit des voyages de Tavernier est attachant et offre un intérêt toujours soutenu : il est cependant regrettable que les noms de personnes et de lieux soient généralement transcrits d'une façon peu correcte. Les détails que nous donne Tavernier nous font connaître d'une manière exacte l'état des provinces de la Turquie et de la Perse, l'industrie et le commerce de ces deux grands pays et nous apprenons, par ses relations, que de nombreux Français allaient, au xviie siècle, tenter la fortune dans les différentes contrées de l'Orient.

Tavernier nous a présenté, dans différents chapitres, le tableau de l'administration et du gouvernement de la Perse; il nous fait connaître la religion des Persans, leurs mœurs et leurs coutumes, les croyances des Gaures ou Guèbres, les rites des Arméniens. Les matériaux de ces mémoires lui ont été fournis par le Père Raphaël du Mans et par le Père Gabriel de Chinon. Aucun doute ne saurait subsister à cet égard, car on trouve dans la narration de Tavernier des phrases entières copiées dans la *Relation de la Perse en* 1660[1].

Les deux ouvrages publiés l'un par La Boullaye Le Gouz, l'autre par Poullet ne renferment rien qui soit digne de fixer l'attention. De La Boullaye Le Gouz était né à Baugé en 1610. A l'âge de vingt-trois ans, il se rendit en Angleterre, pour offrir ses services à Charles Ier, puis il visita l'Irlande, Copenhague et les villes du nord de l'Allemagne. A son retour à Paris, il prit la résolution de parcourir l'Orient et, après avoir été à Rome, il alla s'embarquer à Venise pour Constantinople.

Parti de cette capitale, il traversa l'Anatolie, l'Arménie et l'Azerbaïdjan et arriva à Ispahan. Il y séjourna pendant quelque temps et passa dans les Indes avec un capucin son compatriote, le Père Zenon, qui l'accompagna à Goa et à Radjpour. Rappelé en France par des affaires de famille, il fut présenté à Louis XIV qui désira le voir vêtu du costume qu'il avait porté dans ses voyages ; le roi manifesta, dit-on, le désir de lui voir en publier la relation. Elle vit le jour en 1653 et porte le titre de : *Les voyages et observations du sieur de La Boullaye Le Gouz, gentilhomme angevin, où sont décrites les religions, les gouvernemens et situations des Estats et royaumes d'Italie, Grece, Natolie, Syrie, Pales-*

---

1. Le lecteur trouvera, à l'Appendice, n° XLV, pages 342-353, un mémoire anonyme intitulé : *Mémoire et relation d'un voyageur qui a esté en Perse et en Arménie, faisant la relation de ces pays ou commerce qu'on y peut faire ainsy qu'aux Grandes Indes, Mogol, la Chine, Moscovie, Turquie.* Il est dit dans cette relation (page 347) : « Quand Dieu nous donna notre monarque, ce fut moy qui portai ces bonnes nouvelles à Constantinople, Smyrne, Alep, Damas, à la cour du roy de Perse et du Grand Mogol. » Or Tavernier nous apprend que, lorsqu'il s'embarqua à Marseille le 13 septembre 1638, le capitaine de son navire reçut l'ordre de différer son départ pour recevoir les lettres que l'on expédiait en Orient pour annoncer la naissance du Dauphin qui fut Louis XIV. A son débarquement à Alexandrette, Tavernier en donna la nouvelle au consul M. de Brémond et il alla la porter en Perse et dans l'Inde. *Voyages*, tome I, page 142.

tine, Karamenie, Kaldée, Assyrie, Grand Mogol, Bijapour, Indes orientales des Portugois, Arabie, Egypte, Hollande, Grande Bretagne, Irlande, Dannemark, Pologne, isles et autres lieux d'Europe, Asie et Affrique où il a séjourné; le tout enrichi de figures et dédié à l'éminentissime cardinal Capponi. Paris, Clousier, 1653, in-4°.

Une seconde édition parut en 1657. Elle est « augmentée de quantité de bons advis pour ceulx qui veulent voyager ».

La relation de La Boullaye Le Gouz est écrite sans aucune méthode; le style en est fort médiocre et on n'y relève aucun fait méritant d'être signalé. A la fin de son ouvrage, La Boullaye Le Gouz donne la liste des personnes avec lesquelles il s'est trouvé en rapport dans les pays où il a séjourné. Il ne cite, parmi celles qu'il a connues en Perse, que le cadi de Tauriz, un nommé de Forest, huissier de la reine de France, les Pères Vincent et Ambroise, capucins, Legrand, horloger du Châh, Loys et Best, facteurs anglais et un sieur de Saint-Jean, gentilhomme normand. Le volume de La Boullaye Le Gouz est orné de gravures sur bois fort grossièrement exécutées et copiées, pour la plupart, sur des peintures indiennes. Il est fâcheux que celles représentant des Sabéens et quelques localités de l'Arménie soient aussi mauvaises. Deux portraits sont placés en tête du volume. L'un représente de La Boullaye Le Gouz, entre un globe céleste et un globe terrestre, tenant d'une main un bouclier et de l'autre une masse d'armes. On lit au bas de cette gravure : *Portrait du sieur de La Boullaye Le Gouz en habit levantin, connu en Asie et en Afrique sous le nom d'Ibrahim beg, et en Europe sous celuy de voyageur catholique.* » L'autre, gravé sur cuivre, représente l'auteur à mi-corps, à l'âge de vingt-neuf ans.

De La Boullaye Le Gouz retourna en Perse en 1665 ; j'ai consacré quelques lignes au triste rôle qu'il joua pendant le séjour des délégués de la Compagnie des Indes orientales à Ispahan. Dans le mémoire intitulé : *Relation de ce qui s'est passé dans la négociation des députez qui ont esté en Perse et aux Indes, tant de la part du Roy que de la Compagnie françoise pour l'établissement du commerce*, Tavernier parle, dans les termes les plus méprisants, du caractère et de la conduite de La Boullaye Le Gouz qui périt misérablement dans l'Inde, assassiné par un soldat persan.

On ne saurait porter un jugement plus favorable sur les deux volumes publiés par Poullet et qui sont intitulés : *Nouvelles relations du Levant qui contiennent diverses remarques fort curieuses touchant la religion, les mœurs et la politique de plusieurs peuples avec une exacte description de l'empire du Turc en Europe et plusieurs choses curieuses remarquées pendant huit ans de séjour, avec une dissertation sur le commerce des Anglois et des Hollandois dans le Levant. Première partie des voyages du sieur Poullet, enrichie de cartes et de figures.*

Le second volume, dédié au premier président de Lamoignon, contient une *Exacte description de l'Asie Mineure ou Natolie, des deux Arménies, du Courdistan, du Diarbek et autres provinces méditerranées de l'Asie, du royaume de Perse.* A Paris, chez Billaine, 1668, 2 vol. in-12.

Poullet se rendit de Smyrne en Perse, en traversant l'Anatolie. Les détails qu'il donne sur son voyage offrent peu d'intérêt : le style est singulier et le récit souvent interrompu par des digressions fastidieuses. Son mémoire sur le commerce des Anglais et des Hollandais se compose de généralités sans valeur, et ne contient aucun fait précis. Par contre, Poullet nous apprend que les Persans donnent, à Aly, le nom de Samson à cause de sa force : il nous fait savoir aussi qu'à Alep, il avait obtenu d'un de ses amis le secret de la pierre philosophale. Ce secret, ainsi que plusieurs autres qu'il avait achetés, a péri entre les mains du Père Le Clerc, religieux de Sainte-Geneviève. « Le lecteur en croira ce qu'il voudra, dit Poullet ; au reste, l'expérience en estant facile, fort courte et de peu de dépense, le curieux trouvera autant de moyen de se satisfaire que de mon côté je seray ravi de pouvoir contribuer en quelque chose à sa satisfaction, non pas que je prétende luy avoir découvert le secret de faire de l'or, comme ceux de qui je le tiens l'ont prétendu, mais bien celuy de faire des opérations très-considérables, en mettant en pratique les préceptes que je vais luy donner. Il reste une troisième opération qu'on me permettra de taire, à condition néantmoins de la dire et de la faire en présence de celuy qui m'apportera l'un et l'autre de ces deux elixirs qui sont la poudre rouge et l'onguent vert, lesquels tous deux entrent ensemble dans la composition de l'opération. » Poullet nous apprend qu'il fréquenta à Ispahan le Père Raphaël du Mans, et qu'il vit à Tauriz le Père Gabriel de Chinon.

Les cartes et les gravures, qui sont placées dans les deux volumes des *Nouvelles relations du Levant*, ne donnent qu'une idée très imparfaite des contrées et des localités qu'elles doivent représenter.

Les relations des voyages de Jean Thévenot doivent être placées parmi les plus importantes du xviie siècle.

\ Jean Thévenot, né à Paris le 7 juin 1633, fit ses études au collège de Navarre : sa fortune, qui lui assurait une entière indépendance, lui permit de satisfaire son goût pour les voyages. Il s'éloigna de Paris, à peine âgé de dix-neuf ans, dans le but de visiter l'Angleterre, la Hollande et l'Allemagne. Il se rendit aussi en Italie et fit, à Rome, la connaissance de d'Herbelot avec lequel il projeta de parcourir l'Orient. Des affaires importantes ne permirent pas à d'Herbelot d'accompagner Thévenot qui partit seul pour Constantinople. Il y demeura pendant un an, visita les principales villes de l'Anatolie, explora l'Égypte et revint en France au mois d'avril 1656.

Sept années s'étaient écoulées lorsqu'il alla à Marseille s'embarquer pour Alexandrie : d'Égypte il passa en Syrie et vit successivement Sayda, Damas, Alep et Mossoul : il descendit le Tigre jusqu'à Bagdad et pénétra en Perse par la route d'Hamadan. A Ispahan, il fut, pendant cinq mois, l'hôte du Père Raphaël du Mans ; puis il se dirigea sur Bender-Abbassy ; mais n'ayant pas trouvé dans ce port un navire qui pût le conduire aux Indes, il retourna à Chiraz et alla étudier les ruines de Persépolis. Il redescendit ensuite vers la côte du golfe Persique, et il prit passage, à Bender-Rig, sur un bâtiment anglais qui le transporta à Basra. Au mois de février 1667, il revint à Bender-Abbassy, puis à Chiraz. Il revit les ruines de Persépolis où il rencontra Chardin, Tavernier et Daulier-Deslandes. Il avait le projet de revenir en Europe par les provinces du nord de la Perse, et il était entré dans la province de l'Azerbaïdjan, lorsque la maladie le força de s'arrêter à Mianèh, l'anciennne *Atropatena*, à quelque distance de la montagne de Qafilan-Kouh.

Il y mourut le 28 novembre 1667 [1].

La première partie des voyages de Thévenot est intitulée :

---

1. Ses ossements furent exhumés par François Pétis de La Croix à son passage à Mianèh. Il les transporta à Tauriz et les fit inhumer dans le cimetière des capucins.

Relation d'un voyage fait au Levant dans laquelle il est curieusement traité des Estats sujets au Grand Seigneur, des mœurs, religions, forces, gouvernemens, politiques, langues et coustumes des habitans de ce grand empire et des singularitez particulières de l'Archipel, Constantinople, Terre Sainte, Egypte, Pyramides, mumies, désert d'Arabie, la Meque et plusieurs autres lieux de l'Asie et de l'Affrique, remarquées depuis peu, et non encore décrites jusques à présent, outre les choses memorables arrivées au dernier siège de Bagdad, les ceremonies faites aux réceptions des ambassadeurs du Mogol et l'entretien de l'auteur avec celuy du Pretejan où il est parlé des sources du Nil, par M. Thevenot. Paris, Claude Barbin, 1664, in-4°. Ce volume est dédié à Mme Faret, sa mère; il est orné d'un joli portrait de l'auteur en costume oriental, dessiné par Chauveau et gravé par Étienne Picart. Au bas de cette gravure on lit ces deux vers :

> Amy, tu connoitras l'autheur par ce portrait
> Tu ne sçaurois trouver voyageur plus parfait.

La relation du voyage est précédée d'un *ghazel* ou pièce de vers turcs : cette composition bizarre a été traduite en vers français par son auteur qui a signé : La Croix Paitis, premier secrétaire du roy en langue turquesque. On lit, en tête de la seconde partie qui a paru en 1674, une lettre de Petis de la Croix ayant pour sujet quelques points d'érudition orientale. Ils sont relatifs à la manière dont Chardin a transcrit quelques mots persans dans son *Couronnement de Solyman*, et à l'étymologie des mots *Sarrazin* et *Sofy*. La troisième partie, qui contient la description de l'Indoustan, n'a vu le jour qu'en 1684.

Les voyages de Thévenot ont eu de nombreuses éditions.

Ils ont été réimprimés à Rouen, en cinq volumes in-12, en 1689, à Amsterdam en 1705, 1725 et 1727. Il en a paru, à la fin du xviie siècle, des traductions anglaise, hollandaise et allemande.

Le style de Thévenot est agréable, les sujets qu'il traite sont bien coordonnés. Thévenot savait le turc et avait une teinture de la langue persane : aussi les noms étrangers, cités dans son récit, sont-ils transcrits correctement. Sa description d'Ispahan est excellente, ses remarques sur les croyances, les mœurs et les coutumes des Persans sont d'une rigoureuse exactitude, et tout me porte à croire qu'il a profité, pendant son séjour dans la capitale de la Perse, des connaissances et de l'expérience du Père Raphaël du Mans, son hôte.

Pendant que Thévenot était à Ispahan, Tavernier y était arrivé accompagné par Daulier-Deslandes. Ce personnage, originaire de Montoire en Vendômois, avait été chargé, par quelques négociants français, de rechercher les moyens d'établir des relations commerciales avec la Perse. Les délégués de la Compagnie des Indes orientales virent d'un mauvais œil les démarches de Daulier-Deslandes; ce dernier accusa aussi Tavernier d'avoir eu des procédés désagréables pour lui. Il rentra en France en 1666, et fut nommé directeur des affaires de la Compagnie à Bordeaux. Il n'occupa ce poste que pendant fort peu de temps. En 1672, il fit paraître *Les Beautez de la Perse ou Description de ce qu'il y a de plus curieux dans ce royaume par A. D. D. V.* (André Daulier-Deslandes, Vendômois) *avec une relation de quelques aventures maritimes de L. M. P. R. D. G. D. F.* (Louis Marot, pilote réal des galères de France). Daulier-Deslandes a dédié son ouvrage « aux honnestes gens » : la lecture en est facile et toutes les descriptions de villes et de monuments se font remarquer par leur exactitude. Sept planches, dessinées par Daulier-Deslandes, ajoutent du prix à ce joli volume.

Je ne dirai que peu de mots du célèbre Jean Chardin ; l'ouvrage qu'il a consacré à ses voyages en Perse, à la description de cet empire, aux croyances, aux mœurs, au gouvernement, à l'administration, à l'organisation sociale de ses peuples, est demeuré classique, malgré quelques imperfections. C'est le livre qui nous fait le mieux connaître l'esprit de la nation persane, et il doit être entre les mains de toute personne désireuse d'étudier une époque brillante de l'histoire des souverains Sèfèvis.

Jean Chardin naquit à Paris, le 24 janvier 1643 : son père était un riche joaillier, établi place Dauphine. Chardin n'avait point atteint l'âge de vingt-deux ans, lorsque son père l'envoya à Surate pour y faire certaines opérations commerciales. Il traversa la Perse et alla s'embarquer à Ormuz. Ce premier voyage fut de courte durée : revenu à Paris, il n'y demeura que peu de temps et, en 1665 il repartit pour la Perse où il devait séjourner pendant cinq ans. Les bijoux qu'il présenta à Châh Abbas plurent tellement à ce prince qu'il conféra à Chardin le titre de marchand du roi, titre qui lui valut ses entrées à la cour, ainsi que la considération et la clientèle des grands seigneurs.

A son retour à Paris en 1670, Chardin fit imprimer *Le couronnement de Soleïmaan, troisieme roy de Perse et ce qui s'est passé de plus mémorable dans les deux premières années de son règne*. Ce volume fut mis en vente l'année suivante par Claude Barbin. En 1671, Chardin partit de nouveau de Paris, emportant une nombreuse collection de bijoux, d'objets rares et précieux qui lui étaient confiés par son père et par une riche marchande, nommée Mme Lescot. Son séjour en Perse se prolongea pendant près de dix ans; il revint en Europe par la voie du cap de Bonne-Espérance et débarqua en Angleterre, le 14 avril 1681. Dix jours après son arrivé, Charles II le créait chevalier pour le récompenser des services qu'il avait rendus en Perse, aux agents de la Compagnie des Indes orientales. Peu de temps après, Chardin épousait une jeune fille de Rouen, sa coreligionnaire, réfugiée en Angleterre. Pendant son séjour à Londres, Chardin donna tous ses soins à la publication de ses Voyages. Il venait d'en faire paraître le premier volume en 1686, quand le roi d'Angleterre l'envoya en Hollande, en qualité de ministre plénipotentiaire et d'agent de la Compagnie anglaise auprès des États. Ces fonctions ne lui firent point abandonner ses travaux littéraires. Il publia deux éditions de ses Voyages en 1711.

L'époque de son retour en Angleterre est inconnue, mais nous savons la date de sa mort. Il mourut, dans les environs de Londres, le 20 janvier 1713, à l'âge de soixante-neuf ans.

Chardin a donné, dans la préface de ses Voyages, les renseignements que je transcris ici. « Je partis de Paris, dit-il, pour le premier (voyage) en 1664 et je n'y retournai qu'en 1670, ayant resté environ six années entières dans l'Orient, mais la plupart du temps en Perse, où mes affaires m'attachoient plus particulièrement. J'avois rapporté de ce voyage autant ou plus de mémoires qu'aucun des autres voyageurs qui m'avoient précédé dans cette route, et je savois plus de persan que tous ceux qui, jusqu'alors, avoient fait quelque description de ce grand royaume. Néanmoins, ne me croyant pas encore assez instruit pour en faire imprimer des relations suffisamment circonstanciées je me contentai de publier simplement un recueil de divers événements dont j'avois été spectateur, auquel je donnai le titre de *Couronnement de Soliman III, roi de Perse*. Cette pièce, détachée du corps de mes mémoires, fut imprimée à Paris, chez Claude Barbin en 1671, in-12. Il n'y a point eu d'autre relation de mon premier voyage.

« Je commençai le second en 1671 et ne l'achevai qu'en 1677. La forte envie que j'avois de bien connoitre la Perse et d'en donner des relations exactes et fidèles, me fit employer tout ce temps à étudier, le plus qu'il me fut possible, la langue du pays, à connoitre avec exactitude les mœurs et les coutumes de ses peuples, à fréquenter et suivre régulièrement la cour, à y converser avec les grands et avec les savans, et enfin à y examiner soigneusement tout ce qui pouvoit mériter la curiosité de notre Europe, par rapport à un grand et vaste pays que nous pouvons appeler *un autre monde*, soit par la distance des lieux, soit par la diversité des mœurs et des manières. En un mot, je pris tant de soin et de peine à m'instruire de ce qui regarde la Perse que je connois, par exemple, Ispahan mieux que Londres, quoique j'y sois établi depuis plus de vingt-six ans ; que je parle le persan avec autant de facilité que l'anglois et presque aussi aisément que le françois ; que j'ai vu presque tout ce grand empire, l'ayant entièrement traversé dans sa longueur et dans sa largeur et ayant parcouru ses mers Caspienne et Océane d'un bout à l'autre, et ses frontières en Arménie, en Ibérie, en Médie, en Arabie, et vers le fleuve Indus ; et qu'à l'égard du peu d'endroits où je n'ai point été moi-même, je m'en suis tellement informé, que je croirois, par manière de dire, m'y reconnoitre si j'y étois soudainement transporté. C'est ainsi que j'ai ramassé les matériaux dont sont composées les relations de mon second voyage et voici l'ordre que je leur ai donné.

« Elles sont divisées en dix volumes : le Ier volume contient une espèce de journal de ce qui m'est arrivé et de ce que j'ai rencontré de plus remarquable dans mon voyage depuis Paris jusqu'en Mingrélie.

« Le IIe continue ce journal de Mingrélie à Tauris.

« Le IIIe le continue de Tauris à Ispahan.

« Ces trois premiers volumes contiennent la relation entière de mon voyage de Paris à Ispahan. Cette relation, qui commence au mois d'août 1671, et finit avec l'année 1673, avoit déjà vu le jour. Je la fis imprimer à Londres chez Moses Pitt en 1687, in-folio, sous ce titre : *Journal du voyage du chevalier Chardin en Perse et aux Indes orientales par la mer Noire et par la Colchide*. On la réimprima d'abord à Amsterdam en deux différens endroits ; savoir, chez Abraham Wolfgang en un volume in-12 et chez Jean Wolters et et Isbrand Haring, aussi en un volume in-12. On la réimprima encore l'année suivante à Lyon, chez Thomas Amaulry en deux volumes in-12, mais avec quelques changemens. Le plus considérable est qu'on en chargea toutes les marges d'argumens, dans lesquels on me fait parler assez souvent tout autrement que je ne devois naturellement le faire, et où l'on me fait quelquefois contrarier ce que j'avois rapporté dans le corps de l'ouvrage. Enfin, la voici pour la cinquième fois, mais retouchée en tant d'endroits et si considérablement augmentée, qu'on peut, en quelque façon, la regarder comme un nouvel ouvrage. Je n'en donnerai point d'autre preuve que la relation de la religion des Mingréliens, du Père Dom Joseph-Marie Zampi, préfet des Théatins, missionnaire en

Mingrélie, que je donne ici tout au long au lieu que je n'en rapportois que quelques extraits dans ma première édition. Ces différentes augmentations ne sont pas moins dignes de la curiosité du public que ce que je lui avois déjà donné ; et si mon ouvrage a mérité le jugement avantageux qu'en a porté l'illustre M. Bayle dans ses mois de septembre et d'octobre 1686, des *Nouvelles de la république des lettres*, lorsque je le mis au jour, j'ose croire qu'on le recevra maintenant avec d'autant plus d'agrément et de satisfaction, que je le donne ici dans un beaucoup meilleur état. On ne sera peut-être pas fâché de savoir que cette première partie a été traduite en anglois, en flamand et en allemand. La traduction angloise a été imprimée à Londres chez Moses Pitt en 1686 *in-folio*. La flamande l'a été à Amsterdam chez Sander van de Jouwer en 1687 in-4, et l'allemande à Leipsik chez Thomas Fritsch en 1687 aussi in-4°.

« Le IVe volume contient une description générale de l'empire de Perse, de son gouvernement, de ses lois et des mœurs et coutumes de ses habitans.

« Le Ve contient une description des arts et des sciences des Persans, de leur industrie et de leur habileté, tant dans la mécanique que pour tout ce qui regarde la vie civile.

« Le VIe contient la description de leur gouvernement politique, militaire et civil.

« Le VIIe contient la description de la religion qu'ils professent, tirée tant de leur culte public que de leurs livres les plus authentiques dont on donne des extraits fidèles.

« Le VIIIe contient une description particulière de la ville d'Ispahan, capitale de l'empire de Perse, enrichie de seize planches ou tailles-douces des plus beaux édifices et autres monumens de cette grande ville, dessinés sur les lieux par le sieur Grelot.

« Le IX° contient la relation d'un voyage particulier que je fis en 1674 d'Ispahan à Bander-Abbassi, port célèbre des Persans, dans le voisinage d'Ormus.

« On trouvera dans ce volume, entre les autres curiosités, les magnifiques ruines de Persépolis, cette ville si fameuse des anciens Perses, gravées en vingt-deux planches et décrites fort exactement, avec des remarques pour faire mieux entendre ces admirables masures qui sont un des plus beaux restes de l'antiquité.

« Et le Xe enfin contient le second voyage que je fis en 1674 d'Ispahan à Bander-Abbassi et diverses particularités de la cour de Perse dont je n'avois point encore eu lieu de parler.

« Tel est le plan de mes relations et c'est pour la première fois que j'en publie les sept derniers volumes. Délivré désormais du soin de les faire imprimer, je vais m'appliquer incessamment à la publication de ma Géographie persane, de mon Abrégé de l'histoire de Perse, tiré des auteurs persans et de mes notes sur divers endroits de l'Écriture-Sainte. »

Chardin ne put faire paraître aucun de ces ouvrages qu'il annonçait au public.

Ses voyages furent réimprimés trois fois depuis sa mort; une première fois à Rouen (Paris) en 1723. Cette édition est d'une exécution médiocre; celle qui parut en 1735 à Amsterdam, en quatre volumes in-4°, est la plus estimée : on y a ajouté le *Couronnement de Soliman III, roy de Perse*, et un certain nombre de passages qui avaient été supprimés dans les éditions précédentes. Enfin, M. Langlès, professeur de persan à l'École spéciale des Langues orientales vivantes, a publié, en 1810, une nouvelle édition dans laquelle il a rectifié la transcription défectueuse des mots arabes, persans et turcs cités par Chardin : il a ajouté aussi des notes tirées des auteurs orientaux.

Bedros Bedik appartenait à une famille arménienne originaire de la ville de Kilis en Anatolie. Son grand-père avait été décapité par ordre de Khalil Pacha, pour avoir refusé d'embrasser l'islamisme. Son père, dont il était le douzième enfant, avait dû, à la suite de dénonciations calomnieuses, se réfugier en Perse. Il put cependant revenir plus tard à Kilis, et c'est dans cette ville que Bedros Bedik vit le jour.

Il perdit son père à treize ans et fut placé sous la tutelle de sa mère. Le gouverneur de Kilis ayant reçu l'ordre de l'arrêter et de le faire conduire à Constantinople, sa mère réussit à le cacher et elle le confia à des gens sûrs qui l'amenèrent secrètement à Alep où il trouva un asile au consulat de France, auprès de M. François Picquet. Celui-ci voulait l'envoyer en France, mais il céda aux conseils de l'évêque de Hieropoli, carme déchaussé qui se rendait aux Indes, et qui le détermina à faire partir l'enfant pour Rome où il fut placé dans le Collège d'Urbain VIII ; il y acheva ses études sous la protection des cardinaux Rospigliosi et Barberini. Bedros Bedik accompagna en Perse l'évêque de Nakhtchivan, Matthieu de Avanic, chargé par le pape, le roi de France et le doge de Venise de remettre des lettres au Châh, et, à son retour en Europe, il publia l'ouvrage intitulé : چهیل ستون *Cehil Sutun, seu Explicatio utriusque celeberrimi ac pretiosissimi theatri quadraginta columnarum in Perside Orientis, cum adjecta fusiori narratione de Religione, moribusque Persarum et eorumdem vivendi modo, populis vicinis aliisque de hac Orientali Natione famosissima scitu dignis. Augus-*

tissimo ac invictissimo Leopoldo primo, Romanorum Imperatori, Germaniæ, Hungariæ, Bohem. regi, etc., Domino Domino clementissimo ab authore, ejusdem Sacratissimæ Majestatis humillimo atque perpetuo servo et cliente, pro tunc ad limina Aulæ augustiss. degente, Petro Bedik, nobili Pers-Armeno, olim Venerabilis Collegii Urbani VIII de propaganda fide in literaturis Artium et SS. Theologiæ alumno, exinde verò per plures annos gravissimorum pro Christianitate Orientis negotiorum fideli zelatore dicata et consecrata

DVM feLIX aVstrIæ prInCeps natVs. (1678.)

Viennæ Austriæ typis Leopoldi Voigt, Universitatis Typogr.

L'ouvrage de Bedros Bedik est divisé en trente-trois *articuli* ou chapitres écrits sans beaucoup de méthode : les deux premiers nous offrent la description du palais que fit construire Cyrus à Persépolis, et celle du palais élevé par l'ordre de Châh Abbas à Ispahan. Un autre est consacré à Mahomet et à la propagation de l'islamisme. Un chapitre intéressant est celui dans lequel Bedik nous décrit les différents trésors et la bibliothèque du Châh. Il visita, en compagnie du P. Raphaël du Mans, le cabinet d'armes royal. Bedik nous fournit des renseignements curieux sur les communautés arméniennes de la Perse et sur les négociations qui furent entamées, en 1678, au couvent d'Etchmiazin pour amener l'Église arménienne à reconnaître la suprématie de la cour de Rome ; il nous instruit de l'état de la province de Nakhtchivan, où dix villes ou gros bourgs avaient été convertis à la foi catholique par les Dominicains.

Je dois avouer que la dédicace persane à l'empereur Léopold est d'un style fort médiocre et qu'elle fourmille de fautes ; l'orthographe des mots persans laisse aussi beaucoup à désirer. Bref, les connaissances de Bedros Bedik en persan ne devaient pas s'élever au-dessus de celles qui sont nécessaires à une conversation en langage vulgaire.

Je dois mentionner ici le nom de François Pétis de la Croix, bien que les ouvrages qu'il a traduits du persan n'aient vu le jour que dans les premières années du xviii⁰ siècle. François Pétis de la Croix était le fils de Pétis, secrétaire interprète du roi. Il naquit à Paris en 1653 et, en 1670, il reçut de Colbert l'ordre de se rendre dans le Levant pour y étudier l'arabe, le turc et le persan. Après avoir fait ses études d'arabe à Alep, Pétis de la Croix quitta cette ville le 1ᵉʳ avril 1675 pour se rendre en Perse par Diarbekir, Mossoul et Bagdad. Il descendit le Tigre et, arrivé à Gourna, il s'embarqua sur le Chatt el-Arab, visita Basra et débarqua à Bender-Rig. Il remonta à Chiraz et arriva à Ispahan le 8 août 1674. Il resta dans la capitale de la Perse jusqu'au 20 juin 1676, occupé à l'étude de la langue persane et à la lecture du *Mesnevy* de Djelal eddin Roumy, sous la direction du cheikh Moukhlis, supérieur des Mevlevis d'Ispahan.

Il se rendit à Constantinople par Kachan, Qoum, Sultanièh, le Kurdistan et l'Asie Mineure. Son séjour à Constantinople se prolongea pendant quatre années.

Rentré en France, il obtint la survivance de son père en 1692, et la chaire d'arabe au Collège royal. Pétis de la Croix mourut en 1713. Il traduisit du persan *L'histoire de Timurbec, connu sous le nom de Tamerlan, ...écrite en persan par Cheref Eddin Ali.* Paris, 1722, 4 vol.[1], et les *Mille et un jours*, contes persans, 5 volumes, 1710 et années suivantes. Ces contes, tirés en grande partie du *Faradj ba'd*

---

1. L'abbé Goujet a donné la liste des ouvrages soit publiés, soit demeurés manuscrits, de F. Pétis de la Croix, dans son *Mémoire historique et littéraire sur le Collège royal de France*, Paris, 1758, t. III.

Echchidèh, فرج بعد الشدة de Mehemmed Haleby, sont traduits non du persan, mais du turc. Pétis de la Croix a laissé manuscrits un *Etat de la Perse,* une *Histoire de Louis XIV par les médailles* en persan, un récit de la campagne de Hollande en 1672. Le journal de son voyage en Orient dédié à M. Phelipeaux, secrétaire d'État, a été publié en 1810 par M. Langlès, à la suite de la *Relation de Dourry Efendy, ambassadeur de la Porte ottomane auprès du roi de Perse,* sous le titre d'« *Extrait du journal du sieur Petis, fils, professeur en arabe, et secrétaire interprète entretenu en la marine, renfermant tout ce qu'il a vu et fait en Orient, durant dix années qu'il y a demeuré par l'ordre de Sa Majesté, présenté à Monseigneur Phelippeaux, secrétaire d'État en 1694*[1]. »

Je mentionnerai, sans m'y arrêter longtemps, les voyages de Jans Janszoon Strauss ou Struys, bien qu'ils aient eu quatre éditions à la fin du XVIIe siècle et au commencement du XVIIIe. Après une jeunesse aventureuse, Strauss se résolut à s'embarquer à bord d'un des navires que le Czar faisait équiper à Astracan, pour se rendre sur les côtes de Perse. Le bâtiment, à bord duquel il avait pris passage, échoua sur la côte du Daghestan. Réduit en esclavage avec ses compagnons par un chef tatare, Strauss fut vendu, à Chemakhy, à un Persan qui le céda à un Géorgien se donnant comme ambassadeur du roi de Pologne. Au bout d'un an, il recouvra sa liberté en se rachetant, et se joignit à une caravane qui se rendait à Ispahan. Il visita Chiraz et s'embarqua pour Batavia à Bender-Abbassy. A son retour en Europe en 1673, il se retira dans le Ditmarsch où il mourut en 1694. Ses voyages ont été publiés en hollandais, en 1677. Ils ont été traduits en

---

1. *L'Histoire du grand Gengiscan, empereur des anciens Mogols,* publiée en 1710, a été écrite, d'après l'ordre de Colbert, par le père de F. Pétis de la Croix.

français et ont paru à Amsterdam en 1681, à Lyon en 1682, et de nouveau à Amsterdam en 1718 et 1720. Cette dernière édition est la meilleure; elle est intitulée : *Les voyages de Jean Struys en Moscovie, en Tartarie, en Perse, aux Indes et en plusieurs autres païs étrangers accompagnez de remarques particulières sur la qualité, la religion, le gouvernement, les coutumes et le négoce des lieux qu'il a vus ; avec quantité de figures en taille douce dessinées par lui-même et deux lettres qui traitent à fond des malheurs d'Astracan par M. Glanius*. Il a paru une dernière édition à Rouen en 1724. Les dessins de Struys ne méritent pas que l'on y arrête les yeux. Dans ceux qui représentent Chiraz et surtout Persépolis, notre voyageur a suivi tous les écarts de sa fantaisie.

Le troisième volume est terminé par le « Récit du naufrage d'un vaisseau hollandois nommé le *Ter Shelling* vers la côte de Bingala ».

Engelbert Kæmpfer naquit en 1651, à Lemgo, petite ville du comté de Lippe, où son père exerçait le ministère évangélique. Après avoir achevé de brillantes études, il alla en Suède, et, sur la recommandation de Puffendorf, il fut nommé secrétaire de Louis Fabricius qui devait se rendre en Russie et en Perse, chargé d'une mission diplomatique.

La réception de l'ambassade de Suède à Moscou fut magnifique et, après avoir descendu le Volga, traversé la mer Caspienne, le Guilan et l'Azerbaïdjan, l'ambassadeur fit son entrée à Ispahan, au mois de mars 1684. Louis Fabricius ayant reçu son congé du Châh, Kæmpfer se décida à ne point retourner en Europe et, sur les conseils du Père Raphaël du Mans, il accepta la place de médecin de l'escadre hollandaise qui croisait dans le golfe Persique. Il passa deux années à Goumroun et y fut atteint par les fièvres qui désolent ces parages. Il put se rétablir et, en 1688, il prit passage sur un des vaisseaux de la flotte qui faisait voile pour se rendre à Batavia. Il est hors de mon sujet de faire l'éloge des travaux entrepris par Kæmpfer pendant son séjour au Japon. Je ne dois parler que de la première partie de l'ouvrage qu'il fit paraître en 1712 à Lemgo, sous le titre de : *Amœnitatum exoticarum politico-physico-medicarum fasciculi V quibus continentur variæ relationes, observationes et descriptiones rerum persicarum et ulterioris Asiæ multa attentione in peregrinationibus per universum Orientem collectæ.* Le premier fascicule est consacré à la personne de Châh Suleyman alors régnant, à une description générale de la Perse, au couronnement du Châh et à une énumération détaillée de tous les fonctionnaires et de tous les dignitaires de l'administration et de la cour persanes. Kæmpfer nous donne ensuite une description des palais, des maisons de plaisance et des jardins royaux : il nous initie à l'organisation intérieure du harem du roi. La seule partie vraiment originale du premier fascicule est le chapitre XVI, dans lequel Kæmpfer rend compte de l'audience accordée à Fabricius et à d'autres ambassadeurs et du banquet qui suivit cette réception.

Le deuxième fascicule nous fournit des renseignements sur la mer Caspienne, sur la presqu'île d'Okesra et sur la ville de Bakou et ses sources de naphte, alors peu connues.

Kæmpfer nous donne encore la description d'une tour élevée à Ispahan et formée par les cornes de mouflons et de gazelles tués dans les chasses royales. Il s'étend longuement sur les bas-reliefs auxquels les Persans ont donné le nom de Naqchi-Roustem, et sur les ruines des édifices de Persépolis. Il faut noter aussi la description des tombeaux de Saady et de Hafiz, à Chiraz, et quelques digressions sur des sujets d'histoire naturelle. La fin du second fascicule, ainsi que les trois derniers que contient son ouvrage, sont consacrés au Japon. Il est à regretter que les gravures, qui sont placées dans cet excellent ouvrage, soient si mal exécutées et que l'orthographe d'un grand nombre de mots, écrits en caractères persans, soit fautive.

Les derniers voyageurs en Perse du xviie siècle sont trois Pères de la Compagnie de Jésus qui, partis en 1699, pour aller remplir aux Indes une mission apostolique, traversèrent la Perse depuis Érivan jusqu'à Bender-Abbassy. Ils s'arrêtèrent à Ispahan et à Chiraz, et ils font mention des verreries qui étaient établies dans cette dernière ville. Leur relation est ornée de quelques gravures copiées sur des dessins persans; elles donnent une juste idée des costumes de cette époque. A leur retour en Europe, les PP. Schillinger, Weber et Mayr publièrent le récit de leurs voyages sous ce titre : *Persianische und Ost-Indianische Reis welche Frantz Caspar Schillinger von Ettlingen in der Marggraffschafft Baaden, mit P. Wilhelm Weber und P. Wilhelm Mayr, aus der Societät Jesu, durch das Türkische Gebiet im Jahr* 1699 *angefangen und* 1702 *vollendet : Darbey ein warhaffter Bericht etlicher Begebenheiten, die sich Zeit solcher vier-jährigen Reise zu Land und zu Wasser mit ihm, und anderen seinen Mitgefehrten zugetragen : neben Beschreibung vieler Orientalischen Völckern; dero Landschafften, Religion, Policeye, Gebräuch, Sitten, Art, Tracht, Weis und Manier unter sich und mit denen Frembden zu leben : mit beygesetzter Darstellung deren zahmen und wilden Thieren in Indien, wie auch Vöglen, Fischen; verwunderlicher Früchten, Erd- und See Gewächsen, u. s. w. Von obengemeldtem Authore aufgezeichnet; durch einen guten Freund in gegenwärtige Ord-*

nung verfasset, und einem Reisliebendem Leser zu Gefallen vorgeleget. Cum permissu Superiorum. Nürnberg, In Verlegung Johann Christoph Lochners, Buchhändlers. An. 1707.

« Voyage de Perse et des Indes orientales que François-Gaspard Schillinger d'Ettlingen dans le margraviat de Bade, en compagnie du P. Guillaume Weber et du P. Guillaume Mayr, de la Société de Jésus, a commencé à travers les pays turcs en 1702 : avec une relation véritable de divers événements qui se sont passés durant le dit voyage de quatre années, accompli par lui et par ses compagnons sur terre et sur mer, avec la description de beaucoup de peuples orientaux, de leurs contrées, de leur religion, état, mœurs, coutumes, costume, manière d'être entre eux et avec les étrangers. On y a joint les figures des animaux domestiques et sauvages de l'Inde, ainsi que celles des oiseaux et des poissons, des fruits remarquables, des plantes de terre et de mer, notés par l'auteur ci-dessus nommé et rédigés dans l'ordre présent par un bon ami et offert à l'agrément du lecteur amateur de voyages. Nurenberg ; édité par Jean Christophe Lochner, 1707.

Je ne crois point inutile, avant de mettre sous les yeux du lecteur les quelques renseignements que j'ai pu recueillir sur le P. Raphaël du Mans, de jeter un rapide coup d'œil sur les travaux qui, au xviie siècle, ont eu pour objet l'étude de la langue, de la littérature ou de l'histoire persanes.

Les religieux de l'ordre des Hermites de Saint-Augustin, établis dans l'Inde depuis les conquêtes des Portugais, avaient dû cultiver le persan qui était, non seulement, la langue officielle, mais encore celle de la société instruite. J'ai déjà cité les noms des PP. Moralès et Gouvea. Le P. Jérôme-Xavier, de la Compagnie de Jésus, avait été appelé à Agra par

Châh Akbar, et invité, par ce prince, à écrire une vie du Messie. Le P. Jérôme-Xavier, qui depuis huit ans étudiait le persan, s'adjoignit, pour ce travail et pour ceux qu'il publia dans la suite, un savant de Lahore, nommé Abdel Samad Qassim. Il acheva, avec son aide, l'*Histoire du Messie* داستان مسیح et une *Histoire de saint Pierre* داستان پدرو. Sous le règne de Djihanguir, successeur d'Akbar, le P. Jérôme-Xavier dut se rendre à la cour à Lahore, et il y composa un traité intitulé : *Le miroir qui montre la vérité* آیینهٔ حق نما qu'il dédia à ce souverain, et dans lequel il expliquait les dogmes de la religion chrétienne et réfutait les erreurs de l'islamisme. Cet ouvrage pénétra en Perse et un savant d'Ispahan, Mirza Ahmed, fils de Zeïn oul Abidin el Alevy, écrivit et dédia à Châh Abbas un ouvrage de controverse pour retorquer les arguments du P. Jérôme-Xavier. Il le termina en l'année 1031 de l'hégire (1621) et l'intitula : *Les clartés divines pour la réfutation des erreurs chrétiennes* اللوامع الربانية فى رد الشبهة النصرانية [1]. Une copie de l'Histoire du Messie et de l'Histoire de saint Pierre parvint entre les mains de Louis de Dieu, qui avait été ministre de l'église réformée française de Flessingue, et avait étudié avec succès les langues hébraïque et persane. Louis de Dieu donna tous ses soins à la traduction latine de ces deux manuscrits et il la fit paraître, en 1639, avec le texte original [2]. Il a noté en

---

1. Le P. Guadagnoli a publié, en 1631 à Rome, une réfutation des objections de Mirza Ahmed ben Zeïn oul Abidîn. *Apologia pro christiana religione qua a R. P. Philippo Guadagnolo Malleanensi, clericorum regula minorum S. Theologiæ et arabicæ linguæ professore, respondetur ad objectiones Ahmed filii Zin Alabidin, Persæ Asphahanensis, contentas in libro inscripto Politor speculi*. Romæ, 1631.

2. *Historia Christi persicè conscripta, simulque multis modis contaminata a P. Hieronymo Xavier Soc. Jesu, latinè reddita et adversionibus notata*. Lugduni Batavorum. *Historia Petri, persicè conscripta, simulque modis contaminata et brevibus annotationibus notata a Ludovico de Dieu*. Lugduni Batavorum, 1639.

Louis de Dieu dit à propos de l'histoire du Messie : « Inciderat in manus nostras

marge toutes les fautes qu'il a cru devoir y relever et, dans les remarques et les notes qu'il a placées à la fin de chaque ouvrage, il a signalé les écrits apocryphes et les légendes fabuleuses dont le Père Jérôme-Xavier avait admis l'authenticité.

Pendant que Jean de Dieu préparait ces deux éditions, il composait une grammaire persane à la suite de laquelle il plaçait la traduction persane faite par Jacques Tawus, des deux premiers chapitres de la *Genèse*[1].

Gilbert Gaulmyn, maître des requêtes de l'hôtel du roi, faisait paraître en 1641, la dédicace au cardinal de Richelieu de la traduction de l'ouvrage de Hamdoullah Moustaufy Qazbiny, intitulé : *Nouzhet oul qouloub* نزهة القلوب, qu'il se proposait de publier. Je mets en note le titre de cet opuscule qui contient aussi deux pièces de vers, l'une pour célébrer les succès obtenus en Piémont, l'autre, pour glorifier la prise d'Arras[2]. Gaulmyn définit ainsi l'ouvrage de Hamdoullah Qazbiny : « Universi sapientia est quæ Universi sapientissimo dicari debuit, cœlorum, terrarum, lapidum, arborum, animantium, urbium, regnorum doctrinam, spatia, originem, opes, vires, moresque qua militares, qua civiles continet. Hamed Alla Casbinensis persicâ linguâ descripsit dignissimum animi tui magnitudine et gallici quam meditaris imperii amplitudine argumentum »[3].

Gilbert Gaulmyn aurait, dit-on, revu la traduction de

---

hic ab Hieronymo Xaviero, Jesuita, in gratiam Mongolensium, Persica lingua conscriptus de rebus Servatoris nostri Christi liber, quem ut fabulis ac superstitionibus idolatricis refertum esse suspicabamur, ita eas orbi christiano nunc detegimus quod sicut a munere nostro non est alienum, sic nec Reipubl. Christianæ inutile, nec patriæ nostræ ignominiosum fore confidimus. »

1. عنصرهای زبان فارسی. *Rudimenta linguæ persicæ* authore L. de Dieu, accedunt duo priora capita *Geneseos* ex persica translatione Jac. Tawusi.

2. *In Hamed Allæ Casbinensis Persæ Sapientiam Universi Gilberti Gaumini, libellorum supplicum præfecti, epistola dedicatoria Eminentissimo Cardinali Duci.* Parisiis, apud Joannem Petitpas, via Jacobea, sub scuto Venetiarum, 1641.

3. Nous trouvons dans l'Inventaire, description et prisée des manuscrits orien-

quelques apologues de l'Envari Souheïly, publiée à Paris en 1644, sous le titre de *Livre des lumières ou la conduite des rois, composé par le sage Pilpay, Indien, traduit en françois par David Sahid d'Ispahan*. Cette traduction, très libre et très sommaire, ne donne aucune idée du charme et de l'élégance des récits de Houssein Vaïz Kachify ; elle ne contient que quelques apologues des quatre premiers livres de l'ouvrage original[1].

Je dois une mention spéciale à un érudit éminent du xviie siècle, Jos. Greaves, qui, après avoir terminé à Oxford ses études de la manière la plus brillante, y obtint une chaire de physique et de mathématiques. Nommé professeur de géométrie à Londres, il jouit de la protection de Laud, archevêque de Cantorbéry, et fit, en 1635, un voyage à Leyde, à Paris et à Rome. Deux années plus tard, il s'embarqua, avec Édouard Pococke, pour le Levant : ces deux amis séjournèrent pendant quelque temps à Constantinople, et Greaves, grâce à la bienveillance du patriarche grec Cyrille Lucar, put visiter les couvents du mont Athos. Pococke et Greaves s'embarquèrent pour l'Égypte à bord d'un des bâtiments de l'escadre turque ; ils s'arrêtèrent à Rhodes et prirent terre à Alexandrie. Greaves put faire au Caire l'acquisition de précieux manuscrits, et il prit passage à Alexandrie sur un navire qui le conduisit à Livourne. Revenu dans sa patrie, Greaves fut pourvu, à Oxford, de la chaire d'astronomie.

---

taux de Gaulmyn faits par Claude Le Capellain et Pierre des Vallées, interprète du roi, le manuscrit de « Hamed Allæ historia naturalis et rationale imperii persici » coté sous le n° 391 et estimé X. 1. On y voit figurer aussi un exemplaire de la traduction persane du Catéchisme du duc de Richelieu. Cf. l'article de M. Omont dans le numéro d'avril 1886 de la *Revue bourbonnaise* consacré aux manuscrits de Gaulmyn.

1. Claude Barbin publia, en 1698, une nouvelle édition de cette traduction : il en parut une aussi à Bruxelles, en cette même année, avec un léger changement dans le titre. Gaulmyn a traduit l'abrégé historique de Yahia ibn Abdoul Lethif Qazbiny, intitulé : *Loubb out-tewarikh*. Cette traduction latine est insérée dans le tome XVII du *Büsching's Magazin*.

Il en fut dépouillé en 1648 à cause de son attachement à la cause de Charles Ier. Ses livres et ses manuscrits, pillés par les soldats, furent détruits, malgré tous les efforts de son ami Selden pour les sauver. Miné par le chagrin, épuisé par le travail, Greaves mourut à Londres à l'âge de cinquante ans, le 8 octobre 1652.

Il a publié : *Elementa linguæ persicæ; item, anonymus Persa, de siglis Arabum et Persarum astronomicis, latinè et persicè.* Londini, 1649, in-4°.

Epochæ celebriores astronomis, historicis et chronologis Chataiorum, Syro-Græcorum, Arabum, Persarum, Chorasmiorum usitatæ ex traditione Ulugh beighi, Indiæ principis, eas primum publicavit, recensuit, et commentariis illustravit Jos. Gravius. Londini, 1650.

Astronomica quædam ex traditione Shah Cholgii Persæ : una cum hypothesibus planetarum; studio et opera Jos. Gravii persicè et latinè. Londini, 1652.

Binæ tabulæ geographiæ una Nassir Eddini Persæ, altera Ulug beigi Tartari. Londini, 1652.

Greaves a laissé en manuscrit un dictionnaire persan contenant six mille mots.

L'année 1651 vit paraître le texte et la traduction latine du *Gulistan*, édités par Gentius. Gentius, après avoir achevé ses études à l'Université de Halle, alla suivre à Leyde les cours de langues orientales ; il fit de si sérieux progrès en arabe, en persan et en turc qu'il put accompagner, à son retour à Constantinople, une ambassade ottomane qui avait été chargée d'une mission importante. Il parcourut la Grèce et la Perse et revint en Europe, après une absence de sept années. L'électeur de Saxe lui accorda une pension qui fut augmentée à plusieurs reprises. Gentius mourut dans la misère, à Freyberg en 1687. Le libraire Blaeu fit paraître, en 1651, à Amsterdam, le travail de Gentius sous le titre de : *Musladin Sadi politicum rosarium, sive amœnum sortis humanæ theatrum.* La traduction latine fut réimprimée à Amsterdam, en 1655.

Trois années après la publication de Gentius, Oléarius donnait au public une version allemande du *Gulistan*, qu'il dédiait à Christian Louis, duc de Brunswick et de Lunebourg. Cette édition, ornée de gravures qui ne donnent qu'une idée fort inexacte des costumes et des édifices persans, porte ce titre : *Persianischer Rosenthal. In welchem viel lustige Historien, scharffsinnige Reden und nützliche Regeln vor 400 Jahren von einem Sinnreichen Poeten Schich Saadi in persischer Sprach beschrieben. Jetzo aber von Adamo Oleario mit Zuziehung eines alten Persianers Namens Hakwirdi übersetzet, in hochdeutscher Sprache herausgegeben, und mit vielen Kupfferstücken gezieret.* Mit Röm. Kays. Majest. Freyheit. Schleswig, in der fürstl. Druckerey gedruckt durch Johann Holwein. Bey Johann Nauman Buchhändlern in Hamburg, Im Jahr 1654. « Vallée des roses persanes dans laquelle beaucoup d'histoires agréables, de discours spirituels et de règles utiles ont été relatés, il y a quatre cents ans, par un poète profond, Cheikh Saadi, aujourd'hui traduits par Adam Olearius avec l'assistance d'un vieillard persan nommé Hakwirdy, publiés en haut-allemand et ornés de nombreuses gravures sur cuivre. Avec privilège de S. M. Impériale et Romaine. Schleswig, imprimé à l'Imprimerie princière par Jean Holwein. Chez Jean Naumann, libraire à Hambourg. 1654.

Oléarius a imprimé quelques vers et quelques noms propres avec les caractères persans employés par Gentius. L'orthographe laisse quelquefois beaucoup à désirer.

La même année, J.-V. Duisberg faisait paraître à Amsterdam une traduction hollandaise de la version allemande d'Oléarius.

Levinus Warner, qui avait suivi à Leyde les leçons de Golius et s'était livré à l'étude de la langue persane, publia, en cette même année 1654, chez Jean Maire, ses مثلهای زبان فارسی ou *Proverbiorum et sententiarum persicarum centuria, collecta et versione notisque adornata*. Ces phrases proverbiales et ces adages sont tirés du *Gulistan,* et les notes et les commentaires qui les accompagnent ne présentent aujourd'hui qu'un intérêt très restreint. Mais Warner a d'autres titres au souvenir reconnaissant des orientalistes : il fut, sur la recommandation de Golius, envoyé à Constantinople, et il devint, dans le faubourg de Péra, l'hôte de Nicolas Gisbrecht, résident des Provinces-Unies. A la mort de ce dernier (10 novembre 1654), il sollicita et obtint la faveur de le remplacer et, jusqu'à sa mort en 1665, année dans laquelle il succomba à la maladie qu'il avait contractée dans la prison d'Andrinople, pour répondre d'une somme imposée par avanie aux négociants hollandais établis à Smyrne, il ne cessa de faire l'acquisition de manuscrits orientaux qui, légués par lui à la Bibliothèque de l'Université de Leyde, constituent un fonds d'ouvrages excellents que l'on ne trouverait plus dans les pays musulmans[1].

Thomas Hyde fut, avec Greaves, le plus méritant des orientalistes anglais du xviie siècle. Il naquit en 1636. Son père lui donna les premières notions des langues orientales ; il fut ensuite un des élèves de Wellock qui lui inspira le goût de la langue et de la littérature persanes. Il collabora avec

---

1. M. Du Rieu, directeur de la Bibliothèque de l'Université de Leyde, a publié, en 1883, à l'occasion du Congrès des Orientalistes, un recueil de lettres écrites de

Castell à la publication de la Bible polyglotte de Walton [1], et il transcrivit en caractères persans le texte de la version du Pentateuque, qui avait été imprimée à Constantinople en caractères hébraïques. Nommé lecteur en hébreu au Queen's College à Oxford, il soutint peu après sa thèse en persan, afin de pouvoir obtenir le grade de maître ès arts. Il servit Charles II, Jacques II et Guillaume III, en qualité de secrétaire interprète, et il traduisit, pour ces princes, toutes les lettres qui leur étaient adressées par des souverains orientaux. Hyde a publié : *Tabulæ longitudinum et latitudinum stellarum fixarum ex observatione Ulugh beighi. Accesserunt Mohammed Tizini tabulæ declinationum et rectarum ascensionum.* Oxford, 1665 ;

De ludis orientalibus libri duo, quorum prior historiam Shahi ludi continet ;

Historia religionis veterum Persarum eorumque Magorum, Zoroastris vita.

Il a laissé en manuscrit des traductions latines du *Boustan* et du *Beharistan*, une grammaire et un dictionnaire persans, et une traduction de l'Histoire de Timour par Aly Cheref Eddin Yezdy.

Constantinople par Warner et conservées à la Bibliothèque de Leyde. Le testament de Warner fut reçu le 20 juin 1665, deux jours avant sa mort, par le sieur Richard, secrétaire de M. Roboly, résident de France près la Porte ottomane. Nous apprenons, par quatre lettres d'un certain Mohammed el Ourdhy, publiées en 1887 par M. Houtsma, que Warner avait acheté des manuscrits provenant de la bibliothèque de Hadji Khalfa.

1. SS. *Biblia polyglotta, complectentia textus originales, hebraicum cum Pentateucho samaritano, chaldaicum et græcum, versionumque antiquarum samaritanæ græcæ LXII interpretum, chaldaicæ, syriacæ, arabicæ, æthiopicæ, persicæ, Vulgatæ latinæ quiquid comparari poterat; cum textuum et versionum orientalium translationibus latinis ex vetustiss. mss. undique conquisitis, optimisque exemplaribus impressis summa fide collatis..... cum apparatu, appendicibus, tabulis, variis lectionibus.....,* edidit Brianus Waltonus, Londini, Th. Roycroft, 1653-1660. *Lexicon heptaglotton, hebraicum, chaldaicum, syriacum, samaritanum, æthiopicum, arabicum conjunctim et persicum separatim*, Londini, Roycroft, 1669.

Le P. Gabriel de Chinon fut un des collaborateurs du P. Raphaël du Mans. Il demeura pendant vingt ans dans le couvent des Capucins à Ispahan. Il possédait les langues persane, turque et arménienne, et il avait su conquérir l'estime et la considération des principaux seigneurs de la cour ; les intrigues et les mauvais procédés des prêtres arméniens de Djoulfa le forcèrent de s'éloigner d'Ispahan, et il alla se fixer à Tauriz où il se concilia les bonnes grâces du gouverneur de cette ville.

Le P. Gabriel de Chinon fut ensuite envoyé à Telicheri, sur la côte de Malabar : à peine arrivé dans cette ville, il succomba, le 27 juin 1678, à une violente attaque de dysenterie. Pendant son séjour en Perse, il avait rédigé plusieurs mémoires qu'il avait envoyés à François Picquet à Alep. Celui-ci les remit à Moreri qui les publia, en 1671, sous le titre de : *Relations nouvelles du Levant ou traités de la religion, du gouvernement et des coutumes des Perses, des Arméniens et des Gaures. Avec une description particulière de l'établissement et des progrez que y font les missionnaires et diverses disputes qu'ils ont eu avec les Orientaux. Compozés par le P. G. D. C. C.* (Père Gabriel de Chinon, capucin) *et donnés au public par le sieur L. M. P. D. E. T.* (Louis Moreri, prêtre, docteur en théologie). Lyon, chez Jean Thioly.

Le premier livre contient trois chapitres, traitant de la religion, du gouvernement et des coutumes des Perses. Le second livre est consacré à la religion, au gouvernement et aux coutumes des Arméniens, et le troisième à ceux des Gaures.

Le P. Gabriel de Chinon se montre, dans ces relations, observateur judicieux : les détails qu'il nous fournit sont de la plus rigoureuse exactitude ; il a consacré plusieurs chapitres au récit des avanies que les Arméniens schismatiques de Djoulfa faisaient subir aux missionnaires européens, et, sans se nommer, il nous raconte les tracasseries dont il fut poursuivi par l'évêque arménien et par ses ouailles.

Tavernier a eu entre les mains les mémoires du P. Gabriel de Chinon, et il a obtenu copie de celui qui expose la religion et les coutumes des Guèbres [1].

Un carme déchaussé français, le P. Ange de Labrosse, originaire de Toulouse et connu, en religion, sous le nom de P. Ange de Saint-Joseph, quitta sa ville natale le 28 janvier 1662, pour se rendre à Rome. Désigné pour les missions d'Orient par le pape Alexandre VII, il partit pour Smyrne avec trois religieux de son ordre, et, traversant l'Anatolie, il arriva à Ispahan le 4 novembre 1664. Il s'y livra avec ardeur à l'étude du persan sous la direction du P. Lazare, carme déchaussé espagnol. Envoyé à Basra, il quitta cette ville le 13 avril 1673, remonta les rives du Tigre jusqu'à Bagdad, puis jusqu'à Ninive, et gagna Tripoli de Syrie, en passant par Alep. Après avoir navigué en vue des îles de l'Archipel, il débarqua à Constantinople le 4 novembre 1673. Accueilli avec bienveillance par M. de Nointel, le P. Ange de Saint-Joseph lui fit part de son projet de

---

1. Poullet rencontra le P. Gabriel de Chinon à Tauriz et il parle de ce religieux dans les termes les plus flatteurs : « J'ay veu le Kam de Tauriz qui est la seconde personne de la Perse, disputer de l'Alcoran avec le P. Gabriel, Capucin, un des bons religieux et des plus habiles dans toutes ces choses et dans les langues d'Orient qu'il y ait point dans tout l'ordre, et dire naïvement à ce bon Père qu'il ne désesperoit pas de son salut puisque Dieu l'avoit fait venir de si loin en Perse... Les enfans de ce Kam venoient souvent voir ce Reverend Pere : ils le traittoient du nom de Baba, qui veut dire « mon père », et ils luy parloient avec le mesme respect que s'ils eussent parlé au plus considérable d'entre les religieux mahometans. » Poullet, *Nouvelles relations du Levant*, Paris, 1668, tome II, page 273. Nous trouvons dans le *Catalogue des manuscrits orientaux* de G. Gaulmyn, sous le n° 385, la mention suivante : *Petri Gabrielis Capucini de novissimis... XL s.*

publier un dictionnaire italien-latin-français qu'il avait composé. L'ambassadeur lui donna sans difficulté une lettre, dans laquelle il se déclarait obligé « de requérir et supplier, comme nous le faisons très-instamment, les docteurs des plus célèbres universitez de faciliter et authoriser l'impression d'un ouvrage composé par le R. P. Ange de Saint-Joseph, carme déchaussé, duquel la connoissance parfaite de cette langue (la langue persane) nous étant connuë par le long séjour qu'il a fait en Perse, aussi bien que par les certifications de ceux qui, à Constantinople, possèdent le mieux le persien, nous avons creu en conscience devoir rendre ce tesmoignage que nous fortifions par l'asseurance d'avoir esprouvé de ce Père, pendant cinq mois qu'il a demeuré auprez de nous, un très-grand zèle et une connoissance fort entendue et très-exacte des meurs et coustumes de la Perse et païs voisins. C'est ce que nous attestons par ces présentes, etc.

« Donné en nostre palais, aux vignes de Pera lès Constantinople, le 16 février 1679.

« *Signé :* Olier de Nointel. »

Le P. Ange de Saint-Joseph s'embarqua à Constantinople pour aller à Venise : il se dirigea ensuite sur Rome, revit Toulouse, sa ville natale, et vint à Paris où il essaya vainement de faire imprimer son *Gazophylacium linguæ persicæ*. Il réussit cependant à faire paraître la traduction latine d'une pharmacopée persane qui fut donnée au public sous le titre de : *Pharmacopœa persica ex idiomate persico in latinum conversa,* تفسیر مرکبات قرابادین پارسی بدست قربان حق حضرت ایسوع راهب تابع حضرات ایلیآ وطرزیاء پادری انجلوس کرملیط طولوزانی *opus missionariis, mercatoribus, cæterisque regionum orientalium lustratoribus necessarium, necnon Europæis na-*

tionibus perutile. Accedunt in fine specimen notarum in pharmacopœam persicam, tum indices duo, alter pharmaceuticus, compositiones in hoc opere contentas indigitans, alter pathologicus, remedia ad singulos morbos ostendens. Lutetiæ Parisiorum. Typis Stephani Michallet, 1681.

Le P. Ange de Saint-Joseph crut devoir faire donner, par François Bernier, une approbation à la version latine de sa Pharmacopée. Celui-ci rend le témoignage que la traduction de la Pharmacopée est conforme à l'original et que cet ouvrage pourra être d'une grande utilité non seulement en Orient, mais encore en France. Pétis de la Croix, « le fils de l'interprète du Roy », déclare que : « pendant les deux années que j'ai passées à Ispahan, j'ay esté témoin des conversions qu'a faites le R. P. Ange de Saint-Joseph, carme déchaussé toulousain, à quoy la médecine qu'il exerçoit charitablement et religieusement n'a pas peu contribué, et ainsi j'espère que la traduction qu'il a faite en latin de la Pharmacopée persienne sera beaucoup utile pour l'établissement des missions, aussi bien que pour les nécessitez publiques ». La première partie de la préface est, en effet, consacrée aux conversions obtenues par le P. Ange de Saint-Joseph; il mentionne entre autres celle d'Isaac Botet de l'Estoille dont nous avons déjà cité le nom, et qui, à l'âge de soixante-dix ans, au moment de sa mort, abjura le calvinisme pour entrer dans le giron de l'Église catholique romaine[1]. Dans la dernière partie, le P. Ange de Saint-Joseph critiqua quelques passages de la traduction persane du Nouveau Testament, insérée dans

---

1. Le P. Ange de Saint-Joseph nous apprend que les filles et les fils de l'Estoille avaient été élevés dans la religion catholique. Son fils Louis avait été l'interprète des agents français de la Compagnie des Indes. Une de ses filles avait épousé Ishaq Khan fils de Zeno qui était interprète de la Compagnie anglaise. *Pharmacopœa persica*, page 23 de la préface.

la *Polyglotte* de Walton ; il s'attira de la part de Hyde une réponse indignée qui parut, en 1685, sous le titre de *Castigatio in A'. de la Brosse, carmelitam.* Dans ce pamphlet, Hyde l'accuse d'avoir passé sous silence le nom du P. Mathieu auquel il était redevable de ses connaissances, et il relève vertement toutes les assertions du critique du Nouveau Testament persan.

Le P. Ange de Saint-Joseph fut nommé, en 1683, supérieur des Carmes déchaussés de la province de Belgique : il profita de son séjour dans les Flandres pour faire acheter les caractères orientaux appartenant aux héritiers des Elzevirs, et il livra à l'impression, à Amsterdam, son *Gazophylacium linguæ Persarum, triplici linguarum clavi, italicæ, latinæ, gallicæ, necnon specialibus præceptis ejusdem linguæ referatum. Opus missionariis orientalibus, linguarum professoribus, sacrorum librorum scrutatoribus, mercatoribus, cæterisque regionum orientalium lustratoribus perutile ac necessarium.* Amstelodami, 1684. Chardin qui, à cette époque, était agent des affaires de la Compagnie des Indes orientales d'Angleterre vers MM. les États généraux des Provinces-Unies, prit connaissance, pendant l'impression, de quelques feuilles de cet ouvrage. Il crut devoir formuler son opinion en ces termes : « J'ay leu diverses feüilles de ce livre intitulé : *Gazophylacium linguæ Persarum*, durant le cours de l'impression, et j'en ay trouvé l'érudition vaste et curieuse; j'ay eu l'honneur de connoitre particulièrement l'autheur en divers endroits de l'Asie, et je sçais qu'il en parle avec beaucoup d'élégance les langues les plus belles et les plus répandues. Il seroit à souhaiter que ce sçavant homme nous voulust instruire des meurs, du pays et de l'industrie des Persans aussi bien que de leur langue ; n'estant pas possible que sçachant si bien les mots, il ne sçache aussi les choses. » Malgré ce témoignage favorable, il ne faut point accorder créance entière à la façon dont le P. Ange a rendu en persan les mots latins ou français de son vocabulaire. Il a donné à un très grand nombre d'expressions un sens erroné, et l'orthographe laisse bien souvent à désirer. Hyde fait remarquer, avec une certaine aigreur, que l'ignorance du P. Ange éclate pleinement dans son *Gazophylacium* et que les erreurs que l'on y relève formeraient un volume égal à celui de son dictionnaire. « Uti plenius constat ex ejus *Gazophylacio* persico, ubi tam ampla errorum messis, ut omnes corrigere aliud ei suppar volumen conficeret : ibi enim quævis fœmina vix pejus in orthographia erraverit quam ille. »

Le P. Sanson, auteur d'un *Estat présent de la Perse*, fut envoyé dans ce pays en 1683, en qualité de missionnaire apostolique. Il y étudia les langues arménienne, persane et turque : après un séjour de six mois à Qazbin, il passa six mois à parcourir le Kurdistan et la Susiane. Il accompagna l'évêque de Babylone à la cour de Perse, et il y passa trois ans après la mort de ce prélat, pour obtenir justice des vexations commises par les autorités de Hamadan au sujet de sa succession. Louis XIV ayant écrit à Châh Suleyman pour lui recommander les intérêts confiés au P. Sanson, ce prince fit droit aux demandes de ce missionnaire : il l'admit au nombre de ses hôtes et lui permit d'assister, avec les envoyés et les agents des souverains, aux audiences et aux banquets royaux.

Châh Soleyman chargea le P. Sanson de porter une lettre à Louis XIV. Le roi la reçut de ses mains et lui ordonna de donner au public les renseignements qu'il avait recueillis sur la Perse. L'*Estat présent de la Perse*, dédié à M. Rouillé, conseiller d'État, parut dans la dernière moitié de juillet 1694; cet ouvrage, qui est orné de cinq planches finement gravées sur cuivre, ne donne aucun renseignement que l'on ne trouve dans Tavernier, Thévenot et le *Tchehil Soutoun* de Bedros Bedik. La façon dont les mots persans sont transcrits fait supposer que le P. Sanson n'avait point, dans cette langue, des connaissances fort étendues[1].

Le dernier ouvrage relatif à la Perse, qui ait vu le jour à la fin du xviie siècle, est la *Relation de la mort de Schah Soliman, roy de Perse, et du couronnement de Sultan Ussain, son fils, avec plusieurs particularitez touchant l'estat présent des affaires de la Perse et le détail des cérémonies observées à la consécration de l'évêque de Babylone à Zulpha lès Ispahan.* Paris, 1696.

Je termine cette introduction en donnant les quelques renseignements que j'ai pu trouver sur l'auteur de l'*Estat de la Perse en* 1660.

Jacques Dutertre, qui prit en entrant en religion le nom de Raphaël, naquit au Mans au mois d'août 1613. Il était le fils de Charles Dutertre sieur de La Ragottière, avocat au siège présidial du Mans, et de Gabrielle Paullart[2]. Je n'ai pu recueillir aucune donnée sur les années de sa jeunesse, mais les récits des voyageurs qui l'ont connu à Ispahan nous apprennent qu'il avait fait de sérieuses études et qu'il avait des connaissance étendues en mathématiques. Les renseignements que je mets sous les yeux du lecteur sont tirés des rela-

1. Le peintre hollandais Corneille Le Bruyn fit, quelques années plus tard, le voyage de Perse, et dessina les monuments de Persépolis. Les planches remarquables qu'il a fait graver se trouvent dans le premier volume de ses *Voyages pour la Moscovie en Perse et aux Indes orientales.* Amsterdam, 1718. Les ruines de Persépolis avaient aussi été dessinées par Daulier-Deslandes et par Grelot qui accompagnait Chardin.

2. Je dois la communication de l'acte de baptême du P. Raphaël à l'obligeance de M. l'abbé G. Esnault.

tions de ceux qui ont visité Ispahan, où se trouvait le couvent des Capucins français protégés par le roi et dont le P. Raphaël a été le supérieur pendant plus de quarante ans. Ce religieux jouit, jusqu'à la fin de sa vie, de l'estime et de l'appui de la cour de France, ainsi que de la considération des souverains de la Perse, depuis Châh Abbas II jusqu'à Sultan Hussein.

Le nom du P. Raphaël du Mans est prononcé pour la première fois par Tavernier ; il nous apprend que le 20 février 1644, il s'apprêtait à quitter Alep avec la caravane se rendant à Bagdad, lorsque les capucins, établis dans cette première ville, le prièrent de différer son départ pour attendre deux religieux de leur ordre qui devaient arriver du Caire et se rendre en Perse.

Tavernier y consentit et, le 4 mars 1644, il se mit en route en la compagnie des deux Pères capucins. « L'un, dit-il, vit encore à Ispahan et s'appelle le P. Raphaël duquel j'auray occasion de parler souvent, l'autre s'appeloit le P. Yves et est mort aux Indes à Surate où je luy fis faire un tombeau avec une épitaphe. » A son sixième et dernier voyage en 1664, Tavernier ne crut pouvoir mieux faire, pour assurer la sûreté des joyaux apportés par lui d'Europe, que de les déposer au couvent des capucins et de les confier à la garde du P. Raphaël. « Le P. Raphaël, écrit-il, est supérieur de ce couvent de la mission des capucins dans le royaume de Perse... Il entend parfaitement les mathématiques et il y a plusieurs seigneurs de la cour qui ont des instrumens faits de sa main. Comme il y a plus de vingt ans qu'il est en Perse, il parle tout à fait bien la langue du pays et c'est par ce moyen qu'il a acquis beaucoup de crédit à la cour, qu'il est très-bien connu du roy qui le fait venir d'ordinaire pour être son interprète dans les affaires qu'il a avec les François. »

Tavernier nous a raconté, avec les plus amples détails, tous les incidents qui se produisirent pendant les entrevues que le Châh lui accordait pour fixer le prix des joyaux dont il désirait faire l'acquisition. Le P. Raphaël était appelé chaque fois par Châh Sefy pour lui servir d'interprète et la conduite de ce religieux contraste, par sa retenue et sa modestie, avec celle de Tavernier entonnant des couplets bachiques et se laissant embrasser, après boire, sur le désir du Châh, par des danseuses publiques, ou avec celle de Daulier-Deslandes chantant et jouant de l'épinette, ou bien avec celle d'un orfèvre, appelé Sain, se livrant à mille bouffonneries pour divertir un souverain blasé sur tous les plaisirs.

Thévenot ne consacre que trois lignes au P. Raphaël. Il nous apprend qu'il arriva à Ispahan le 1er octobre 1664, et alla loger au couvent des capucins. « Le R. P. Raphaël, dit-il, qui est un religieux dont la vertu et la capacité sont hors du commun, en étoit gardien. Il avoit avec lui deux religieux, à savoir le R. P. Valentin d'Angers et le R. P. Jean-Baptiste de Loches. »

Il est pour moi hors de doute que Thévenot a profité des renseignements que lui a donnés le P. Raphaël, dont il était l'hôte, pour rédiger sa description d'Ispahan et les chapitres consacrés par lui aux croyances, aux mœurs et aux coutumes des Persans.

J'ai parlé précédemment du rôle joué par le P. Raphaël dans les négociations qui eurent lieu, en 1665, pour obtenir l'établissement à Ispahan, à Chiraz et à Bender-Abbassy d'agences de la Compagnie des Indes orientales. Les conseils de conciliation qu'il essaya de faire prévaloir auprès des délégués n'eurent pas le succès qu'il devait espérer. Les prétentions devinrent telles qu'il fut obligé de renoncer à toute tentative d'intervention auprès des autorités persanes. Il rappelle avec regret toutes ces dissensions dans la lettre qu'il écrivit à Colbert, sous la date du 20 août 1670.

Lorsque François Pétis de la Croix se rendit à Ispahan, les ordres de la cour lui enjoignaient de s'adresser au P. Raphaël. Pétis de la Croix arriva à Ispahan malade, en proie à une fièvre qui le retint pendant quarante jours au lit. « J'en fus guéri, nous dit-il dans son journal, par les soins du P. Raphaël, supérieur des capucins, homme illustre pour sa piété, sa prudence et sa grande capacité, autant estimé à la cour de France qu'à celle de Perse [1]. »

Le P. Raphaël enseigna à François Pétis de la Croix les éléments de la langue persane; il lui fit faire la connaissance de quelques seigneurs de la cour et entre autres celle de Mir Mourteza, gendre de Châh Abbas, de Mirza Riza, parent de Châh Suleyman, et de Mirza Tahir, adjoint au grand maître de l'hôtel.

Chardin parle également en termes respectueux du P. Raphaël qui lui fournit des mémoires sur l'établissement des Jésuites en Perse et, au moment de la mort de Châh Abbas, lorsque les Européens établis à Ispahan conçurent les craintes les plus vives pour leur sécurité, ce fut le P. Raphaël qui fit savoir au sieur Hubert de Lairesse, agent de la Compagnie hollandaise, que la tranquillité publique était complète, qu'elle ne serait pas troublée et que les Francs pouvaient, sans appréhensions, vaquer à leurs affaires [1]. J'ai donné plus haut une analyse très sommaire de l'ouvrage publié par Bedik en 1678. Il est incontestable, pour moi, que le plus grand nombre des documents qui lui ont permis de rédiger son livre, lui ont été fournis par le P. Raphaël. Bedros Bedik parle en termes élogieux de ses connaissances en mathéma-

---

[1]. *Le couronnement de Soleimaan*. Paris, 1671, pages 160-161.

tiques, de sa piété, de son austérité et de sa sagesse. Il nous dit que Châh Abbas II éprouvait un vif plaisir à converser avec lui, soit en public, soit dans des entrevues particulières. Je ne puis mieux faire que de rapporter ici les propres paroles de Bedros Bedik. « Porro familiarissimam quoque sapientissimis cum Persis clam inierat conversationem, et hisce continuat diebus, venerabilis Pater Raphael capucinus, triginta duobus jam annis circiter missionarii functus officio in Persidis regia. Et eousque vir ille ob eruditionis et pietatis famam innotuit, ut a majori ferè usque minimum Persarum dignoscatur, digito igitur ab infantibus per plateas circumiens demonstretur, omnis speculum austeritatis vitæ, doctrinæ ac pietatis : comprimis vero ob singularem et excellentissimam, quâ mirabiliter pollet, in mathematicis eruditionem, amatus a Persarum sapientioribus, quippe qui maximo memoratas in disciplinas feruntur studio atque amore. Undè tantam etiam in æstimationem evehebatur memoratus venerabilis Pater, ut Rex præsentis genitor, omni eum honore atque amore multis imo quà publicis quà privatis dignatus sit colloquiis, singulariorem semper in ejus conversatione sentiens animi lætitiam, eamque signis et nutibus exterioribus plurimis manifestans. »

Bedik nous donne aussi à la fin de son ouvrage le texte d'une lettre écrite au P. Piscopo, à l'occasion de la mort de l'évêque de Nakhtchivan, Matthieu de Avanic. J'en transcris ici la fin; le P. Raphaël y dit quelques mots sur lui-même : « Jam hic in Isfahan 28 annos explevimus, sexagenarii et ultra facti, incerti quot adhuc dies relegationis nostræ supersint : quotquot autem fuerint, hosce adhuc lubens in missionis exercitio (licet de se satis ingrato :) voveo et dico; nec non DD. vestræ charissimæ perpetuam et gratiotissimam amicitiam exopto ; insuper et oro DD. vestram, ubi ad limina Sanctorum Apostolorum appulerit, in suis orationibus meminerit pusilitatis nostræ ; sicut et speratur è charitate DD. vestræ colendissimæ.

« Ex Ispahan Persidis Regiæ.

« Die 2. Septembris 1674.

« Obsequentissimus servus

« F. Raphael du Mans

« RR. PP. Capucinorum Gallorum Missionariorum Sup. licet immeritus. »

Engelbert Kæmpfer exprime aussi, dans les termes les plus louangeurs, l'admiration que lui inspirent le mérite et les vertus du P. Raphaël du Mans. Je donne ici les trois passages dans lesquels son nom est cité : le dernier témoigne de la déférence que Kæmpfer avait pour ses avis. « Et nescio qua non virtute claruerit, si illis et Persis et Christianis credam, sine quorum præsentia Isfahani ne diem transegisse dicitur: ex quibus sat est, testem unum instar omnium nominasse regium interpretem, Reverendum Dn. P. Raphaelem du Mans senem capucinum, natione Gallum, qui ejus obitum sæpè numero coram me deploravit, vir et ipse uti eruditionis, ita summi candoris et virtutum nomine nunquam satis laudandus. »

« Incidenter refero : epistolam, ut in die 20 junii in consessu jam oblato fuerit, nondum tamen translatam die 20 novembris, quo ejus mihi copiam (tum in Arabia degenti) misit interpres regius, vir maximi candoris et eruditionis R. P. Raphael du Mans, capucinus, ex quo aulæ supercilium et nationis cunctationes colliget. »

« Tandem a dimissa legatione me expedi cogito in Ægyptum, vocor in Georgiam archiater et variis conditionum oblationibus lacessor. Sed prævaluit sensu reverendi senis, Patris Raphael du Mans, capucini ac regii interpretis, invitatio architalassi Batavorum qui classe sua Ormusiensem sinum infestabat. »

Le nom du P. Raphaël est mentionné pour la dernière fois dans la *Relation de la mort de Schah Ussein* ; dans les pages qu'il consacre au récit des cérémonies de la consécration de l'évêque de Babylone, l'auteur de cet opuscule nous dit qu'elle se fit en présence des supérieurs des ordres qui avaient des missionnaires en Perse, à savoir les Jésuites, les Dominicains, les Augustins, les Arméniens catholiques, les Carmes déchaussés et les Capucins. Le grand âge du P. Raphaël ne lui permit pas d'assister à cette fatigante cérémonie.

Le P. Raphaël mourut à Ispahan le 1er avril 1696, à l'âge de quatre-vingt-trois ans.

L'*Estat de la Perse en* 1660 n'est point le seul écrit du P. Raphaël qui soit parvenu jusqu'à nous. Il existe dans le fonds français de la Bibliothèque nationale, sous le n° 6114, un mémoire anonyme, mais qui doit être, sans hésitation attribué au P. Raphaël ; il est le canevas de l'ouvrage que je publie aujourd'hui. Ce manuscrit incomplet se compose de quarante-deux pages. Il commence par ces mots : « L'estat de la Perse est monarchique et despotique plus qu'aucun autre de l'Orient, Cha Abas, le grand-père du regnant à present, l'ayant ainsi réduit par son procédé politique d'abbattre de credit et d'authorité, l'un de ses corps d'armée qui se maintenoit en ses droits anciens par celuy de parentage et alliances pour en eslever un autre dont les parties n'eussent aucune liaison pour se deffendre les unes les autres. Le gouvernement des provinces est par kans ou gouverneurs nommés par le roi, etc. » Il se termine ainsi :

« Nous finirons le cours de plume par les Sophis pour donner à cognoistre quelle est leur origine et comme d'Europe, sans le sçavoir, l'on donne hors de raison le nom de Sophi, Grand Sophi, à ce prince icy. » Ce mémoire a été sans doute remis à François Pétis de la Croix pendant son séjour à Ispahan et prêté par lui à son père. On lit à la première page ces mots, écrits de la main de son fils Alexandre : « Il n'est pas de mon père, puisqu'à la page 9, il porte qu'il est depuis vingt ans à Ispahan » ; et à la fin de ce cahier nous lisons : « Je certifie avoir trouvé ce fragment de manuscrit composé de quarante-deux pages dans les papiers de feu mon grand-père et l'avoir remis à la Bibliothèque du Roy, aujourd'huy 1er mars 1737. »

On trouve à la Bibliothèque du British Museum, un manuscrit autographe du P. Raphaël, provenant du legs de Sloane et portant pour titre : Raphaelis du Mans, *Descriptio Persiæ communicata Dno Engelberto Kæmpfero, Ispanæ*, 1684, *cum grammatica linguæ turcicæ*. En tête de la description de la Perse on lit ces mots : « In obsequium clarissimi viri et Domini Engelberti Kempfer, medici peritissimi necnon ejusdem fidelissimi amici DD. pristaue. In Hispan, Persidis regia, 22 sept. 1684. Humillimus servulus Raphael du Mans residentiæ nostræ 38 anno. » La grammaire turque porte la suscription suivante : « Hæcce in obsequium Clarissimorum Virorum celeberrimæ Legationis Suediæ Comitum calamo currenti scribebat die 20 apr. 1684 in Hispan, humillimus servulus[1]. »

Le P. Raphaël rédigea également un vocabulaire français-turc : nous en trouvons la mention dans le Catalogue des manuscrits orientaux conservés à la Bibliothèque de l'Université d'Upsal. *Grammaire turque en abregé fort*

---

1. Charles Rieu, *Catalogue of the Turkish manuscripts in the British Museum*. Londres, 1888, page 151.

aisée avec un petit lexicon, escrit en Ispahan en Perse par Du Lauziere sur les memoires du R. P. Raphael du Mant, capucin françois, interprète du Roy de Perse[1].

Le P. Raphaël dut avoir, avec la cour et avec ses supérieurs, une correspondance aussi active que le permettaient l'état des relations de la Perse avec l'Empire ottoman et les événements qui se produisirent pendant la seconde moitié du xviie siècle ; je n'ai pu avoir connaissance que de trois lettres écrites par lui : celle qu'il adressa à Colbert le 20 août 1670 présente seule de l'intérêt.

L'*Estat de la Perse en* 1660 a été rédigé pour Colbert. Ce ministre, toujours préoccupé du soin de créer de nouveaux débouchés au commerce français, songeait alors à reconstituer, sur des bases très élargies, la Compagnie des Indes orientales. Il demandait partout les documents qui pouvaient l'éclairer. Le long mémoire du P. Raphaël n'était point destiné à la publicité : il trace un tableau fidèle de la Perse et des Persans à la fin du xviie siècle, et il renferme des appréciations que ne pouvaient se permettre ni Tavernier, ni Chardin qui étaient en relation d'affaires avec le Châh et les principaux seigneurs de la cour.

On a, dans ces dernières années, attiré l'attention sur le mémoire du P. Raphaël.

Dans une des séances de la réunion des Sociétés savantes, tenue au mois de mai 1887, M. Castonnet des Fosses a exprimé le vœu de le voir publié. Il l'a renouvelé dans un article publié en 1889 dans le *Bulletin de la Société géographique de Tours* sur les relations de la France avec la Perse. Je livre aujourd'hui à la publicité l'œuvre du P. Raphaël

---

1. C.-J. Tornberg, *Codices arabici, persici et turcici Bibliothecæ regiæ Universitatis Upsaliensis*. Lund, 1849, page 33.

et je me plais à espérer que tous ceux qui s'intéressent à l'histoire et à la géographie des contrées de l'Asie apprécieront la grande sincérité de son récit.

L'appendice placé à la fin de ce volume contient la traduction française d'un opuscule publié à Venise, en 1508. Il est intitulé : *La vita del Sophi, re di Persia et de Media, et de molti altri regni et paesi et de le grandissime guerre qle ha facto contra lo Signore turcho*, et a pour auteur un médecin vénitien, Rota, établi à Alep, qui le dédia au doge Léonard Lauredan. La traduction française a été insérée dans la seconde partie du *Grant voyage de Hierusalem divisé en deux parties*, qui parut à Paris en 1517 et 1522, époque où l'attention de l'Europe était attirée sur Chàh Ismayl, et où elle voyait en lui le destructeur, dans un avenir rapproché, de la puissance ottomane[1]. J'ai placé, à la suite de cette traduction, les lettres adressées par Louis XIV aux souverains de la Perse, celles de de Lalain et de La Boullaye Le Gouz, écrites au roi et à M. de Lionne, le mémoire de Tavernier sur le commerce de la Perse et celui du député de la chambre de commerce de Marseille. Ce dernier travail, dans lequel il est question de Gardane, consul en Perse, et de la prise de Chiraz par les Afghans, est postérieur à l'année 1721.

Ces documents appartiennent au dépôt des Archives du département des Affaires étrangères. Ils voient le jour pour la première fois et je ne doute pas qu'ils ne soient lus avec intérêt par ceux qui ont conservé le culte des traditions françaises en Orient.

CH. SCHEFER.

Le 15 novembre 1890.

---

1. Il a paru une nouvelle édition du texte italien vers 1520. Une traduction allemande avait été imprimée en 1515.

ESTAT DE LA PERSE

EN L'AN 1660

Le royaume de Perse, pour le présent appelé Olkei Agemi[1], est borné du costé du septentrion de la mer de Caspie[2], autrement *bhaar Colzun*, mer de Kolzon[3] ; entre septentrion et levant des Kalmaq et des Yuzbek, qui sont peuples de la Tartarie

---

1. Eulkèhi adjem, اولكة عجم

2. Les géographes anciens donnaient à la mer Caspienne le nom de mer d'Hyrcanie. Les Arabes du moyen âge l'ont appelée Bahr el Khazar, بحر الخزر mer des Khozar ou Khazar, bahr el Djourdjan, بحر الجرجان mer du Djourdjan, bahr el Dilem بحر الديلم mer du Dilem, mer de Ghilan, mer de Tabaristan et mer de Bakou. Les historiens chinois du temps de J.-C. l'appellent Si-Hai ou mer Occidentale, les Slaves *Khwalinskoe moré*, d'après les Khwalisses, peuple qui habitait entre les bouches du Volga. On lui donne aussi le nom de mer d'Astrakan. Les différentes tribus turques qui vivent sur ses bords l'appellent communément تكز Tenghiz, ou Deniz, ou bien اق دكز, *Ak deniz*, mer Blanche. Les Persans la connaissent aussi sous le nom de Qoulzoum قلزم et les Turcs sous celui de Bahri Ghouzz بحر غز mer des Ghouzz. Les premiers renseignements qu'on a obtenus en Europe touchant la mer Caspienne sont dus à Ant. Jenkinson, négociant anglais qui, en 1557, essaya d'établir des relations commerciales avec les pays à l'est de cette mer. Jean Struys, Hollandais, qui, en 1670, alla sur un bâtiment d'Astrakan en Perse, a donné une carte dans laquelle la forme de la mer Caspienne est singulièrement contournée. Ce ne fut que sous le règne de Pierre le Grand qu'on obtint des notions plus positives sur sa situation et son étendue. Ce monarque en fit dresser une carte d'après différents voyages entrepris par ses ordres en 1719 et 1720 par Samoï Saïmonor et van Verdeen. Kojin y fut aussi envoyé en 1726 et 1727. Le même Saïmonor en écrivit une description et en termina la carte qui fut gravée en 1731. Ses côtes orientales furent de nouveau visitées et décrites en 1764 par Tokmatcher, et les côtes occidentales et méridionales par le naturaliste Gmelin en 1770, 1771 et 1773. J. Klaproth, *Mémoires relatifs à l'Asie*, Paris, 1828, tome III, pages 271-283.

3. Bahri Qoulzoum, بحر قلزم

Mineure, divisés en plusieurs petites principautés et royautés. Aucuns dérivent le mot de Yuzbek de la signification « maistre de cent ou cent maistres ». Mais les principaux Yuzbeks disent qu'il faut prononcer Ozibek, qui signifie « celui-là est seigneur, » voulant dire leur roy estre véritablement roy, les autres ne l'estant que par *megaze* (dénomination extérieure)[1]. Du costé du levant et entre levant et midi, les terres du Grand-Mogor ou roy des Indes bornent le royaume; du costé du midi est le Sinus Persicus; entre midi et le couchant est l'Arabie; du costé du couchant est la Turquie; entre le couchant et le septentrion sont les Kourdes, princes particuliers, où croist la noix de galle (*mazou*)[2]; puis une partie de la Géorgie[3] qui vient finir à la mer Kaspie, qui n'a aucune communication avec l'Océan (*mouhit*)[4], est d'eau salée et abondante en poissons, tels que saumons et truites. Sur icelle sont quelques vaisseaux des Mosquovites, le tout assez mal basti, ainsi que le païs et l'industrie grossière leur peuvent permettre. L'estendue de cette mer (*toul*)[5], sera de quelques deux cent cinquante lieues, icy appelées fersenges. La largeur (*arze*)[6] sera de cinquante.

Les terres de la Perse qui sont sur ses bords ou appro-

---

1. Medjaz, مجاز, expression figurée, métaphore.

2. Mazou, مازو

3. La Géorgie était formée au xviie siècle par l'ancienne Ibérie, la Mingrélie, l'Imérithie, une partie de l'Arménie et les provinces de Cartuel, Kaket et Kisik. Elle était limitrophe du district de Khiska possédé par les Turcs et de la province d'Erivan. Elle confinait à l'Est au Daghestan et au Chirwan. Pour l'état de la Géorgie au xviie siècle, cf. *Les six voyages de J.-B. Tavernier, Ecuyer baron d'Aubonne, en Turquie, en Perse et aux Indes*, 1679, tome I, pages 360-374; *Voyages du chevalier Chardin en Perse et autres lieux de l'Orient*, Amsterdam, 1735, tome I, pages 54-116; *Les voyages très curieux et très renommés faits en Moscovie, Tartarie et Perse par le Sr Adam Olearius*, Leide, 1719, tome I; *Relazione della Colchide hoggi detta Mengrellia, da Archangelo Lamberti de' Chierici regolari*, Naples, 1654.

4. Mouhit, محيط

5. Toul, طول

6. Arz, عرض

chant seront Derbend[1], Chamaki[2], Gilan[3], Mazan-

1. La ville de Derbend, défendue par un château fort, était bâtie sur le bord de la mer Caspienne : les navires venant du pays des Khazares, du Guilan et du Tabarestan abordaient dans son port et venaient y chercher des marchandises, entre autres les toiles de lin et le safran, produits de ce pays. La muraille flanquée de tours et percée de portes de fer appelées Bab el Ebouab باب الابواب, Derbend دربند et Demir Qapy دمر قپو venait aboutir à cette ville. Cette muraille primitivement élevée, dit-on, par Isfendiar, avait été réparée par Nouchirevan pour mettre la province d'Erran, le Chirwan et l'Azerbaïdjan à l'abri des invasions des Khazares et des tribus turques.

M. Gamba a donné une description intéressante de Derbend dans son *Voyage dans la Russie méridionale et particulièrement dans les provinces au delà du Caucase*. Paris, 1826, tome II, pages 335-340. On peut consulter aussi le *Derbend Namèh or the history of Derbend* par Mirza A. Kazem-bey, Saint-Pétersbourg 1851.

2. Chemakhy était la capitale du Chirwan, dit Zeïn el Abidin Chirwany; cette ville s'élevait autrefois au milieu des montagnes, mais Nadir Châh fit bâtir une ville nouvelle à quatre fersengs de l'ancienne qui porte le nom d'Aqsou. L'ancienne ville a été fondée par Nouchirevan et fait partie du cinquième climat. L'eau de la nouvelle ville a mauvais goût et son climat est insalubre.

De nos jours, les Russes ont relevé l'ancienne ville de ses ruines et abandonné Aqsou. L'air de l'ancienne ville est extrêmement bon, l'eau délicieuse, le sol fertile, et la terre comble de joie les cultivateurs. Les jardins y sont ravissants, et les vergers pleins de charmes. Les fruits sont à bas prix, et les céréales en abondance. Chemakhy est habité par près de deux mille familles chiites et trois mille familles sunnites. Mille maisons environ sont occupées par les Juifs et les Arméniens. Le territoire de la banlieue de Chemakhy, ainsi que celui des villages qui en dépendent, est bien cultivé et les villages méritent la réputation dont ils jouissent. La plupart des habitants sont dans l'aisance et jouissent d'une certaine richesse. Il y a dans les environs de Chemakhy près de six mille tentes des tribus Qizilbach et environ trois mille de la tribu Ilkhan Tchobanlou.

Les habitants de Chemakhy ont généralement le teint blanc, et ils se font remarquer par leur beauté, leur grâce et leur noble prestance. Ils sont bienveillants à l'égard des étrangers, hospitaliers, généreux et d'une grande douceur de caractère, mais leurs mœurs sont relâchées et la plus grande partie de leur temps est consacrée aux plaisirs et aux divertissements. *Hadaïq ous siaháh*.

Chemakhy était jadis la capitale du Chirwan et la résidence des princes régnants. Oléarius, qui y attendit pendant trois mois, avec l'ambassade du duc de Mecklembourg Gottorp les ordres du châh de Perse, a donné une description détaillée de cette ville. *Relation du voyage d'Adam Olearius en Moscovie, Tartarie et Perse*, traduit par de Wicquefort, Paris, 1661, tome I, pages 404-410.

On peut aussi consulter le *Voyage dans la Russie méridionale et particulièrement dans les provinces au delà du Caucase*, par M. le chevalier Gamba. Paris, 1826, tome II, pages 277-282.

3. « Le Guilan, dit Khondemir, est entouré de montagnes escarpées, couvertes d'épaisses forêts et coupées par d'étroits défilés. Les cours d'eau y sont très nombreux et on trouve dans toutes les plaines des sources d'eau vive. Les pluies y sont presque continuelles. La nourriture des habitants consiste en riz et poissons et en volailles. La viande et les mets trop gras y sont nuisibles à la santé. La

dran[1]. Les terres adjacentes aux Kalmaq (peuples qui sont à eux-mêmes), Yuzbek, etc., est cette grande province de Korasson[2].

pluie tombe quelquefois plusieurs jours et plusieurs nuits sans interruption, de façon à excéder les habitants. Mais si ceux-ci viennent à entendre les hurlements des chacals, puis les aboiements des chiens, leur ennui se change en satisfaction, car c'est pour eux le signe certain de la cessation de la pluie, et le lendemain, le ciel s'éclaircit. L'expérience a prouvé l'exactitude de cette observation. » Cf. *Le Ghilan ou les marais caspiens, description historique et géographique du pays qui borde au sud la mer Caspienne*, par M. A. Chodzko. Paris, 1850.

1. Le Mazanderan était désigné dans les temps anciens sous le nom de Bichêhi-Narven (forêt d'ormes). Quelques auteurs orientaux prétendent que le nom de Mazanderan tire son origine de la chaîne de montagnes appelée Maz qui s'étend depuis le Guilan jusqu'à Djadjerm. Selon Zehir Eddin Marachy, Maz, de la race de Soukhra, fit construire une muraille partant de Djadjerm et allant aboutir aux frontières du Guilan ; elle était percée de portes qu'il était impossible de franchir sans sa permission. Le but poursuivi par Maz était de mettre le pays à l'abri des invasions turkes. La contrée traversée par les montagnes de Maz ou défendue par Maz reçut le nom de Maz ender ân (Maz est dans elle). ماز اندر آن Le Mazanderan est divisé aujourd'hui en sept districts : 1º Djourdjan, 2º Mourdestan, 3º Esterâbad, 4º Amol, 5º Rustemdar et le Dehistan, 6º Roughad, 7º Siah Roustaq.

« Le Mazanderan est couvert de montagnes escarpées et d'épaisses forêts ; il s'y trouve un certain nombre de châteaux remarquables par la solidité de leurs murailles et de leurs fortifications. Bien que ce pays produise tous les fruits des climats froids et des climats chauds, il faut accorder une mention spéciale aux oranges et aux citrons qui sont en grande abondance et d'un goût délicieux. Les principales productions du Mazanderan sont la soie et le riz. » *Heft Iqlim*, mss. de la Bibliothèque nationale, f⁰ˢ 435-438.

2. Le Khorassan est la vaste province qui est bornée au nord-est et à l'est par le Djihoun et le pays de Balkh, au sud par l'Afghanistan et le Seistan, et à l'ouest par les provinces de l'Iraq, le district d'Esterâbad et le Dehistan.

« Chorasan ou l'ancienne Bactriane dit Oléarius, a du côté du Ponant, Mesanderan et comprend aussi plusieurs petites provinces en son estenduë, dont la première est celle de Heri qui a pour capitale la ville de Herat. Cette province est l'une des plus grandes, des plus fertiles et des plus marchandes de toute la Perse. La ville de Meschel que l'on trouve au catalogue ou registre de leurs villes sous le nom de Thus, est, sans doute, la plus considérable de toutes. Elle est ceinte d'une fort belle muraille et ornée de plusieurs beaux bastiments, et entre autres de deux cens, ou, si l'on veut croire Teixeira, de trois cens tours, éloignées les unes des autres de la portée du mousquet. En cette ville, se voit le tombeau d'Iman Risa, l'un des douze saints de Perse de la famille d'Aly, qui ne cède en rien, tant en bastiments qu'en revenus et richesses, à celuy d'Ardebil et l'on y fait les mesmes cérémonies. L'on y fait aussi les mesmes dévotions qu'au tombeau de Schick Sefi. Dans le voisinage de Mesched, auprès de la ville de Nisabour, est une montagne où l'on trouve de si belles turquoises que le roy ne veut pas qu'on les vendeà d'autres qu'à luy. La ville de Herat est la seconde de la province et c'est là où se font les plus beaux tapis de Perse. Les Indiens y ont leur trafic et c'est un passage nécessaire pour ceux qui vont de Candahar à Ispahan...... Thun (نون), Thabes Kileki

Du costé des Indes est le païs de Kandahar[1] et ses dépendances; du costé du Sinus Persicus sont les trois ports, sçavoir, Bender Kommeron[2] à présent appelé Bender Abassi, à cause

(طبس كيلكي) Thabes Mesinan (طبس مسينان) sont des villes assez considérables, tant à cause de leur grandeur qu'à cause de la quantité de manufactures de soye qui s'y font et dont l'on y fait un grand trafic. Toutes les autres villes comme Sebsvar (سبزوار), Turchis (ترشيز), Kain (قاين), Puschentz (بوشنج), Badkhis (بادغيس), Meru (مرو), Meruerud (مرو الرود), Tzurtzan (جوزجان), Fariab (فارياب), Asurkan (آذركان), Belch (بلخ), Bamian (باميان), Semkan (سمنجان), Thalecan (طالقان) et Sous (سوس) sont aussi des villes fort peuplées et marchandes, et, en ces lieux-là, se trouve la meilleure manne du monde. » *Voyage de Moscovie et de Perse*, tome I, livre IV, pages 364-365.

1. La ville de Qandahar, dit Hadji Khalfa, est située à dix journées de marche à l'est de Zarendj. C'est une place forte qui, selon l'auteur du Taqwim, aurait été fondée par Alexandre. Une rivière qui prend sa source dans les montagnes s'élevant à l'ouest, coule dans la direction du sud après avoir fait le tour de la ville qui occupe une vaste superficie et renferme une nombreuse population. Au milieu de la citadelle se trouve un puits d'une grande profondeur creusé dans le roc. Toutes les fois que l'on y puise de l'eau, on ramène des morceaux de bois et de l'herbe. Ce fait prouve qu'il existe une communication souterraine entre ce puits et l'extérieur. La possession de la ville de Qandahar placée sur la frontière a donné lieu, à plusieurs reprises, à des contestations et à des guerres entre les rois de Perse et les souverains de l'Inde. *Djihan Numa*, éd. de Constantinople, page 250.

Qandahar, dit Zeïn el Abidin Chirwany, était autrefois adossée à la montagne. Nadir Châh fit la conquête de cette ville, la rasa et en fit construire dans le voisinage une autre qui reçut le nom de Nadir Abad. Le prince Afghan Ahmed Châh Abdaly fit détruire ces nouvelles constructions, et jeta à la distance d'un demi-ferseng les fondements d'une nouvelle cité qui fut surnommée Echref oul bilad (la plus noble des villes). Il l'entoura d'une muraille crénelée ayant neuf mille pas de circuit et percée de quatre grandes portes. Il amena de l'eau courante et pourvut la ville de larges rues et de vastes marchés. Il y fit élever, pour y être enterré, un magnifique tombeau. On compte à Qandahar trois mille feux. Les habitants sont Afghans et Hindous. Les premiers appartiennent à la secte des Chiites Imamy. Les environs de la ville sont occupés par quarante mille Abdaly, qui y passent l'hiver et l'été. *Hadaiq ous siahâh*.

Qandahar fut assiégé et pris par les Persans en 1649. Mohammed Dara Choukouh, fils de Châh Djihan, essaya vainement de reconquérir cette place forte (1651-1652). M. le major Raverty a donné dans les *Notes on Afghanistan and part of Baluchistan*, Londres 1881, pages 21-28, la traduction du chapitre du *Mirât Djihan Numa* relative à l'expédition malheureuse de Mohammed Dara Choukouh.

2. « Camron, Camoron ou Gamron, le port de toute la Perse et peut-être de toute l'Asie où il se fait le plus grand commerce, n'a commencé d'avoir de la réputation que depuis que les Portugais ont été chassés d'Ormus. Avant cela, ce n'étoit qu'un petit village d'une cinquantaine de misérables cabanes, où pourtant, à cause de la commodité de sa rade, les Portugais tenoient vingt-cinq ou trente barques armées pour soutenir leur commerce et troubler celui des autres. Ce fut Scha Abbas qui

que Chabbas premier aïeul de ce roy cy y attirant les Francs, le rendit fort marchand et hanté, car à présent, par là passent la plus grande partie des marchandises qui arrivant des Indes, viennent en Perse se distribuer sur le païs et de là passer aux

en fortifia le port, qui commença à en bâtir la ville et qui, par des privilèges et des franchises, y attira le commerce, ayant changé son premier nom et l'ayant appelé du sien Bender Abbassi qui, en langue persane, signifie port d'Abbas. Ce port est ouvert à toutes sortes de nations, à la réserve des Espagnols et des Portugais, et l'on y voit des Perses, des Arabes, des Indiens, des Bénians, des Arméniens, des Turcs, des Juifs, des Tartares, des Maures, des François, des Hollandois et des Anglois.

« Au milieu de la ville est une grande place, qu'ils nomment Passer, ce qui est la même chose que ce qu'on appelle ailleurs Bazar, qui est toute voûtée, avec des boutiques des deux côtés et une allée au milieu. C'est là que les marchands étalent leurs marchandises les plus précieuses, particulièrement les Bénians à qui elles appartiennent presque toutes ; gens habiles, mais fourbes et qui font aux Indes ce que font partout les Juifs.

« Le temps du commerce est depuis le mois d'octobre que finissent les grandes chaleurs, jusqu'au mois de mai qu'elles recommencent. Alors, on voit aborder par mer les vaisseaux de tous les Européens qui sont établis dans les Indes et quantité d'autres bâtiments de Maures et d'Indiens, et, du côté de terre, arrivent à jour nommé diverses caravanes de marchands, entre autres celles d'Ispahan, de Schiraz, de Laor, d'Alep, de Bagdad, de Hérat et de Bassora. Les Hollandois y apportent de l'argent comptant, des marchandises qui viennent d'Europe sur leurs vaisseaux et quantité d'autres qu'ils ramassent dans tous les lieux de l'Inde où ils ont des comptoirs ; et surtout des épiceries dont ils fournissent presque toute la Perse : du bois de chappan et du santal, du sucre, de l'anis, du gingembre, de l'indigo, du vermillon, de l'encens, du benjoin, du vif-argent, du plomb, de l'étain, du cuivre, des draps de couleur et des toiles.

« Les Anglois ont moins d'argent que les Hollandois dans leur cargaison, mais ils ont quantité de draps, de l'étain, de l'acier, de l'indigo, des étoffes de soie et des toiles de coton des Indes les plus belles et les plus fines.

« Ce sont les marchands anglois qui, les premiers, ont porté des draps d'Europe en Perse ; aussi cette marchandise y a-t-elle retenu leur nom, les draps à Ispahan étant appelés *Londres*, et ceux qui les vendent en détail, marchands de Londres, ce qui fait ordinairement une partie du négoce des Arméniens dans cette capitale de l'empire des Perses.

« A l'égard des bâtiments indiens, arabes et maures, ils ne sont chargés que des productions et des manufactures de leurs pays. Les marchandises qui viennent par les caravanes consistent en plusieurs étoffes d'or et d'argent, en velours, en taffetas, en porcelaines, en plumes, en maroquins, en laines, en brocards, en riches tapis de Perse, de Corasan et de Dias, camelots de Turquie et d'autres plus simples d'Arabie, en drogues médicinales, en sang de dragon, en manne, en myrrhe, en encens, en raisins secs, en dattes, en chevaux de Barum, mais particulièrement en soies crues, qui sont le plus grand commerce qui se fasse en Perse. On trouve aussi à Bender Abassi des turquoises, mais plus de la nouvelle que de la vieille roche, et bon nombre de perles qui se pêchent dans le sein Per-

autres circonvoisins. Chabbas, à raison du service que lui rendirent les Anglois en l'aidant à prendre Ormuz[1] sur les Portugais, leur donna exemption des péages sur tous les chemins du Bender, Lar, Chiras, Hispan, etc., tant pour entrer que pour

sique, ainsi qu'on le dira en parlant de l'isle Bakarem (Bahreïn). Toutes les nations qui trafiquent à Gamron ont des magasins et des maisons. Celles des François, des Anglois et des Hollandois ont plus l'air de palais que de comptoirs de marchands et sont placées le long de la marine, ce qui leur est très commode pour charger et décharger les vaisseaux quand ils arrivent. » *Etat général du commerce de l'Asie*, dans le *Dictionnaire universel de commerce*, par Savary. Paris, 1741, tome I, page 405.

On trouve une vue du port de Gamroun dans les *Voyages* de Mandleslo, tome I, page 23, de l'édition de Leyde 1719.

1. Les Persans, commandés par Imam Qouly Khan, gouverneur général du Fars, et les navires anglais sous les ordres des capitaines Blyth, Wedal et Woodcock, s'emparèrent du port d'Ormuz le 20 janvier 1622, et de la ville et du château e 18 avril. La convention conclue avec Châh Abbas portait : que le château d'Ormuz étant pris demeurerait avec toute son artillerie et ses munitions aux Anglais; que les Persans pourraient bâtir une autre citadelle à leurs dépens en tel endroit de l'île qu'il leur plairait ; que le butin serait partagé également ; que les Anglais pourraient disposer des prisonniers chrétiens et que les autres demeureraient au pouvoir des Persans ; que les Anglais fourniraient la moitié des vivres, gages, poudres, plomb et autres munitions nécessaires à l'armée ; que les Anglais seraient à jamais exempts des droits d'entrée et de sortie à Bender Gambron.

L'histoire du siège et de la prise d'Ormuz se trouve dans la *Relation du voyage de Perse et des Indes orientales, traduite de l'anglais de Thomas Herbert*. Paris, 1663, pages 187-197.

« La ville d'Ormus et son isle, quoique tout à fait deschues de leur premier éclat et entièrement détruites et démolies par les ordres de Cha Abbas, après qu'il les eut repris sur les Portugais, méritent cependant qu'on en fasse mention, à cause du rang qu'elles ont si longtemps tenu parmi les isles et les villes du plus grand commerce de l'Asie. Cette isle, située dans le golfe Persique, assez près de son embouchure et à deux lieues de la côte de la Perse par les 27 degrés de latitude, n'a guère plus de vingt lieues d'étendue et cependant a porté longtemps le titre de royaume, ayant eu ses rois particuliers, tributaires néanmoins des rois de Perse. »

Les Portugais qui crurent ce poste nécessaire à leur commerce, qui commençoit à s'établir dans les Indes, la prirent en 1507, et, par là, fermèrent à toutes les nations l'entrée de la Perse où il ne fut plus permis à personne de trafiquer que sous leurs passeports et sous leur bannière. Tant que les Portugais restèrent, seuls de tous les Européens, les maîtres du négoce et de la navigation des Indes orientales, les Perses ne se trouvèrent point en état de secouer cette espèce de joug, que ces nouveaux venus avaient mis sur un des plus fameux empires de l'Asie : mais les Hollandois étant passés en Orient sur la fin du xvie siècle, et les Anglois au commencement du xviie, Scha-Abbas se servit de ces derniers pour l'aider à chasser les Portugais de leur isle qu'ils furent enfin obligés de rendre en 1622, ayant perdu à sa prise, à ce que l'on prétend, plus de six à sept millions en marchandises et en autres sortes d'effets. *Etat général du commerce de l'Asie.*

sortir du royaume, quelque quantité de marchandises qu'ils eussent. De plus, il fit convention avec eux de leur donner la moitié de la douanne des marchandises qui viennent des Indes, de la paier au Bender Abassi, ayant transféré la douanne de Ormuz à ce Bender Abassi[1].

Là aussi viennent les vaisseaux de la Compagnie des Hollandois, qui aussi pour aller et venir et passer marchandises, ne paient aucunes douannes, mais pour compenser sont obligés à prendre de la soye du Roy tant de charges par an, et ce, un peu plus cher que au marché.

Le second Bender s'appelle Bender Congo[2], distant de ce premier seulement trois journées. Là hantent les Portugais, et par convent, ils ont la moitié de la douanne des marchandises qui viennent des Indes, en outre quelques pièces de chevaux que, par an, la Perse est obligée de leur donner, et ce pour la pesche des perles de Bharin[3], affin que ceux-cy laissent pescher en paix.

---

1. Les Hollandois ont à Bender-Abbassy un comptoir considérable dont les commis travaillent d'intelligence avec ceux qui sont établis à Ispahan. Ils y portent de l'argent comptant, diverses marchandises d'Europe, mais beaucoup davantage de celles des Indes. Les espèces consistent en réaux ou piastres d'Espagne et en richsdales que les Perses préfèrent à toutes les autres, à cause du profit qu'ils y trouvent en les convertissant en celles du pays. Les draps de Hollande de diverses couleurs viennent d'Europe et les épiceries, le sucre, l'anis, le gingembre, l'indigo, le bois de Chiampan, le vermillon, l'encens, le benjoin, le vif-argent, le plomb, le cuivre, les toiles fines de Surate et de Coromandel sont, la plupart, ramassées dans différents lieux de l'Inde. La Compagnie ne paie aucun droit d'entrée et de sortie en Perse, mais elle est obligée de prendre tous les ans jusqu'à six cents balles de soie à un certain prix, qu'elle convient qui ne lui est pas avantageux; aussi ce n'est pas sur le retour des marchandises de Perse, mais sur les envois qu'elle y fait des siennes, qu'elle fonde ses plus grands profits. Les retours, outre les soies, sont des velours, des étoffes, des tapis, mais particulièrement des fruits et des vins. *Commerce de l'Europe*, dans le *Dictionnaire universel de commerce*, par Savary, page 287.

2. Bender Congoun (بندر كنگون) est une petite ville qui renferme six ou sept mille âmes. Le port offre un abri sûr aux navires contre tous les vents. On peut se procurer à Congoun l'eau et le bois si rares sur les côtes du golfe Persique. MacDonald Kinneir, *Geographical memoir*, page 82.

3. Bahreïn.

L'autre port ou Bender est le Bender Rig [1]. Là n'abordent que quelques barquettes de Bassora qui passent le monde de l'Arabie en Perse. Ces barques vont à la sonde et n'ont ny cloud ny cheville, mais sont cousues de cordes, le tout fort bien accommodé pour faire promptement naufrage, et ce avec peu de vent et tempeste.

Du costé de la Turquie est le Loureston [2] et le Kourdeston. [3]

A présent tout ce que possède le Roy de Perse est compris entre quelques trente degrés de longitude, commençant ses premières terres du côté de Bagdad (Babilone), au pont appelé *Polcha*[4] (pont du roi), ou bien à la montagne de *Dertenque*[5] (porte estroite), à quelques 85 degrés, et finissant vers Kandahar

1. Bender-Rig, le port du sable (بندر ريك), est situé sur le bord de la mer à la distance de trente-deux milles de Bender-Bouchir. « Bendel-Regh est un bourg assez gros, très-fertile en palmes, où il y a peu de maisons de pierre, toutes estant presque faites de terre, de roseaux et de rameaux de palmes. Nous y souffrîmes de très-ardentes chaleurs durant les quatre jours continuels que nous fûmes contraints d'y demeurer, quoyque ce ne fut encore que le commencement du mois de juin ». *Voyage d'Orient du R. P. Philippe, de la tres-saincte Trinité*, etc. Lyon, 1669, page 43. Bender-Rig était entouré par une muraille en terre flanquée de tours rondes : il fut pris par Kerim Khan qui rasa les fortifications. La ville ne compte plus aujourd'hui que deux ou trois cents habitants. Mac Donald Kinneir. *Geographical memoir of the Persian Empire,* page 71.

2. Le Louristan formait une partie de l'ancienne Médie. Il est aujourd'hui considéré comme le district le plus fertile de l'Iraq ; l'eau y est extrêmement abondante et les pâturages fort nombreux. Le Louristan est la résidence des tribus des Bakhtiary, des Lek et des Faiély. Ker Porter, *Travels in Persia*, tome II, page 82. Londres.

3. « Le Kurdistan persan est borné à l'est par l'Iraq Adjemy, à l'ouest par l'Iraq Araby et le Diar Rebiah, au nord par l'Arménie et l'Azerbaïdjan et au sud par le Khouzistan. Cette contrée renferme des villes prospères et des localités célèbres, ainsi qu'un grand nombre de montagnes et de vallées ; elle dépend en général du quatrième climat et une petite partie est comprise dans le troisième climat. Les habitants sont attachés pour la plupart aux doctrines des Chiites Imamy, mais un certain nombre sont Aly Allahy, Hanéfites ou Chaféites. Il y a peu de Yezidis. Les chrétiens forment la communauté la moins importante. Les Kurdes constituent la majorité de la population, cependant on trouve des Arabes et quelques Turcs. Vardelan, Deïnaver, Hersin, Chehirzor, Suleymaniêh, Kermanchâhan, Guerend et Khourremâbad, sont les principales villes du Kurdistan ». Zeïn el Abidin Chirwany, *Hadaiq ous siahâh.*

4. Pouli Châh, پل شاه

5. Deri Tengue. درتنك

du costé d'Orient à quelques 115 degrés. Toute la latitude de ce royaume sera comprise entre les 24 et 45 parallèles ; par conséquent, son terrain contiendra 21 degrés de latitude. L'on observe que le tropique du Cancer ne passe pas précisément au Bender Abassi, ains avancera en mer quelques lieues.

Ce grand royaume (qui, pour estre destitué d'eaux, est pour la plus grande part stérile, plein de déserts, quoyque la terre de soy soit fort bonne et capable de produire quelconque semence que l'on lui voudra confier, supposé que elle soit arrosée autant qu'elle en a de besoing, ses montagnes sont stériles, arides, de rochers espouvantables, sans broussailles ni arbres en la plus part), a pour ses principales provinces ou parties principales Gurgistan, terres conquises sur les Ibériens, Azerbaijon[1], Mazandran, Korasson, Savoleston[2], Kandahar, Sigiston[3],

---

1. L'Azerbaïdjan, l'ancienne province de l'Atropatène, était, au xviie siècle, séparé de l'Arménie par l'Aras (l'Araxe) et de l'Iraq par le Qizil-Ouzen (la rivière rouge) ; il est borné à l'est par le Guilan et la mer Caspienne, à l'ouest par le Kurdistan et l'Arménie. Cette province comprenait les districts d'Erivan et du Qarabagh et ceux d'Ardebil, d'Ourmiah, de Tebriz, de Meraghah, de Khoy, de Khulkham, de Sirab, de Guermroud, de Saouq-Boulagh, de Qaradagh, de Nakhchivan et de Miskin.

« L'Azerbaïdjan est divisé en neuf districts et renferme vingt-sept villes. Le climat de ce pays est généralement froid, sauf quelques localités où il est tempéré. Ses bornes sont l'Iraq Adjemy, Moughan, le Gurdjistan, l'Arménie et le Kurdistan.... Anciennement, la capitale était Meraghah ; de nos jours, c'est Tébriz. Les Turcs se sont emparés de cette ville en 993 (1585) : ils y ont construit une vaste citadelle pour y loger une forte garnison, et la population se compose presque exclusivement de Turcs. Il ne reste plus qu'un petit nombre de Persans, qui ont à supporter le joug le plus dur ; quant à l'ancienne population, elle a été ou massacrée ou emmenée prisonnière dans le pays de Roum et de l'Iraq. » *Zinet oul Medjalis.*

2. Le Zaboulistan s'étend au sud de Balkh et du Tokharistan et sépare le Khorassan de l'Inde. Ce pays, dit Yaqout, est fertile, mais le climat est très froid. Ghaznah était la capitale du Zaboulistan.

3. Cette province porte les noms de Sedjestan, Seguestan, Seistan et Sistan.

« Le sol du Sedjestan, dit Istakhry, est aride et sablonneux : la chaleur y est très grande et le palmier y vient bien ; la neige y est inconnue. Le terrain est uni et on n'y voit pas de montagnes ; les plus rapprochées sont celles du canton de Ferah. Le vent y souffle sans interruption et avec assez de force pour faire tourner les meules que les habitants ont établies de tous les côtés ; il transporte aussi d'un lieu à un autre des masses considérables de sable, et sans les précautions minutieuses des habitants, les villes et les bourgs ne tarderaient pas à être engloutis par le désert... La capitale du Sedjestan avant Zarendj était Ram-Chehristan. Les

Ærak, Qusiston[1], Loureston, Kourdeston. Cette particule de *eston* en langue Persienne respond à celle de *eus* en la latine, comme *ferreus, igneus*.

Dans chacune de ces grandes provinces sont des *Beglerbeguis*[2] (grands gouverneurs, seigneurs des seigneurs), et ceux-cy ont encor quantité de Kans soubs eux, qui sont posés et déposés seulement par le Roy. Ces Kans icy savent combien par an il faut pour païer la milice qu'ils doivent entretenir des revenus qu'ils tirent des païs, et estre prêts de marcher eux et

palmiers et les dattiers viennent en abondance dans ce pays. Les indigènes sont d'une constitution robuste et d'humeur belliqueuse : ils sortent dans les rues de leur ville un sabre nu à la main..... Les Sedjestaniens sont de race persane: tous leurs docteurs, sauf de rares exceptions, professent le rite hanéfite. Les femmes sont gardées avec une extrême sévérité; elles ne sortent jamais du logis, ou, si elles sont obligées d'aller chez leurs proches parents, elles s'y rendent de nuit. » *Dictionnaire géographique de la Perse*, pages 301-302. Cf. La notice consacrée au Sistan par John Macdonald Kinneir dans le *Geographical memoir of the Persian Empire*. Londres, 1813, pages 189-193.

1. « Le Khouzistan, appelé ainsi des Khouz, peuples qui l'ont habité, est une province de la Perse terminée au nord par les pays de Saïmer, de Kerkhe, de Roudbar et par les montagnes du Louristan jusqu'à Djilè : à l'ouest par le pays de Vassit, au sud, depuis Abbadan jusqu'à Mehrouïan et Deurak, par le golfe Persique, ensuite par la frontière du Fars ; à l'est par la rivière de Tab, laquelle coule entre les pays de Fars et d'Ispahan, reçoit quelques rivières du Khouzistan et se jette dans la mer à peu de distance de Mehrouïan. Cette province qui est entre le Fars et le district de Basra touche à l'Irak arabe, au Kurdistan, au Louristan et au Fars. La partie du golfe qui la borne depuis Mehrouïan jusqu'à l'autre extrémité vis-à-vis d'Abbadan s'appelle Guerendil. Touster et Djundi-Sabour sont les seuls endroits où il y ait des montagnes et des sables. Le reste de ce pays est uni et fertile. Il ne s'y trouve nulle part de la glace ni de la neige, si ce n'est dans le canton de Ram-Hormouz. L'air du Khouzistan est chaud, ce qui est cause que les dattes y viennent bien, de même que les autres fruits et les grains. Il y croît beaucoup de cannes à sucre, particulièrement à Asker Moukrem, mais c'est un climat malsain. Les habitants parlent l'arabe, le persan et le langage des Khouz. Ils ressemblent aux gens de l'Irak, étant pour la plupart de mauvais naturel et avares, jaunâtres, de faible complexion et maigres. Il y a des Musulmans, des Guebres, des Juifs, mais peu de chrétiens. » Hadji Khalfa, *Djihan Numa*. Cette notice sur le Khouzistan a été traduite par Otter et insérée dans son *Voyage en Turquie et en Perse*, tome II, chap. v, pages 49 et 50. Hadji Khalfa s'est borné à traduire le texte arabe d'Abou Zeïd Balkhy reproduit par Yaqout dans son *Moudjem el bouldan*. Cf. Barbier de Meynard, *Dictionnaire géographique de la Perse*, pages 217-218. Les villes principales du Khouzistan sont Touster, Ahwaz, Asker Moukrem, Tib, Djoundi Sabour, Sous, Ram Hormouz, Dizfoul, Houweizèh, Daouraq et Hisni Mehdy.

2. بگلربگی.

leur suite en campagne, lors que le roy les mande; en outre, il faut qu'ils donnent aux coffres du roy tant par an, encor au grand vizir, *athemadeulet* (appuy des richesses)¹, outre quelques présents qu'il leur convient faire, de bienséance, aux grands de la Cour qui ont l'oreille du Roy, pour avoir de l'appuy. Outre ces petites provinces où sont les Kans, sont encore des sultanies ou petits païs, que un petit gouverneur appelé Sultan commande; et iceluy comme les autres est posé et déposé du Roy seulement.

L'air de la Perse est sec et froid en ses saisons; quant au païs du Gilan et Mazandran, froid et humide à raison des marais qui, ne se deschargeant point dans la mer, rendent ce païs-là humide ce qui rend l'air très fascheux. Icy est le proverbe, lorsque l'on envoye quelqu'un, quoyque en office de commandement ou lucratif, en Gilan, par raillerie l'on luy dit, *Kessira ne kochti dozdi ne kerdi aïé kroné karabe tchera Guilan mirevi*². Tu n'as tué personne, tu n'as point dérobé, est-ce que ta maison tombe en ruine, pourquoi vas-tu au Guilan?

Ce païs-là seul produit la soye, qui se transporte d'icy en Alep, Smirne, Ligourne et Venize, non point en telle quantité que l'on nous vouloit faire croire; car, si en la Perse les habits de soye estoient communs comme en Occident, il faudroit rapporter icy de la soye d'autres païs.

Le païs de Corasson produit quantité de ro (cuivre), mais aigre, et s'il n'est allié de celui qui vient d'Occident, il n'entre que difficilement en ouvrage. Le païs de Yezd et du Kirman produit des laines (*teftik*)³ fines que l'on a portées en Occident pour voir si elles se peuvent feutrer en chapeaux.

A présent, les gens icy sont fort en cervelle touchant les

---

1. 'Itimad Eddaulèh, اعتماد الدوله L'appui du gouvernement.
2. Kessyra nèkouchty, douzdy nèkerdy, aya khanèhet kharab tchira Guilan my revy? کسیرا نکشتی دزدی نکردی آیا خانهات خراب چرا کیلان می روی
3. تفتیک

métaux d'or et d'argent de divers endroits. Ils apportent des pierres qui contiennent quelques métaux meslés ; c'est à sçavoir si dans leur dépuration, la dépense païée à raison du charbon, qui est icy fort cher et des ouvriers, il y aura du profit. Ceux qui ne demandent que employ disent que de cent mans de pierre ils ont fait sortir vingt mans d'argent pur, d'autres pierres, moins. A présent qu'ils sont dans la chaleur de la recherche, aucuns disent merveilles de ces *felezat* (minéraux)[1], aucuns disent le tout estre impossible. Le temps en fera peut-estre comme du temps de Chaabbas de la mine de Kerven, *Nokre Kerven est deh krarge noh hasel*[2], c'est l'argent de Kervan sçavoir dix de dépense et neuf seulement qui en provient, et ce comme nous disons faire de cent quintaux quatre libvres.

Ils ont semblablement trouvé de la pierre d'azur, qui, broyée, paroissoit assez belle, néantmoins elle est pasle, mais employée en peinture, elle devient verdastre, se mat et tombe tout en crouste. Toutefois, ils ont fait icy grandes défenses que l'on ne se serve ni achette plus de celle qui vient de la Tartarie, que nous appellons azur d'oultremer. Ils ont trouvé du cristal de pierre en divers endroits ; il est passable pour sa blancheur, mais tout pailleux et en petites pierrettes. Ils ont trouvé du talk, mais qui n'est bon que à pister pour argenter les murailles. Ils ont trouvé du jaspe, aussi du marbre jausne, de l'alun de plume et ainsi autres telles choses, de sorte que le Roy a donné ordre que l'on prenne de nouveau deux cents officiers pour les mines et autres nouveautés qu'ils veulent faire porter à leur terre ; ainsi, comme ils disent icy, nostre terre donnera désormais tout ce que nous avions nécessité d'achepter de l'estranger. L'issuë en fera voir la vérité.

Ce païs cy donne du fer suffisamment pour le païs, qui n'en fait pas aussi large profusion comme en Occident, les clouds

---

1. فلذات

2. Nouqrèhi kerven est dèh khardj ou nouh hassil نقرهٔ کروں است ده خرج ونه حاصل

seuls des vaisseaux estant pour espuiser tout ce qu'il y a de mines en ce païs.

Du plomb, ils en ont aussi assez pour l'usage, qui n'en demande pas davantage. Pour du sel de roche, vers Tauris, Erivan, les rochers ne sont autre chose, transparents comme cristal; il y a alun en quantité, sel de marais salés, en quantité. — Le man ou les 12 lb. icy portées à Hispan valent deux kasbequis, qui sera un sol. Icy il est vénal et les pauvres gens qui l'apportent, après avoir vendu leur charge, par aumosne, il leur faut encor donner du pain. Pour des grains, il n'y en a que suffisamment pour nourrir les gens du païs, lesquels s'ils se multiplioient comme en Occident, il faudroit que une partie d'iceux mourust ou bien pensast à faire colonie ailleurs.

De toiles grossières et mal faistes, il s'en treuve sur le païs, peu pour les pauvres gens, toute la provision venant des Indes, qui est la raison que tout l'argent monnoyé sort d'icy pour aller fondre là sans ressource. Ainsi, dans le païs il ne faut rien chercher de surplus pour se rendre nécessaire à l'estranger.

Le gouvernement du royaume est despotique, monarchique, le Roy ayant commandement absolu sur tout son royaume et sur tous ses subjects (*Raiet*)¹, droit de vie et de mort sans appréhension de révolte ou souslèvement. La raison est de cela que tous les grands sont des gens qui sont les premiers et d'ordinaire les derniers gentilshommes de leur race, le roy les eslevant et abaissant aussi facilement l'un que l'autre. Il se descharge de ses affaires sur son grand vizir, appellé icy *athemadeulet*, nom d'office, et iceluy est comme un maire de palais, avec cette différence qu'il ne termine rien en dernier ressort que par l'ordre et commandement du Roy, et il n'a aucun appuy de places frontières, aucun gouvernement de grandes provinces qui se feroient sacrifier pour lui, ni aucune alliance ou intelli-

1. رعیت.

gence avec l'estranger. Cela faict que, comme les autres officiers, il prend le temps comme il vient, sans projetter tels grands dessaings comme font nos grands ministres d'Estat, dont l'intrigue remue tous les païs de leurs voisins. Partant, l'on ne sçauroit faire icy aucune comparaison de ces grands génies d'Occident avec ces vizirs, qui aujourd'huy sur pied, ne sçavent s'ils se coucheront le soir à leur gré. L'on appelle encore cet officier icy *vezyr rast* (le vizir du costé droict)[1], à cause qu'il se sied dans le *megeles* (lieu où le Roy et toute sa Cour est assise)[2], à costé droict du Roy, mais quelques deux ou trois pas au dessoubs.

L'entretien de ce vizir vient de chaque Kan, sur lequel il a par an un *russom* (certaine taxe déterminée)[3], laquelle il faut bien qu'ils outrepassent en magnificence s'ils veulent se conserver et estre à l'abri de cette protection, *pna* (appuy, refuge)[4]. Par honneur l'on appelle encore le vizir *navab*[5], mais à présent cette qualité veut s'usurper encore par quantité d'autres, qui faict que cela ne lui est pas propre. De sçavoir précisément combien chaque an il peut recepvoir pour cet office, cela est impossible, car outre que la vérité n'est point icy dans la bouche des hommes, demandez à l'un, demandez à l'autre, un chacun vous dira plus ou moins selon son caprice. L'un vous dira une somme si excessive que le Roy mesme ne l'a pas; un autre si médiocre que aucun de ses officiers subalternes en reçoit davantage, de sorte qu'il est comme impossible de dire là-dessus aucune chose déterminée et asseurée. Car icy dans le *telaphouz*[6] (parler ordinaire), les 1,000 tomans, qui sont 400,000 lb., se comptent comme en nos païs les pistoles, mais au faict et au

---

1. Veziri rast, وزیر راست
2. Medjlis, مجلس
3. Roussoum, رسوم
4. Pènah, پناه
5. Newwab, نواب
6. Telaffouz, تلفظ

prendre, il n'y a point de finances dans l'espargne; selon le train de cet officier, sa dépense qui paroist et l'estime du pouvoir du païs, ce sera l'excès s'il touche en *helal harom*¹, (de bon acquis et mal acquis,) 900 ou 1,000 tomans, ce qui seroit 360,000 ou 400,000 lb.

Voilà donc la seconde personne de la Perse, car pour la première, qui est le Roy appelé *Chaabbas Tsani*² (le Roy Abbas deuxiesme), son revenu ne sçauroit passer 600,000 tomans, qui seroient 24,000,000 lb.; encor peut estre la moitié à défalquer, ce qui est plus croïable, car comme icy le bruit commun lui donne cela, et que ces gens icy dans ces matières ne parlent que par *Egrak* (exagérations)³, l'on peut faire une équation de nombre pour venir à la cognoissance de l'incognu par estimation de rabais, qui approchera du vray.

Touchant les noms et qualités, les titres du Roy icy sont en assez grand nombre, comme refuge du monde, le soleil pour la terre et autres tels termes estranges. Mais pour cette qualité de grand Sophy de Perse que tous nos relateurs lui donnent, je ne sçay sur quoy elle est fondée, car icy ce terme n'est pas seulement cognu, et aucun Persien n'en a jamais entendu parler, bien loin de l'escrire au rang de ses qualités. De vouloir fonder le nom de grand Sophi de Perse sur la primatie (comme estant leur chef) de ces pauvres sophis, qui sont icy des pauvres cancres, sçavoir les balayeurs et la balayeure du dehors de la maison du Roy, qui icy, comme l'on dit, *ser ou pa ne darende*⁴ (qui n'ont ni teste ni pied), gens pauvres et de néant qui vivent d'industrie, qui portent cet ancien bonnet de Perse, *tage*⁵, pour à son ombre escroquer quelque bribe de pain,

---

1. Helal ou Haram, حلال وحرام
2. Chàh Abbas Çany, شاه عباس ثانی
3. Ighraq, اغراق
4. Ser ou pa ne darend, سر و پا ندارند
5. Tadj. تاج

quelque plat de riz, et ce encor des restes de la cuisine du Roy, et desquels icy est ce dictum d'un homme *havaré*[1], qui ne sçait où en prendre pour se mettre soubs la dent : « il ressemble aux souphis ; monstres leur un oignon, ils n'en laisseront pas même la peau ». Enfin, de fonder ce nom de Sophi de Perse sur si mauvais fondement, cela est hors de raison, outre que cela icy est inauit, et que jamais aucun Persan ne l'a entendu attribuer au Roy, lequel tiendroit cela à déshonneur, et toute autre condition à cent picques au-dessoubs de la sienne.

De cette race de roys icy voicy le septième. Leur premier père estoit un moulna des descendants de Mahomed appelé Cheik Sephi[2] (l'ancien pur). Je ne sçay si ce mot de *sophi*, nos escrivains ne l'auroient point tiré de ce *sephi*, en quoy je ne voy point encor de fondement, car ce nom de leur grand aïeul ne s'est donné encor à aucun des roys de Perse[3] ; et avec tout cela, en Occident, l'on fait passer le nom de grand Sophy de Perse comme s'il estoit le nom général de tous les roys de Perse, ce qui n'a jamais esté entendu icy. Il est bien vray que le frère de ce Roy icy s'appeloit Cha Sephi (roi pur), mais c'estoit son nom propre et non pas le nom propre de tous les roys généralement. Retournons aux officiers du Roy.

Nazer[4], c'est-à-dire comme voyant, icy correspond comme au grand maistre d'hostel en France. Il a l'intendance sur tous les officiers du Roy qui sont dans la maison. Cet office là pourra

---

1. Avârèh, آوارَه vagabond, oisif.

2. Cheikh Sefi, شیخ صفی

3. Cette assertion est inexacte. Le successeur de Châh-Abbas Ier fut son petit-fils Sam-Mirza, fils de Djihanguir-Sefy-Mirza, aveuglé par ordre de son père. Sam-Mirza, en montant sur le trône, prit le nom de Châh-Séfy. Il régna depuis l'année 1039 (1629) jusqu'en 1051 (1641). Le successeur de Châh-Abbas II porta également le nom de Châh-Sefy qu'il abandonna pour prendre celui de Châh-Souleyman. Chardin a raconté les causes qui lui firent adopter cette résolution dans son *Couronnement de Soleiman, troisième roy de Perse et ce qui s'est passé de plus mémorable dans les deux premières années de son règne*. Paris, 1671.

4. Nazir, ناظر, intendant.

par an manger de *helal* ou *harom* trois ou quatre mille tomans. Presque tout ce qui est en la maison du Roy est entre ses mains. Iceluy a soubs soy un autre *nazer*, et ce mis de la part du Roy : iceluy est comme un controlleur. La paye et le tour du baston ne peust pas excéder, par an, cent ou cent vingt tomans tout au plus.

Vaka nuis[1] est comme un secrétaire d'Estat. Iceluy est seul; son office est que les requestes qui sont présentées au Roy lorsqu'il s'assied, iceluy-cy les lit et explique au Roy. Il s'appelle encor *vezyr tchep*[2] (vizir à main gauche), à cause que en le *megeles*, il se sied à cette main. Ce qu'il retire de cet office, tout au plus, peust estre mille tomans, encor pas.

Divan begui[3], seigneur du divan. Cet officier est comme le grand et généralissime prévost qui peut cognoistre de tous les meurtres et batteries de tout le royaume, de sorte que son fief n'a point de limite là où il peut, et le faict envoyer ses levriers à la chasse pour l'entretien de sa cuisine. Il mangera par an du Roy et des bons et mauvais subjects, trois mille tomans, plus ou moins, selon qu'il est bon veneur.

Gabbé dar bachi[4], ce seroit comme grand intendant de l'arena : tous les ouvriers à lime et marteau sont soubs sa domination. Il a en son dépôt toutes armes, espées, horologes, etc., du Roy. Celui-cy tout au plus par an mangera quinze cents tomans, encor à bien tirer. Iceluy, pour avoir quantité de choses d'or ou d'argent ornées de pierreries et perles en dépôt, là où il se peust perdra à dessein tousiours quelques parties, lorsque l'on luy redemande son compte, adieu tout ce qu'il possédoit avant de son propre; c'est beaucoup qu'il échappe avec ses oreilles sauves et que l'on le laisse aller en blanc, ne pouvant plus tirer aucune teinture de luy.

1. Waqaáh nivis, واقعة نویس
2. Veziri tchep, وزیر چپ
3. Diwan beguy, دیوان بیکی
4. Djebèhdar bachy, جبهدار باشی

Mir akrour bachi[1] (prince chef des creiches), c'est comme nous dirions grand escuier. Iceluy a la veüe sur tous les chevaux et officiers des escuries ; il a en sa charge tous les harats des chevaux qui sont en Perse et qu'il disperse entre les officiers du Roy. Lorsqu'il en recognoist aucuns qui ont bonne apparence, il les garde pour le Roy ; les autres, on les donne à ceux qui en veulent, s'entend des *goulons*[2] (esclaves, serviteurs) du Roy. Quantité d'autres chevaux qu'il fait eslever chez les *erbab*[3] (gens et personnes commodes qu'ils appellent icy *Ahat*[4] du tiers estat), qui ne sont point en office, par corvée, comme font en France les seigneurs aux villageois, pour les portées de leurs levrettes et de leurs chiens. Sept ou huit cents tomans mange cet office.

Mir chekar bachi[5] (prince chef de la chasse), comme nous dirions veneur. Iceluy à soubs soy plus de deux cents officiers pour la fauconnerie, car icy elle est fort belle, ayant toutes sortes d'oiseaux pour la grüe (*dourna*)[6], héron (*koulenque*)[7], oyes et cannes (*kaze*[8], *ourdek*)[9], et pour la gazelle (*ahou*)[10]. Deux de ces oiseaux se jettent sur sa teste et l'aveuglent de leurs aisles, cependant que les chiens courants (*tazi*)[11], la viennent pincer. Ils apprennent encor les lions pour le sanglier (*goraze*)[12]. Jusques aux corbeaux leur servent pour d'autre chasse qui soit propor-

---

1. Mir akhor bachy, میر اخور باشی
2. Ghoulam, غلام
3. Erbab, ارباب
4. Ahad, احاد
5. Mir chikar bachy, میرشکار باشی
6. Dorna, درنا
7. Koulengue, کلنك
8. Qaz, قاز
9. Eurdek, اوردك, canard.
10. Âhou, آهو
11. Tazy, تازی
12. Gouraz, کراز

tionnée à leurs forces. Cinq ou six cents tomans mange cet office.

Echik agaci[1] (maistre du dehors). Celuy-cy est appelé grand portier du Roy, lequel estant dans son séant, iceluy est là avec une canne ou baston pour l'ordre du *megeles*; ainsi l'on le pourroit appeler grand maistre des cérémonies. Soubs luy sont les *Sohbet aiasoul*[2] qui sont encore les petits maistres de cérémonies. Iceux sont tousiours dans le *megeles* du Roy avec un baston ou canne pour faire tenir les places à un chacun. Chacun de ces officiers aura par an quelque quatre-vingts tomans au plus, leur chef (*echik agaci*), aura cinq ou six cents tomans, car iceluy sur chaque présent que l'on faict au Roy, l'on en fait l'*estipha*[3] (estimation): de dix, il luy faut païer un ; le présent estant estimé cent tomans, il faut que celuy qui fera ce présent paye en argent à cet officier dix tomans, et ce par obligation.

Mether[4], c'est tousiours un chastré (*coagé*)[5]. Iceluy demeure tousiours en la maison du Roy. Son office est de porter le mouchouër (*destemal*)[6] du Roy: pour ce subject, il porte à sa ceinture un petit coffret d'or, dans lequel sont quelques mouchouërs. Celuy-cy entre avec le Roy, sans danger, dans son haram. Ce que cet officier mange ou plutôt amasse, cela ne se peust évaluer, car comme domestique du dedans, l'on ne sauroit cognoistre sa dépense qui n'est pas grand chose, pour estre un chastré. Néantmoins, ils sont les plus avares vilains qui soient en ce païs ; car, comme de tempéramment ils sont froids, ils sont comme les crapauds qui gardent tousiours de la terre entre les pattes de peur qu'elle leur manque. Ils sont tousiours dans l'inquiétude, dissi-

---

1. Ichik agassy, اشیك آقاسی (aga du seuil de la porte).
2. Sohbet yessaoul, صحبت یساول
3. Istifa, استیفا
4. Mehter, مهتر
5. Khadjèh, خواجه
6. Destmal, دستمال

mulant argent sur argent, qui enfin, à leur mort, retourne à son premier maistre, qui est le Roy.

Krazine dar (thrésorier)[1], est encore un chastré du dedans lequel, pour chaque toman qui entre sous sa garde, a tant pour son deub pour le bul du Roy ; c'estoit sa sœur qui l'avoit et l'on portoit au dedans du haram tous les papiers et expéditions à buller là-dedans.

Il y a bien le *Mhordhar*[2] qui garde un des cachets du Roy, comme nous dirions petit cachet. Cet officier peut manger deux cents ou deux cent cinquante tomans. Icy, après le bul du Roy, il n'y a plus rien à faire controller ; mais avant que d'en venir là, il y a tant de buls particuliers à mettre qui, comme autant de ronces et espines à passer, rompent et deschirent le papier avant qu'il soit achevé d'estre expédié, car un chacun veut plus que de droit, s'il peust ne point passer oultre.

Tuchmal[3], celuy-cy est comme l'intendant de la cuisine et de la dépense. Il a le droict de prendre lequel des plats qui sort de devant le Roy, car il est là lors que l'on dessert. Il plante son couteau sur le bassin qui lui agrée davantage et qui incontinent est porté à sa maison. Cet officier, avec le plat, mangera quelques deux cents tomans et plus.

Soufretchi bachi (estendeur de nappe)[5], car icy de poser le couvert, la serviette, la fourchette, le cousteau, la cuiller, l'on s'en passe bien à moins. Les mains sont naturellement données pour s'aider à tout ce que l'on a de besoin ; pour quoy multiplier les estres et le mouchouër pour s'essuyer ? C'est ce qu'ils pratiquent icy assez fidèlement. Cet officier icy aura au plus quatre vingts tomans en *helal* ou *harom*.

---

1. Khazinèh dar, خزینه‌دار
2. Mouhourdar, مهردار
3. Touchmal, توشمال
4. Soufrèdji bachy, سفره‌چی باشی

Yemitchi bachi (celuy qui a l'œil sur les fruicts)[1]. C'est à luy que sont consignés tous les *barkroné*[2] ou présents des fruicts nouveaux, que de toutes les parties du royaume l'on envoye au Roy pour *neouber* (nouveauté)[3]. Cet officier, au plus, aura cinquante tomans.

Oudondar bachi (maistre ou chef de ceux qui dispensent le bois pour la maison du Roy)[4]. Celui-cy aura quarante ou cinquante tomans.

Embardar (celuy qui a les magazins entre ses mains)[5]. D'ordinaire, il y a tousiours à la fin de ses comptes un *de repetundis*. Celuy-cy aura quelques soixante ou soixante-dix tomans.

Voilà les principaux offices de la maison du Roy qui sont plus intérieurs ; quant aux autres, mettons en premier lieu les :

Hakkimon (médecins)[6]. Ceux-ci sont beaucoup en nombre. Néantmoins il y a le *hakkimbachi*[7]. Pour sa paye, il aura plus de mille tomans, les autres moins, et ce conformément à leur *korbe*[8] (faveur, approximation de la source qui fournit à tous les ruisseaux).

Monadjemon (astrologues)[9] : parmi eux il y a encore un chef, celuy à qui le Roy a plus de croyance pour la bonne et mauvaise heure. Les estoiles fixes ne se multiplient point si ce n'est dans la révolution de plusieurs années que quelque nouvelle paroistra, puis se diminuant par le mesme train qu'elle avoit pris pour croistre, son diamètre visüel enfin s'évanouissant laisse le mesme nombre qu'on avoit jadis observé (*ressed*)[10]. Icy, cette caste

---

1. Yemichtchy bachy, یمشچی باشی
2. Barkhanèh, بارخانه
3. Nauber, نوبر
4. Odoundar bachy, ادوندار باشی
5. Enbardar, انباردار
6. Hekiman, حکیمان
7. Hekim bachy, حکیم باشی
8. Qourb, قرب
9. Mounedjdjiman, منجمان
10. Ressed, رصد

multiplie comme chiendent ; pour un, il s'en faict une bande qui tous se fourreront l'astrolabe à la main pour fortifier l'ascendant de leur horoscope. Aucuns d'iceux ont séance et se sissent dans le *megeles* du Roy, d'autres prennent la peine de se tenir debout, encore qu'ils soient les plus mal payés. L'an passé, l'un de ces judiciaires présenta requeste au Roy pour que l'on luy augmentast sa paye. Iceluy, soit pour n'avoir pas pris la bonne heure que le Roy n'estoit pas en bonne humeur de luy accorder sa requeste, il commanda que l'on fist le *siai* (l'escript)[1] de ce que par an coustoient les médecins et astrologues. Sans faire de profondes disquisitions, l'on trouva de liquide vingt-deux mille tomans, qui sont huit cent mille lb. pour l'entretien de ces deux espèces dont, si l'une en sa pratique manque, la terre cache ses desfauts, si l'autre erre dans son calcul, le ciel le descouvre incontinent.

Jartchibachi (publieur ou chef d'iceux)[2]. Iceluy a encor soubs soy quantité d'autres, qui, pour quatre ou cinq sols courent le long des rües pour faire disquisition des choses perdües, criant à haute voix : « que Dieu pardonne à tout vray croyant qui aura trouvé, par exemple, un asne, esclave, etc. ; à quiconque en donnera quelque signe, sont promis *sed dinar*[3], » qui sont comme huit francs. Enfin, le pauvre villageois qui aura promené le crieur par les quarrefours de la ville, avec la perte de son asne peust bien y adjouster encor ses huit sols, car icy de restitution, à moins que d'y estre contraint par force, il ne s'en parle point. Cet officier aura quelque cent ou plus tomans ; pour ses pauvres barbets, ils auront ce qu'ils peuvent amasser de crotte par les rües.

Mechaldar bachi (chef des porte-flambeaux)[4] ; celuy-ci aura quelque cent tomans au plus.

---

1. Siahy, سیاهی ou سیاهه, siahèh, liste.
2. Djardjy bachy, جارچی باشی
3. Sad dinar, صد دینار cent dinars.
4. Mach'aldar bachy مشعلدار باشی

Cherabchi bachi (maistre de la bouteillerie)[1]. Celui-cy, en temps que le Roy se porte à chérir Bacchus, son office va assez bien, car les présents du Roy ne luy manquent pas, de temps en temps, selon que cette drogue dispose le cerveau de celuy qui la prend. Cet officier par an mangera deux cents tomans.

Le vin pour la bouche du Roy se prend en Chiraz ; pour ce subject, il y a deffense à d'autres d'en faire. Les compagnies hollandoise et angloise ont licence pour tant de *mans*[2] par an ; aucuns des grands ont encore licence pour s'en fournir là. Les autres qui en font en cachette portent tousiours quelque chose à l'*assef*[3] qui est comme rentier de Chiras.

Tchalitchi bachi (chef des joueurs d'instruments)[4]. Quand le précédent faict bien son affaire, celuy-cy s'en ressent, car outre leurs gages, ces deux officiers espèrent plus dans les parties casuelles que en ce qui est déterminé, qui sera par an quelque quarante ou cinquante tomans.

Golaudar bachi (celuy qui tient la bride du cheval du Roy)[5]. Celuy-cy aura quelques quatre-vingts tomans.

Zindar bachi (qui garde les selles des chevaux)[6], cinquante tomans.

Zengou kourtchisi (qui tient l'estrié pour monter)[7], quarante tomans.

Ok yay kourtchisi (qui garde l'arc et la flèche du Roy)[8], trente tomans. En outre, tous les mestiers que, sur la fin, nous avons nommés, leur chef est serviteur du Roy, comme *zerguer bachi*

---

1. Cherabdjy bachy, شرابجی باشی
2. Man, من. Le man, au XVIIe siècle, représentait cinq livres quatorze onces, poids de Paris.
3. Assif, عاسف, maltotier.
4. Tchalichtchy bachy, چالشچی باشی
5. Djeloudar bachy, جلودار باشی
6. Zindar bachy, زیندار باشی
7. Ouzenguy qourtchissy, اوزنکی قورچیسی
8. Oq vè yay qourtchissy, اوق ویای قورچیسی

(chef des orfebvres)[1]; *nakkachcar bachi* (chef des peintres)[2]; *nudgar bachi* (chef des menuisiers)[3]; *messeguer bachi* (chef des joailliers)[4], et ainsi des autres qui ont gage du Roy; et lorsqu'il y a quelque ouvrage à faire pour la maison, c'est à eux que l'on s'adresse. Iceux mettent leurs supposts en besogne, les font payer et sur cette paye là encor prennent quelque petite chose.

Kechikchik[5] sont les gardes du Roy qui, la nuict, cependant qu'il est en son haram, ceux-cy sont dehors, néantmoins çà et là dans l'intérieur du logis, à dormir pour faire bonne garde, car le soir, ils font porter par un valet leur *mafratche* (lit, matelas, coissins)[6], et là comme dans leurs maisons, ils passent la nuit à dormir si bon leur semble, car telle est leur faction. La ronde n'a que faire de courir icy, si ce n'est pour corriger ceux qui ne dorment pas et qui, par bruist, pourroient interrompre le sommeil des autres. Ceux-cy sont ou soldats (*kazelbache*)[7], ou *goulons* du Roy et que le grand portier met en cet employ. De sentinelles, il n'y a rien de cela, car la sécurité du païs met cette cour en repos.

Quant aux officiers de guerre, un *kourtchibachi*[8] aura à manger mille ou quinze cents tomans; un *kouller agaci*[9], autant; un *tuphintchi agaci*[10], mille; un *toupchi bachi*[11], deux mille. Les *min bachi*[12], chefs de mille hommes, auront trois à quatre cents

1. Zerguer bachy, زرکر باشی
2. Naqchkar bachy, نقشکار باشی
3. Nedjdjar bachy, نجار باشی
4. Misguer bachy, مسکر باشی
5. Kechiktchy, کشیکچی
6. Mefrech, مفرش
7. Qizilbach, قزلباش
8. Qourtchy bachy, قورچی باشی, chef des gardes du corps.
9. Qoullar agassy, قوللر آقاسی, chef des gardes.
10. Tufenktchy agassy, تفنکچی آقاسی, commandant les fusiliers.
11. Touptchy bachy, طوپچی باشی, chef de l'artillerie.
12. Min bachy, مینک باشی

tomans ; un *yuzbachi*¹, cent tomans ; chaque *kazelbache* qui dix, qui sept, qui douze tomans et par an.

Les officiers du *Defter kroné* (chambre des comptes)² : un *nazer*, deux cents tomans ; un *mestouphi el memalek*³, appretteur du bien, six cents tomans ; *moucheref el memalek*⁴, qui fait les escriptures, deux cents tomans ; le *daroga*⁵, deux cents tomans. Or, toutes les payes sont supputées au respect du train que l'on voit les officiers garder, pour lequel approchant, il faudroit tant. Nonobstant, l'on peust prendre au rabais toutes ces sommes, car vous ne voyez aucun officier qui ne soit endebté par dessus la teste, espérant tousiours quelque fortune, commission, présent du Roy, qui ne leur manque pas de trois ans en trois ans. Par exemple, un ouvrier, le terme approchant, fera quelque curiosité de son art, qu'il présentera par le moyen de son chef avec une requeste que il est *perichon*, (pauvre, incommodé)⁶, et son chef pousse encore à la roüe. Le Roy dira que l'on luy donne ; d'ordinaire cet *enaum* (présent)⁷, est la paye d'une année entière, de sorte que si leur paye est de dix tomans, cet an ils ont vingt tomans.

Aucuns officiers sont qui ont leur *giré*⁸, c'est-à-dire leur vivre outre leur paye ; l'on leur baille cuit ou cru pour emporter en leur maison, comme ils veulent. Ce *giré* contient tant de pain, tant de viande, riz, espice, beurre, poivre, bois, oignon et sel, qui un demi-plat, qui un quart, qui un plat entier. La mesure de ces plats est déterminée, sçavoir : de chaque chose

---

1. Yuz bachy, يوز باشى capitaine commandant une compagnie de cent hommes.
2. Defter khanèh, دفتر خانه
3. Moustaufy oul memalik, مستوفى الممالك
4. Mouchrif oul memalik, مشرف الممالك
5. Darougha, داروغه lieutenant de la police, prévôt.
6. Perichan, پریشان
7. En'am, انعام
8. Djirèh, جیره

tant à proportion, et de tout ce qu'il faut pour faire un *plau*[1], qui sont les bisques, tourteaux et pastes feuilletées du païs et hors lequel ils ne pensent pas y avoir d'autres mangeries. Car dites-leur que en *Frankeston* l'on ne mange point de plau, incontinent par admiration, fille d'ignorance, ils diront : « Et que mangent-ils donc en la maison du Roy ? »

Sont quantité de chastrés qui ont les offices du dedans, et chacun a ses gages. Les chastrés blancs sont en dehors, c'est-à-dire ne sont point dans le haram où sont les femmes, qui ne sont servies que par les chastrés noirs et hideux, puants et vilains, pour rehausser l'esclat de ces belles peintures.

Le Roy aura de femmes, qui à parler proprement ne sont que *kaniges* (servantes)[2], toutefois de la couche du Roy, que trois cents ou quatre cents, qui chacune a son *doloque* (paye)[3] du Roy pour son entretien d'habits, car pour la bouche cela vient de la cuisine. Chacune a sa chambre; là, si elles font les mauvaises testes, les coups de baston ne leur coustent rien, ayant par dessus elles un *daroga* (prévost), qui, au commandement du Roy, vous les fricasse d'importance, les couche le ventre sur un coffre, puis leur baille le morion sans bourguigner, à bons coups de levier.

Quelquefois le Roy espousera une femme légitime, comme la fille d'un *beglerbegui* et luy donnera son douëre ; mais d'ordinaire, ce sera de celle-là qu'il approchera le moins. De ces femmes, six par chaque nuit sont de garde, c'est-à-dire qui viennent coucher en une antichambre proche le lit où dort le Roy.

Chaque *kam*[4] qui particulièrement est du costé du Gurgestan, où est le plus beau sang, (car le reste de la Perse est comme

---

1. Pilau, بلاو
2. Keniz, کنیز
3. Dolouq, طلوق
4. Khan, خان

bazané), tasche d'envoyer au Roy des filles des plus belles qu'il peut choisir, d'où vient que, de temps en temps, il faict descharger son haram, baille telle à un tel soldat, telle à un tel officier, au hazard pour ces femmes. Disons *chetines* [1], (impératrices de Perse), qui, quelques fois, tomberont en la main de quelque pauvre carabin, qui comme affamé, aura fricassé en moins de rien tout ce que cette princesse de bas aloy aura pu apporter de la maison du Roy, qui n'est pas grand chose, et ensuite l'un et l'autre, bien *perichon*, ne sçavent après de quel bois faire flèche. Cecy se voit assez souvent ; du *kolphé* [2] du deffunt Roy, estoient beaucoup à Hispan de telles abandonnées, qui ne faisoient que pousser requeste sur requeste sur la vérification de leur pauvreté, qui estoit assez évidente à ceux qui n'y pouvoient pas apporter remède. Enfin, pour payer tout d'un coup, le Roy fit deffense de luy présenter plus aucunes de telles demandes.

Tout ce qui se passe au dedans se sçait par les pauvres déboutées. A présent, les pauvres Arméniens sont assez en presse touchant leurs filles, car le Roy, de temps en temps, en faict faire le rosle, les faict venir à sa maison et prend celles qu'il luy plaist, en retiendra beaucoup, par après en renvoiera une partie en retenant quelques-unes qu'il met dans son haram. Les chastrés encore, pour rendre les autres, rançonnent leurs parents qui se saignent comme pélicans pour redonner la vie à leurs petites qu'ils avoient veües à deux doigts de la mort éternelle. Ensuite, celles que le Roy aura gardées, à quelque temps, il les baillera en mariage à quelqu'un de ses officiers, qui sera un loup enragé de faim pour dévorer cette pauvre maison d'Arménien, en qualité de more, selon la loy du païs, tout le bien appartenant à cette Arménienne morizée ; et encor qu'ils aient préveu à cet

---

1. خاتون Khatoun ou قادين Qadin.
2. Koulfèh, كلفة, train, cour.

incident par les radresses des loys du païs, néantmoins, celui-cy comme appuyé du Roy, en tirera cuisse ou aile.

La maison du Roy tient un grand circuit. L'apparence du dehors (comme n'estant que murailles de terre bouzillées et renduites avec de la terre et paille meslées ensemble), est comme les logis de Beausse, vers Chartres. Au dedans cela est passable ; quantité de divans, *talars*[1], qui sont ouverts de tous les costés, quantité de portes qui servent aussi de fenestres, des tailles de barreaux de bois travaillés par quarreaux et figures bien compassées : d'aucuns d'iceux sont avec du talke, quelques oiseaux et fleurs peints dessus ; d'autres seront avec des louzanges d'ivoire rouge, bleu, verd, venus de Venize, d'autres tout ouverts. Les meubles ne sont que tapis posés à terre, coissins, quantité de grands mirouërs, çà et là posés et enchassés dans les murailles qui seront dorées, azurées avec des portraits moresques.

Les services de table sont d'or et d'argent; quantité de grands bassins d'or, de cuivre, des vaisseaux d'or assez mal travaillés, jusques à des civières à bras d'or ou pour le moins couvertes de plaques d'or, de sorte que l'on faict compte de sept ou huit millions d'or que vaudra toute cette poisserie, vaisselle qui est le plus beau vaillant du Roy.

Lorsqu'il vient quelque ambassadeur, *eltchi* ایلچی, l'on le loge en ville en quelque maison du Roy, car dans la ville, il en a quantité qu'il n'a pas eu la peine de faire bastir, icelles estant restées condamnées au fisc, leurs maistres officiers du Roy, pour avoir tant faict crier la poule en la plumant ou pour quelque querelle d'Allemand que un de leurs émules leur aura suscitée, ayant esté dépouillés en un coup de ce que, à diverses reprises, ils avoient eu bien de la peine à entasser l'un sur l'autre, estant l'ordinaire icy que les sangsues, *zelou*[2], après avoir bien tiré le

---

1. Talar, تالار, salle.
2. Zalou, زالو

bon et mauvais sang, l'on les met à desgorger dans le grand bassin.

A cet ambassadeur l'on luy donne un *Mehmandar*[1] (un hoste de la part du Roy), qui va et vient pour pourvoir à ses nécessités. Tous les jours une fois, viennent de la cuisine du Roy de ces grands bassins d'or pleins de flans et chairs à leur façon, portés sur les testes des portefaix pris dans la rue avec leurs guenilles et vestements sordides. Un souillon de la cuisine du Roy les conduira en la maison de l'ambassadeur, lequel s'il estoit de complexion européenne, les libvrées de ces anges de la Grève (encor plust à Dieu qu'ils fussent en aussi bon équipage!) seules seroient capables de le rassassier, sans qu'il fust de besoing d'ouvrir les plats.

Le Roy luy faict assigner le jour de l'audience; iceluy estant assis avec tout son monde, chascun selon son ordre, tous la teste couverte, les autres moindres officiers sont en pied, car chaque sçait son rang et s'il se doibt seoir ou non. Lors le grand portier du Roy, *echik agaci*[2], mène cet estranger faire ses révérences au Roy, qui ne sont que inclinations de teste, les mains sur sa poitrine, cependant ses deux pieds sont comme ceux d'un oison tout droits; approché du Roy, l'*echik agaci* de sa main luy presse les épaules pour le faire tomber sur ses genoux, puis en cette posture baiser le pied du Roy, lequel pour ce subject il retire de dessous ses genoux, car le Roy s'assied comme les tailleurs en France, le reste de son monde de mesme. Après, l'ambassadeur se retire en arrière en la place que lui assigne cet officier.

Toute la dépense de cet ambassadeur tombe sur les *esnaf*[3] ou artizans de la ville, sur lesquels elle est mise : ceci s'appelle *havadest*, nouveautés[4], car outre cela, ils ont encore le *bonitché*, le

---

1. Mihmandar, مهماندار
2. Echikagassy, اشیك اغاسی
3. Esnaf, اصناف
4. Havadis, حوادث

quel à raison de la boutique qu'ils tiennent à loüage du Roy (car icy les ouvriers de mesme mestier sont d'ordinaire en mesme canton, et ce en boutiques appartenantes au Roy) et encor de leurs facultés et renom, tous les ans, au printemps, sont un mois entier à esgailler cette taxe sur tous les *senfe* (mestier)[1]. Là ils se hargnent, envient la boutique, le lieu, l'un de l'autre, et, par ces disputes, se font mettre en la taille plus haut les uns les autres, car icy l'élixir de la malice, *aiari*[2] et fourbe, *echkil*, se trouve parmi cette caste de monde, avec les quels aurez affaire. Quelque chose de difficile à faire que vous leur proposiez, ils ne disent jamais qu'ils ne la sçauroient faire, lorsqu'ils voyent apparence de pouvoir estre bien payés.

La première chose qu'ils demandent est du *krargi*, de l'avance[3], pour avoir de l'estoffe ; ensuite demandez-leur quand cela sera il fait, incontinent ils diront : *sabah bia beston*[4] (viens demain, emporte-le). Le lendemain, ils n'y auront pas pensé, vous payeront d'autre bourde, du *ser kar cha*[5], que pour avoir esté employés à travailler pour le Roy, ils n'ont pas eu le loisir, et ainsi, sans réflexion, ils vous feront présent d'une bonne quantité de bourdes, vous remettant au *sabah*, demain et ainsi *sabah, sabah*, vous fera promener trois mois, au bout desquels, s'ils vous font quelque chose, il sera très mal faict, et encor avec cela, vous feront payer au centuple.

Pour retourner à nostre ambassadeur, la Cour ne s'inquieste pas tant des affaires qu'il a à traiter que des présents qu'il apporte, que l'on faict passer devant le Roy l'un après l'autre. Une grande bande d'officiers queüe à queüe, comme chevaux de messager, porte chacun sa pièce, et ce en long bois pour

---

1. Sinf, صنف catégorie, classe.
2. Ayyary, عیاری ; Ichkil, اشكل
3. Khardjy, خرجی
4. Sabah bya, besitan, صباح یا بستان
5. Serkari châh, سرکارشاه, le travail du roi.

faire plus d'esclat. Icy les présens les mieux acceptés sont en argent monnoyé, pierreries, perles, car de ces curiosités comme du tour à pans, à ovale, en roze, du point de Gênes, d'autres telles gentillesses que nos roys prisent au-dessus de l'or, icy ces gens n'agréent point cela, disant : *akrer tchoub est ketanest*[1] (enfin ce n'est que du bois, du fil de lin). Lorsque le présent est reçeu, l'on l'estime, et sur icelle estime, il faut que cet ambassadeur paye les officiers du Roy : qui de dix pour un, qui demy, qui un quart, et autres telles maltoutes, desquelles en Occident l'on n'a point encore entendu parler. L'ambassadeur expédié, le Roy luy faict un autre présent pour luy, non pour son Roy, et ce le double de ce qu'on a estimé le sien ; il baise les pieds du Roy, puis prend congé.

La coutume icy est que quelconque ambassadeur qui porte lettres, baillant ses lettres au Roy et luy baisant les pieds, mange avec le Roy et sa cour dans son *meycles;* à la sortie, c'est un plaisir. Le Roy se levant pour entrer en son haram, tout le monde se lève et un chacun sort pour prendre ses souilliers. Là, d'ordinaire, plusieurs qui estoient mal chaussés s'en retournent chaussés à neuf ; qui en prend d'autres, ne trouvant point les siens. Et cecy arrive continuellement, car là de trois ou six cens souilliers, comme un chacun sort à la foule, le moyen qu'il n'y aie de la confusion, laquelle encore est fomentée d'ordinaire par les plus mal chaussés ; là, pour y remédier un chacun ne peust faire entrer son lacquais chastré pour garder ses souilliers.

Le Roy sort assez souvent le soir pour s'aller promener : lors la nouvelle s'en portant par les *Rika*[2], valets de pied que chacun des grands tient en dehors de la maison du Roy pour donner advis, vous voyez tous nos cavalliers courir çà et là pour se

---

1. Akhir tchoup est, ketan est, اخرچوب است کتان است
2. Riqa', رقاع.

trouver à la suite, qui enfin se grossit de gardes en ordre, archers, carabins, mousquetaires et de diverses cazaques ; qui va devant, qui va après.

Le Roy ira encor en festin chez ses grands et favoris, en estant prié. Là, il sera traicté par des officiers de sa cuisine mesme, car ces invitants, pour n'avoir point tant de tracas, donneront douze tomans, (la taxe en est faite au tuchmal), qui fera là appréster le souper du Roy. Reste à ce conviant de faire le présent au Roy, qui sera un plat plein de sequins, car icy ils ont fort dévotion aux médailles de Venize, mesmes toutes nos Arméniennes, par parade, s'en entourent le visage, qui paroist là dessus comme les clochettes aux mules d'Auvergne. Encor d'autres présents sont faicts, mais surtout l'on demande la teinture du soleil ou de la lune.

Les revenus du Roy sont taillés sur les terres qui ne sont pas à luy en fond de domaine, les siennes propres, les douanes, les *bonitché* des artizans et le *teyaret*[1] (taxe sur les marchés). Enfin icy le Roy, sa cour et la soldatesque mangent tout le revenu de Perse. Avec tout cela, ils restent comme les vaches de Pharaon, tousiours affamés, endebtés et en perplexité d'esprit, à sçavoir là où ils trouveront de quoy s'entretenir dans le vol qu'ils ont pris, qui d'ordinaire, surpasse de deux tiers leur puissance et revenu.

Les principales villes de Perse sont Hispan, qui s'appelle *dar el seltenat*[2], résidence du Roy, Tauris, Chiraz, Meched, Kirman, Yezde, Kachon, Ardebil, Erivan, Guilan, Mazandran, Hamedon, Kasbin, Herat, Kandahar et autres quantités de petites.

Les rües des villes, *charea cheher*[3], sont tortues, bossues, pleines de fosses çà et là, que ces vilains font pour pisser, selon la loy, pour que l'urine, *baoul*[4], en rejaillissant sur eux, ne

1. Tidjaret, تجارت
2. Dar essalthanèh, دارالسلطنه
3. Chari' cheher, شارع شهر
4. Baoul, بول

les rende *neges*¹, et de canaux quarrés de latrines en dehors là où s'escoulent les matières et qui, aux passants, fournissent du parfum plus odorant que le musc. Les rues, sans estre pavées, font en hiver, de la fange, en esté, de la poussière que le vent, balayant et emportant, faict un colyre pour les yeux des passants.

Les maisons ou clostures des jardins sont inégales, basses et hautes ; qui a avance sur la rue pour accroitre son plan, qui s'est retranché en dedans pour laisser une grande place pour les chevaux de ceux qui les viennent voir, et cecy pour les grandes maisons. Qui aura deux maisons des deux costés d'une rüe, fera une arcade ou voulte par dessus pour en rendre la communication plus facile, et de deux n'en faire que une. Là, soubs les voultes, ils vous feront des boutiques de fruitiers, herbiers, tabaquiers, pour en retirer par jour quelques bazerouques, que chaque soir, ils prennent pour l'entretien du logis, car de l'attendre au bout de l'an, le boutiquier ne se trouveroit plus à la boutique.

C'est icy la coustume que des boutiques neufves faictes, incontinent un boutiquier qui en un autre quartier de la ville sera parti sans dire adieu, *hemmety*², se présentera pour l'habiter ; le soir il fera venir les tambours, envoira quelques portefaix chargés des marchandises de son débit se promener çà et là avec le tambour, pour donner advis de cette nouvelle boutique. Quelques jours, il faict fort l'empesché à débiter et à faire sonner ses balances. Cependant, il mange une partie de sa boutique ; l'autre a esté baillée aux *kazelbache* à crédit, quoy que plus cher, pour perdre le tout. Enfin le boutiquier n'a plus de *mahié*³, (principal), pour refournir sa boutique et ses créanciers le pressent; luy n'ayant point d'autre *alage*⁴ (remède), desloge à la sourdine et sans tam-

1. Nedjès, impur, نجس
2. Himmety, همتی
3. Mayèh, capital, مایه
4. Iladj, علاج

bour. Voilà l'ordinaire de nos boutiquiers de mangerie d'icy dont la station permanente ne permet point à leurs ustensiles de se rouiller en un lieu.

Icy dans Hispan, la ceinture des murailles, *hassar*[1], faictes de terre que la pluye et les neiges de l'hiver battent assez souvent en ruine et qui ressemblent à celles de nos villes de Beausse, n'est pas si grande que celle de Paris, (ayant assez souvent arpenté les unes et les autres par promenades), car chaque maison icy a son jardin qui plus, qui moins, les logis par le bas sont sans estages, les chambres ou divans sont grands. Si Paris estoit basti de la sorte, il y auroit d'une des portes à l'autre, prenant diamétralement, plus de quinze lieues sans exagération, afin d'y pouvoir loger tous les habitants aussi au large comme ils sont en Hispan. Le calcul s'en peust faire par estimation du diamètre du terrain de Paris à celui d'Hispan, qui sera comme de quatre à trois, une maison contenant trente et quarante personnes en Paris, resserrés peut-estre en quarante ou cinquante pieds quarrés. Icy quelle estendue de terre il faudroit pour cela, sans compter le jardin !

D'antiquités dans la Perse est le palais de Darius, vers Chiras, icy appelé *tchelminar*[2] (quarante colonnes); là il s'en voit encor beaucoup; il y a dans les bases, des graveures dans le rocher de personnages et autres telles choses que nos relateurs veulent estre plus de remarque en leur ruine qu'elles n'ont esté dans leur entier.

A Bachu[3], vers la mer Caspie, est un ancien château qui estoit sans doute la demeure du prince avant que le pays fust conquis par l'aïeul de ce Roi cy. Là est une placque de marbre gravée

---

1. Hissar, حصار
2. Tchehilminar, چهل منار
3. La ville de Bakou, Badkouh بادکوه ou Badkoubèh بادکوبه sur le bord de la mer Caspienne, à trois journées de marche de Chemakhy, a été fondée par Nouchirevan. Le château a été bâti par les princes du Chirvan.

de ces paroles turquesques : *ondé mondé alla bilur hamdé*, icy le dieu sçait où¹. Les gens icy pensoient que c'estoit une énigme de thrésor caché dans ces mazures. Comme assiégés qui défont des pans de muraille entiers pour avoir une souris, ils ont ruiné et renversé quantité de belles antiquités là, pour en fouiller les fondements, et trouver ce qu'ils n'ont pu rencontrer.

Ce *tchelminar*, vers Chiras, a été basti par Ardechir, que dans l'Escripture Sainte nous appelons Assuérus. Ceste grande ville où il habitoit et que nous disons Susan est Chuchan, vers Hamedon, dans lequel Hamedon se voit la sépulture de Mardaka (Mardokée et Esther) en marbre blanc en un lieu fermé de portes ferrées ; d'autres antiquités qui méritent pour estre immortalizées dans les histoires, il n'y a rien qui mérite la despense du papier. Retournons aux officiers de chaque ville.

Kelanter كلانتر (le plus grand de la ville), est un titre donné du Roy. A iceluy sont adressées toutes les patentes du Roy, il est pour respondre et maintenir le droict des habitants lorsqu'ils sont trop foulés des vexations du *Vizir*, qui est un officier commis là par le Roy pour retirer les rentes du Roy et pour gérer toutes ses affaires. Celuy-cy prend à rente le territoire et, par conséquent, tire ce qu'il peut des subjects, *raïet*², pour satisfaire à sa bourse et à celle du Roy. Il a l'œil sur tout ce qui regarde le bien du Roy, l'intérest duquel en apparence se présentant, vous voyez ce bon et fidelle serviteur animé d'un zèle du bien de son maistre, prononcer à pleine gueule, *mal cha est*³, c'est le bien du Roy que je ne puis et ne doibs laisser perdre : vous diriez qu'il n'a là dedans d'autre intérest que celui du prince.

*Mokteseb*⁴, c'est comme un juge de police. C'est à lui de mettre

---

1. انده مونده الله بلور قانده Il est ici ou là ; Dieu sait où.
2. Ra'yet, رعیت
3. Mali châh est, مال شاه است
4. Mouhtessib, محتسب

le *nerke*[1] (taxe) sur les denrées de bouche. Tous les boutiquiers de cuisine sont ses tributaires, avec lesquels il s'accommode moyennant qu'ils luy graissent la main, de laquelle ils ne manqueront pas d'avoir quelque revers, s'ils manquent à leur debvoir. Nonobstant cela, de temps en temps, il fera promener par les rues de la ville par ignominie quelque pauvre malotru, disant « c'est pour avoir fraudé au poids ou au prix courant », et ce, pour se faire passer pour grand justicier. Mais avec cela, le peuple n'en croit rien.

Kazi[2], juge, *cheik el eslom*[3], aussi juge. Nous en avons parlé assez au long; seulement icy se passe une façon d'intérest d'argent assez gentille. C'est que, un homme voulant emprunter cent tomans et en payer l'intérest à dix pour cent, il engagera sa maison à cet homme pour cent tomans à païer dans un an. Ils font le papier juridique de cent tomans; à présent, le maistre de cette maison n'a plus de droict en cette maison, c'est à l'autre de l'habiter luy mesme ou bien la louër à qui bon luy semble. Lors le débiteur luy dit : « Relouëz moy ma maison, mon argent est aussi bon que celuy d'un autre. » Enfin il reprend son logis à ferme de dix tomans par an et ainsi, sans faire translation de ses meubles, il faict son affaire.

Une autre prest d'argent sur une maison est *beïat* (charte)[4], qui est de prendre sur sa maison tant à païer en tel temps; que si ce terme là se passe, la maison est perdue pour son premier maistre. Telle est la loy du païs; mais maintenant, la malice leur vient de prolonger les procès, d'embrouiller les affaires, ne se trouvant maintenant rien d'assuré, rien de déterminé, que par argent, ruze et amis, l'on ne le puisse renverser.

---

1. Narkh, نرخ
2. Qazy, قاضی
3. Cheikh oul islam, شيخ الاسلام
4. Beyat, بيعة

Moufti[1], ce seroit à luy d'expliquer les choses difficiles de la loy, de déclarer le *helal, harom* (licite, illicite). En la Turquie, il est le premier de la loi et une personne de considération telle, qu'il n'est point subject à la condition des autres, qui d'ordinaire finissent par le *chemchir*[2]. Icy c'est un pauvre serpent que à peine ses voisins mesme cognoissent.

Moaref[3], le cognoissant. C'est une personne qui cognoist tous les grands de la ville, leur estat, condition, qualités et séances. L'on se sert de luy dans les mariages ou dans l'assemblée de quantité de personnes ; il souffle le maistre : un tel est de telle condition, telle et telle réception luy est deüe ; mais particulièrement à la mort des grands, là où le fils après l'enterrement se tient au logis, où un chacun le vient voir et luy dire : *ser chouma salemat bached*[4], que votre teste soit en santé ; le *moaref* enseigne à cet enfant, qui ne peust, à cause de son âge, avoir une cognoissance explicite de tous les complimenteurs et de leur condition pour les traicter, conformément à leur qualité, de *galion, tabak, kavé*[5], et de paroles et remerciement et de paroles de *chekeste nafse*[6], (humilité) et pleines de respect.

Pich naamas[7], ce sera celuy qui fera les prières à la mosquée ; il y a encor le *Vaës*[8] faisant la prédication et par une hypocrisie de saincteté extérieure, taschant de s'en acquérir le nom pour mieux faire ses affaires. Les arcboutans suivants sont les

---

1. Moufty, مفتى. Le moufty est le magistrat chargé de donner des réponses aux consultations juridiques.
2. Chemchir, sabre, شمشیر
3. Mouarrif, celui qui fait connaître, معرف
4. سرشما سلامت باشد
5. Galian, pipe à eau, narguilèh, غلیان ; toumbakou (tabac), تنباکو ; qahvèh, café, قهوه
6. Chikestèh nefs, littéralement, âme brisée, شکسته نفس
7. Pich namaz, پیش نماز, celui qui fait les prières canoniques à la tête des fidèles.
8. Va'iz, prédicateur, واعظ

*Talebelmes*¹, estudiants, escoliers, auxquels il faut bien essuyer quantité d'espreuves, de persévérance en cet estat, de toque blanche, de chapelet en la main le long des ruës, de zèle particulier de la loy, avant que pouvoir arriver en l'estat de ce cheik ancien. Le vers persien comprend tous ces personnages-là avec leurs attributions :

> *Mohteseb dos est, Kazi ruchveti;*
> *Cheik chaiton est, moulna negbeti.*
> *Der gehennam ech bogra mipezende*
> *Cheik ve moulna entezari darende*²

le *mohteseb* est un larron, le *kazi* homme de présents et corruption, le *cheik* est un démon, le *moulna* est pauvre gueux endebté; dedans l'enfer l'on cuist de la soupe (du potage) de bogra, et ils attendent là le cheik et le *moulna*.

*Daroga*³. Nous avons dit ailleurs qu'il est prevost pour le criminel. Celuy-cy est payé par le Roy encor de tant, comme icy en Hispan, de quatre cens tomans, encor que ce qu'il reçoit des parties et batteries, ne luy puisse rendre cette somme. C'est pour quoy de la part du Roy, il y a un *mouchref*⁴ comme controoleur, escrivain qui escript tout ce qu'il reçoit par an, afin

---

1. Thalibi ilm, طالب علم

2. Mouhtessib doudz est, qazy rouchvety; cheikh cheïtan est, moulna noukbety der djehennem achi boghra my pezend cheikh ou moulna intizhary darend.

محتسب دزد است قاضی رشوتی
شیخ شیطانست ملنا نکبتی
درجهنم آش بغرا می پزند
شیخ وملنا انتظاری دارند

Le lieutenant de police est un fripon, le juge se laisse corrompre par des présents, le cheikh est un démon et le moulna un misérable: les deux premiers font cuire dans l'enfer le potage de Boghra et ils attendent le cheikh et le moulna. D'après l'auteur du dictionnaire des termes de cuisine, le potage de Boghra est une bouillie de farine inventée par Boghra Khan Khorassany.

3. Darougha, داروغه

4. Mouchrif, inspecteur, مشرف

que si ces *gerimé*[1] (amendes) qu'il faict tant sur l'agresseur que sur le deffendeur ne montent à cette somme de quatre cens tomans, qui sont pour son entretien, l'on luy parachève au compte du Roy cette somme. Ces deux officiers qui s'entendent comme larrons en foire, font si bien leur calcul et leur addition par soustraction, que le Roy leur est tousiours redebvable.

Ce *daroga* icy, une plainte luy estant faicte, regarde à travers ses gens qui sont là la gueule ouverte pour gober la victime ; celuy qui luy plaist ou peut-estre le premier en date de service pour son entretien, beaucoup de temps s'estant passé que l'on ne luy a donné quelque os à ronger, il l'appelle. Celuy-cy entend au premier mot, *bélé aga*[2], (ouy, maistre, seigneur) ; va t'en prendre un tel et me l'amène. Celuy-cy part comme un traict d'arbaleste, et tournera, virera tant qu'il trouvera son homme. S'il y a de la résistance, en menaçant du daroga, il mettra toute une contrée en qualité de records pour luy aider ; il liera le prisonnier, le traictera avec telle rudesse et sévérité que bon luy semblera, et le mènera ignominieusement, s'il veut ; c'est une ame damnée délibvrée en la puissance du diable. L'ayant amené, le daroga dira que l'on le mette aux fers, en *zendon kroné*[3] (prison). Là, incontinent, ils luy fouillent en sa poche pour luy oster le quelque peu d'argent qu'il y aura. Icy, le geolier qui tient ce lieu à ferme, le soir venu, commande à ce prisonnier de faire venir tant et tant de mangeries de telle et telle sorte, qu'il faut par nécessité qu'il fasse venir pour appaiser ces lions, autrement il pourra bien subir le dictum de droit : qui n'a point de monnoye, qu'il le paie de son corps. Le soir venu, l'on luy demande tant pour son giste, non que l'on luy baille aucune chose pour dormir, sinon la terre toute nuë, de sorte que si l'on dit en nos païs la galère, il faudroit dire la prison chez les Mores. Quoy que fasse le

---

1. Djerimèh, جریمه
2. Bely âga, بلی آقا
3. Zendan khanèh, زندان خانه

pauvre patient, de temps en temps il ne laisse pas d'attraper de
bons coups de baston, car icy il est considéré comme un noyer
que l'on bat pour en avoir plus de profit. Ce pauvre malheureux
s'il est condamné à quelque supplice, est tiré à la place comme un
chien avec dix mille injures, mesme du peuple qui, le voyant en
cet estat, au lieu de compassion au moins naturelle, luy diront,
Gehennam gunakar est[1], que le diable l'emporte en l'enfer,
c'est un pécheur, un criminel. L'on coupe icy les pieds avec les
mains pour les larrons qui n'ont pas assez pour se rachepter;
car s'ils donnent bon prix, on les leur laisse ; on leur ouvre le
ventre avec les tripes pendantes, on les pendra ainsi vivants à
un chameau que l'on promènera par la ville, mais tout cecy a
lieu rarement.

Icy, c'est une récompense du Roy ou d'un grand, de vous
donner la garde d'un prisonnier, lequel s'il est de qualité et
que son hoste soit homme civil, jamais les mines du Pérou ne
rendront tant que fera cette garde, supposé qu'elle aye quelque
fixation de mesme.

Ahsas[2], c'est comme chevalier du guet, qui la nuict doibt faire
la patrouille pour envoyer dormir tous les batteurs de pavé.
Celuy-cy, selon l'ancienne constitution, de toutes choses volées
dans le ressort de sa juridiction debvoit païer l'équivalent,
ne l'ayant pu faire retrouver en espèce. Si par sa diligence, il
le faisoit recouvrer, son droit estoit un tiers : sçavoir, de trente
tomans il en avait dix pour ses peines. Pour cette dernière
clause qui tourne à son profit, elle est en usage et il s'en faict fort
bien païer; pour l'autre, il ne l'entend plus; ce qui est perdu est
perdu en dernier ressort. Toutefois cestuy-cy cognoist tous les
compagnons cavaliers d'industrie; s'il les prend quelquefois, il
le fera pour avoir esté intimidé de ses maistres, comme *divan*

---

1. Djehennem, gounah kar est, qu'il aille en enfer, c'est un criminel, جهنم کناهکاراست

2. Asses, garde de nuit, عسس

begui[1], *daroga*, et encor il sçait le moyen de les espargner comme gens qui luy gardent la foy en quelconque capture.

Icy, de maires, échevins de ville, consuls, l'on ne sçait ce que c'est ; tous ces beaux ordres des communautés qui par loys, statuts et police, ne sçauroient empiéter les unes sur les autres, ces charités des hospitaux, prisons, malades, veufves et orphelins, il n'y a rien de tout cela.

Pour bien concevoir l'estat de ce païs, il faudroit conférer les deux extresmes ensemble, sçavoir celuy de ces anthropophages, *margaiats*[2], là où le plus fort est le maistre et où le désordre est l'ordre qui les gouverne ; l'autre seroit celuy d'Occident, là où la raison et la bonté naturelle et la vraye religion nous ont tirés de l'estre animal pour nous porter à celuy des anges, puis prendre le milieu entre ces deux pour former l'idée de celuy-cy. Encor ce milieu le faudroit-il géométrique et non arithmétique, afin que la différence ne fust pas si éloignée du brutal comme de l'angélique. Partant, puisque nostre bonheur, mesme temporel, dépend de la religion, en peu de mots, faisons l'anatomie de la leur, afin de voir jusqu'au dedans de ce cadavre rempli d'infections.

La religion de Perse est la mahométane, l'ancienne ayant esté des adorateurs du feu, dont il en reste encor bon nombre, appelés icy *Guèbres*[3]; leur plus grande contrée est vers les païs de Kirman et Yezde ; ils sont, en outre, espars en divers lieux. Iceux sont les anciens Perses, mais à présent tributaires, comme estant de religion différente de celle du prince. Leurs vestements sont d'ordinaire de couleur grise enfumée ; ils portent la barbe longue, leurs femmes ne se cachent point le visage et sont habillées de différente façon des autres femmes du païs. Leurs caleçons ou haut de chausses qui leur passent les talons sont

---

1. Divan beguy, ديوان بیکی
2. Merdkhour, مردخور
3. Guebr, گبر

larges et amples; leur teste est entourée de mille nippes colorées de telle forme et figure qu'il n'y a que la peinture ou l'œil qui puisse la cognoistre et l'exprimer. La couleur de ces Guèbres est bazanée, brune, moïenne entre le blanc et le noir. Ils ont des temples là où ils gardent du feu, jour et nuict, avec grande vénération, et dans leurs maisons encor ils font de mesme. Interrogés s'ils le tiennent pour leur Dieu, ils respondent que non, mais bien pour le plus noble et profitable de tous les éléments, et ils luy portent encor ce respect à raison qu'il n'osa et ne voulut pas brusler leur prophète Abraham lorsque Nemrout voulut le faire mourir de ce supplice. Les Mores persans ont encore cette mesme tradition que Nemrout commanda à toutes ses provinces d'envoyer des bois pour le brusler, à quoy ils obéirent. Ils le mirent sur le haut du buscher, puis taschèrent d'y mettre le feu, lequel ne voulant point prendre, s'esteignoit tousiours; de quoy Nemrout estonné consulta ses devins, qui luy dirent que l'ange *Gibrael*[1] (Gabriel), estoit là dessus avec Abraham, *Ebrahim*[2], qui le protégeoit. Il s'enquit comment l'on pourroit le faire sortir de là. Ils respondirent n'y avoir point d'autre moïen, *alage*[3], que faire commettre un crime énorme en sa présence et que, ne le pouvant souffrir, il quitteroit la partie. On amena pour ce subject un frère et une sœur, le frère s'appeloit Kaü et la sœur Li. On leur commanda de se cognoistre, *gemea*[4], en présence de ce buscher et de l'ange, *ferichté*[5]. L'ange, à cet aspect exécrable, perdit patience et prit la fuite, mais Dieu, par un autre moïen, sauva le pauvre Ebrahim qui estoit pour estre faict *chehid*[6] (martir), pour avoir presché et soustenu l'unité,

1. Djebrayl, جبرائیل
2. Ibrahim, ابراهیم
3. Iladj, علاج
4. Djima', copulation, جماع
5. Ferichtèh, فرشته
6. Chehid, شهید

touhid[1], d'un Dieu et d'avoir condamné le *boud peresti*[2] (idolastrerie).

Ces Guèbres sont ennemis mortels des grenouilles, *vezak*[3], serpents, *mâr*[4], tortues, *kechef*[5], rats et souris, *mouchk*[6], et autres telles bestes dont ils amassent grand nombre pour en faire un sacrifice pour apaiser les mânes de leurs defuncts, lesquels ils n'enterrent point, ains dans un lieu clos de quatre murailles, les assisent sur des relais adossés au mur ; là, comme nos pendus, ils sont la proye des grailles, *kelak*[7], qui leur tirent les yeux. Si le dextre est tiré le premier, c'est bon signe pour l'estat du patient, si c'est le senestre, il est en mauvaise posture dans l'autre monde, et il sera bon de faire quelque propitiation pour luy.

Ces Guèbres se vantent d'avoir pour leur livre céleste, *ktab samavi*[8], un qui s'appelle *pashéende*[9], antérieur au Vieil Testament, *taura*[10] ; que là dedans, sont toutes les prophéties du changement des monarchies, les noms des roys qui se doibvent succéder l'un à l'autre, l'ordre et la suite des prophètes, *moursel*[11], c'est-à-dire qui, s'abrogeant l'un l'autre, debvoient diriger, dans leur siècle, les hommes au droict chemin ; enfin que ce libvre dit toutes choses et plusieurs autres. Comme naturellement tout le monde est désireux de sçavoir le futur, Cha Abbas, grand père de ce Roy cy, a faict tout son possible pour avoir le libvre, mais il

1. Taouhid, توحيد
2. Bout peresty, بت پرستی
3. Vèzègh, وزغ
4. Mar, مار
5. Kechef, كشف
6. Mouchek, موشك
7. Kelagh (corbeau), كلاغ
8. Kitabi semawy, كتاب سماوي
9. Pazend, پازند
10. Taurat, توراة
11. Moursel, مرسل

s'est trouvé qu'il n'y en a point, n'estant resté parmi ces Guèbres que de vieilles traditions, *tevatour*[1], qui, pour la pluspart, sont contes de vieille, *afsoné*[2] (fables).

Ils sont grands ennemis des Mahométans, et demandez à un de ces Guèbres qui estoit Mohamed, il ne répondra rien, sinon qu'il imitera les cris et la voix d'un chamelier, *sarbon*[3], qui veut faire asseoir sur le pivot un de ses chameaux, *choutour*[4], en disant avec aspreté du gosier *krrrehh*. Car à cette parole, ces animaux sont appris de mettre premièrement les genoux des deux pieds de devant en terre, non sans gronder comme pourceaux, puis donnant un bransle de poupe en proüe, ils tombent sur leur pivot, et en cet estat, ils sont faciles à charger et à monter.

D'autres tributaires encor dans le royaume, sont les Arméniens chrestiens ; pour estre baptisés, ces hommes se vestent à la façon du païs sans différence, sinon que, à leur port maussade et contenance niaise, quoyque couverts de beaux habits, ils paroissent tousiours estre de leur païs. Avec cela, ils sont de la race des cannes, *ourdek*, car pour le trafic, négoce et autres telles subtilités, ils vendroient tous les Mores la corde au pied. Leurs femmes ne se couvrent pas tant le visage comme les femmes Mores, ny aussi ne l'ont pas descouvert comme les Guèbres : elles tiennent le milieu, se passant le *yuzmage*[5], qui est comme une guimple qui leur cache le bout du nez, la bouche et le menton. Icy la civilité et chasteté consistent à ne point se laisser voir la bouche découverte. Pour leurs habits, ils sont d'estoffes plus fines et plus riches que celles des femmes Mores, car leurs maris apportent d'Occident ce qu'ils peuvent de beau pour couvrir ces fumiers. Avec tout cela, vous diriez de sacs et poches bastées sur

---

1. Tevatur, تواتر
2. Efsanèh, افسانه
3. Sarban, ساربان
4. Choutour, شتر
5. Yuzmadj, یوزماج

ces tonnes mouvantes ; leurs mamelles grosses et pendantes en devant font paroistre comme trois corps, de sorte qu'un François qui passa par icy, il y a quelques quatorze ou quinze ans, voyant ces grosses tripières, avoit raison de demander si c'estoient des femmes comme en Occident. Leurs nouvelles mariées dans la maison de leur belle-mère, sont comme des servantes, les premières levées et les dernières couchées ; tout le faix du service de la maison, et non pas la conduite, est sur elles. Une belle-mère les conduit à baguette, et elles n'oseroient luy parler que par signes à la muëtte, non plus qu'au beau-père, et ce silence durera dix, quinze ans et plus, tant que la belle-mère est en vie, qui, par grandeur, ne luy permettra jamais de parler en sa présence. Ils marient leurs enfants fort jeunes et gardent tant le *kuraken* que l'*arousse*[1] (marié et mariée), en leurs maisons, sans autre excès de dépense.

Voilà les deux principaux tributaires de ce royaume, car pour les Juifs, en d'aucunes contrées, ils ont passé par force et à l'extérieur au mahométisme ; en d'autres endroits, on les a laissés soubs le baston à l'ombre duquel ils passent leur misérable vie dans tout le Levant. Ceux donc qui sont tributaires paient le *karrage* ou *gizie*[2] par an et par teste, hommes et enfants venus en âge de discrétion, qui seroit, selon la taxe ancienne, un medical d'or; mais à présent, on leur serre les poulces plus fort, ce qui fait qu'il s'en destache de jour en jour quelques-uns pour suivre le grand chemin.

Une autre chose qui ruine toutes ces deux nations est que les Mores icy ont une loy parmi eux que l'Imom Gafer[3], qui est

---

1. Kuraken, arous, كراكن عروس

2. Kharadj, Djiziéh, خراج جزيه

3. L'Imam Djafer essadiq (le véridique), naquit en l'année 83 de l'hégire (702) et mourut dans cette ville en 148 (764). Il était le fils du cinquième imam Mohammed Baqir et de Oumm Ferwah, fille de Mohammed, fils d'Abou Bekr. Sa doctrine fait autorité parmi les musulmans des rites Chiite et Hanbalite. — « Interrogez moi

un des descendants de Mahomed, a laissée, que quiconque des *kafers*[1] (infidelles) quitteroit sa loy pour embrasser le mahométisme, que tous les biens généralement de ses parents luy soient donnés. De sorte que, aujourd'huy, un Arménien mourra laissant du bien ; quelqu'un de ses parents, quoique esloigné de dix générations, se sera faict More par voye de justice, il entrera dans les possessions du defunct par ce seul titre qu'il est gravé de la patte du diable. Cette invention machiavéliste tente beaucoup de personnes de faire un faulx pas, tant pour sauver son bien que pour accrocher celuy d'autruy ; le désir de gaigner un procès, un esprit de vengeance, un mescontentement, sont icy les semences de cette yvraye.

Les juges Mores qui aiment mieux un présent qu'un futur, ont enseigné aux Arméniens de se garantir de ce désastre ; c'est qu'un Arménien, pour garantir son bien à ses enfants de la griffe de ces loups, vendra au *kazi* mesme ou à quelque affidé tout son bien, tant. On passera le *kabalé*[2] (marché), en la forme ordinaire avec les témoings, bul du kazi, etc, puis cet affidé, par un autre contrat, revend tout le bien aux enfants dudit Arménien et en passe le marché juridiquement. Cet Arménien venant à mourir, ces affamés de Mores nouveaux, *gedid el esloum*[3], se présentent en qualité de parents pour engloutir cet héritage ; les enfants le paient en papier, le faisant sauter par une contremine. Tout ce procédé qui apporte du profit au juge, s'appelle icy *hilé cheraiai*[4]. Sur ce procédé, les Osmanlou disent à ces gens cy qu'ils n'ont pas la loi de Mohammed, mais celle de Gafer, qui a introduit une telle tyrannie[5].

---

souvent pendant que je suis au milieu de vous, disait-il à ceux qui venaient le consulter, car après moi, personne ne pourra vous éclairer. »

1. Kafir, كافر
2. Qoubalèh, contrat, قباله
3. Djedid oul islam, ayant embrassé nouvellement l'islamisme, جديد الاسلام
4. Hilèhi cheryèh, subterfuge juridique, حيله شرعيه
5. « On a trouvé un moyen pour corrompre la religion des Chrestiens armeniens

Pour retourner à la loy du païs, elle est mahométane d'une sorte qui s'appelle *chiaa*[1], les Osmanlou s'appellent *Sonni*[2]. Ce mot de *chiaa* vient de l'arabe qui signifie cheminer, ensuivre, comme si ces gens cy cheminoient précisément sur les vestiges des documents du prophète. Ce mot de *sonni*, aucuns disent qu'il vient de *sonnet*[3], action de surérogation, comme si les Osmanlou faisoient plus qu'ils ne doibvent. Entre ces deux sectes est une telle inimitié, *adavet*[4], que ces gens cy disent : que deux corps de l'une ou l'autre secte soient bouillis en mesme chaudière, *digue*[5], la graisse de l'un se séparera de soy-mesme de la graisse de l'autre. Ils disent en outre, que un sonni en mourant s'en va comme une pierre, de droicture au fond de l'enfer, *douzak*[6], d'où il ne sortira jamais ; que pour les *gair*

qui ne se laisse presque pas appercevoir et qui produit un très dangereux effet. Le Persan a fait une loy par laquelle il admet à la succession d'un deffunt, celuy des parents qui est mahometan, en quelque degré esloigné qu'il puisse estre, à l'exclusion et au prejudice des plus proches et des héritiers legitimes. Ceste loy a fait des renégats d'abord et les Chrestiens se faisoient mahometans pour conserver leur patrimoine ou pour ne pas s'en voir privez par leurs sœurs qui estoient la pluspart du temps forcées d'obéïr au vouloir du souverain, lequel leur donnoit des mahometans pour maris, quand il y avoit du bien dans la succession ; mais les Armeniens ont puis après, préveu à ce mal par deux moyens :

Le premier a esté de tenir leurs filles cachées jusqu'à l'âge de huit à neuf ans, auquel celles qui sont riches sont ordinairement mariées, laissant après la consommation du mariage à la puissance des mariez.

Le second moyen dont les Armeniens se sont servis pour éluder la loy du Sofi a esté de faire un fideicommis de tout leur bien à un mahometan persan de leurs amis et d'en retenir une contrelettre, de sorte que le proprietaire apparemment n'en jouissant que précairement, un renégat ne peut pas troubler sa succession après sa mort, puis qu'alors elle se trouve entre les mains d'un mahometan qui en dispose selon la volonté du deffunt et selon les conventions premierement faites entre-eux. » (*Nouvelles relations du Levant par le Sr Poullet*. Paris, 1668, tome II, pp. 283-285.)

1. Chia', شيعه
2. Sounny, سنّى
3. Sounnet, loi orale, la tradition servant de précepte obligatoire, سنت
4. Adavet, عداوت
5. Dik, دك
6. Douzakh, دوزخ

mellets[1] (différentes religions), leur place est en enfer, mais seulement au jour du jugement *rouze kiomed*[2], ayant bon terme jusques là. Les sonnis leur rendent leur change et du retour, les appelant *Raphasi*, *Karegi*[3], etc., et disent qu'un chiaa en mourant rend par la bouche ce que ses entrailles contenoient, *otchak ke boullerden biricy uler chakik dur ke onun agzinden pok tcheker*[4]. Le subject de leur haine n'est pas, comme aucuns ont voulu dire, les deux explications de ce Coran, l'une spirituelle et anagogique pour ces gens cy, l'autre tout à fait à la parole et à la lettre, mais bien la succession des *ganichin*[5], lieutenants du prophète.

La vérité est que Mohammed, estant proche de sa mort, comme il avoit neuf femmes légitimes, l'une d'icelles appelée Aïché, fille d'Abou Bekre, voyant que Mahommed comme malade ne pouvoit pas assister à la mosquée pour faire la prière publique en teste des peuples qui le suivoient desjà, appella son père Abou Bekre, qui fit pour lors le debvoir et office de Mohammed, et par conséquent, fut investi de la succession du prophète, et cela légitimement, puisque au sçu du prophète, *pégumber*[6], à qui Dieu descouvre tout, il a exercé sa charge ; et ainsi les Osmanlou le tiennent pour le successeur immédiat du prophète. Les gens icy disent qu'il est vrai que, par fourbe, il s'alla introduire là, mais que Mahomed par révélation le sçachant, s'en alla le prendre au collet pour le tirer hors d'un lieu où il ne méritoit pas d'estre.

Toutefois, la vérité est que cet Abou Bekre domina les Arabes

1. Ghair millet, غیر ملت
2. Rouzi qiamet, روز قیامت
3. Rafezy, Kharidjy, hérétique, Kharidjite, خارجی رافضی
4. Qatchanki bounlardan birissy eulur hakiqat dur ki anun aghzinden boq tchiqar. Lorsque l'un de ceux-ci meurt, il est de toute vérité que ses excréments sortent par sa bouche, چونکه بونلاردن بریسی اولور حقیقت در که آنوك اغزندن بوق چقار
5. Djanichin, qui occupe la place, successeur. جانشین
6. Peighamber, پیغامبر

jusques à sa mort; ensuite, un des plus puissants Arabes qui s'appeloit Omer, empiéta cette place de successeur après Abou Bekre. C'est contre celui-cy que nos Persiens vomissent tout leur venin et les mille malédictions qu'ils luy donnent, jusques là qu'ils advoüent bien Dieu tout puissant et miséricordieux, mais de pouvoir pardonner à Omer, cela excède toute croïance, vu le crime d'Omer. Icy vous diriez que naturellement les petits enfants sçavent dire *lanet ber Omer*[1] (malédiction sur Omer), et quelconque estranger qu'ils verroient passer, pensant qu'il est de cette secte, ils diront *lanet ber Omer*; s'il leur réplique *hezar bar*[2], mille fois malédiction sur Omer, ces petits enfans par allégresse et congratulation luy diront *Bareka lilla*[3], Dieu soit benist.

Cependant que Abou Bekre et Omer tenoient ce siége de pestilence, le gendre et cousin germain de Mahommed et qui avoit espousé Phatmé, la bien-aimée de son père, estoit un pauvre cancre qui n'avoit pas la force de troubler l'eau ni les esprits pour occuper la place de son beau-père. Cet Omer estoit un puissant et vaillant Arabe qui tailloit à sa fantaisie, quoy qu'il ne fust pas de la race du prophète. Il osta à Ali et Phatmé un jardin que Mahomed leur avoit donné, qui s'appelloit *feodek*, et l'histoire d'icy dit que pour ce faire, un jour il s'en alla à la porte de ce jardin pour en chasser Phatmé, laquelle se cachant derrière la porte pour respondre et parler, comme c'est icy la coustume des femmes, qui ne parlent point à visage descouvert, ce *melaoun Omer* (maudit Omer), donna un grand coup de pied à cette porte qui s'en alla frapper contre le ventre de Phatmé qui estoit enceinte d'un prophète, lequel fut tüé de ce coup, ce qui est un forfaict impardonnable. Ensuite, il déposséda la pauvre Phatmé, disant : Le prophète n'a pu vous donner ce jardin, car telles personnes de Dieu ne doibvent rien posséder en terre.

1. Laanet ber Omar, لعنت بر عمر
2. Hezar bar, هزار بار
3. Barek allah, بارك الله

Un jour, rencontrant Phatmé il luy dit : « Dans toutes mes prières je me resouviens de toy, » et l'autre luy respondit : « J'en fais de mesme dans les miennes, mais c'est pour te maudire et faire tomber la vengeance divine sur ta teste. »

De rapporter icy les sottises que ceux cy disent d'Omer, comme de le faire descendre d'inceste, luy faire commettre *eglomi*[1] et encor pis et autres telles lithanies de lavandières, cela est trop sale et grossier. Seulement, la fin fut qu'un certain meusnier, qui aimoit Ali et qui auroit voulu le voir sur le trosne, comme Omer passoit avec sa compagnie proche son moulin, il se jetta à ses pieds et luy dit : « Prophète de Dieu, je ne saurois faire tourner mon moulin ; venez, mettez vostre main beniste dessus afin que il tourne mieux. » Celuy-cy, fort aise de faire ce miracle, s'approche ; le larron luy dit : « Mettez vostre main là. » Cependant il lève l'écluse et les roües tournent qui emportent mon vilain et le mettent en pied. Le meusnier, après ce beau coup, sort et gaigne au pied. Dieu pour faire voir que cette action luy estoit fort agréable, faict venir la terre de Perse se bouter à celle d'Arabie comme une borne, les deux extrémités s'unissant au dessus du milieu. Alors ce compagnon, un pied posé dans l'Arabie, mit l'autre dans la Perse. Alors Dieu restitua le plan de ces grands déserts en sa situation naturelle, et ainsi le meusnier eschappa à la mort qui ne pouvoit pas luy manquer. Arrivé en Perse, un kazi pour recognoissance d'un si beau coup, luy donna sa fille. Icy son faict se feste chaque an soubs le nom de *Baba chugea eldin*[2] (le bon père vaillant de la loy), car pour ce subject, ils sonnent les *nigara*[3] (tambour), dans le Maidan, et ce jusqu'à midy.

1. Ighlam, crime de sodomie, اغلام
2. Baba Choudja' eddin, بابا شجاع الدين
3. Naqqarèh, nacaires, نقاره. Naqqarèh est le nom donné à deux vases de cuivre ou de poterie d'inégale grandeur et recouverts de peau de gazelle. On bat les naqqarèh avec deux baguettes appelées *Tchoub*.

Après qu'Omer fut mort, les Arabes mirent en sa place un nommé Osman, lequel mourut quelque temps après. Ces trois estant morts, que les Turcqs tiennent pour légitimes successeurs du prophète et ceux-cy pour invaseurs, les Arabes s'avisèrent de rappeller Ali pour estre le *Mir el moumenin*[1] (prince des Croyants), et ainsi les Turcqs le tiennent pour le quatrième, ceux-cy pour le premier, et se fondent sur ce que, outre qu'il estoit du sang et de la race du prophète, à qui de droit cette place appartenoit, la dernière foys qu'ils se rencontrèrent, ce fut en un lieu appelé *Kom Kadir*[2]; Mohammed et Ali pour s'entredire le dernier adieu (*el veda*)[3], s'entre embrassèrent : alors de deux corps et de deux âmes il ne s'en fist qu'un, et pour lors Ali fut mis en la place du prophète, et durant tout cet interrègne d'Aboubekre, d'Omer et d'Osman, Ali n'exerçant point sa charge ne laissoit pas d'estre veritablement le calife.

Il est inutile de raconter icy les merveilles d'Ali et de sa générosité; celles de son espée appelée *Zulphacar*[4] qui avoit deux pointes, chacune d'icelle faisoit encor deux autres pointes, et cela à l'infini; elle suffisoit elle seule à défendre une armée; celles de son cheval appelé *Douldoul*[5], bien autre que celuy d'Alexandre, Bucéphale, qui emportoit son maistre de l'Orient en l'Occident en peu d'heures, et tant d'autres contes de Peau d'asne que les gens icy croient comme articles de foy. Assiègeant un chateau, cet Ali prit avec une main seule une grosse pierre ou demi

---

1. Emir oul moumenin, le chef des croyants, امیرالمومنین

2. Ghadir Khoumm (la mare de la cage), غدیر خم est le nom d'une localité située proche de Djouhfah, entre la Mekke et Médine où Mohammed fit monter Aly sur le bât d'un chameau et le présenta au peuple comme son successeur immédiat. Les Chiites célébrèrent cet événement par une fête qui a lieu le 18 du mois de Zoul hidjèh.

3. Elwida', الوداع

4. Zoul feqar, le vertébré, ذوالفقار; ce nom fut donné au sabre d'Aly à cause des sinuosités qui se trouvaient sur le dos de la lame.

5. Douldoul, دلدل

rocher qui empeschoit le *yerech*[1] (assaut), et la jetta par dessus sa teste; elle alla tomber deux cents pas par delà toute son armée, vingt des plus puissants et robustes de laquelle ne purent pas mesme l'esbranler; laissons tous ces Amadis de Gaule.

Ali eut de Phatmé deux enfans masles, l'un appelé Hassen, l'autre Houssein. Cependant un Arabe puissant, nommé *Mahoie*[2] s'estoit emparé de Damas, *Choum*[3], et là prétendoit se donner le tiltre de *Mir el moumenin* (prince des Croyants). Après sa mort, il laissa un sien fils à sa place, qui s'appelloit Yezid[4], qui continua à se donner ce tiltre, et comme Ali estoit mort, un jour, par force, il obligea Hassen de luy passer contract comme il ne prétendoit rien à la prélature, ce que fit Hassen, mais les gens icy le nient. Ensuite Yezid dit à Hassen : « Puisque toy, qui es l'aisné, tu as renoncé, fais venir Houssein, ton petit frère afin qu'il en fasse de mesme. » Cependant Houssein estoit dans la Mecque, là où Yezid ne luy pouvoit point faire force; et là, Houssein estoit sans force ni pouvoir. Les habitants de Kouphé, ville d'Arabie, à présent toute ruinée, mandèrent à Houssein que s'il vouloit venir en leur ville, que de tout leur pouvoir, ils l'assisteroient contre Yezid. Iceluy avec quelques cinquante Arabes, s'y achemina. Yezid, averti de cela, envoya à travers païs huit mille cavaliers pour luy amener cet Houssein. L'ayant environné dans le désert, ils luy dirent que Yezid le demandoit et qu'il s'en vint avec eux et qu'ils ne le laisseroient pas passer. Iceluy respondit : « Je n'ay que faire avec Yezid; si vous ne voulez me permettre d'aller à Kouphé, je m'en retourneray à la Mecque. » Eux, selon leur commission, luy dirent : « Ni là ni à

---

1. Yuruch, يورش ce mot est turc.
2. Moawièh, معاويه fils d'Abou Soufian, fondateur de la dynastie des Omeyyades mourut à Damas, l'an 60 de l'hégire (679).
3. Cham, شام la Syrie : on désigne aussi sous ce nom la ville de Damas.
4. Yezid, يزيد fils de Moawièh mourut près de Hims, l'an 64 de l'hégire (683), après un règne de trois ans et neuf mois.

la Mecque; nous avons charge, vif ou mort, de vous mener vers Yezid. » Alors ils luy coupèrent les eaux pour le faire ou périr de soif ou bien se rendre à leur discrétion. Il demeura dix jours dans le désert à tirer la langue d'un pied de long. Au bout de ce temps, comme un désespéré, il se jetta à la traverse de cette multitude pour eschapper en se battant. Là il fut tué, sa teste fut coupée (son corps restant la proye des chakkals), et portée avec son petit fils, qui pouvoit avoir quelque trois ou quatre ans, à Damas. Ceux-cy disent que la bouche de cet enfant estoit un fleuve d'éloquence pour reprocher à ce parricide Yezid le crime qu'il venoit de faire par le meurtre de son père.

Icy, durant dix jours, se faict la lamentation de cette tragœdie; les gueux (*geda*)[1], prenant occasion de ceci pour faire leurs vendanges, se mettent nuds jusques à la ceinture, se noircissent le corps, les bras et la teste, comme diables et merdeux, et des pierres à la main, vont le long des rües chacottants comme pour faire le trik trak aux loups, criant : Houssein, Houssein. Cependant, ils ont avec eux quelque autre couëre qui ramasse les bribes de pain; les petits moulnas ou pédants de A. B. C., dans les carrefours, mettent une chaire avec un tapis, quelque enseigne ou guidon, là où sera peinte l'espée d'Ali ou un lion et un soleil d'or naissant sur son dos, qui toutes choses sont de grands hiéroglyphiques. Là, le soir, ils amassent le quartier, excitent le monde à pleurer la mort de Houssein, preschent l'excès de ce martir, car un de ces beaux saincts, après avoir faict son possible pour vendre bien cher sa vie et ayant succombé par force, non de volonté, à l'espée, ils l'appellent *chehid* (martyr). Ils vous contreferont de la voix et des gestes ce favori du ciel Houssein, qui se voyant blessé à mort prit de son sang dans ses mains, s'en teignit le visage et protesta contre ces assassins, en disant: En cet estat je m'en vais trouver mon grand père Moham-

---

1. Gueda, mendiant, گدا

med pour qu'il en tire la vengeance (*entekoum*)[1], et mille autres telles pathétiques extravagances, pour exciter le peuple à dire *Vaaa;* et il suffit que quelque femmelette commence à tirer du fond de sa panse ce cri lugubre, pour que toute cette racaille comme un escho, responde du mesme ton. Quelque fois aussi cet *aiar*[2] de moulna aura de ses affidés, qui, tout exprès, donneront le tour au fuseau ; ensuite, ils se mettront comme deux chœurs des deux costés de la rue à crier alternativement, Houssein, Houssein, Houssein, Houssein et ils continueront cet enragement un quart d'heure, que, tout enroués, vous n'entendrez plus que *houh, houh, houh*. Après, le moulna qui pense à ses affaires, s'en va allongeant la main pour retirer quelques bazelkouques, auquel si l'on ne donnoit rien, je croy que ce seroit le meilleur pour l'obliger à un autre chant plus lugubre, puisque il y iroit de son interest propre.

Cette diablerie de crieries en chiens enragés, et cela en la nuict, dure dix jours. Le Roy mesme fera venir les quartiers de la ville, hommes, enfants, vestus chacun selon son caprice, pour mieux exprimer l'action, avec les guidons, tambours et bassins frappés l'un contre l'autre, et ce, en sa maison pour en avoir le plaisir ; et luy, en voyant passer cette multitude, il jettera quelques sanglots de regret, ayant vestu ce jour là une *cabayé*[3] noire. Durant ces dix jours là le Roy change chaque jour de kabaiés ; elles appartiennent ensuite et sont données à son *kras ser trach*[4] ou barbier, et cecy est de droict.

Le jour du *katle*[5] (meurtre) venu, qui est le dixiesme jour du mois de Moharrem, chaque quartier de la ville fait des châsses, comme tombeaux funèbres, y pendant là arcs, flèches, carquois,

---

1. Intiqam, vengeance, انتقام
2. 'Ayyar, fourbe, fripon, عيار
3. Qaba, tunique serrée à la taille et ouverte sur le devant, قبا
4. Khass ser trach, celui qui rase les cheveux du prince, خاص سر تراش
5. Qatl, قتل

boucliers et espées, comme une blanque et ils s'en vont au Maidan. Là, vous verrez des chameaux et deux petits enfants sur un chacun face à face, crier, se lamenter, se désespérer, battre des mains et faire mille autres singeries, criant, *Houssein, Houssein*. Alors toute cette multitude infinie qui n'est armée que de bastons, chemine le long du grand Maidan, le Roy estant quelquefois dans la *bikaf*, qui est une assez belle maison éminente sur le Maidan, à voir passer toutes ces bandes qui, criant comme des enragés, font quelque espèce de représentation de l'enfer. Tout cela file dans la grande mosquée, là où finit et s'amortit tout ce sabbat.

Durant ces dix jours de *mathemé*[1] (deuil), aucun ne va de jour au bain en signe de tristesse pour se faire razer les cheveux. L'histoire dit icy que cette teste de Houssein fut portée en Damas et le corps laissé dans le désert (*berrié*)[2] de la ville de Kouphé, où ils se réunirent miraculeusement, et de ce, quarante jours après, ils font une feste qu'ils appellent *ser ou ten*[3] (teste et corps).

Du fils de Houssein, qui régna de çà et de là, comme en fuyant, les descendants de Yezid qui régnoient estant les plus puissants, sont descendus d'autres, comme Imom Gafer, Imom Reza, qui est en grande vénération en la ville de Meschcd, qui est la principale de la province de Korassan, sur le tombeau duquel est une *gambette*[4] (dôme ou voulte), couverte de petites lames d'or. Là, par dévotion, se font de ces gens cy grands pèlerinages (*ziaret*)[5], et les plus grands qui ont le moyen, après leur mort, y font transporter leurs corps ; d'autres le font porter à la mosquée ou en Kerbelaye, proche Bagdad, où est enterré Ali. Le dernier des douze *maçons*[6] (innocents, purs), descendants d'Ali et de

1. Mèètem, مأتم
2. Berrièh, برية
3. Ser ou ten, سر و تن
4. Gounbed, کنبد
5. Ziaret, زیارت
6. Maaçoum, معصوم

Mahomed par sa fille Phatmé, s'appelloit Mohammed Mehdi, lequel, comme cette caste avoit tousiours à démesler avec celle de Yezid leurs antagonistes, un jour de bataille où rencontre s'enfuit dans un logis; ceux de Yezid environnèrent cette maison, tuèrent tout et par conséquent Mehdi, qui fut le dernier [1].

Les gens icy disent que Dieu le rendit invisible pour le sauver de leurs mains et le garder en cet estat d'invisible (*na bidid* [2]), jusqu'au jour du jugement. Pour ce subject ils l'appellent *Saheb el zemon* [3] (maistre des temps), et que vers ces environs, il viendra triomphant, tuant les *Kafer, Koffar* (infidelles), réduisant tout le monde à la loy de Mohammed; que mesme *Aïssa*, (Jésus Christ) sera son *pich kredmet* [4] (homme de chambre), que, en ce temps-là, il se mariera et fera le *Ekteda* [5] qui est faire sa prière soubs sa direction. Le *dedgage* [6] qui sera, comme nous disons, l'Antichrist, sera tué par cet Artabaze et ainsi finira le monde et viendra le jour du jugement dernier, auquel pour se trouver, il faut passer le *pol Serat* [7] (le pont de Serat), qui est un pont tranchant comme le coupant d'un couteau: les vrais croyants et qui ont fait de bonnes œuvres passeront là dessus légèrement d'un bout à l'autre comme un danseur de corde; les méchants tomberont dessous là où il y a une infinité de *Egddha* [8] (grands et petits serpents, diablotins), qui les attendent pour leur curée.

---

1. Mohammed el Mehdy, محمد المهدى le douzième Imam, était le fils de l'Imam Aly Naqy et d'une esclave nommée Nerdjes Banou, نرجس بانو Il naquit sous le règne du Khalife Moutemid a'allah, le 15 du mois de Chewwal de l'année 256 (870) et il disparut dans un souterrain à Samarra, le dix du mois de Chewwal de l'année 265.

2. Nabedid, نابدید

3. Sahib ouzzeman, صاحب الزمان

4. Pich khidmet, valet de chambre, پیش خدمت

5. Iqtida, اقتدا

6. Dedjadj, دجاج

7. Pouli Sirath, پول سراط

8. Egda', اجدع

Icy, beaucoup voulant espouvanter celuy duquel ils demandent quelque chose et ne pouvant venir à bout de le tirer de ses mains, luy disent comme par grande menace : *Der pol Serat be demen tou mitchespem*[1] (au pont de Serat, je m'attacherai à ta robe pour t'empescher de passer jusques à ce que tu m'aies satisfait). Ceux qui sont de meilleure serre ne s'estonnent pas de ces menaces (*tehdid*)[2].

Il se trouve encore de ces gros docteurs, *moulna, mouchtched*[3], qui taschent de se faire suivre du peuple, qui aucunes fois luy font accroire d'avoir veu en songe le Mohammed Mehdi, *Saheb el zemon*, qui leur a commandé de faire faire telle ou telle chose. En faisant une bonne disquisition, il se trouvera que ce ne sera pas aux despens du docteur, mais bien à son profit.

Icy, dans Hispan, il y en avoit un qui estoit sur le contraste de plusieurs compétiteurs pour estre *mouselem*[4] (reçus sans contredit pour lieutenans du prophète à faire la prière du vendredi, *rouze gouma*[5], laquelle, soubs peine d'anathème, aucun qui n'est pas de ce mérite là ne doit attenter); il s'appelloit *Mohammed Takhi megelessi*[6]; il disoit avoir veu cet invisible qui luy avoit commandé de faire cette prière, en foy de quoy il luy bailla je ne sçay quel libvre escrit en lettres gothiques d'un caractère arabe ancien, et par ce moyen il taschoit d'abuser la crédulité du peuple. Un autre moulna de moindre estoffe monstroit une pierre sur laquelle il protestoit luy estre apparu le lutin ; il descrivoit son port, son langage et son vestement, le tout à l'advantage. Incontinent la renommée de cette apparition fit moucher les femme-

---

1. دربول صراط بدامن تو می چسبم .
2. Tehdid, تهديد
3. Moudjtehid, مجتهد
4. Moussellem, مسلم
5. Rouzi djouma'a, روز جمعه
6. محمد تقی مجلسی .

lettes et les hommes, qui à l'envi pour honorer l'escabeau de ces saints pieds, jettoient des pièces d'argent dessus, que le matois de moulna ne laissoit pas coucher là, de peur du serein. Ceci dura quelque temps, durant lequel le moulna faisoit ses orges ; enfin le *daroga* (prevost), averti de cette proye qui ne pouvoit luy fuir, le moulna n'estant qu'à simple semelle, l'envoya prendre, l'espouvanta de la voix et du geste pour mieux secouer sa bourse : « Comment, vous trompez ces musulmans, vrais croyants ! » il le menaça des fers ; enfin l'autre, cognoispar la pratique ordinaire de ce pays que l'on ne l'avoit pas envoyé quérir pour le tuer, ains pour le tondre, commença à rendre gorge de ce qu'il avoit pris de trop.

Les gens icy disent que le jour du jugement doibt advenir après l'apparition de cet invisible, mais que beaucoup de signes doivent précéder. Le premier est la corruption des juges, qui ne feront les affaires que par *ruchvet*[1] (présent pour corrompre). Ce signe là n'est que trop en évidence ; que les enfants mépriseront et battront père et mère. Ceci est encore assez ordinaire à ces petits vipereaux ; — que le soleil se lèvera au couchant et se couchera en l'orient ; pour celuy-cy l'on ne l'a point encor veu; mais des deux précédents qui se sont rendus si fréquents, l'on peust juger de celuy-cy qu'il n'est pas loing.

La déduction de ces contrastes de droict, de prélature, de ceux du costé d'Ali, de Houssein, de Mahoie et de Yezid, et autres tels personnages, est la cause de cette grande aversion des Persiens et des Turcqs, chacun espousant l'interest de son parti. Les Persiens ou Chia veulent Ali pour légitime et premier successeur, lieutenant du prophète, et pour ce subject faisant faire profession de foy à quelque malotru qui pour crimes ou debtes, ne peust eschapper autrement, après les mots de *Echched Alla*, ils luy font adjouter, *ve Ali veli Alla*, qui signifie

---

1. Ruchvet رشوت

leur intention[1]. Les Turcqs ou *Sonni* veulent qu'Abou Bekre soit le premier, Omer le second, Osman le troisiesme et Ali le quatriesme.

Aucuns de nos faiseurs de relations en poste ont voulu dire que c'est à raison de l'explication spirituelle et matérielle de l'Alcoran que ces deux diverses nations ont suivi chacune son génie. Cela n'est point, car icy en Perse il y a les *Fokkaha*[2] et les *Eulema*[3] : les *Fokkaha* disent qu'il faut croire au pied de la lettre que, en paradis, il y a des femmes, des fruicts et ce grand arbre de *touba*[4] dont les fruicts savoureux surpassent infiniment en bonté les nostres ; là, que les belles femmes du paradis destinées pour les *aoulia*[5], (les grands saincts), sont des *haourion*[6] et *golman*[7] ; que dans l'enfer est le grand arbre appelé *zekhoun*[8], qui à chaque branche, porte une infinité de diablotins et des fruicts plus fascheux que la boëte de Pandore, et autres telles resveries. Les docteurs icy sont les explicateurs des cérémonies, prières, purifications et obligations, et ils ne veulent autre chose que le pied de la lettre.

Au contraire, les *Eulema*, veulent expliquer toutes ces choses mystérieusement, disant l'Alcoran avoir *heft perdé*[9],

---

1. La formule de la profession de foi des Chiites consiste en ces mots : « J'atteste qu'il n'y a de Dieu qu'Allah, j'atteste que Mohammed est le prophète de Dieu et Aly le vicaire de Dieu, » اشهد ان لا اله الا الله واشهد ان محمدا رسول الله وعلى ولى الله

2. Fouqeha est فقها est le pluriel de faqih فقيه mot qui désigne les jurisconsultes, les gens versés dans la connaissance des lois divines.

3. Oulema, علما, pluriel de عالم, sont les savants, les ministres de la loi et de la justice.

4. L'arbre du Thouba, درخت طوبى sort des racines du Sidret el munteha, سدرة المنتى arbre du lotus qui croit à la limite du paradis. Les branches du Thouba couvrent de leur ombre les pavillons destinés aux bienheureux.

5. Aoulya, اوليا, pluriel de ولى, les saints qui jouissent de la béatitude éternelle.

6. Hourian, حوريان, les houris.

7. Ghilman, غلمان pluriel de غلام, les pages qui doivent servir les vrais croyants.

8. Zakkoum, زقوم, est le nom de l'arbre dont l'ombre s'étend sur les sept divisions de l'enfer et dont les fruits semblables à des têtes de démons serviront de nourriture aux damnés. Cf. Coran, chap. LVI, v. 52.

9. Heft perdèh, هفت پرده,

(sept voiles); que le premier est un amuse-mouche pour retenir le simple peuple en haleine et en son debvoir, ils disent que le paradis ne consiste qu'en la cognoissance des *koulliat*[1] (choses universelles, cognoissance de Dieu), ils ne veulent rien croire que ce que la balance de leur jugement fait trébucher du costé de leur sentiment; ils veulent partout des démonstrations géométriques pour l'unité d'un Dieu, la création *in tempore* du monde, le *maavedet*[2] (retour des corps à la résurrection); chacun en croit autant qu'il en veut en son particulier, mais, en public, il faut qu'il suive le train ordinaire.

Ces deux sortes de personnages icy ne sont point antipathiques; chacun suit son sentiment. Les *eulema* estiment les *fokaha* des asnes et bestes à deux pieds, *haivon dou pa*[3]; les autres estiment ceux-cy des *moulhets*[4] (athées); ce sont divers chemins qui chacun ont mesme rendez-vous. La croïance de ces gens icy est l'unité de Dieu sans trinité (*teslia*[5]), sans compagnon (*cherik bari*[6]); et tous ses attributs (*Sephaat*[7]), sont *aïn zaat*[8], sa mesme essence.

Ce Dieu a envoyé, jusques à ce dernier Mohammed, qu'ils appellent *kratem el nebbi*[9] (le dernier et sceau des prophètes), dès le commencement du monde, quatre cent mille prophètes tout juste, pour faire le compte tout droict sans fraction, qui alternativement se sont abrogés l'un l'autre, *mensouk*[10].

Dieu en les envoyant a conformé les signes de leur mission

1. Koulliat, كليات
2. Mouavedet, معاودت
3. Haïvani dou pa, حيوان دوپا
4. Moulhid, ملحد
5. Teslis, Trinité, تثليث
6. Cheriki bari, associé du Créateur, شريك باري
7. Sifat, صفات
8. Aïni zât, عين ذات
9. Khatem oul Enbia, le sceau des prophètes, خاتم الانبيا
10. Menssoukh, منسوخ

à la condition du temps. Lorsqu'il envoya Moyse, *Moussa*[1], la magie estoit en grande vogue chez les Égyptiens. Dieu accorda à Moussa de faire ce qu'ils ne pouvoient faire, sa verge convertie en serpent venant à dévorer les autres, contraignit ces négromanciens d'avouer leur impuissance et de recognoistre Moussa comme envoyé d'une puissance suprême qui luy avait donné un pouvoir excédant les limites de l'estre créé.

Lorsqu'il envoya *Aissa*[2], Jésus-Christ, qu'ils tiennent né de Mariam vierge, sans père, en ce temps là, la médecine plaisoit ; les maladies n'avoient presque point de lieu assuré, les médecins de ce temps là guérissant jusques aux incurables. Dieu donna à *hazeret Aissa*[3] (la majesté de J.-C.), le pouvoir de ressusciter les morts, afin que le peuple cogneust que c'estoit un autre qu'Esculape qui avoit envoyé ce prophète. Par ce moyen, il a esté reçu et a abrogé la loi de Moussa. Quant à sa mort et passion, l'unique remède de nostre salut, ils la nient, disant que Dieu le tira en vie miraculeusement et le porta au quatriesme ciel là où il est à présent ; et pour satisfaire à la rage diabolique des Juifs, Dieu donna à leur *Reis*[4] (chef), la semblance (*chebahet*[5]), de J.-C. ; ils le prirent au collet nonobstant qu'il réclamast que l'on se trompoit à son désavantage, et ils le firent mourir cruellement, ainsi que nous disons du mesme Jésus-Christ.

Dieu envoyant Mohammed pour abroger la loy de *hazeret Aissa*, luy donna l'éloquence en un tel degré que, comme disent les gens icy, *fessahet couron maqdour becher nist*[6] (l'éloquence de l'Alcoran et le style relevé d'iceluy n'est pas possible à une créature), et comme dans ce temps là l'éloquence et l'élégance

---

1. Moussa, Moïse, موسی
2. 'Issa, Jésus, عیسی
3. Hazreti 'Issa, حضرت عیسی
4. Reïs, رئیس
5. Chebahet, ressemblance, شباهت
6. Fessaheti qour'an maqdouri becher nist, فصاحت قرآن مقدور بشر نیست

estoient au suprême degré, Mohammed dit aux Arabes, dans son Alcoran en plusieurs lieux : « Apportez quelques chapitres de votre style et composition de semblable coélégance à ce que je vous présente et que l'ange Gabriel m'a apporté du ciel ; » et comme, faisant tout leur pouvoir, ils n'en pouvoient venir à bout, ils donnèrent les mains et confessèrent ingénument que ce nouveau prophète estoit envoyé du ciel, et ainsi se mettant à le suivre, la loy de *hazeret Aïssa* fut abrogée ; et ils disent que désormais il n'en viendra plus aucun.

Ils disent que chaque loy, dans son temps et durée, conduisoit et dirigeoit au salut tous ses sectateurs, hors de laquelle il n'y avoit point de salut. Maintenant celle de Mohammed oblige de mesme, mais observée comme le font les *chia* Persiens, car autrement, ce sera comme un bon remède mal appliqué qui ne réussit pas à aucun bon effect.

Ils croyent à la résurrection, *hechre*[1], au paradis, *gennet*[2], à l'enfer, *douzak*[3], et au purgatoire, *Berzak*[4]. Le premier est pour les purs et les saincts, le dernier pour les *chia* qui, dans l'observance de leur loy, ont trop eslargi la courroye : là, ils seront tourmentés pendant quelque temps selon leurs démérites, mais enfin, comme *chia*, ce n'est pas leur lieu, et il faudra qu'ils entrent en paradis comme dans leur vray héritage. Pour l'enfer, l'univers estant divisé en deux parties selon les géographes d'icy, *Kafer* et *Moumen* (infidelle et fidelle), eux se donnent gain de cause et se jugent fidelles, les *kafers* n'ont qu'à prendre leur département à main gauche. Icy il y a pétition de principe ; le grand et équi-

---

1. Hechr, حشر
2. Djinnet, جنت
3. Douzakh, دوزخ
4. Berzakh, برزخ. Le mot arabe Berzakh a la signification de confins, frontières. Il désigne l'espace compris entre les limites de l'enfer et celles du paradis. Ibrahim Haqqy Efendy a donné un plan de l'enfer et du paradis tels que l'imaginent les commentateurs musulmans dans son *Ma'arifet namèh*. Boulaq, 1255 (1839) fos 19 et 20. Le purgatoire porte le nom de E'raf, اعراف

table Juge déterminera quels sont les *kafers* et les *moumens* et il se trouvera qu'ils ont compté sans leur hoste.

Leur obligation pour le jeusne, *rouzé*[1], n'est que d'un mois, qui s'appelle *Ramezan*, durant lequel ils font comme les hiboux; ils changent le jour en nuict, mangeant tant qu'elle dure de toutes choses indifférentes, sans abstinence de chair ou de poisson. Le jour, les plus zélés passant le long des rües par hypocrisie se mettront un mouchouër à la bouche, de peur, ce disent-ils, d'avaler de la poussière, qui les rendroit *eftar* (non à jeun)[2]. Ils ne prennent pas garde à la respiration et expiration qui leur rapporte au dedans tousiours du rafraischissement. Je voudrois qu'ils s'avisassent de cette observance particulière et voulussent seulement un chacun, l'espace d'une heure, observer le jeusne qui seroit le plus parfaict, puisqu'il n'entreroit rien dans leur corps. Durant ce temps, il ne leur est pas permis d'aller au bain de jour ni de faire la beste avec leurs *zen*[3]. La marque du temps où le soir, ils pourront commencer à se crever la panse, est lorsque vers l'horizon occidental, il ne paroist plus de rougeur dans l'air; aucuns disent lorsque l'on ne peust plus discerner un filet rouge d'avec un blanc. Le matin venu, quelquefois le sommeil les emporte par delà le soleil levé; alors il faut prendre patience d'avoir perdu par leur faute un repas qui eust fourni à la nécessité de la journée, durant laquelle ils ne peuvent pas mesme se mouiller la langue. De cette rigueur là ils n'en dispenseroient pas mesme le Roy, qu'ils disent estre obligé à cette règle, nonobstant que pour estre en telle gehenne, il ne puisse terminer les affaires urgentes de son royaume. Aussi d'ordinaire prend-il l'essor à la campagne, en ce temps que la faim assassine si cruellement les habitants et manans des villes et des villages;

1. Rouzèh, روزه
2. Iftar, action de rompre le jeûne افطار
3. Zen, femme, زن

car durant le voyage, (*sepher*)¹, ces gens cy se disent obligés en conscience de manger et de renoncer à leur loy extérieurement, quand ils se trouvent en péril de mort, d'honneur et de biens. Dans ces deux points, je trouve qu'ils ont plus d'esprit que les Turcqs, qui n'approuvent pas le premier, car pour le dernier, quelle apparence de se laisser tuer pour une méchante cause telle qu'est la leur? C'est autre chose pour la véritable, qui oblige de la maintenir aux dépens de qui il appartiendra.

Leurs prières d'obligation sont avant le soleil levé, avant midi, à l'*asre*² ou vespre, au soleil couché; pour les deux premières et la dernière, ils s'en remettent à d'autres; pour celle du jour, lorsqu'il y aura de la compagnie, c'est lorsque l'envie leur en prend, et quand au soir, c'est lorsqu'ils veulent eschapper à quelque travail, occupation ou arrest, car les ouvriers sont si faicts à cela que pour finir bientost la besogne, ils disent « *Namaz ne kerdem*³ (je n'ay pas faict ma prière), laissez-moi aller viste, le soleil se couchant, *Namaz feout michevet*⁴ (le temps de la prière passera) ». Ce n'est pas cette mouche qui les picque, mais bien pour escamper.

Avant que de faire la prière, vous verrez Monsieur le pharisien qui se lèvera de la compagnie d'un visage modeste tout à fait introverti et dira : *Vecte namaz est*⁵ (le temps de ma prière est venu). Alors, il estendra un petit tapis de feutre ordinaire ou de quelque estoffe simple, car d'ouvragée cela altéreroit la pureté de cette oroison. Là dessus, il jettera un petit palet, qui est faict de terre ou de la Mecque ou de Meshed. Icy, ce sont les béatilles des Arabes retournant de ces lieux là qui apportent pour *teberrouk*⁶ (choses de dévotion) de telles choses, comme

---

1. Sefer, سفر
2. Asr, عصر
3. Namaz nekerdem. نماز نکردم
4. Vaqti namaz faout my chèved, وقت نماز فوت می شود
5. Vaqti namaz est, وقت نماز است
6. Teberrouk, تبرك

aussi des chapelets pour présents aux grands, desquels ils espèrent quelques Bazeroukes. Ensuite, vous verrez cet homme tirer et pousser son petit tapis, *kalitché*[1], tant qu'il soit au *kablé*[2], vis à vis de la Mecque, et ce avec une anxiétude géométrique qui n'ose pas mespriser jusques aux moindres fractions dans son calcul. Iceluy, pour se montrer encor plus zélant à observer le *vayeb*[3] (point d'obligation), avec toute la précision possible, regardant les assistans, dira, *koub est*[4] (est-il bien ainsi)? voulant ainsi réserver sa conscience aussi tendre que son palet. Ensuite, il prendra son *oftabe*[5] (vase de cuivre plein d'eau), pour aller aux lieux, qui icy ne sont point avec un siège percé, mais seulement un trou en terre formé en long, d'un demi pied de large. Là, sur ses talons accroupi, (excusez, ce vilain nous rend vilains), après avoir faict et rendu plus qu'il n'a pris, il est obligé de se faire couler de l'eau le long des dernières vertèbres pour laver à belles mains son *debbour*[6]; ensuite par constitution légale, il faut qu'il fourre dans son podex deux doigts et fasse deux tours à l'entour de la veine coronale pour oster la matière fécale qui se seroit attachée à ces parois. Cela faict, le voilà pur de ce costé là, il revient ensuite vers la compagnie, s'en va à la *haouse*[7] ou bassin plein d'eau, prend de l'eau dans le creux de sa main, se la verse sur le front, l'estend sur son visage, l'empoignant avec la main ouverte, qu'il ramène finir sur la barbe, et ce pendant, il gourmelle quelques paroles adaptées à cette purification. D'autres, de peur qu'il n'y aye quelque partie du visage où cette eau n'aye touché, se plongent comme

1. Qalitchèh, قالیچه
2. Qiblèh, قبله
3. Vadjib, d'obligation canonique, واجب
4. Khoub est, est-ce bien? خوب است
5. Afitabèh, aiguière, آفتابه
6. Doubr, derrière, دبر
7. Haouz, bassin, حوض

cannes toute la teste dans l'eau. A ceux-cy l'on en doibt de reste.
Après, reprenant de l'eau dans le creux de sa main gauche, il
la verse sur son bras droict tout nud pour ce subject et ce,
depuis le coude, tenant le bras penché en bas et conduisant l'eau
jusques à l'extrémité de la main comme en essuyant ; puis,
la main droite rend le mesme office à la main gauche.

Icy, il est une différence essentielle entre les *Sonnis* et *Chia*,
car les *sonnis* versent l'eau depuis la paulme de la main pour aller
finir au coulde, en quoy les gens icy les accusent de stupidité :
Ne voient-ils pas bien que toute l'ordure du bras se va terminer et
ramasser au coulde, là où les *chia* la font sortir par l'extrémité
des doigts? Voyez les bonnes conséquences tirées en matière
d'importance! Cela faict avec toute l'affectation possible, il
prend de l'eau avec sa main, qu'il ne faict à présent que mouiller et humecter, puis l'appliquant sur le métatarse seulement, la
coule jusques sur les doigts et ongles des pieds, qu'il faut qu'ils
restent humectés ; ainsi faict-il de l'autre pied, et lors le voilà
purifié, en estat de faire une prière qui soit *moustegab*[1]
(capable d'être exaucée). De là il revient sur son petit tapis, et
se tient debout sur l'extrémité d'iceluy. Son petit palet appelé
icy *mhor*[2], son chapelet, *tesbie*[3], de mesme matière, sont à l'autre
bout du tapis et s'il ne pouvoit rencontrer de palet de la sorte
suffisante, qu'il y mette en la place une feuille, *Belk*[4], de
quelque arbre que ce soit, pourvu qu'elle soit nette ; nos
feuilles de houx seroient propres à cela. Lors, estendant les
bras comme un nageur, il commence à s'écrier, *Alla ekbar*[5],
grand Dieu, et l'ayant répété quelquefois de mesme ton pour
rendre les assistans mieux attentifs à ce batelage, il se laisse

---

1. Moustaudjeb, مستوجب
2. Mouhr, مهر
3. Tesbih, تسبيح
4. Berk, برگ ou suivant la prononciation d'Ispahan, Belk.
5. Allahou ekber, Allah est le plus grand, الله اكبر

tomber sur ses genoux, se prosterne par terre la teste sur son palet, se frottant le front, *pichoni*[1], sur iceluy, puis il se relève, il recommence son *Alla ekber*, puis de mesme accent, il faict la rénovation des symboles de sa religion, *echehed Alla*, etc., et, de temps en temps, selon la cadence de ses paroles, il faict ses *Sejoud*[2] et *Recoua*[3], (génuflexions et inclinations). Ces dernières sont de s'incliner le dos et le courber, de sorte que ses deux mains qu'il appuie sur ses deux genoux et ses deux bras en cette posture semblent soustenir la machine de son corps. Les génuflexions consistent à se mettre sur ses deux genoux, non érigé comme nous, mais assis sur ses deux talons. Enfin, celuy cy faict ses tours de passe passe avec une telle affectation qu'il semble que telles postures de Pantalon soient l'unique cause de l'efficacité des prières.

Ayant bien haussé et baissé ainsi la teste et les espaules, il se lève tout droict, regarde la compagnie comme voulant dire : « N'ay-je pas bien faict ? » Il se met les deux mains sur les yeux, les rabaisse sur les joues pour venir finir à la barbe qu'il se tire, et pour contenter encor plus la compagnie, il se laissera tomber sur ses genoux et sur son derrière, prendra son *tesbieh* (chapelet), et commencera à faire ses *zekre*[4] (commémorations), disant à chaque grain qu'il faict passer viste par ses doigts, *Alla*, Dieu; lequel estant tout tourné, voilà la farce achevée. Cependant, la compagnie ne laisse pas de continuer son entretien encommencé ; iceluy attentif à ce qu'on dit autant qu'à ses postures extérieures, ne laissera pas de dire sa loquence comme les autres, et ainsi de parler aux créatures lorsqu'il faict semblant d'estre tout occupé au service du Créateur. Voilà le formulaire des oroisons de ces gens cy.

1. Pichany, پیشانی
2. Soudjoud, سجود
3. Rika'at, رکعت
4. Zikr, invocations, litanies, ذکر

Que si pour faire ses purifications, il ne se trouvoit point d'eau qui eut le *kourriet*[1], qui est eau courante ; ou bien, si elle est arrestée, il faut qu'elle aye trois pieds cubes en diamètre, et quoique puante et infectée ou qu'elle soit pleine de vers, elle est légale. Lorsque la loy oblige au *theamom*[2], qui est de passer sa main sur le sable, cet attouchement de sable purifie cet homme, qui autrement seroit *neges* (pollu), et par conséquent incapable de *namaz* (prière).

Negaset[3] (immondicité), icy est estrange. Ils ont dix choses dont l'attouchement les rend impurs, c'est à dire que, dans cet estat, leurs prières sont *batel*[4] (inutiles). Je ne me souviens que de sept, qui sont : *ab dehen*[5] (crachat), *heïse*[6] (menstrues de femmes), *krun*[7] (sang), *baoule* (urine), *gaied*[8] (matière fécale), *segue*[9] (chien), *kafer* (infidelle). Outre icelles, ils sont en perpétuelle perplexité d'esprit à raison de ce que l'humidité faict contracter beaucoup de *negaset*, et sur l'incertitude qu'ils ont que icelle aye touché quelqu'une des *negasat acherié*[10] (des dix choses pollues). Pour ce subject, maniant quoyque ce soit appartenant à autrui, tant de leur loy que non, si c'est en présence du monde (car en particulier la pensée ne leur en vient mesme pas), alors ils séparent et éloignent leurs mains de leur corps comme pollues, ou pour le moins s'il y a du *dagdagué*[11] (appréhension de ce), ils escartillent les doigts l'un de

---

1. Hourriet, pureté, حريت
2. Tyemmoum, purification avec du sable ou de la terre à défaut d'eau, تيمم
3. Nedjasset, نجاست
4. Bathil, باطل
5. Âbi dehan, آب دهان
6. Haïz, حيض
7. Khoun, خون
8. Ghaït, غايط
9. Segue, سگ
10. Nedjassat achara, les dix impuretés, نجاسات عشره
11. Daghdaghah, scrupule, alarme, appréhension, دغدغه

l'autre de peur qu'ils se touchent, et à la première eau ils s'en vont se laver la main et faire le *vezou*¹ (purification). Si dans les rues ou ailleurs, pour amortir la poussière qui, en esté, est icy le pavé (en hiver la fange jusques aux sangles en prenant la place), l'on espand de l'eau, vous voyez nos gens resserrer leurs vestements, sauter comme des chevreuils du costé d'une rue à l'autre pour éviter une goutte d'eau qui pourroit tomber sur leurs vestements et ainsi les rendre *neges*. Passant contre quelque non mahométan, particulièrement en temps humide ou de pluye, *baron*², ils se resserrent de peur de quelque attouchement de vestement l'un contre l'autre. En temps sec, ils ne seront pas si exacts à ces observations. Quant au sang, si pour s'estre esgratignés d'une aiguille ou espingle, il est sorti un peu de sang, il faut faire une station et un voïage à la *haouse*. Pour le *baoul* (urine), vous verrez ces vilains dans une rue, tenant leur priape tout à descouvert, sans honte espancher leur eau, et ce, assis sur leurs talons dans une fossette, afin qu'il n'en rejaillisse quelque goutte sur eux; autrement, ils seroient *neges*. Ensuite ils se lèveront la canne à la main, iront à l'eau ou au ruisseau le plus proche, et prendront de l'eau avec le creux de la main, ils luy verseront deux ou trois fois sur la teste, le secoueront, puis le renfermeront dans son habitaculum. Pour les chiens, ils en ont horreur dans l'excès, et nonobstant cela, chaque quarrefour de rue est plein de ces animaux là qui n'ont point de maistre et qui ne vivent que des charognes, *meité*³, de chevaux et asnes, morts dans la rue, que l'on laisse icy empuantir tout un quartier. Voyez l'aveuglement de ces gens, qui recherchent si estrangement la pureté! Pour un *gair mellet*, son attouchement et généralement celui de tout ce qui luy appartient est *neges*.

1. Vouzou, ablution, وضو
2. Baran, pluie, باران
3. Meytèh, cadavre, ميته

Le vin, *cherab,* qui est l'un de ces dix *negasat,* est tellement *neges* que si une goutte tomboit dans un puits plein d'eau ; que l'on recomble le puits, que croisse de l'herbe dessus, et qu'un troupeau de moutons passe par là, si l'un d'iceux est cru avoir mangé de cette herbe, tout le troupeau, *gellé*[1], pour grand qu'il soit, est *harom,* défendu ; et qui mangera de quelqu'une de ces *gouspende*[2] (brebis), est *neges.* Voyez quelle précaution !

Cruk[3] (pourceau), est encore l'une de ces dix choses immondes, et la chair en est défendue absolument. Les souris, marthes aussi sont défendues, car encor qu'icy l'ornement des justaucorps *kourdy*[4], soit le *semour*[5] (peau de martre), néantmoins pour faire la prière légitimement, il faut laisser cette pelisse, comme aussi tout vestement qui auroit de l'or ou de l'argent par excès, car pour peu, il ne faut pas y prendre garde de si près.

Tesvirat[6], (toutes sortes de portraicts d'hommes et de femmes), sont aussi défendus; toutefois ils s'en dispensent à raison de leur effrénée *chehvet*[7], qui faict que toutes les nudités, postures lascives, que l'on leur pourroit apporter, leur seroit le plus beau présent; les postures d'Arétin icy seroient le continuel object de leurs yeux, car ces Sardanapales n'ont point d'autre pensée que de telles vilenies. Aussi toutes leurs injures et paroles, ne sont parsemées que de telles choses, le *debbour* et *ombour* estant icy les sources d'où sont tirés tous leurs entretiens, pointes et rencontres équivoques. Pour ce subject du *negaset,* la société avec l'estranger est empeschée comme en nos

---

1. Guelèh, گله
2. Gouspend ou gousfend, کوسفند کوسپند
3. Khouk, خوك
4. Kourdy, veste, pourpoint, کردی
5. Semmour, martre zibeline, سمور
6. Tesvirat, portraits, dessins, تصویرات
7. Chehvet, désir ardent, concupiscence, شهوت

païs avec les pestiférés : tel qui, d'une bonne naissance, d'une humeur plus sociable, voudroit nouer amitié plus particulière avec eux, est arresté par le respect humain; autrement, le voilà noté et on le fera passer pour un *na moukayed*[1] (peu attaché à sa loy).

L'esprit malin, encor de son costé, leur donne cette horreur des autres religions et de leurs supposts, afin de les tenir captifs et aveugles dans celle-ci, à raison de laquelle ils maudissent tout le monde ; car dans leurs prières, ils ont des rooles et listes de *lanet ber flan*[2] (malédiction sur un tel). Voyant passer un estranger, comme retenus un peu par le bras séculier, vous verrez ces enivrés de leur sainteté marmoter quelques paroles de *nefrin*[3] (exécration). Pour ce subject, ils cracheront à leurs pieds ; d'autres plus impudents, parleront plus ouvertement et ainsi une philaftie toute particulière estant la principale motrice de leurs actions, les faict se croire seuls favoris du ciel et haïr en son nom le reste des hommes comme *corbon*[4] ou victimes destinées pour l'enfer.

Leur croiance passe bien encor plus outre, car, quant au temporel, ils disent que comme *mouselmans* (vrais croyans), tous les biens du monde leur appartiennent, et que partout où ils les trouveront, en bonne conscience, ils les peuvent prendre comme leur propre, et ils le feroient si la police du prince, qui est un usurpateur de la domination, qui appartient seulement à un *Imom*, ne les en empeschoit. Ils apportent ce raisonnement : allant à la campagne, vous trouvez un oiseau, un cerf, une gazelle, etc.; vous le tuez et luy ostez la vie qu'il possédoit pour vous en servir à vostre repas, et ce légitimement, car il n'a point de maistre, et appartient à celuy qui le premier luy peust mettre la main sur le collet. De même les *Kafers*, infidelles,

---

1. Na mouqayyed, non lié, détaché, نا مقید
2. La'anet ber felan, لعنت بر فلان
3. Neferin, dégout, malédiction, mépris, نفرین
4. Qourban, sacrifice, victime, قربان

n'ont plus de maistre, c'est-à-dire de vraie religion delibvrée du ciel, qui pour lors vaille quelque chose. Ainsi eux et leurs biens appartiennent aux vrais croyants. Voilà une belle dispense et explication pour jouer librement de la griffe avec toute sorte d'impunité ; aussi ces gens cy laissés en particulier et sans œil qui les regarde, n'ont pas la main trop seure, et, comme l'on dit, ne leur regardez point aux pieds, mais à la main.

Icy, parmi leurs festes, il y a encor les trois jours de *Berat*[1] (de bordereaux). Ils disent que, ces jours, le bon ange feuillete les grands libvres qui contiennent tous les noms des vivans, efface les noms de tous ceux qui sont morts cette année, et fait de nouveaux rooles de ce qui est resté. Pour ce subject, ils s'en vont dans les cimetières, et y font venir des *moulnas* auxquels ils font lire quelque chapitre de l'Alcoran qu'ils lisent comme en chantuzant ; pour ce subject, ils leur donnent quelques *chirini*[2], (douceurs). Là, ils prient Dieu de leur donner cette année là un bon *berat* pour la passer en bonne santé.

Kerbon, (sacrifice)[3], est encore une autre feste. Ils font ceci en commémoration du sacrifice d'Abraham et d'Ismaël et non pas Isaac, prenant l'un pour l'autre. Ils prennent un chameau, lequel est d'ordinaire un de ceux du Roy ; ils le promènent huit jours durant par toute la ville, avec un tambour, et quantité de marmailles qui le suit. Qui peut d'iceux monter sur le chameau et se faire promener ainsi, il a autant avancé comme en

---

1. La nuit du Berat, شب برات, la quatrième des sept nuits saintes, est célébrée le quinze du mois de Chaaban. Les deux anges placés aux deux côtés de chaque homme pour écrire ses bonnes et ses mauvaises actions, déposent leurs livres et en reçoivent de nouveaux. C'est dans cette nuit qu'Azrayl, l'ange de la mort, remet le sien et en reçoit un nouveau dans lequel sont inscrits les noms de tous les hommes qui doivent mourir dans l'année.

2. Chiriny, confitures, bonbons, شیرینی

2. La fête du sacrifice, عید قربان عید الاضحی, qui rappelle le sacrifice que voulut faire Ibrahim de son fils Ismayl se célèbre soixante-dix jours après le dix du mois de zil-hidjèh. Chaque musulman de condition libre et ayant une résidence fixe est tenu de faire le sacrifice d'un mouton, d'un buffle ou d'un chameau.

nos païs monter sur l'ours. Quelquefois, vous verrez sur le dos de cette beste jusques à cinq et six enfans qui se tiennent depuis la queue jusques au col, non qu'il y ait de selle ou bast, mais un seul petit tapis. Ils sçavent les jours qu'il doibt passer en tel ou tel quartier, en telle ou telle rue; un chacun luy donne de l'herbe en passant; par dévotion, aucuns luy arrachent du poil pour le garder pour un *teberrouk* (béatille).

Le huitième jour, une heure ou deux après le lever du soleil, les quartiers de la ville s'assemblent, et ce sont seulement les personnes du commun, et chacun, avec un gros baston à la main, un petit guidon avec quelques tampanes et un tambour pour chaque canton, s'en va accompagner le chameau que l'on mène ici à Hispan en Baverouk, proche la grande sépulture des Mores. Là, une quantité de cavaliers et autres se trouvent à ce *thamacha*[1] (passe-temps). L'on luy met une petite pièce rouge sur l'espaule, au lieu où doibt frapper la lance. Un *moulna* lira quelque chose de son grimoire pour sanctifier cette victime. Si le Roy estoit présent là, on luy offriroit la lance; mais comme il ne s'y trouve que rarement, c'est d'ordinaire le *daroya*, (prevost), qui luy donne le coup de lance, *nize*[2]; au mesme instant, l'on tire quatre cordes qui luy serrent les pieds des quatre costés si rudement qu'il tombe sur son pivot. Vient un qui, d'une hache, luy faict saulter la teste et le col, et en un instant, quoy que palpitant et comme demi en vie, on le met en pièces.

Nos docteurs, *moulna*, disent que la chair de ce sacrifice est *harom* (illicite), comme la chair d'un chien, parce que, ce disent-ils, le peuple ne donne pas le loisir de s'escouler à tout le sang de cette victime. On fait six parties, la teste, les quatre jambes ou cuisses, puis la carcasse. De temps immémorial, icy, aucunes

---

1. Temacha, spectacle, اماشا
2. Nizèh, نزه

maisons ont, qui la teste, qui le pied, qui le corps qui leur appartient jusques au *neukté*[1] (cordeau qui luy servoit de licol). Chaque canton qui y a droit prend sa part, et tous les bastonniers suivent. Reste la dispute pour la préséance : pour la teste, aucun ne dispute cette pièce, et le peuple qui l'emporte précède ; pour les deux pieds de devant, chaque an, il y a de la dispute entre deux cantons, car l'un dit que le pied droict du chameau doibt marcher devant, l'autre dit que cela appartient au pied senestre, et sur ces contrastes, d'ordinaire, ils se battent à bons coups de baston, et il y a tousiours quelque teste folle qui paie pour tout. Ainsi, chaque canton rapporte l'un de ces membres du *korbon* en son quartier; suit toute cette populace, qui s'en va porter ceste avoirie chez son maistre, lequel reçoit le *teberrouk*, et faict un festin de riz et de bouilly à tout le monde, que vous diriez des chiens faisant la curée sur la nappe du cerf. Pour la teste de cette année, elle est salée, et celle de l'an passé est cuisinée pour le festin, et bien heureux qui en peust avoir ou manger un morceau.

Chaque maison faict son sacrifice, *korbon*, en son particulier d'un mouton et en donnera aux pauvres gens ses voisins. En ce temps, les chiens des rues se sentent du festin aussi, car vous ne voyez que tripailles, *roudeh*[2], de ces brebis jettées çà et là le long des chemins, qui augmentent la puanteur ordinaire.

Autrefois, l'on faisoit aussi des sacrifices de coqs, *kourous*[3], en chaque maison pour espargner la bourse, et la vie de tant de pauvres brebis. Enfin cet hypocrite du quel nous avons parlé, à qui le *saheb el zemon* donna un manuscrit, prescha tant et contesta tant que ce sacrifice de cöqs n'est pas légitime, qu'enfin la coustume en est abolie.

1. Nouqtèh, نقطه
2. Roudèh, entrailles, intestins, روده
3. Khourous خروس

Neo rouze[1] (le printemps), est la plus grande feste pour estre le commencement de l'an. Icy, au temps que se faict le *tahoil*[2] (entrée du soleil en Aries), à cet instant là commencent les *nogarets*, ou tambours et *kerenats*[3] de la ville en la place publique. Les riches mettent tout ce qu'ils ont de pierreries, or et argent, à l'entour d'eux, afin que le commencement de l'an les trouvant en cet estat de prospérité, la continuation et fin d'iceluy n'osent pas dégénérer en sens contraire. Les *vesvats*[4] (scrupuleux, pieux), se mettent en prières pour avoir un bon an. Cette feste n'est pas de la loy ou religion, mais seulement une ancienne coustume des Perses. Deux mois durant avant la feste, les ouvriers sont actifs au travail pour amasser quelques sols pour se donner quelque chose de neuf à la feste. Vous n'entendez durant tout ce grand temps là que, *Cheb aide est*[5] (c'est la nuict ou veille de la feste). Icy, ces pauvres *talebelmes*, *negbeti* ou *breniquet* vendront leurs livres pour s'achepter quelque *cabaye* : en ce temps là, l'on les a à assez bon compte. A cette feste est plus que gueux et impuissant qui n'a pas une *cabaye* neufve. Toutefois, en ce temps, vous en voyez beaucoup que, en leurs vestements, vous ne sçauriez sçavoir si le soleil est encore en Pisces ou non.

Ce jour du *neo rouze*, ils ne se font point de visites. Le lendemain, les grands dans leurs maisons, de pied coy, attendent celles des moindres, qui après, en leur tour, les vont rendre à ceux-cy par honneur. Vous n'entendrez autre chose le long des rües des personnes qui se saluent en se prenant le bout de la main que,

---

1. Naurouz, le nouveau jour, نوروز, première journée du printemps, lorsque le soleil entre dans le premier degré du signe du bélier. Cette fête fut instituée par Djemchid, quatrième roi de la dynastie des Pichdadiens.
2. Tahvil, action de passer d'un état dans un autre, renouvellement, تحویل
3. Kernay, vulgairement Karna, کرنای, est un long tube de cuivre jaune de la longueur de deux mètres : on sonne le Kernay dans les grandes fêtes et au lever et au coucher du soleil.
4. Vesvas, qui est l'objet d'une suggestion, d'un scrupule, d'une tentation, وسواس
5. Chèbi 'yd est, شب عید است

Aide moubarek bachet[1] (la feste soit bénie). Chaque porte, issue ou quartier de ville, est déterminé par une ancienne coutume pour la promenade, *seir*[2], de ce jour là, où les boutiquiers, vendeurs de fruicts, douceurs et autres belles fripponneries, mais particulièrement tabaquiers, dès le grand matin, se disposent de se tenir sur les avenues. Ces gens cy continuent leurs passe temps tant qu'ils ont un sol en bourse ou du crédit pour l'engaiger, en telle sorte que de l'année à peine peuvent-ils s'acquitter. Ces promenades durent huit jours dans leur ferveur, puis l'espace de quinze ou vingt jours elles vont diminuant à proportion que la force des fonds nécessaires à la dépense leur manque, car icy pour les ouvriers, il n'y a que l'extresme nécessité qui les porte au travail, sans laquelle ils seroient tousiours vagabonds çà et là. Leur dire ordinaire est, *Alla Kerim*[3], Dieu est miséricordieux, *Kroda ferverdegar est*[4], Dieu est le nourricier de tous, tant est grande la confiance de ces gens cy dans la Providence divine.

Kretné[5], circoncision : icy ils la font, disant estre le *sonnet* du prophète. Les petits enfans n'ont point de temps déterminé pour estre circoncis, cela se faict à la volonté des parens, et ce dans la maison propre, là où l'on appelle un *dellak*[6] (razeur de cheveux), qui, sans autre cérémonie, leur coupe un petit bout de la peau qui couvre etc. L'on jette cela d'ordinaire aux poules qui le mangent. Aucunes femmes qui sont stériles, *akhin*,[7] mangent cela soubs espérance de fécondité.

Touchant leurs libvres de religion, le premier est le *Kouron*,

---

1. 'Yd moubarek bached, عید مبارک باشد
2. Seir, سیر
3. Allah kerim, Dieu est généreux, الله کریم
4. Khouda perverdegar est, خدا پروردکار است
5. Khetnèh, ختنه
6. Dellak, barbier, masseur دلاک
7. Aqim, عقیم

lequel est d'un style extravagant, sans liaison de sens de discours. C'est, comme l'on dit, un perpétuel coq à l'asne, là où vous ne sçauriez trouver un quart de page sur une mesme matière, des histoires du Vieil Testament tronquées, des temps distants l'un de l'autre par six et huit cents ans joints ensemble, l'essence et accidens de ce qui est rapporté dans le *toura* et le *Engil*[1], vieil et nouvel Testament changés en l'opposite, comme la mort de J.-C., l'histoire de Joseph, Noé, Pharaon, etc., qui faict paroistre que ce Sergius, moine grec (qui est celuy qui composoit tous les cento pour les bailler à ce prophète, qui les proposoit au peuple comme apportés la nuict du ciel par l'ange Gabriel), n'en avoit entendu parler que par dessus les hayes. Nonobstant cela, le peuple ne laissa pas de s'apercevoir de ce procédé et s'en plaignit, disant et reprochant à Mohammed que, « tout ce que tu nous enseignes et dis être venu du ciel, c'est Sergius qui demeure chez toy qui te l'enseigne et le compose. » Le lendemain, il parut à la mosquée avec un *babe*[2] (chapitre), qui s'intitule de la mouche à miel, *nhal*. Là il estoit porté en ces termes : « Le peuple t'accuse que tout ce que tu leur dis et proposes, tu l'apprends d'un tien compagnon et domestique : responds leur que ce tien compagnon est Persien de nation et ton Alcoran est en arabe. » Belle response ! peut estre qu'il ne pouvoit pas sçavoir l'une et l'autre langue, ce qui estoit nécessaire d'estre ainsi, puisqu'ils estoient camarades. Enfin, après avoir bien lu et relu tout ce chaos de pièces détachées, répétées sans raison et sans lieu, l'on cognoist l'intention cachée d'un esprit qui se veut faire suivre par les menaces d'un enfer qui est ainsi, si l'on ne suit le prophète, si l'on ne prodigue sa vie et ses biens pour son service, menaçant de mort accidentelle

---

1. Indjil, l'Évangile انجيل

2. Bab, باب. Les chapitres du Qoran ne sont pas désignés sous le nom de Bab, mais sous celui de Souret, سورة. Le chapitre des Abeilles سورة النحل est le seizième chapitre du Qoran, il renferme cent vingt-huit versets.

dans leurs maisons ceux qui, pour la fuir, l'abandonnoient
dans le combat. Tout ce qu'il leur presche n'est que l'unité d'un
Dieu, d'abandonner les idoles et de croire en tout le prophète
et le suivre à clos yeux là où il les conduira.

En outre, ils ont les *hadits*[1], qui sont les discours familiers du
prophète : aucuns sont de luy, aucuns des anciens autheurs,
comme les sages de la Grèce, que, par la suite des temps, ses
sectateurs luy ont attribués. D'où il arrive que encor à présent,
ces gens cy sont contraints d'avouer que aucuns *hadits* sont
mouateber (sur lesquels l'on peust faire fond et s'appuyer),
d'autres non, comme quand il dit que le soleil est un grand canal
ou tuyau qui a un trou par lequel il regarde et esclaire le
monde, et lorsque Dieu, par quelque raison occulte, veut priver
l'univers de cette lumière vivifiante pour quelque temps, les
anges tournent ce canal, en sorte que ce trou ne se trouvant
plus vis à vis de la terre, elle ne peust plus estre esclairée du
soleil, et ainsi se fait l'éclipse. Cette théorie estant ridicule à
raison du sens commun et de l'expérience, aucuns veulent phi-
losopher là dessus et, sous cette ineptie énigmatique, y trouver
des sens mystérieux.

Outre ces deux libvres qui procèdent immédiatement de la
source, ils ont encor quantité d'autres légistes : le plus usité est
Gemea abbassi[2] (la somme de *Chabbas*), là où familièrement il
explique la méthode des purifications et des observations

---

1. Hadis, Ehadis, حديث احاديث, traditions. On donne ce nom à toutes les paroles,
à toutes les lois orales, à tous les conseils de Mohammed, à tout ce qui été
recueilli par ses contemporains sur ses actions, ses œuvres, ses pratiques et les
habitudes de sa vie. Les traditions d'une notoriété universelle sont appelé Ehadis
mouteberèh (traditions respectées) احاديث معتبره, parce qu'elles ne sont l'objet
d'aucun do:.te ni d'aucune discussion.

2. Le Djami' Abbassy, جامع عباسى, ou Somme d'Abbas a été composé par Beha
Eddin Amily, fils de Mir Seyyd Hussein. Il était originaire de la Syrie et suivit
son père en Perse : il devint Cheikh oul islam et Moudjtehid d'Ispahan. Beha Eddin
Amily né en 953 de l'hégire, (1546) mourut en 1030, (1620). Son ouvrage est dédié
à Châh Abbas.

légales, aucunes des quelles nous avons mis icy. Quant à ce qui touche celles des femmes qui sont *bi namaz*¹ (hors d'estat de faire la prière) comme estant dans leurs *heize* (flueurs et immondicités), il explique comment il faut qu'elles mettent telle et telle quantité de coton et voir jusques où le sang de telle ou telle couleur a pénétré ; laissons toute cette vilainie ridicule.

Le prophète avoit encor assez bien pourveu à luy et à sa postérité, laquelle est toute qualifiée du nom de *Mir*² (prince). Quand la fille d'un *Mir* ou descendant de Mohammed est mariée hors de cette généalogie, alors ces enfans sont appelés *cherifs*³, nobles ; le mesme nom est encor donné aux enfants qui sont procréés dans le chemin du voïage de la Mekke en la Turquie. Leur couleur propre pour estre distingués est la verte au turban, ce que aucun autre n'oseroit porter. Icy, ils se moquent de cette observation ; donc tous les *mirs*, *cherifs*, passent soubs le nom de *Seadat*⁴ (seigneurs), gentilshommes d'icy. Nos Arméniens voyant que le nom estoit en estime icy, avoient jetté une *avaze*⁵ (renommée), qu'ils estoient les *seadat* des Francs qui les recognoissoient pour tels et que vers Erivan, là où est le siège de leur patriarche, les Francs recognoissoient ce lieu pour leur *Kiabé*⁶ (Mekke). Pour le premier, se faisant un festin chez le chef des Arméniens en Julpha, eux pour s'extoller disoient telles sottises devant des Mores de condition qui estoient là, entre autres le nepveu d'*Athemadulet*⁷, lequel s'appelloit Mirza Gafer, iceluy, qui avoit quelque cognoissance avec les Francs et ne pouvoit supporter telle ineptie, leur fit répéter qu'ils étoient les

---

1. Binamaz, بی نماز
2. Mir, میر, contraction d'émir, امیر
3. Cherif, شریف
4. Sadat, سادات, pluriel de Seyyd, سید
5. Avaz, آواز
6. Keabèh, la Caaba, کعبه
7. Itimad eddauléh, اعتماد الدوله

Seadat des Francs. Il leur demanda : « Votre prophète *Hazeret Aïssa* (majesté de J.-C.), avoit-il des enfants ? » Ils respondirent non. « Si cela est, comment donc estes-vous les *Seadat* des *Aïssai* (chrestiens), car les *Seadat*, il faut qu'ils soient descendants des *Aulad pegumber*[1] (enfans du prophète) ? » Eux sans pouvoir respondre, demeurèrent confus. Iceluy qui ne manquoit pas par sa langue dit : « Les Francs ont la science, la domination, *sultenet*[2], des roïaumes qu'ils possèdent, et vous autres estes esclaves, *assir*[3] (tributaires) ; les Francs recognoissent-ils leurs *outche ecclesia*[4] (trois églises), là où demeure leur patriarche ? Il n'y a plus aucun des païs icy qui ne cognoisse le contraire ».

Pour retourner à nos *mirs*, la loy oblige chaque More de leur païer, chaque an, les *zekat*[5] qui est comme une dixme de son bien ou revenu. En outre, si de l'épargne du logis après la dépense payée, il reste quelque chose, il faut encor donner aux *mirs* le *kromse*[6] (la cinquiesme partie). Maintenant, il est de l'option de chacun de donner les *zekat* et *kromse*, à quel *mir* qu'il voudra. Plusieurs se dispensent de cet impost, d'autres plus zélans, entretiendront dans leur maison quelque vieil et pauvre *mir*. Ils luy fournissent dans le logis ce qui luy est nécessaire, et il passe pour un domestique et serviteur honoraire de la maison, et ainsi ils pensent satisfaire à leur obligation.

Le voïage de la Mekke est d'obligation ; ceux-cy ont fait la restriction, lorsque leurs moïens le peuvent permettre ; il y a

---

1. Aoulad peïghamber, اولاد پیغامبر
2. Salthanet, سلطنت
3. Essir, prisonnier, esclave, اسیر
4. Utch Kilissia, les trois églises, اوچ كلسیا, nom turc du couvent d'Etchmiadsin résidence du patriarche ou catholicos des Arméniens non unis.
5. Zekat, زكاة. La dime ou zekat est d'obligation divine pour les musulmans. Elle est perçue sur les biens du fidèle au profit des pauvres et des orphelins ; elle est annuelle et prélevée sur les biens réels et effectifs de chaque musulman.
6. Khoums, cinquième, خمس. Cet impôt était perçu au profit du trésor sur tous les biens autres que les récoltes et le bétail. Il représentait aussi la part du souverain dans le butin fait à la guerre.

deux ou trois ans que le Roy a fait deffense que aucun Persien n'y aille plus désormais. La raison provient des concussions violentes que l'on leur faict sur les passages là où les Arabes leur font païer de grosses douanes pour leurs personnes seules, de sorte que pour aller d'icy à la Mekke et en retourner commodément avec un cheval et valet, 40 tomans ou 1600 lb. s'en iront facilement. A la veue de la Mekke, ils leur font faire le *Tavaf*[1] (processions, tournoiments), quitter les habits, et se mettre en estat de nudité ; on ne peut pas mesme se gratter ou oster un pou, *chepech*[2], s'il importune par trop son hoste, mais seulement avec un petit baston qu'ils appellent *pouchte karon*[3] (gratte échine), le reculer un peu du lieu qu'il creuse trop avant, enfin mille autres cérémonies. Arrivés à la Mekke, les *Osmanlou* les traitent pis que des chiens, et s'ils ne font le *namaz* à leur façon et ne prononcent hautement les paroles qu'ils leur font dire par force, à la louange d'Omer et Abou Bekre, les coups de baston ne leur manquent point. Ces paroles sont, *Salam aleik hazeret Omer Emir el mouménin*[4] (bonjour, majesté d'Omer, prince des croyans). Ceux cy n'oseroient pas broncher, autrement l'on les releveroit bien, mais entre leurs dents cependant ils disent *zendik*[5] et autres telles paroles maschées

---

1. Le pèlerinage, Hadjdj, حج, ou visite à la Kaabèh de la Mekke est d'obligation divine. Pour accomplir cet acte religieux, le musulman doit être de condition libre, jouir de son bon sens, avoir atteint l'âge de sa majorité, être doué d'une bonne santé et disposer des ressources nécessaires pour les frais de son voyage. Arrivé à l'un des Miqat مقات ou premières stations du territoire sacré du Hedjaz, le pèlerin doit se couvrir du manteau pénitentiel, Ihram, احرام, composé de deux pièces de tissu de laine blanche. Arrivé à la Mekke, il doit se rendre à la mosquée, baiser la pierre noire de la Kaabèh et faire autour de cet édifice les sept tournées (Thewaf, طواف) prescrites. Puis, le pèlerin parcourra sept fois le Say, سعى, c'est-à-dire l'espace compris entre Safa, صفا, et Merwèh, مروة. Le pèlerinage se termine par la visite à Mina et par le sacrifice que l'on doit offrir sur le mont Arafat, عرفات.

2. Chepech, شپش

3. Poucht kharan, پشت خاران

4. Selamoun aleika, ya hazeret Omer émir el moumenin, سلام عليك يا حضرة عمر امير المومنين

5. Zendiq, impie, incrédule, زنديق

de malédiction à ces saints de Turquie, que ces gens cy chaque jour maudissent. De là, un Arabe appelé *Mir Hagge*[1] conduit la *kafle*[2] à Mediné, ville de la naissance du prophète[3]; là ils font encore leur *ziaret* (voïage, dévotion), puis s'en reviennent pour la plupart par Bagdad, passant par Kerbela[4], là où est leur grand saint Ali, car pour aller d'icy, leur plus court est d'aller par Bassoré. Les Arabes ont envoyé icy un député de leur part promettre que désormais ils feroient meilleur traitement et qu'ils ne prendroient pas tant de péage. Nonobstant, l'on n'a pas encor ouvert le chemin, car une fois cy devant, la deffense ayant esté faicte et la permission redonnée sur leurs promesses, au premier voïage, ces Arabes prirent de nos Persiens le double pour compenser le temps perdu. A présent l'on ne se fie plus à leurs paroles.

Dans la Perse, l'unique lieu de voïage est Mesched, ville de Corassan, là où l'imom Reza est en grande vénération[5]. La mosquée pour la structure est assez belle; or, dans les mosquées il n'y a aucunes figures, seulement pour ces Moresques il y aura le meherab, qui est comme une niche qui monstre le *kablé* pour se tourner du costé de la Mekke.

Pour ce *kablé*, ils le calculent astronomiquement par les triangles sphériques, pour sçavoir combien sont compris de degrés entre le méridien du lieu et un vertical qui passera par la Mekke; et de cecy ils ont des tables où, pour chaque ville, ils mettent la valeur de chaque angle, qu'ils appellent *enhcraf*[6] (déviation), sçavoir combien il faut dévier de la ligne méridienne

---

1. Emir oul Hadjdj, امير الحاج
2. Qafilèh, caravane, قافله
3. Mohammed, né à la Mekke, mourut et fut enterré à Médine.
4. Aly est enterré à Nedjef; Kerbela est le nom de la localité où Hussein, son fils, fut tué par les soldats de Yezid.
5. L'Iman Aboul Hussein Aly Riza, fils du septième imam Moussa ibn Djafer, naquit à Médine, l'an 148 de l'hégire (765) et mourut à Thous (Mechhed), empoisonné par l'ordre de Mamoun en 203 (818).
6. Inhiraf, انحراف

pour estre vis à vis de la Mekke. Pour ce subject aussi, ils fabriquent des *kablé numa*[1], comme petits quadrans aimantés avec un oyseau aimanté dedans, qui, les aisles ouvertes, montre avec le bec le lieu de la Mekke. Dans cette observation du *kablé*, ils se montrent aussi scrupuleux à observer les degrés et minutes, qu'un bon judiciaire feroit dans l'érection d'un thesme céleste, *tesvye al beiout*[2], pour juger d'un horoscope.

Icy à l'extérieur, tous ne parlent que de Dieu ; un *bakkal*[3] en faisant sonner ses balances sur l'establi pour appeler les chalands, *mouchteri*[4], criera *dem be dem be Mohammed salvat*[5] (de moment en moment salut à Mohammed). Un *falé*[6], aide à maçon, en jettant en haut ses tuilles ou matons, à chacune, pour advertir celuy qui les reçoit et les prend à la volée, dira *Alla*, Dieu, *Alla*, Dieu. Un asnier suivant sa beste, qui quelque fois voudra faire un faulx pas, aussitost s'écriera *Alla* Dieu, et un autre qui sans doubte, pour ne sçavoir arriver à ses prétentions, fera semblant de mespriser les vanités du monde, tirera du fond de sa poitrine un grand sentiment du futur, en disant, *akeret fekre mibaied kerde*[7] (après tout il faut penser à la fin). A l'extérieur, ce n'est que spiritualité, civilité, vérité, droicture, mais ne vous contentez pas de l'escorce, voyez au dedans et vous trouverez des sépulcres blanchis.

Une autre sorte de spirituels se rencontrent en ce païs, non pas qu'ils fassent corps pour faire une secte qui entre en compte; ceux cy sont les

Sophy[8] : ceux cy spiritualisent tout, ils sont dans des abstrac-

1. Qiblèh numa, قبله نما
2. Teswiet oul bouïout, تسوية البيوت
3. Baqqal, marchand de légumes, épicier.
4. Mouchtery, مشترى
5. Dem bèdem bè Mohammed salaouat, دم بدم بمحمد صلوات
6. Falèh, apprenti, فاله
7. Akhiret fikr my bayed kerd, آخرت فكر می باید کرد
8. Soufy, صوفی

tions d'esprit, ils disent qu'il n'y a qu'un *vougoud*[1] (existence), qui est Dieu, et que généralement toutes les créatures ne sont qu'un rejaillissement, *perteau*[2], de ce grand tout qui comprend toutes choses éminemment. Ceux cy aiment tout le monde, ne maudissent personne et sont les plus sociables ; ils méprisent les autres docteurs modernes qui, dans leurs spéculations, s'aident de l'art de logique mentale pour diriger les opérations de leur entendement et les comparent à ces dévoyés qui, dans un grand patis fangeux où d'infinis animaux paissants ont imprimé leurs vestiges, par la trace desquels cet égaré pense trouver le chemin de la ville. Ils se rient encore des *fokkaha* qui, par leurs purifications et cérémonies légales extérieures, pensent beaucoup mériter et s'acquérir un grand *corbé*[3] (avoisinement proche de Dieu).

Ceux cy, ce considèrent-ils, n'osent pas trancher ce mot comme parties de ce grand tout nécessaire et pensent que plus ils se destacheront de la matière, plus ils se subtilizeront et approcheront de l'estre spirituel. Pour ce subject, ils s'enfermeront dans des lieux obscurs propres à méditer ; là ils feront un jeusne horrible, retranchant peu à peu de leur ordinaire, jusques à venir par jour à une amande, *badon*[4] ; là ils veulent entrer, ce disent-ils, dans *Alem erva*[5] (le monde des esprits), et se mettent en telle annihilation du matériel et corporel que toutes choses leur sont ouvertes et cognues. Là ils disent voir des lumières verdes, jausnes, qui se changent les unes aux autres selon leur dépuration de nature. Peut estre que leur cerveau desséché pourroit bien produire de telles illusions. Ils pensent que telles retraictes et abstinences sont causes efficientes des inspirations et révélations divines qui ne leur

---

1. Voudjoud, وجود
2. Pertau, rayon, réflexion de la lumière, برو
3. Qourbet, قربت
4. Badam, بادام
5. Alemi erwab, عالم ارواح

peuvent pas manquer, ce disent-ils, en s'estant presque tirés hors des limites de l'estre corporel et grossier. Néantmoius, après cela vous ne voyez rien d'advancé par ces abstinences, sinon qu'il faut continuer à ne se point rebuter, comme nos chimistes qui se donnent tousiours la faute s'ils ne sont pas arrivés au complément du grand œuvre, et non pas à leurs directeurs, drogues et secrets, auxquels ils croyent comme articles de foy. Ces gens icy persévéreront à faire des *zekre* (commémorations); ils auront un *pir*[1] (ancien), vieil fol plus trompé que les autres qui les entretient en ces resveries. Assemblés ensemble, le *pir* commencera à chanter *Alla, Alla*, Dieu, Dieu, les autres répéteront de mesme. Iceluy commencera à dire un attribut de Dieu comme *adel*[2] (juste), les autres le répètent en chantant sur un mesme ton, jusques à ce que le *pir*, qui tient le timon de la barque, en recommence un autre, comme *razzek*[3] (nouricier), et ainsi ils passeront une partie de la nuict à crier comme les prophètes de Baal, et après tout cela, il ne leur reste qu'un estourdissement de teste que d'ordinaire ils se la mettent *in cimbalis*. Toute leur intention n'est autre sinon de se rendre recommandables pour deviner le futur, passer pour saincts, *aoulia*, et par ce moïen acquérir de l'honneur et l'approbation du peuple. Voilà où généralement tendent tous les martyrs du diable qui se sacrifient icy, soit *fokkaha*, soit *euléma* et *sophy*, qui s'ils pouvoient arriver à faire ou contrefaire quelque miracle, ô Dieu! quel port pharisaïque, quelle démarche, quels entretiens de l'*akeret*[4] avec leurs auditeurs!

Dans la maison du Roy est une compagnie de *Sophy* qui portent la *tage*[5] (ancien bonnet des Persiens): ceux cy pour la

1. Pir, vieillard, پیر, patron, supérieur d'une communauté religieuse.
2. Adil, عادل
3. Rezzaq, رزاق
4. Akhiret, vie future, آخرت
5. Tadj, تاج

plupart sont là dedans *jaroub kech*[1] (balaieurs de chambre, allée). L'on dit que c'est de l'institution de *cheik Sephi*, grandissime père des Rois à présent régnants, qui les institua : maintenant cela n'a nom ny estime sinon comme des gueux, *dilentchi*[2], ramassés, qui soubs cet abri, cherchent un morceau de pain. Ceux cy le vendredi s'assemblent en un lieu de la maison du Roy à faire leurs *zekre* comme dessus ; ensuite viennent quelques bassins pleins de riz, *plaus*, sur lesquels ils se jettent à corps perdu, et jouent si terriblement des armes de Samson qu'à peine laissent-ils les plats. Ceux cy sont sans science et sans spiritualité ; les autres qui, dans leur particulier, sans signe antérieur d'habits, font telles précisions que nous avons dit, ne sont appellés *sophy* que par adaptation de ceux cy, à cause que, comme ces *sophy* qui portent la *tage* quelquefois en leur particulier avec leurs *tabi*[3] (suivans et adhérens), ils se mettent aussi à faire des *zekre*. Or, soubs cette compagnie de *sophy* qui portent la *tage*, ne vous imaginez pas une communauté régulière, un vœu à cette secte particulière ou quelque subalternation hiérarchique. Ce sont de pauvres malotrus qui entrent et viennent se fourrer là comme ils peuvent lorsqu'ils ne peuvent trouver mieux. Ne vous imaginez pas encor une dépendance raisonnable les uns aux autres, sinon peut estre telle quand les plus empressés d'une foire qui toutefois n'acheptent ny ne vendent rien.

Mahmoudi[4] : Ceux cy, qui ne font corps non plus que les

---

1. Djaroub Kech, جاروب كش
2. Dilendji, mendiant, دیلنجی, ce mot est turc.
3. Tabi, تابع
4. Mahmoudy, محمودی. Les Mahmoudys sont les sectateurs d'un imposteur natif de Nichapour nommé Mahmoud ibn el Faradj. Il prétendait avoir été Moïse et Alexandre. Il composa un livre auquel il donna le nom de Qoran et il prêcha sa doctrine à Samarra. Il fut arrêté et conduit devant le khalife Moutewekkil qui le fit fustiger jusqu'à la mort, en l'année 235 de l'hégire (849). Les rêveries de Mahmoud étaient les mêmes que celles d'Ibn el Mouqanna.

précédents, sont abusés par les resveries d'un certain libvre qu'ils ont d'un certain Mahmud, lequel affirme qu'il est venu au monde de temps en temps, soubs diverses figures et personnages. Il estoit, ce dit-il, Adam le premier homme; en cet estat il fit telle et telle chose, ensuite il vint soubs la figure d'Abraham, et ainsi consécutivement soubs celle de Mohammed, et lorsque quantité de gens seront de sa secte, pour lors, il reviendra au monde soubs une autre figure. Ceux cy sont des athées qui ne croient ni en Dieu ni au diable, se mocquent de tous et se donnent en cœur joye tant qu'ils peuvent. Toutefois, à l'extérieur, ils se font paroistre Mahométans, non pourtant avec trop de pertinacité, passant légèrement sur ce que les autres prennent au point de la conscience.

Après avoir descript le procédé de toutes ces diverses sectes, qui croyent chacune estre au droict chemin, et par conséquent que toute autre est dévoyée du bon sentier, les unes et les autres viennent également au dernier passage, qui est la mort. Ces gens cy ont une croiance que, à la formation de chaque corps humain dans le ventre de sa mère, l'ange prend un peu de terre qu'il mesle avec l'embryon, *gennin*[1], et que ensuite cet homme ne peust mourir ailleurs ny estre enterré que là où avoit esté sa terre, comme la venant rapporter luy mesme dans son propre bien; comme par conséquent, le Franc qui sera si simple que de se laisser mourir en Perse et enterrer là, c'est un signe que sa terre avoit esté prise de Perse.

Agil[2], mort naturelle. Le malade en ce païs cy estant arrivé à ce dernier poinct qu'il commence à souffler aux soliveaux ou plus tost à la voute, *sakf*[3], car icy il n'y a ny poultre ny soliveau, alors voilà un *grrive*[4] (cris particulièrement de femmes), qui

---

1. Djenin, جنين
2. Edjel, اجل
3. Saqf, سقف
4. Ghiriv, غريو

s'esleve si estrange que les voisins n'ont que faire de s'inquiester de l'estat du malade. Vous verrez ces mégères se décheveler, rompre leurs habits, se battre la poitrine, crier et hurler, comme pour haster le patient de partir plus tost. A voir tout ce tintamarre, vous jugeriez que le regret et l'amour du défunct causent cet excès de lamentations espouvantables : rien moins de cela, car, le corps présent, vous les voyez se rasséréner le visage tout d'un coup, aussi prestes à rire comme elles avoient esté prestes à plorer et crier. L'on envoye chez le *kazi* l'advertir qu'un tel est mort : le portier d'iceluy, qui a ce petit profit pour ses gages, escript un petit billet de papier permettant au *mourdé chour*[1] (laveur de morts), de luy rendre ce dernier service, y pose son bul et reçoit pour cela un ou deux casbequis.

Si c'est un homme, un homme les lave, si c'est une femme, la femme faict cet office. Le *mourdé chour* pour son droict emporte le coissin, bonnet et autres nippes dans lesquelles le deffunct est mort. Vient le *tabout*[2] (cercueil). Ils ensevelissent le corps de *kerbaze*[3] (toile), puis le mettent dans le cercueil. Viendra un *moulna* comme une frezaye qui sent de la proye, qui commencera dès la porte à chanter et crier, *Alla, Alla,* Dieu, Dieu : viendront certains gueux ou aides à ce *moulna*, qui portent de longues gaules au bout des quelles sont de longues lames d'espées si foibles et tenues qu'elles n'ont pas la force de se soutenir. Là les pauvres s'assemblent encor pour quelque chose qu'ils espèrent que l'on leur donnera. Si cet homme est plus que du commun, comme homme d'espée, l'on tiendra plusieurs chevaux sellés : sur l'un l'on mettra son arc, sur l'autre ses flesches, son espée sur celui cy, son bouclier sur celuy là, sur un autre sa cotte de maille, et ainsi les autres enseignes

---

1. Mourdèh chour, مرده شور
2. Tabout, تابوت
3. Kerbas, کرباس

de sa condition. Les amis s'assemblent, tout le convoy funèbre part. Des portefaix, à sçavoir quatre, chargent le *tabout* sur leurs espaules deux à deux à chaque baston du cercueil, sur le quel l'on jettera un petit tapis dessus; ensuite sa *sesse*[1] bien pliée dessus. Le *moulna* ou deux ou quatre, selon que l'on les paie, précèdent en criant et en chantant *Alla*, répétant tousiours le mesme, et afin que le bruit se porte plus loing, il mettra ses deux poulces dans ses deux oreilles, et de ses deux mains il fera comme les orbières de ces juments de Gueret, ouvrira la gueule comme endemoniaqué et criera comme un enragé *Alla* et les autres luy aident tous. Les lanciers suivent; puis vient la foule des amis, le corps est entre tous, sans ordre ou halte; les chevaux suivent, ensuite on voit quelques portefaix, *hammal*[2], qui portent sur leurs testes du *halva*[3] (douceurs), du pain, viande ou riz. En passant le long des rues, aucuns disent *Kroda ech bi amourzed*[4] (que Dieu luy pardonne); aucuns mûs de compassion naturelle, quitteront leur chemin pour accompagner quelque temps le corps et se mettront à porter le tombeau quelque temps. Arrivés aux sépultures, la fosse faicte, ils mettent le corps en terre du costé du *kablé*, en sorte que le corps soit sur le costé et non pas sur les reins; puis dans le fond de la fosse est creusé un petit lieu pour mettre la teste, en sorte que la terre qui doibt remplir la fosse ne luy tombe pas dessus, ou à faute de cela ils mettront deux ou trois quarreaux cuicts, de sorte que cela fasse une voute sur sa teste, puis remplissent la fosse. Icy, il n'y a point de luminaire : le *moulna* avec son libvre pourra lire quelque chose; cela faict, toute cette vénérable compagnie de *moulna*, portegaule et autres, se mettront à manger ce que l'on a apporté

---

1. Sesse est le mot hindoustani سيس qui désigne l'étoffe légère tissée avec des fils d'or, qui formait la coiffure des gens de la cour à l'époque des Séfévis.

2. Hammal, حمال

3. Helva. حلوا

4. Khouda ech biamourzed, خدا اش بيامرزد

et ensuite à se partager le reste pour leurs pauvres familles.

Si c'estoit une femme, ils ont comme un fictif ciel de lit avec quatre bastons pour cacher le cercueil ou le corps.

La croyance de ces gens cy est que lorsque le corps est là, vient l'ange de transport *nakole*[1], à qui il appartient de voir si le corps mérite d'estre en ce lieu là ou non, car autrement il l'oste et le transporte en un autre endroit conforme à son mérite, comme par exemple, si dans les *Kabreston*[2] (cimetières des Mousolmans), on portoit un *Kafer*, cet ange ne le laisseroit pas là, mais l'emporteroit au lieu des siens.

Ce corps enterré, viennent deux anges, sçavoir *Nequir* et *Menker*[3], qui le font lever jusques à la ceinture et luy demandent quel est son *cablé*, quel a esté son prophète et en qui il a espéré; s'il respond et faict paroistre qu'il a esté bon *moumen Kroda ters*[4] (bon croyant craignant Dieu), ils le laissent reposer tout doucement; s'il se trouve de l'*aubour*[5] en ses flustes, ces deux anges luy baillent tant de coups de baston que les uns et les autres s'en ennuyent. Voilà une estrange croyance! Dites leur: « Vous avez gardé des corps longtemps sans les enterrer, comme ceux que l'on veut transporter au loing: avez-vous jamais vu venir ces lutins tourmenter ces cadavres inanimés? » Ils diront que cela s'est faict, mais que leurs yeux ne pouvoient pas voir cela, non plus que le passage d'un ange.

Sur leurs fosses ils font mettre et maçonner des briques cuites en façon de tombeau. D'autres mettent une tombe dessus, de l'espoisseur de un ou deux pieds et gravent dessus le nom du

---

1. Naql, transport, نقل

2. Qabrestan, قبرستان

3. Nekir ou Munkir, نكير و منكر. Ces deux anges demandent au vrai croyant placé dans sa tombe quel est son Dieu, son prophète, sa religion et sa qiblèh. Il doit répondre : Notre Dieu est Allah, notre prophète, Mohammed, notre religion, l'Islam et notre qiblèh, la Kaabah.

4. Moumin Khouda ters, مومن خدا ترس

5. Oubour, fissures, عبور

deffunct et le temps de son décès. Sur la fosse de quelque *pehelvon*[1] (lutteur, homme fort outre mesure), l'on met un gros lion de pierre, l'espée au costé de mesme matière, la gueule ouverte, dans laquelle est la teste d'un homme, car ils luy font ouvrir la gueule si grande que dans l'estoffe qui reste entre ses dents, l'on peust graver la figure d'un visage.

Icy de ces *pehelvons* il s'en faict académie; leur escole s'appelle *zour kroné*[2] (la maison de la force). Là, sont de gros poids de bois remplis de plomb et qui ont un manche : avec les deux mains ils prennent deux de ces pièces, une en chaque main, puis ils lèvent et haussent ces poids, en jouent, et ce pour se desnouer les membres. Ils auront des arcs rudes à bander pour s'accoustumer à se roidir les nerfs du bras, et aussi d'autres instruments pour accoustumer et exercer leurs bras. Pour la lutte, ils se mettent nuds, prennent un haut de chausse de gros cuir encor tout huilé et graissé; ils se colletent et taschent de se renverser. Pour avoir gaigné, il faut faire toucher les deux espaules de sa partie à terre; là est la fin et la victoire. Cecy est pour les gens du commun, un honneste homme ne se fourrant point là. Il est bien vray que aucunes des personnes d'un estat plus haut, pour faire voir leur force, s'exerceront à jetter le *gerid*[3], qui est une barre de fer ronde, longue et pesante, et ce sera à qui la jettera plus loing en la lançant comme le dard ou javelot. Avec leurs semblables, ils se prendront main à main, doigts entre doigts, et c'est celuy qui peust faire ployer le carpe de l'autre qui l'emporte. D'autres feront amener de vieils asnes pour leur couper le col d'un seul coup, en sorte que les parties tombent séparées à terre. D'autres, d'un coup d'espée, frapperont le dos de cet asne là, ou ils le coupent et fendent à

---

1. Pehlivan, پهلوان
2. Zour khanèh, زور خانه
3. Djerid, جريد

moitié, mais de le mettre en deux pièces d'un seul coup, non. Cecy par digression.

Icy, il n'y a point de ces beaux sépulcres qui font vivre un homme après sa mort ; il n'y a point de ces beaux convois funèbres où l'ordre, la dévotion, la modestie, la dépense et la splendeur, conduisent cette pompe lugubre sans cris et sans hurlements, comme icy.

Icy, lorsque un Roy meurt, l'on fera porter divers tombeaux en divers lieux comme si son corps estoit dedans ; et il n'est ny dans l'un ny dans l'autre. C'est pour cacher le lieu de sa sépulture, car icy la haine ne finit pas à la mort ; elle s'exerce encor sur le corps mort, lequel s'ils-le pouvoient avoir en leur disposition, ils luy feroient mille indignités. Ceux de nos païs qui, comme l'on dit, se laissent mourir de peur de païer leurs debtes, *karze*[1], se trouveroient encor hors de leur compte, car icy le créancier arreste le corps, et ne permet pas, et ce par voye de justice, que l'on l'enterre que l'on n'aye satisfaict ou par *zamen*[2] (respondant), ou en espèces.

Les grands qui font porter leurs corps ou à la Mekke ou en Kerbela ou Mesched le feront mettre icy en terre comme en depôt, *amonet*[3], non pour y demeurer, mais pour attendre l'occasion du transport. La croiance est icy que ce corps ne peust se corrompre là ny estre guéé par emprunt et il est en l'attente d'estre porté à son dernier lieu.

Le jeudy au soir est la promenade des femmes pour aller visiter les cimetières et pleurer sur les fosses des leurs. Là paroist l'habileté de celle qui faict le mieux l'enragée, crie et hurle le plus haut : vous en verrez une bande entourer cette fosse, se coller le visage contre cette terre, araisonner par

---

1. Qarz, dette, emprunt, قرض
2. Zamin, caution, ضامن
3. Amanet, امانت

exemple leur mari, qui fera le sourd là dedans. Cette mégère luy contera tout ce qui s'est passé en leur vie, comment, en telle et telle occurrence, le defunct luy avoit parlé et avoit traicté avec elle, comme l'on l'a traicté en sa maladie, la faute qu'il a faict de ne pas prendre telle et telle drogue, *joullab*[1] (breuvage), que l'on luy avoit préparé; et de temps en temps, il luy faut eslancer à grande gueule ouverte un *vaaahi*[2]; enfin, ces vilaines bestes font contenance de désespérées, puis de temps en temps, elles se rassèrènent le visage, se mettent à s'entregausser et rire ensemble, puis elles recommencent leur jeu tant qu'il les ennuye. Ainsi ces animaux amphibies rient et pleurent presque en mesme temps, car de véritables sentimens de regret et d'amour, il faut les chercher en nos païs, là où vous verrez une dame transie intérieurement de douleur, rester immobile comme un rocher, et le dueil et tristesse l'accompagner comme une chaste tourterelle pendant le reste de ses jours.

Voilà le peu que nous avons pu remarquer touchant la religion et ses rites : venons à ce qui touche les mœurs et coustumes.

Les maisons, *kroné*[3], icy sont de matons *kreicte*[4] cuits au soleil, placés dans les murailles, *divoar*[5], qui quoyque faictes sans equierre et fil à plomb, ne laissent pas d'estre assez droictes, et quand mesme il y auroit des inégalités, le *kagil*[6], qui est terre forte détrempée avec de la paille en qualité de mortier, les remettra le tout droict et égal. Là dessus est estendu le plastre fort uni, qui faict paroistre les chambres, *yourd*[7], assez agréables pour la demeure.

1. Djoulab, sirop, julep, جلاب
2. Wahy, cri de douleur, واهى
3. Khanèh, خانه
4. Khicht, brique cuite, خشت
5. Divar, ديوار
6. Kahguil, کاهگل
7. Yourd, رد

Les chambres du *divon kroné*[1], qui est pour recepvoir les personnes du dehors et estrangères, sont d'ordinaire peinctes en moresque avec quelques figures d'oiseaux, de bestes et d'hommes, d'azur ou couleur bleüe; plusieurs sont aussi dorées d'or en fueille.

La maison est divisée en *haram*[2], lieu pour les femmes, et *divon kroné*, lieu où tout le monde peust aborder. Ce mot de *haram* en turquesque signifie maison seulement; mais icy il se prend pour l'habitation séparée des femmes, auquel lieu aucun ne peust entrer qu'il ne soit *mouharrem*[3], c'est à dire tel qu'il ne puisse contracter mariage avec les femmes qui sont là, comme frère, père, oncle, fils, car icy les femmes, *zen*, qui seront tant soit peu de condition sont terriblement bien gardées. Ces *harams* sont gardés par des chatrés, *coagé*, auxquels il est permis d'entrer et sortir du *haram* quand bon leur semble, et ce sont eux qui font au dehors les messages et négoces de ces recluses.

Pour les femmes de condition, jamais elles ne sortent que la nuict, et encor avec quantité de *courouktchi*[4] (personnes qui vont devant faire fuir et escarter le monde), de peur qu'aucun ne voye ces nymphes. Lorsque le Roy marche en campagne, ce *courouk*[5] est si fascheux que d'une lieue à la ronde, qui que ce soit n'oseroit rester, car s'il fait le rétif et s'il est tué dans cette occasion, il n'y a aucune recherche, non plus que d'une sentinelle trouvée endormie; les *courouktchis* (gens commis pour escarter le monde), dans cette faction, plus ils se montrent cruels à battre, à blesser et à tailler, sans avoir égard à aucune condition quelque grande qu'elle soit, plus ils sont estimés, et

---

1. Divan khanèh, دیوان خانه
2. Harem, lieu dont l'accès est interdit, gynecée, حرم
3. Mahrem, محرم
4. Qourouqtchy, قوروقچی
5. Qourouq, قوروق

lorsque dans un lieu ou une rüe, on entend le mot *courouk*, *courouk*, il faut fuir le plus tost que l'on peust de quel costé que ce soit, sans demander le chemin, car autrement la gresle de coups de baston ne manquera point.

Pour les femmes de basse condition, elles iront bien seules par les rues, *charea*, mais avec un grand voile de toile blanche qui les couvre depuis le haut de la teste jusques aux pieds, leur laissant seulement une petite visière pour voir; soubs ce masque, elles sont encore si effrontées, *bihaya*[1], qu'elles ouvrent les yeux grands comme des fenestres, regardent ça et là hagardement là où les nostres, sans contrainte, de leur maison jusques au marché ou à l'église, à peine lèveront-elles les yeux de terre, gardant une modestie libre et raisonnable.

Le *divon kroné* ou extérieur du logis où le maistre reçoit ceux qui le viennent voir, où il traicte ses hostes et festine, est tousiours le mieux meublé de tout le logis. Les meubles consistent en tapis de Turquie mis par terre, qui couvrent toute la place; tout alentour sont des *nemets*[2] (feutres) pliés en double de la largeur de trois pieds plus ou moins. Sur ces feutres, si ce sont gens de haute condition, il y aura deux ou trois *suzeny*[3], qui sont toiles doubles ou triples fines, toutes en compartiments par filet blanc, et ce par arrière point, fort bien travaillées. Ce lieu est pour le maistre et celuy de plus haute condition que luy, auquel il quittera ce lieu par honneur. Sur ces *nemets* (feutres), à l'entour de ces *divons,* seront des coissins de coton de diverses estoffes, comme toiles peinctes en fleurages, *tchite*[4], pour le commun, ou bien de toiles d'or, d'argent, *zerbafte*[5], pour les plus relevés.

1. Bihaya, sans honte, بی‌حیا
2. Nemed, نمد
3. Souzeny, travail fait à l'aiguille, سوزنی
4. Tchit, toile peinte, چیت
5. Zerbaft, زربافت

De tapisseries pour orner les murailles il n'y en a point icy, la blancheur du plastre ou quelques moresques suppléant à cela. Or, dans ce lieu d'abord vous voyez tout ce qu'il y a de beaux meubles dans le logis, car dans le *haram* quelques tapis usés et pelés, tout décolorés seront pour le service des femmes, avec quelques coissins de mesme estoffe, vieils et que l'on n'oseroit pas désormais faire servir dans le *divon kroné*.

Quant aux autres chambres pour les serviteurs, il y a ou la terre seule, car on quarrele peu une place, ou bien il y aura quelques stores, *hassir*[1], faicts de jonc plat. Quant aux *hassir* (stores de petit jonc), l'on les travaille fort bien vers Chiras; on les peint et on les colore, de sorte que cela faict d'assez beaux compartiments. Quelquefois, il y aura un grand feutre qui contiendra tout le terrain de la chambre, travaillé en compartiments moresques, lesquels estant neufs sont assez beaux à voir.

Touchant les meubles de nos païs, chaises, *coursi*[2], tables, cabinets, buffets, lits et armoires, il n'y a rien de tout cela. Icy pour leurs armoires, ils les formeront dans l'espoisseur d'une muraille formant les trois costés; deux fenestres fermant avec un cadenas, *kolphe*[3], seront pour représenter en quelque façon les armoires. Ils appellent ce lieu *guendjèh* کنجه; c'est là où ils enferment ce qu'ils ont de plus cher.

De ces grandes cheminées, *bokari*[4], dont les manteaux ont tousiours quelque structure excellente, il n'y en a point icy : tout au plus il y aura une petite cheminée comme ronde, d'un pied et demi de diamètre en tout, là où les plus riches par honneur et ayant des *mehmons*[5] (compagnie), en temps d'hiver

---

1. Hassir, natte, حصیر
2. Koursy, کرسی
3. Qoufl, قفل
4. Boukhary, بخاري
5. Mihman, hôte, مهمان

feront mettre quelques petites pièces de bois, *himé*[1], sur bout pour brusler; car icy la façon ordinaire de se chauffer en hiver est au *coursi*. Cette estuve naturelle est ainsi : ils font un trou quarré en terre d'un pied au moins ; ils y mettent de charbon, *zougal*[2], allumé, gros comme la teste ; là dessus ils mettent un escabeau sur lequel ils estendent une grande couverture de toile peinte double et entre deux du coton picqué. La vapeur et chaleur de ce charbon eschauffent incontinent ce lieu renfermé, un chacun se fourrant soubs cette couverture, ne laissant que la teste et les espaules dehors. Cette façon de se chauffer est à très petits frais et facile. Les grands ont de tels *koursis* faicts en table basse de huit et dix pieds de diamètre capables de mettre quarante et cinquante personnes à la fois : aussi, là dessoubs, il y a divers endroits à mettre du charbon, lequel on se garde de mettre là sans estre bien allumé, car la vapeur pourroit causer de terribles symptômes.

Une autre manière de se chauffer des grands est d'avoir comme une petite cuve de fer à quatre pieds; aucuns l'ont d'argent ou de cuivre, de deux ou trois pieds de diamètre. Là dedans ils mettent du charbon qui, s'allumant de soy mesme, faict assez bon chauffage. Cet instrument s'appelle *mengal*[3].

Dans les chambres des maisons du commun il y a quelques relais, compartiments de plâtres, pièces comme en saillie. Là ils mettront comme en qualité de *zinet*[4] les plus beaux vazes, *zerfe*[5], de *Tchine*[6], de faïence, *kirmeni*[7], des verres, et des bouteilles, etc., mais ceci seulement chez les bourgeois et les artisans, *esnaf*.

1. Himèh, هیمه
2. Zoughal, زغال
3. Mengal, منغال
4. Zinet, ornement, زنت
5. Zerf, ظرف
6. Tchiny, porcelaine, چینی
7. Kirmany, کرمانی

Tous les planchers icy ne sont que voutes, *sakve*, de diverses figures aussi toutes platrées et bien travaillées et unies. Le lieu où ils retirent tous leurs habillements, *rakte*[1], meubles de table et lit, est d'ordinaire une petite antichambre obscure qu'ils appellent *zendouk kroné*[2] (maison des coffres), ayant là quelques coffres assez mal faicts et couverts de peaux peintes, et ce assez grossièrement, d'autres, ce qui est plus ordinaire, *moutaaref*[3], plient le tout dans une espèce de tavoille.

Pour leurs lits, icy, il ne faut point chercher d'impériales, de pavillons et de lits à colomnes. Seulement, pour dormir, ils jettent par terre un matelas de coton ou de laine, puis une couverture pour se couvrir. De linceuls il n'y a point de nouvelles; aussi ils n'en ont point affaire, puisqu'ils dorment tout habillés, ne laissant que leurs habits d'honneur et de dehors.

De beau linge comme en France où l'on se picque d'avoir quantité de serviettes, de draps, de nappes, qui comme biens presque immeubles passent du père aux enfans, icy rien de tout cela. Une ou deux chemises pour chacun (c'est beaucoup), qui sont en exercice tant qu'elles durent ou peuvent alternativement endurer la lessive. Ils les portent courtes, aussi ne les font ils jamais entrer en leur haut de chausse, *tombon*[4], mais les laissent pendantes.

Vous verrez en esté un *kazelbache* ou autre bien couvert se promener sur le bord du ruisseau ou rivière, cependant que le *gazour*[5] (lavandier), lavera sa chemise et veste, la séchera au soleil, puis luy la revestissant, voudra paroistre aussi curieux en linge blanc que nos damerets.

Dans chaque maison et dans les chambres de plus d'appareil

---

1. Rakht, رخت
2. Sandouq khanèh, صندوق خانه
3. Moutearef, متعارف
4. Tenban, تنبان
5. Gazour, blanchisseur, کازور ou کزر

seront des *haouzes* comme bassins d'eau, qu'ils font venir de la rivière ou du puits. Ceci sert pour faire leurs purifications, ainsi qu'il sera dit pour la prière. Ces *haouzes* emportent, chaque an, quantité de petits enfans du logis qui, tombant là dedans se noyent, car ces *haouzes* sont à fleur de terre, profonds de la hauteur d'un homme, car la loy ordonne que pour pouvoir faire le *téharet*[1] (purification légale), il faut qu'il y aye pour le moins trois pieds d'eau dormante, ce qu'ils appellent *kourriet* (suffisante quantité d'eau pour estre légale); car pour la courante, quelque peu de profondeur qu'elle aye, cela suffit. D'ordinaire, dans ces *haouzes*, l'eau est si corrompue et si puante que pour peu d'agitation qu'on luy donne, elle est d'insupportable odeur. Des vers, *kirme*[2], là dedans sont à l'infini. Nonobstant, avec cette belle eau puante vous les verrez se gargariser la bouche en écrasant là dedans une infinité de ces petits vers dont cette eau est presque toute composée, ils s'en laveront la face, *rou*[3], et les yeux, de sorte qu'il semble que Dieu les aye aveuglés de chercher à se purifier avec telle avoirie. Enfin, l'accoustumance l'emporte qui ne leur permet pas de faire réflexion sur ces immondices, la loy et religion et nécessité de l'acquit de son obligation l'emportant.

Icy la coustume est de s'asseoir en terre sur des tapis, et ce en façon de tailleur, les jambes croisés, à quoy ils sont accoustumés de jeunesse. Toutefois par honneur, devant des personnes de qualité, l'on se met sur ses genoux, assis sur ses talons jusques à ce que, par faveur, celuy-cy vous dise, *feraguet bach*[4], mettez-vous à vostre aise.

La première chose que l'on présentera par honneur sera le *galion* ou tabak; si l'on passe plus outre, sera le *cavé*, qui est

---

1. Teharet, طهارت
2. Kerm, كرم
3. Rou, رو
4. Feraghet bach, فراغت باش

une certaine graine qui vient de l'Inde et d'Arabie. Icelle comme cuite et bruslée est pilée, recuite en cendre noire, bouillie dans de l'eau, et faict une décoction noire bourbeuse. Cela est présenté tout chaud dans une petite tasse, *pialé*[1], de porcelaine. Il faut prendre cela à divers traicts et retraicts, comme un bouillon que l'on ne peust pas prendre d'une gorgée.

Comme dans les chambres, il n'y a point de lieu pour cracher, il y a des vases de cuivre estamé appelés *tufdon*[2] dans lesquels l'on crache, iceux n'ayant qu'un petit trou, afin que cette ordure n'offense pas les yeux de la compagnie.

Pour leurs vestements, pour estre honnestement habillé, il couste assez cher, et à moins que d'en changer souvent pour les faire passer pour neufs, cela sent le valet. De chapeaux il n'y en a point icy ; leurs *sesses* seront pour les gens de loy et d'estude, des toiles blanchies fort fines, longues de deux ou trois aunes, *gueze*[3], qu'ils plient et replient si adroitement qu'ils vous les font comme un gros chou pommé. Les gens d'espée et marchands les portent d'estoffes de soye colorées, bariolées ou argentées, chacun selon et plus que ne porte son moïen, car icy, d'ordinaire, ils portent sur eux plus que leur vaillant.

Sur leur peau est immédiatement la chemise, *pirahen*[4], qui quelquefois sera de soye colorée, ce qui n'est pas mal l'entendre, car outre qu'elles ne paroissent pas si tost sales, elles sont de plus longue durée. Le dessus est l'*arkalou*[5] comme chemisole et ce de toile fine à pointe double et entre deux du coton picqué. La doublure, *aster*[6], est d'ordinaire de grosse toile à treillis. Là dessus est la *cabaye* qui, comme une hongreline, doibt passer de demi pied les genoux.

1. Pialèh, پیاله
2. Tefdan, تفدان
3. Guez, coudée, کز
4. Pirahen, پیراهن
5. Arkhalouq, ارخهلوق
6. Aster, استر

Là dessus sera un *katebi*¹, un *kourdi*, qui sera de drap d'Angleterre fourré de peaux de marthe, *semour*, pour les riches, et pour les autres de peaux d'aigneaux frisées de leur naturel, d'autres sans doubleure. Ce *katebi* est comme un de nos juste au corps, toutefois sans distinction de basques et sans manches.

La ceinture, *charguezi*², comme qui diroit de quatre *guezes*, qui est chez eux comme une aulne, est ouvragée de soye, d'or, d'argent à fleurs, selon la personne. Là dessus doibt encor estre le *chal*³, qui est une pièce comme de sargette grise ou blanchastre sans façon, et de cela ils se ceignent encor, et ensuite du *charguezi* ils font un gros nœud sur le devant.

Le haut de chausse, *tombon*, est de toile ou de soye à petits quarreaux, qui prend depuis la ceinture jusques aux talons comme un pantalon. Leurs chausses, *chackhour*⁴, de drap d'Angleterre est d'une mesme largeur, car icy il n'y a point de nouvelle de se contrefaire une grosse et petite jambe à l'espagnole. De jarretières à grosses touffes encor moins, seulement ils attachent leurs chausses avec une espèce de cordon plat de soye qu'ils font passer trois ou quatre tours l'un sur l'autre, et ils rengaigent le bout dans les replis pour le faire tenir.

La plupart du commun peuple ne sçait ce que c'est que des chausses, mesme en la rigueur de l'hiver, *zameston*⁵, si ce n'est que quelquefois, ils auront des brodequins, *jourab*⁶, qui, faits de laine à l'aiguille, leur viendront aux chevilles des pieds.

Les souliers, *kefche*⁷, sont à talon haut, de couleur verde pour l'ordinaire, ou bleu, ou blanc, pour le vulgaire à plate semelle,

---

1. Katiby, کاتبی
2. Tcharguezy, چارکزی
3. Châl, شال
4. Tchaqchour, چاقشور
5. Zemistan, زمستان
6. Djourab, جوراب
7. Kefch, کفش

et tant les uns que les autres sont avec des *nals*[1] ou fers comme aux rossignols d'Arcadie, et ce au talon seulement.

Pour les cheveux, moustaches et fausses perruques, il n'y a rien de tout cela; icy est la coutume de raser tout. Quant à la barbe, les gens d'espée la rasent aussi, ne laissant que deux grandes moustaches sur la lebvre d'en haut. Jadis, ces grandes moustaches, *sebils*[2], estoient de requeste et estime; à présent l'on s'en mocque et on les appelle *jaroub moutevaz*[3] (balay de latrines), comme aussi la grande et longue barbe. Les gens de loy ne se font point raser le menton ni les joues, mais avec des ciseaux, *mekrazes*[4], ils se font tondre, en sorte que la peau ne paroisse pas descouverte, et pour la barbe il faut que son poil ne passe que deux ou trois doigts au dessoubs du menton, car dans telles observances ils font de très grands mystères.

La despense icy surpassant tousiours au triple le revenu, consiste en habits, valets et chevaux; icy, qui va à pied, c'est par faute de monture et ce plus qu'ailleurs. Le plus bas estage de ceux qui vont montés sont ceux qui vont sur un asne, *krer*[5], bien encharnaché et qui trotte aussi bien et vite le long d'une rüe que nos petits bidets. A la longue, je croy qu'ils seroient égaux, un bourbier estant capable de les rendre morfondus.

Ceux qui passent plus outre auront le cheval ou la mule (car icy cette monteure n'est point hypothéquée seulement aux médecins), avec un valet, *chater*[6], qui court devant pour faire faire place à Monsieur qui vient. Ceux qui passent plus outre feront porter à ce valet un petit tapis sur l'espaule comme un chaperon

---

1. Na'al, نعل
2. Sebil, سبيل
3. Djaroubi moutewezza, جاروب متوضی
4. Miqraz, مقراض
5. Khar, خر
6. Chatir, شاطر

de docteur, et ce, ou pour asseoir son maistre au lieu où il voudra, ou bien, comme c'est l'ordinaire, pour couvrir la selle du cheval lorsqu'il est descendu.

Celuy qui passera plus avant aura un homme de cheval en outre avec luy appelé *bokchédar*[1]. Celuy-cy porte comme une tavoille enpendancée dans son bras, là où sont les habits de nuict de son maistre, et ceci qui semble ne debvoir estre que pour la nécessité du soir ou d'un festin nocturne, se porte soir et matin et par grandeur.

Celuy qui passera encor ce degré aura encor un homme de cheval qui portera son galion ou tabak; celuy là est appelé *galion dar*[2]. Depuis peu que le luxe et la pauvreté croissent icy à l'envi l'un de l'autre, ils se sont encor trouvés d'autres, qui par grandeur, font porter à un serviteur de cheval un coquemar, petit pot et autres ustensiles pour cuire le cavé. D'autres qui passeront encor plus avant, oultre les susdits officiers, auront encor quelques cavaliers avec eux de leurs serviteurs, et aussi par conséquent deux, trois ou quatre *chater* (lacquais) qui marchent devant, pour faire faire place à ce petit triomphe qui passera bien tost.

Quant aux grandissimes officiers, lorsqu'ils marchent, ils paroissent avec une grande cavalcade, mais composée de clients, gens qui ont affaire d'eux, et de courtisans; cette troupe s'accroist le long du chemin comme une boule de neige. Ces courtisans sont gens qui cherchent et qui, soir et matin, font les empressés à un service où ils ne sont appelés ni païés, pour n'estre point sur l'estat de la maison, mais ils se fourrent là pour se donner du nom, « un tel est bien venu ». Quelqu'un qui ne pourra avoir l'accès et achever son affaire, jettera les yeux sur ces *kasselis*[3] et pensera par son moïen venir au bout de ses pré-

---

1. Boghtchèh dar, بوغچه دار
2. Qalian dar, غاليان دار
3. Khassely, خاصه لي

tentions, *metleb*[1], et leur donnera ou promettra tant, l'affaire estant expédiée. Ceux-cy font les procureurs d'iceluy, taschent de parler au *mirza* en faveur de l'autre ; peut-estre que le *mirza* en considération de cet homme qui tous les jours grossit sa suite à ses propres dépens, achevera et terminera l'affaire de ce pauvre homme.

Ces gens cy font grande despense en valetaille, *koulloutchi*[2], car il n'y a si petit coquin qui ne se vueille donner des officiers aux mesmes noms que ceux du Roy, quoyque de nombre différent et quoyqu'il ne les paye pas par quartier, ny le plus souvent par an, sinon au pied raccourci. Si faut-il toutefois qu'ils vivent eux et leurs femmes et leurs enfants ; ils excroquent là où ils peuvent à la maison de l'*aga*, du maistre. Après que l'on a desservi, vous verrez cette troupe famélique se jetter à corps perdu là dessus, et en un instant qu'il ne reste plus à peine que les plats, lesquels, s'ils n'estoient point de compte, pourroient encor bien passer le pas.

En chevaux, ils ne laissent pas de dépenser encor beaucoup (je parle des grands), car outre les chevaux qui ont chacun leur cavalier, *souaré*[3], ils feront encor mener un ou deux chevaux de laisse appellés icy *koutelle*[4]. La pluspart de leurs chevaux et toutes leurs mules et mulets de selle sont appris à marcher l'amble, qu'ils appellent *yourge*[5]. Quant aux chevaux de pas, malliers, *yabou*[6], chevaux entiers, *aïgerat*[7], chevaux indomptés comme venant de haras, *tchalouk*[8], lesquels ils font monter par

---

1. Methleb, مطلب.
2. Qoullouqtchy, قولوقچى, ce mot est turc.
3. Souvarèh, سواره
4. Koutel, کوتل, ce mot est turc.
5. Yourgheh, یورغه
6. Yabou, یابو
7. Aïguer at, cheval de selle, ایكار آت, ce mot est turc.
8. Tchalouq, چالوق, ce mot est turc.

un valet, un autre avec une grande corde qui les traisne et mène le long des bazars, places publiques pour les apprivoiser, et de ombrageux, *gagir*[1], les rendre assurés ; ensuite pour leur dresser le pas à l'amble, ils attachent chaque deux pieds d'un costé avec une corde de mesure qui ne leur permet qu'un pas réglé à cette cadence.

Le Roy faict entretenir à la campagne plusieurs haras où les *madions*[2] (juments), étalons et poulains, *kourèh*[3], sont à demi sauvages. De là l'on les prend et amène à troupeaux en ville à la disposition du *mir akrour bachi* (prince chef des crèches), qui retient les meilleurs pour les escuiries du Roy, ensuite baille les autres aux officiers du Roy qui en demandent et ce, eu égard à leur condition, meilleurs ou pires. Ces chevaux ont la marque du Roy sur la cuisse, ce qui fait que désormais ils ne se peuvent vendre au marché, encor moins les faire sortir du royaume, et lorsque aucun de ces chevaux meurt, il faut en escorcher la partie de la peau qui porte la marque du Roy, la présenter à ce grand escuyer, *mir akrour bachi* en luy disant, « ce cheval est mort de telle maladie, de tel accident ». Ceux cy ne se contentant pas de tel rapport, ils la mettent dans l'eau et par là cognoissent si ce n'est pas de faim qu'on les a fait mourir ou si on les a tués pour ne plus pouvoir les entretenir : ce estant, il se déclare estre au chemin de l'hospital et les vouloir rendre au Roy.

Ces gens cy se tiennent très mal à cheval, les estriers sont très courts, ce qui faict qu'ils vont tousiours branslants et jouant du genouil et de la jambe, et s'ils veulent courir la poste, ils se tournent moitié de costé, tenant une demi fesse hors de la selle. Lorsqu'il est question d'arrester leurs chevaux, après avoir tiré de toute leur force les rênes de la bride qui n'est pas aspre,

---

1. Djaguir, جاغر
2. Madian, ماديان
3. Kourrèh, کره

ains est comme un filet avec lequel l'on mène les nostres à l'abreuvoir, vous voyez les chevaux lever la teste comme pour bailler un coup dans la poictrine de l'escuyer, et le cheval encor par l'impétuosité du mouvement avance en glissant plus de vingt pas, et ce principalement parce que leurs fers, *nals*, n'estant point relevés par le derrière, sont tout plats pour mieux glisser.

Les Arabes ont meilleure contenance à cheval que ces gens cy : vous les verrez sur leurs chevaux maigres et légers, une selle de bois courbé comme douëlles de pipe, une peau verde bandée et desséchée là-dessus, estre comme collés à leurs chevaux, n'ayant point autre bransle que le leur; de sorte que, avec leurs visages de satyres, vous les prendriez pour les anciens Centaures; et ces gens cy, je ne sçaurois mieux les comparer qu'à nos pédants qui, un jeudy, s'en vont picquer le teston.

Touchant leur despense de bouche, quoy que chaque jour ils ne mangent rien de cuict, *mebtouk*[1], que le soir, le matin ils se contentent de *mah hazary*[2], fruicts, laict et fromage, toutefois elle est excédante leur revenu, car icy ils ne font provision de rien au jour la journée; au temps qu'il faut, ils envoyent quérir chez les boutiquiers voisins du charbon, du pain, de la viande, du beurre, etc., quelquefois ils payent, le plus souvent c'est *nescich*[3] (à crédit) dont le boutiquier a bien de la peine enfin à moïenner le paiement. Les femmes qui, dans nos païs, sont les chefs de l'économie, icy sont des zéros en chiffre : le long d'un jour, elles ne font que tabaquer et piétiner dans un *haram;* leur plus haut employ sera à broder quelques toiles et estoffes pour se faire des hauts de chausse; tout le mesnage dépend de l'homme, ce qui faict qu'icy le soupé achevé, rien ne se réserve pour le matin desjeuner. Les souris n'ayant que faire de s'attendre au reste,

---

1. Methboukh, مطبوخ
2. Ma hazary, ce qui est prêt naturellement, ما حضري
3. Nessich, crédit, نسيه

peuvent bien se pourvoir ailleurs. De ce mauvais ménage, il arrive qu'ils meurent de faim, *gouchnegi*[1], et encore ils despensent au centuple.

Les festins se font la nuict; les convives viennent l'après dinée, *pessin*[2]. Là le tabak est présent; à chacun qui arrive l'on luy présente son galion : le feu esteint ou le tabak consommé, là sont quantités de garçons, enfants qui servent jusques au soir; ils sont là, dessus leur cul, commes singes à conter des contes borgnes, et ce en chausse et prépoint, car d'abord ils se font tirer leurs chausses en présence l'un de l'autre, se mettent pieds nus, ostent leur *cabaye*, se mettent en *arkalou* (chemisette), dessanglent leur *charguezi* pour estre plus à leur aise. L'on apporte le *cavé*, quelques dragées, *nokle*[3], dont la paste est pour la plus part de *nechasté*[4] (amidon), avec peu de sucre, *chekker*[5]. Le soir venu, comme sur les dix heures, l'on estend une grande toile peinte par le milieu de la place, chacun se coule sur son cul, (car desjà les places conformes à son rang sont prises) s'approche de la nappe; l'on met des pains de papier, *lavatche*[6], cuicts sur la platine, un chacun devant chaque personne, les salières, *nemekdon*[7], deux ou trois; de couteaux, *carde*[8], cuillers,

---

1. Goursenegui, کرسنکی
2. Pessin, پسین
3. Nouql, fruits secs, dragées, نقل
4. Nechastèh, نشاسته
5. Cheker, شکر
6. Levatch, لواج

Ce pain a au moins deux grands pieds de diamètre et est si mince qu'on ne le sçauroit tourner que sur un coussin avec lequel il s'applique contre la muraille de ce fourneau (tennour) d'où on le tire comme on feroit une feuille de papier fraischement collée et on l'estend sur des cordes pour le garder. Les Arméniens prétendent qu'il n'y a pas de pain plus sain qu'est celuy-là... On y entortille la viande par morceaux quand on la veut manger et on la ploye en quatre ou cinq doubles sur la table comme nous ferions une serviette. *Nouvelles relations du Levant*, par le Sr Poullet, Paris, 1668, page 310.

7. Nemekdan, نمکدان
8. Kard, کارد

kachouk[1], serviettes, *destemol*[2], il n'y en a point. L'on apporte de grands bassins pleins de riz, *plau*, et de viande bouillie, *jiakny*[3], dessus de grandes escuelles creuses de faïence pleines de saugrenées à leur façon, quelquefois quelque rosti, *berion*[4]; des poulets, pigeonnaux il y en a peu, et s'il y en a, ils sont rostis sans estre lardés, les pieds resserrés, ains jettés çà et là conformement à l'action du feu et du charbon sur lequel ils auront été enfumés ou grillés plustost que rostis.

S'il y a quelqu'un des principaux convives pour lequel, ce semble, aura esté faicte l'assemblée, l'on porte toutes ces menestres devant luy; l'officier, disons escuyer tranchant, *pich kredmet*[5], est à genoux assis sur ses talons devant tous ces plats, qui ainsi sont entre le principal convié et luy. Il met là encor une escumouëre, *kefguir*[6], et une grande cuiller en croix et reste là en faction pour attendre le signal du combat. Alors le maistre du logis faict ses compliments à son hoste en tendant les deux mains ouvertes comme luy voulant dire, « *Mirza*, seigneur, tout ceci est en vostre considération; si l'on en donne à tous ces autres convives, ce n'est que par vostre permission, *rouksat*[7]; commandez que l'on leur partage; » et ainsi de la teste et par signes et gestes, *echaret*[8], ils se complimentent. Alors vous verrez apporter quantité d'escuelles, d'assiettes et des serviteurs debout qui marchent à beaux pieds entre les plats et la mangerie, qui est mise par terre.

Cet escuyer tranchant avec son escumoüere mettra du riz sur une assiette à pleins poings, rompra et deschirera le bouilly,

---

1. Qachouq, قاشوق, mot turc.
2. Destmal, دستمال
3. Jakhny, يخنى
4. Berian, بريان
5. Pich khidmet, پيش خدمت
6. Kefguir, كفكير
7. Roukhsat, رخصت
8. Icharet, signe, ordre, اشارت

en mettra quelques padasses sur le haut de ce riz et commandera à un de ces valets d'en porter à un tel ou à un tel, tant que chacun aye sa part. Ainsi il emplira de ces saugrenées de petites escuelles et l'enverra çà et là regardant qu'un chacun aye ce qu'il luy faut. Ainsi fera il du rosti, le rompant et deschirant à belles mains pour servir un chacun, qui, estant servis, ces valets sont tousiours en pieds au milieu de la nappe, leurs pieds fumants servant de cassolettes; c'est icy qu'il faut être attentif : un chacun la teste basse donne tout de bon. Vous voyez nos gens à pleins poings prendre une poignée de riz, echarogner un peu de ce bouilly avec les ongles, avec un peu de pain prendre du lait et le verser sur ce riz et sur cette viande, que quelquefois ils saleront avec du sel qu'ils auront pris en la salière avec leur poulce mouillé de leur salive, *ab dehen*; lors, de tout ce salmigondis, ils font une pelotte qu'ils tournent, virent, durcissent entre leurs doigts comme une balle de fauconnerie, la jettent si adroittement dans leur bouche qui s'élargit à l'équipollent qu'il faut que leur ésophage crève ou donne passage à ce morceau, qui, secondé de deux ou trois tout au plus, est pour faire sortir la faim, et ce par force, de l'estomac le plus famélique du monde.

Vous voyez nos gens la bouche et barbe grasses, les mains et les bras à descouvert presque jusqu'au coude; car, se servir de fourchette ou de couteau, lever une aisle de poulet après la cuisse, faire une halte d'un beau verre de vin pour saluer la compagnie, il n'y a point de nouvelles; il n'y a point d'attente au jeu de: J'en suis, comme disent les petits enfans. Icy nostre Mirza prendra un poulet au défaut des costes, luy enfonçant les ongles et les doigts dans le ventre, il le mettra en deux pièces, dont mettant une dans sa bouche dont les dents, quoyque en demi tour, ne céderoient point aux pierres d'un moulin au faict d'écraser, vous voyez que l'un après l'autre, il fera tomber les os de ce pauvre poulet dévoré sur la nappe et sur son pain.

Quelquefois pour faire couler les trop grossiers et mal ageucés morceaux, il y aura du *chourbet*[1], qui sera eau de grenade ou du limon avec du sucre et de la glace dans une escuelle ou tasse avec une cueiller profonde au possible ; il en prendra un peu dont la moitié luy tombera sur les moustaches et la barbe. Ainsi tous nos convives, à qui mieux mieux, comme si la nappe estoit d'emprunt, taschent à leur pouvoir de la descharger. Le voisin ne dit mot à son voisin, si ce n'est quelque monosyllabe, encor entrecoupé de quelque morceau qui cherche son chemin et en moins de rien, l'airée estant battue, voilà tous nos gens qui auparavant ayant courbé la teste presque sur la nappe, se redressent, les mains et la bouche grasses. Tous ces valets ramassent peu qui reste, ostent les plats, les fragments de pain et de viande, et entortillent tout cela dans la nappe qu'ils enlèvent.

De prières avant le manger ou après, ils n'en font autant que des pourceaux soubs un chesne à qui l'on bat du gland. Alors un serviteur s'en vient avec un bassin et un *aftabe*, qui est le mesme vaisseau à bec long avec lequel ils vont aux lieux se nettir ; il se présente devant le principal convié. Iceluy le renvoie au maistre de la maison et ainsi par déférences alternent. Celuy cy se lave les mains jusqu'au coulde, *merphak*[2], prend de l'eau dans le creux de sa main, la met dans sa bouche pour s'en faire un gargarisme qu'il rejette dans le bassin sans se détourner de la compagnie. Avec cette eau et ses doigts il prendra son nez, *bini*[3], l'étreindra pour en faire sortir *ab bini*[4] qu'il jettera encor dans le bassin en secouant ses doigts, qui ne manquent pas encore d'en faire part à la compagnie, ensuite il prendra son mouchouër propre, car de serviette ou linge ployé en oiseaux ou poissons, il n'y en a point. Après s'estre essuyé, le valet avec le bassin, *sini*[5], fera le tour

1. Cherbet, شربت
2. Merfeq, مرفق
3. Biny, بینی
4. Abi biny, mucosité, morve, آب بینی
5. Siny, سینی

de la compagnie en faisant station à chacun de ces saincts tant qu'il aye faict avec la mesme civilité que le précédent son debvoir.

Cela faict, un chacun se rapproche de la muraille, et s'adosse à des coissins qui sont là ; l'on rapporte les galions ; un chacun faict grenouiller son eau et fume de sorte que cela nous empeste, nous autres Européens. Durant ce peu de temps, quelques fragments de ce souper sont portés aux valets, *chater*, de ces messieurs qui gardent leurs chevaux à la porte. Les ennemis de Daniel ne furent pas si tost dévorés des lions que ces reliquats le sont de ces affamés, car celuy qui leur porte le *tabake*[1] ou bassin, à peine l'a-t-il mis à terre que le voilà deschargé et en estat d'estre remporté sans leur faire tort. Nos messieurs convives sont là un petit demi-quart d'heure ; aussitost un chacun se lève, et sans beaucoup de compliment, sinon un *kronéabadon*[2] (que vostre maison prospère), cherche le chemin de la porte, monte à cheval et met haut le pied. Si c'est une personne de grand mérite, l'on la fera conduire avec une lanterne de Judas, qui sont icy telles que dans les images l'on les peint, sçavoir, comme un réchaud plein de guenilles huilées de suif et de graisse, le tout enmanché en un long baston, car de flambeaux ou à tout le moins de falots, il n'y en a point. Voilà la manière de manger et de festiner du païs. Je ne désirerois autre chose, sinon que ces gaillards de l'hostel de Bourgogne en eussent les idées aussi vives que moy pour en divertir quelque fois leurs auditeurs et pour leur apprendre que si la civilité au manger est icy, eux ne l'ont aucunement.

La coustume n'est donc icy que de faire deux repas le jour : le *chachte*[3], qui est vers dix ou onze heures ; ils mangent des

---

1. Tabaq, طبق
2. Khanèh âbadan, خانه آبادان
3. Tchacht, چاشت

fruits, fourmage, ce que nous appellons dessert; aucuns de plus haute condition se feront apporter, pour eux, un petit plat de bouilly seulement. Le soir, ils mangent le cuit. Icy desjeuner, faire la collation ne se faict point, ce qu'il ne faut pas attribuer à leur sobriété, ains à la pauvreté du païs, quoy qu'ils disent ne le pouvoir faire peur de l'*emtelen*[1] (réplétion).

Quant aux jeux, *bazy*[2], icy il y en a peu : le jeu des cartes, *kengefé*[3], est en usage; ils ont six ou sept sortes de couleurs, qu'ils appellent *senfe*[4], leurs cartes sont peintes et espoisses, elles sont de soleil, espée, et toutes différentes de nos trèfles, picques, etc.; aussi, en jouant, ne les cachent-ils point si soigneusement comme nous, ce qui marquera leur jeu estre de hasard comme un lansquenet, et non point un jeu d'esprit comme un picquet ou un jeu de trois.

Ils ont le *chetrenge*[5] (échecs), *nerde*[6] (trictrac), mais ils en usent peu. De jeu de paulme, de boule, de mail, il n'y en a point, puisque mesme ils ne se promeneront point d'une allée en l'autre, revenant et retournant sur leurs pas comme nous; mais, arrivés au milieu du jardin, ils estendent là un tapis et assis dessus, ils envoieront un valet quérir telle ou telle fleur qui leur plaist, cueillant et ravageant tout un jardin de la sorte, sans considération, ainsi que les chèvres de nos païs que l'on dit dans les rües estre des paons.

Les jeux d'argent de hasard sont généralement deffendus icy, par la loy et le prince, lequel donne au *mechaldar bachi*[7] (chef des porte flambeaux), le droit de prendre tant sur chaque

---

1. Imtila, امتلا

2. Bazy, بازی

3. Guendjefèh, كنجفه

4. Sinf, espèce, forme صنف

5. Chatrendj, شطرنج

6. Nerd, نرد On peut consulter sur ces deux jeux l'ouvrage de Hyde portant le titre de : De ludis orientalibus libri duo, etc. Oxonii, 1694.

7. Mach'aldar bachy, مشعلدار باشی

partie de ces joueurs. Pour ce subject, celui-cy aura plusieurs de ces fainéants et berlandiers là avec un petit tronc de bois portatif et fermant à clef. Iceluy sçait où sont les chalands, qui, cachés dans un coin de cimetiere, *cabrestan*[1], dans des *carabi*[2] (maisons moitié tombées), sont à jouer; iceluy les regarde et prend d'eux son droict qu'il met en sa boëte, puis il le partage avec le *mechaldar bachi*, selon leur convention, *cherte*[3].

Icy, les petits enfans ont, comme en France, leurs jeux innocens selon les temps, et dont ils changent selon le saison. Dans le printemps, *bhaar*[4], sont les œufs rougis et colorés; c'est à qui en rencontrera de plus durs et qui puissent casser les autres sans se briser. Le jeu est que l'un tient son œuf dans sa main, bien serré; l'autre de la pointe du sien frappe dessus; s'il l'enfonce et le casse, il l'emporte; si le sien est cassé, il a perdu: pour ce subject, ils couperont un œuf en deux, en osteront le dedans qu'ils rempliront de cire et rejoindront les bords si adroictement que la coque estant rougie, l'on ne s'en aperçoit point.

Les petits enfants, *etfal*[5], qui sont pour devenir *aïar* (rusés), comme les autres, ne se fiant pas à leurs yeux qui ne peuvent en apercevoir la fallace, les prennent et les coignent contre leurs dents pour descouvrir au son s'il est légitime ou non. Icy, il y a une espèce de poule couleur cendrée, roussastre et mouchetée appellée *sebzvari*[6], qui faict les œufs à cocque si dure qu'aucuns seront acheptés un ou deux quarts au dessus, ce qu'ils regaignent en œufs incontinent; et de ce mestier, les grands mesme s'en meslent par passe-temps.

---

1. Qabrestan قبرستان
2. Kharaby, ruines, خرابى خرابه
3. Chart, شرط
4. Behar, بهار
5. Etfal, اطفال
6. Sebzvary, originaire de la ville de Sebzvar, dans le Khorassan, سبزوارى

Quant aux mariages, icy au plus tost les pères et mères marient leurs enfans sans eslection d'iceux ; car icy pour un jeune homme, faire l'amoureux transi, donner des aubades à sa maîtresse, cela ne se fait point icy, les femmes ne se laissant pas voir. Icy, les entremetteurs sont les femmes qui vont et viennent abuser l'une et l'autre partie sur le compte de leurs belles qualités, faisant accroire au jeune homme que c'est le plus beau visage, la plus riche taille, un port de reine, de sorte que cet Ixion prend une nuée pour une renlite : il promet tant pour la dot de sa future espouse et d'ordinaire plus qu'il ne peust tenir. Cette dot doit être païée à la femme en cas que celuy cy, un jour, veuille la répudier. L'accord fait, le marié doit envoyer à sa promise le *bachligue*[1], qui est de l'argent pour habiller et ameubler sa bien aimée. Icelle doibt avec cet argent en mettre au double, de sorte que pour dix tomans par exemple de *bachligue*, ce sont trente *tomans* qu'il faut employer en vestements de femme, *nimtené*[2], *roupak*[3], *emberché*[4] et autres guimpes et guenilles qu'il faut pour attifer cette banque, car icy les habits de femmes leur paroissent plustost à charges et à bouchons qu'à enjolivements. Ces habits, ameublements de la maison, du bain, *esbab*[5], *yrak kroné*[6] *hammam*[7], préparés, les parents de la fille les font voir aux parens du marié, les font estimer au double de ce qu'ils valent pour faire voir qu'ils ont doublé le *bachligue* (argent envoyé), et au delà.

Le jour de la nopce, *aroussi*, estant déterminé, tous les parens, *kaoum krich*[8], des deux côtés assemblés, on fait venir le

---

1. Bachliq, باشلق
2. Nimtenèh, veste, نیمتنه
3. Roupak, sorte de fichu qui couvre la tête et le front, روپاك
4. 'Enbertchèh, sorte de coiffure, عنبرچه
5. Esbab, اسباب
6. Yaraqikhanèh, یراق خانه
7. Yaraqi hammam, یراق حام
8. Qaoum, khich, famille, parents قوم خویش

moulna pour faire le *sigué*[1], qui sont certaines formules avec lesquelles ils font cette cérémonie. Le garçon est présent, la fille est en une chambre avec les femmes vers la porte, devant laquelle est un rideau tiré; le *moulna* commence d'ouvrir son grimoëre; il lit le pacte de cette sorte de mariage, car il y en a encore un ou deux autres, qui se passent sous un autre style, ainsi que nous dirons; celuy cy s'appelle *agde dawom*[2] (lien perpétuel), la femme s'appelle *nekha*[3] (légitime); il demande à l'une et à l'autre des parties : Estes-vous contents? L'un, d'une voix masle, sans crainte du péril où il se lance, à cause qu'il est encore *yahel*[4] (bec jaune), dit oui, *aré*[5], *belé*. Les femmes contraignent la fille de dire oui, et pour ce faire, d'ordinaire, elles luy font choquer la teste contre la porte pour tirer cette parole de sa bouche. Cependant, la cérémonie finie, les hommes se retirent ensemble à festiner, les femmes avec l'espousée *arouss*, se retirent d'un autre côté. L'on prend un jour pour mener la mariée au logis de son espoux, ce qui se faict d'ordinaire la nuict, sur les neuf ou dix heures. Ce temps venu, le marié est dans son propre logis avec ceux qu'il a conviés à festiner. Icy est le *makre*[6] (tromperie) de nos Persiens, mais de ceux du dernier estat, comme marchands ou bien ouvriers, car ceux d'espée n'en useront pas de la sorte.

Le jeune homme, qui, sur le récit du bien et de la beauté de la fille, *dokter*[7], a promis de dot, *meher*[8], plus que luy ni peut-estre sa généalogie n'a vaillant, pour enlacer cette canne, ne dit mot, mais continue tousiours, et envoye les tambours, trom-

---

1. Sighèh, صیغه
2. ʿAqdi dewam, عقد دوام
3. Nikah, نكاح
4. Djahil, ignorant, inexpérimenté, جاهل
5. Ary, آرى Bely, بلى
6. Mekr, ruse, subterfuge, مكر
7. Doukhter, دختر
8. Mehr, don nuptial, مهر

pettes et hautbois, *dehoul*[1], *nephir*[2], *sourna*[3]. Les femmes, hommes et enfans de la nopce se rendent au logis de la mariée pour l'emmener ainsi solennellement à son espoux, qui l'attend de pied coy à son logis propre. L'on donne à chacune personne un cierge de cire verde pesant d'ordinaire une demi-libvre plus ou moins. Une matrone porte le gros cierge nuptial, qui d'ordinaire sera de dix ou douze lb. pour précéder immédiatement la mariée qui, comme contrainte, ce semble, se fera porter par dessoubs les aisselles à demi par deux autres femmes. Tous les cierges, *chame*[4], sont allumés, et iceux sont de figure ronde, sans aucune cannelure, le tambour avec les deux trompettes et hautbois vont devant ; le peuple se met sur la terrasse ou plate forme de la maison, *balabom*[5], car icy toutes les maisons sont plates par dessus et non point en chevrons brisés, comme en France. Le son de ce tambour icy n'est ni de suisse, ni de diane, ni d'entrée en campagne, nonobstant que sa structure soit comme celle des nostres. Le tambourineur l'ayant pendu à son costé a, dans sa main droicte, un petit baston comme une crosse et il frappe sur cette peau bandée, et avec la main gauche, d'un autre petit baston, à chaque coup, comme pour faire le contrecoup, il refrappe contre la peau opposée. Cette batterie avoisine assez au son que font nos pippes en septembre, lorsque les enfants tambourinent dessus. Pour les trompettes, imaginez-vous en Beausse ou en Berri, un berger qui, avec sa trompette de terre crie : aux vaches ! aux vaches ! car encor, s'ils approchoient de celles de ces petites villes qui, dans la place publique, précèdent un crieur de dict de par le roy, cela pourroit passer. Ceux cy néantmoins pour ne pas pro-

---

1. Dehoul, gros tambour, دهل
2. Nefir, trompette, نفير
3. Sourna, clarinette, سرنا
4. Cham', cierge, bougie, شمع
5. Balabam, terrasse, بالابام

digalizer cette haute harmonie, ne sonnent que de temps en temps, pour faire haster les paresseux de venir voir ce qui se passe. Pour les *sornatchi*, ceux cy le long du chemin ne font que bouzins ; mais par malheur, le plus beau ne paroist pas, qui est de voir leurs grimaces, leurs deux joues enflées si grosses qu'il semble que leur nez et leur bouche sont ensevelis dans ces concavités. Ceux cy n'ont qu'une mesme note et ils répètent tousiours la mesme chose, ainsi que nos lorigos des villageois et encor bien moins, car icy de violons, basses, violes, luths et guitares, il n'y en a point du tout. Ils ont bien une espèce de petite guitare, *temboure*[1], dont le corps gros comme un sabot est fait de bois de meurier blanc, *thut*[2], le manche a un ou deux pieds ; deux ou trois cordes bandées là dessus sont de laiton ou de soye, *maftoul*[3], car de ces cordes de boyau fines, il n'y en a point icy ; les chevilles sont faictes avec la serpe, un *chater* époussetant cet instrument avec les doigts et quelquefois variant sa voix avec luy, fera dire ce qu'il imaginera assez gauffement, car un honneste homme auroit honte d'en user ainsi.

Cependant les tambourineurs précédant, les enfans et les marmailles les suivent de près ; quelquefois il y aura des tampanons, qui sont deux plaques de laiton résonnant qu'ils frappent l'une contre l'autre à la cadence de leur son. Quelquefois aussi, ils auront un tambour de basque dont ils sçavent assez bien se servir. Icy particulièrement les *kâhbé*[4] filles de joye), qui dans cette populace, à visage descouvert, le long des rües danseront et chanteront à leur façon, gaignant leur vie à ce mestier. Les hommes suivent pesle mesle sans ordre, sinon qu'ils vont assez posément pour faire durer la feste plus long temps et mesme ils prendront d'ordinaire le chemin de l'escole

---

1. Tanbour, طنبور
2. Tout, توت
3. Meftoul, fil tordu, مفتول
4. Qahbèh, قبه

Les femmes suivent immédiatement aussi chacune un cierge à la main : au milieu d'icelles sera le gros cierge aussi allumé, puis la donzelle soustenue par dessoubs les bras de deux autres femmes, et toutes avec leurs voiles, *chader*[1], de toile blanche.

Arrivés à la porte du marié, si celuy-cy se repent d'avoir achepté marchandise trop chère, il dira n'avoir pas le moïen de païer une si grande dot, *meher*, comme l'on luy a faict promettre par force et que l'on luy en rabatte une partie ou la moitié. Les pourparlers se font, d'un costé et d'autre ; l'affaire presse, plusieurs despenses se sont desjà faictes ; si l'on ne cale un peu la voile, elles seront perdues et l'on pense à sauver le reste : enfin, l'on luy en remet une partie par force. Iceluy après avoir faict tout son possible, ne pouvant plus rien gaigner à ce coup, a encor une autre corde, *tchellé*[2], à son arc, qui est le *talak*[3], répudiation, comme il sera dit ; il ouvrira la porte, fera ses excuses, paiera ses beaux pères de bourdes, *bhoné*[4], disant : En tel et tel temps je pouvois vous donner tant et tant, mais telles pertes, *nokson*[5], me sont arrivées ; j'aime mieux promettre peu et tenir beaucoup et ne pas frauder vostre attente.

Tous les conviés entrent, les femmes dans le *haram* avec la mariée, les hommes dans le *divon kroné* ; les tambours et les haut-bois, restent dans la cour et font leur bruit et tintamarre ordinaires ; les *kahbé* à louage font parmi les hommes à visage descouvert, mille danses, *rakse*[6], sauts et voltes. Leur façon de danser est de tenir deux mouchoüers pendants dans les deux mains, les deux bras estendus, tantost s'inclinant sur un costé, tantost sur l'autre, la teste allant à la cadence, et c'est tout à faict

---

1. Tchadir, چادر
2. Tchellèh, چله
3. Talaq, طلاق
4. Behanèh, mauvaises raisons, vains prétextes, بهانه
5. Noqsan, نقصان
6. Raqs, رقص

différent de nos façons de danser. Icy jamais les hommes ny les femmes, *zen*, ni les filles, *dokter*, qui sont d'honneur, *ademizadé*[1], ne dansent, cela estant, privativement à tout autre, le mestier des *kelauftché*[2] (vieilles savates). Icy de cette caste sont les *kahbé megelessi*[3], dont la pluspart ont paie du Roy pour venir sauter et gambader devant le Roy et les grands, quand l'on les demande. Icelles vont encor aux festins des particuliers, mais elles coustent cher, *gueron*[4]. D'autres sont de condition moïenne qui gaignent encor leur vie à cette vie, parentes de l'escureur; leur parler d'ordinaire tient du Renaud. D'autres sont les *kelauftché*, qui sont pour portefaix et palefreniers, et de vilaines pourries. Quelquefois, le Roy voulant en retrancher la trop grande abondance, en fera perquisition et deffense, comme aussi du vin, *cherab*, lorsque les ivrognes, *meste*[5], en trop grande quantité, font des insolences trop publiques. Un More d'icy rencontre bien en ce point en disant : Une femme publique restant en Hispan et un ceps de vigne dans les jardins, l'on ne sçauroit empescher l'un et l'autre.

Le festin se fait comme dessus, puis sur le minuict, un chacun se retire. Quelques jours après, de la maison de la fille l'on luy envoye son trousseau achepté de ce *bachligue* doublé, comme il a esté dit, et cecy se faict encor en cérémonie, car l'on charge quantité de chevaux et de mules, de coffres, coissins et matelas, et ce à demi charge, pour faire plus de bruict que de besogne et donner un grand esclat à la maison. De cette sorte en usent icy les marchands et les artisans, et ces derniers sont ceux qui seront pour faire la susdite supercherie lourde, car il y en a une plus subtile, cachée et honneste qui, ne faisant pas tant de bruit, réussit encor mieux que la première.

1. Ademyzadèh, آدمی‌زاده
2. Kelaftchèh, کلافچه
3. Qahbèhi medjlissy, قبهٔ مجلسی
4. Guiran, کران
5. Mest, مست

C'est que l'homme mescontent de sa femme en espousera encor une autre, négligera et mesprisera cette première, favorisant en tout cette seconde : l'émulation et la jalousie commencent à maistriser l'esprit de cette première, qui, ne pouvant plus supporter tant d'affronts, demande le *talak* (répudiation), et son douëre, *meher*. Le mari faict du renchéri, disant ne vouloir point de séparation avec elle : « Que vous manque-t-il? dit-il, qui vous pique? Si l'on vous faict tort, si aucuns vous molestent, dites-le moy, je mettrai le remède, *alage*, nécessaire. » Cependant, il se plaist à voir les jalousies croistre ; l'autre proteste vouloir sortir, iceluy n'en veut point entendre parler. La femme luy dit : « Je vous laisse tant de ma dot et me quittez. » Celuy cy, entendant parlementer cette ville, redouble ses efforts ; l'autre crie, pleure, et dit : « Avec un tiers de mon douëre, me laissez sortir. » Iceluy faict la sourde oreille ; la femme, qui voit bien l'encloueure dit : « *Gehennem*, je vous laisse tout mon douëre. » Alors il voit que cela va assez bien ; peut estre la traitera-il si mal encor que, outre son douëre, elle lui quittera tout son trousseau, et se contentera, ainsi despouillée, de sortir. L'homme qui verra un beau jeu et ce gain apparent, luy dit : « Bon, allons chez le *kazi* ; » là, les parties disent leurs mécontentements ; enfin l'on leur taille un papier de *talak* (répudiation), et désormais ils ne se sont plus rien l'un à l'autre.

Si ensuite l'amour ou le souvenir l'un de l'autre les vouloit remarier, ils le peuvent faire, en faisant venir un *moulna* qui relise les paroles de *sigué*. Ainsi, de divorce et de réunion ils peuvent faire jusques à trois fois, la quatrième non, car faisant cela, il paroistroit trop d'inconstance entre ces parties. La loy du Mahométisme ordonne que cette femme se marie à un tiers, aye affaire avec luy, puis iceluy luy donnant le *talak*, elle peust retourner avec son premier mari, *chouher*[1], autrement non.

---

1. Chauher, شوهر

Par tout il se trouve des veillaques qui en usent de la sorte, mais icy plus qu'ailleurs ; d'autres en usent plus raisonnablement comme gens d'honneur et d'espée, qui tiendroient à déshonneur qu'une femme les quitte. Ils la tueroient plustost, comme cela arrive quelquefois.

Une autre espèce de mariage est celui d'*amouthé*[1] (femme à louage). Il faut encor faire venir un *moulna*, qui lit le *sigué* ou paroles adaptées à ce contract, qui se limite à dix ans, à deux ans, à tant de mois et de jour, conformément à leur pacte. Au bout du terme, l'homme est obligé de luy païer ce qu'il luy a promis, et elle est obligée de se conserver quarante jours ensuite, sans se donner à aucun, pour voir si elle ne seroit point grosse, *hameli*[2], d'iceluy.

Une autre espèce de mariage est celuy de qui a des femmes ou des filles ses esclaves ; il peust s'en servir comme de son *krass*[3] (propre). Or, les enfans tant des uns que des autres sont censés légitimes et héritent également, sçavoir, un garçon, *pser*[4], aura la part de deux filles : posons en une maison un garçon et deux filles ; tout le bien consiste en deux cents tomans ; le garçon prendra cent tomans pour soy et chaque fille aura cinquante tomans.

Pour les femmes répudiées *amouthé*, leur temps fini, elles emmènent les filles avec elles si elles le veulent; pour les garçons, ils restent au père. Un homme icy peut espouser quatre femmes légitimes, et d'*amouthé*, autant qu'il voudra ; de *canizes*[5] ou esclaves, tant que portera son moïen ; ce qui faict icy que dans les maisons où est cette polygamie infame, c'est un enfer. Les enfans de ces diverses femmes sont tousiours en riottes, *fetné*[6], le pauvre geolier de ces prisonniers a la gehenne pour concilier

---

1. Amoutèh ou Amoutia, اموتیَه اموتّیا est un ancien mot persan qui a le sens de servante.
2. Hamilèh, حامله
3. Khass, bien particulier, خاص
4. Pèser, پسر
5. Keniz, کنیز
6. Fitnèh, discorde, dispute, فتنه

leurs différents; il n'y a point d'amour, point d'union ni d'affection. Les voisins sçavent bien qu'en dire. Leur raison icy d'avoir plusieurs femmes est, ce disent-ils, pour la pluralité d'enfans qui puissent servir Dieu, mais la vérité est que c'est pour contenter leur concupiscence, *chehvet*[1], car la raison physique enseigne que ce grand meslange empesche la génération, tant de tempéramens divers se destruisant et s'achevant l'un l'autre. L'expérience, *tegrebé*[2], le confirme, car icy les Arméniens qui n'ont qu'une femme, abondent en enfans et ces gens cy en ont peu.

Le père venant à mourir, le fils aisné est le tuteur de tous ses frères. Icy il est plus respecté que dans nos païs, car l'on ne l'appelle point autrement que l'*aga* (maistre). Cet homme mourant, s'il est du tiers estat, sur lequel la justice a du pouvoir, le *kazi* faict son enqueste : s'il a faict le voïage de la Mekke, qui est icy d'obligation une fois en sa vie, il ne prélève rien pour ce, sinon il prend tant de son bien pour luy achepter une *hagge* ou voïage de la Mekke que l'on faict faire à quelque autre au nom et pour le mérite du deffunct. Le *kazi* trouve son compte en ce procédé, ce qui le rend si aspre à la curée.

Chaque enfant masle naissant, les tambourineurs, *nogaretchi*[4], qui, gagés du Roy, sont en quelque haut bastiment proche la maison du Roy pour sonner les dianes à minuit, à midy, le soir et le matin, envoyent un ou deux de leurs gens, ou plus, selon la condition des personnes, tambouriner à la porte de l'accouchée, et ils ne cesseront point que l'on ne leur aye païé leur droict, qui leur est deu de par la loy du prince. Aucunes femmes veulent tascher d'éviter ce coup, mais les matois ont complot faict avec les sages femmes, *mamatché*[5], qui les advertissent.

1. Chehvet شهوت
2. Tedjroubèh, تجربه
3. Hadjdj, pèlerinage, حج
4. Nouqarèhtchy, نقره‌چی
5. Mamatchèh, ماماچه

Un enfant sera icy émancipé à quinze ans et avant ce temps là, malheureux est le créancier qui a des debtes à prendre en cette maison où sont des *yatim* [1] (pupilles), qui ne sont pas *baleg* [2] (adolescents)! car, soubs prétexte de garder le droict de ces petits, l'on faict injustice notable au demandeur en le faisant attendre un très long temps après son bien.

Pour faire juger un tel émancipé, l'on le mène chez le *kazi*, qui considère son visage, lui demande son âge, puis en bon persien luy dira, *Cheiton ber pouchte tou omed* [3] (le diable est-il venu de nuict sur tes espaules)? voulant dire la qualité du boucq, et iceluy disant *aré*, ouy, il est capable de vendre et d'aliéner. Si quelque fois pour grandissime nécessité le mineur estoit obligé de transiger quelque affaire, alors le *kazi* luy assigne un procureur, *vekil* [4], dont les transactions sont légitimes.

Icy, le service se faict par serviteurs qui, chaque an, ont gaiges déterminés, les païer, c'est autre chose, et aussi par esclaves, *goulom* [5]. Les voulant faire *azad* [6] (libres), l'on prend un papier de liberté du *kazi*. Les uns d'iceux sont blancs et sont amenés icy de Géorgie, Mosquovie et Circassie; d'autres sont noirs, et viennent de l'Inde, les plus noirs viennent de l'Éthiopie. D'ordinaire, on les mariera dans la maison à d'autres esclaves, et tout le mesnage est entretenu par le maistre. Leurs enfans ne sont pas libres, mais *kroné zad* [7] (nés dans le logis), et ceux là ne sont point à vendre, ains les maistres les eslèvent et les pourvoyent le mieux qu'ils peuvent selon leurs aptitudes, *cabeliet* [8].

1. Yetim, orphelin, يتيم
2. Baligh, qui a atteint l'âge de la puberté, بالغ
3. Cheïtan ber pouchti tou âmed, Satan est-il venu sur ton dos, شیطان بر پشت تو آمد
4. Vékil, وکیل
5. Ghoulam, غلام
6. Azad, آزاد
7. Khanèh zad, خانه‌زاد
8. Qabiliet, قابلیت

Les degrés de consanguinité de lignes collatérales, ascendans, descendans, se terminent icy au premier degré, car les deux frères marient leurs enfans ensemble. Pour ce subject, la cousine germaine ne se laissera jamais voir à son cousin germain, n'estant pas *mouharrem*[1] ensemble ; car icy, par cette belle loy, toute personne qui se peust marier avec un autre, il ne luy est pas permis de la voir, ce que les grands observent au possible ; pour les moindres, la pauvreté les rend plus sociables.

Les mariages de plusieurs gens d'espée seront de femmes que le Roy voulant descharger son *haram*, leur donne ne s'en voulant plus servir. Icy c'est au hazard, *taba nesib*[2] ; une telle tombera en partage à un *kan*, à un *sultan* ; sa compagne tombera à un simple soldat, lequel tant que durera le peu de miel que cette mouche a apporté de la maison du roy, fera grande chère et beau feu ; ce peu consommé, l'indigence y faict entrer le divorce.

Aucuns des grands taschent icy d'avoir des filles esgales à leur estat et ne le pouvant pas à raison d'une dot, *bachlique*, qu'il faut faire à l'équipollent, ils se contenteront de donner à leurs fils des *kenizes* pour leur usage ; car cette belle qualité de chasteté, qui nous tirant du genre humain, nous approche de l'estat angélique, icy n'est cultivée que par impuissance. Ces gens cy sont comme Sardanapale, tous plongés dans cette fange ; d'où il arrive que la pluspart en auront *suznak*[3], *atechek*[4], *dumbel*[5] (furoncles), et toutes autres telles libvrées que l'on gaigne avec le sexe. Mais comme l'air est icy fort sec, froid pendant six mois et chaud pendant les autres six, et qu'il n'y a point d'humidité, l'*atechek* n'est pas dangereux icy comme en Occident,

---

1. Mahrem, celui qui tel que le père ou le fils peut pénétrer dans le harem, محرم
2. Taba nassib, تبع نصيب
3. Souznak, bubon, سوزنك
4. Atechek, chancre, آتشك
5. Doummel, furoncle, دمل

d'où vient que lorsque les gens icy voyent un *atechek* qui pourrit et emporte son homme, incontinent ils l'appellent *atechek franyi*.

Icy, trois choses concourent à les poyvrer : les bains, les femmes, les razouëres et le boire. Icy en chaque quarrefour, *tchehar sou*[1], il y a des *sakka* (donneurs d'eau à boire), et ce particulièrement en esté, qui, avec un meschant pot donneront à boire à tous ceux qui en veulent ; après leur donne un khasbequi qui veut. En d'autres lieux seront des piterres, *commere*[2], pleines d'eau à boire, avec cela un pot de terre qu'un voisin par dévotion aura légué par *kasde tsouab*[3] (intention de mérite), car ils pensent que entre tant de beuveurs d'eau, quelqu'un plus recognoissant, *ensafi*[4], pourra dire en son cœur, *kroda bech biamourzed*[5], que Dieu luy pardonne ! Et comme ces maladies sont communicables, *mousri*[6], voilà un canal, *menver*[7], pour n'en manquer pas.

Le razoir, *tigue*[8], du barbier, *dellak*, qui aura razé une teste ornée de ce frontelet sera pour le rappliquer sur une autre. L'immodicité des bains, comme il sera dit, en gaste beaucoup qui n'ont jamais veu de femmes à cause de leur bas âge, de sorte que, icy, la pluspart de leurs faiblesses de nerfs, douleurs, lassitudes, fluxions et mauvaises compositions de ces corps qui ne vivent point à âge d'homme sans estre tout blancs et cassés, ne procèdent que de ce mal, qui icy, les deux premiers mois, se faict paroistre par bubes, pustules qui viennent au front, au visage, à la gorge, à la bouche, de sorte que cela est hideux à voir. Icy ils disent qu'il ne faut faire aucun remède de peur d'irriter le mal, lequel

---

1. Tchehar sou, چهارسو
2. Khoumrèh, jarre, cruche, خمره
3. Qasdi sewab, intention de faire une bonne œuvre, قصد ثواب
4. Insafy, juste, équitable, انصاف
5. خدا به اش بیامرزد
6. Mousry, contagieux, مسری
7. Il faut lire Menbourèh, منبوره
8 Tigh, تیغ

peu à peu se retire au dedans dans les os et dans les joinctures, ce qui faict que leur vie se passe en misère, non telle toutefois qu'en Occident, où, comme la crotte de Paris, elle emporte la pièce.

Les enfans icy ne prennent point le nom de quelque terre de leur race ; celle ci estant ou de nulle considération ou qui n'aura paru qu'en leur père ou grand père avec esclat, car icy de grandes et anciennes maisons avec leurs alliances qui, comme grands chesnes avec leurs rameaux verdoyans ombragent tout un païs, l'on ne sçait ce que c'est. Il n'y a encor moins de ces beaux escussons, armes, blasons, timbres et couronnes, où par les couleurs, par les diverses pièces entretaillées, l'on cognoist et l'alliance et l'antiquité des maisons ; icy mesme, ils n'en ont pas l'idée. Prendre le nom de leurs terres nullement, car icy baronnies, marquizats, comtés, duchés, etc, sont trop beaux titres pour les gens de néant qui icy n'auront de l'esclat, encor passager, que durant leur vie ou partie d'icelle, quand le roy leur aura donné quelque charge à l'ombre de laquelle ils font esclairer un feu de paille qui passe incontinent, ne restant plus que la fumée et la cendre noire pour leurs enfans, qui, pour ce subject, demeurent d'ordinaire plus que pauvres, car tant et tant de *kroné zad* (enfans de leurs esclaves) *kenizes* (servantes de couche), de leurs pères et femmes, avec toute la maison, *kolphé*, leur restant à entretenir et n'ayant pas le *deromeden*[1] du defunct, et par honneur ne pouvant pas rien retrancher de toutes ces bouches inutiles, ils soupirent à chaque moment de leur vie, s'engaigeant de çà et de là en espérance de quelque *menseb*[2] (charge, office), ou d'un don de Roy qui quelquefois viendra, et quelquefois non. Leur vers icy est bien vray :

Ber hal on kess baied giriste
Ke der omeden deh der krarge biste[3].

1. Der ameden, entrer (revenus, rentrées), در آمدن
2. Menseb, منصب
3. برحال آن کس باید گریست که در آمدن ده در خرج بیست

(Il faut pleurer de l'estat de celuy qui n'a que dix de revenu et est obligé à faire vingt de dépense). Icy, tant de fils de *Kam*, de *sultan*, d'*athemadeulet* et d'autres grands officiers dont les pères emplissoient une demi-rue de leur train, *hachem*, *kradem*¹, et bouchoient les passages en y passant, sont à présent pauvres, *negbeti*, *maflouki*². Voilà l'effet de la noblesse de la Perse qui est temporelle, et non pas comme en Occident en quelque façon éternelle, puisqu'elle est de maison et de race ; icy elle vient d'un hazard, d'un œil favorable d'un prince aussi prest à édifier qu'à destruire.

Leurs noms icy sont pris de leurs saincts, et particulièrement des douze successeurs de leur prophète, appellés icy *douazdé mason*³ (les douze innocents et purs) ; mais le plus répété est celuy d'Ali, de sorte qu'icy *goulam Ali*⁴, l'esclave d'Ali, *gueda Ali*⁵, le gueux d'Ali, *Kelbe Ali*⁶, le chien d'Ali, *Keram Ali*⁷, la miséricorde d'Ali, *Pir Ali*⁸, l'ancien, le vieil d'Ali et autres tels noms sont ceux dont ils s'honorent. Ceux qui tranchent du noblet adjouteront *bec* avec cela comme *Gueda Alibec*, *Pir Alibec*, etc. Ceux qui sont *kans* ou qui ont envie un peu profondément de l'estre, mettront *kan* au lieu de *Bec*, comme *Guedalikan*, *Pir Ali Kan* Les autres noms d'ordinaire seront *Kassem*, *Hachem*, *Heussen*, *Hassen*, *Gafer*, *Ahmed*, *Reza* et autres tels noms que l'on pourroit faire passer pour Brifaut, Gerfaut, etc. Icy ils disent qu'un père, ayant deux enfans au plus, est obligé que quelqu'un d'iceux porte le nom de Mohammed ou d'Ali, ce qui faict que ces noms sont assez répétés, et peur d'y manquer, d'ordinaire ils

---

1. Hachem, khadem, suite, train et serviteurs, حشم خدم
2. Meflouk, réduit à l'indigence, مغلوك
3. Douazdèh ma'ssoum, دوازده معصوم
4. Ghoulam 'Aly, غلام علی
5. Gueda 'Aly, کدا علی
6. Kelb 'Aly, کلب علی
7. Kiram 'Aly, کرام علی
8. Pir 'Aly, پیر علی

les joignent ensemble appellant *Mohammed Ali, Mohammed Alibec, Mohammed Ali kan.*

Les noms sont donnés quelquefois par fantaisie du père ou de la mère et aussi le plus souvent par sort, escrivant divers noms qui leur plaisent en de petits billets ou papiers, et en tirant l'un au hazard pour nommer l'enfant.

A leurs esclaves ils donnent des noms qui valent plus qu'eux : *Mirza Kam*[1] (Monsieur le gouverneur), *Deuletyar*[2] (le compagnon des richesses), *Ember*[3] (ambre), *Fescih*[4] (éloquent), *Kroch kadem*[5] (qui est de bon pas), *Mouberek*[6] (béni), et ainsi tels noms qui sont, comme l'on dit, *bi mousemme*[7] (sans fondement). Or, comme tous ces noms se répètent assez souvent, pour distinguer les personnes l'on dira, un tel fils d'un tel, comme *Mohammed Alibec veled Ahmed bec,* Mohammed Ali bec, fils d'Ahmed bec, etc., et ce, dans les contracts de vente et d'achapt ; pour signer, icy aucun n'use de paraphes ou seings, mais un chacun a son bul, *mher*[8], faict d'agate, ou de pierre d'azur, de *giloni*[9], de turquoise, et son nom bien gravé en persien et quelque petite devise de leur dévotion ; et pour buller un papier ou une lettre, ils barbouillent leur cachet d'encre avec le bout du doigt, mouillent avec la langue un peu le papier, puis ils impriment là dessus leur bul ; ainsi l'on en use en toutes les actions de justice, de finances et d'affaires.

Icy le point d'honneur est le lieu du cachet en escrivant des missives, car en escrivant à un égal ou à un moindre, au bout de

---

1. Mirza khan, ميرزا خان
2. Daulet yar, favorisé par la fortune, دولتيار
3. 'Enber, عنبر
4. Fessih, فصيح
5. Khoch qadem, dont les pas sont heureux, خوش قدم
6. Moubarek, مبارك
7. Bi maussem, intempestif, déplacé, بى موسم
8. Mouhr, cachet, sceau, مهر
9. Djilany, hématite, جيلانى

la lettre là où finit l'escripture, ils vous planteront au milieu le cachet; escrivant à un autre un peu plus que eux, ils le mettront tout au bas de la lettre. Mais à un qui, sans *teftige*[1] (disquisition), les excède de condition, ils mettront tout au bas de la lettre leur bul, mais en sorte qu'il n'y aye que la moitié du bul qui soit sur le papier; l'autre moitié comme faute de papier, n'y estant point comme pour dire : En votre présence, Monsieur, je n'ay point de lieu; avec votre permission pourtant, pour vous faire sçavoir que cette lettre est de vostre *goulom kadim*[2] (ancien serviteur, esclave), j'ay marqué mon caractère dans une petite extrémité du papier.

Le dernier degré est de mettre son bul sur le derrière de la lettre, qui est la dernière recognoissance de grandeur. En escrivant leurs lettres dont les signes, pour estre bien couchés, doibvent aller en lignes courbes, avec des ciseaux, *kaitchi*[3], ils coupent les bords bien droictement, puis de ce papier s'estant faict comme un parallélogramme, ils coupent un des angles du papier, sçavoir le droict du bas du papier pour en faire un trapèze, *monharref*[4], irrégulier. Leur raison est que le rectangle est figure parfaicte, et comme les choses parfaictes ne sont point de notre ressort, il ne faut pas les attenter comme de notre ressort. Je croy que c'est pour éviter la figure du triangle, *mouselles*[5], qu'ils tiennent *bed youmine*[6] (mauvais augure), car dans ce *moustetil*[7] (rectangle), tirant la diagonale, *kohezel*[8], il se forme deux triangles égaux, *mousaoi*[9]. L'horreur de la figure triangu-

---

1. Teftich, تفتیش
2. Ghoulami qadim, غلام قدیم
3. Qaïtchy, قایچی
4. Mounharef, منحرف
5. Moucelles, مثلث
6. Bed youmn, بد یمن
7. Moustethil, مستطیل
8. Ce mot est tronqué et défiguré : il faut lire qathi' ezzawouyeteïn, قاطع الزاویتین
9. Mousawy, مساوی

laire, particulièrement mise dans un cercle, comme un triangle équiangle dont les pointes se terminent dans la circonférence d'un cercle, *dairé*[1], procède de ce que les chrestiens, *aissai*, expliquent analogiquement les trois personnes divines, l'essence, génération et spiration; par ce symbole, la trinité, *teslis*, n'est point incompatible avec l'unité, *touhid*.

Icy, en taillant une plume ou plus tost leur *nei*[2] (canne d'Inde), avec quoy ils escrivent, ils se gardent de laisser les retailles tomber à terre là où elles pourroient estre foulées aux pieds, ce qu'ils disent estre péché contre l'honneur de Dieu, le nom du quel cette plume, *kalem*[3], aura peut estre escript plusieurs fois; car, leur coustume en chaque papier, lettre, *ktabet*[4], requeste, *arzé*[5], contract, *cabalé*, est de mettre en haut *Hou*[6], Dieu; puis quatre doigts plus bas, ils commencent à tracer leurs lettres ou escriptures de pinties. Pour ces retailles de plume, ils les mettent en un lieu honneste pour estre exemptes de tomber soubs les pieds. Ainsi ces gens honorent Dieu des lebvres: leur cœur est tout confit en immondice de sensualité des femmes, en *eglômi*, et en corps, d'avarice, d'envie, d'orgueil et de philaftie telles qu'ils se louent tousiours eux mesmes lorsque d'autres oublient de le faire.

Ces *codperesti*[7] (philaftie) et *eugbe*[8] (vanité orgueilleuse), sont tellement dans toutes les conditions que prenant dans tous les estats *piché*[9], un apprentif, *chaguerde*[10], après avoir appris à dresser et ramasser les instruments de la boutique et à les remettre

1. Daïrèh, دايره
2. Ney, نى
3. Qalem, قلم
4. Kitabet, كتابت
5. 'Arzèh, عرضه
6. Hou, Lui, هو
7. Khodperesty, خودپرستى
8. 'Oudjb, عجب
9. Pichèh, métier, profession, پيشه
10. Chaguird, شاكرد

en leur lieu seulement, je ne dis pas de s'estre rendu la main habile, *deste kabel*[1], pour passer pour compagnon, si ce bec jaune peut faire quelque forte pièce de son mestier un peu déguisée du commun, il la portera partout pour faire voir ce chef d'œuvre, disant : « *Karnomé fekre men est*[2] (c'est de mon invention). L'*hosta*[3] (maistre) se cache de moy, mais il n'en sçauroit faire autant, *hem der kab ne did*[4] (mesme en songe il ne luy est jamais venu une telle pensée), » et ainsi l'ingratitude, *bi vafa*[5], de ces apprendrien, faict que les maistres les tiendront toute leur vie s'ils peuvent, le bec en l'eau. Montons plus haut : les estudians, *talebelme*, en useront de la sorte envers leurs lecteurs ; ils auront quelque méchante *choubhé*[6] (objection), *moulakeché dir lefs*[7] (embrouille de paroles), ils la proposeront à tout le monde comme le sphinx d'Œdipe, avec icelle que c'est d'ordinaire sans raison ni fondement ils diront avoir rendu *agez*[8] les plus grands docteurs leur ayant donné *eltezoum*[9], qui est, comme nous le disons, les réduire à quia, le mat aux échecs.

Passons plus outre. Les premiers de la cour, après avoir veu quelque image imprimée, quelque figure d'un libvre imprimé de mathematiques qui, à raison de la taille douce moderne, à ceux qui ont quelque peu d'entrée dans la science est une explication du *metleb*[10] (intention), lors ces messieurs tascheront de la déguiser, de l'augmenter de sottize ou de diminuer de sa per-

---

1. Desti qabil, دست قابل
2. Kar noumounèhi fikri men est, ce travail est un échantillon de mon imagination, كار نمونهٔ فكر منست
3. Oustad, اُستاذ
4. Hem der khâb nè did. Il ne l'a pas même vu en songe, هم در خواب ندید
5. By vefa, بی وفا
6. Choubhèh, شبهه
7. Moulaqechèh der lefz, ملاقشه در لفظ
8. 'Adjiz, faible, impuissant, عاجز
9. Iltizam, التزام
10. Methleb, مطلب

fection, puis ayant mis ce soulier en pantoufle ils porteront cet *ekteraa*[1] (invention), en disant, c'est moy qui a trouvé cela, et pour se chauffer à leur feu, il ne faut pas dire le contraire, mais enchérir là dessus, faire le pasmé d'admiration, et si quelqu'un à la traverse disoit avoir veu en d'autres mains quelque chose de mesme, il ne faut dire *aré* (il est vray), mais *tché nesbet daret*[2] (quelle comparaison y a il)? Quelque pièce d'armeurerie, de force mouvante, hydraulique, pnefmatique, que nos Arméniens et Francs auront apportée icy, ils la considéreront et diront, encor à grand peine, *koub tesserouf est*[3] (voilà une belle invention), *amma aïbeki dared*[4] (elle a un petit deffaut). Alors, comme ils ne manquent pas d'esprit ny de malice, ils maçonneront quelque chose approchant qu'ils haut loueront et feront passer cent piques par delà. Ainsi est le *resme*[5] (coutume) de ces gens icy à qui le désir du *choheret*[6] (réputation) faict faire des pièces de Zoïlus, mais comme c'est icy la coustume, l'on ne s'estonne point de voir s'imputer à faux le travail d'autruy. La conscience et sincérité ont esté pratiquées bien autrement chez les Européens de tout temps, car un autheur rapportant quelque figure, théoresme et invention qui n'est pas de son creu, ne manquera jamais de mettre le nom de l'auteur, *moutsennef*[7]; autrement il se déshonoreroit soy mesme, en se faisant passer pour copiste. La nature corrompue et viciée en Adam et fomentée en ce désordre produit par ces gens cy encor bien d'autres sottizes, comme de se louer tousiours soy mesme et ce qui aidera encor le plus adroictement à leur dessein pour

---

1. Ikhtira', اختراع
2. Tchih nisbet est, چه نسبت است
3. Khoub tessarrouf est, خوب تصرف است
4. Amma aïbeki dared, اما عیبکی دارد
5. Resm, رسم
6. Choubret, شهرت
7. Moutessannif, مصنف

obtenir la meilleure place proche de leur cœur qui se repaist de telles viandes creuses, est de mespriser et abaisser de leur possible leurs compétiteurs, puis par une saincteté et naïveté pharisaïque, il dira, *kodra tarif ne mi kenem, hemmè kess miàoned*[1] (je ne me loue pas moy mesme, un chacun le sçait), car c'est une chose notoire, je ne puis pas le cacher.

Le temps et le papier me manqueroient si je voulois peindre ces gens cy avec les couleurs vives qu'il faudroit et dont j'ay une science expérimentale non encor totale, car, de jour en jour, elle croist et de plus en plus me faict rendre grâces à Dieu de m'avoir faict naistre en un païs où la vérité, sincérité, recognoissance et pureté sont les premiers mobiles de nos actions ; que s'il se rencontre quelques petites imperfections, pleut à Dieu qu'elles fussent icy ! en comparaison du procédé de ce païs, elles seroient action de surérogation. L'object immédiat à la puissance empesche d'en faire la sensation, il faut un medium entre deux pour le passage des espèces. Quiconque vouldra voir la beauté de l'Occident, l'ordre admirable de toutes les parties qui le composent tant à raison du civil, *eurfi*[2], que de l'ecclésiastique, *cheraiaï*[3], qu'il s'en vienne icy, s'informe soigneusement de tout ce qui est icy et entre dans l'esprit du païs ; qu'il hante et converse avec toute sorte d'estats, non point par personne interposée, mais, qu'avec la langue du païs, il puisse cognoistre scientifiquement ce qu'au rapport de dix mille il ne pourroit s'imaginer ; après avoir bien tourné et viré et acquis une science expérimentale, il dira comme en s'estonnant que de cent l'on luy en avoit à peine dit deux.

La langue ordinaire de la Perse est la langue persienne pour le commun, la turquesque pour la cour ; la persienne, à cause de

---

1. Khodra ta'rif nemy kounem, hémèh kes my daned, خودرا تعریف نمی کنم همه کس می داند

2. 'Ourfy, عرفی

3. Char'y, شرعی

son indigence, prend la pluspart de ses noms substantifs et adjectifs de l'arabe. Elle a peu de verbes, et encor d'ordinaire elle les laisse pour prendre un nom arabe et l'accommoder avec le verbe auxiliaire. L'inflexion de ses verbes est une seule, ils ont peu de temps et aucune distinction de genre masculin ou féminin ; les noms sont sans déclinaison et par conséquent les prépositions sans régime ; la syntaxe a peu de gouvernement, de sorte que dans les phrases l'on trouve les mots tout dans leur entier sans que, comme dans le latin, les dernières syllabes soient changées. Enfin la persienne que l'on appelle icy l'ancien *foursse*[1], se perd de jour en jour pour se meslanger de trop de vocables arabes.

Pour la turquesque, elle est plus régulière dans sa conjugaison, car elle n'en a qu'une seule et uniforme dans tous ses temps ; dans tous ses noms de quelconque termination, elle n'a qu'une seule déclinaison ; les pronoms primitifs, possessifs, se déclinent de mesme par tous les cas sans toutefois avoir de masculin ou féminin ; les prépositions, leurs cas particuliers comme aussi les verbes dans la syntaxe suivent en quelque façon la syntaxe latine ; pour la détermination des premières, secondes et troisièmes personnes, on insère de certaines lettres de M. N. I., avec tant d'ordre et de gentillesse que lorsqu'il se trouve deux voïelles, l'une par exemple qui détermine la personne, l'autre un cas, comme le datif ou l'accusatif, elle interpose une consonante pour en éviter la cacophonie. Les langues latine et grecque sont belles pour leur abondance d'inflexions qui toutes ont des significations propres et particulières ; la turquesque en cela ne leur cède rien et, en outre, n'a point tant d'hétéroclites anormaux et diversités de conjugaisons et déclinaisons, par une unique et régulière satisfaisant à tout ce que l'on sçauroit désirer. Le Turc de ce païs cy, appellé Turc *Agemi*, est plus délicat à l'oreille que le Turc *Osmanlou*,

---

1. Fourssy, فرسى

qui, pour converser, avec l'arabe, luy donne des accents et prononces plus gutturales, là où icy, pour user aussi du persien, la prononce est plus labiale. La langue persienne est en règne icy comme en son païs natal, et aux Indes orientales elle est la langue de la cour, et pour ce subject, ils la parlent plus littéralement que icy, un honneste homme aux Indes, ne voulant pas parler, quoy qu'il le sache, l'Indostany. Pour la langue turquesque, en remontant d'icy vers le Nord, comme la petite et grande Tartarie, c'est là son origine et aussi dans le Gurgeston, Mosquovie, Roussie, elle sert pour le trafic.

Oultre le boire et le manger, qui seuls sont ordonnés pour maintenir l'individu, dans lesquels ces gens icy cherchent autant qu'ils peuvent le *lezzet*[1] (goust), et s'ils ne le trouvent, ce n'est pas leur faute, ains celuy du païs qui ne peust pas donner davantage; pour se procurer du *damague*[2], comme ils disent, et se mettre en bonne humeur, ils ont diverses choses dont ils usent et ils y accoustument tellement la nature que s'ils s'en désistent, ils courent péril de la vie. Pour le premier, mettons le vin de ce païs cy, qui de soy est fort, sec, froid, pesant et terrestre, car nous avons les mesures du pied cube des choses liquides de France, de là nous jugeons de sa pesanteur facilement et de sa froideur à l'estomac. A la teste il ne donne que fumées, et sur la langue une amertume presque de coloquinte. Dans ce païs cy sont venus autrefois d'Occident quelques uns de ces bons entonneurs de vin, qui, du commencement, renversoient icy toutes les testes du païs à boire, les terrassant à force de santés, *echk chouma*[3], et les mettant soubs les pieds de la table. Après que le vin icy a pris possession de leur individu et affoibli leur cervelle, une rinseure de bouteille, comme l'on dit, les mettoit par terre. Ces gens, lorsqu'ils se mettent au vin, ce n'est que pour en faire excès, se mettre hors du raison-

1. Lezzet, لذت
2. Dimagh, دماغ
3. 'Ichqi chouma, عشق شما

nable et estre en estat de n'avoir plus, faute de cognoissance, aucun dégoust des adversités de la vie humaine. Ils ne boivent pas le vin pour son goust, ny encor moins pour aider et haster la digestion, ains seulement pour s'enivrer : aussi, cependant, ne mangent ils rien que quelque fruict à moitié meur, *na residé*[1], ou pareilles choses, car durant leur repas du soir ou du matin, ils ne boivent que de l'eau. Vous verrez ces gens cy dans un *megeles* (assemblée de vin), une petite *pialé*[2] à la main, la faire emplir jusques à comble, l'escarter de dessus leur habit, de peur que quelque goutte venant à tomber dessus ne le rende *neges* (pollu), ensuite marmotter en leur bouche quelques prières ou paroles d'excuse de transgresser ainsi manifestement la loy en buvant de cette liqueur qui leur est très justement deffendue, enfin ouvrant la bouche, jetter dedans tout d'un coup le breuvage après lequel ils font les mesmes grimaces qu'un malade dégousté que l'on faict boire par force à la santé d'un apothicaire. Ils continueront ce choquement de tasse, leur langue y estant conforme, *pialé zeden*[3], tant que, comme pourceaux, ils tombent sans raison et jugement, seulement agités et meus du principe prédominant de leur tempérament, *mezage*[4], car les uns seront des lions, d'autres des pies ; d'autres complimentent aux excès d'extravagance, d'autres règlent l'estat et la politique, enfin là vous verrez des fols naturels, puisque, en cet estat, la pure nature de beste agit et destitue de la conduite de la raison. Celuy qui s'est habitué à cette belle vie, en premier lieu, les mains commencent à luy trembler, *raché*[5], les yeux à s'appetisser et à s'obscurcir : si s'appercevant de ce désordre, il quitte le vin tout d'un coup, il est mort ; s'il le continue, il n'en eschappera pas. Enfin, voilà la

---

1. Na ressidèh, qui n'est pas arrivé à maturité, نارسیده
2. Pialèh, coupe, tasse, پیاله
3. Pialèh zèden, choquer la coupe, پیاله زدن
4. Mizadj, مزاج
5. Ra'chèh, tremblement, رعشه

récompense de ce brave compagnon, duquel pour se desfaire honnestement, il ne faut pas le congédier tout d'un coup, ains peu à peu se retirer de sa trop grande conversation et ce adroictement, pour ne pas irriter par trop son tempérament.

Le second est le tabac pris en fumée par le moïen de ces bouteilles et cannes, qui font passer par l'eau cette fumée pour la tempérer. C'est à présent si commun en Perse que les femmes, les enfans et les hommes en usent. Leur tabac n'est pas si violent comme celuy de Saint-Christophle, qui est cordé et confit dans son jus. Icy les fueilles sont desséchées ; les ayant comme conquassées et pulvérisées, ils les détrempent avec de l'eau pour en faire durer la fumée plus longtemps. Ceci encor est une horrible subjection ; car s'ils manquent d'en prendre de temps en temps, vous les voyez tout *souste* (efflanqués et abattus)[1]. Pour ce subject, le long des rues, passages et lieux de promenade, vous ne voyez que tabaqueries et vendeurs de tabac tout prêt qu'un More tirera vistement en passant ; il jettera un kasbequi, ou ne donnera rien pour le paiement, puis il suivra promptement son chemin. Cette façon de petun n'enivre pas, mais depuis peu les Yuzbeks, peuple de la Tartarie mineure, leur ont appris, au lieu de tabac, d'y mettre des feuilles de chènevière qui donnent des illusions et des endormissements à la teste merveilleux et pires cent fois que ceux du vin.

Kokenar[2] est une autre drogue permise par la loy : c'est le suc du pavot mis en consistance. Icy l'on en sème des campagnes tout entières. Le matin, le villageois va faire, avant le soleil levé, trois incisions à la teste du pavot par lesquelles découle son suc que ces pauvres gens ramassent ; l'odeur seule les met presque hors d'eux, mesme comme gens attaqués du haut mal.

Icy, dans Hispan et la Perse il y a comme des académies pour

---

1. Soust, faible, mou, sans vigueur, سست
2. Kouknar, pavot blanc, كوكنار

ces messieurs-là, que l'on appelle icy *kokenare kroné*[1]. Aux commençants l'on donne de la décoction faicte de l'escorce de pavot, qui les enteste et les enivre ; à ceux qui sont un peu plus avancés, l'on rectifie davantage cette décoction comme estant plus malaisés à esmouvoir; aux parfaicts l'on donne du susdit extraict, en augmentant peu à peu, car comme la nature s'accoustume à la froideur violente de cette drogue, ils ne voient plus d'illusions à l'ordinaire. Or, la nature estant accoustumée à cette prise de *enfion*[2], s'ils manquent à leur heure d'en prendre, en tardant par trop, infailliblement, dans trois ou quatre heures de souffrance les voilà morts ; et si une personne accoustumée à cela va aux champs et a oublié de se fournir le long du chemin peu esloigné du logis, en retournant, elle sera en danger de passer le pas avant que d'arriver. Dans les *kokenar kroné*, petites cahuettes, là où s'assemblent ces grands personnages, vous les voyez jouer toutes sortes de personnages : qui pleure, qui rit aux anges, qui faict des contes à la cigogne, qui faict venir des ambassadeurs de toutes parts, qui sçait plus de nouvelles que le gazetier du bureau d'adresses. Enfin, c'est le plus grand divertissement du monde que d'entendre leurs discours et de voir leurs postures. Ceux qui sont plus honnestes et retirés font ceci dans leurs maisons en leur particulier. Pour le *kokenar*, ils l'envoient quérir à leur heure dans des bouteilles au *kokenar kroné*; pour l'*enfion*, ce sont boutiquiers particuliers qui ne vendent autre chose que tel poison. Icy d'aucuns qui, par désespoir, voudront se faire mourir à leur aise, prendront un gros morceau de cet *enfion*, puis ils boiront du vinaigre par dessus de peur que les leurs, en s'apercevant de cela, ne leur donnent pour les sauver quelque vomitif. Cet *enfion* ainsi pris et du vinaigre par dessus n'a plus aucun autre terme que la mort : cet

---

1. Kouknar khanèh. کوکنار خانه
2. Efioun, opium, افیون

homme commence un peu comme à sommeiller et à rire en mesme temps, puis il continue en cet estat de riant et à moitié assoupi jusques à ce qu'il passe au lieu des pleurs et là où il n'y a plus de repos.

Bengue[1] est une autre espèce de breuvage faict avec du chènevis, fucilles de chènevière et autres belles drogues amères au possible. Les gens adonnés à cette potion ont continuellement des illusions en la teste et sont comme des personnes qui resvent en veillant. Leur couleur est comme celle d'un mort déterré. Ce breuvage est si violent que, par leur loy, il est deffendu, ce qui le faict encore plus à désirer.

Outre ceux cy cognus de tout le monde, ils ont encore d'autres opiats, *magoum*[2] (conserves de folie), dont les compositions diverses ne tendent qu'à les rendre comme insensés, et à leur donner mille et mille phantaisies d'hypocondriaque dans la teste. Vous les voyez dans les rues qui parlent en eux-mesmes, font des soliloques, et rient aux anges ; ils sont courtois, d'un visage gay et joyeux lorsque la drogue opère ; car avant que les ventricules du cerveau soient remplis de ces vapeurs, ils sont de mauvaise humeur, mélancoliques et hargneux, d'où est icy la coustume de dire à un homme qui conteste hors de propos, *miguer theriaque tou ne residé est*[3] (peut-estre que ta drogue ne faict pas encor son effect) ? Voilà comme l'on en use icy en Perse, et de toutes ces choses suscitées, je ne croy pas que de dix mille, vingt personnes en soient du tout exemptes, puisque mesme dans les compagnies où l'on s'est assemblé pour passer le temps le plus joyeusement, l'on vous en offre et l'on est presque contrainct pour ne pas dégénérer de cette espèce irrationnelle.

1. Bengue ou Bendj, بنگ.
2. Ma'djoun, électuaire, معجون.
3. Meguer teriaki tou nèressidèh est, مگر تریاك تو نرسیده است.

Nonobstant cela, ces mots de *thériaki, kokenari, bengui,* passent pour une injure, le tabac seul ou galion estant reçu pour honneste folie. Aussi arrivant en un lieu, incontinent l'on met la bouche à la canne du galion de tabac ; en saluant l'hoste l'on aura la moitié de la bouche emplie du bout de la canne, l'autre moitié à moitié entrouverte laissera passer quelques mots entrecoupés de compliments, puis recommençant de toute la bouche à retirer par leur haleine cette fumée, ils se donnent loisir de repenser à ce qu'ils ont à dire. Les docteurs enseignants, leurs escoliers auront aussi bien les uns que les autres la canne du galion en bouche pour pétuner, voulant faire l'un et l'autre exercice ensemble. Vous verrez dans la chambre des comptes ou ailleurs un *kateb*[1] (escrivain de libvres), avoir la canne de galion dans sa bouche pétuner et escrire en mesme temps. Enfin, le tabac y est un *telesme*[2] qui domine sur les jeunes et les vieux, les riches et les pauvres. Car icy lorsqu'ils ont quelques deniers pour acheter leurs nécessités, le premier est le *poul tabacou*[3] (monnoye du tabac), le second est pour la glace, *yakre*[4], qui se compte sans rabais ni consulte ; pour les autres choses, comme fruits, *mivé*[5], melons, *karbeyé*[6], fromage, *penir*[7], ils consultent leur petit pouvoir sur la qualité et la quantité de l'emplette, retranchant sur un pour augmenter sur l'autre ; mais quant au tabac, c'est le premier en hypothèque, son adjoinct est la glace de laquelle ils se servent hiver et esté. Nonobstant cela, la pierre n'est pas ordinaire icy comme en Rome et autres païs occidentaux qui font le mauvais usage d'eaux si

---

1. Katib, écrivain, commis, كاتب
2. Telesm, talisman, طلسم
3. Pouli tounbakou, پول تنباکو
4. Iakh, glace, یخ
5. Mivèh, میوه
6. Kharbouzèh, خربوزه
7. Penir, پنیر

froides. Seulement ce beau cristal leur noircit les dents, les met de couleur de vieil ivoire jausne qui, en peu de temps, ne leur laisse que des dentiers de chair. Les *chirini* (douceurs), *halva* (confitures), *nokle* (dragées), *kande* (sucre candi)[1], et autres telles friponneries y contribuent encor dans l'excès, qui faict que leurs dentiers en âge d'homme ou de vieillards ne sont point subjects aux douleurs. Encor bon si cela les dispensoit d'un des supplices de l'enfer, *douzak*.

Icy la vieillesse n'est pas bien reçue, car lors que la barbe et cheveux blancs les debvroient rendre vénérables, ils taschent par tout moïen de se remettre au rang des jeunes gens; ils se peignent la barbe et les cheveux assez bien de noir, qui toutefois tient tousiours un peu de la couleur violette, et lorsque venant de la campagne ou estant occupés ailleurs, ils n'ont pas eu la commodité de mettre la main au pinceau, c'est alors que vous voyez des cheveux de deux couleurs, car le pied qui, selon son naturel, est blanc, ne se conforme pas à sa pointe, qui est noire.

Icy les hommes paraissent vieils incontinent; l'excès du sexe, des douceurs et autres tels ennemis de la vie humaine leur font incontinent perdre et flestrir la fleur de leur âge. Les bains, *hammom*, y contribuent encor le plus.

Hammom[2] (bain), est une estuve publique là où ils sont obligés par la loy et par la nécessité d'aller continuellement pour se purifier et se laver lorsqu'ils ont fait la beste, autrement leurs prières sont inutiles, *batel*. Dans le bain, à l'entrée, est une grande et longue chambre relevée des trois costés, comme le Pont Neuf de Paris. Le plancher est le fond là où il y aura quelques *tanguis*[3] ou bassins d'eau froide; ce lieu s'appelle *rakte*

---

1. Chiriny, شیرینی, helva, حلوا, nouql, نقل, qand, قند
2. Hammam, حمام
3. Tenguy, تکی

ken[1] (déshabillouër) ; entrés là, ils quittent tous leurs habits ; aucuns entrent la chemise sur le dos, dans la chambre de l'estuve qui luy est immédiatement adjacente. Là on oste sa chemise et on ceint ses *aurat*[2] (parties honteuses tant antérieures que postérieures), d'une toile appellée *fouteh*[3], longue. Icy sont deux officiers, le *kissemal*[4] et le *dellak*. Le *kissemal* avec une estamine le frotte et estrille par tout, ce pendant que l'on luy verse de l'eau chaude sur le corps. Le *dellak* luy rase les cheveux s'il veut.

La chaleur moite de cette estuve, qui faict que, mesme en hiver, vous les voyez tout fumants de sueurs et dégouttants à grosses gouttes, vient du *kraziné*[5] ; c'est un retranchement dans cette grande chambre d'environ huit ou neuf pieds en quarré. Ce lieu est bien cimenté, et au milieu est une grande bassine de bronze ou potin de trois ou quatre pieds de diamètre, soubs laquelle l'on faict un feu continuel de fueilles d'arbre, de guenilles, de fumier de cheval ou de chameau, car icy de brûler du bois pour ce subject, il y a deffense, outre qu'il ne tourneroit pas à compte de la chaleur de cette bassine ; l'eau s'eschauffe, et un chacun en prend avec des vases à son besoin ; d'aucuns entrent dans cette eau pour se chauffer et se faire suer davantage, ce qui désoblige fort ceux qui désireroient avoir de l'eau bien nette.

Après que notre homme s'est bien faict frotter et jetter plus d'eau sur le corps qu'il n'en faudroit pour eschauder et peler un cochon, il s'en va dans le *kolletin*[6], qui est un bassin ou fosse en terre profonde de hauteur d'homme et pleine d'eau

---

1. Rakhtken, رختكن
2. Aourat, عورات
3. Foutèh, فوطه ou فوته
4. Kissèh mal, qui frotte avec un sac en crin, كيسه مال
5. Khazinèh, خزنه
6. Koullètin, كلتين

chaude. Là vous verrez quelquefois un *vesvas* (scrupuleux) sur ses talons sur le bord de cette piscine gourmelant je ne sçay quels mots adaptés à la purification de la loy. Arrivé à certaines paroles, il faut sans perdre de temps se plonger dans ce cloaque. Ces paroles sont *gosle mikonem bray genabet*[1] (je fais la purification à cause d'avoir etc.); n'en disons pas plus. Si dans l'univers il y a lieu infect, plein d'ordures, d'eau grasse et puante, c'est ce *kolletin*. Sur la surface de cette eau à moitié chaude, il y a pour le moins trois doigts de grosse ordure de couleur de savon délayé, de sorte que, de peur que cela ne marque comme de la craye, jusques où leur corps ou espaules ont esté dans ce cloaque, ils escartent avec la main cette grosse vilainie. Là seront ensemble huit ou dix de ces personnages en mesme temps, qui ne manqueront point de se faire part de quelques raretés de Naples s'ils en sont fournis, de quoy ils ne manquent guères. Icy les enfants mesme deviennent poivrés avant l'âge de malice et de puberté, ce qui n'est point une exagération, eux-mesmes le confessant comme aussi ceux qui ont honte de dire avoir gaigné cela en mauvaise compagnie; cette excuse dans le civil passant pour plus honneste et mieux reçue.

A costé de cette chambre est une petite antichambre là où il y a des lieux, *moutevazen*[2]. Là aussi est un canal d'eau froide avec diverses petites séparations, où ceux qui veulent s'appliquer le *nouré* le font. Ce *nouré*[3] est une composition de chaux vive, *ahek*[4],

---

1. Ghousl mykounem beray djenabet, غسل ميكنم براى جنابت
2. Moutevezza, latrines, متوضى
3. Nourèh, نوره. Les Persans se servent d'une poudre composée de parties égales d'orpiment, de chaux vive et de cendres de bois ou de crottin, qui, delayée dans l'eau est appliquée en pâte plus ou moins épaisse sur les parties du corps dont on désire ôter les poils : la pâte reste en place pendant dix à quinze minutes et est enlevée ensuite par un lavage à grande eau. Schlimmer, *Terminologie médico-pharmaceutique et anthropologique française-persane*. Téhéran, 1874, p. 183.
4. Ahek, آهك,

et d'orpiment, *zernik*[1] ; ils se l'appliquent là où ils ont du poil qu'ils veulent faire tomber. Icy, il faut estre attentif, car lorsqu'ils s'aperçoivent que le poil se laisse arracher facilement et est comme détaché par la qualité caustique de cette drogue, incontinent, il faut jeter de l'eau froide dessus pour arrêter son action, autrement les vésicatoires des cantharides n'y feront jamais œuvre.

D'aucuns qui ne veulent pas tant noircir ni durcir leur peau, car ce *nouré* noircit et durcit un peu le cuir, se font arracher le poil l'un après l'autre avec des pincettes, *menkach*[2], qui est une assez grande douleur pour les obliger à ne point défaire ce que la nature par honneur a faict. Notre homme ainsi deschargé de crasse et de poil retourne dans le *rakht ken* ; là, il respire un air un peu plus frais que dans ce lieu estouffé, qui n'a de jour que par en haut et est encor fermé par des lozanges de verre, *goum*[3]. Là il se rehabille et paie le *hammondar* (baigneur ou maistre du bain), qui est à la porte pour regarder qui va et vient, veiller à ce que les habits ne soient point volés, et que celuy qui sort le premier ne descharge celuy qui sort le dernier. Icy se sont trouvés des tirelaines, qui entrant dans les bains, se feignoient serviteurs de M. un tel, qui est dans l'étuve ; ils ployoient tout le bagage du *mirza* dans un paquet, et se présentant pour sortir, ils disoient estre serviteurs d'un tel *mirza* et avoir commandement d'aller au logis quérir promptement de nouveaux habits et ce pour rechanger, et ainsi, ils ne pouvoient pas estre condamnés d'avoir dépouillé le *mirza*, mais bien, ne retournant point, ils l'avoient laissé nud.

Les nouveaux mariés, *kuraken*, sont menés au bain avant la nopce par leurs camarades. Le *hammondar* alors par honneur

---

1. Zernikh, زرنيخ
2. Minqach, منقاش
3. Djam, verre, vitre, جام

estend un tapis dans le *rakte ken*; le nouveau marié desfraie la compagnie, quitte sa vieille *cabaye* qui appartient au *hammondar* et en revest une neufve.

La dépense d'une personne qui se fera donner toutes les douches et céremonies du bain reviendra à huit sous et non plus; d'aucuns, pour avoir plus de plaisir au bain, feront *kourouk*, c'est-à-dire empescheront le monde d'y entrer jusques à ce qu'ils aient faict. La dépense sera de cinq *abbassis* ou neuf lb.

Les hommes peuvent aller au bain depuis les trois heures ou quatre du matin, que, sur les bains, un homme avec une conque marine, trompette pour advertir que les bains sont prests, et que vienne qui voudra. Depuis ce temps là, les hommes sont reçus à y venir jusques à huit heures du matin. Après qu'ils se sont bien tantouillés dans ces eaux et y ont laissé des îles de crasses flottantes, les femmes y viennent à leur tour; elles achèvent d'époissir ces cloaques de leurs infections, qui empuantiroient le papier qui voudroit descrire leurs façons de faire aux bains, auxquels la loy et la conscience les obligent pour se purifier dignement. A peine peust-on penser aux ordures et fanges et aux eaux puantes qui sortent de ces lieux, que le cœur ne bondisse.

Proche des bains sera le *mengelab*[1] qui est une grandissime fosse où l'on descharge toutes ces eaux qui, après avoir servi, ont presque perdu le nom d'eau. D'autres qui, faute de lieu, ne peuvent avoir de telles fosses, font des puits et des cavernes souterraines là où se deschargent ces pourritures, et il faut de temps en temps les curer.

Icy il est à remarquer que l'eau courante d'un fleuve n'est pas reçue légalement pour la purification dans un bain et qu'il faut tirer de l'eau dans un puits, *tchah*[2]. La raison de conscience est

---

1. Mendjelab, égout, مجلاب
2. Tchah, چاه

que peut-estre, le maistre de cette eau courante, pour avoir passé sur son fonds avant d'arriver dans le bain n'est pas content que l'on se purifie de cette eau. Comment voulez-vous que l'usage d'une chose soit licite quand le maistre y contredit? Et après cela vous n'advoquerez pas les Persiens, gens de conscience, qui regardent aux petites choses de la sorte!

Il y a des bains qu'ils appellent *merdoné*[1], là où les femmes ne sont pas reçues, et ce pour les hommes qui ne peuvent pas prendre le temps des autres bains.

Si icy les Persiens, hommes et femmes, manquent huit jours d'aller aux bains, il leur semble avoir un million de fourmis, *mourché*[2], qui leur démangent le corps à raison que les pores bouchés, les vapeurs fuligineuses qui veulent sortir par les passages ordinaires et ouverts cherchent passage par les estuves et baigneries.

Cette fréquentation des bains et cette laverie de corps faict que leur odeur tient tousiours du faquenas et particulièrement les femmes qui, dans les rues, puent estrangement et vous empestent de leurs cassolettes; car, en passant dans les rues, prenez tousiours le dessus du vent, car autrement vous ne manquerez pas de vilain parfum, particulièrement quand il y a quelque temps qu'elles n'ont été au bain. Là encor dans le bain, les femmes font paraistre leur grandeur d'avoir à leur suite quelques esclaves qui les servent, leur grand bassin d'airain à elles, leur pot à puiser de l'eau, leurs tapis mis en terre, leur pierre ponce pour s'oster les caluts des talons, leurs mirouërs et leurs toiles, ne se servant point du tout des ustensiles du bain qui sont communs à toutes.

D'aucuns des plus grands de la Perse ont des bains à eux dans leur maison, et lorsque eux et leurs femmes y vont, ils font

---

1. Merdanèh, réservés aux hommes, مردانه
2. Mourtchèh, مورچه

fermer la porte ; entre temps, ils font ouvrir une porte de derrière pour faire entrer les estrangers qui aident à païer la dépense du bain, et encor, en outre, quelque petite rente qui sert à la maison.

De maladies dans la Perse, le Bender Abbassi, port sur le Sinus Persicus en pourvoit assez bien les marchands qui passent par là pour aller aux Indes. Il y a assez bonne garnison de marchands anglois et hollandois ; l'intempérie de la chaleur avec les vapeurs de la mer auxquelles la montagne ne permet pas d'aller ailleurs, font trouver à plusieurs passagers en ce lieu ce qu'ils ne cherchent pas ; s'ils ne demeurent là en garnison, d'ordinaire ils s'en reviennent icy avec une maladie, telles que fiebvres et langueurs irrégulières dont il faudroit encor ajouter l'espèce à celles que Fernel a descriptes. Les mauvaises eaux de Lar, qui sont de cisternes où, dans ces eaux croupissantes, s'amassent des insectes infinis, causent des enflures de jambes et dans icelles comme un ver qui perce de sa teste la peau pour regarder ce qui se passe au dehors. L'expérience a appris à ces gens icy de le tirer peu à peu, le roulant chaque jour d'autant qu'ils le peuvent tirer sur un petit rouleau de bois, mais que l'on se garde que, précipitant la besogne, l'on le vienne à casser, car surviennent alors des douleurs intolérables[1].

Icy les gouttes ne sont pas ordinaires, non plus que leurs supposts ; il y a peu de la gravelle ; il y a quelque espèce de ladrerie, *beres*[2], car à beaucoup vous verrez leur corps ou leur

---

1. Il s'agit dans ce passage du dragonneau ou ver de Médine appelé par les Persans *richtèh*, رشته, *peyouk*, پیوک, ou *erqi medeni*, عرق مدنی. M. Schlimmer a consacré à cette maladie fréquente dans le sud de la Perse et à son traitement, un long chapitre dans sa *Terminologie médico-pharmaceutique française-persane*, pages 198-214.

2. Beres, برص. Cette maladie est connue sous le nom vulgaire de *pis* پیس (sale, immonde) ; elle est une affection endémique spéciale mais rare, se caractérisant par des taches plus blanches ou plutôt plus pâles que le reste de la peau (ou bien comparables pour la couleur à celle de cicatrices résultant de profondes brûlures chez des personnes de teint plus ou moins bronzé) d'étendue diverse, sans prurit, sans

visage comme de marbre, quelques parties blanches sont comme dominées d'excès de pituite, d'autres sont brunes de leur couleur naturelle, car les gens naturels du païs ont quelque peu du blanc d'Égypte, non pas tout à faict.

D'escrouelles, *kranasir*[1], il s'en trouve quelques-unes, avec beaucoup d'hémorrhoïdes, *bavassir*[2], lesquelles bouchées ou arrestées ne manquent point de dégénérer en hydropisie, *estiska*[3]. Au temps des melons, mais particulièrement comme au mois d'aoust, il y a force fiebvres avec grands tremblemens, ce qui ne peut provenir que des crudités et quantités de fruitages qu'ils mangent. Le pourpre, *haspé*[4], en emporte encor assez. Les petits enfans sont aussi, comme en nos quartiers, subjects à la verette, *chichek*[5], lesquels en sont icy quelquefois esborgnés plus que chez nous.

Outre ces maux génériques, il y a quantité de douleurs intérieures d'espaules, de jambes, d'os, de cuisses, lesquelles ne viennent toutes d'autres sources que de l'*atechak*, qui s'étant retranché au dedans, suivant les changemens du temps, envoye ses qualités d'un costé et d'autre, et si l'air estoit humide dans ce païs, ils tomberoient par pièces. Icy sont aussi quantités de tayes, *perdé*[6], sur les yeux qui grossissent et débordent à merveille au dehors. Une autre maladie est encore celle de l'esprit, de laquelle un homme ne guérit point qu'à la mort ; c'est la folie ou privation de jugement ; plusieurs personnes icy sont de

---

sécrétion aucune, sans inégalités ou aspérités, dont la guérison a été jusqu'ici difficile et qui par cela persistent souvent pendant de longues années chez des individus de caractère insouciant qui n'en font aucun cas et cachent leur mal aux yeux de leurs parents et de leurs proches pour n'être point exclus de leur société. Schlimmer, *Terminologie*, pages 22-27.

1. Khenazir, scrofules, خنازير
2. Bevassir, بواسير
3. Istisqa, استسقا
4. Hasbèh, pétéchies, حصبة
5. Tchitchek, variole, چیچک, ce mot est turc.
6. Perdèh, پرده

ce rosle. Dans quelque saison de l'année, ils reviennent un peu à eux ; en d'autres temps, ils mériteroient les petites maisons. La grande sécheresse de l'air, l'inquiétude de la vie humaine touchant la dépense et la pensée où la trouver, qui est logée dans la plus grande part des maisons, pourroient bien causer ce désordre dans leur cervelle joint avec cette pétunerie continuelle.

Icy, les malades estant comme désespérés, la coustume est d'allumer plusieurs feux sur la terrasse de la maison, affin que ceux qui voient cela, prient Dieu pour la santé du malade, ce qui n'est pas mauvais. Si ces feux ne profitent pas pour cela, au moins servent-ils pour avertir le messager *Eblis*[1] que on doibt faire la dernière voicture. Le médecin venant voir son malade met d'ordinaire deux cordes à son arc ; en arrivant, après avoir considéré son patient, il rassure les esprits des assistants en disant : *Akbet be kreir hichdadagué nist*[2] (la fin en sera bonne, il n'y a aucune appréhension) ; en sortant vers la porte il dira à quelque domestique comme en secret, *aagel ech resid goun nemitoned bourden*[3] (son heure de mort naturelle est arrivée, il ne sçauroit réchapper) et ainsi quoy qu'il arrive, il a ses garants qui le justifient, lui et sa judiciaire.

Pour l'enterrement, nous l'avons descript ci-dessus. Après avoir descript ce que nous avons pu remarquer des façons de faire de ces gens icy en général, nous particulariserons sur toutes sortes de conditions, des plus hautes jusques aux moindres; d'autant que pour faire une description méthodique qui comprenne tous les habitans d'un royaume chrétien, l'on les divise d'ordinaire en trois ordres, sçavoir ceux du clergé, de la noblesse et du tiers estat; aussi me proposant de descrire les

---

1. Iblis, le démon, ابليس
2. 'Aqibet bekheir, hitch dagdaguèh nist, عاقبت بخير هيچ دغدغه نيست
3. Edjelech ressid djan nemy touwaned bourden, اجلش رسيد جان نمى تواند بردن

estats, fonctions et pratiques des Persiens, vu leurs vocations et exercices, nous les diviserons aussi en trois classes, sçavoir, les gens d'espée, ceux de plume et ceux de main, laquelle division correspondra, quoyque analogiquement à la nostre.

Soubs les personnes d'espée, nous comprendrons les gens de commandement, du criminel et de guerre;

Soubs ceux de plume, seront ceux d'estude, de justice et des finances;

Soubs ceux de main, sont les marchands, artisans et villageois.

Des personnes de commandement.

Les premiers sont les *beklerbegui*, *kams* et *sultons*.

Beklerbegui est un mot turquesque qui signifie seigneur des seigneurs. Ce sont des gouverneurs de grandes provinces qui ont encor soubs soy quantité d'autres gouverneurs ou *kams* de places ou provinces, comme nous dirions en France un gouverneur de Guienne, de Bretagne, de Normandie, etc. Celuy-cy est obligé d'entretenir tant de milice pour garder les *serhad*[1] ou limites du royaume; il commande à ses *kams* ou gouverneurs de provinces particulières, non que leur investiture ou déposition soit en son pouvoir, mais en celuy du roy seul. En temps de guerre, lorsque les armées sont assemblées, son commandement est en évidence, car pour lors, il a l'intendance absolue tant sur ses *kams* que sur leur soldatesque.

Les *kams* sont gouverneurs de provinces particulières, comme nous dirions en France du Berri, de Nivernois, etc. Iceux aussi ont leur milice entretenue, qui est païée des deniers du roy, que le *kam* ramasse de ses subjects, en mangeant une partie et donnant l'autre pour la milice, et en temps de guerre ils sont obligés de suivre lorsque l'on les appelle.

---

1. Serhadd, frontière, سرحد

Les *sultons* sont des petits gouverneurs d'une place ou d'une contrée seulement ; iceux sont soubs les *kams*, mais leur investiture ou leur déposition est indépendante d'iceux.

Ces trois estats qui passent icy pour gouverneurs, mangent les provinces, car le mot ordinaire y est propre en cette langue, d'autant plus, que pour demander qui gouverne tel païs, l'on dit *quis flan olkei mikouret*[1] (qui est celuy qui mange tel païs ou telle province) ? pour dire « qui gouverne tel païs. »

Iceux reçoivent les revenus, et là-dessus leur entretien pris, ils sont obligés de païer leur soldatesque, de donner telle somme par an dans les coffres du roy, au grand vizir, telle somme, et ce par an et par obligation. A présent, pour se maintenir, en outre, de leur libéralité, ils envoient de temps en temps au roy des présents, des *barkroné*[2], comme chevaux, fruicts, esclaves et filles, comme aussi aux grands de la cour pour qu'ils soient leur soustien, et pour le cas où plumant leurs poules trop fort, si elles viennent à crier, les oreilles de ceux qui pourroient en prendre cognoissance soient bouchées.

S'ils se montroient trop serrés en cecy, l'on a encore deux machines pour deslier leurs bourses. Le roy pour récompenser un officier, envoie à ce *kam* ou *sulton*, quelque oiseau de sa vennerie avec ordre de donner au porteur tant ; en outre, il faut qu'il fasse son présent à part. L'on luy porte cet oiseau ; luy avec sa cour vient au devant, le reçoit avec mille témoignages d'allégresse de se voir dans le bon souvenir du roy. Un chacun de ses gens loue cette cheveche, qui d'ordinaire, n'a ni serre ni bec, et est un vieil oiseau dont il faut descharger la fauconnerie. Enfin le *kam* qui voit bien que ce n'est pas pour la perdrix, la grue ou la gazelle que cet oiseau est venu, mais pour luy tirer une dent, faict le magnifique de contenance,

---

1. Kist ki flan olkèh my khoured, کیست که فلان اولکه می خورد
2. Barkhanèh, بارخانه

traicte à merveille son hoste afin que, à son retour, il en fasse un récit avantageux au roy. De cette mesme façon, il leur envoye une veste ou *kaleate*[1], de quoy ils se parent dans les jours d'honneur.

Toutefois, si ces choses ne luy venoient quelquefois, luy mesme se les procure par argent et amis, et ce pour estonner ses subjects qui auroient quelque envie de se plaindre de ses tyrannies, appellées *chekaiet*[2], car alors eux voïant que le roy luy envoie tel ou tel présent, ils le croient fort intime du prince et que, par conséquent, leurs plaintes ne serviroient que pour leur attirer quelques bastonnades qui leur cousteroient encor de l'argent.

Outre ceux cy, il y a encor les *coutouals*[3] comme gouverneurs d'une petite place, roc, bastille ou chasteau, où l'on met les mauvais garçons en dépost.

Pour le criminel, le premier est le *divan begui*, qui est comme le grand prévost du royaume : à iceluy doibvent estre reportés tous les meurtres signalés, et il a droict d'en prendre cognoissance. Iceluy a soubs soy quantité de cavaliers, d'archers, de piétons, qui sont autant de lévriers qu'il envoie à la chasse.

Dans chaque ville, en outre, le roy envoie chaque an ou le continue un *daroga*, qui est prévost ayant l'intendance du criminel. Cecy d'ordinaire est pour récompenser un officier. Celuy-ci arrive dans son lieu, réveille les vieux péchés, prend de l'agresseur et de l'agressé, et les battus païent aussi bien l'amende comme celuy qui a battu. Icy nos procédures d'Europe, rapports du chirurgien, pensions alimentaires, etc., ne sont point en usage : s'il y a du sang respandu, des injures dites, le tout se termine au profit de ce bon sainct, que l'on peust bien dire qu'il mange les péchés du peuple.

---

1. Khelaât, vêtement d'honneur, خلعت
2. Chikaiet, plaintes, شكايت
3. Koutouwal, کوتوال

Pour la soldatesque ou gens de guerre, icy il y a deux corps d'armée anciens, outre un troisième érigé de nouveau ; aussi il y a trois généraux d'armée, *kourtchibachi*, *kouller agasi* et *tuphintchi bachi*.

Kourtchibachi (chef des Kourtchis), qui sont anciens peuples qui, à la façon des Turquemanes, habitent sous des tentes ; donnent de leurs enfants pour le service du roy et le maintien et appuy de leurs familles. Cette milice là a encor ses *minbachi* (millénaires), *yuzbachi* (centeniers), *onbachi* (décurions). Mais d'après leur ancien pacte un de leur race et non un autre sera leur chef. Ces gens icy sont comme l'on dit d'*ale mach*[1] (gens de mesnage), car s'ils ont un escu, ils le mettront à acheter une brebis comme estant accoutumés au trafic et à la parcimonie.

Kouller agaci (chef des esclaves), comprend tous les serviteurs ou soldats qui ont paie annuelle du roy, qui six, qui huit, qui dix tomans par an, et sont obligés de suivre à la guerre quand on les commande. Ceux-cy, d'ordinaire sont des Roger Bontemps : quand leur paie est venue, ils la despensent à faire bonne chère, à acheter de beaux vestemens, des tapis, des coissins, de belles étoffes, que au bout de quelque temps, il faut porter tous en pension comme robes de chambre de pensionnaires, c'est-à-dire l'engager pour quelque argent. Ceux-cy sont d'ordinaire gens endebtés et qui pour six tomans de *dunloque*[2] païés en feront par an soixante de depense : le reste se trouve par rapine, industrie, ou par quelque employ qu'ils excroqueront au roy, ou aux grands. Ceux-cy pour la plus part sont des Géorgiens ou Circassiens, que l'on amène petits comme esclaves pour le roy. L'on les appelle encor *kazelbache* (teste rouge), à cause que, anciennement, ils portoient des bonnets rouges : sur quoy raillant un jour par lettres et ambassadeurs, le Grand Turc dit à ce roy

---

1. Ehli mach, اهل ماش

2. Donlouq, argent destiné à acheter des chausses, solde, طونلق

d'ici : « C'est moi qui les faict *kazelbache*[1] », leur ayant rougi la teste de leur sang en une défaicte qu'il fit de ces gens cy, surpris de façon qu'ils ne peurent se battre qu'à la façon des Parthes ou Persiens, c'est-à-dire tirer la flèche en arrière, ce qui veut dire fuir en bon françois.

Ceux-cy ont aussi leurs *min bachi*, *yuz bachi*, etc.

Tuphintchi agaci, est le maistre des mousquetaires ou gens de pied qui se battent avec le mousquet. Ceux-cy se prennent des villageois et rustaux, qui savent mieux manier une bêche que de se mettre en mousquetaires. Aussi sont-ils mesprisés des deux milices ci-devant déduites, qui se tiennent pour fidalques et ceux-cy de basse caste, et ils les appellent par mespris *aleph chemchir*[2] (l'herbe pour l'espée), car les deux premiers sont cavaliers n'ayant que l'arc, les flesches et l'espée. Ces derniers sont maladroits ; avant qu'ils se soient mis sur le derrière comme des singes, qu'ils aient dressé une petite fourchette attachée d'ordinaire vers l'extrémité du fust du mousquet, compassé leur mesche, pris leur visée, l'on auroit porté trois fois la balle au lieu où ils veulent l'envoyer.

Lors qu'il est question de quelque entreprise particulière, le roy nomme un *serdar*[3] sur ces trois généraux, comme qui diroit tenant le chef ; cestuy cy n'est pas d'office, mais de commission, car pour le généralissime d'armée il s'appelle

Sepehsalar[4], qui commande absolument à toute la milice. Celuy-cy est par office. Or, pour concevoir l'estat de ces milices, il ne faut rien mesler des communes notions de l'Europe, comme de bataillon quarré, de terrain, d'hommes de grand front, ny moins user de nos termes ordinaires, dressez vos files, prenez vos distances, doublez les rangs, remettez-vous, etc. ; il

---

1. Qizil bach, قزلباش
2. Alefi chemchir علف شمشیر
3. Serdar, général en chef, سردار
4. Sipèhsalar, سپهسالار

n'y a rien de tout cela icy. Ce sont des hommes contre qui nous nous battons en Europe, et ainsi nous sommes obligés d'user de méthodes rationnelles; les gens icy n'ont que les déserts, les longueurs de chemins, la faim, la soif et la lassitude à combattre; ils vont qui devant, qui en arrière, comme des troupes de bestes. Si, quelquefois, ils sont en cervelle pour la proximité de l'ennemi, ils envoiront sur les coupeaux des montagnes quelques espies pour descouvrir. Le soir estant arrivé pour se camper, ne vous imaginez pas une place d'armes fermée faisant front de tout costés, là où les divers quartiers bien compartis pour les vivandiers, huttes de soldats, estables de chevaux, logis des capitaines, colonels et autres officiers sont divisés par règle et compas, selon la proportion du terrain et du corps de l'armée; icy, le plus beau et commode sera arresté pour le général et autres des plus apparens, le reste se loge où il peut; chacun tend son pavillon, qui de çà, qui de là, de sorte que vous voyez comme un grand village dont les maisons sont de toile rouge, verte ou jaune. Pour les vivandiers, qu'ils appellent *ordou bazari, doukender, bakkal*[1], chacun faict sa petite cuisine dans une fosse en terre, avec deux ou trois pierres sur les bords, la pignate dessus et un peu de feu de broussailles ramassées de çà et là et d'ordinaire de crottes de chameau; d'ordinaire tout est cher dans l'extrémité. Pour le pain, aucuns le font sur une platine de fer, la paste est fort étendue avec un roleau, et ils la mettent dessus comme en France l'on met un rabat ou une collerette sur un tour pour l'empeser. D'autres comme plus puissants, ont un four portatif: ce sont deux grandes pièces de fer comme de demi-quarts garnis de gros clouds dedans pour retenir l'argile dont ils sont enduits. Les deux pièces jointes ensemble, feront comme un grand quart plus estroit par le haut que par le bas.

---

1. Ordou bazary, marché du camp, اردو بازاری, Doukkandar, boutiquier, دكاندار, Baqqal, marchand de légumes, épicier, بقال

Là dedans, l'on fait un grand feu de flamme, et autour, par dedans, ils plantent leur paste mise en forme de tourteau ou eschaudé qui cuit comme collée aux parois de cette machine; et ce pain icy est le meilleur, car si on cherchoit du pain de la reine ou de la belle cuve pour son repas, l'on pourroit bien s'en aller coucher sans souper.

Ce qui ruine encor ces armées, c'est que pour cinquante mille combattants effectifs, il faut au moins quatre cent mille hommes, ces bouches inutiles estant *sorbons*[1] (chameliers), *farraches*[2] (tendeurs de pavillons), *saccatchi*[3] (arroseurs d'eau), *chaters*[4] (laquais), *meters*[5] (palefreniers); en outre, il y a une quantité infinie de chevaux, de chameaux et de mules, pour porter tout ce bagage, car icy personne ne marche à pied. D'attendre dans ces païs des batailles rangées à un jour déterminé, là où les volontaires, pour espérance d'honneur et de gloire, accourent de toutes parts pour se signaler et se rendre recommandables, il n'y a point de nouvelles. S'ils sont pris entre deux portes, comme des chiens, ils monstreront bien les dents; surpris entre des montagnes, ils tascheront de se deffendre, s'ils se voyent les plus forts; sinon ce sera de se battre à la Parthe, c'est-à-dire en fuyant. Tout leur déduict n'est que voltiger à l'entour de l'ennemi non pour luy enlever des quartiers, mais pour luy couper les eaux et les vivres et faire que la famine et la misère luy fassent ce que leurs mains innocentes n'oseroient pas entreprendre.

Pour ce qui est d'assiéger une place forte, ils nous surpassent à creuser la terre et à la renverser, et non pour y planter des mines telles que les ont inventées nos ingénieurs et pyrobolistes

---

1. Serban, سربان
2. Ferrach, فراش
3. Saqqatchy, porteur d'eau, qui distribue de l'eau, سقاجى
4. Chatir, شاطر
5. Mehter, مهتر

modernes, mais pour en défaire les fondemens, ainsi qu'en France, nous faisons faire aux villageois dans les garennes pour déterrer les renards et les blaireaux après que l'on les a enfumés dans leurs tanières.

Ils se battent encor avec du canon ; leurs batteries sont accommodées à la nécessité et simplicité du païs. Quelques sacs de laines et toiles sont pendus pour mettre le canonnier et boute feu à l'ombre des mousquetades ; de jetter des bombes et des grenades et de contraindre les assiégés de s'enterrer tout vifs, l'on ne sçait ce que c'est. Leur batterie continue de jour, mais de nuict, le canon et le canonnier se reposent. Ils feront aussi quelques mines y mettant de la poudre, qui d'ordinaire, s'éventent et produisent des effets auxquels ils ne s'attendent pas.

Le grand maistre de l'artillerie s'appelle icy *toupchi bachi* (maistre ou chef des canonniers), et il a plusieurs ouvriers soubs soy.

Leurs forteresses icy sont à l'antique : il y a force tours de distance en distance, du reste, la muraille est plane, sans dehors ; il y a quelques fossés à demi comblés dans la campagne ou bien le rocher escarpé rend la place de difficile accès.

Tous nos termes de fortifications régulières n'existent point dans la langue persienne, et par conséquent, on trouve encor moins dans leur païs ces prodiges d'architecture militaire qui, édifiés suivant les règles de la géométrie et de l'expérience journalière, à raison des assauts, font morfondre les assiégeants au dehors pour ne pouvoir se loger au dedans.

Finissons donc notre milice et l'art militaire persien, qu'aucuns de nos autheurs nous voudroient persuader passer les nostres ; car, quand ils nous font une description d'évolution persienne, vous diriez qu'ils leur font danser les cinq pas avec une tranquillité d'esprit et une composition de corps et de mouvement toutes particulières, le chef de file avec sa longue queue venant au lieu du serre file et cestuy-cy en la place de l'autre, le bataillon occupant le mesme terrain. Ainsi, nous sommes portés à croire beaucoup plus de l'estranger qu'il y en a, et à négliger et comme mespriser ce que nous possédons de parfaict pour le chercher au dehors, ce qui toutefois est une marque de nostre acquis, car un butor se croira tousiours le plus ravissant personnage, comme nous l'expérimentons icy.

Des personnes de la plume.

Venons maintenant à la plume, qui, quoy qu'elle ne soit icy que bois, estant de petites cannes des Indes, est maniée avec plus de profit et de dextérité par trois sortes de conditions, sçavoir, les docteurs, la justice et la chambre des comptes, que le tranchant de l'espée des précédents; laquelle espée, sans garde pour conserver la main, courbée presque comme une faucille, pesante à la main comme la hache d'un bucheron, est coupante (quoy que d'un seul costé, l'autre estant plat et espois d'un tiers de poulce) plus par son poids que par son fil tranchant, quoy que l'on nous aye voulu faire passer cet acier qui vient des Indes pour ce fabuleux acier de Damas qui tranche les landiers en les regardant seulement, et ne disant pas qu'il casse comme verre s'il se trouve la moindre résistance, ce qui provient de l'excès du soufre dont il n'a pas bien esté purgé. Pour marque de cela, prenez de la limeure d'iceluy et la jettez dans le feu : elle se mettra à flammescher comme le soufre, poix, résine rousin ou poudre à canon jettés dans le feu. Son grain deslié et menu au possible tromperoit nos ouvriers, lesquels le mettant au feu et luy donnant une chaude, passant la couleur de cerise et venant à blanchir, en le mettant sur l'enclume, il se trouveroit qu'il ne resteroit rien soubs le marteau, le tout s'enfuyant de çà et de là comme de l'argile embrasée, avec une infinité d'estincelles.

Pour revenir à nostre damasquineure, cela ne provient sinon

que des parties hétérogènes de cet acier, lequel, pour n'estre pas bien conroyé et soudé ensemble, comme est la matière de nos arcs, espées, sçavoir acier et fer ne sont pas bien meslés ensemble pour ne faire qu'un corps homogène partout. Mettant sur iceluy acier bien poli et limé, un peu de couperose détrempée en eau et chauffée, elle mange les parties les plus tendres; les plus dures luy résistant, font dans cet acier une espèce de marbrure ou séparation de veines inégales et interrompues que nous appellons damasquineure, avec une telle vénération que en maniant seulement tels instrumens, nous regardons au bout de nos doigts s'ils ne nous ont point coupés.

Après cette digression, pour retourner à nos docteurs ou gens de plume, les premiers sont ceux qui ont quelques relations à l'église mahométane. Le premier desquels s'appelle *cedre*[1], ou par honneur *sedaret pna*[2], qui peust s'interpréter le refuge ou azile. Celuy-cy est le premier qui a en sa disposition tout le bien légué qu'ils appellent *mal vefke*[3], et le partage à qui bon luy semble, comme à ceux qu'ils appellent *ahel éstehekak*[4] (ceux qui en conscience peuvent et sont dignes de vivre du bien légué), duquel il y a grand stimule de conscience d'user si l'on peust vivre d'autre revenu ou occupation, particulièrement au dire des rebutés de cette fortune qui n'en peuvent rien accrocher, car s'ils pouvoient mordre, ils changeroient bien vite de note.

Ensuite sont les *mouchtehed*[5], qui sont docteurs consommés dans toutes les sciences et cognoissances, tant spéculatives que pratiques de leur loy, comme purifications, prières, morales, et dont ils ne manquent pas. Ce degré ne s'acquiert que par un

---

1. Sedr, docteur investi de la plus haute fonction de la magistrature, صدر
2. Sedaret penâh, asyle de la magistrature suprême, صدارت پناه
3. Mali vaqf, les biens de main morte, provenant de legs pieux, مال وقف
4. Ebli istihqaq, les gens de mérite, dignes de remplir les fonctions qui leur sont confiées, اهل استحقاق
5. Moudjtehid, littéralement, celui qui combat pour la foi, magistrat qui éclaircit les points de doctrine et les cas de conscience, مجتهد

long exercice de vie pharisaïque, ayant, pendant longues années, par une saincteté feinte, fait cognoistre au peuple qu'ils sont détachés des *alakat dunia*[1] (embrouilles du monde), et se sont tout à fait consacrés au culte divin. Vous les verrez avec un habit tout blanc, comme un fumier revestu de neige, le chapelet à la main, roullant les yeux en teste comme tout intravestis pour Dieu, le long des rues, avec une contenance d'hypocrite qui faict paraistre à l'extérieur ce que le monde luy preste. Cette posture estudiée faict venir l'eau au moulin, mais leur plus grand mal de teste est d'en voir plusieurs autres dans la mesme ville ou quartier, qui prennent le même train et aspirent au mesme but. Ce ne sont qu'émulation, jalousies et medisances les uns des autres. Leurs *tabis*[2] ou suivants sont en mesme mouvement; un chacun tasche d'amasser un grand nombre d'escoliers, *talebelme*, pour les enseigner, qui sont autant de trompettes pour faire esclater et retentir son *choheret* (renommée ou réputation), à quoy ils visent seulement; et si la science n'est suffisante pour s'amasser un grand nombre de prosélytes, ils taschent de le faire par argent, déférence et honnestetés. Ils taschent de se placer en les plus fameuses mosquées, à faire là le *pich namaz*[3] et que le plus beau monde leur fasse l'*ikteda*[4]. Ce sont de petits martyrs du diable, car dans un quartier l'on les tiendra pour *mousellam*[5], sans contredit tels, et dans l'autre pour *fasek dunia pereste*[6] (corrompu qui adore le monde). Il faut, selon le dire du peuple, qu'ils sachent soixante-dix sciences, qu'ils puissent

---

1. Alaqati dounia, les liens qui attachent au monde, علاقات دنيا

2. Tabi', تابع

3. Pich namaz, celui qui fait la prière devant la communauté des fidèles et en règle les mouvements, پیش نماز

4. Iqtida, action de prendre quelqu'un pour modèle et pour guide, direction spirituelle, اقتدا

5. Moussellem, qui s'est abandonné aux mains de Dieu, exempt de toute préoccupation mondaine, مسلم

6. Fassiq dounia perest, libertin qui adore les biens de ce monde, فاسق دنیا پرست

rendre raison à toutes les objections, doutes, *choubhé* et questions, que l'on leur pourroit faire, autrement ils passeront pour *krer*[1] (asne). Il faut particulièrement qu'ils soient bien versés dans le *fokke*[2] (lois légales), et les *hadis*[3] (discours du prophète sur leur *cherayat*[4]), les purifications, prières, jeusnes et contracts. Il faut que deux *mouchtehed* ne puissent faire l'oroison du vendredi, qui est particulière pour les *aoulia* (saincts) et deffendue à tout autre soubs, peine de grande malédiction de la part du prophète, que plus proche d'une lieue l'un de l'autre. Icy de mille qui commencent dès leur jeunesse jusques à l'âge décrépit, un seul ne viendra pas à estre réputé tel sans contredit, pour s'appeller *janichin* de l'*imon*[5] (lieutenant du prophète), car, en cet estat, il traisneroit les peuples après lui comme un autre Orphée. Les roys mesmes y mettent ordre de bonne heure, car la croyance de ce peuple est que un tel se rencontrant, le gouvernement de l'estat se doibt faire par ses ordres, et que le roy ne porte l'espée que pour luy tenir main forte et faire exécuter par force ce que la douceur de cet hypocrite ne sçauroit faire. Le roy, à leur dire, n'est qu'usurpateur du gouvernement, lequel debvroit, en tout et partout, passer par le *phoutva*[6] (explication et décision) de ce sainct.

En chaque mosquée, s'il y a des revenus, il ne manquera pas d'officiers. Le premier sera le *moutévéli*[7] ou fabricien, qui a soin des rentes et des réparations d'édifices; le second est le *moulna* ou recteur, qui les vendredis fait la prière et l'exhortation. Là, les hommes se mettent à genoux sur leur derrière, ils sont tantost debout, tantost inclinés, prononçant les mesmes paroles

1. Kher, خر
2. Fiqh, jurisprudence, فقه
3. Hadis, paroles du prophète conservées par tradition, حديث
4. Chery'at, la loi divine, شريعت
5. Djanichini imam, le remplaçan' de l'Imam, جانشين امام
6. Fetva, décision juridique, فتوا
7. Moutevelly, administrateur d'une fondation pieuse, متولى

que ce bon directeur dit d'ordinaire d'une voix faible et comme cassée par la saincteté, les jeusnes et les austérités ; ces paroles, un *mouahzzen*[1], les répète une à une et à haute voix, et les faict entendre jusques aux plus éloignés. En sortant de cette assemblée, vous voyez ce pharisien la teste tombée sur l'épaule, les bras pendants comme s'il estoit en enthousiasme. Ensuite, le meilleur mets de son repas est que le peuple, par dévotion, luy baise la main et les vestements, ce qu'il endure fort facilement, ainsi que l'on l'appelle *akroun*[2] (docteur).

Après ces bélistres, faisons suivre les supposts de la petite Sorbonne qui sont les escoliers, *talebelme*. Icy, il y a quantité de *medressés*[3] (collèges) bien rentés. Le principal s'appelle *mouderres*[4] comme le premier et le plus sçavant. Là, sont quantité de chambres où l'on est là seul à seul ou deux à deux ; l'on y loge ceux que le *cedre* juge debvoir estre admis à vivre de ce bien légué : qui a un *besti*[5], qui en a deux ou trois (qui seront trois ou quatre sols) à dépenser par jour. Iceluy *talebelme* fait sa cuisine luy mesme ou bien il va au bazar acheter luy mesme ce qu'il luy faut, et comme cela ne suffit pas d'ordinaire, il cherchera son Mecenas, tels que sont ces chercheurs d'honneur et de vent du monde descripts ci-dessus, et à avoir entrée chez le *cedre* et chez les grands, pour attrapper là une carleure de ventre. Si ses aptitudes ne suffisent pour s'ouvrir cette porte, il se mettra à transcrire des libvres, pouvant gagner par jour un demi teston ou plus, s'il est bon escrivain.

Icy, il y a plusieurs sortes d'escripture, comme le *nestalik*[6], qui est la plus belle lettre et tellement difficile que peu y réus-

1. Mouezzin, crieur, chanteur public, مودن
2. Akhound, اخوند ou اخون, akhoun.
3. Medressèh, collège, مدرسه
4. Mouderris, professeur attaché à un collège, مدرس
5. Bisty, بستى. Le bisty valait au xviie siècle en monnaie de France un sol et dix deniers.
6. Nesta'liq ou plus correctement neskhtaaliq, نستعليق

sissent ; l'autre plus facile est le *neskre*[1], l'une et l'autre sont pour les livres escripts à la main, car icy il n'y a point d'imprimerie. La courante est le *chekesté*[2], la dernière est le *divani*[3], pour la justice.

Les libvres sont icy fort chers ; l'on compte par vers et cinquante lettres font un vers ; les mille cousteront le moins deux *abbassis* et jusques à cinq *abbassis* s'ils sont de l'escripture la plus parfaite, de sorte que l'estime des libvres est d'ordinaire à l'escripture et peu à leur contenu, si ce ne sont des libvres rares.

Ils ont icy l'*Almageste*[4] de Ptolémée en arabe, la *Sphérique* de Ménélaus[5] et Théodose[6], plusieurs sortes de théories et moïens mouvemens de planettes comme de *Coagé Neseir*[7], de

1. Neskh, نسخ
2. Chikestheh, littéralement, rompu, écriture cursive dont les lettres sont enchevêtrées et qui est plus particulièrement employée pour les lettres et les billets, شكسته
3. Divany, ديواني
4. Les Orientaux désignent sous le nom de Almadjesty. المجسطى, les deux traités de Ptolémée relatifs au mouvement des astres et à la sphère céleste. Ces deux ouvrages ont été traduits en arabe sur l'ordre du vézir Yahia ibn Khalid le Barmécide par Aboul Hassan et Salmoun. Une nouvelle version arabe due à Nairizy et à Ishaq ibn Houneïn fut revue et corrigée par Thabit ibn Qourrah, puis par Aboul Wefa Mohammed Bouzdjany et Nassir Eddin Thoussy.
5. Le traité de Ménélaus d'Alexandrie sur les figures sphériques, كتاب منالاوس فى الاشكال الكرية, a été traduit par Honaïn ibn Ishaq et corrigé par Ahmed ibn Sayd el Hèrèwy.
6. Les trois livres des sphériques de Théodose de Tripoli portent le titre de : Livre de Théodose comprenant trois livres et cinquante-neuf figures, كتاب الأكر لثاودسيوس وهو ثلاث مقالات وتسعة وخمسون شكلا. Ils ont été traduits du grec en arabe sur le commandement du khalife Abou 'l-Abbas Ahmed el Moustayn billah par Qosta ibn Louqa et par Thabit ibn Qourrah, puis par Abou Zeyd ibn Noqthah et Yahia ibn Mohammed el Ifriqy.
7. Khadjèh Nassir Eddin Mohammed Thoussy naquit à Thous l'an 597 de l'hégire (1200) et mourut à Bagdad en 672 (1273). Nassir Eddin qui était au service du dernier chef des Ismayliens, Roukn Eddin Khourchâh, détermina celui-ci à faire sa soumission à Houlagou. Il s'attacha à ce prince et construisit par ses ordres l'observatoire de Meraghah. Nassir Eddin est l'auteur d'un « Traité abrégé sur la composition de l'almanach », مختصر فى معرفت التقويم, d'un ouvrage intitulé « Vingt chapitres sur l'usage de l'astrolabe », بيست باب در معرفت اسطرلاب, de tables astronomiques dédiées à Houlagou Khan, زيج الخاني. Nassir Eddin est, en outre, l'auteur d'un traité de morale auquel il donna le titre de Akhlaqi Nassiry, « les caractères de Nassir », اخلاق ناصرى et qui fut composé pour Nassir Eddin Abd-

Mirza Ouloukbec[1]; Euclide en toutes ses œuvres[2], quelques fragmens d'Archimède et d'Appollonius[3] et d'autheurs anciens, aussi la perspective de Ebn Heissen, des livres d'arithmétique, *elme hasabe*[4], d'algèbre, *elegebre*, d'optique, *minaser*, de forces mouvantes, *gerre sakril*[5]. Les mathématiques se cultivent icy plus généralement, mais non pas en supresme degré comme en Occident. Icy se trouveront toutes les parties des mathématiques, *riasi*[6]; mais toutes ces sciences, ils les subordonnent à la judiciaire, *chkoum*[7], disant que les moïens sans l'effet sont inutiles.

allah Moubtechem, prince du Kouhistan, ainsi que d'un commentaire sur le *Liber fructus* de Ptolémée, شرح ثمرة بطليموس

1. Mirza Oulough Beik était le fils aîné de Châhroukh Mirza et le petit-fils de Tamerlan. Il naquit à Sulthanièh en 796 (1393); son père lui confia en 812 (1409), le gouvernement de la Transoxiane et il établit sa résidence à Samarqand où il fit élever un observatoire. Il succéda à son père en 852 (1448), et fut mis à mort, l'année suivante, par son fils Abdoul Lathif. Oulough Beik rédigea, avec la collaboration de Salah eddin, plus connu sous la dénomination de Qazi Zadèh Roumy, et celle d'Aly Qouchdjy, des tables astronomiques auxquelles il donna le titre de « Nouvelles tables royales », زيج جديد سلطاني Les ouvrages d'Oulough Beik ont été, dès le XVIIe siècle, l'objet des études des orientalistes. Cf. *Epochæ celebriores astronomis, historicis, chronologis Chataiorum, Syro-Græcorum, Arabum, Persarum, Chorasmiorum, usitatæ ex traductione Ulug Beigi; primus publicavit, recensuit et commentariis illustravit J. Gravius*, Londini, 1650. *Binæ tabulæ geographicæ : una Nassir Eddini Persæ, altera Ulugh Beigi Tatari, opera et studio J. Gravii nunc primum publicatæ*, Londini, 1652. *Tabulæ longitudinum et latitudinum stellarum fixarum ex observatione Ulugh Beighi... ex tribus invicem collatis mss. persicis jam primum luce ac Latio donavit... Thomas Hyde*, Oxonii 1665. *Prolégomènes des tables astronomiques d'Olough Beg, publiées avec notes et variantes et précédées d'une introduction par S. P. E. A. Sédillot*. Paris, 1847-1853.

2. Les Éléments de la géométrie d'Euclide et ses autres ouvrages ont été traduits sur l'ordre des khalifes Haroun Errechid et Mamoun par Hedjadj ibn Youssouf bin Mathar et plus tard par Ishaq ibn Honeïn et Qosta ibn Louqa. Thabit ibn Qourrah a également traduit les ouvrages d'Archimède : *De sphæra et cylindro*, كتاب الدايرة والاسطوانة, *De dimensione circuli ejusque computatione*, كتاب المأخوذات فى اصول الهندسة, et les *Lemmata*, كتاب مساحة الدايرة وتكسيرها.

3. L'ouvrage consacré aux sections coniques d'Apollonius, كتاب المخروطات, a été traduit en arabe par Hilal ibn Hilal de Hims et par Thabit ibn Qourrah.

4. L'arithmétique, ilmi hissab, علم حساب, l'algèbre, fenni djebr ou mouqabelèh, فن جبر ومقابله, l'optique, fenni menazir, فن مناظر.

5. Djerri eçqal, la mécanique, جر اثقال.

6. Riazy, رياضى.

7. Ehkam, les décisions basées sur les calculs astrologiques, احكام.

Pour ce subject, ils calculent chaque an leur *takoim*[1] (éphéméride), là où, comme dans notre armenak, ils mettent leurs prédictions, d'ordinaire de mesme estoffe que les nostres et encor plus. Le curé de Vilamont ou Jacques Petit le Troyen ne gaigneroient pas icy leur vie pour y avoir trop de cette vacation[2].

Le roy chaque année dépense plus de vingt mille tomans pour entretenir ses astrologues, *monagem*, qui sont tousiours auprès de luy avec leur astrolabe pour prendre la bonne heure, l'ascendant, pour dominifier, et pour dire quand il est bon de s'asseoir, de se lever, de partir, de manger, de se coucher, de vestir telle ou telle couleur, de sorte qu'il est dans leur disposition absolue. Quelquefois, retournant des champs, supposons par exemple de Chartres pour venir à Paris, ils le feront entrer par la porte Saint Honoré ou Saint Martin, en le faisant attendre en pied jusques à ce que l'instant de la constellation nécessaire soit arrivé.

Ils travaillent les astrolabes mieux que nous en France; ils ont des *destours*[3] ou plats de formes divisés et subdivisés pour promptement tirer les cercles des astrolabes ou les *moukantaré almicantarat*[4] ou cercles de progression; ils sont de un à un, *nesphi*[5], ou ils sont de deux en deux; *soultsi*[6], de trois en trois, *kromsi*[7] de cinq en cinq, *soudsi*[8], de six en six. Les termes

---

1. Taqwim, تقويم
2. Jean Petit de Troyes et non Jacques Petit, comme le dit le P. Raphaël, jouissait au commencement du xviie siècle d'une grande réputation pour ses almanachs et ses pronostications. Il a publié à Paris en 1616 les *Prédictions pour cinq années des choses plus mémorables qui nous sont denoncées advenir par les révolutions, grandes conjonctions des planettes et estoilles, commettes et autres metheores, ensemble les eclipses solaires et lunaires commençeant en l'an 1617 et finissant en l'an 1621 par maistre Jean Petit, speculateur ès causes secondes, mouvemens et propriétés des astres. Dédié au tres-chrétien roy de France et de Navarre Louis XIII.* Paris, Pierre Menier. Jean Petit publia un nouvel almanach en 1622.
3. Destour, دستور
4. Mouqantharet el miqantharat, les cercles de progression, مقنطرة المقنطرات
5. Nisfy, نصفى
6. Soulsy, ثلثى
7. Khomsy, خمسى
8. Soudsy, سدسى

de l'astrolabe sont comme les nostres, à la réserve de la corruption des mots arabes que nous avons faicte en les faisant entrer dans notre langue : *Om*[1], la mère de l'astrolabe ; *sapheh*[2] planches ou tables ; *elkoutb*[3], le cloud que nous appellons *alkitob* ; *pheres*[4], le petit chevalet qui est un coin qui passe par ce cloud pour serrer l'araignée, *enkebout*[5], sur les tables ; *al hidoda*[6], *moukantareh al micantarah*, *azime*, azimuts. *Kret estevai*[7], — ligne du levant et couchant, *kretout mouavege*[8], les arcs des heures babyloniques, *zullan*[9], douze *esabea*[10] l'echelle altimètre, *lobnetain*[11], les pinnules, *sokbetain*[12], les trous et autres termes semblables. Ils n'en ont pas d'autres instruments de mathématiques. Quant aux problèmes de géométrie, ils s'en deffont assez bien, comme aussi de ceux d'arithmétique, règle de trois, *rebié moutenasebé*[13], *katain*[14], règle de fausse position, algèbre,

1. Oumm, ام
2. Sefibèh, plaque de métal, صفيحه
3. Qouthb, قطب
4. Feres, فرس
5. Enkebout, عنكبوت
6. Ouzad el 'idadèh, عناد العناده
7. Khatti istiwa, خط استوا
8. Khoutouti mouwadjèhèh, lignes parallèles, خطوط مواجهه
9. Zilal, les ombres, ظلال
10. Asabi', doigts, اصابع
11. Loubneteïn, لبنتين
12. Soqbeteïn, ثقبتين On peut consulter sur les dénominations des différentes parties de l'astrolabe L. Am. Sédillot, *Mémoire sur les instruments astronomiques des Arabes*, Paris, 1841 ; Morley, *Description of a planispheric astrolabe constructed for Shah Hussein Safawi, King of Persia and now preserved in the British Museum, comprising an account of the astrolabe generally... To which are added concise notices of twelve other astrolabes Eastern and European*, London, 1856. Wœpcke (F.), *Ueber ein in der königlichen Bibliothek zu Berlin befindliches arabisches Astrolabium*, Berlin, 1858, in-4 ; Dorn, *Drei in der K. öffentlichen Bibliothek zu S. Petersburg befindliche astronomische Instrumente mit arabischen Inschriften*, dans les *Mémoires* de l'Académie impériale des sciences, Saint-Pétersbourg, 1865 ; Almerico da Schio, *Di due astrolabi in caratteri cufici occidentali trovati in Valdagno (Veneto)*, Venise, 1880.
13. Rebyeh moutenassibèh, رباعيه متناسبه les quatre quantités proportionnelles.
14. Qath'ain, قطعين

calculs de triangles rectilignes et sphériques par les sinus, tangentes, secteur, qu'ils ont encor en degrés, minutes, secondes, et le raïon des sinus total leur estant de 60 parties, ainsi que nous l'avions avant que de Monte Regio nous l'eût calculé au compte de 60,000,000, puis au compte de 10.000,000, l'un et l'autre par nombres entiers.

Ils ont icy les livres de Platon, d'Aristote, d'Avicenne et d'autres anciens, le tout en arabe, qui est à eux comme à nous la langue latine, qu'ils apprennent premièrement, sçavoir le *tesrif*[1] (grammaire), puis le *nahve*[2] (syntaxe), et le *logat*[3] (la signification des mots); mais ils n'apprennent jamais cette langue en proportion pour la pouvoir parler librement, ains de l'entendre en la lisant ainsi que pour l'ordinaire font nos Italiens au respect du latin.

Ils ont la logique, la physique et la théologie; ils ont quatre figures d'argumentation, et au contraire de nous, dans leur argument ils font tousiours passer la mineure pour la majeure, comme leur argument pour prouver le *hodouts dunia*[4] que le monde est dans le temps : *Dunia moutegaier est, her tché moutegaier est hades est, pes dunia hades est*[5] (Le monde est changeant, tout ce qui est changeant est temporel, donc le monde est temporel).

Leur manière d'enseigner et de prendre leçon est de choisir qui bon leur semble pour régent, car icy d'enseigner est le supresme degré de l'honneur, les plus grands ne s'en voulant pas priver ; et pour ce subject, ils détaillent d'ordinaire plus de bourse que de langue, de science et de sçavoir pour s'acquérir le nom de docteur, là où en France ce mot d'enseigner, qui ne

---

1. Tesrif, les conjugaisons, تصريف
2. Nahv, la syntaxe, نحو
3. Loughat, la lexicographie, لغات
4. Houdousi dounia, le commencement, l'apparition du monde, حدوث دنیا
5. Dounia mouteghayer est, her tchih mouteghayer est, hadis est, pes dounia hadis est, دنیا متغیر است هرچه متغیر است حادث است پس دنیا حادث است

peust se laver de la dernière injure du monde qui est pédant, n'est pas beaucoup envié pour la gloire ains pour le profit.

Là, M. le docteur est assis sur son derrière comme un tailleur, l'escolier est aussi assis, mais sur ses genoux, par respect; il lit deux ou trois lignes du libvre qu'il aura apporté; le docteur luy explique en persien; celuy-cy recommence, et ainsi alternativement, l'espace de deux tiers d'heure; que l'escolier ne concevant pas la glose d'Orléans, importune trop son docteur, alors il commencera à l'embrouiller d'un long discours, commençant comme l'on dit, à déduire les deux guerres de Troye par un œuf : l'escolier bien advisé doit acquiescer et mentir en disant : « A présent je conçoy fort bien, cela est fort clair. Je ne croy pas que en tout le monde l'on puisse mieux expliquer, et si Aristou venoit au monde, il ne pourroit rendre la chose si claire. » Telles et telles sont les paroles de flatterie, *tilali*[1], de ces parasites, *kasselis*[2], lesquelles, estant mises en leur langage naturel, auroient une bien autre énergie. Le maistre qui, comme le pescheur, ne cognoit de meilleurs mots que luy dire qu'il a triomphé et s'est surmonté soy mesme, rend le réciproque à son escolier, et ainsi, comme deux asnes, ils se grattent l'un et l'autre. Cependant l'escolier comme le plus rusé, attrappe tousiours quelque chose de solide comme quelques sols, cabayes et habits que ce maistre luy donne de temps en temps de peur de le perdre.

Un escolier ne se contentera pas d'une leçon sur une sorte de science; en un jour, il fera un pot pourri de logique, de physique, de théologie et de grammaire, ainsi que les maistres, qui se croiroient déshonorés s'ils avoient refusé d'enseigner quelconque science que l'on leur demande, quoy qu'il n'en aient jamais entendu parler; baste, que l'escolier lise! Comme il entend la langue et a un peu plus de science et de babil que son escolier,

---

1. Thilaly, manières douces et flatteuses, طلال
2. Kassèh lis, littéralement, qui lèche les écuelles, parasite, كسه ليس

il peut tousiours assez s'en débrouiller. Ce n'est pas comme en Occident, là où il faut qu'un professeur, après avoir picouré le sens et opinion de tous les bons autheurs, en tire le miel pour nourrir et endoctriner ses estudians, et est ainsi obligé de s'arrester à une seule science à la fois, ce qui nous faict réussir au point où est la France pour le présent, la chaire et le barreau nous ayant donné l'avantage sur toutes les nations.

Il faut avouer, pour se servir du terme d'icy, *ezhac ne miton kouzachte*[1] (l'on ne sçauroit s'escarter du vray), que si ces gens icy avoient la foy véritable, qui est le principe des bénédictions du ciel, l'imprimerie comme nous, pour la communication facile de ce que un chacun veut donner au public, l'ordre dans la lecture et la prise des leçons et estudes et les biens qui suivent d'ordinaire nos gradués, ils pourroient peut estre bien nous égaler, si je ne dis nous surpasser, car ils estudient depuis leur enfance jusques à l'âge décrépit, là où nous autres en France, après nous estre un peu enfarinés dans les classes jusques à l'âge de dix-huit ou vingt ans, et ce par force, car garde quelque affront ou surprise par derrière! nous ne continuons pas à approfondir les sciences comme nous pourrions le faire, si ce n'est peu dont les escripts ravisants sont nos lumières; et quant à la plus part de nos autheurs modernes, ce ne sont que rapines des anciens déguisées et mises en d'autres postures et autres sauces pour donner du goust de nouveauté au lecteur.

Ils ont icy naturellement la veine pour la poésie; leurs vers sont de rythmes, *mouteradef*[2], comme les nostres en la langue françoise, non par pieds et par longues et brefves comme en latin. Ils ont quantité de bons poètes, dont les pointes sont fort bonnes et subtiles.

Ils ont aussi quantité d'historiens, et si anciens que je pense

---

1. Ez haqq nemi touwan gouzecht, ازحق نمی توان کذشت
2. Mouteradif, مترادف

qu'ils en ont qui traitent plus loing que la création de notre premier père Adam, puisque avant son espèce, ils mettent le monde possédé pendant d'infinies années avant luy, par une autre génération à laquelle on a osté ce dépôt à raison de son infidélité dans la cognoissance et recognoissance envers son Créateur et autres tels récits apocryphes qu'il seroit ridicule de rapporter.

Après ces gens cy, nous mettrons les *moulna* de *mektebe* (précepteurs de petites écoles), là où l'on enseigne seulement à lire et escrire. Ceux-cy se font païer par mois et par semaine, de peur de n'avoir rien au bout de l'année. Outre cela, à certains chapitres de l'Alcoran où ils seront arrivés, il y a le *vichony ser ahié*[1], commencement des chapitres, le *pul bouria*[2] (l'argent des stores) et autres petites maltoutes qui jettent tousiours quelques deniers à ces pauvres pédants dans les petites escoles. Une personne de condition ne laissera pas aller son fils à l'escole, de peur de l'*églomi*, n'expliquons point ce terme, car dans leur logis, ils gardent pour ce subject des précepteurs, et les enfants sont gardés et réservés sans qu'il leur soit permis de sortir jusques à ce qu'ils soient *mouzellef*[3] (ayant le poil qui leur noircisse le menton); s'ils sortent, ils sont accompagnés de chastrés, *coyés*.

Dans les principales mosquées sont des *mouazen* qui, à des heures déterminées comme le soir, le matin, à midi, à minuit, sont obligés de crier *Alla ekber*[4] et autres tels braiemens. Icy ils ne sont pas ponctuels à leurs heures comme dans la Turquie, où par divers grands pulverins de une heure, deux et trois, ils sont réglés au possible.

1. Vichany seri aièh, la pièce d'or donnée pour commmencer les versets, وشانى سرآيه. Le mot Vichany désigne une petite pièce d'or de bas aloi qui portait aussi le nom de Heft dèh, هفت ده, parce que sur dix parties elle en avait sept d'alliage.

2. Pouli bourya, پول بوريا, l'argent des nattes. Bouria est le nom d'un roseau employé pour la fabrication des nattes grossières.

3. Mouzellef, مزلف.

4. Allahou ekber, Allah est le plus grand, الله اكبر.

Voilà donc ce qui regarde icy l'estude et son administration. Vous ne trouverez rien d'approchant à ces grandes et plaisantes Universités d'Europe, à ces académies célèbres où la piété et la science se disputent le prix ; rien de ces beaux rangs de docteurs, de bacheliers, de maistres aux arts, de licentiés aux droicts civil et canonique, ni des privilèges que les princes séculiers pour le temporel leur ont attribués, et les ecclésiastiques dans la communication des bénéfices par le moïen des gradués, qu'en France l'on appelle par ironie les mois des enragés.

Touchant la justice, d'ordinaire en chaque ville, il y a un *kazi* auquel appartient tout le civil, comme de décider les procès à raison des partages et des debtes ; il passe les contracts, les achapts ; il cognoist des mariages et de la repudiation de femmes, *talak*. Ce *kazi* est investi par le *cedre*, excepté dans les grandes villes, où le bon plaisir du roy doibt intervenir tant pour le lever d'office que pour l'y installer. Icy la justice ne se passe point par intimés appointés à escrire, par recouvrement de nouvelles pièces et mille autres intrigues qui donnent aux parties le loisir de mourir avant de voir le gain ou la perte de leur procès. Icy, il n'y a point d'advocats qui remonstrent et soutiennent le droict des parties, point de greffiers ni de procureurs. Quelqu'un ayant affaire avec un autre s'en va en personne chez le *kazi* se plaindre du tort qu'il luy a faict, et comme l'on dit, le premier coup en vaut deux. Si celuy-cy entend son mestier, il commence par luy graisser la main. Le *kazi* commande à un de ses serviteurs, car il en a quantité qui n'ont point d'autres gages que telles corvées ; celuy-cy les appelle tous deux le jour que le *kazi* se sied dans une chambre de sa maison pour entendre les parties, car de palais pour ce subject il n'y en a point. Un chascun dit ses raisons ; celuy qui aura fait sonner plus haut quelques ducatons aux oreilles de ce Barthole sera le mieux entendu. Un chacun crie et clabaude ; le *kazi* aussi de son costé, qui, ennuyé, ne manquera pas encor de dire quelques injures du païs, *goh* *kourdi*¹ (tu as mangé la plus fine), *ser be divar zedi*² (tu t'es cassé la teste contre le mur); enfin, après plusieurs altercations, le *kazi* assis sur son derrière comme un singe, les parties debout, si ce sont gens de néant, ou assis proche de luy s'ils sont un peu plus que du commun, prononce sa sentence que l'on peust dire estre plus que arrest de parlement, car icy il ne se parle point de requestes civiles, ni d'appel.

Pour les ventes et les achapts, l'on les faict faire par un des *moulna* du *mhakemé*³ (escrivain de la justice), qui sont comme serviteurs de Saint-Innocent et qui sont de la cognoissance du *kazi* et sur lesquels il ne laisse pas encor de tondre le papier de vente et d'achapt, puis les parties se montrent d'accord devant le *kazi*, et le *kazi* en son langage, dit : « Tel bien est-il à toy? — Ouy. — Le vends-tu à un tel? — Ouy. — Es-tu content du prix? — Ouy. — N'as-tu point d'associés en la possession de cela? — Non. » Enfin, il escript son nom au bas, puis mouillant avec la langue un peu le papier et barbouillant d'encre le cachet, qui ne porte que son nom et quelque devise à sa fantaisie, il imprime son bul, puis il le rend à la partie.

Icy, il n'y a point de notaires, point de registres pour les grosses et les minutes. Néantmoins quand c'est quelque chose de conséquence, il y a un libvre chez le *kazi* où l'on le transcrit, ce que l'on appelle mettre au *zepte*⁴ de peur de perte du papier principal.

Comme l'usure et le prest à intérest sont défendus par la loy, il y a le *hilé cheraiat*⁵ (la finesse de la loy). Celuy qui prestant cent tomans en veut avoir vingt de profit, porte cent tomans devant le *kazi* avec un petit mouchoüer de deux ou trois francs

---

1. Gouh khourdy, tu as mangé des excréments, کوه خوردی
2. Ser be divar zedy, tu t'es frappé la tête contre la muraille, سر بدیوار زدی
3. Mehkemèh, tribunal du cazy, محکمه
4. Zebth, action de garder, d'enregistrer, ظبط
5. Hilèhi cheriyèh, subterfuge légal, حیله شرعیه

et dit : « *Mirza* (seigneur), je preste à cet homme là, à me rendre d'icy à un an, cent tomans et ce petit mouchoüer que je veux vendre vingt tomans, aussi à païer dans un an. » Le *kazi* luy demande : « Estes-vous content de ce prest et de cet achapt? » Il dit ouy. « Dans un an d'icy vous luy serez redebvable de cent vingt tomans. » Il respond ouy; alors, l'on faict escrire un papier que le *kazi* signe comme dessus. Voilà comme, assez grossièrement, ils vuident l'explication indéterminée de nos casuistes de ces deux termes *damnum emergens et lucrum cessans*.

D'autant que ce *kazi* comme trop surchargé d'affaires ne pourroit pas suffire, l'on a faict une autre justice qui ne luy est pas subalterne, sçavoir :

Le *cheik esloum* (ancien de la loy). Celuy-cy, comme dessus, sans longue estude du code ou du digeste, juge à droicte et à gauche, comme le précédent, et selon que luy ou l'autre aura plus d'accès et de grandeur chez le roy ou le *cedre*, les affaires iront plus de son costé, les parties croyant que leur décision sera plus stable.

Il y a bien encor quelques solliciteurs de procès qui sont créatures du juge, qui plument la perdrix et le chapon, faisant fort les empressés pour conserver et poursuivre le bon droict de l'un et de l'autre.

Le *cedre* encor d'un autre costé, quand bon luy semble, entend les procès, et ny les uns ny les autres ne sont dépendans l'un de l'autre. Chacun est en sa maison, à l'heure qu'il veut, toutefois le matin, en l'habit ordinaire, car de robes de palais, de bonnets quarrés et autres choses extérieures qui, tacitement sont pour advertir les juges, par cet appareil extérieur, qu'ils sont lieutenans du roy et dédiés à qui appartient d'exercer la justice et qu'ils doibvent considérer ce qu'ils font de peur de déshonorer leur chef si, soubs son nom, ils prononcent quelque chose d'injuste ; ils n'ont donc que leurs habits ordinaires, toutefois modestes comme ceux de *moulna*, de couleur blanche ou obscure, et non point éclatante comme les gens d'espée. Icy il n'y a rien de ce bel ordre de nos justices subalternes, de nos siéges royaux et présidiaux, de nos parlements, dont les dépendances et appels des uns aux autres forment de merveilleuses hiérarchies. Mais les pauvres ou plus tost les opiniastres plaideurs en paient la subsistance.

Pour estre *kazi, cheik esloum*, juge, etc., cela n'est point attaché à l'obligation d'avoir des lettres de licence des grandes escoles.

Soubs les juges nous pouvons mettre encor les professeurs de médecine, qui icy, d'ordinaire, jugent et exécutent en dernier ressort. Un *talebelme* (escolier) qui voudra s'adonner à la médecine, prendra, quelque temps, leçon de cette faculté là où bon luy semblera, car icy il n'y a point de Montpellier. Après qu'il aura appris quelque jargon pour endormir le malade, par le moïen de ses amis, il se présentera au premier médecin du roy pour avoir licence d'iceluy de tuer le monde sans en estre repris. Ce nouveau Galien ou Esculape jette les yeux sur le quartier, *mhallé*[1], ou canton de la ville qu'il verra le plus destitué d'ouvriers. Il se plante là, estend un petit tapis, met son escriptoire à costé de luy, avec une petite caisse ou armoire contenant des petits pots pleins d'ordures et autres ravauderies. Les femmes, qui en ce pays cy, leur servent par leur concours comme les pies et les geais, à assembler tous les oiseaux d'un païs sur les gluaux d'un homme qui, avec un chat-huant attaché sur une tonnelle de rameaux ployés, faict la pipée, vont et viennent et assemblent les chalands. Celuy-cy faict l'entendu, interroge ses patiens méthodiquement : « Depuis quel temps estes-vous malade? Dormez-vous? Avez-vous appétit? Quel costé vous faict plus grande douleur? Estes-vous

---

1. Mahallèh, محلّة

resserré? » Et cependant il jette des œillades de costé si l'on se met en peine de tirer quelques kasbequis pour sa consulte, qu'il escript sur deux ou trois petits doigts de papier en quarré. Ses receptes d'ordinaire sont des consommés et bouillons de semences froides, peu de séné et de casse; car pour ces gros remèdes comme rhubarbe, scamonée, antimoine préparé, etc., ils sont trop conscientieux pour tuer avec ces grands cousteaux là, ne sçachant pas s'en servir. Le malade prend son ordonnance, s'en va en ville au premier *attar*[1] (droguiste), et luy présente son billet; l'on luy donne en petites enveloppes toutes les drogues contenues, qui d'ordinaire ne monteront pas à un *besti* ou deux sols et elles paroistront grosses comme la teste. Le malade porte cela à son logis et le faict bouillir comme une potée de choux. La décoction faicte, qui sera tousiours de la mesure de un grand pot, il faut que le malade avale tout cela, deubt-il en crever; la panse remplie de ce lavaige, il doibt en rendre quelque chose, à moins de crever, et quand il ne rendroit que de dix un, l'on jugera par les selles que la médecine a bien opéré, car de cela se juge la bonté de la médecine.

Icy grands et petits, pauvres et riches se servent du médecin.

D'autres médecins un peu plus relevés donneront leurs consultations pour l'amour de Dieu, ce semble : mais à costé d'eux, dans leur maison, ils ont leur *attar* (droguiste), qui donne les drogues que le *hakim*[2] (docteur) a ordonnées et il se faict bien païer. A voir ces deux larrons en foire, vous diriez des deux gardes du tripot où jouent les comédiens : le premier qui est à la porte, accable tout le monde de compliments qui ne coustent rien, mais celuy qui est à la porte de la galerie coupe la bourse.

Pour les chirurgiens, *gerrah*[3], il y en a aussi quantité qui

1. Atthar, droguiste, parfumeur, عطار
2. Hekim, médecin, حكيم
3. Djerrah, جراح

traitent, mais fort mal, les plaies, les contusions et les ruptures. L'on ne treuve icy aucun qui puisse remettre en bon chemin un pauvre garçon qui retourneroit de l'employ faict à Naples. Ils ont des onguents rouges, verds et jaunes, mais non tels que les nostres qui renouvellent les parties charnues du corps humain, les faisant renaistre toutes nouvelles; l'on ne sçait ce que c'est de diaphalma basilicum, unguentum divinum, de Vigo, etc.

Pour la saignée, ce sont les barbiers ou *dellak* qui font ce mestier. Leurs lancettes aiguës comme les flammes des mareschaux de nos païs ne rebouchent pas facilement à raison de leur espoisseur et solidité. La façon de saigner est d'ordinaire le soir : le patient est assis sur ses talons, une fosse est faicte en terre pour recepvoir le sang; le saigneur luy lie le bras d'une couroye comme les cornes d'un bœuf et frotte un peu la veine qu'il veut saigner, car cognoissant bien *vazilic*[1], *keifali*[2] et *echel*[3], la basilique, céphalique et médiane, il enfonce sa lancette; puis le sang sortant, il laisse son patient qui, sans baston, soustient son bras et se promène. De temps en temps, il regarde à la fosse combien elle paroist remplie de sang pour juger de la quantité qu'il en veut tirer; cela faict, il frotte un peu la veine de terre, puis il y applique un peu de coton blanc et bande ce bras avec le mouchouër du patient. Chaque saignée coustera icy douze kasbekis, qui seront cinq ou six doubles ou un sol.

Ces mesmes ouvriers là razent aussi la teste et appliquent les ventouses par cornets, comme l'on faict à Bourbon l'Archambaut. Voilà comment s'exerce la médecine en ce païs, assez grossièrement, car de vouloir estre traictés en hommes par nos physiciens, qui quelquefois passant par ces quartiers, leur feroient suivre une méthode raisonnable, approuvée par la

---

1. Bassiliq, la veine basilic, باسليق
2. Qeyfal, la veine céphalique, قيفال
3. Ekhel, la veine médiane, اكحل

science et par l'expérience, ces bestes cy n'en sont point capables ; et si, à l'instant qu'ils ont pris le remède, il n'opère conformement à leur caprice, promptement ils envoient chez celuy du païs, qui donnera du froid où l'autre avoit donné du chaud, et ainsi, par antipéristase de qualités contraires, se faisant là dedans un grand combat, le patient attribue toute cette révolution ou révolte d'humeurs à la bonté de cette dernière drogue. Mesme nos Européens, habitués icy depuis quelques années, se laisseront emporter à ces désordres et apprenant l'impatience des gens du païs, ils se laisseront traicter de la sorte. Ainsi les influences d'un païs naturalisent peu à peu un estranger. Or, de médecins en Hispan, je croy que l'on treuvera plus de quinze cents ; d'*attars* ou droguistes, plus de deux cents ; de *dellaks* (saigneurs, barbiers), en nombre infini, un ou deux à chaque quarrefour ; de *gerrah*, il y en a peu. Outre ceux-cy, il y a encore des oculistes, *keihhal*[1]. Iceux ne permettent pas que la vieillesse accourcisse la veue, leur mestier est d'éborgner ou d'aveugler les fols qui se mettent entre leurs mains, car de sçavoir tirer une taye, non. Plusieurs poudres qu'ils soufflent dans l'œil, comme caustiques bruslent les tuniques et enfin font du mortier un roc et une muraille ; là-dessus pour empescher le raïon optique de passer désormais, ils se servent comme d'une petite seringue dont le canon est en forme triangulaire : à costé et vers les extrémités est un petit trou. Ils l'appliquent sur les deux coutus pour les descharger, ce disent-ils, des humidités superflues. Ils tirent le baston, et par attraction, l'eau de l'œil entre dedans ce canal. Voilà l'opération de nostre oculiste, et ceux-cy sont encor plus ignares que les trois autres, qui, comme les maladies sont d'ordinaire chroniques, suffisent passablement pour le païs.

Touchant la chambre des comptes, *defter kroné*, c'est un

---

1. Kehhal, oculiste, كحّال

divan et lieu particulier où s'assemblent tous les officiers touchant les finances, tailles et deniers du roy. Là, le premier s'appelle *Mesteouphi el memalek*[1], comme appréciateur des possessions ; le second est le *nazer* (voyant). Le *daroga*, prévost et autres tels égratigne-papier qui, selon son ordre, a plus ou moins d'entrée dans ces offices qui tous dependent du roy, et outre qu'ils sont bien païés, encor d'ordinaire, comme les meusniers, ils se paient à mesme le sac. Là, de toutes parts du royaume, sont envoïés les mémoires et taux des tailles, *ekrayat*[2], des revenus, *egarèh*[3] et autres biens du roy, et ce par les *vizirs* et rentiers, qui sont sur les lieux dans les provinces à mesnager le domaine du roy. Ceux-cy chaque an, après avoir faict l'estimation mandent : un tel ou tel villageois ou rentier, doibt tant au compte du roy. L'on assemble tous ces papiers de debtes, puis comme ils ont le roole des paies, *dunloque*[4], que le roy donne tant aux officiers de sa maison que à sa milice, ils leur baillent ces papiers en main pour s'aller faire païer sur les lieux, suivant ce qui leur est deu. Or, d'autant comme ces lieux là sont d'ordinaire escorchés, et mesme que toute la paie d'un pauvre officier ne s'attribue pas dans un même endroit et que, pour l'aller recevoir, avant que d'arriver là, la moitié seroit mangée, ces gens icy sont contraincts de vendre leur salaire en papier à de certains égrillats que l'on dit ici *thahsildar*[5] (ramasseurs de rentes), et ce au denier raccourcy ; car, comme ces officiers icy ont besoin de deniers comptant, ils sont bien aises de treuver une partie de leur paie et de la prendre de la main de ces *thahsildar*, qui risquent aussi, car peut estre estant arrivés dans les villages,

---

1. Moustaufy oul memalik, administrateur des provinces, مستوفى الممالك
2. Ikhradjat, revenus que l'on tire d'un domaine, dépenses, اخراجات
3. Idjarèh, somme que l'on perçoit d'un loyer, اجاره.
4. Donlouq, argent destiné à payer les chausses, les vêtements, solde, طونلق Ce mot est turc.
5. Tahsildar, percepteur, collecteur des impôts, تحصيلدار

le païsan débiteur aura tiré païs. Voilà comment tous les officiers de Perse ne retirent pas quelquefois les deux tiers de leur paie ordinaire, particulièrement les pauvres et petits officiers qui n'ont pas le crédit au *defter kroné* de se faire assigner leur paie sur un bon et proche poulailler, comme le font les grands qui, au lieu d'y perdre y gaignent; car ils envoient là de leurs esclaves qui serrent les poulces au pauvre villageois, et par droict sur la debte, prennent de dix un pour eux, puis au tour du baston quelque autre chose qu'ils rapinent, et ainsi apportent le *helal* (permis) à leur maistre et le *harom* (défendu) est pour leur peine.

L'escripture du *defter kroné* est d'ordinaire une grande lettre bastarde allongée en faucille et il n'y a presque que ceux qui sont de cet office qui la puissent lire.

Des personnes de main

Le discours des personnes de l'espée et de plume parachevé, celuy de la main doibt suivre par nécessité, puisque sans son action, les deux précédens sont pièces d'escart.

Les premiers et plus célèbres sont les marchands, qui ont tousiours la main employée à vendre ou à achepter, à compter, à recepvoir et à distribuer. Les principales facturcries d'icy sont les toiles qui viennent des Indes, et des marchands forains les acheptent icy pour les transporter par toute la Turquie, la Tartarie et la Perse. Les plus grands négociateurs de cette marchandise sont les Indiens, appellés icy Hindou ou Moultoni[1],

---

1. Moultany, originaire du Moultan, مولتانى. Moultan, situé dans le Pendjab, était autrefois une ville très commerçante. Elle fut conquise par les musulmans commandés par Mohammed ibn Qassim à la fin du viiiᵉ siècle de notre ère. Sultan Mahmoud le Ghaznévide s'en empara au commencement du xiᵉ siècle, et Tamerlan s'en rendit maître à la fin du xivᵉ. Les Sikhs en firent la conquête dans les premières années de ce siècle.

On peut consulter sur Moultan : Elphinstone, *An account of the Kingdom of Caubul and its dependencies in Persia*, London, 1819. Alex. Burnes, *Voyages de l'embouchure de l'Indus à Lahor, Caboul, Balkh et à Boukhara*, Paris, 1835; et Ch. Masson, *Narrative of various journeys in Balochistan, Afghanistan and the Panjab*, Londres, 1842, tom. Iᵉʳ, pages 394-398.

et beaucoup de Persiens. Ces marchands, la loy les appelle *bazzaze*[1]. Ce sont ces toiles-là que les Hollandois prennent vers Golconda; ils chargent leurs vaisseaux des plus fines, les mènent et transportent par mer en tout l'Occident, en les faisant passer pour toile de Hollande et baptiste, comme estant faictes de lin, quoyque elles ne soient faictes que de coton, estant assez difficile de discerner les unes des autres, particulièrement quand la toile est trop fine, car pour de grosse toile de chanvre ou de gros lin, il n'y a point de difficulté.

Outre ce trafic, il y a les soyes. *abrichon*[2], qui se produisent et se recueillent dans le pays du Guilan, contrée de Perse très aquatique, marescageuse et proche vers la mer Caspie. Les Arméniens d'ordinaire font ce trafic et les transportent par la Turquie à Smyrne et à Alep; puis par la mer Méditerranée, ils les portent à Venise et Ligourne, et de là rapportent de l'argent net, le tout en piastres ou escus d'or et sequins; d'autres rapportent des perles fausses de compte, *taclidi*[3], des miroüers, *ainés*[4], et telles autres denrées de Venise, des lunettes, *ainak*[5], des mouchettes, des chapelets de verre, du coural, *mergoun*[6], de l'ambre jausne, des verres colorés pour faire des vitres, en quoy ils treuvoient autrefois un grandissime profit, et ce depuis le temps de Chabbas, qui estoit contemporain du roy Henry le Grand, roy de France. Car, comme dans ce temps, le Turc avoit une armée puissante, il eut le dessein de conquérir la Perse; il s'en vint du costé d'Arzeron, prit Erivan et tous les lieux adjacens. Chabbas, voyant ce grand feu qui prenoit au coin de la forest, pensa n'y avoir d'autre moïen de l'anéantir qu'en lui ostant toute sorte de

---

1. Bezzaz, marchand d'étoffes, بزاز.
2. Ibrichoum, soie, ابرايشم
3. Taqlidy, objet imité, contrefaçon, تقليدى
4. Aynèh, miroir, آینه.
5. Eynek, lunettes, عینک
6. Merdjan, corail, مرجان

matière combustible. Donc, ce grand politique commença à tirer de ces costés là tous les habitans, qui estoient pour l'ordinaire tous pauvres gens, laboureurs de terre et Arméniens; il enleva les hommes, les femmes, les enfans et les bestiaux, et ne laissa rien de ce qui peut se charger sur chameaux, chevaux, mules et asnes, et ainsi il amena de toute cette populace la plus grande part à Hispan; il les logea dans divers cantons, aucuns dans la ville, aucuns aux faubourgs, qui icy ont encor retenu le nom d'où ils avoient esté pris, car les habitans amenés de l'ancienne ville de Julpha, Chabbas leur donna des terres de l'autre costé du fleuve, et là ayant basti comme une petite ville, l'on l'a nommée et elle se nomme encor *Julpha*. Les habitans de l'ancien Erivan furent logés dans la ville proche de la forteresse, là où il y avoit quantité de champs et de terres labourables. Cette contrée ou quartier fut nommée Erivan. D'autres, mais ramassés de divers lieux, furent mis hors de la ville en un grand faubourg, par delà la forteresse, appellé Serabana[1]. D'aucuns s'appelloient Tebrisi comme venus de Tauris, Nakchivani comme venus de Nakchivan. D'autres furent mis au-dessus la maison du roy hors la ville, appellée *Chamsabat*, d'autres en *Abbasabat*. D'autres en quantité furent transportés dans le Mazenderon vers la mer Caspie, qui a un très mauvais air à cause de la quantité de serpens, de grenouilles, d'aspics, de tortues, de crapauds et autres bestes aquatiques qui vivent à leur aise le long de l'hiver dans ces marais et eaux croupies; mais venant l'esté, lorsque tout se dessèche, ces animaux viennent à mourir pour la pluspart, et ils infectent et empoisonnent l'air, de sorte que les habitans en ce païs sont de couleur jausne et deffaicts comme des morts déterrés. En ce païs là, les chairs des sangliers, des cerfs, des chevreuils, qui en regorge, les canards, oyes et autres tels oiseaux

1. Seraban me parait être la corruption des deux mots سر خیابان, Seri Kheiaban, le commencement de la chaussée, ou Seri Biaban, سربیابان le commencement du désert.

aquatiques qui obscurcissent l'air dans leur vol, sont sans goust et insipides ; — enfin, c'est une terre qui dévore ses habitans, de sorte que de quelque trente mille familles d'Arméniens que le roy Chabbas y transporta, à peine s'en peust-il à présent compter douze cents, qui, de jour en jour, se vont se réduisant à néant, ainsi que m'a dit leur évesque appellé Isaac Vertabiete, qui luy-mesme, pour ce subject, s'est retiré de ce lieu, comme un véritable pasteur arménien à qui sa peau est plus chère que celle de ses brebis, contre la pratique du bon pasteur de l'Évangile.

Pour en revenir à notre discours, Chabbas qui se disoit et estoit en effect le père des Arméniens, leur donna des soyes du Guilan avec de l'argent et les envoya trafiquer çà et là. Ceux de Julpha prospérèrent, ceux de Serabana firent de cent sols onze lb. Chabbas leur remit l'intérest de son argent pour quelques années. Enfin, les Julphaliens avec ces advances du roy se sont faicts marchands. Or, dans ce temps là, la marchandise étoit dans sa plus grande vogue, le trafic eschauffé et le profit immense. L'on a veu deux filées de perles de compte fausses que dans Venise ils acheptoient deux ou trois f., les avoir vendues icy trente ou quarante francs, et à présent le prix s'estant diminué, on en donne en Hispan pour presque rien. Ainsi les Julphaliens estoient venus à des richesses immenses : l'on a veu un *Coage* qui a faict bastir la plus grande église à ses dépens proche du *Maidon*[1]. De boucher qu'il estoit en Erivan, il avoit amassé vingt-trois ou vingt-quatre mille tomans, qui sont de nostre monnoye neuf cent soixante mille francs. Qui avoit vingt mille tomans, qui dix mille. Depuis ce temps là, ils ne font que diminuer, et comme limaçons, ils mangent peu à peu leur glaire jusqu'à ce qu'ils soient devenus secs, d'où ils ne sont pas tantost bien loing, à raison du procédé de la loy des Mores,

---

[1]. On trouve dans les *Voyages* de Chardin, t. II, p. 19 et suiv., de l'édition d'Amsterdam, 1735, une description fort détaillée du Meidani châh ou place royale d'Ispahan.

que quiconque des chrestiens se fera More, tout le bien de ses parents luy appartient absolument, nonobstant qu'il ait des enfans héritiers, ce qui faict qu'ils se défilent par là pour conserver leurs biens et se redimer de la vexation avec laquelle peu à peu le siècle les porte, comme le successeur de Pharaon, qui ne se souvenoit plus de Joseph ni du bien que son païs en avoit receu. Une partie aussi de ces Arméniens, de leur propre volonté, se font Mores, et ce à raison de quelques procès qu'ils veulent gaigner, de debtes qu'ils veulent flamber, d'héritages de leurs parens qu'ils veulent engloutir. Ainsi cette nation dépérit tous les jours, les Mores se monstrant ennemis mortels du christianisme.

Depuis trois ou quatre années, par commandement du roy, tous les Arméniens qui estoient logés en ville à Serabana, à Chamsabat, à Abbasabat, et à Gebrabat, ont eu ordre de se retirer et de vendre leurs maisons. Le roy leur a faict distribuer des terres un peu au-dessus de Julpha, lieu distant d'icy de une heure et demie de chemin. La raison de cette transmigration apparente est que le roy leur a cent et cent fois faict deffense, *kourouk*, de vendre du vin aux Mores, leur permettant d'en faire et de le vendre seulement aux chrestiens; tant de fois il leur a faict rompre toutes leurs jarres, *gomrèh*, pour les faire par force observer ses commandemens et il n'a jamais peu venir à bout de cette canaille affripponnée à tenir taverne, et ensuite de Bacchus, de Vénus; enfin le roy les a faict vuider hors de la ville.

Le zèle de religion s'y est encor meslé; car premièrement ceux de Chamsabat estoient logés au-dessus de la maison du roy hors la ville, sur un grand canal d'eau qui, de droicture, s'en va dans la maison du roy. Un *moulna* zélote dit au roy que les chrestiens se lavoient dans cette eau, qu'ils y lavoient leurs hardes, et leurs jarres de vin, que cette eau estoit *neges* (polluë), et que l'on ne pouvoit pas désormais faire avec cette eau aucune purification qui fust légale selon le commandement de la loy. Le roy entendit les raisons de ce barakin; les grands qui sont logés aussi en Chamsabat, sur l'espérance de prendre chacun un petit morceau de ces terres et les maisons des chrestiens expulsés, poussèrent à la roue; enfin le roy leur commanda un bransle de sortie.

En outre, comme les Mores disent leur estre d'obligation de ne point permettre aux églises des chrestiens l'usage des cloches et autres tels bruits qui puissent arriver jusques au lieu où sont les demeures des Mahométans, les Arméniens qui estoient logés aux faubourgs et avoient là plusieurs églises, où, pour appeler le peuple au service, ils ont une grande planche de bois sec sur laquelle ils frappent avec un gros marteau de bois et font un tel tintamarre que le bruit s'en porte fort loing, les zélotes de la loy voyant cette ouverture que, pour considération de ces eaux pollues par les chrestiens l'on les avoit faict dénicher, ils pensèrent que pour raison de ce son *harom* (défendu) dans la loy, l'on pourroit obtenir le mesme. Enfin, ils en sont venus à bout et ils ont logé tous ces pauvres chrestiens si loin de la ville en laquelle ils gaignent leur vie, qui d'une façon, qui de l'autre, qu'ils n'y sçauroient retourner que en perdant toute la journée à venir le matin et s'en retourner le soir, ce qui faict que toute cette populace d'Arméniens se réduit, à veue d'œil, à néant en passant au mahométisme et en s'enfuyant de çà et de là.

Touchant donc l'advance que Chabbas fit aux Arméniens en ne leur redemandant son capital que après plusieurs années, leur donnant l'intérest, ceux de Julpha, comme nous avons dit, firent profiter le talent; ceux de Serabana, qui sont de vrays *toulongi*[1] (gens de néant), mangèrent une partie du bien du roy, et lorsque le terme fut venu, et que l'on les pressa de payer, ils furent bien empeschés. Les Augustins Portugois, en ce temps que leurs conquestes et trafic dans les Indes florissoient, avoient de grandes aumosnes à faire; ils jugèrent icelles estre bien em-

---

1. Dolandjy, vaurien, fourbe, طولانجى . Ce mot est turc.

ployées si l'on acquittoit ces chrestiens, à la charge pour eux de faire profession de la foy apostolique et romaine, ce qu'ils firent facilement. Chabbas, contre son espérance, se voyant païé en belle monnoye, leur demanda qui leur avoit donné de l'argent ; ayant entendu le procédé, il dit que si pour de l'argent l'on changeoit de religion, il vouloit que l'on prist la sienne, son argent estant aussi bon que celuy des Francs. Ce faict, il contraignit la pluspart par force à estre Mores, et il les fit tailler (*sonnet*)[1]. Depuis, la pluspart sont retournés à l'église, et depuis ce temps là, ils n'ont faict que vivoter, partie à vendre du vin, partie à d'autres telles coionneries qui les ont tousiours tenus en la bassesse, jusques à ce dernier coup que l'on les a escartés de la ville qui estoit le principal entretien de ces misérables ; s'ils sont traictés de la sorte, ils ne le méritent que trop.

Un autre trafic est encor celui des espiceries, que la compagnie Hollandoise apporte aux Bender sans païer aucun droict, s'estant obligée de prendre par an tant de soye du roy à tel prix, un peu plus cher que au marché, pour compenser ces douanes, *ouchour*[2]. Ils en prennent, chaque an, le moins qu'ils peuvent ; aussi c'est la vérité que la Perse ne leur sçachant fournir par an ou compte du roy ce qu'ils avoient arresté par leur contrat, ils emportent le prix de leurs denrées en argent monnoyé.

Un autre trafic est celui des toiles d'or, d'argent faictes à Hispan, *zerbaft*[3], faictes par figures de soye, comme à haute lice, en quoy l'on travaille icy en Hispan à merveille avec peu d'instruments ; quatre picquets emmanchés l'un dans l'autre suffisent, car icy tous les ouvriers travaillent avec peu de frais. Toutes ces estoffes avoient cy devant un grand cours et se vendoient bien aux Indes. A présent qu'il y a deffense d'orner de ces estoffes les pelenquis ordinairement aux Indes, ce trafic est fort anéanti. Tel

---

1. Sounnet, circoncision, سنت
2. 'Ouchr, عشر, au pl. عشور, impôt du dixième, dîme, taxe.
3. Zerbaft, brocard, زربفت

*charbafe*¹, ouvrier, qui avoit vingt et trente *destega*² (ouvroüers), n'en peut pas garder deux ou trois, et avec cela ils n'ont pas de l'eau à boire. La plus part de ces ouvriers se sont mis à tisser de la toile, *joula*³, ou des taffetas.

L'on trafique encor de tapis de Turquie, qui se font icy fort beaux et qui se transportent hors le pais. Mais cecy ne donne pas un grand denier. L'on avoit commencé à tirer des laines fines grises, appelées icy *teftik*, du païs kourde, de Kirman et de Yezde pour faire et feutrer des chapeaux en Occident. La cherté s'y fourroit estrangement, mais à présent l'on n'y treuve pas son compte, ces laines estant de leur nature trop molles ne se peuvent fouler et durcir pour tenir les bords d'un chapeau en estat, sans baler l'oreille.

L'on apporte icy des draps d'Angleterre, mais à présent c'est à perte sur le principal, car ces gens icy se contentent d'estre vestus, comme les moulins à vent, de toiles, quoy que plus fines, peintes, colorées et bigarrées de variétés de fleurs, un chacun selon sa condition, l'usage n'estant d'employer du drap d'Angleterre que pour quelque justeaucorps *kourdi*, et bas de chausse, *chakchour*, qu'ils font d'une même largeur, tout d'une pièce, comme la jambe d'un chien. Les Turcqs l'entendent mieux que ces gens icy, car ils se font de bons *dolimans*⁴ (vestes longues de drap qui les couvrent de pied en cap), et cecy dure un long temps, comme les pourpoints de buffle et de chamois, de nos septentrionaux; icy, pour se vestir il faut de ces toiles fines et à moins d'en changer souvent, l'on est incontinent tout déchiré et sali. De faire laver ces *cabaies*, cela sent le valet.

Icy, il se fait encor trafic de turquoises, *phérousé*⁵, à cause

1. Che'erbaf, tisserand, شعرباف
2. Destgah, métier, دستكاه
3. Tchoula ou Tchoulwary, چلواری جولا
4. Dolama, veste de drap portée par les jannissaires, طولامه
5. Firouzèh, la turquoise, فیروزه. Les turquoises ne proviennent point de Firouz Kouh, comme le prétend le P. Raphaël. « La turquoise, dit Tavernier, ne se trouve

qu'elles se prennent en une montagne appelée Phirouzkou, vers la mer Caspie, tirant vers les Kolmaqs.

Il se trafique encor de perles, *mourvarid*[1], lesquelles se peschent dans l'isle de Bahren, qui appartient aux Persiens, qui l'ont prise sur les Portugois et pour avoir la paix, iceux laissent pescher paisiblement ces *margoullodoros*[2]. La Perse a faict contract de leur donner la moitié de la douane du Bender Congo en Perse, de plus, quelques chevaux par chaque an. Mais à présent que les Portugois n'ont plus de force sur ces costes, l'on se moque d'eux et l'on ne veut plus rien leur donner, si ce n'est quelque peu de chose, et encor à la faveur de mille prières et bassesses qu'il leur faut faire.

Pour les diamans, ils viennent du Golconda aux Indes. Les pescheurs de perles et les chercheurs de diamans sont les plus pauvres et misérables conditions d'hommes du monde, ils gaignent à peine du pain tout sec.

Pour les perles, la saison venue, un riche marchand mettra en mer quantité de barquettes ; ces pauvres pescheurs ramassent les conques, *sedef*[3] ; puis en ayant faict des monceaux, ils les laissent pourrir ; puis ils les ouvrent au hasard de rencontrer ou

---

que dans la Perse et se tire de deux mines : l'une qu'on appelle vieille roche, à trois journées de Meched, tirant au nord-ouest, près d'un gros bourg nommé Nichabour : l'autre que l'on nomme la nouvelle, qui en est à cinq journées. Celles de la nouvelle sont d'un mauvais bleu tirant sur le blanc et peu estimées, et l'on en prend de celles-là autant qu'on en veut pour peu d'argent. Mais depuis plusieurs années, le roy de Perse défend de fouiller dans la vieille pour tout autre que pour lui... » *Voyages*, t. II, p. 358.

1. Mourvarid, perle, مروارید
2. Mergulhador est le mot portugais signifiant plongeur.
3. Sedef, coquille, écaille, صدف

« Il y a une pescherie de perles autour de l'isle de Bahren dans le golfe Persique. Elle appartient au roy de Perse et il y a une bonne forteresse où il entretient une garnison de trois cens hommes... Pendant que les Portugois tenoient Ormus et Mascate, chaque terate ou barque qui alloit pescher estoit obligée de prendre d'eux un passeport qui coustoit quinze abbassis et ils tenoient toujours là plusieurs brigantins pour couler à fond celles qui n'en avoient pas voulu prendre. Mais depuis que les Arabes ont repris Mascate et que les Portugois ne sont plus forts sur le golfe, chaque homme qui va pescher paye seulement au Roy de Perse cinq abde la semence de perles ou quelque grosse perle bien formée qui soit de grande valeur, et encor il faut bien la cacher, car garde que les gens du roy en ayant quelque nouvelle, ne la prennent pour le roy. Peut-estre aussi que les ouvreurs pourront bien la cacher et en frustrer le maistre, car la conscience icy est marchandise fort courante.

Touchant les diamans, un riche marchand prendra vers Golconda tant de terre en quarré, puis il assemblera quantité de ces pauvres Indiens, leur fera faire des puits çà et là, et ce de la profondeur de six ou sept pieds, non plus, car plus bas il n'y a rien. La terre qui en sort, est passée au crible, *cavé*[1], et, peut-estre se trouvera-t-il quelque chose de bon, peut-estre rien, et si le marchand estant présent n'a tous les yeux d'Argus, ces ouvriers, voyant le petit morceau de terre seiche dans lequel ils jugent estre le diamant, le jettent aussi subitement dans la bouche que font nos joueurs de gobelets en France. Or, peut estre que ces puits que fera fouir ce marchand auront esté ouverts et recomblés d'un temps immémorial, et cependant, la pie ne sera plus au nid.

De Pegu viennent icy les rubis, *yakout*[2]; d'Occident viennent les émeraudes, *zemroud*[3]; de la Tartarie, la pierre d'azur, *lageverde*[4]. Depuis peu, ils ont trouvé icy en Perse, vers Yezde, une

---

bassis, soit que sa pesche soit bonne, soit qu'il ne trouve rien. Le marchand donne aussi au Roy quelque peu de chose de chaque millier d'huîtres.

« La seconde pescherie de perles est vis-à-vis de Bahren sur la coste de l'Arabie Heureuse, proche de la ville de Catifa, qui appartient à un prince arabe avec toute la contrée d'alentour. Toutes ces perles qui se peschent dans ces lieux-là se vendent la plus part aux Indes, parce que les Indiens ne sont pas si difficiles que nous, tout y passe aisément, les baroques aussi bien que les rondes et chaque chose à son prix, on se défait de tout. Il s'en porte quelques-unes à Balsara. Celles qui vont en Perse et en Moscovie se rendent au Bander Congo à deux journées d'Ormus ». Tavernier, *Voyages*, t. II, p. 360-361.

1. Kavèh, كوه
2. Yaqout, ياقوت
3. Zoumourroud, زمرد
4. Ladjiverd, lapis lazuli, لاجورد

espèce de pierre bleue qu'ils ont faict pulvériser à la façon de l'azur d'outre-mer; elle rend une couleur approchant de l'azur, mais employée, elle revient vers le verd, et s'en va par escailles comme de la boue appliquée. Nonobstant, le roy a faict commandement de se servir de cet azur persien et deffense d'employer de celuy de Tartarie.

La rhubarbe vient de Tartarie; l'on l'appelle *rivende*[1].

Voilà tous les principaux trafics de Perse qui occupent tous les grands marchands, dont le chef s'appelle *Melik el tuggar*[2] (roy des marchands).

Les marchés ne se font icy d'ordinaire que par l'entremise des *dellal*[3] (couratores). Le vendeur et achepteur présents, le *dellal* faict l'entremetteur, hausse le prix d'un costé, le baisse de l'autre pour les faire convenir du prix, car s'ils ne s'accordent, peine de vilain n'est point comptée; si la vente se faict, il a son droit de tant par cent.

C'est pourquoy à perte ou à gain, il faict son possible pour que la marchandise soit vendue. La façon de procéder est que le *dellal* prenant la main d'une des parties et la couvrant de son *chal*[4] (ceinture), pour que l'autre partie ne voye rien de ce qui se passe, luy pince les doigts en certains lieux, qui sont caractères cogneus entre eux, sçavoir qu'il faut donner tant et tant. L'autre

---

1. Rivend, rhubarbe, ریوند. On n'avait à la fin du xviie siècle aucune donnée certaine sur le pays qui produit la rhubarbe. « Il est étonnant, dit Savary des Brulons, vu le commerce considérable qui se fait en France de cette drogue qu'on y connoisse si peu le véritable lieu où croist la plante qui produit et nourrit cette racine: les uns disent qu'elle vient dans le royaume de Boutan aux extrémités de l'Inde, les autres disent qu'on la trouve dans les provinces de Xensi et de Suchen dans la Chine, d'où elle passe en Turquie par le moyen des marchands du Tibet et du Mogol et de là en France par les négocians de Marseille: d'autres la font naître sur les confins de la Moscovie, d'autres seulement dans la Perse. » *Dictionnaire universel du commerce*, Paris, 1748, t. III, col. 1264.

2. Melik et toudjdjar ملك التجار

3. Dellal, courtier, دلال

4. Châl, شال

dit non, *valla ne midehem*[1] (par Dieu, je n'en donnerai pas tant). L'autre le repince ailleurs pour hausser ou baisser le prix. Vous diriez que leurs doigts sont un clavier d'épinette, dont en touchant quelque marche, l'on luy faict sonner le ton que l'on désire. Ils continueront quelque temps cette pince-morille alternativement jusques à ce qu'ils s'accordent sur le prix.

Mentir, jurer et se dédire, apporter le privilège des Normands, lesquels n'ont que vingt-quatre heures seulement, mais qui icy est sans limite, cela est l'ordinaire. Il n'y a point d'autre raison sinon que, *Makboum choudem*[2] (j'ay esté trompé), *Cheraïa noxon ne mi fermaied*[3] (la loy ne commande la perte d'aucun). Il n'y a point de parole asseurée et arrestée, car fausser sa foy, se parjurer, c'est icy chose commune. Aussi un homme quelque honneste qu'il soit, ne prendra point en mauvaise part d'entendre que l'on luy dise, *droug goufti*[4] (tu as menti). De tromperies dans la marchandise à revendre, le proverbe de Hispan estant *ab ba ab kati mikonende*[5] (les Persans pour vendre de l'eau mesleront de l'eau avec), c'est-à-dire que ils altèrent tout. Il n'y a marchand qui vend à balance qui n'aye une pierre pour peser en acheptant et une autre pierre pour vendre, l'une et l'autre différentes du juste poids ; avec cela, ils ont la main adroicte pour donner le tour à la balance. D'aucuns laissent traisner d'un des bassins une petite corde à terre et mettent le pied dessus, particulièrement en vendant choses grossières comme bled, charbon, bois, raves ou choux.

Un marchand acheptera vostre marchandise à païer à tel terme. Durant ce temps, il vendra la marchandise à profit s'il

---

1. Wallah nèmy dehem, والله نمی دهم
2. Maghboun choudem, مغبون شدم
3. Cher'yat noqçan nemy fermayed, شریعت نقصان نمی فرماید
4. Dourough goufty, دروغ گفتی
5. Âb ba âb qaty mykounend, ils mélangent de l'eau avec de l'eau, آب با آب قاطی میکنند

peut, et le terme venu s'il ne peut pas fourber et vous faire attendre, il vous paiera ; s'il n'a peu vendre cette marchandise en y trouvant bon profit, au bout du temps, il vous rendra la marchandise au lieu d'argent, disant qu'elle est trop chère. Encor on est bien heureux de la retrouver en son entier et de la reprendre en cet estat, de peur de n'avoir ny l'un ny l'autre.

La Perse est comme un grand caravanséra qui n'a que deux portes, l'une du costé de la Turquie par laquelle entre l'argent qui vient d'Occident ; ce sont piastres qui viennent du Nouveau Monde en Espagne, de là en France par la Bretaigne ; passant la France par Marseille, elles sortent pour entrer en Turquie, puis elles viennent icy, où l'on les faict refondre pour les mettre en *abbassis*, qui est monnoye comme d'un teston ou quart d'escu. Aucuns portent leurs piastres entières jusques aux Indes, et là ces noirs ne se fient pas à une pierre de touche, ils les cassent en deux ; si elles sont bonnes, ils les prennent, sinon ils vous en rendent les pièces. Les faux monnoyeurs ne manquent point icy. Ils peuvent faire passer leurs jetons blanchis un à un, car l'argent qui paroist neuf et bien blanc précipite le marchand de vendre ; mais en grosse somme, il est impossible, car ils pèsent tout, et les Bagnanes descouvriront plus tost un *abbasi* faulx entre mille qu'un chien couchant ne lève une compagnie de perdrix en un champ descouvert, tant ils sont habiles *serraf*[1] (essayeur de monnoye).

L'autre porte de sortie est le Bender Abassi ou Kommoron sur le Sinus Persicus pour aller aux Indes, à Surrat, où se va décharger tout l'argent de l'univers, et de là, comme tombé dans un gouffre, il n'en ressort plus ; car il ne tourne pas à compte de rapporter de là de l'argent monnoyé, puisque l'employant là en marchandises, l'on gaigne jusques en Perse quelques cinq à six par cent. La richesse de la Perse n'est donc que comme l'hu-

---

1. Serraf, changeur, banquier, صراف

midité de l'eau qui s'attache aux canaux cependant qu'elle passe pour aller se descharger dans son bassin ; bien que cet argent passe pour quelques menues denrées, il reste quelque peu de chose sur le païs. Mesme les *kams*, gouverneurs de provinces aux lieux de leur demeure, amusent les *caflés*[1] ou caravannes ; ils les font séjourner plus qu'il ne faudroit, soubs apparence de faire caresse au *caravanbachi*[2] (chef de la caravanne), comme aussi aux principaux ; ils leur font quelques festes, et tout cela affin que, durant ce séjour, leurs subjects en vendant quelques potées de lait, des fourmages, des pailles et orges, ramassent quelques piastres, que ensuite ils sçavent fort bien retirer de leurs mains.

Le bon argent qui est neuf et sans alliage est choisi et trié par ces Indiens qui, jour et nuict n'ont point d'autre occupation que de le passer au trébuchet et sur la pierre de touche, et sans la philosophie d'Archimède[3] pour descouvrir l'alliage des couronnes d'or, ils viendront naturellement à descouvrir le billon de la monnoye. Ils envoient tout le meilleur en leur païs ; quant au *havai*[4], qui est vieille monnoye effacée, escorchée à moitié, rouge comme chair de pie, cela ne sort point de Perse ; qui la refuse, qui la prend plutôt par peur de ne rien avoir du tout ; de sorte que, de jour en jour, l'argent se rend très rare en Hispan ; toutes sortes de marchandises estrangères diminuent de prix, les dépenses sont grandes et par tout, la pauvreté se loge comme étiquettes sans fourriers.

Les Juifs, qui par tout l'univers sont camarades de l'apostre

---

1. Qafilèh, قافله

2. Karavanbachy, كاروانباشى

3. On peut consulter sur ce fait, outre les écrivains de l'antiquité, le chapitre de P. Mexia : « D'une subtile invention, que trouva Archimèdes pour cognoistre combien un orfèvre avoit meslé d'argent en une couronne d'or sans que pour le cognoistre, la couronne fut brisée, ny endommagée. » *Les dernières leçons de Pierre Messie gentilhomme de Séville*, etc. Tournon, 1616, p. 334-336.

4. Hevay, léger comme l'air, هواى

d'Escart comme de sa nation, sont ici pauvres, cancres, et nonobstant que, en quelques cantons de la Perse, l'on les aye faict Mores ils fréquentent tousiours la synagogue en cachette, et font leurs festes et leurs pasques. Leur exercice icy le plus relevé est d'estre *dellal* (censar) en quoy ils réussissent mieux que les Mores, car ils sont plus capables d'essuyer toute sorte d'affronts que aucune autre nation. Plusieurs d'iceux sont lapidaires ou plustost émouleurs de pierres à fuzil, *hakkat*[1]; d'autres, ramasseurs de guenilles, *pilever*[2] (frippier). De ce dernier mestier sont les plus belles boutiques, parées d'ordinaire comme celles de nos marchands, après le retour de la foire de Guibray. Là, vous voyez infinis justeaucorps de toile d'or, d'argent de nos *kazelbach* en vente, infinies serviettes, *mendil*[3], ceintures, *tcharguezi*, et autres meubles de nos messieurs Persiens pendus au croc pour être vendus à moitié de ce qu'ils les avoient acheptés en leur abondance, le frippier frippant l'autre partie.

Icy, il se faict encor un trafic de peaux de martre, *semour*, qui s'apportent de Mosquovie, et s'emploient sur ce païs à parer le prépoints de nos messieurs, qui quelquefois par ornement, au temps que tout fond de sécheresse et de chaleur, paroissent en public emmitouflés. Ces peaux et habits fourrés sont fort chers : cinq, six, sept tomans pour un justeaucorps s'en vont en moins de rien, et cela encor des moindres.

Après ces marchands sont les ouvriers, qui sont encor marchands de leurs ouvrages et de celuy des autres, quand ils peuvent avoir du fond, *mahié*[4], pour les achepter et les revendre; que s'ils ne peuvent faire cela et mesme que le fond et principal leur manque pour travailler, ils se mettent à estre *dellal* (censar)

---

1. Hekkak, حکّاک
2. Pilèhver, پیله ور
3. Mendil, مندل
4. Maièh, capital, mise de fonds, مایه

dans leur mestier, qui est une vie plus lucrative et moins fainéante que de s'attacher à une boutique, car en cet estat, ils ont tousiours un pied dans l'air, d'où nos Portugois les appellent *couratoures*.

Les ouvriers principaux icy sont les *Charbafes*[1], ouvriers en toile d'or, d'argent et de soye à haute lice, en quoy ils surpassent l'Occident, pour de peu faire quelque chose. Il est vray que les *zerbafes*, ou estoffes d'or de Venise, sont icy plus chères et plus estimées à cause qu'elles sont plus chargées d'or et d'argent, celles d'icy estant plus à la légère. Mesme dans Yezde, l'on tire si délié le fil de laton que l'on le met en estoffe comme or, que, durant six mois, l'on auroit de la peine à le discerner d'avec le vrai filet d'or.

Zerkech[2] sont ceux qui tirent l'or et l'argent en filets par filières, si délicats que à peine l'on le voit.

Makkekou[3] sont ceux qui, sur des enclumes très polies et marteaux de mesme, aplatissent cet argent et cet or traicts et les femmes des ouvriers les roulent sur la soye pour les employer.

Ces trois sortes d'ouvriers n'en doibvent rien aux nostres pour l'habileté, vu le peu d'instruments dont ils se servent.

Zerguer[4] sont orfebvres; ils sont infinis en nombre et pauvres gaigne-mailles qui, le matin, chargent leur fourneau, soufflet et boutique, à leur col et vont travailler là où l'on les appelle; d'autres sont de résidence en leur boutique, mais avec tout cela, ils sont bien gueux. Leurs ouvrages sont comme pour faire des bagues de chambrières, des ceinturons, des joncs et autres petites nippes, car de ces grandes et hardies pièces telles que celles que l'on voit à la foire de Saint-Germain, à Paris, il n'y a pas d'ouvrier qui les puisse faire, ny aucun qui les puisse commander.

1. Chaarbaf, شعرباف
2. Zerkech, tireur d'or, زرکش
3. Makou koub, ماکو کوب
4. Zerguer, orfèvre, زرکر

Messeguer [1], qui sont comme poesliers, travaillant seulement en cuivre. L'on peust dire qu'il nous surpassent en leur travail et en dextérité à faire *nolbequi* [2] (assiette), *sini* [3] (bassins), *digue* [4] (marmites), *tavé* [5] (poesles), et en un mot toute sorte de vaisselles si bien faictes qu'il n'y reste rien à reprendre. Après le marteau, ils les tournent au tour.

Puis les *rouiguer* [6], qui sont estameurs avec l'estain pur; les estameures sont blanches, polies à merveille, beaucoup mieux que en France, et ce, par le moïen du sel ammoniac qui vient icy des Indes à présent, à quelque dix huit francs la libvre. La coutume icy est de n'avoir d'autre vaisselle que celle de cuivre, que l'on faict reblanchir de temps en temps par ces pauvres gens qui viennent dans les maisons travailler. Si la vaisselle est un peu grasse, à cause que l'estain ne prendroit ny ne s'estendroit que par grumeaux, ils font une lessive de soude dite icy *kehal* [7], puis avec du sable, avec leurs pieds, ils tournent et virent par exemple sur un bassin mis en terre, tant que la peau des pieds leur soit usée de moitié; ensuite ayant bien éclairci ce bassin, ils le lavent pour le nettir, puis le mettent bien chauffer sur un feu de charbon, tant que, espanchant du sel ammoniac dessus bouilli et séché auparavant, il commence à brusler et estamer la pièce. Lors, ils continuent leur feu tant que, appliquant de l'estain mis en petites bandes bien tenues, le bassin le fasse fondre, puis promptement, avec un petit bouchon de coton neuf, ils estendent cet estain, qui s'unit et se polit à merveille.

Kachi pez [8] ou potiers de faïence. Ceux cy surpassent encor

1. Missguer, ouvrier en cuivre, مسگر
2. Naa'lbeky, نعلبکی
3. Siny, سینی
4. Dik, دیک
5. Tavèh, تاوه
6. Rouyguer, رویگر
7. Qèly, soude, قلی
8. Kachy pèz, کاشی پز

nos ouvriers de Nevers, de Cosne et d'Orléans, car icy ils la font aussi blanche dedans comme dehors, pointée d'azur de Venise, qui est du verre bleu qui vient de là icy, et ces gens le préparent comme l'azur d'outre mer, en quoy ceux qui ne le cognoissent pas y seroient trompés. De mesme que dans cette poterie cy qui vient de Kirman, là où se faict la meilleure, difficilement la sçauroit on distinguer de la *tchini*[1]. Cette vaisselle de Chine, dans laquelle le poison viendroit à bouillir comme ne le pouvant souffrir, ainsi que l'on nous faisoit accroire en France, ce qui est faux, n'a rien de préciput sur ce *kirmani*[2], sinon que le *kirmani* peut s'escailler à l'eau chaude et le *tchini* luy résiste. Voyez si cela vaut la peine de faire commutation si chère de pièces d'argent pour pièces de terre aussi fragiles que le verre !

Nakkache[3] (peintres). Icy, ce sont des enlumineurs de jeux de paulmes au respect des nostres d'Occident, qui d'ordinaire dans les portraicts, *tesvirat*[4], font mieux que le naturel. Touchant la miniature, les petites figures d'oiseaux, de mouches, de papillons, les fleurs et les bouquets, ils n'en doibvent rien aux nostres. Leurs peintures sont plus vives et adoucies et avec cela, ils ont un vernis qui, ne s'escaillant point et résistant à l'eau, rehausse le lustre des couleurs. La composition est avec du sandarak, de l'huile de lin et de l'eau de naphte.

Kemonguer[5], faiseurs d'arcs, dont la composition est de corne, de bois, de nerfs en filets, d'escorce d'arbre, et de colle forte. Icy ils le tirent à la main, tenant le milieu de l'arc fortement dans la main gauche, le poulce courbé armé d'un anneau de corne, *zehguir*[6], et refortifié de l'index pour attirer et bander la

---

1. Tchiny, porcelaine de Chine, چینی
2. Kermany, porcelaine du Kerman, کرمانی
3. Naqqach, نقاش
4. Teswirat, figures, تصویرات
5. Kemanguer, کانگر
6. Zèhguir, littér., qui saisit la corde, زهگیر

corde, *tchellé*¹. L'adresse et force de l'archer paroist lorsqu'il peut courber tellement l'arc qu'il fasse, ayant esloigné de soy l'arc de la longueur du bras gauche, venir la corde à son oreille. Icy, l'adresse à tirer de l'arc est estimée : le roy, en esté, faict dans la place publique mettre sur le haut comme d'un mast de navire une coupe d'argent, puis dix ou quinze des plus grands de la cour bien montés, bride abattue, à toute poste, se suivent l'un l'autre ; il faut qu'ils passent ce poteau, puis sans arrester le cheval, se tournant un peu le corps, qu'ils tirent par dessus l'espaule leurs flesches pour abattre cette coupe d'argent. Le deffunct roy ne manquoit pas du premier ou deuxième coup de l'abattre ; cette année passée, ce fut le *nazer*. La pluspart des flesches en approchent de la longueur de la gaule du puits, aussi bien que nos tireurs de papegau ou parcois en France. Garde d'estre là où ils donnent, non pas là où ils visent.

*Tirguer*², faiseurs de flesches, lesquelles pour la guerre ont comme de petites lances coupantes et aigües au bout, mais pour tirer au blanc, elles ont des bouts de fer fort émoussés.

*Chichèguer*³ : les verriers nonobstant la pénurie de bois ne laissent pas de travailler, mais non pas continuellement, car ils allument leur fourneau lorsque les *pilevers* ou ramasseurs de de verres ou bouteilles cassées leur en ont apporté une suffisante quantité ; car de fondre du verre, c'est-à-dire le faire de nouveau, icy en Hispan il ne tourneroit pas à compte, le verre neuf se faisant à Chiraz de pierre et de soude, car là le bois est à meilleur marché. Donc icy, ils ne font que refondre ce verre là, et ce avec du *diremné*⁴, qui est comme la brande de nos païs. Ils mettent le verre à mesme le fourneau et non pas dans un creuset ; ce feu, qui n'est que moitié fumée et meslé de cendres voltigean-

---

1. Tchellèh, چله
2. Tirguer, یترکر
3. Chichèhguer, fabricant de bouteilles, شیشه گر
4. Dermèněh, la plante appelée *Artemisia santonica*, درمنه

tes, faict que ce verre devient, de blanc et clair qu'il estoit, demi noir, plein de pailles et de vessies. Aussi ne faict on icy que des bouteilles, car de ce beau verre pour se contenter de la vue d'une belle couleur de rosée de septembre, icy ce n'est point l'usage ; aussi ces marmiteux cy ne le méritent ils pas.

Cette vacation de verrier ne suppose pas naissance de gentilhomme comme en France, ceux cy estant icy, comme le reste, de la lie du peuple.

Hakkak[1], lapidaire, qui avec peu d'instruments ne font pas aussi grand chose qui vaille. Ils composent leurs roues de lacque ou cire d'Espagne pulvérisée avec de l'émeri mis en poudre, un tiers de lacque, deux tiers d'émeri. Le bon émeri, *sembadé*[2], vient de l'Inde; le moindre et plus mol vient de Niris en Perse.

Nedggar[3], menuisier. Ils ne travaillent pas mal, particulièrement à faire de grandes fenestres en compartimens comme de vitres, des portes et fenestres. Le plus beau bois dont ils se servent, est le *tchenar*[4], qui est fort dur et marbré, le noyer avec ; de chesne, cormier et poirier, ils ne servent point. Ils travaillent tout assis, sans estau, sans valet pour tenir leur planche à raboter, sans fiche pour l'arrester, ayant seulement un petit piquet en terre pour arrester ce qu'ils rabotent ; ils le tiennent avec leurs pieds comme avec les mains, car ces gens icy mettent tout en ouvrage et besogne de la main gauche ; ils tiennnent leur bois en l'air, et de la droicte ils poussent le rabot, qui n'est pas comme les nostres ouvert par le milieu, mais par le costé, comme en France est le guillaume. Leurs scies à main surpassent en bonté les nostres, et elles sont faictes comme nos écohinnes. Ils n'ont point icy l'herminette, le chevalet, etc., mais ils se ser-

---

1. Hakkak, graveur sur matières dures, حکاک
2. Senbadèh, سنباده
3. Nedjdjar, menuisier, نجار
4. Tchenar, platane, چنار

vent d'un oustil appelé *tiché*[1], qui est presque faict comme une petite herminette, la teste leur servant encor de marteau.

Sahaf[2], relieur de libvres, le tout à la grecque, sans nerfs, qui à la vérité, tiennent bien le dos d'un libvre en estat, mais empeschent l'ouverture totale d'iceluy, et luy faisant force, voilà que le libvre crève et que le dos d'iceluy faict gouttière. Ils rognent leurs libvres avec un grand cousteau, l'unissent avec une rape, n'ayant point encor l'usage de notre tourniquet à rogner les libvres. De dorer sur tranche et sur le maroquin, il n'y a point de nouvelles ; cela est particulier pour nos libvres qui contiennent la vérité.

Kagaz saze[3], papetier. Ils font du papier, mais assez grossièrement. Les Juifs et les ramasseurs de guenilles leur en ayant assez fourni, ils les lessivent et les font pourrir, puis au lieu que nous les mettons au moulin, ils ont une roue de pierre, pour les broyer, comme nos huiliers en France, puis ils les mettent en une auge pleine d'eau ; leur châssis est de jonc assez grossier où, chez nous, il est de fil de laton. Leur papier tout rabotu doibt estre lissé avec une paste de verre solide faicte à ce dessein, autrement l'on n'y sçauroit escrire ; ils passent dessus le *nechasté*[4] ou colle, autrement l'encre passeroit comme au travers d'une toile.

Voilà les principaux et plus relevés ouvriers d'icy. Quant aux autres, nous n'en mettrons que le nom, n'y ayant rien de remarquable.

Ahenguer[5], ferronniers, taillandiers, œuvres blanches.

Kefch douze[6], cordonniers, dont le point menu ne cède en rien à celui des nostres et peut estre l'emporte.

---

1. Tichèh, hachette, تشه
2. Sahhaf, libraire, relieur, صحاف
3. Kaghaz saz, fabricant de papier, كاغذ ساز
4. Nechastèh, amidon, نشاسته
5. Âhenguer, آهنگر
6. Kefch douz, كفشدوز

Derzi[1], cousturiers de moitié avec les nostres, qui pour un habit en feront tousiours deux. Si l'on les laisse faire, en nostre païs comme nous sommes bons géomètres, nous descouvrons s'ils ont trop pris de terrain; icy par ce moïen l'on ne descouvriroit pas s'ils ont jetté quelque chose dans la rue. Aucuns pèsent l'estoffe qu'ils leur donnent; et la besogne achevée, ils la repèsent, prenant garde s'ils ne la rendent pas plus mouette ou humectifiée que quand on la leur donne, ce qui est leur faire perdre l'escrime. Je ne sçay si les nostres pourroient parer ce coup.

Riktéguer[2], fondeurs de chandeliers, lampes, mortiers, clochettes, etc. Leur matière, *messalé*[3], est d'ordinaire de laton, ou de cuivre, et pour ce subject, sur deux tiers de rozette ils jettent un tiers de *rouh toutia*[4], comme estain de glace, comme je croy; elle vient icy des Indes, car il n'y a point de calamine comme en Allemaigne. Le potin s'appelle *mafrak*[5]. En Perse, il se treuve force cuivre, mais il est cassant et ne peust bien se travailler s'il n'est allié du nostre qui vient d'Occident. Ils se servent de châssis, *devitgé*[6], de fonte, de terre à mousler, de botte métallique, et soufflets, comme nous. De fondeurs de canon et de grosses cloches, ils ne sçavent ce que c'est. Pour des *patil*[7], qui sont des grands bassins ronds, de la figure de nos assiettes d'argent, du diamètre de quatre et cinq pieds, et de deux doigts d'espoisseur uniforme, ils les jettent en sable ou plus tost ils les moulent fort nettement. Ceci est pour les bains, car une chambre estant toute pleine d'eau qu'il faut eschauffer, dans le milieu de la chambre est comme un puits;

---

1. Derzy, درزی
2. Rikhtèh guer, ریخته گر
3. Messalih, مصالح
4. Rouhi toutia, روح توتیا
5. Mafrak, میرفق
6. Devitdjèh, دویجه
7. Patil, پاتیل

sur la bouche est ce *patil* ou bassin qui la ferme et est bien cimenté ; là dessoubs, on faict un feu qui eschauffe bien ce *patil* et par ce moïen l'eau. Ils sçavent encor bien jetter en cire perdue les choses qui ne sont pas en despouille.

Nalchiguer[1], mareschaux pour ferrer et médeciner les chevaux. Leurs fers sont icy tout plats sans estre relevés de derrière, ce qui faict que les chevaux icy glissent mieux que les nostres, et à la poste, pour les arrester, après leur avoir tiré la bride court ; c'est comme ces grands vaisseaux qui, les voiles abattues et le vent estant impétueux, courent encor une ou deux lieues. C'est pourquoy garde d'estre à leur rencontre et leur servir d'arrest !

Douadguer[2], travailleurs en fer blanc, pour ne pas les injurier du nom de lanternier,

Namba[3], boulangers, qui nous font icy du pain qui ne ressemble au nostre que analogiquement, l'un et l'autre estant paste bien ou mal cuite.

Cannadi[4] sont confituriers, faiseurs de dragées, non de Verdun, mais moitié d'amidon, de confitures de miel, *asel*[5], et de vin cuit, *douchab*[6], et d'un tel meslange avec d'autres ingrédients visqueux. Un jour un More me contraignit d'en prendre un morceau en la main pour le manger. Je l'apportai ainsi au logis ; arrivé, je pouvois à peine ouvrir et séparer les doigts les uns des autres. L'air icy est si sec que dans les confitures faictes liquides à nostre façon, si l'on ne met un peu de miel parmi le sucre qui vient des Indes, icy la composte se candira aussitost. Pour le sucre candi, ils le font icy à merveille dans des bouteilles.

---

1. Na'altchy ou na'alguer, fabricant de fers de chevaux, نعلچى نعلگر
2. Devatguer, littér. fabricants d'écritoires, دواتگر
3. Nanva, نانوا
4. Qannady, قنادى
5. Assel, miel, عسل
6. Douchâb, moût de vin, دوشاب

Dabbac[1], tanneur. Leur cuir icy s'accommode avec le sel et la noix de galle, non avec le tan et la chaux; aussi prend-il l'eau comme une esponge, à quoy Dieu a pourveu par la grande sécheresse de l'air.

Renguesaze[2], teincturier. Icy le plus qu'ils teignent sont des toiles et des soyes sans estre travaillées.

Tchitt saze[3] : ce sont imprimeurs de toiles en toutes sortes de fleurs et de couleurs. Bonheur à leurs voisins d'avoir l'odorat perdu pour ne point respirer les mauvaises odeurs de leurs couleurs affin de n'en point recepvoir d'incommodités.

Karrat[4] sont tourneurs de bois à l'archet à la main comme en Espagne, non point au marche pied comme en France. De tourner l'ovale, la vis, les figures équilatères, rose et clisse, ils ne savent ce que c'est. Pour couvrir les colomnes de lacque, qui semblent vernis de Chine, ils le font à merveille en agitant leur bois tourné sur les poupées par le moïen de l'archet et ce promptement, sans interruption, et en tenant leur lacque ou cire d'Espagne dessus : elle s'eschauffe, et en tournant il s'en prend une couche dessus assez inégalement, puis avec un morceau de branche de palmier qui est poreux, ils l'estendent toute chaude qu'elle est, puis pour luy donner le lustre tel qu'il se voit, ils l'estendent polie avec un peu d'huile sur une peau.

Zinsaze[5], selliers de selles de chevaux qu'ils travaillent fort bien, comme aussi tout son équipage. Les brides des gens qui passent le commun sont couvertes de petites placques d'argent appliquées l'une contre l'autre, ayant diverses figures. Ceux qui passent outre les ont d'or, comme aussi de grandes placques d'or massif appliquées aux costés de la selle, ce qui

---

1. Debbagh, دباغ
2. Rengue saz, رنك ساز
3. Tchit saz, چیت ساز
4. Kharrat, خراط
5. Zinsaz, زینساز

paroist comme pièces de chaudron, celles qui sont peintes de fleurs et bien vernissées estant plus gaies. Une selle icy peut presque servir à tous les chevaux, car elle ne touche pas immédiatement le cheval, y ayant entre deux le *tekaltouk*[1] (coissinet) qui faict que le harnois n'a pas la fermeté des nostres en France, et si les chevaux de manège et de chasse n'estoient point autrement et plus fortement harnachés, l'escuier seroit bien tost piéton.

Douldouze[2], couseur de seaux de cuir pour puiser de l'eau, car icy de seilles il n'y en a point, non plus que de tonneliers, puisque, ny pour l'un ny pour l'autre, il ne se treuve point de merrain.

Baroutsaze[3], faiseur de poudre à canon. Il y en a, mais comme ils ne dépurent pas bien leur salpestre, *chouré*[4], ni leur souphre, *kebrit*[5], et qu'ils ne l'incorporent pas bien avec leur charbon, selon la doze qu'il faut, elle n'est pas prompte comme la nostre pour tirer à la volée, car elle lime et souffle longtemps avant, comme ne sçachant si elle veut partir.

Kardeguer[6], coustelier. Ils travaillent icy assez bien, jusques là que aucuns joignent deux alumelles de cousteau si dextrement que leur dos et leur coupant sont doubles; assemblés dans un mesme manche, le coupant n'est que un, et à l'usage l'on ne sçauroit s'en apercevoir, ce qui demande une grande dextérité; et pour concevoir cela, imaginez-vous un de nos cousteaux fendu précisément par le milieu de son espoisseur de bout en bout. Icy la coustume ordinaire est de mettre à la ceinture un petit cousteau bien faict avec sa petite et longue pierre à aiguiser, les deux attachés l'un à l'autre avec une esguilette.

1. Teqaltouq, تقلنوق, ce mot est turc.
2. Deloudouz, دلودوز
3. Barout saz, باروت ساز
4. Chourèh, شوره
5. Kebrit, کبریت
6. Kardguer, کاردکر

Tigue saze[1] sont faiseurs de razoüers et de lancettes. L'un et l'autre de ces deux mestiers n'aiguisent pas sur une meule de pierre tournant dans l'eau par le mouvement d'une grande roue, mais, en ayant une petite roue de noyer tournée au tour, ils frottent de cette sorte la circonférence extérieure, puis la roulant ainsi sur de l'émeri mis en poussière et tamisé, ils la laissent sécher, puis ils refrottent avec de la colle forte et refont encor une autre couche d'émeri, et ainsi jusques à quatre et cinq couches. Cette roue aiguise et mange l'acier estrangement, car cela faict feu à merveille, mais elle destrempe tout ce que l'on aiguise, et pour marque, c'est que au premier tour de roue, le cousteau ou razoüer paroist tout bleu et de couleur d'eau.

Kondak saze[2] : ce sont monteurs ou faiseurs de fusts de mousquets et d'arquebuses qu'ils montent à leur mode. Pour bien forger un canon d'arquebuse, ils y réussissent et à le bien forer avec le foret quarré, *bourgau*[3], avec les mesmes machines que nous, mais elle ne sont pas si bien ajustées.

Rismon baf[4], sont cordiers, qui travaillent encor assez bien icy tant en cordes, *rismon*, en cables, *tenaf*[5], en sangles, *tesmé*[6], non pas qu'ils fassent de ces grands câbles comme pour nos navires et nos bateaux de la Loire. Icy, ils n'en ont pas affaire, car de faire des ponts de corde pour faire passer un fleuve à une armée, des eschelles de corde pour escalader une ceinture de ville, comme aussi les cordaiges pour les machines de force mouvantes qui tirent de gros poids, il faudroit d'abord que ces machines fussent en ces païs icy pour faire ces équipages. Toute leur matière, *messalé*, de quoy ils travaillent n'est que du coton, à

---

1. Tigh saz, تیغ ساز
2. Qondaq saz, فوندق ساز. Le mot Qondaq est turc.
3. Bourgou, بورغو, ce mot est turc.
4. Risman baf. ریسمان باف
5. Thenab, طناب
6. Tesmèh, تسمه

la réserve de quelque peu de gros filet de poil de chèvre ou de chameau, car tout ce païs cy s'accommode à la légère et par industrie de nécessité, ne le pouvant faire à la solide comme en Europe, là où est l'abondance. Icy, pour tordre les cordons qui doibvent composer la corde et ce en mesme temps, ils ont quatre poulies, *karkaré*[1], longues de un demi pied, qui ont leur axe de fer. Un des bouts est à crochet pour attacher le cordon, l'autre à teste pour s'attacher et s'emboister à une planche de bois ou pouteau immobile. A l'entour de ces poulies est passée une corde si dextrement que, sur chacune poulie, la corde se plie entièrement, puis elle s'en va au bas du pouteau passer par une autre poulie ou boucle qui ne sert que pour empescher cette corde en son mouvement circulaire de s'embarrasser, puis de là elle revient à son autre extrémité, à laquelle elle est derechef attachée, dirons nous par diapedeze, car là il faut qu'elle se réunisse sans nœud ou éminence pour ne faire aucune inégalité, qui, autrement, dans le mouvement s'agrafferoient l'une l'autre sur ces poulies, qui toutes quatre sont en quadrangle, fort proches les unes des autres. Donc, en tirant continuellement cette corde avec la main, elle faict jouer toutes ces quatre poulies et par conséquent tordre tous ces cordons. Icy, ils n'ont rien à filer, pour faire leurs cordons, car ils ne se servent que de coton filé desjà, là où en France il faut que nos cordiers fassent leurs filets, gaignant leur vie à reculons.

Sendouk sa ze, bahutiers. Icy, ils les font assez grossiers qui, d'un coup de pied, seroient mis en pièces; ils les couvrent de peaux avec de la colle d'une certaine racine pulvérisée au moulin. Icelle ne demande qu'un peu d'eau pour la détremper et la brouiller avec le bout du doigt, et voilà cette colle faicte, qui tient estrangement. Les libraires ne s'en servent aussi point d'autre, et

---

1. Ghergherèh, غرغره
2. Sendouq saz, صندوق ساز

ainsi il ne leur faut point de feu ni de poesles. Ce que font ces gens icy dextrement sont les *yukdon*[1] : sont deux petites cassettes attachées l'une à l'autre par une grande et large peau en deux ou trois doubles, icelle fendue par le milieu ; la selle du cheval passe par là dedans. Les deux caisses sont aux deux flancs du cheval comme collées dessus sans embarrassement, le cavalier dessus, les pieds en l'estrier, et dans ces caisses l'on peust porter bouteilles, mangeries et toute autre chose que l'on a peur qu'elle se feupisse ou se rompe.

Saatsaze[2], horologers. Icy, il y a quelques Mores qui, en voyant les horologers Francs, ont appris à monter et démonter les pièces d'un horologe, à y mettre une corde, et s'ils veulent passer outre, la gaster, car de refendre une roue, des pignons, et de prendre un calibre, ce ne sera pas pour cette année.

Suzan saze[3], faiseurs d'aiguilles. Ils les font fort mal, longues, toutes d'une grosseur et de fer seulement tiré à la filière, puis trempé ; la chase est un petit trou rond ou ovale, ne pouvant faire le petit canal dans le trou pour coucher et faire passer le fil. Aussi leurs estoffes de coton ne le demandent pas.

Curé peze[4], sont ceux qui font cuire les briques, *krichte*[5], et le plastre, *guech*[6], qu'ils pulvérisent avec une roue de pierre, de mesme que celle qu'ont nos huiliers. Les *krechtemal*[7] sont pauvres gens qui font les matons de terre forte, puis mettent un peu de paille sur le haut pour empescher que, en séchant, elles ne se fendent.

Benna[8] sont les maçons qui font les murailles, maisons

---

1. Yukdan, بوكدان. Le mot yuk est turc.
2. Sa'at saz, ساعت ساز
3. Souzen saz, سوزن ساز
4. Kourèh pez, كوره پز
5. Khicht, خشت
6. Guetch, گچ
7. Khicht mal, qui pétrit les briques, خشت مال
8. Benna, maçon, بنا

toutes de matons cuits au soleil. Ces gens icy en travaillant parlent tousiours : *krichtebdé*[1] (donne moy une tuille), *guil bdé*[2] (donne moy du mortier), qui n'est que terre destrempée sans chaux ; *nimé bdé*[3] (donne une demi tuille), *koulouk bdé*[4], (une pièce), et ainsi en marmottant continuellement, l'accoustumance faict que leur gosier ne crève point de sécheresse causée d'un si long gourmellement. Ils font les murailles assez droictes, sans niveau et sans truelles ; seulement pour les renduire avec du *kahguil*[5] (mortier faict avec de la paille), ils le font avec le *malé*[6] (truelle), qui n'est qu'une lame d'acier longue d'un demi pied et large de quatre doigts qui a dessus comme un petit archet de bois attaché à cette lame pour l'empoigner. Ils unissent fort bien leur renduit, font en moins de rien des voustes de toutes façons, sans cintres ; seulement, pour commencer un rang de matons, ils auront un gros baston un peu courbé, et sur iceluy ayant posé ce premier rang de matons avec du plastre, qui sèche icy incontinent, sur cette arcade, ils continuent à attacher et planir leurs matons, qui, en moins de rien, prennent forme de vouste. Aussi n'imaginez icy de grands domes et voustes comme Saint-Pierre de Rome ou Nostre-Dame de Paris. Mais icy l'on s'en passe et les logis ne sont point tant hors de raison. Quant au plastre, qui est le second et dernier renduit, ils l'unissent mieux qu'à Paris : vous diriez que c'est du blanc en bourre, poli sans fractures, ni fentes, ni diversité de pierres, qui feroient paroistre le lieu où l'on a commencé et fini.

Ceux qui veulent passer outre, collent avec de la gomme, *samke*[7],

1. Khicht bedèh, خشت ده
2. Guil bedèh, گل ده
3. Nimèh bedèh, نیمه ده
4. Kouloukh bedèh, donne-moi un carreau, کلوخ ده
5. Kah guil, کاه گل
6. Malèh, ماله
7. Samgh, صمغ

sur ces murailles du talk pulvérisé, et cela semble enfin comme une muraille ou vouste argentée.

Leurs diamaçons sont *falé*[1], qui portent le mortier dans des bassins de paille doublés de peau, *keppé*[2], sur leur teste.

Maamar[3], architectes, sont les entrepreneurs pour faire le plan et le dessin d'un grand logis. Icy ils ont, selon leur capacité, un peu le craïon pour dessigner ; mais, comme les nostres, de faire voir un grand palais par son iconographie, son orthographie et sa perspective et comme si desjà il estoit capable d'estre habité, ils ne sçavent ce que c'est, non plus que les raisons d'une vouste plate, qui néantmoins a son centre et par conséquent sa courbeure sous entendue. Aussi les grands logis icy ne sont point comme nos grands édifices modernes ; ils n'ont ny les subdivisions de salles et de chambres, ny les antichambres, garde-robes, cabinets, galeries, perrons et escaliers simples et doubles, en sorte que, par un mesme perron, l'un descend et l'autre monte sans se rencontrer ; tout cela n'est point de leur gibier. Leurs édifices conformes au païs sont de grands divans, ouverts d'ordinaire aux quatre parties du monde et tout de pied plan, car de second ou troisiesme estage, ils sont trop terrestres pour s'avoisiner du ciel. Les estables sont tousiours en bas.

Ils font encor de grands *talars*[4], qui sont des lambris de plafond de menuiserie par petits compartimens fort bien travaillés, le tout sousten par de grandes colonnes ou piliers de bois à pans, faicts avec le rabot d'une égale grosseur : il n'y a point de différence de la base du tronc et de l'entablement, sinon qu'à ce dernier ils attachent diverses pièces de lattes en forme de moulures et corniches, qui debvroient faire un sixiesme ordre de colonnes, la Toscane et l'Ionique ne tenant rien de ces compartimens.

1. Falèh, homme de peine, apprenti, فالح
2. Keppèh, كبّة
3. Mimar, معمار
4. Talar, تالار

Ces lieux-là sont fort délicieux pour l'esté et le temps de chaleur, car outre que dans le milieu de ce terrain est d'ordinaire un bassin d'eau, *haouse*, faict de marbre blanc, il y a de beaux tapis de Turquie pour s'asseoir, avec des coissins de diverses estoffes assez précieuses, pour s'accouder. Le vent donnant de tous les costés donne une fraischeur qui, dans cette mesme saison, est de requeste. Pour ce mesme subject, ils ont encor une certaine machine appelée *badzen*[1] (vent de femme). Ils bastissent comme un fort haut tuyau de cheminée de deux ou trois toises en quarré, dont le canal est divisé en quatre parties opposées aux quatre parties du monde; le sommet de cet édifice debvant surpasser tout autre est faict de telle ouverture que, de quel costé que le vent souffle, il s'entonne dans les canaux qui l'obligent de couler en bas sur une *haouse* pleine d'eau qui cause une fraischeur indicible. Mais ceci n'est pas pour tout le monde, ains pour les plus grandes maisons.

De ces grands portiques qui dans nos païs sont l'entrée des grands hostels, icy il n'y a rien de cela. Le tout est d'une façon assez médiocre, les plus relevées estant de briques cuites et taillées, par quelque espèce de compartimens, non que la muraille soit entièrement faicte de briques cuites, ains elle en est seulement parée, le reste n'estant que de matons cuits au soleil. Il en est ainsi des cabinets d'Allemagne, le corps estant de poirier ou de pommier peints en noir et les parures d'ébène collé dessus pour les faire paroistre tout de ce bois estranger. Icy il n'y a point de ces beaux et hauts clochers dont les pointes à perte de veue semblent entrer dans la supresme région de l'air. Enfin, l'art de l'architecte tel que nous l'avons ne ressemble en rien touchant les règles avec celuy cy. Ce sont divers païs : l'un veut l'utile, le nécessaire et le délectable, l'autre à peine a-t-il le nécessaire. Les seules

---

1. Badzen, باد زن, ne signifie pas le vent de femme, comme le prétend le Père Raphaël, mais bien qui fait descendre le vent. Ces tuyaux portent aussi le nom de Badguir بادگیر.

machines pour nos grands bastimens, ces grues, moufles, moulinets pour enlever les poutres et les pierres, reviendroient à plus cher que tout l'ouvrage et tous les ouvriers d'icy, et nonobstant tout cela, en nos païs, l'on croit que les édifices estrangers sont des palais et les nostres, à leur respect, de petites chaumines.

Hammal[1] sont portefaix, qui icy, non pas avec des crochets et des hottes, comme à Paris, mais avec une souquenille qu'ils ont sur leur corps toute rapetassée et enflée de diverses pièces et de guenilles, dite *pala*[2] ; ils la ramassent comme un gros coissin sur leur dos, et ils portent de très grands fardeaux autant et plus que les anges de Grève.

Pinèdouze[3], savetiers. Il n'en manque pas non plus dans le païs qui professent cette vénérable vocation et mesme communiquent avec la pluspart des artisans, *kasseb*[4], cy dessus descripts, et quoy que en des boutiques différentes, leur façon de travailler a quelque chose de commun.

Chemchir baze[5], spadassins. Icy il ne faut point chercher des maistres d'escrime, des prévosts de salle non plus que des fleurets, encor moins des jeux de fléau, d'espées à deux mains, de baston à deux bouts; l'on ne sçait icy ce que c'est de duels, encor moins de les transformer en rencontres. Ceux qui ont quelque différend ensemble le vuident par un million d'injures de leurs gueules aussi puantes que la mine d'où elles sont pour la plus part tirées et qu'il faut taire par honneur, et ils les vomissent à boisseaux. Cette sorte de vengeance que la générosité, disons manie ou rébellion françoise, faict passer pour marque de noblesse, quoy que damnable pour contrevenir tant au droict divin que au droict civil, Dieu et le Roy le deffendant, encor a quel-

---

1. Hammal, حمال
2. Palan, پالان
3. Pinèh douz, qui rapièce, qui raccommode, پینه دوز
4. Kassib, کاسب
5. Chemchir baz, qui joue du sabre, شمشیر باز

que justice civile et apparente, puisque l'offensé se met en armes égales avec l'offenseur comme luy voulant faire sçavoir : « Vous m'avez offensé, je désire en retirer la vengeance ; que si c'est moy qui vous ay offensé, faictes en de mesme. Je ne prends aucun advantage sur vous ; que le sort des armes et ce que, selon votre condition, vous avez deu apprendre à l'académie vuident nostre différent. » Mais icy ils procèdent tout autrement ; car après avoir enombré une légende d'injures et ne faisant désormais que les répéter, pour n'en pouvoir plus désormais forger de nouvelles, si la passion n'est satisfaicte par ce procédé de lavandières, l'un ne manquera pas, à son avantage et en cachette, sans hazarder sa personne, de tascher de tuer l'autre, et ceci arrive quelque fois sur le différent d'une *kahbé*, *fahsché*[1] ou d'un *eglomi*, n'en cherchez point la signification ; — car sur un point d'honneur, sur une place prétendue par droict de préséance, pour un mépris imaginaire, leurs patientes espées ne sortent jamais du fourreau pour ces subjects trop spirituels et trop délicats pour eux, leurs meurtres et assassinats, n'arrivant d'ordinaire que dans le *bait elletif*[2] (patte mouche).

Pour retourner à nos spadassins, quelquefois, dans une place publique, deux coquins qui vivent d'industrie, l'un et l'autre avec un bouclier, *turse*[3], à la main gauche et un baston à la droicte, se mettent par jeu à tirer quelques coups d'estrançon, *zerbe*[4], et non point d'estoc, *soukoulmé*[5] ; l'un et l'autre sautillent continuellement pour tascher de se surprendre au défaut de la rondache, et le premier coup qui touche l'emporte. Leur intention est d'assembler les fainéans et les passans, car leur jeu fini, vous voyez l'un d'iceux faire le complaisant et allonger la main pour

---

1. Qahbèh, قبه, Fahichèh, فاحشه, fille publique, courtisane.
2. Beit ellethif, maison de plaisir, بيت اللطيف
3. Ters, ترس
4. Zerb, ضرب
5. Sokoulmèh, سوكمه, ce mot est turc.

retirer quelque denier des spectateurs. Aucuns qui en ont trop donnent ; d'autres sentant ce terme d'exaction volontaire s'approcher, lèvent le siège sans attendre cette estocade, ce que voyant, ces matois, par une autre ruse plus spirituelle, se mettront d'ordinaire à crier : *duchemen morteza Ali cheved on kes ke verkrized*[1] (qu'il soit tenu pour ennemi de *morteza Ali* qui est leur second grand prophète celuy qui se lèvera) ! Lors ou par timidité ou par crainte de passer pour infidelle, *Kafer*, ou pour *Sonni*, Turc, qui ne recognoissent point cette saincteté, ils resteront là et, par considération d'estat et par cérémonie, ils sont obligés à quelque denier. Pour amasser encor mieux leur monde, ils font sonner les *nagaré*, qui sont des pots de terre couverts d'une peau de parchemin qu'ils battent avec deux petits bastons ; car de se renfermer en quelque lieu, comme nos comédiens en un jeu de paulme, et envoïer un tambour pour assembler le peuple, ils pourroient bien jouer au large sans que l'affluement les empeschast, ces gens icy n'estant point si curieux, de sorte qu'il faut que tous les *tamascha*[2] (divertissemens), se fassent en pleine rue comme les suivants, autrement il n'y viendroit personne.

Rismon baze[3], danseurs de corde. Ceux cy n'en doibvent rien aux nostres. Les commençans se servent du contrepoids, les autres non, et ils font là dessus des tours de passe-passe que Gille le niais, l'an 1645, ne faisoit pas en France.

Hokka baze[4], joueurs de gobelets. Ceux cy font encor assez bien leur mestier ; pour des boutons, ils se servent d'œufs. Couper le filet, le tirer de la bouche, jetter le feu par icelle, ainsi que les eaux de diverses couleurs, ils le font assez adroictement.

---

1. Douchmeni mourteza Aly cheved an kes kih ber khized, دشمن مرتضی علی شود آنکس که بر خیزد
2. Temacha, تماشا
3. Risman baz, ریسمان باز
4. Houqqah baz, حقه باز

Laobé baze[1], joueurs de marionnettes. Ceux cy sont marchands grossiers : ils ont quelques grossières et malotrues figures emmanchées en un picquet qu'ils agitent et remuent selon les diverses postures et occurrences de leur langaige assez maussadement contrefaict. De sorte que l'an 1659, un éléphant que un Indien promenoit dans le *Maidon* eut raison avec sa trompe d'enlever et le marion et les marionnettes, déracinant et picquets et pavillon, et emportant le tout comme feroit un villageois une brassée de chaume ; ce qui donna plus de passe-temps, car il n'en cousta rien que le jeu précédent. Ce pauvre misérable, se sentant enlever avec sa boutique comme une araignée avec sa toile, commença à se débattre comme un poisson dans un filet, en telle façon qu'il se coula à terre, puis, de terreur, il gaigna au pied, donnant plus à rire à l'assemblée que n'avoient pas faict ses marionnettes.

Vaës[2], prescheur. Là encor dans la place publique il se trouvera le soir de ces directeurs, lesquels assis dans une chaire, se mettront à prescher de la loy, et à conter quelques fables de leurs saincts, et ce pour ramasser quelques deniers qui ne leur manquent point à la fin, car eux mesmes font le tour de leur audience, la main ouverte pour ramasser ce que leurs auditeurs voudront donner. Ceux cy pour amasser le monde, ne se servent point de timbales comme les précédens, mais ils font leur glaire d'une façon plus modeste.

Kessés[3], ce sont conteurs d'Amadis de Gaule. Les plus éloquens se trouvent dans les *kavekroné*, qui sont bazars ou grandes chambres publiques ouvertes de tous costés où le peuple un peu plus que de la lie du peuple, va prendre le *cavé*, se divertir et, comme à un bureau d'adresse, chercher des nouvelles. Là, le

---

1. Laabëh baz, لعبه باز
2. Vaïz, واعظ
3. Qassas, conteur public, قصاص

tabac en fumée est le premier mets, qu'ils prennent d'une façon assez industrieuse et commode pour amortir sa trop grande force, car ils ont une bouteille patée à gros et égal col, pleine au deux tiers d'eau. Dans le col de cette bouteille prend un canal de bois tourné et percé ; dans ce trou est un canal de laton ou fer blanc, qui, du fond de cette bouteille, s'en va jusques à cinq ou six doigts par dessus le col de cette bouteille. Là se met la teste du galion faicte quelquefois de terre ou d'argent ; on y met le petun un peu détrempé en eau pour le faire fumer davantage ; dessus on met un charbon. Ensuite dans ce bois tourné, *rais*[1], au haut de cette bouteille est comme un tuyau d'argent ou de laton comme en saillie dans lequel s'articule une canne creuse, *nehi*[2], longue de trois, quatre et cinq pieds. Maintenant, en tirant de l'haleine l'air de là dedans, la fumée de ce tabac est attirée le long du canal de fer blanc ; elle en sort, et passe par cette eau, par ce tuyau en saillie et par cette longue canne et vient dans la bouche de ce pétuneur. Tout l'instrument s'appelle *galion*[3], ce qui est icy, à présent, si en usage que hommes, femmes et enfans, en prennent en tout lieu et en toute occurrence, d'où il arrive qu'en tous lieux de passage, et en toutes les places, vous ne voyez autre chose que gens qui tiennent quantité de ces galions tout prests.

Teberdar[4] : ce sont autre sorte de canailles, car ils sont fascheux soubs un zèle de loy. L'on les appelle ainsi à cause d'une grande hache d'armes qu'ils portent tousiours en main. Ceux cy vont par les rues et les places, là où ils voyent du monde capable, ce leur semble, de leur donner quelque chose. Ils disent des histoires de guerre des grands héros, de leurs saincts, et quand ils voyent passer quelque *gair mellet* (qui n'est pas mahométan), vous di-

---

1. Ras, رأس
2. Ney, roseau, tuyau, نى
3. Ghalian, غليان
4. Teberdar, qui porte une hache, تبردار

riez qu'ils ont une légion de démons dans le corps qui les faict tempester et crier à tue teste, *lanet, lanet, lanet* (malédiction)¹.

*Calandar*², ce sont gueux ou quémanders qui font semblant d'avoir quitté le monde et de mespriser ses pompes. Ceux cy particulièrement là où ils voyent des cuisiniers, *achpeze*, des boulangers, *namba*, des confituriers, *kanadi*, là ils se mettent à déclamer des vers, non de leur creu, mais de quelque libvre qu'ils auront appris par cœur. Leur vestement est le plus grotesque qu'ils peuvent imaginer pour attirer les regards des passans; ils sont couverts de peaux de brebis, sont à demi nuds, et ont quelques grosses chaisnes de laton pour les ceindre, et quelque espieu en leur main; ils seront deux s'ils peuvent, qui se respondent en vers dont les pointes d'ordinaire ne sont pas mauvaises. Mais l'on est si ennuyé de ce rompement de teste que le boutiquier, *bakkal*³, pour s'en deffaire et les faire avancer et rompre le teste à d'autres, leur donne quelque petite chose de sa boutique.

*Doa gou*⁴ sont encor d'autres saincts qui portent comme un petit réchaud en pendance de chaisnes dans lesquel il y a du feu et de l'encens, *condour*⁵. Ils vont encensant les marchandises et les comestibles, le long d'un bazar ou marché; le marchand croyant que cela donnera quelque bénédiction à son débit, luy donnera quelque petite chose. D'autres ont un mouchouër ou une serviette pleine d'herbes odoriférantes ou de fleurs, qu'ils vont départant çà et là encore comme pour *teberrouk* (chose de bénédiction). Aucuns luy donnent, aucuns non.

*Dervich*⁶, ce sont encor capons de la suite des précédens, qui,

---

1. La'anet, لعنت
2. Qalender, قلندر on trouve dans les Voyages de Nicolay d'Arfeuille. Anvers, 1586, page 125, une planche représentant un de ces religieux.
3. Baqqal بقال.
4. Doa gou, qui fait des vœux, دعاکو
5. Koundour, کندر
6. Dervich, درویش

soubs le masque de sainclelé et renoncement au monde, quémandent leur pain. Iceux sont vestus d'ordinaire de guenilles de diverses couleurs, ayant un *kechkol*[1] ou escuelle en ovale pendue à leur ceinture, et ils vont comme les précédens le long des bazars, preschant le mespris du monde. Il en est venu des Indes de cette sorte icy en Hispan, qui pensoient faire aux Persiens comme ils ont coustume de faire à ces pauvres Indiens et Gentils. Ces gens cy font dans les Indes les inspirés de Dieu et les abstinens. Ils disent qu'il leur a été révélé d'aller faire un tel pèlerinage à tel sainct en telle part, et que pour ce subject, ils demandent tant de toile, tant d'argent, un asne, un sac, d'un seul homme. Cestuy cy persévère en le mesme lieu longtemps, faict instances continuelles, et menace le peuple d'un malheur ou châtiment imminent de la part de Dieu si l'on n'obéit pas à ses commandemens. Ces pauvres abusés boursillent pour le satisfaire; mais s'il est recusé, pour faire voir qu'il ne cherche point son interest, ains qu'il doibt exécuter de point en point la volonté divine, qui veut que ce voyage se fasse aux frais et aumosnes d'un seul croïant, *moumen*[2], il redouble ses instances si longtemps que ces pauvres gens sont intimidés des menaces que ce nouveau prophète leur faict de la part de Dieu, et que enfin quelqu'un se saigne pour contenter cette sangsue.

Pour retourner à notre discours, un maistre *dervich* s'en vint se planter au *Maidon* proche de la *Caisserié*[3], faisant ses démarches de ravi en extase; il exposoit par l'inspiration et commandement de Dieu, qu'un seul luy fournist telle et telle chose pour faire son voïage à Mesched, ville de Corassan, là où est l'Imam

---

1. Kechkoul, کشکول

2. Moumin, مومن

3. Qaïcerièh, قیصره ou Qaïssarièh, قیساره. Ce mot désigne un bâtiment carré dans lequel se trouvent des chambres, des magasins et des boutiques loués à des marchands. La Qaisserièh d'Ispahan est située dans le bazar près de Meïdani Châh ou place Royale.

Reza ; il répétoit continuellement ces paroles, *Aulad Sephahan, souda ba Kroda*[1], (enfans d'Hispan, icy est un marché ou contract avec Dieu) ; cependant, il refusoit les aumosnes particulières, alloit et venoit comme un forcené et un aliéné de son sens. Nonobstant, avec toutes ses grimaces, il a esté obligé de quitter la partie et d'aller chercher fortune ailleurs. Ensuite, ne sont point tombés sur Hispan aucuns de ces imposteurs. Un autre de mesme ordre ne demandoit rien, et tout ce que l'on luy donnoit, il le redonnoit aux autres pauvres, ne parloit à personne et ne proféroit continuellement d'autres paroles que *hak, hak, hak*[2], (le vray ou vérité), et plusieurs estoient estonnés de ce procédé. Mais enfin, comme il a disparu et suivi la route des autres, l'on a cognu qu'il estoit de leur célèbre compagnie.

Gueda[3] (gueux ou pauvres mendians), sont ceux qui, de porte en porte ou bien arrestés au coin d'une rue pour estre estropiés ou aveugles, demandent leur pain sans autre industrie, ains seulement pour l'amour de Dieu, *echk Kroda*[4], ou en commémoration de quelqu'un de leurs saincts dont ils content une légende, les prenant à témoins que ils seront garants, *zamen*[5], du bien faict, pour au jour du jugement, *rouze kiomet*[6], en faire récompenser les bienfaicteurs. Ces pauvres *dilentchi* (mendiants), se servent de telles et telles fleurs de rhétorique, mais avec tout cela, la misère en purge les rues. Il n'y a point de compassion : mesme les plus moraux d'entre eux ne sçauroient avec patience entendre la complainte de ces pauvres misérables lorsqu'ils disent que, « il y a tant de temps que je n'ay mangé ».

---

1. Aoulad Isfahan ! Souda ba khouda. Enfants d'Ispahan, il faut faire un marché avec Dieu ! اولاد اصفهان سودا با خدا
2. Haqq, Dieu qui est la vérité absolue. حق
3. Gueda, کدا
4. Ichqi Khouda, عشق خدا
5. Zamin, ضامن
6. Rouzi qiamet, le jour de la résurrection, روز قیامت

ils leur disent des injures, *bebin in guidi in segue migoued ke hich ne kourdem ne mi bini ke sir est*[1]. Ainsi là où n'est point la véritable religion, là ne peuvent estre ny la charité ny l'amour désintéressé du prochain. D'icy il arrive que leurs

Dar el chepha[2], (hospitaux) qui, dans une grande ville, seront un ou deux, sont appellés par les gens mesmes du païs *Dar el mergue*[3] (le lieu de la mort), et non pas de la santé, car quoy qu'il y ait quantité de chambres, toutes néantmoins sont comme les chambres pour les gens du roy, c'est-à-dire les quatre murailles sans aucun meuble. De quelque bien légué, *mal vekfe* (toutefois il ne se donne rien aux pauvres, qui mourroient plustost de faim que de permettre que l'on les transportast là) le médecin et autres officiers mangent tout le revenu. Dans celuy d'Hispan en faisant tout le tour (car il est comme un cloistre quarré, les chambres sont toutes à l'entour, la porte servant de fenestre comme dans les caravansera), je ne vis là qu'un pauvre Indien moribond couché à plat de la terre, et en une autre chambre, un pauvre fol attaché avec une chaisne. Donc, il faut que qui désire icy manger, qu'il travaille et s'ingénie.

Ces gens cy sont fort curieux de sçavoir le futur et leur bonne adventure, et un homme de néant voyant quelqu'un qui sçaura prendre la hauteur, *ertefea*[4], avec l'astrolabe, la première chose sera de luy demander son *talea*[5] (horoscope), comme si le ciel rouloit et influoit pour debalde. C'est pour quoy plusieurs vivent à l'ombre de cette passion qui ne leur est pas particulière. C'est pour quoy mettons :

---

1. Bebin in djehoudy, in segue; my gouïed kih bitch nèkhourdem; nemy biny kih sir est. Vois ce juif, ce chien; il dit : je n'ai point mangé; ne vois-tu pas qu'il est repu, ببین این جهودی این سگ میگوید که هیچ نخوردم نمی بینی که سیر است.
2. Dar ech chefa, hôpital, دار الشفا
3. Dari mergue, دار مرك
4. Irtifa, ارتفاع
5. Thali', horoscope, طالع

Les *rammal*[1], sont ceux qui se servent de la géomancie. Ils se mettent dans les lieux plus hantés sur un petit tapis, *quelim*[2], une petite tablette de buis ou d'ivoire, avec leur *ramle*[3]; ils ont comme des dés de laton quarrés et marqués de points pairs et impairs dont les figures leur font, en vérité, dire des menteries pour excroquer quelques kasbequis. Là, ils ramassent s'ils peuvent encor quelque instrument de mathématiques, dont pour l'ordinaire, ils ne sçavent ny la fabrique ny l'usage; baste! leur dessein n'est que de prendre les perdrix au mirouër. Ceux qui ont la teste troublée d'inquiétudes, comme procès, requestre, perte ou larcin, vont à ces docteurs et leur exposent ce qu'ils désirent sçavoir. Ceux cy attentifs font semblant de revenir à soy d'une profonde pensée et leur disent, *bes est*[4], assez; ils commencent à grommeler quelques mots arabes comme d'invocation à Dieu et à leurs saincts, puis ils jettent leurs *ramle* ou dés et figures, puis par la combination de ces nombres, ils jugent et payent l'interrogeant de mensonge : car si c'est pour un larcin et pour sçavoir comme s'appelle le voleur, où il s'est caché, ils diront en battologies des paroles à double sens, comme l'oracle du temps passé : *Aio te Eacida Romanos vincere posse*. Enfin, ils endorment leur auditeur, leur dessein n'estant que tirer quelque denier de luy. Leurs prédictions sont comme celles de nos almenaks : emprisonnement profitable, la mort d'un grand, secrets découverts et autres choses qui peuvent s'appliquer et à bestes et à gens. Enfin, ces imposteurs ont des libvres et traictés entiers de géomancie. Ils se meslent encor de fabriquer soubs des constellations particulières des *telesma*[5] (telesme), petites platines de laton, d'argent, de fer ou plusieurs métaux fondus ensemble au

---

1. Remmal, qui prédit l'avenir au moyen du sable, رمال
2. Kelim, tapis ras, كليم
3. Reml, sable, رمل
4. Bes est, c'est assez, بس است
5. Thelèsm, talisman, طلسم

temps de l'opposition, *moukabelé*[1], de la conjonction, *echtema*[2], et du regard, *nazer*[3], des planettes qui leur sont *mensoub*[4] (appropriées); sur icelles, ils gravent des caractères, des nombres, etc., de mesme que nous les avons en Cornelius Agrippa, le diable, *eblis*[5], les ayant aussi bien icy pour escoliers que nos nécromanciens, *gadoudguer*[6]. Les *moulnas* de leur costé escrivent aussi en de petits papiers des passages de l'Alcoran, et ces gens cy superstitieux se pendent au col, au bras d'ordinaire, de telles béatilles, mesme au col des chevaux, affin qu'ils se le rompent plus facilement, au col des béliers et des taureaux de combat, affin qu'ils demeurent maistres du champ.

Tabir, tefsir[7], explication des songes. Icy, l'un de ces matois aura un grandissime libvre peint de divers marmousets, bestes, hommes et païsages, le tout comme en confusion telle que l'on les voit la nuit, lorsque l'âme destituée de ses cinq sens extérieurs, ne faict que ravauder les espèces de la réminiscence, *hafazé*[8]; celuy-cy, quiconque luy dit son songe, incontinent il va tourner la feuille de quelque peinture approchante et luy dit : « Vous avez vu cela et cela; cela prognostique telle chose, » et la vérité de tout ceci revient à quelques kasbequis qu'il retire des dupes.

Estekaré[9]; ceux cy le prennent au spirituel. Ce sont les gros *moulnas* de saincteté cognue, auxquels l'on s'adresse pour sçavoir la bonne ou mauvaise issue d'une affaire. Ceux-cy, la chose leur estant proposée, après quelque légère prière marmottée

1. Mouqabelèh, مقابله
2. Idjtimaʿ, اجتماع
3. Nazar, نظر
4. Menssoub, منسوب
5. Iblis, ابليس
6. Djadouguer, enchanteur, جادوكر
7. Taabir, تعبير; Tefssir, تفسير
8. Hafîzèh, qouwèhi hafîzèh, mémoire, قوة حافظه حافظه
9. Istikharèh, action de consulter le sort, استخاره

entre leurs dents, avec toute vénération, prennent l'Alcoran et non point d'autre libvre ; ils l'ouvrent au hasard, puis ils lisent ce qui leur tombe sur la veue sans élection, comme laissant agir librement la motion divine. Le premier verset, *ahié*[1], qu'ils rencontrent, si c'est un commandement affirmatif, *amre*[2], la chose est bonne à entreprendre et aura une bonne fin ; si ce verset se treuve estre commandement négatif, *nehi*[3], la chose est périlleuse et mauvaise, — et cette façon de procéder va par la conscience de religion. Aucuns pour rompre un marché arresté, faussent leur parole et diront : « J'ay fait tirer l'*estekaré*, *dest ne dade*[4]. » Il a y encor d'autres manies sur ce subject ; un More voulant faire un pas en avant ou en arrière, prendra son chapelet en main ; il dresse son intention de sçavoir ce qui est le plus expédient, puis en fermant les yeux, de l'autre main avec deux doigts, comme un preneur de mouches, il prendra en bas le premier grain de son chapelet, qui sont faicts de la terre du sépulcre de Mohamed, et icy pour l'ordinaire de la terre de la fosse de l'Imam Reza enterré à Meched, ville principale de Corasson, puis selon le nombre pair ou impair qu'il se sera proposé, il entreprendra ou laissera l'affaire.

Monagemon, astrologues. Ils disent encor la bonne et mauvaise heure, *saat nik ou bed*[5], pour vestir un habit neuf, entrer en telle ou telle habitation neufve, de sorte que ces *vesvas* (scrupuleux) n'entreprendront presque rien que dirigés par ces rubriques ridicules, qui néantmoins en ce païs sont grands mystères de requeste, car icy les plus réservés, doctes et autres, après quelque conversation d'un Franc qu'ils cognoissent *akel*[6],

---

1. Ayéh, آیه
2. Emr, ordre, امر
3. Nehy, défense, نهی
4. Dest nèdad, littér. cela n'a point donné la main, n'a point réussi, دست نداد
5. Saati nik ou bed, l'heure favorable et funeste, ساعت نیك و بد
6. 'Aqil, homme intelligent, عاقل

(homme d'esprit), ce sera l'interroger s'il ne sçait point de l'*elme garibé*¹ (de ces sciences curieuses). Si icy Cornelius Agrippa et le docteur Faust estoient venus tenir escoles de magie, *sseher*², ils n'auroient point manqué de *mouridon*³ (suivans), pourveu que leurs principaux agens eussent voulu concourir à leurs signes extérieurs et charmes pour mettre en compagnie les *oukoul felekié*⁴.

Après tous ces gens cy qui vivent de *helal* et *harom* (licite et deffendu), mettons les derniers, qui sont la base et le fondement de tous les estats précédents; sans l'existence, *vougoud*⁵, desquels tout s'en va en ruine ; ce sont les

*Dehati*⁶ (villageois), *berziguer*⁷ (bescheurs), *egaedar*⁸ (fermiers). Ces gens cy sont d'un très grand travail, lequel consiste seulement à égaler les terres et à les abreuver d'eau. La manière ordinaire d'égaler les terres procède du grand usage et de la nécessité qu'ils ont de ce faire, affin que venant l'eau, les parties les plus basses estant noyées, les plus hautes ne restent sèches et par conséquent stériles, ce qui est ensemencé venant à périr.

Quant aux pièces de terre qui sont esloignées de l'eau, pour sçavoir si elle y peut arriver de son mouvement naturel, ils se servent d'une géométrie assez grossière et naturelle ; car après avoir nivelé deux plans, ils plantent là deux picquets d'égale hauteur, un cordeau est tendu sur leurs deux extrémités hautes ; lors, sur le cordeau, ils plantent au milieu précisément un bardeau, *takté*⁹, ou planche de bois divisée en degrés et ils approchent

---

1. Ilm gharib, la science merveilleuse, علم غريب
2. Sihr, magie, سحر
3. Mouridan, disciples, مريدان
4. Ouqoul télékièh, les intelligences célestes, عقول فلكيه
5. Voudjoud, وجود
6. Dehaty, paysan, villageois, دهاتى
7. Berzèguer, laboureur, برزكر
8. Idjarèhdar, qui tient un bien à loyer, اجاره دار
9. Takhtèh, planche, tablette, تخته

d'un quart de nonante avec son plomb, en sorte que cette petite planche garde sa situation perpendiculaire à l'horizon. Lors, ils regardent au filet ou plomb, *chaqouli*[1], s'il bat sur la ligne du milieu ou sur quelle ligne, et de là ils jugent que le lieu de ce picquet est plus bas ou plus haut que l'autre de tant.

Pour faire venir les eaux, les ruisseaux et rivières et ramas d'eau, qui sont en bien petit nombre (car le Royaume de Perse est disetteux à cause de ce deffaut d'eau, autrement à raison de la bonté de la terre il seroit un paradis terrestre), ils coupent les eaux de bien haut, les forcent et leur font prendre de temps en temps d'autres lits, et des canaux et conduits autres que son naturel, de sorte que une rivière, qui dans nos païs porteroit bateau et feroit tourner d'infinis moulins, par le moïen des chaussées, *sedde*[2], icy estant saignée en divers endroits avant que d'estre arrivée au lieu de sa descharge et fin, se treuve toute estre de boue dans les terres labourables et particulièrement dans celles où il y a le riz, *bringe*[3], au pied duquel il faut incessamment que l'eau soit; car il se sème et se transplante en bourbier, puis il croist comme cannes et joncs d'estang, et lorsque le grain est assez formé, et qu'il est temps de le faire meurir, l'on luy retranche l'eau et on le met à sec. En peu de temps, il jausnit et se rend propre pour la moisson. A raison de ces eaux amassées là, il y a grand nombre de grenouilles, aspics, serpens et autres insectes, des cousins, *mourtché*[4], à l'infini, qui à peine laissent reposer les habitans à moins que de s'enfermer de toiles; autrement ils mangeroient un homme tout vif, leur picqueure et morsure estant comme autant de petits poincts de feu, qui, le lendemain, vous font paroistre le corps d'un homme tout ampoulé.

---

1. Chaqoul, fil à plomb, شاقول
2. Sedd, barrière, digue, سد
3. Birindj, برج
4. Mourtchèh, petite fourmi, مورچه; le nom du cousin en persan est Pèchèh, پشه

L'autre moïen d'avoir de l'eau est que par des canaux soubterrains, ils iront d'une lieue et plus chercher de l'eau au pied des montagnes, et pour donner de l'air, ils font, de temps en temps, des bouches comme des ouvertures de puits. Là se ramassent des eaux qui en fournissent quelque peu aux villages, *dèh*[1]. Plus bas que l'orifice de ce grand canal, appellé icy *karize*[2], dans ces eaux sousterraines qui ne voient le soleil que par la bouche de ces puits (supposé sa hauteur sur l'horizon nécessaire), sont des poissons que ces villageois y mettent, qui se nourrissent de vase, *legem*[3]. Ils sont comme une espèce de barbeau ou de chevenne, car de carpes, de brochets et de tanches, la Perse peust s'en passer. La chair de ce poisson, faute de meilleur, peust passer, mais quant à leurs œufs, il n'y a pas de meilleur vomitif au monde ; si l'on en prenoit en quantité, ils pourroient faire sortir l'âme du corps.

De ces eaux cy chaque terre a sa portion réglée, en quoy ces villageois ont leurs principales querelles, et sur le subject desquelles ils ne laissent pas de jouer ensemble du baston, de la besche, *bil*[4], de se casser la teste, ce qui est le profit du *mir ab*[5] (seigneur de l'eau), qui est un office dont le roy fait présent à quelque affamé, *gouchné*[6], pour son entretien. Celui-cy seroit comme un maistre d'eau et non de forest, car icy tout est à sec de bois de haute futaye, si ce n'est en Mazendron, comme nous dirons.

Cet officier cy juge et décide les procès venus à raison de l'eau ; il prend de l'un et de l'autre le plus qu'il peut, et ainsi les parties plumées sont contrainctes de s'accorder. Outre ces

---

1. Dèh, village, ده
2. Kariz, canal souterrain, کاریز
3. Ledjen, لجن
4. Bil, bêche, بیل
5. Mirâb, répartiteur des eaux, میراب
6. Gouresnèh, affamé, کرسنه

adventures de *fiez*[1] *havadez*[2], il a encor son droict sur chaque terre, qu'il prend à raison de l'eau, de sorte que dans le territoire d'Hispan, qui contiendra quelque dix ou quinze lieues, cet office de droict et de tour du baston luy vauldra mille ou quinze cents tomans, selon que, sachant bien son mestier, il sçaura plumer la poule sans la faire crier, car quelquefois ils le font si rudement que son cri entendu à la cour, l'on les lève d'office, *maazoul*[3], sans toutefois rien restituer à ces pauvres plumés.

Or ces eaux, don de Dieu, sont pour satisfaire, encor bien petitement, aux fromens, *guendon*[4], riz, *tchaltouk*[5], vignes, *meuveston*[6], car pour les petites denrées comme le coton, *koulouzé*[7], les oignons, *piaze*[8], les betteraves, *tchoukender*[9], les choux, *kelem*[10], etc., il faut tirer d'ordinaire l'eau des puits; et ce avec un bœuf et des seaux de cuir. Icy de bastardeaux de Flandre, de moulins à eaux, à vis aquatiques de Vitruve, l'on ne sçait ce que c'est. Ils font la saignée à force de bras, avec quelques cordages et un seau à queue, *courton*[11], qui se vuide de soy par le moïen de deux tourniquets de sorte que icy ils n'ont que le nécessaire, *zerour*[12], absolument, et encor bien petitement.

La plus part des terres sont *moulke chaï*[13] (fonds de roy), peu sont *erbabi*[14] (fonds de maistre). Dans un païs, il y aura un vizir ou

---

1. Feiz, abondance de l'eau. فیض
2. Havadis, accidents, حوادث
3. Maazoul, destitué, معزول
4. Guendoum, blé, کندم
5. Cheltouk, riz brut, شلتوک
6. Mouvestan, vignoble, موستان
7. Koulouzèh, fruit du cotonnier, کوزه
8. Piaz, پیز
9. Tchoughoundour, چغندر
10. Kelem, کلم
11. Kourtan. کورتان
12. Zerour, ضرور
13. Moulki châhy, bien du roi, ملک شاهی
14. Erbaby, bien d'un propriétaire, اربابی

fermier de la part du roy, qui a toutes ces terres à sa disposition. Les villageois, selon leur force, prennent de luy tant ou tant de terre, l'ensemencent à leur volonté, puis au temps de la moisson, *dereaü*[1], ce vizir fait sa cavalcade, et l'*estefa*[2] (estimation du revenu); un tiers, une moitié, plus ou moins est pour le villageois, le reste est pour le roy. Cestuy-cy faict ses procès-verbaux, établit un rosle que tel et tel villageois doibt tant au compte du roy et il envoye cela au *defter kroné* (chambre des comptes), qui ramasse tous ces papiers, et d'iceux en paye les officiers du roy et la soldatesque, les païant en *berat* (papier), pour que eux s'aillent faire païer là.

Lorsque le vizir faict son estimation, il juge à l'étiquette du sac et par une simple veue sur l'apparence des espis; si le païsan homme d'entendement fermant la bouche, ouvre la main, il sera content de la taxe; mais s'il faict le contraire, en ne faisant que clabauder, il sera sanglé et les poulces lui seront si fort serrés que il n'osera toucher à la moisson de peur d'estre redebvable; de sorte que, aucunes fois, pour l'avarice et opiniastreté de l'un et de l'autre, la neige, *berfe*[3], et glace, *yark*[4], survenant, ils feront la moisson hors de temps; et par cela commence et se continue la ruine de ce royaume, car les vizirs qui ont infinies bouches à contenter à la cour, pour conserver leur office ruinent tout le plat païs.

Les fruits de la Perse sont le froment, le riz et le mil, car il n'y a ny seigles ny avoines. Ils ont des orges pour les chevaux, ensuite tous les fruicts que nous avons en France, non point en les mêmes quantité et qualité et non point en toutes ses parties, car aucunes donnent les oranges et les limons; d'autres, les abricots, les poires, les pommes; d'autres, les chataignes;

1. Dèroou, moisson. درو
2. Istifa, استيفا
3. Berf, برف
4. Iakh, یخ

d'autres les dattes, *corma*[1], selon les provinces, et ce pour vivotter et non pas à en faire litière.

Icy en Hispan, les melons qui s'y mangent tout le long de l'année (mais la grande abondance est en juillet et en aoust), sont en telle abondance que, sans hyperbole, il ne s'en mange pas tant en toute la France que icy en Hispan ; tel en mangera à son repas trois *mons*[2], qui sont trente-six libvres, sans se treuver incommodé. Les premiers melons, qui sont appellés *guermek*[3], sont insipides, mais la populace les croit de grande utilité pour la santé, ainsi que leur font accroire les médecins, *tebib*[4], qui y treuvent bien leur compte. Les autres, qui se suivent d'espèce en espèce, ont divers noms, *Ismaheli, Abedini, Kourouki, Agemabati*[5], etc., tous ayant le nom de *karbezé*[6], melon. Le soin qu'ils prennent de les cultiver est indicible : à chaque pied ils ne laissent qu'un seul pour meurir, estant tousiours les moindres tout verds et non meurs, *na residé*[7], qu'ils apportent en ville vendre, qu'ils appellent *gombizé*[8], qui se mangent comme *krial*[9], concombre, en enlevant la seule peau de dessus ; car de les mettre par petites tranches et les battre avec du sel, des espices et du vinaigre entre deux plats pour en oster l'eau, cela ne se faict point icy. Ils se contentent de les manger cruds comme les poires, deux ou trois, et ce sans s'en treuver mal.

Pour des *zerdalou*[10] (abricots), icy il s'en treuve quantité de diverses espèces, *kaitsi, chamsi*[11], mais non d'une si grande

1. Khourma, خرما
2. Man, من
3. Guermek, un peu chaud, كرمك
4. Thebib, médecin, طبيب
5. Ismay'y, اسماعيلى, Abediny, عابدينى, Qourouqy, قوروق, Adjemàbady, عجمابادى
6. Kherbouzèh, خربزه
7. Na ressidèh, qui n'est point arrivé à maturité, نرسيده
8. Gounbizèh, كنبزه
9. Khiar, خيار
10. Zerdàlou, زردآلو
11. Qaissy, قيسى, chemsy, شمسى

senteur que les nostres; pour le goust, aucuns ne leur cèdent point, aucuns en ont moindre. Ceux qui ne sont pas entés s'appellent *heilenderi*[1] et sont comme des prunes ordinaires, toutefois un peu fades. Mais leurs arbres ne manquent point de charges pour les entes : cela est casuel, à cause des froids et des neiges qui viennent et durent tard, de sorte que icy en Hispan nous avons bien les neiges et elles dureront jusqu'au 28 mars, et ainsi adieu nos abricots.

Alou balou (cerises). Il y en a icy quantité, mais ce n'est que du bois. Elles n'approchent point de nos griottes, non plus que les *gilas*[2] de nos bigarreaux.

Sip[3] (pommes). Il s'en treuve encor, mais en Normandie, les cidres en consomment de meilleures. Les plus estimées icy sont les *azaechi*[4]. Ces gens ne croient pas qu'il y en ait dans le monde de pareilles, et cependant nos *goras*[5] en France en mangent de meilleures. Elles sont comme approchant de la reinette bastarde.

Goulabi[6] (poires) : il s'en treuve d'assez bonnes, que leur petite quantité faict, comme je croy, treuver encor meilleures.

Nar[7] (grenades). Il s'en treuve assez d'aigres et de douces; les bonnes viennent de Yezde.

Alou[8] (prunes) : il y en a peu qui vaillent. Ils en ont une sorte, *aloutché*, qu'il faut manger toutes vertes; la disette les faict passer.

Engure (raisin). Il s'en treuve qui n'est pas mauvais de différentes espèces, qui chacune a son nom : *Koupai, Chirazi,*

---

1. Heylendery, هیلندری
2. Alou balou, cerises aigres, آلو بالو. Guilas, bigarreau, کیلاس
3. Sib, سیب
4. Assaïchy, آسایشی
5. Gouraz, porc, گراز
6. Goulaby, کلابی
7. Nar, نار
8. Alou, آلو, aloutchèh, petites prunes, آلوچه

Ouloughi, Kichmichi[1], et de ce dernier, qui est sans pépins, se faict le vin, *cherabe*, qui n'est tel que parce que il est faict de jus de raisin ; car pour cette couleur, cette odeur, ce goust relevé, cette chaleur, il n'a rien de tout cela. Sa couleur est blanchastre, son goust amer ; il est sans odeur et froid dans l'estomac et vaporeux dans la teste, ne manquant point avant la vieillesse d'emporter son homme qui luy fera trop bonne compagnie, car le meilleur marché est une débilité de nerfs et un tremblement de mains.

Chadoné[2] (chanvre, chenevière). Icy cela n'est point en usage, toutes les toiles estant faictes de coton, qui, pour leur fragilité et facilité à s'user, ne passent point de la mère à la fille.

Chabalaut[3] (chataignes). Il s'en treuve peu et encor viennent elles vers Gurgiston et elles sont bien petites presque comme dans nos bois, *bicha*[4].

Fastouk[5] est la feigne, qu'ils mangent fort bien, comme aussi quantité d'autres fruicts sauvages que nous avons dans nos taillis et forests sans que nous sachions si cela se peust manger, comme alizes, guines d'aubépin. Pour nos meures de haye, s'ils les avoient, ce ne seroit pas pour les pourceaux à quatre pieds.

Tut[6] (meures). Ils en ont de noires et de blanches, et assez de blanches.

Girdou[7] (noyers). Ils en ont qu'ils ne cernent pas comme nous dans leur primeur, ains séparent le noyau, *makze*[8], de la coque, en

---

1. Engour, انكور, Koupay, کوپای, Chirazy, شیرازی, Ouloughi, اولوغی, Kichmich, کشمش
2. Châh danèh, graine de roi, chanvre, شاه دانه
3. Châh balout, شاه بلوط.
4. Bichèh, bois, forêt, بیشه
5. Fistouq, فستق
6. Tout, توت
7. Guèrdou, noix, کردو
8. Maghz, pulpe, مغز

frappant dessus avec le manche d'un cousteau assez dextrement.

Naringe[1] (limons, oranges, citrons). Ils en ont aussi assez, et de ces derniers, il s'en vend beaucoup d'exprimé, ce suc s'appellant *ab limou*[2] (eau de limon).

Corma[3] (datte). Ils en ont vers la coste du Sinus Persicus, la grande abondance estant vers Ballou et l'Arabie adjacente.

Bèh[4] (coignassiers) ; leurs fruicts sont meilleurs et plus doux que les nostres, car ils se peuvent manger au cousteau là où des nostres il n'en faut point parler, à moins que de les mettre en compoute dans une cloche, enterrés dans le braisier.

Cheftalou[5] (pesches). Elles n'approchent point des nostres, si ce n'est que en grosseur elles les surpassent, et non point en odeur et en goust.

Heulou[6] sont ce que nous appellons presses, pavies. Icy ils sont d'une grosseur extresme et d'un goust passable.

Kehver[7] (capres). Il s'en treuve assez, mais toutes sauvages, qui viennent d'elles mesmes, *kodrouh*[8]. A Gênes, l'on ne confit que le bouton; icy pour ne rien perdre, on confit encor le bout des branches, qui est tendre.

Voilà pour la pluspart des arbres fruictiers. Pour ceux qui ne portent point de fruict, comme les chesnes, les fouteaux, les trembles, il s'en treuve en quantité vers le Mazanderon ; icy il y a seulement les *tchenar*, qui sont grands arbres et gros, ayant l'escorce toute lisse ; leur bois est fort dur et marbré et fort beau en ouvrage. En outre, il y a le tremble, duquel l'on faict des ais de bois blanc, qui est icy fort en usage, quoyque fort

1. Narendj, نارنج
2. Abi limou, آب ليمو
3. Khourma, خرما
4. Bèh, به
5. Cheftâlou, شفتالو
6. Helou, هلو
7. Kever, كور
8. Khod rou, qui pousse spontanément, خودرو

mauvais, car une espèce de vers appelés *malingené*[1] mangent les fenestres et les portes auxquelles l'on ne touche pas souvent.

Après les arbres, mettons les fleurs de Perse, que dans nos païs l'on extolle tant. Icy ils ont quelques tulipes, *suzan*[2], jausnes et rouges, lesquelles l'on chasse de nos parterres comme le chiendent; d'en voir icy de drap d'or, de panachées, que mesme à peine peut-on souffrir en nos jardins, ce seroit un *touhfé*[3] (chose rare et digne de présent). Ils ont de l'amaranthe, des pieds d'alouette, *zabon der kafa*[4], des geroufiées, *cheb bou*[5], des œillets, *keranfoure*[6], des œillets d'Inde, des lis blancs et rouges, *zembak*[7], et autres petites florettes comme pasques, *narkess*[8], etc., qui se treuveroient dans le jardin d'un coq de paroisse en nos païs et qu'un floriste tiendroit à déshonneur que l'on vist dans son jardin.

De taulpes, icy il n'y en a point; la terre dure comme tuf ne leur permettant pas l'exercice de leurs pieds et de leur museau.

Zebzii[9] (herbes potagères), sont les mesmes que chez nous. Leurs laictues, *kahou*[10] sont comme nos laictues romaines. D'en avoir à pommes, de mignonnes, à feuilles de chesne, il n'y en a point, et si de France l'on nous en envoye quelque graine, la première année, comme se ressouvenant encor de leur origine, elles viendront telles quelles, mais leur graine, l'an suivant, comme celle du païs, se conforme au terroir, de mesme que les

1. Malindjenèh, مالنجنه
2. Sousen, سوسن
3. Touhfèh, تحفه
4. Zeban der qafa, littér., qui a la langue dans la nuque, زبان در قفا
5. Cheb bou, شب بو
6. Qarenfoul, قرنفل
7. Zenbaq, زنبق
8. Nergues. نرکس
9. Sebzy, سبزی
10. Kahou, کاهو

*tourp*¹ (raifort), *korphé*² (pourpier), *kachny*³ (chicourée franche) et autres telles choses, dégénèrent icy incontinent.

Le labourage des jardins se faict avec la besche, *bil*⁴, puis avec un grand marteau de bois, *kollouk kou*⁵, ils rompent les mottes. Le labourage des champs se faict avec une charrue, *krich*⁶, toute seule d'une seule aisle, ayant un petit soc sans rouelles, et ce avec deux bœufs seulement, qui ne tirent pas de la teste et des cornes, ains du devant, comme font en nos païs les jumens de Guéret.

Icy les bœufs sont assez chétifs; ils n'approchent point en grandeur et en force des nostres. Aussi n'ont-ils pas besoin d'en attacher quatre ou six à une charrue, car icy ils ne font que égratigner la terre, là où en la France l'on la laboure. Ils ne font point tant de façons comme nous de labourer, de refendre, d'émotter et de curer; icy ils émottent avec un traisneau d'un chevron tiré en travers sur lequel le picque-bœuf se tient debout.

Ils n'ont point icy de chars, de charrettes et de tombereaux, pour l'usage de l'agriculture; ils se servent de bœufs pour la terre et de mulets ou asnes, *ester*⁷, *krer*, pour transporter leur fumier, *koud*⁸, ou terrier là où ils ont de besoin.

De grand matin, ils envoient en ville vendre leurs denrées, puis ils retournent chargés des immondices qu'ils ramassent le long des rues et des retraicts, *abrize*⁹, qui d'ordinaire ont leur

---

1. Tourb, rave, radis, ترب
2. Khourfèh, خرفه
3. Kasny, chicorée, کاسنی
4. Bil, بیل
5. Keloukh koub, کلوخ کوب
6. Khich, charrue, خیش
7. Ester, mulet, استر
8. Qout, قوت
9. Abriz, latrines, آبریز

descharge dans la rue proche la porte de la maison, dans le conduict desquels vous voyez ces escoubilleurs mettre la sonde et retirer avec leurs besches la charge de leurs asnes, et ainsi ils retournent au village mettre ce fumier, *koud*, en terre, que l'année suivante, ils rapportent vendre soubs figure de melons et de herbes, de sorte que, à raison de cette révolution continuelle, vous diriez que c'est icy la métempsycose, *tenasouk*[1].

Pour scier les bleds, ils les coupent jusque par le pied avec des faucilles sans les javeler ou mettre en gerbes, ains ils mettent le tout dans un monceau, *embar*[2], dans un lieu du champ qui soit uni et aplani pour le battre. Ils ne se servent souvent pas du fléau pour battre dans une aire à trois ou quatre trézeaux. Ils ont comme un petit chariot là où s'assied le villageois; les roues sur lesquelles il tourne sont quelques vingt ou trente de fer, de demi pied de diamètre. Cet instrument s'appelle *choun*[3]. Une jument ou une mule, les yeux bandés, tire cela, tournant tousiours en rond à l'entour du monceau. Or cet instrument coupe et concasse la paille, et faisant sortir le grain de l'espi couché, d'un coup en faict deux, car la paille ainsi triturée sert icy au lieu de foin pour les chevaux, et le grain se treuve parmi en son entier. Un cheval ayant ainsi tourné une heure, ils le laissent reposer et manger à mesme le monceau, ce qui sans doute estoit l'ancienne coustume, car l'Escripture saincte le rapporte en disant: *Os bovi trituranti non alligabis* ; *commistum migma comedent*, ce qui paroist en cette façon.

Les vaches sont icelles des dernières que Pharaon vit en songe sortir du Nil, car elles sont maigres au possible. Leurs veaux, à cause qu'ils ne les laissent presque pas teter, n'ont que la peau et les os.

---

1. Tenassoukh, métempsycose, تناسخ
2. Enbar, انبار
3. Choun, شون

Les brebis, *gouspende*¹, s'engraissent icy fort. Elles sont de haute stature, leur laine, *pechme*², est longue et grossière. Elles ont la queue fort large qui, toute de graisse, pèsera d'ordinaire un dixiesme ou plus du reste du corps de la brebis. Leur chair, *gouchte*³, est grossière, assez insipide et pesante, de sorte que rostie ou bouillie, elle se retirera tousiours d'un tiers. Leurs aigneaux, *berré*⁴, approchent du goust des nostres.

*Bozgilé*⁵ (chèvres), sont icy à oreilles longues et pendantes, à long poil et de grande stature, approchant du goust des brebis. Leurs chevreaux, en leur saison, sont de requeste.

*Penir*⁶ (fromage), se faict de laits de brebis, de chèvres, de vaches, meslés par ensemble. Il est blanc et tout par petits grumeaux, de sorte que l'on l'apporte et on le vend dans des outres, *kriq*⁷ ; mais il n'a aucune forme ni ressemblance à nos fromages d'Occident.

*Rougan*⁸ (beurre). De mesme cet ingrédient de cuisine si nécessaire est icy comme liquide, et je ne le sçaurois mieux comparer que à ces vieux oings que l'on vend en France pour graisser les roues de charrette, qui cause que les mets ne sont icy que pour faire perdre l'appétit, *echteha*⁹, et non point le provoquer.

*Dauchan*¹⁰ (liepvres), *cargouche*¹¹ (lapereaux), il y en a peu icy.

---

1. Gousfend, mouton, کوسفند
2. Pechm, پشم
3. Goucht, viande, کوشت
4. Berrèh, agneau, ﺑﺮه
5. Bouzghalèh, chevreau, بزغاله
6. Penir, fromage, پنیر
7. Khik, outre, خیک
8. Rougan, beurre, روغن
9. Ichtiha, اشتها
10. Taouchan, lièvre, طاوشان. Ce mot est turc.
11. Khergouch, lièvre, lapin. خرکوش

Kefter[1] (pigeons); ils sont en quantité. Les fuies, *bourge*[2], que l'on faict icy pour les ramasser surpassent infiniment celles de nos païs en grandeur, en structure et en dépense de leur fabrique. Là l'on entretient les pigeons sans prendre de pigeonnaux, *mouklef*[3], seulement pour en avoir la fiente, *tcholgouzè*[4], et ce pour fumer les melons. L'on ne donne rien à manger à ces pigeons là qui sont sauvages ; tire dessus qui veut et quiconque le veut est receu à bastir de ces fuies, là où en France, que la police et la raison nous gouvernent, aucun ne le peust faire sans droict de fié, puisque l'on n'est point obligé de recepvoir de servitude que de son seigneur.

Mourgue[5] (poule), *kourous*[6] (coq), sont comme dans nos païs.

Ourdak[7] (canne), *kaze*[8] (oye), de mesme, et généralement de tous les oiseaux sauvages que nous avons, il s'en treuve icy, à la réserve des geais, qui ne se voient point, sinon une espèce d'iceluy, qui est tout verd, mais solitaire et qui restera perché un long temps sans se bransler.

Icy, *sertché*[9] (monneaux), mangent et gastent tout et sont en si grandes bandes et si importuns que l'on ne sçauroit les chasser. Ils sont de la couleur des nostres, mais non de leur humeur, nous laissant plus en patience.

Perestok[10] (hirondelles) ; elles sont de passage, comme en France.

---

1. Kefter ou kebouter, كفتر كبوتر
2. Bourdj, tour, colombier, برج.
3. Mouqlef, مقلف, se dit aussi d'un enfant qui n'a point été encore circoncis.
4. Tcholghouzèh, چلغوزه
5. Mourgh, مرغ
6. Khourous, خروس
7. Ourdek, canard, اوردك. Ce mot est turc.
8. Qaz, oie, قاز, ce mot est turc.
9. Sertchèh, moineau, سرجه. Ce mot est turc.
10. Perestou, hirondelle, پرستو

Facté[1] (turterelles) : les villes en sont pleines, mais d'une autre espèce que les nostres. Il y en a de grosses et de petites ; les petites sont plus privées et viennent dans les maisons faire leurs petits. Il ne faut que leur pendre un panier ou le fond de la clisse d'une bouteille et elles vous confieront le dépost de leurs amours. Les grosses sont un peu plus sauvages. Leur chant, *seda*[2], est différent de celui des nostres. Vers le printemps, il en vient icy de passage, comme les nostres, leur chant est de mesme, mais il y en a peu et elles s'en retournent incontinent.

Dourna[3] (les grues), sont aussi icy de passage.

Aucuns autres oiseaux sont icy qui ne se voient point en France, mais généralement, ils ne sont point en si grand nombre, à cause qu'il n'y a rien pour les nourrir, et si l'on giboyoit icy comme en France, en moins de deux ans, il faudroit en faire revenir de la graine d'ailleurs.

Kebke[4] (perdrix). Il s'en trouve de rouges ; il y a encor une autre espèce d'icelle ; leur vol, leur grosseur, leur cheminer, sont semblables, mais non leur chant. Elles n'ont au pied que trois doigts ou ergots ; elles sont dures dans l'excès. Le secret que nos Francs ont treuvé est de les escorcher, et ainsi elles peuvent passer pour des perdrix.

Les lits, *duchek*[5], matelats, coüettes, oreillers, *nasbalechte*[6], ne se font icy que de laine, ce qui est le meilleur, et de coton aussi, qui, à cause qu'il se feutre, est moins estimé. De Mosquovie l'on apporte de la plume de cygne, *taous*[7], pour ce

---

1. Fakhtèh, فاخته
2. Seda, سدا
3. Thourna ou dourna, طورنا, ce mot est turc.
4. Kebk, کبک
5. Duchek, lit دوشك, ce mot est turc.
6. Nazbalich, coussin, oreiller, نازبالش
7. Thaous, paon, طاوس. Le nom du cygne en persan est Erdj, ارج, ou Qoughou, قوغو

subject, mais elle est bien chère, et par conséquent elle n'est pas pour tout le monde.

La demeure des villageois est dans le bourg, et non pas que un chacun demeure dedans le milieu de ses terres, comme sont nos métaiers et closiers. Le lieu de leurs vergers est tout entouré de murailles faictes de terre que l'on appelle *tchiné*[1]; ils détrempent la terre, puis avec les pieds la pétrissent et conroient tant que de molle elle devienne comme en consistance. Lors, avec une besche, ils l'enlèvent comme gazons et en bastissent leurs murailles avec le poing, la faisant prendre l'une avec l'autre ; et cette sorte de mur et de closture, à cause de la grande sécheresse, dure assez.

Icy ne pensez point que la campagne soit embellie de belles maisons de plaisance, de chasteaux, *kalaa*[2], de demeures de gentilshommes, *negib*[3], lesquels pour respirer un air plus pur et plus spacieux eslisent leurs demeures hors les villes, là où l'abondance du peuple rend pour l'ordinaire l'air *moutaafen*[4] (un peu corrompu). Icy il n'y a point de noblesse, point de maisons antiques qui, de temps immémorial, ont persévéré dans l'honneur et le rang que leurs ancestres leur avoient acquis. S'il se rencontre quelque habillé de couleur, c'est-à-dire qui surpasse un peu le villageois, ce sera un *erbabe* (homme qui a là des terres en fonds de domaine). Mais à présent que le siècle est dans l'exaction, pour l'ordinaire, ces visés s'enfuient dans les villes pour estre à couvert, où parmi la populace, ils se font mécognoistre.

Les jardins, *bague*[5], ne sont point icy comme en France, à

---

1. Tchinèh, جینه
2. Qala'a, château, forteresse, قلعة
3. Nedjib, noble, de race illustre, نجیب
4. Moute'affin, infect, rempli de miasmes, متعفن
5. Bagh, jardin, باغ

grands parterres, à bordures de buis, *chemcha*[1], d'herbes, de conduits d'eau, et de bassins d'eau au milieu. Icy, mesme les plus beaux, comme ceux du roy, seront à allées de grands arbres qui, plantés en ordre, feront une croisée au milieu, et ces arbres là d'ordinaire seront des *tchenars*; pour les quatre quarrés ou plus qui bordent ces grands arbres ils seront plantés d'arbres fruictiers çà et là et sans ordre.

La chasse n'est exercée icy que par le roy et les gouverneurs de provinces, le païsan ne s'en meslant point, si ce n'est que par force, *gebre*[2], l'on les contraigne d'y assister, lorsque le roy voudra faire entrer en les filets qu'il aura tendus en le destroict de quelque montagne, *derré*[3], toutes les bestes fauves, *vahchi*[4], de vingt lieues à la ronde. Là il y aura une quantité de loups, *gourgue*[5], de renards, *roubah*[6], de cerfs, *guehveze*[7], de gazelles, *ahou*[8], de *chakgal*[9], qui est une espèce de loup-renard qui crie comme les villageois qui, le matin, s'entre appellent pour aller au marché. Leur cri est le soir lorsqu'ils sortent de leurs tanières et viennent mesme jusques en ville pour y manger les chevaux, les asnes, les chats et les chiens, qui demeurent à pourrir en les mesmes rues où ils seront morts et tombés.

Keftar[10], sont encor autres telles bestes qui vivent de proye et de charognes mortes; elles font des trous dans les cimetières, *kabreston*[11], et s'en vont manger les corps enterrés. Pour ce

---

1. Chemchad, شمشاد
2. Djebr, contrainte, violence. جبر
3. Derrèh, vallée, دره
4. Wahchy, bêtes sauvages, وحشى
5. Gourg, كرگ
6. Roubah, روباه
7. Guevzen, كوزن
8. Âhou, آهو
9. Chaghal, chacal, شغال
10. Keftar, hyène, كفتار
11. Qabrestan, قبرستان

subject, l'on faict la garde quelques nuicts à l'entour de la fosse de quelqu'un que l'on ne voudra pas, pour affection dernière, laisser la proye de ces animaux.

Ces pauvres villageois, comme nous avons dit, sont commandés de planter rets. *dom*[1], et autres telles fonctions; ils font telles corvées, *kredmet*[2], à leurs dépens, et comme cela se faict d'ordinaire en hiver, *zameston*[3], les neiges, *berfe*, les glaces et autres intempéries de la saison en font plus mourir que la flesche et l'espée de nos chasseurs ne feront pas des bestes fauves.

Toutes ces pauvres bestes estant ramassées là en petit lieu et réservé de tous costés, sans pouvoir eschapper, le roy et ses grands entreront là l'espée à la main ; lors les flesches et les lances se donnent du passe temps au dépens de la vie de ces pauvres animaux. Quant aux porcs sauvages et très furieux, il s'en treuve infinité vers le Mazandron, dont la chair ne mérite pas que les charbonniers en fassent provision à cause de son goust fade.

Dans une chasse ainsi qui contient tout ce qui estoit dispersé dans un grand païs, quelquefois il s'en tire plus de six, sept ou huit mille chefs; la chair de celles qui se peust manger est pour ceux qui les peuvent prendre ; quant aux immondes, *mechrouch*[4], elles pourrissent là.

Icy en Hispan il y a une tour de brique et de terre toute garnie de chefs, de cornes et de branches de cerfs, de loups et de gazelles, que un roy prit un jour à la chasse, *chekar*[5]. Cette tour s'appelle *Monaré kellé*[6] : elle est tellement au dehors garnie de ces belles antiquailles, tant pleines que vuides, que l'on diroit

---

1. Dam, filet, دام
2. Khidmet, service, corvée, خدمت
3. Zemistan, hiver, زمستان
4. Mekrouh, qui inspire du dégoût, dont on doit s'abstenir, مکروه
5. Chikar, شکار
6. Minarèhi kellèh, tour des têtes, منارهٔ كله

qu'elle en est toute composée. Au-dessus une cigoigne, *legleg*[1], vient à son temps y faire ses petits, y ayant là amassé des ronces, *tiquen*[2], des branchettes, *deremne*, et des herbes sèches, pour y bastir son gros nid, *hachioné*[3], de sorte que là, naturellement, ce que l'artifice faict quelque fois sur le haut de nos hauts édifices, où vous verrez une grosse pomme ou globe de plomb, d'airain et une cigoigne dessus de mesme estoffe, icy au naturel, la pomme est un gros fagot et un monceau d'espines apportés par cet oiseau vivant que vous verrez aux grandes ardeurs du soleil se tenir là debout pour voir de quel costé vient le vent et non pas pour l'enseigner aux bateliers et autres qui en ont besoin.

La campaigne n'est point icy comme dans nos païs une station tranquille et agréable, là où le bourgeois va passer les jours les plus délicieux de sa vie, sçavoir, le printemps, *bhaar*[4], l'esté, *tabeston*[5], l'automne, *paize*[6], cherchant la fraischeur dans ces lieux ouverts, là où en ville, *cheher*[7], il luy faudroit mourir de chaleur, *heraret*[8], dans ces demeures si resserrées et là où d'ordinaire l'air est tout estouffé. Les *erbabe*, qui ont des terres à eux envoiront bien, et ce par nécessité, de leurs domestiques au temps de la récolte, *dereau*, pour retirer leur part sans se fier à la conscience, *ensaf*[9], du villageois qui la luy feroit bien courte; et nonobstant encor que luy ou ses gens soient présens avec plus d'yeux que n'en avoit Argus, ils ne laissent pas encor de luy en faire passer, icy le villageois adroict sachant endormir

---

1. Leklek, لكلك
2. Diken, épine, branche épineuse. دكن, ce mot est turc.
3. Achianèh, nid. آشیانه
4. Behar, بهار
5. Tabistan, تابستان
6. Païz, پاز
7. Chehr, شهر
8. Heraret, حرارت
9. Insaf, justice, droiture, équité, انصاف

son monde par un certain son clair, ce qui n'arrive que trop souvent, les uns et les autres ne cherchant que à expiner et faire leur compte.

Le grain, comme nous avons dit, est trituré et esventé comme chez nous, mais non point vanné (car icy il n'y a point de vans), mais bien criblé, *kalbir*[1]; l'on le pèse pour que un chacun en prenne son droict, qui moitié par moitié, plus ou moins, selon que les terres sont de difficile valeur et entretien; le maistre faict mettre sa part dans des sacs, *joüales*[2], puis sur des asnes ou des mules, le villageois la porte en ville tousiours accompagné, autrement il s'y treuveroit du deschet.

Quant aux semences que l'on confie aux villageois, icy il n'y en a point : car, par plusieurs expériences, ils ont treuvé que le paysan porteroit ce dépost au moulin ou marché plus tost que de le garder fidèlement pour l'enterrer en son temps. Au temps de la semaille, il faut estre présent pour voir espandre et enterrer le grain, car autrement, l'an suivant, il n'y auroit point de moisson. Or l'industrie et la malice de ces *kentely*[3] n'ont point encor treuvé d'invention pour retirer et ramasser avec profit ce dépost confié à la terre, quoy qu'ils n'aient pas manqué d'y penser longtemps; peut estre y réussiront ils un jour, car ils sçavent d'autres tours qui ne sont gueres loin de cestuy cy.

Pour la paille qui est, comme il est dit, triturée, les villageois, après leur petite provision, apportent vendre le reste en ville dans des sacs. Quant aux *erbabe* ou maistres, les plus riches garderont d'ordinaire un *katar*[4], qui sont sept chameaux, que un *sarbon*[5] (chamelier) doibt panser chaque jour; celuy cy envoie ses gens quérir la paille de ses provisions, et ce avec

---

1. Ghelbir, غلبیر
2. Djouwal, جوال
3. Kentely, کنتلی pour Kelendy, homme grossier, rustre, کلندی
4. Qathar, file de sept chameaux, قطار
5. Serban, سربان

des filets, qui sont encore en façon de poche, mais à quarreaux.

L'hiver, les villageois, pour ne point perdre de temps (car là ils n'ont pas de fosses à creuser, de haies à relever), envoient leurs valets et leurs petits enfans avec leurs asnes et leurs mulets, au pied des montagnes charger du plastre crud, *kech*, qui ne couste que à prendre et le porter aux fourneaux de la ville, *karépeze*, et de là ils vont le long des rues ramasser les ordures pour faire leurs fumiers.

Ils vont aussi proche du fleuve ramasser du sable et du gravier pour les porter dans leurs terres qui sont des terres fortes, pour les rendre un peu plus légères et plus faciles d'estre arrosées au fond.

Asciab[1], sont moulins à farine, car à tan et à foulon, il n'y en a point. Ces machines sont, selon le païs, à petites roues, qui sont doubles, pour prendre davantage d'eau qui tombe tout d'un coup sur leurs palettes, non par des gouttières, mais par une subite cascade d'eau de rivière ou de ruisseau, que l'on aura détachée par un conduict lointain pour l'élever plus haut que son canal naturel. La meule n'est que d'une pierre seule arrondie avec le marteau de trois pieds de diamètre, laquelle tourne sur l'immobile, qui est d'un diamètre approchant. Cette machine tourne très vite à cause de sa légèreté, et fait de la farine assez subtile, non toutefois tant que la nostre. Icy, il n'y a point de tour de bois autour de la meule ; le point rond en quarré où nos meuniers sçavent bien faire réserver les premiers leur part de la farine, ne cause point de procès, seulement avec un peu de terre franche, rouste ou argile, ils eslèvent un peu les bords pour empescher la farine d'eschapper. Leur trémie est sans traquet, car le maistre du bled est tousiours présent lorsqu'il mout, autrement il ne treuveroit pas son compte.

Les meusniers ne vont point icy à la chasse des pochées de

---

1. Asiab, moulin à eau, آسیاب

bled que l'on leur confie sans presque les cognoistre. Icy, telle confiance n'existe point, et si quelqu'un l'avoit faict, je croy qu'il pourroit bien dire adieu à la poche et au froment, car de seigle, *parintché*[1], il ne s'en voit point icy pour l'usage : les Arméniens seuls s'en servent pour leurs menestres, *ach*[2]; aussi ce mot de *parintch* est arménien.

De four à ban, il n'y en a point. Icy, chacun cuit chez soi; la subordination de seigneuries et de chastellenies n'estant point icy, par conséquent, leurs droicts n'y sont point.

Charea[3], les grands chemins, ne sont icy assez amples, n'estant recognus que par le chemin frayé qui a un peu cavé la terre; et d'ordinaire, pour gagner d'un lieu à un autre, l'on se sert de la visée de la pointe des montagnes qui dirigent les caravannes, comme le nord les navigans; aussi dirions-nous presque icy naviguer en terre ferme.

Pour les *fersak*[4] (lieues), elles sont très grandes. Un va de pied cheminant fort bien peut en faire une par heure. Les terres ne valant gueres en ce païs, ils ont droict de les donner à si grand marché; et encor au bout de ces longues corvées, il n'y a point de bouchon pour se mettre à l'ombre; au lieu des gistes, *mensele*[5], il y a quelquefois un *caravansera* ou une mazure là où la *caflé* posée, les villageois apportent tout ce qu'ils ont à vendre aux passans, œufs, laict, orge, paille et moutons.

Icy les cuisiniers ne sont gueres de requeste, un chascun se contentant de moins que le nécessaire. Quelquefois les Arméniens, comme marchands exploitant partout le monde, un jour de feste ou de resjouissance, achepteront de compagnie un mouton;

---

1. Parintchèh, پارنجه. Les Persans donnent au seigle les noms de tchavdar, جاودار, et de kengueran, کنگران.
2. Ach, soupe, potage, آش.
3. Chari', شارع.
4. Fersakh ou Ferseng, parasange, فرسخ فرسنگ.
5. Menzil, station, gîte, منزل.

après l'avoir tué, l'avoir escorché et avoir nettoyé le dedans, ils le renfermeront dans sa propre peau ; puis, ayant faict un grand brasier, ils le couvriront de feu dessus et dessoubs, faisant ainsi, que l'on auroit de la peine à juger si c'est pasté, *semboust*[1], bouilly, *yakni*[2], ou rosti, *berion*[3]. Voilà comme ils en usent quelquefois, non d'ordinaire, car il ne faut pas marcher à si grands frais pour s'accommoder au païs.

Caravansera (corps de logis pour les passans). Aucuns se treuvent çà et là en la Perse : ils sont assez beaux, bien bastis de quarreaux cuicts, que la dévotion d'aucuns a légués au public. Ceci s'appelle *kreir gari*[4] (bien courant et éternel), d'autant que un chascun qui y loge, *moufte*[5] (pour rien), donne quelque *doa* (prières) pour le fondateur. D'ordinaire, ce grand corps de logis sera gardé par un boutiquier, *doukondar*[6], qui aura sa petite boutique à la porte, comme nos Coridons à la porte des colléges d'une université.

Sepher[7] (voïages), ne se font pas icy comme en France, à quelle heure que l'on veut, en prenant le jour déterminé d'un messager de la poste, ou d'un relai. Icy, l'on s'enqueste si quelqu'un veut aller en tel endroit : un chacun s'abouche, et ainsi, comme une boule de neige, peu à peu se grossit la pluralité de ceux qui veulent prendre la mesme route. Les principaux marchands donnent le bransle de sortir, et pour plus grande quiétude et ordre, comme aussi pour païer les péages, les passages, et satisfaire pour tous, ils eslisent un *karavan bachi* (chef de caravanne). Celuy cy aux difficultés de passage, aux arrests, aux

---

1. Senboussek, pâté, سنبوسك
2. Yakhny, viande bouillie, یخنی
3. Berian, viande rôtie, بریان
4. Kheïr djary, خیر جاری
5. Mouft, gratis, sans exiger de paiement, مفت
6. Doukkandar, دكاندار
7. Sefer, سفر

contrastes des uns avec les autres, est l'arbitre, *mommeieze*[1], de tous.

Rahdar[2] (garde de chemins). Icy en Perse, il n'y a pas de grandes douannes, à la réserve du Bender ou port de mer du Sinus Persicus pour passer aux Indes, car là, ce que l'on prend d'allée et venue sert à faire enchérir d'un dixiesme et plus les marchandises.

Ces *rahdars*, constitués d'ordinaire aux lieux des passages nécessaires, aux anfractes des montagnes là où il faut passer par nécessité, ont esté institués pour garder les chemins. Pour ce subject, ils prendront peu de chaque charge et de chaque cheval de bast, mais tout cela est peu et sans tyrannie. Ils sont assez fréquens sur les chemins, qui, icy en Perse, sont des destroits par lesquels il faut passer de nécessité, de sorte que la Perse est une très grande prison d'où l'on ne peust pas eschapper et s'enfuir, supposé qu'il y aie recommandation de vous arrester.

Les voïages d'un mois, de deux ou trois mois, n'estonnent pas tant qu'un voïage hors de Paris, pour la préparation duquel de grandes résolutions sont nécessaires à prendre. La dépense n'est pas aussi si grande, car de loger une fois là à table d'hoste, payeroit icy la dépense de bouche pour une semaine et plus. L'on porte son pain et son eau, pour se refociller un peu, mais non pas pour vivre.

Kreimé[3] (pavillons). Ceux qui sont plus que du commun et qui peuvent faire cette dépense, les tendront le soir pour se reposer un peu et se mettre à l'ombre, mais la nuict approchant, l'on les lève et les plie, estant l'ordinaire de coucher sur la dure, à l'enseigne de l'estoile et d'ordinaire, dans quelque cimetière, s'il s'en treuve, entre les fosses, cette peur et terreur panique d'es-

---

1. Moumeyyz, arbitre amiable, ممير
2. Rahdar, préposé à la sûreté d'une route, راهدار
3. Khimèh, tente, خيمه

prits n'estonnant point icy les gens que la lassitude contrainct de reposer.

La raison de ne se coucher soubs les pavillons est la peur d'estre surpris là dedans par des voleurs comme des souris dans une ratière, comme aussi pour estre le lendemain plus prompts et expédiés de partir, car icy en couchant sur la dure l'on n'a point la peine en se réveillant de s'oster des cheveux les plumes de coissin qui y seroient restées. La grande parcimonie au boire et au manger dissipe les mauvaises humeurs, si ce n'est que enfin la lassitude et la souffrance, à peine, vous donneront-elles terme de repos jusques au lieu déterminé, là où les maladies de langueur et les foiblesses, vous font par nécessité donner du repos à vostre existence.

Ce sont là les petits passe-temps de la campagne, demeure de nos villageois, auxquels il faut retourner pour finir avec cette honorable caste.

Racte, lebas[1]. Leurs vestements sont de toile, *kerbaze*[2], grossière, teinte d'ordinaire en bleu; ils sont assez éguenillés, néantmoins, pour la taille et façon, ils sont comme ceux de la ville. Quelques uns des plus apparens porteront sur la teste des *saisses* de peu de valeur ployées comme celles de la ville, à la réserve que ils ne portent point de *tepéh*[3], qui est l'extrémité de l'estoffe, qui est ouvragé d'argent ou de soye ou de frange de la mesme estoffe, que, en pliant la *saisse*, l'on laisse au dessus comme un bouquet rose, car les villageois et ouvriers, *esnaf*, cachent ce bout là dans la *saisse* ; les autres qui veulent paroistre plus haut la font sortir de trois ou quatre doigts. Ces *tepéh*, qui font la creste de coq, font paroistre la *saisse* neufve, et celuy qui la porte, homme de quelque chose. Celles qui

---

1. Rakht, رخت; lebas, لباس; vêtements.

2. Kerbas, كرباس

3. Tepèh, partie de la coiffure couvrant le sommet de la tête, تپه ou تپ. Ce mot est turc.

ballent l'oreille font paroistre une *saisse* relevée qui sent le valet.

D'ordinaire, les villageois vont jambes nues, hiver et esté. Pour leurs souliers, ils sont de plate semelle; ils n'ont point de sabots de bois. Icy, aucuns portent des *charouk*[1] : ce sont des pièces de cuir verd que, avec des cordes passées et repassées, ils ont bandées et auxquelles ils ont faict prendre forme sur le pied: de plus, pour les chausses ils auront des *patavé*[2], qui sont des bandes de toile, de quoy ils s'enveloppent les jambes faisant d'icelles bandes plusieurs tours et retours.

Quelquefois, ils auront des hoquetons de gros feutre, *nemed*, pour se garantir de la pluye, *baron*[3], et du froid, *sermo*[4]. Aussi les valets, les garçons de village et les petits villageois, ont aussi pour bonnets de ces feutres là faicts exprès.

Nemed[5] (feutre). Icy l'on le travaille fort dextrement. Ils en feront de quatre à cinq aulnes de long, et de une et plus de large, si fin et égal et si uniforme en toutes ses parties que l'on y seroit trompé, le prenant pour drap d'Angleterre, car au manier et au toucher pour estre mol, fort uni et poli, vous n'y treuvez point de différence avec le *londeré*[6].

D'autres feutres sont cotonnés d'un costé et rez de l'autre, et d'iceux ils font des robes de chambre, qui, par rareté, en nos païs, ne déshonoreroient point un honneste homme.

Appengi[7], sont encor des feutres fort durs et plus grossiers que ceux cy, qui servent pour les voïageurs, gardant son homme et sa monture de quelque pluye que ce soit, pour longue et ennuyante qu'elle puisse estre.

1. Tcharouk, چاروق
2. Patavèh, پاتاوه
3. Baran, باران
4. Serma, سرما
5. Némèd, نمد
6. Londrèh, drap anglais, لوندره
7. Yapendjy, manteau pour la pluie, یاپنجی

De ces feutres là encor ils garnissent la place des chambres, les entrecoupant en moresques et y remettant d'autres pièces rentraites, *reffou*[1], si dextrement que ces grands feutres paroissent d'une pièce. Nonobstant cela, ils sont tousiours de basse estime, et une grande maison ne se voudroit pas contenter de ces tapisseries de village.

Dans chaque village, il se treuvera d'ordinaire un *moulna*, maistre de petite escole, qui enseigne à lire et à escrire et que les villageois font vivoter, en luy donnant bled, fruicts et argent. Celuy cy encor, s'il met le nez dans ces grands libvres, s'ingéniera d'estre leur *pich namas* (directeur en leurs prières), dans la mosquée.

Ils auront aussi un *dellak* (barbier), pour les tondre, car les cheveux généralement en ce païs se font avec le razoüer, tant pour les grands que pour les petits, pour les villageois et les bourgeois, ce qui est cause que en la Perse, la teigne a donné la pelade à la pluspart des Persiens (peu estant qui n'en ayent peu ou prou), qui est icy en grand règne. Les petits enfans ont la peau, le crasne et la teste fort tendres et, par conséquent, fort susceptibles de gale et de rogne; le razoüer passant là dessus laisse une telle malignité que la pluspart sont icy teigneux, *kedchel*[2]. Vous verrez icy de telles calottes en crouste de relief couvrir la pluspart des testes des enfans et mesme des adultes des gens du dernier estat, car pour les plus grands, ils se font guarir par toute sorte d'artifices. Nonobstant, vous voyez là les places vuides sur le haut de la teste qui dispensent le barbier de les balayer avec son razoüer. L'air encor par sa sécheresse, *yebousset*[3], y contribue en partie. Or, pour marque que cela procède principalement du razoüer, c'est que nos Francs habitués icy, ne permettant pas de razer les cheveux de leurs petits

---

1. Refou, reprise, رفو
2. Ketchel, کل
3. Yebousset, یوست

enfans, ains à nostre façon, ils les font couper avec des ciseaux et les exemptent de ce sort commun ; ou bien, si l'on veut faire instance que l'air du païs influe sur ce beau vernis, disons que les enfans des Francs tiennent encor dans leur race quelque chose d'Occident qui les dispense de cette règle commune.

La coustume du païs a fort bien pourvu à cet incident, qui est de faire passer pour incivilité, *biadebi* [1], d'avoir la teste découverte, qui faict que jamais ils ne se descouvrent pour saluer. En présence du roy et des grands, c'est là où il faut estre plus régulier à cette observance, et si quelquefois en esté, à raison de la chaleur, estant seuls ou avec des personnes moindres que eux ou leurs domestiques, ils ostent leur *saisse* ou turban, pour se rafraischir la teste, s'il survient quelqu'un auquel il faut porter honneur ou respect, soudain ils se recouvrent la teste, et sur ce subject, ils s'entrecomplimentent : « Pour moy ne vous incommodez pas, etc. », en quoy ils s'entendent aussi bien que nous à s'entrejetter de l'eau béniste de la cour.

Zabon [2], la langue des villageois est différente de celle de la ville en quantité de mots, et quant à ceux qui leur sont communs, ils corrompent et changent tellement les dernières syllabes que cela paroist un bargouin que l'on ne peut entendre que à discrétion. Une vieille tradition, *tevatour* [3], porte que un jour, quelques Arabes interrogèrent Morteza Ali, gendre et premier successeur ou lieutenant du Prophète, sur l'humeur prédominante des Persiens et particulièrement ceux d'Hispan. Il respondit : *droug gou* [4] (menteurs), *pour gou* (hâbleurs), *bi morvet* (sans charité, bienfaict), *bi vafa*

---

1. Biedeby, impolitesse, manque d'éducation, بی ادبی
2. Zeban, langue, dialecte, زبان
3. Tewatour, توانر
4. Dourough gou, menteur, دروغ کو ; voul gou, hâbleur, ولکو ; by mourouwet, sans sentiments humains, بی مروت ; by wefa, sans fidélité, بی وفا ; by haya, sans honte, effronté, بی حیا

(sans recognoissance, ingrats), *bihaia* (esvergondés, impudens);
puis il s'arresta là. Ces interrogateurs poursuivirent, disant :
Diguer begou[1] (dites encor). Il poursuivit : *mouhil*[2] (fraudulens, fourbes), *doukondar*, qui ne respond jamais au quarré
(car icy le boutiquier interrogé, *nokout dari*[3], as-tu des pois ?
ne dira pas non, mais il dira, *hades darem*[4], j'ay des lentilles),
tital[5] (flatteurs), *salous* (qui faict la chatemite), *riacar* (hypocrites), puis il s'arresta là. Eux poursuivirent : *Diguer begou*,
dites encor. Il continua : *bi ensaf*[6] (sans conscience), *bi ekrare*
(sans parole ou foy tenüe), *bi adeb* (incivils), *bi kreir* (qui ne
faict bien à personne), *bi dionet* (sans sincérité), puis il s'arresta. Les autres lui dirent : *Diguer begou*. Iceluy continüe :
hossoud[7] (envieux), *moutekebber* (orgueilleux), *magroud* (enflés
de présomption), *kodpereste* (pleins de philaftie), *moulhet*
(athées), puis il s'arresta. Eux dirent : *Diguer begou*. Il continüe : *desd*[8] (larrons), *davakar* (plaideurs), *tcheltaki* (chicaneurs), *aier* (fins, doubles), *cafir* (infidelles). Iceux fort curieux
d'entendre tant de belles qualités, luy dirent derechef : *Diguer
begou*. Iceluy peut-estre ennuyé pour trancher tant d'enquestes, laissant le persien de ville et se servant du langage
villageois, leur dit : *arou bessou*[9] (c'est assez pour aujourd'hui),
voulant signifier, comme porte la tradition, que ceux dont il

1. Diguer begou, ديگر بگو
2. Mouhil, rusé, intrigant, محیل
3. Noukhoud dary, as-tu des pois chiches? نخود داری
4. Ads darem, عدس دارم
5. Tital, flatteur, تیتال ; salous, trompeur, سالوس ; riakar, hypocrite, ریاکار
6. By inssaf, sans équité, sans droiture, بی‌انصاف : by edeb, impoli, بی‌ادب : by kheir, vaurien, بی‌خیر ; by dianet, sans loyauté, بی دیانت
7. Hassoud, envieux, حسود ; moutekebbir, orgueilleux, متکبر ; maghrour, vaniteux, مغرور ; khodperest, égoïste, خودپرست ; moulhid, hérétique, ملحد
8. Douzd, voleur, دزد ; Da'wakar, processif, دعوی‌کار ; cheltaqy, querelleur, شلتاق ; ayyar, rusé, finaud, عیار ; kafir, infidèle, کافر
9. Arou bessou, آروبسو, est la corruption de Imrouz bes est, امروز بس است ; aujourd'hui, c'est assez.

avoit pris le langage estoient encor les pires de tous. Si cette tradition est vraye, il faut qu'ils souscrivent à ces belles qualités, puisque leur prophète l'a dit ainsi.

Que si le lecteur ne le veut croire, qu'il s'en vienne icy, qu'il s'habitue et converse parmi toutes sortes d'estats pour apprendre leur langage, pour s'acquérir une science expérimentale de la vérité, entrant dans l'intérieur du païs, et ne fasse pas comme les chevaux de poste, qui ne voyent que en courant, et arrivés au giste, vont donner des relations au public d'avoir veu un royaume, une cocaigne pour son abondance, pour la beauté de son territoire, sa variété de prairies, ses eaux, ses forests, ses maisons de plaisance, ses montagnes et vallées verdoïantes, ses plaines hérissées d'espis jaunissants, et par delà donnent les idées de tous nos peintres exprimées dans leurs païsages. Pour la politique montée en cette cour au période de la prudence du siècle à raison des conseils pris et arrestés avec un secret extresme (pour user de leurs mesmes termes), c'est une idée platonique de puissance imaginaire réduite à l'acte, pour la loïauté, l'amour des estrangers et la magnanimité de cœur, qui surpasse infiniment les Européens.

Pour trois ou quatre monceaux de pierres de taille escornées qu'ils auront veus moitié ensevelis en terre, ils feront la description d'un superbe palais d'une espouvantable structure dont nos maisons et chasteaux de France seroient à peine reçus pour servir de basse-cour ; pour quelques marmouzets et figures taillés sur l'entrée d'une caverne dans les postures hardies de ces statues, ils feront passer les pièces de Michel-Ange pour les pièces ébauchées d'un apprentif.

Pour quelque butte de terre ou ramas de terre conroyée en forme de tour quarrée ou ronde qu'ils auront veue sur la pointe d'un rocher (car, en raze campagne, il n'y a pour la milice et pour les habitans aucune station asseurée), ils nous feront la description d'une forteresse imprenable, hors de sape et de

mine, d'un accès impossible, d'une structure admirable, d'une
deffense incomparable, de sorte que nos fortifications régulières
compassées par les règles de la théorie et de la mécanique,
corrigées par dix mille expériences, en comparaison de ces
chasteaux en l'air, où il ne faut que laisser sécher la garnison
au soleil (puisque de là elle ne peust faire aucune descente qu'à
son désavantage), ne debvroient passer, à leur dire, que pour
retranchemens de villageois.

Ayant veu quelques broussailles et quelques arbres sur la
pente d'une montagne, ô Dieu! quelle haute futaye, ils ont
remarquée; le tronc des arbres, diront-ils, est comme tourné au
tour, d'une hauteur incroïable, sans branches, de sorte que, au
lieu d'aller en Norvège chercher des masts pour les grandes
machines mobiles de mer, il faudroit venir là pour s'en fournir.
En chemin faisant, pour avoir treuvé le long de quelque fleuve
quelques hameaux de maisons, moitié ruinés et délaissés d'espace en espace, leurs mazures de pierres et de briques enseve-
lies partie en terrre, partie esparses çà et là, ils se forgeront que là
jadis a esté une grandissime ville dont à peine Troye la grande
auroit esté receue pour en estre les soubsfaubourgs et pour la
ceinture; qu'ils supputent de la distance de ces mazures aux
monceaux de pierre de l'un à l'autre, ils luy donneront tel circuit
que le terrain d'une province y pourroit estre compris.

Si dans quelque ville en passant par le bazar, marché ou place
publique où tout le monde s'assemble de toutes parts pour
achepter, vendre et négocier, et ce en l'espace d'une halle
de nos païs, ils vont faire un dénombrement infini de ses habitans; et pour le confirmer, ils diront que pour passer par les rues
de cette populeuse ville à moins que d'avoir un homme qui
leur fende la presse, il n'en faut point parler; car de faire
comme celuy qui demeura deux jours et demi à l'entrée d'un
grand pont, à la campagne, sans pouvoir passer à raison de la
foule des passans, qui encor éventrant les garde-fous, se jettoient

dans l'eau l'un l'autre, cela ne serviroit de rien dans ces populeuses villes icy, car tous les jours sont semblables. Pour les nuicts, je ne sçay s'ils ne feront point encore fourmiller le monde de la sorte. Il est vray que dans aucunes villes, dans la place ou bazar public et quelques environs d'iceluy, il s'y treuve du peuple beaucoup, mais allez au reste de la ville, dans les rues, à peine treuverez-vous qui vous enseigne le chemin.

Pour avoir veu un prince entouré de cent ou deux cents personnes, et en quelque espèce d'ordre qui seront l'eslite de tout le royaume (car, après cela, ne cherchez plus rien qui mérite d'estre mis en inventaire), ils vous vont faire la description d'une cour la plus florissante, la mieux ordonnée, la plus superbe d'habits, et que elle seroit trop rabaissée d'estre mise en parallèle avec celles d'Europe. S'ils ont treuvé quelque affabilité de quelque particulier qui aura traicté avec eux honnestement et civilement, et ce à raison sans doubte de quelque intérest temporel, ils vont descrire l'humeur prédominante de ce païs, la plus courtoise, la plus affable, la plus sincère, que faisant réflexion sur nostre façon de procéder, en comparaison, nous nous jugerons estre des sauvages, car jamais Balzac ny autre n'ont donné au public les pièces de complimens et entregens de discours polis que ces relateurs font sortir des bouches dorées ou emmiellées de ces personnes icy.

Après avoir bien pensé à la raison que aucuns de nos voïageurs ont de tant mentir, je ne sçay si ce n'est point pour ne pas démentir cet ancien proverbe usité, ou bien si tout de bon ils croient tout ce qu'ils disent, ou bien s'ils veulent s'amuser des chiens pris par l'oreille ou la lecture de leurs brimborions, qui les congratulent de leur curiosité d'avoir passé tant de mers, de forests, de déserts, au péril de leur vie et de l'esclavage, ou veulent inquiéter ceux qui, dans l'Europe, jouissent par le don de leur naissance de ce qui est parfaict dans l'univers touchant le spirituel et temporel (sauf quelques petites imperfec-

tions dont il est vray que la communication avec l'estranger
peust nous faire apercevoir, et de nous mesmes ensuite les corriger), les invite à faire telles corvées. Un insigne souffleur, réduit en tel estat de misère qu'il ne luy restoit plus que sa misérable personne, et qui avoit tout jetté dans le fourneau, faute
de charbon et d'argent pour en achepter pour continuer les
degrés du feu jusques au dernier point de la transmutation
imaginaire de ces ingrédiens en la nature de la lune ou soleil,
pensa à se venger hautement d'un sien ennemi, en luy conseil-
lant par quelques pièces destachées de manuscrits d'alchimie,
par la monstre de quelques pièces de verre coloré au feu par
hazard et par quelque pièce de mercure coagulé, de travailler
au grand œuvre et que peu de chemin luy restoit à faire.

J'avoue bien qu'il est fort bon de voïager, de sortir de son païs
pour se déniaiser et ne passer pas tousiours pour homme de son
païs, mais de converser avec l'estranger, de s'instruire de leurs
façons d'agir, d'apprendre leur langue pour mieux entrer dans l'intérieur de leur estre et, comme un homme d'entendement pouvoit
de la boue et de la fange d'Ennius en retirer des diamans, ainsi dans
la conférence des mœurs et des façons de procéder de l'estranger corriger les siennes propres; car la vérité est que jamais il
ne s'est donné aucun libvre au public que le particulier n'y ait
tousiours treuvé à profiter de quelque chose. Ayant ce que le lieu
de nostre naissance nous a donné, et le conférant solidement
avec ce que nous voyons à l'estranger, nous pouvons y ajouter ou
diminuer dans les circonstances; car pour l'essence et le principal, l'on a raison aux quatre parties du monde exprimées soubs
figures humaines qui portent quelque marque de leur climat, de
mettre la couronne en teste à l'Europe et en particulier à ces
belles monarchies, qui, quoyque composées de parties hétérogènes, se réduisent toutes à l'unité comme image du gouvernement du monde. Combien d'ordres subalternes les uns aux
autres avec une merveilleuse harmonie dans l'estat ecclésias-

tique compris entre le dernier clerc jusques au souverain Pontife! Rien de tout cela n'est, à présent, dans le Levant chez ceux qui le dominent; chez les tributaires de ces païs connus soubs le nom de chrestiens, il se pourroit treuver quelque ombre ou fumée de ce bel estat qui leur est resté encor du temps que le beau flambeau d'unité les comprenoit au nombre de ses parties. Dans l'estat de noblesse, quel bel ordre de noms et de qualités depuis le moindre seigneur de fié jusques à un duc et pair de vieille date! dans la justice, entre un sergent de village et le dernier chef lieutenant immédiat de Dieu en terre! Pour le civil, combien de jurisdictions, de sièges royaux, de présidiaux, de parlemens! Icy il n'y a rien de tout cela; un seul homme sans science des lois donnera gain de cause au plus offrant et dernier enchérisseur. Pour la noblesse, le nom mesme en est icy bien loin. Les supposts qui sont l'ornement et la force des peuples dans les finances, entre un collecteur de paroisses jusques à un dernier et supresme intendant de finances, combien de différens officiers relatifs les uns aux autres où icy l'on envoira un affamé, un député qui coupe et taille à sa fantaisie et mange le pauvre peuple; puis, pour ses rapines il vient vomir dans les coffres du roy par une violente compression de ventre qui ne leur manque pas de temps en temps.

Pour les sciences, entre le dernier grimaut d'une escole jusques à un chancelier d'université, combien de belles chaires, d'exercice d'arts libéraux, de professeurs, de docteurs, maintien unique de l'estat tant temporel que spirituel! Icy, il n'y a rien de tout cela; l'estude est sans ordre et sans l'aide de l'imprimerie. Pas de charité et de conscience des maistres, qui icy ne taschent d'assembler un grand nombre d'estudians que pour s'acquérir autant de trompettes qui fassent courir partout la renommée de leur suffisance, tout leur procédé n'ayant rien en veue que la vaine gloire. Dans la soldatesque, depuis un simple soldat jusques à un généralissime d'armée, combien d'officiers et d'estats subalternes les uns aux autres dont l'union et la correspondance nous mettent hors des mains de l'ennemi qui, sans ce boulevard, feroit curée de nous autres! Icy, il y a des invasions de peuples qui gaignent le païs, non point par discipline militaire, mais par leur grand nombre et obruent les assiégés. Si nous regardons encor dans l'exercice des arts mécaniques nécessaires pour la commodité de la vie, l'on treuvera dans leur subordination, (un chascun sachant l'estendue et la restriction de son trafic et facturerie sans pouvoir anticiper l'un sur l'autre), encor quelque chose de ravissant. Non que dans tous ces estats il ne s'y puisse rien adjouter ou retrancher pour plus grande perfection, autrement nous ne serions pas hommes, mais quant à l'essence, concluons que elle est de Dieu, puisque toutes choses bien ordonnées de la sorte sont de Dieu. Icy dans l'Orient de toutes les déductions susdites, l'on en peust remarquer quelques raïons, quoyque obscurément, mais un peu plus clairement dans la Perse à laquelle, le reste passant pour aveugle, l'on luy peust concéder un demi-œil.

APPENDICE

S'ensuyt l'hystoire moderne du prince Syach Ysmail surnommé Sophy Ardvelin, roy de Perse et de Mede et de plusieurs autres terres et provinces.

En ensuyvant l'ordre du traicté precedent, nous diviserons cestuy cy en trois petites parties. En la premiere partie, sera declairée la genealogie et origine du prince Sophy. En la seconde, de sa maniere de vivre et de ses premieres fortunes. Et en la tierce, du merveilleux advancement et progression de ses armes bellicques.

De l'ancienne genealogie du costé paternel du prince Syach Ysmail dit Sophy, Ardvelin, Ruselbas et Nazery[1] et de la cause desditz surnoms et de sa tresgrant noblesse du costé maternel.

Mahommet, seducteur et faulx prophete et legislateur de la loy sarrazine, eut ung sien frere nommé Haly lequel, après la mort de son pere, demoura petit enfant, fut nourry et eslevé de son frere Mahommet, lequel le traicta bien et l'advança tousiours au mieulx qu'il peust en honneur mondain[2].

De cestuy Haly, par vraye et droicte ligne masculine, est descendu celluy qui, de nous au jourdhuy, vulgairement, est appellé *Sophy*. Et ainsi comme ceulx qui descendent en ligne masculine de

---

1. Il faut lire, au lieu de *Ardvelin, Ruselbas et Nazery*, « *Ardebily, Qizilbach et Eçnachary* ».

2. Aly, fils d'Abou Thalib, était, comme on sait, le cousin de Mahomet, dont il épousa la fille Fathimah. Les princes de la dynastie des Séfévis faisaient remonter leur généalogie à l'imam Abou Ibrahim Moussa, fils de Djafer el-Kazhim qui descendait à la troisième génération de Houssein, fils d'Aly.

Mahommet sont appellez *Seriphy* de Mahommet, semblablement ceulx qui descendent dudit Haly sont nommez *Seriphy* de Haly. Et ceulx cy ne sont pas moins honnorez que les aultres envers les peuples du royaulme de Perse, lesquelz ne honnorent pas moins Haly que Mahommet.

Or, n'est ce pas son vray et propre nom Sophy, mais de leur secte et religion, laquelle veult et commande que, par humilité, ilz ne portent aucun acoustrement de teste, qui soit de chose plus precieuse que de laine. Et pource qu'en langue arabicque, la laine se nomme *Sophy*, ceulx de ladicte secte sont nommez Sophy. Ilz doivent vivre en povreté, abstinence de vin et de viandes et en continuelles veilles et oraisons, combien que plusieurs d'entre eulx observent mal toutes ces choses maintenant.

Son propre et vray nom est Syach Ysmail, c'est à dire le prophete Ysmail, duquel les ancestres et mesmement son pere de fresche memoire ont tousiours esté seigneurs d'une petite contrée appellée Ardval[1], à cause de laquelle lesditz Sophys ont aussi esté nommez Ardvelins.

1. Ardebil, dans la province du Chirvan. C'est dans cette ville que se fixèrent le cheikh Sefy Eddin et ses descendants. Leur tombeau était un asile inviolable, d'où l'on ne pouvait arracher aucun coupable, quelque grand que fût son crime. Au rapport de Hadji Khalfa, les portes de ce tombeau étaient en argent, et les lampes qui en éclairaient l'intérieur étaient en or. *Djihan numa*, page 383.

Ardebil, dit Ahmed Razy auteur du *Heft Iqlim*, se distingue d'un grand nombre de villes par l'abondance de ses arbres et de ses eaux courantes, la propreté de ses bazars et l'élégance de ses bains. Les fruits tels que les pommes et les poires y sont en petites quantités, mais le voisinage de Tebriz et de Talich permet de se procurer tout ce que l'on désire. Le mont Silan, une des plus hautes montagnes du monde, s'élève à quatre fersengs d'Ardebil. Le château appelé Dizi Behmen était bâti au sommet de cette montagne. *Heft Iqlim*, f° 480.

« Comme j'ai eu une impatience extraordinaire de voir le superbe mausolée de Sefi et des autres rois de Perse qui sont inhumés au même lieu, j'en parlerai avant que de faire la description de la ville d'Ardevil. Ces tombeaux sont proches du Meydven (*Meïdan*), place d'assez grande étenduë. L'entrée en est grande et d'une belle architecture, voûtée par le haut, et les pierres en sont peintes de diverses couleurs. On entre par une porte de bois dans une belle et longue galerie, au haut des murailles, de laquelle on voit plusieurs niches curieusement peintes de bleu, de vert, de jaune et de blanc, et l'on trouve au haut de cette galerie une seconde porte revetuë d'argent par où l'on entre dans un appartement magnifique, à la droite duquel il y a une grande salle, couverte d'un dôme sans colonne pour le soutenir, semblable à celui de la Rotonde à Rome, mais plus petit. Cette salle, qui est vis à vis de la bibliotheque et d'une chappelle, est couverte de tapis ; et l'on trouve à gauche, vis à vis de l'entrée du dôme, un autre appartement élevé avec de grands vitrages. De là, on passe par une autre porte, revetuë d'argent, d'où l'on entre

Encores sont ilz nommez d'aucuns aultres *Etnazery*[1] pource que leur coustume estoit de porter une tocque divisée en douze bendes [2]. *Etnazer* en langaige arabic signifie *douze*, laquelle tocque ou bar-

> dans une cour à peu près quarrée, dont la muraille a environ dix huit pieds de haut et trois niches de chaque côté, peintes de bleu et de plusieurs autres couleurs, ornées de fleurs et de feuillages cizelez. On y trouve, à droite, plusieurs mausolées avec des cercueils élevez dont il y en a qui ont de grands ornemens, et d'autres à gauche, separez par une petite muraille, où l'on dit que reposent les cendres de plusieurs princes descendus de familles royales, contre la muraille de celui de Sefi. Cette cour a un appartement à droite et à gauche, élevé à trois pieds de terre, dont les voûtes sont faites en forme de dômes. Ils sont fermez par devant d'une ballustrade de bois ; et on trouve dans un des coins de cette cour à gauche, une grande porte à deux battans, avec une ballustrade revêtuë d'argent et une chaîne d'argent massif. Il faut se déchausser pour y entrer, sans toucher le seuil qui est de marbre blanc. Il y en a de semblables aux autres appartements dont l'entrée est couverte de nattes... Après qu'on a passé par cette porte, on entre dans un petit endroit voûté en forme de demi dôme. De là, on va droit par une porte ornée d'une ballustrade d'or ou de vermeil doré, dans un appartement magnifique rempli de *candils* ou de lampes d'or et d'argent, dont il y en a qui ont une aune de tour, et en si grand nombre qu'on ne les sauroit compter. Le plancher en étoit couvert de tapis et rempli de part et d'autre de petits pupitres ou de petites chaises de bois pliantes, sur lesquelles il y avoit de grands livres. Ce lieu a cinquante deux pieds de long, sur trente quatre de large. Le mausolée de Sefi est au bout de cet appartement, élevé de trois marches. La lampe qui pend au dessus est de fin or massif et des plus grandes. On voit au delà une ballustrade qui est aussi d'or massif, élevée d'un degré, ronde et de l'épaisseur d'un pouce, laquelle a environ six pieds et neuf pouces de large, hors du fronton de la porte, et neuf pieds dix pouces de haut. Cette porte a deux battans par où l'on entre dans une petite chapelle ronde, au milieu de laquelle on voit le tombeau de Sefi, faict de marbre, couvert d'un poêle de brocard d'or magnifique et couronné à chaque coin d'un grand vase d'or. Cette chappelle est remplie de vases d'argent, parmi lesquelles il s'en trouve d'or. Ce tombeau a neuf pieds de long, quatre de large et trois de haut. Il y en a deux autres sur le devant, dont l'un est celui d'un enfant, et deux derrière, cinq en tout, qui sont ceux de Sefi, du roi Fedredin (Sadr Eddin), d'un fils de Sefi, du roi Tzenid (Djouneïd) et d'un fils de Fedredin nommé Sultan Aider, qui fut écorché par les Turcs, un autre de Tzenid et celui du roi Aider. On allume, tous les soirs, les lampes qui sont auprès de ces tombeaux et deux gros cierges qu'on met dans des flambeaux d'or massif. Il y a un petit dôme revêtu d'or au dessus de ce tombeau et un autre à côté de celui-ci revêtu de pierres glacées vertes et bleues. »

Voyages de Corneille Le Brun par la Moscovie en Perse et aux Indes Orientales. Amsterdam, 1718, tome I, pages 169-170.

1. *Etnazery* est la corruption du mot *Eçn'achary*, اثنا عشرى. On désigne sous ce nom les Chiites, qui ne reconnaissent pour successeurs légitimes de Mohammed qu'Aly et les douze imams, ses descendants. Le dernier imam Mohammed el-Hassan el-Mehdy disparut à Samarra en l'année 255 (868).

2. La coiffure dont il est question dans ce passage fut imposée par Châh Ismayl à ses partisans. « Le châh, dit le continuateur du *Raouzet ous-sefa*, rendit le plus

rette, pour ce qu'elle est toute rouge se nomme *Ruselbas* qui vault autant à dire comme teste rouge. Si que ceste secte pour diverses causes et accidens a sorty divers noms.

Le pere de cestuy Sophy fut homme de grant litterature tant en la theologie de leur loy (ou plustot superstition) comme en plusieurs aultres sciences et principalement en astrologie [1]. Il fut de povre et honneste vie. Pour lesquelles raisons, il fut grandement aymé et honnoré du roy Razembeck que nous disons Usum Cassan [2], tellement qu'il luy donna sa propre fille en mariage, de laquelle est yssu cestuy Syach Ysmail que nous disons Sophy; parquoy il appert que, de par sa mere, il est extraict de tresnoble et royale lignée.

Des premieres fortunes du prince Syach Ysmail surnommé Sophy, Ardvelin, Etnazery, Ruselbas. Comment il fut exillé après la mort de son pere et depuis retourna à sa seigneurie. De ses meurs et maniere de vivre et de sa forme et grant liberalité, et de la merveilleuse hayne qu'il a contre la nation des Turcz.

Tant comme le pere de cestuy Syach Ysmail fut en vie, il tascha grand éclat à la secte des Eçnachary. Il donna l'ordre de confectionner des bonnets de drap rouge, à douze côtes et tous ses soldats en étaient coiffés. Les Turcs les appelaient, à cause de cette particularité, *qizil bach* (têtes rouges) et les Persans sont encore ainsi dénommés.» رونق بطریقت اثنا عشری داد واز سقرلاط سرخ تاجهای دوازده ترك دوختن فرمود وسپاه وی بدان تاج متوج بودند لهذا ترکان ایشانرا قزلباش میخواندند وهنوز ابن اسم براهالی ایران جاری است *Raouzet ous-sefa*, tome VIII, page 16.

1. Le père de Châh Ismayl était Sultan Cheikh Hayder, qui avait épousé la sœur d'Ouzoun Hassan Bek nommée Alem Châh Begoum; il en eut trois fils, Sultan Aly, Seyd Ibrahim et Châh Ismayl. Sultan Cheikh Hayder périt en 893 (1487), dans un combat qu'il livra à Yaqoub Bek et à Ferroukh Yessar, gouverneur du Chirvan. Ses fils faits prisonniers furent enfermés dans le château d'Istakhr, dans le Fars, et ils ne recouvrèrent la liberté qu'en 897 (1491) après la mort de Yaqoub Bek. Sultan Aly se révolta l'année suivante contre son oncle Rustem Bek, frère de Alem Châh Begoum et perdit la vie dans la bataille qu'il livra au lieutenant de ce prince, dans les environs d'Ardebil. Châh Ismayl fut conduit par les partisans de son frère dans le Guilan et confié à Kar Keya Mirza, seigneur de cette province.

2. Ouzoun Hassan Bek est le quatrième prince de la dynastie turcomane des Aq Qouiounlou ou du Mouton blanc désignée aussi sous le nom de Bayndiry, du nom de Bayndir, petit-fils d'Oghouz Khan, auquel Beha Eddin Qara Osman faisait remonter son origine. Ouzoun Hassan, fils d'Aly Bek et petit-fils de Beha Eddin Qara Osman, succéda en 858 (1454) à son frère Djihanguir Mirza. Il mourut à Tauriz, le 1er chewal 882 (6 janvier 1478).

tousiours de nourrir et introduire son filz en noble acoustumance et façon de vivre, si comme en bonnes lettres et mesmement ès escriptures de leur loy. Si dit on que, par sa science d'astrologie, il congneut à la naissance de son filz qu'il seroit, une fois, merveilleux homme. Toutes voyes, il ne fut pas permis au povre pere de instruire longuement son filz pour ce que, dedans brief tems, le roy Razembech Uzum Cassan dessus nommé alla mourir, auquel Uzum Cassan le bon duc Philippe de Bourgongne envoya ses ambassades pour l'inciter contre les Turcz. Ainsi appert que le roy Uzum Cassan fut ayeul maternel du present Sophy [1].

Si succeda après Uzum Cassan au royaulme de Perse son filz nommé Jacobbech, lequel avoit en si grant hayne le pere dudit Sophy, (pour ce que par adventure il luy sembloit moins noble et indigne d'avoir espousé sa seur), que tantost après qu'il fut estably en son royaulme, il le persecuta à toute rigueur et luy tollut ce peu de pays qu'il avoit et finalement le fist mourir [2].

Or avoit Syach Ysmail, au temps de la mort de son pere, seulement huyt ans ou environ. Mais quelque petit et jeune qu'il fust, il luy fut necessaire et eut bien le sens de s'enfuyr pour crainte de la mort. Sy s'en alla bien loing, c'est assavoir en la province de Geylan prochaine de la mer Caspienne voisine de Tartarie, et s'arresta en une cité nommée Lezian, de laquelle viennent à Venise plusieurs draps de soye et tapis veluz [3].

1. Ouzoun Hassan était l'oncle maternel et non l'aïeul de Châh Ismayl.
2. Yaqoub Bek, fils de Ouzoun Hassan, sixième prince de la dynastie du Mouton blanc, s'empara du pouvoir après avoir livré, sur les bords de la rivière de Khoï, une bataille à son frère Khalil Bek qui perdit la vie dans cette journée. Yaqoub Bek fit marcher ses troupes au secours de son gendre, Ferroukh Yessar, prince du Chirvan, attaqué par Sultan Hayder. Celui-ci fut tué dans le combat qui lui fut livré. Yaqoub Bek mourut en 896 (1490), après un règne de treize ans.
3. Châh Ismayl, après la perte de la bataille que son frère Sultan Aly livra à Rustem Bek, et dans laquelle il perdit la vie, fut conduit par ses partisans auprès de Kar Keya Mirza Aly qui gouvernait le Guilan depuis l'année 862 (1450). Lezian est la corruption du nom de Lahidjan, capitale de la partie du Guilan qui est appelée Beïèhpes. « Lahidjan, capitale du district de ce nom qui s'étend depuis la rive droite du Sefid Roud jusqu'à la rive gauche du Roudser d'un côté, et depuis la mer jusqu'aux montagnes de Deïleman de l'autre, compte deux mille cinq cents maisons.... Elle est située sur les derniers versants des montagnes de Deïleman, ce qui ajoute beaucoup à la salubrité du climat... La mosquée principale de la ville est construite sur les ruines d'un temple guèbre. « Les Vénitiens exportaient au moyen âge du Guilan de la soie connue sous le nom de *Seta ghella*. Lahidjan était l'entrepôt de ce commerce. » Alexandre Chodzko, *Le Ghilan et les marais Caspiens*, pages 17-18. Cf. W. Heyd, *Histoire du commerce du Levant au moyen age*, trad. de M. Furcy

Si demoura illec longtemps en la court d'ung seigneur nommé Pirkail[1]. Et ce tems qu'il y fut, c'est assavoir huyt ans et plus, il ne voulut oncques taster de viande de court, pour priere ou exhortation qu'on luy sceust oncques faire ; mais vivoit seullement de ce qu'on luy donnoit en aulmosne. Et de ce qui luy demouroit de son repas, il le donnoit de rechief tout pour l'amour de Dieu aux povres. Maintenant, il peult estre en l'aage de vingt et huyt ou trente ans. Petit quant à la stature, et quant à la corpulence, grasset ; de forme assez belle, ferme et constant en justice, en telle sorte que tous ses cappitaines constituez au gouvernement de diverses citez et provinces, lesquelz il a trouvé avoir usurpé les biens des subjectz et privées personnes ou commis quelque aultre delict, il les a tous faict mourir et a donné leurs offices à aultres.

Il est si tresliberal comme il est possible de dire, et si n'amasse ne or ne richesse, ne point les estime, et avec ce despend tant et donne tant que tout le monde s'en esmerveille, et sont plusieurs gens qui pensent et cuident qu'il ait congnoissance des tresors mussez en terre. Et, quant il a mestier de finance, qu'il en puist trouver à sa poste.

Il boit du vin, mais secretement, et mange chair de porc, lesquelles choses sont deffendues en la loy mahommetiste. Et pour la grant hayne qu'il porte à la nation des Turcz, il faict tousiours nourrir en sa court ung pourceau gros et gras[2]. Et pour despriser et avillener le roy des Turcz, il faict nommer ledit pourceau Pazayth qui est le propre nom du Turc à present regnant[3].

Son plaisir s'exerce en toute chose vertueuse, tant d'ouvraige manuel comme de labeur d'estude et d'entendement. Et quant aucun luy vient presenter quelque chose digne d'estimation, il la paye tousiours au double, voire trois fois plus que elle ne vault, ne jamais personne ne se part de luy, sinon content et bien satisfait.

De ceulx de sa cour et de ses subjectz il est adoré comme pro-

---

Raynaud. Paris, 1885-1886, tome II, page 671 ; Cf. aussi *Journal of a tour through Azerbidjan by col. Montheith* dans le *Journal of the Royal geographical Society of London*, tome III, page 20.

1. L'histoire du règne de Kar Keya Mirza Aly que Rota a transformé en Pir Kail a été écrite par Chems Eddin Ibn Aly, auteur du *Tarikhi Khany*, publié par M. Dorn à Saint-Pétersbourg en 1857.

2. Les Orientaux nourrissent quelquefois un porc, dans leurs écuries, pour détourner de leurs chevaux l'influence du mauvais œil.

3. Le sultan Bayezid, fils de Mahommed II, né en 851 (1447), monta sur le trône en 886 (1481) et mourut à Suyutly Dèrèh, près d'Andrinople en 918 (1512), à l'âge de soixante-cinq ans.

phete et luy, pour plus grant reputation, ne se laisse veoir, sinon la face couverte et voilée, comme faisoit jadis Moyse aux enfans d'Israel.

Touchant la luxure, il est assez honneste, selon la coustume du païs et selon ce que porte sa loy. Il n'a esclave nulle ne femme qui soit conjoincte avec luy sinon par mariage. Et icy terminerons la seconde partie

La troisiesme partie de ce traicté qui est des grandes conquestes et faicts d'armes du prince Syach Ismayl surnommé Sophy. Le premier, du recouvrement de son païs et patrimoine de Ardvel et comment il conquist la cité de Simiacque.

Maintenant, reste la tierce et derniere partie qui est des gestes merveilleux du prophete Sophy quant à la guerre. Doncques, il fault entendre que endementiers qu'il fut fuytif et exillé de son pays de Ardvel, durant le tems de sa prime jeunesse, il se tint en la cité de Lezian comme dessus est dict, près de la mer Caspienne voisine de Tartarie. Et durant ce tems, mourut son oncle maternel et mortel ennemy le roy Jacobbech, lequel, comme dessus est dict, avoit faict mourir le pere de Sophy et usurpé son païs et ses terres. Par la mort duquel roy Jaccobbech, oncle de Sophy, le royaulme de Perse fut tout esmeu aux armes et mis en telle controversie de guerres et divisions que, en moins de deux ans, l'estat royal fut entrechangé et remué par cinq fois [1]. Pour lesquelles choses, c'est

1. La mort de Yaqoub Bek, au mois de moharrem 896 (novembre 1490), ouvrit une ère de révoltes et de guerres intestines. Yaqoub Bek eut pour successeur son fils Baysonqor Mirza qui, au bout d'une année, fut renversé par son cousin Rustem Bek, fils de Maqçoud Bek. Pendant une expédition tentée par Rustem Bek contre Bedi Ouzzeman Mirza qui gouvernait le Khorassan, le gouverneur d'Ispahan, Keucèh Hadji, leva l'étendard de la révolte. A l'approche des troupes de Rustem Bek, il prit la fuite et se réfugia à Qoum où il fut fait prisonnier et mis à mort. Sa tête fut envoyée à Rustem Bek.

La même année, le prince du Chirvan, Ferroukh Yessar, résolut d'attaquer Rustem Bek. Celui-ci fit marcher contre lui son vézir Allah Verdy Khan qui, à la tête d'une nombreuse armée, lui infligea une défaite sanglante. Baysonqor Mirza crut le moment favorable pour ressaisir le pouvoir; il leva des troupes dans le Chirvan et se dirigea sur l'Azerbaïdjan. En présence de ce péril, Rustem Bek se décida à rendre la liberté aux fils de Sultan Hayder, Sultan Aly, Seyd Ibrahim et Ysmayl, emprisonnés dans le château d'Istakhr. Sultan Aly réunit autour de lui les adeptes de son père et se mettant à leur tête, il attaqua, défit et mit à mort Baysonqor

assavoir que mort son ennemi capital, et les nobles hommes et gens d'armes du royaulme de Perse occupez continuellement à guerroyer l'ung l'aultre, il fut facile à Syach Ismayl de retourner en son pays et recouvrer son heritaige et succession de son pere, c'est assavoir la contrée de Ardvel, en laquelle il estoit souverainement aymé et honnoré de ses subjectz.

Lequel sien domaine recouvré et obtenu pacificquement, et illec demourant aucun temps, il rassembla une petite armée (si armée se doibt nommer), c'est assavoir de trois cens hommes seullement, à tout laquelle il se tira vers une cité nommée Simiacque [1], non pas trop loing de son pays qui est ung lieu dont les Venitiens apportent les soyes grosses et aultres semblables marchandises, laquelle cité de Simiacque il print soubdain et à despourveu, et la mist à sacquemant, c'est assavoir au feu et à l'espée, plustot miraculeusement que par force de gens que il eust avecques luy, attendu que la dicte cité devoit estre suffisante pour resister à une puissante armée de plus de trois mille chevaulx [2].

Mirza. Ce succès et le grand nombre des partisans de Sultan Aly excitèrent les soupçons de Rustem Bek qui le fit arrêter et massacrer ainsi que son frère Seyd Ibrahim.

Rustem Bek fut assassiné en 902 (1496), par son cousin Koudèh Ahmed Bek, fils d'Oghourlou Mohammed Bek. Oughourlou Mohammed Bek, un des fils d'Ouzoun Hassan mort avant son père, s'était réfugié à Constantinople et y avait épousé une fille du sultan Mohammed II. Ahmed Bek ne régna que six mois. Allah Verdy Khan, gouverneur du Kerman et Qacim Bek, gouverneur du Fars, se révoltèrent contre son autorité; il marcha contre eux pour les réduire à l'obéissance, mais au moment de livrer bataille, il fut abandonné par ses officiers que son avarice lui avait aliénés et il trouva la mort dans la mêlée. Après la mort d'Ahmed Bek, les chefs turkomans donnèrent la souveraineté de l'Iraq à Elvend Bek, celle d'Ispahan et de son territoire à Mohammed Mirza et celle de l'Azerbaïdjan à Murad Mirza. Les guerres que se firent ces trois princes descendants d'Ouzoun Hassan, amenèrent la chute de la dynastie du Mouton blanc et le triomphe de Châh Ismayl.

1. Chemakhy était autrefois la capitale de la province du Chirvan. Cette ville fut, dit-on, fondée par Nouchirewan.

2. Châh Ismayl se rendit maître de la ville de Chemakhy au commencement de l'année 906 (1500). Il avait réuni sous ses drapeaux près de six mille hommes : il présenta le combat au prince du Chirvan, Ferroukh Yessar qui perdit la vie dans cette rencontre. Son cadavre fut brûlé par l'ordre de Châh Ismayl. Cf. *L'histoire de l'ambassadeur de Nizam Châh* dans la *Chrestomathie persane*, tome II, page 57 du texte et pages 81-82 des notes.

Comment les Persans tiennent Syach Ismail surnommé Sophy ainsi comme ung prophete anciennement promis en leur loy, et de la crainte que le Turc a de luy.

Après ceste emprinse achevée, la renommée de Sophy creust et s'estendit si avant, que de plusieurs lieux et païs circonvoisins, s'assembloient à luy grant nombre de sa secte et loy. Et la cause estoit pour ce que, par leurs livres, ilz trouvoient prophetizé qu'il devoit venir ung nouveau prophete en leur loy, lequel devoit accroistre et exaulcer icelle et fouler, abaisser et destruire toutes autres.

Dont pour advertir les lysans, il est assavoir que la secte de Machommet est divisée en LXXII sectes principales, comme il est expressement designé en l'Alchoran qui est le fondement de leur loy. Et met après que des LXXII, une seule va en paradis, et tout le reste au feu d'enfer; si laisse sans determination celle qui va en paradis. Et de là vient que chascun tient la sienne estre bonne. Desquelles septante et deux, la secte du Sophy est l'une. Si croyent entre eulx que c'est celle seule qui maine les gens en paradis; et disent que cestuy Syach Ysmail a esté envoyé de Dieu pour la publier et manifester à tout le monde et pour agrandir et magnifier icelle et destruire totalement les aultres septante et ung, de maniere que, s'il est possible, il ne demourera auculnes des aultres, ançois seront mises en oblivion perpetuelle.

Et de là vient que l'armée de Syach Ysmail est toute sans ses despens ou gages, ainsi comme se faict la Croisée entre nous, pour aller contre les infidelles. Et à ceste cause, de tous les quartiers d'Asie, les hommes de sa secte courent à luy, avec tous leurs biens et toute leur famille, s'ilz n'en sont destourbez et empeschez par les seigneurs, comme a faict desià le roy turc Pazahith Othuman depuis six ou sept ans en ça, lequel entendant la renommée de cestuy Syach Ysmail croistre de jour en jour, et sa puissance et son armée et son estat augmenter, a tiré de la Natolie et de la Turquie tous ceulx qui, publiquement, estoient congneuz estre de sa secte, qui furent au nombre de dix mille et les a faict trestous marquer au visaige à celle fin qu'ilz soyent congneuz d'ung chascun, et les a transportez en la Romaigne, c'est à dire en certaines provinces de Grece. Et encores affin que, non sans grant difficulté, ilz se puissent rassembler ensemble, il les a separez en divers lieux loingtains l'ung de l'aultre, c'est assavoir aux extresmes confins de la Grece, Albanie, Bossine et Servie. Et a esté rapporté par gens dignes de foy que on en a veu dedans Modon en la Morée, laquelle le Turc, puis dix ans en ça, a tollue aux Veniciens. On laisse à considerer aux lecteurs bien entenduz que veu et entendu que une si grant puissance comme est celle du Turc craint cestuy Syach Ysmail, que le bruit qui de luy vole par tout le monde n'est pas fable. Mais retournons à nostre propos.

De la conqueste de la grant cité de Tauris en Perse et desconfiture du roy Alvant, et comment Sophy fist demolir le sepulchre de son oncle et occist sa mere de sa propre main.

Depuis la victoire et prinse de la cité de Symiacque, l'armée de Syach Ysmail creust aulcunement et monta jusques au nombre de mil hommes tant à pied comme à cheval. A tout lesquelz il eut bien la hardiesse de venir à Tauris, cité grande et noble et siege du royaulme de Perse, et de assaillir courageusement le roy Alvant qui, pour lors, estoit roy de ladicte cité. Si luy donna la bataille, mais le roy Alvant ayant cinq mil chevaulx sans les pietons en son armée, fut deffait et vaincu [1]. Et Syach Ysmail gaigna lors la seigneurie de Tauris. Et audict lieu, chascun affirme qu'il exerça une merveilleuse execution et cruaulté sur les gens d'armes et souldars du païs, lesquels s'appellent Turcomans, non seullement envers les hommes, mais aussi envers les femmes et petis enfans, lesquels il fist mourir de diverses sortes.

Et pource qu'il ne povoit faire aultre vengeance du roy Jacobbech, son oncle maternel, lequel estoit mort longtemps avant, et lequel comme j'ay dit cy dessus luy avoit tué son pere et tollu son estat

1. Châh Ismayl s'étant rendu maître de Bakou avait mis le siège devant la place forte de Gulistan, lorsqu'il apprit qu'Elvend Bek marchait contre lui à la tête d'une grosse armée. Il se porta à sa rencontre ; les deux armées en vinrent aux mains dans les environs de Nakhdjivan. Elvend Bek vaincu prit la fuite et se réfugia à Erzindjan. Châh Ismayl se présenta devant Tauriz qui lui ouvrit ses portes. Les historiens orientaux ne font point mention du parricide de Châh Ismayl. Ils se bornent à dire qu'il frappa d'une grosse contribution tous les habitants riches de la ville ; qu'il fit nommer les douze imans dans la Khoutbèh, que les mots « Aly est le vicaire de Dieu » furent ajoutés à la profession de foi musulmane et qu'il enjoignit à ses soldats de faire broder le nom des imans sur les douze côtes de leur coiffure.

et sa seigneurie, il s'en alla à son sepulchre lequel estoit somptueux et magnifique, comme il appartient à ung si grant prince, et le fist tout desrocher, ruiner et mectre par pieces, en sorte que il ne demoura aucune enseigne de ladicte sepulture. Et fist, oultre plus, tirer les os de la tumbe et iceulx brusler et espandre la cendre au vent; de laquelle chose advertie, la mere dudit Syach Ysmail, seur du roi Jacobbech, se tira devers son filz et tant pour la confidence qu'elle l'avoit porté en son ventre, comme pour ce qu'il estoit encores jeune, elle le reprint et tensa de avoir usé d'une si grande cruaulté et inhumanité à la sepulture et aux os de son oncle, laquelle reprehension luy fut tant griefve et la print à si grand desdaing que, soubdainement, il fist prendre sa propre mere et la tuer. Aucuns disent que luy mesmes l'occist de sa main.

Comment le prince Syach Ysmail occist en bataille le roy Alvant son adversaire, à cause de quoy le renom et l'armée dudict Syach Ysmail se renforcea de beaucop.

Pour les raisons dessus dictes, l'armée du Sophy croissoit de jour en jour et montoit en plus grant nombre et puissance, et pour la grant rigueur dont il avoit usé envers lesdictz souldars Turcomans et ès lieux prochains, ils craignoient beaucop le nom de Sophy. Nonobstant toutes ces choses, le roy Alvant ne perdit pas courage, car combien qu'il eust été vaincu en bataille et chassé de son royaulme, neantmoins d'ung grant courage et diligence, il remit sus une nouvelle armée beaucop plus puissante que la premiere, avec l'ayde et faveur de tous les nobles hommes, gens d'armes et souldars du païs, lesquelz il mit sus et s'en vint devers la grant cité de Tauris en Perse conquestée par Sophy comme dessus est dict. Et quant il fut près, il envoya deffier ledict prince Sophy en la plaine champaigne, selon l'ancienne coustume de la guerre du païs par delà, lesquelz ne combattent jamais sur les terres labourées, affin de non faire dommaige aux païsans, mais tousiours donnent la bataille en ung plain champ infertille; et qui demeure vainqueur, il est seigneur du païs.

Laquelle chose entendue, le bien fortuné Sophy rassembla toute son armée moindre en nombre et en puissance du double ou du tiers que celle du roy Alvant; et avec icelle l'alla affronter courageusement et le vaincquit, desempara et occist avec la plus grant partie de son armée; si en rapporta depouilles assez et perdit peu de gens. Et ceste victoire donna si grant crainte ès courages des souldars turcomans (qui sont, comme dessus est dict, les gens d'armes et ordonnances du pays ès mains desquelz l'art militaire et le maniement des faicts de la guerre a tousiours esté), que incontinent qu'ilz oyoient le nom de Sophy, ilz s'en fuyoient tous tremblans et ne trouvoient lieu ouquel il leur semblast qu'ilz feussent à seureté. Par ainsi, Syach Ysmail retourna victorieux dedans la cité de Tauris avec si grande gloire et renommée, que depuis ceste victoire, beaucop plus de gens que paravant couroient à luy tellement que dedans peu de jours, son armée creust jusques au nombre de six mille hommes et plus [1].

De la grant desconfiture de Morath Cam faicte par le prince Syach Ysmail dit Sophy.

Or advint que Morath Cam (qui est ung grant prince ès parties de par de là) entendant que son cousin, ou selon que aucuns disent, son neveu, le roy Alvant estoit mort, auquel par ung appoinctement faict entre eulx, il avoit donné la seigneurie de Tauris, en prenant pour recompence une aultre tresnoble cité au royaulme de Perse nommée Syras, laquelle est treshabundante de fins draps de soye, et y faict on des harnois de toutes sortes si tresexcellens tant pour hommes que pour chevaulx, que ceulx qui le sçavent ne se tiennent point souffisans assez pour le bien sçavoir descrire. Entendant doncques ledict Morath Cam la perte, le deshonneur et l'occision faicte sur les Turcomans par Syach Ysmail et de leurs femmes et enfans, luy comme homme tresprudent au faict de la guerre, cognoissant que tant plus qu'il demoureroit à mettre sus son armée à l'encontre du Sophy, de tant plus sa force s'augmenteroit, delibera de mectre en point, le plustot qu'il luy fust possible, une trespuissante armée contre ledit Sophy, et ainsi le fist il, car il joignit ensemble sa force et sa puissance en toute extremité, et pensant par grant prudence se une seulle fois il povoit vaincre Sophy, il seroit,

---

1. Elvend Mirza voulut, après sa défaite tenter encore le sort des armes. Il rassembla quelques troupes, et pendant que Châh Ismayl se dirigeait sur Erzindjan en côtoyant le Turkmen Tchay, il poussa une pointe sur l'Azerbaïdjan et entra à Tauriz qu'il mit au pillage; puis il se dirigea sur Oudjan, gagna Hamadan et Badgad; n'ayant pu vaincre la résistance de Qassim Bek, gouverneur de cette ville, il se replia sur Diarbekir où il mourut dans le courant de l'année 910 (1504).

sans contradiction aulcune, roy de toute la Perse estably et confermé, et aussi l'eust il esté, si les affaires fussent venues à son souhait.

Par ainsi, Morath Cam rassembla en peu de jours ung bel, riche et puissant exercite de xii mil chevaulx bardez de bardes trescleres, tresfines et tressubtillement labourées. Et avoit aussi ung grand nombre de pietons nourris à la guerre avec laquelle armée il print son chemin devers la grant cité de Tauris et mena avec luy, selon l'ancienne coustume des Persans, toutes ses femmes et ses enfans. Laquelle chose estant venue à la congnoissance de Syach Ysmail, luy comme ung dragon ou ung lyon furibunde, plain de couraige, presque en ung instant, rassembla telle poignée de gens qu'il avoit, laquelle tant en nombre de chevaucheurs que de pietons ne montoit point plus de huyt mille hommes, duquel nombre et puissance, il y avoit beaucop à dire envers celuy de Morath Cam.

Et tant estoit ardant ledit Sophy à la bataille qu'il ne se povoit contenir : et n'eut point la pacience d'attendre que son ennemy le vint assieger dedans Tauris, mais hardiement luy alla devant devers Syras, lesquelles deux citez sont distantes l'une de l'autre par vingt journées : et tant cheminerent l'une et l'autre exercite qu'ilz s'entrerencontrerent environ my chemin, ouquel lieu Syach Ysmail nonobstant que sa puissance fut beaucop moindre au regard de l'armée dudit Morath Cam, neantmoins, il fut le premier assaillant et donnant dedans. Mais, à la premiere meslée, Sophy eut du pire, et furent beaucop de ses gens mors et occis. Toutes voyes ce nonobstant, ilz ne firent oncques semblant de tourner le dos ; et la cause estoit pour ce que, non pour gaigner terre il leur sembloit qu'ilz combattoient, mais pour augmenter leur loy. Au moyen de quoy, nul d'entre eulx ne craignoit la mort, pour ce qu'ilz avoient esperance qu'elle les debvoit conduire à la vraye eternelle vie de paradis. Pour laquelle raison, les gens de Sophy batailloient si tresfurieusement en marchant sur les corps de leurs compaignons mesmes, sans crainte quelconque, et se fourroient en la presse de la bataille en combatant si longuement et si franchement qu'ilz desconfirent et desbaraterent toute l'armée de Morath Cam, laquelle chose est plustot miraculeuse et divine que humaine.

L'occision fut innumerable ; de prisonniers, il ne s'en print aucun à mercy, sinon pour ceste fois les dames, lesquelles le prince Sophy donna en mariaige à ses gens, et gaigna grant butin de bagaiges et beaucoup de harnoys et chevaulx. Morath Cam s'enfuyt du costé de

Bagaded et ne s'est trouvé depuis aucune nouvelle de luy au moins que je sache [1],

Des aultres merveilleuses victoires et conquestes du prince Syach Ysmail.

Ainsi poursuyvant le couraigeux et fortuné Sophy son bonheur de victoire en victoire, dressa son armée et son chemin devers la cité de Syras, là où il se trouva dedans peu de jours. Et print la possession et seigneurie d'icelle sans contradiction quelconque. Dont pour ce que c'estoit cité habondante d'armeures et convenable à fortiffier une armée, il y sejourna beaucop de tems. Et illec commença son exercite à se faire plantureux plus que paravant, tellement qu'il parvint au nombre de cinquante mil hommes et plus. Doncques, ses gens qui, paravant, estoient armez de harnois communs se commencerent acoustrer de plus belles et riches armeures, si que chascun qui les voyoit, l'estimoit et jugeoit estre chose merveilleuse et delectable.

Par ainsi, voyant le prince Sophy qu'il n'avoit plus en tout le royaulme de Perse pour ennemy quelque seigneur de grant estime, excepté ung cappitaine chief et conducteur et d'une nation bien hardie lequel tenoit sept chasteaulx imprenables et lesquelz, pour la force de leur situation, nessung roy de Perse, excepté Usum Cassan, ayeul maternel de Sophy, avoit peu subjuguer icelluy prince [2],

---

1. Sultan Murad après avoir fait la paix avec Elvend Mirza avait reçu en partage les provinces de l'Iraq, du Fars, du Khouzistan et du Kerman et il avait fait de Chiraz la capitale de ses États. Instruit des projets que Châh Ismayl nourrissait à son égard, il prit la résolution de marcher contre son rival et, dans le courant de l'anée 908 (1502), il s'avança jusqu'à Hamadan à la tête d'une armée de soixante-dix mille cavaliers suivie d'un parc de trois cents canons et fauconneaux. Châh Ismayl n'avait pu réunir que douze mille hommes qu'il divisa en douze corps, en l'honneur des douze imams. Les deux armées se rencontrèrent dans la plaine d'Alma Boulaghy, dans les environs de Hamadan. La bataille fut sanglante; dix mille Turcomans de la tribu des Aq Qouiounlou y perdirent la vie. Sultan Murad vaincu courut se réfugier à Chiraz. Châh Ismayl s'empara successivement d'Ispahan et de Chiraz. La prise de cette dernière ville le rendit maître du Fars, du Kerman, de l'Iraq et du Khouzistan ; Châh Ismayl y fit son entrée au mois de rebi oulewwel 909 (septembre 1503) et fit passer au fil de l'épée tous les ulémas et tous les habitants appartenant au rite sunnite. Sultan Murad se réfugia à Chouchter, puis à Bagdad et enfin à Alep.

2. Ce prince était l'émir Hussein Keya Djilawy qui avait annexé à ses États héréditaires les districts de Rustemdar, de Firouzkouh, de Demavend et d'Hibel-

Sophy delibera d'entreprendre ung si noble affaire lequel ne fut pas facile à en venir à chief, car il y fut deux ans entiers, menant la guerre guerroyable et tenant le siege volant à l'entour desditz sept chasteaulx. Et là moururent beaucop de ses gens, entre lesquels demoura son principal cappitaine[1]. Finablement, il gaigna tous lesdits chasteaulx et retourna victorieux, et depuis conquist assez de grans citez en Mede et en Perse entre lesquelz il y en a une tres-grande qui se nomme Here[2]; des autres je ne sçay le nom. Puis après, il dressa son chemin envers Trava[3] et Corossan; et au meillieu de chemin, il conquesta une tresforte place de la bende des Turcomans lesquelz pilloient et destroussoient autant de marchans qu'il en passoit par là pour venir en Tauris : et de ceste victoire, il rapporta grant tresor et grant quantité de drapz de soye de plusieurs sortes, lesquelz le cappitaine des Turcomans jusques à lors avoit tollu par force à plusieurs marchans de diverses nations.

Il a, oultre plus, conquis plusieurs autres païs et seigneuries dont nous ne sçavons les noms, mais, d'autre part, le roy Emanuel de Portugal, par son nouveau navigaige des Indes, luy a tollu quelque place seant sur la mer qu'on dit le goulfre Persicque.

roud. Il possédait les châteaux d'Asta, de Firouzkouh, de Gulkhendan, de Veramin, de Keyan, de Simnan et de Kharou. Il avait donné asile aux chefs turcomans qui s'étaient enfuis de l'Iraq et il avait refusé de les livrer à Châh Ismayl. Celui-ci envahit le Mazandéran dans les premiers jours du printemps de l'année 910 (1504), et s'empara de la forteresse de Gulkhendan. A cette nouvelle, l'émir Hussein Keya Djilawy alla se réfugier dans le château d'Asta. Châh Ismail l'y assiégea et fit capituler la garnison en coupant les conduits qui amenaient dans le château les eaux du Hibelroud (27 zil qaadèh 909 = 13 mai 1504). Hussein Keya enfermé dans une cage de fer se donna la mort en se brisant la tête contre les barreaux. Son cadavre fut livré aux flammes à Keboud Gounbed (la coupole bleue), près de Rey.

1. Le capitaine dont parle Rota est Elias Bek, fils de Yaqoub Bek Oglan, l'un des plus vaillants officiers de l'armée de Châh Ismayl qui l'avait nommé gouverneur du Mazandéran. Il s'était emparé du château de Veramin. Fait prisonnier par trahison par l'émir Hussein Keya Djilawy, celui-ci le fit mettre à mort à Keboud Gounbed, à l'endroit même où son corps fut brûlé quelque temps après.

2. Hérat, capitale du Khorassan.

3. Au lieu de Trava, il faut lire Tabès. Il s'agit dans ce passage de l'expédition de Châh Ismayl contre cette ville occupée par des gens de la tribu turque de Djagatay qui, sous les ordres de Mohammed Khan Guirèh et à l'instigation des émirs turcomans réfugiés dans le Khorassan, se livraient à des actes de brigandage. Châh Ismayl s'en était plaint à la cour d'Hérat et s'était montré fort mécontent de la lettre qui lui avait été remise en réponse à ses observations par l'émir Kemal Eddin Hussein. Au rapport de Hassan Bek Roumlou, auteur de la chronique intitulée *Ahssan outtewarikh*, cette expédition dura sept jours et sept mille Djagatays et Turcomans furent massacrés à Tabès.

Celluy de qui j'ay translaté une partie de ceste histoire d'ytalien en françois escrivant au duc moderne de Venise, l'an mil cinq cens et huyt, dit que quant il partit de la cité de Alep en Surie, le prince Sophy et son armée estoient à huit journées de Tauris au siege d'ung fort chastel, lequel seul estoit restant entre les mains des Turcomans. Et met que on povoit estre bien certain qu'il l'eust conquis, attendu le merveilleux nombre et puissance de son armée qui est de quatre cens mille hommes, entre lesquelz il y a cent mille hommes armez et bardez, selon que les marchans derrierement venus dudit quartier ont rapporté, lesquelz aussi afferment que ledit Sophy a desjà mesparti entre ses barons et cappitaines toutes les terres du Souldan et aussi celles du Turc.

Disoient oultre plus lesditz marchans en ce tems là, que aprez la conqueste dudit chasteau, le roy Sophy prendroit son chemin devers Bagaded, et par le pays de Mesopothamie, viendroit en la haulte Armenie et en la basse, ouquel quartier il peult descendre sans contradiction quelconque. Et quant il y seroit venu, estant frontier d'une part au païs du Souldan et du prince Aladolat, et d'aultre part au roy turc, il pourroit dresser son empire quelque part que bon luy sembleroit ou demourer là quelque tems s'il luy plaisoit.

De la grant hayne que le prince Sophy porte aux Juifz et aux Turcz et aux Sarrazins, et comment il favorise aux chrestiens en toutes ses victoires, et des ambassades par luy envoyées aux princes de chrestienté, et des nouvelles plus fresches de ses emprinses.

Syach Ysmail hayt si tresparfondement les Juifz que partout où il en trouve, il leur faict crever les yeulx et puis les laisse aller. Mais, comme jà dessus est touché, il persecute encores plus les Turcz, car de tous ceulx qui tumbent en ses mains, il n'en eschappe pas ung qu'il ne face mourir de male mort, et faict destruire leurs temples et musquettes, et dit que le trenchant de son espée ou simeterre ne cessera jamais de couper et fendre, jusques à ce qu'il ait mis à fin tous ceulx qui adorent devers midy comme font les Turcz et Sarrazins, en lieu que nous chrestiens adorons devers le soleil levant.

Aux chrestiens il se montre benivolent, car il laisse en son entier toutes leurs eglises et chappelles sans y toucher par violence. Et maine avecques luy le patriarche armenien et plusieurs prestres et religieux tenans nostre foy, dont pour monstrer le grant desir qu'il a de destruire et razer de fons en comble la loy machommetiste, il s'est efforcé par plusieurs fois de solliciter les princes chrestiens à ce qu'ilz esmeussent la guerre au Turc du costé d'Europe, et que de la part d'Asie, il ne luy faudroit pas.

L'ung desditz ambassadeurs de Sophy, venant devers le roy de Hongrie pour ceste matiere, fut descouvert et mené à Constantinoble, et là fut mis en pieces par le commandement du Turc. Les autres qui s'adressoient devers les autres princes de chrestienté, si comme à l'empereur et au roy, ont esté destourbez par les Veniciens de tirer oultre, comme ce leur a esté reproché bien à certes par Messire Loys Helian [1] natif de Verceil en la harengue qu'il fist l'année passée de la part du roy à l'empereur Maximilian. Somme toute, le prince Sophy se monstre tresaffectueux à pourchasser la destruction de la loy de Machommet qui est l'exaltation de la saincte foy catholique. Et de faict, a desja porté merveilleux dommaige au Turc et, pour une journée, occis en plaine bataille xix mil Turcz dont estoit chief l'ung des filz du turc Pazahit Othuman à present regnant. Et a ledit Sophy prins la cité d'Arzimine qui est en terre ferme de Turquie, là où s'est fortiffiée par le moyen d'ung prince nommé Aladolat, grand seigneur en Caramanie, lequel luy a donné passaige par ses terres.

Le Turc a bien voulu faire appoinctement avec ledit Sophy, car affin qu'il le laisse en paix, il luy donnoit tout l'empire de Trapezonde [2] avecques deux millions d'or pourveu qu'il retournast en Perse à tout son armée, ce que Sophy a reffusé disant comme Alexandre à Darius qu'il vouloit avoir tout.

---

1. « Ludovici Heliani Vercellencis Christianissimi Francorum regis senatoris ac oratoris de bello suscipiendo adversus Venetianos et Turcas oratio Maximiliano Augusto, in conventu præsulum, principum, Electorum et civitatum Romani imperii, dicta in Augusta Vendelica iiii idus Aprilis, anno a partu Virginis, millesimo quingentesimo decimo. Ejusdem Ludovici Heliani venatio leonum : Pontifex maximus, Cæsar Augustus, rex Francorum, rex Aragonum venatores. »

Impressum Augustæ Vindelicorum per M. Joannem Othmar, apud Cenobium Sanctæ Ursulæ cis Licum. Anno salutis humane, M. D. X, die xii maii. Voici le passage de la harangue d'Helian auquel Le Maire de Belges fait allusion : « Hic multa prætereo de Sophi Persarum rege qui maximum cum Turcis bellum gerit ; cujus oratores ad christianos principes venientes Venetiani retrocedere coegerunt. »

2. Le sultan Bayezid avait confié le gouvernement de Trébizonde à son fils Selim, qui fit quelques incursions sur le territoire persan et s'empara de la ville d'Erzindjan.

Cf. dans les *Diarii* de Marino Sanuto, tome VII, col. 166, 167. *La Deposition fata a li magnifici signori rectori di Cypri per domino Priamo Malipiero, del*

Les premieres nouvelles manifestées de la renommée dudit prince Sophy furent environ le temps que Monseigneur Philippe, conte de Ravestain, alla en l'isle de Mathelin contre les Turcz qui fut l'an mil cinq cens et ung, et les dernieres sont venues de Messeigneurs de Rhodes, lesquelz par unes lettres escriptes à Candelore dans le goulfre de la Jasse, datées du xxii d'aoust mil cinq cens et dix, ont escript que Sophy avoit planté son siège devant la cité d'Alep en Surie qui est à trois journées dudict goulfre de la Jasse, non pas trop loing de Hierusalem et que le peuple dudict Alep avoit envoyé demander secours au Souldan, lequel avec ses Mores et Mamelus redoubte fort la puissance dudit Sophy, et qu'il estoit vraysemblable que ladicte cité d'Alep ne tiendroit pas longuement contre sa puissance. Oultre plus, le seigneur d'Alep avoit prins aucun ambassadeur Venitien [1] retournant de devers Sophy et l'avoit envoyé au Souldan qui se tient au grand Caire avec les lettres de Sophy par lesquelles il mandoit à la Seigneurie de Venise qu'elle deust faire une bonne grosse armée par mer pour la jecter devers la coste de Baruth et que de l'autre part, il donneroit sur les terres du Souldan. Ledit Sophy cherche et tache par tous moyens d'accorder les princes chrestiens pour destruire les infideles, si le Pape y vouloit entendre.

magnifico missier Dionisio, novamente venuto del Cogno et Caramania — *a di 24 avosto 1507 in Cypri* et la lettre adressée de Damas par Zuan Moresini à son père le 5 mars 1508, col. 526-535.

Ala Eddaulèh est le neuvième prince de la dynastie des Zoul Qadr, qui étaient les chefs d'une tribu turkomane établie sur le territoire des villes de Mara'ch, Malathia, Kharpout et Hisn Mansour. Ala Eddaulèh détrôna son frère Châh Boudaq et régna pendant quarante ans. Il perdit la vie dans une bataille qu'il livra à l'eunuque Sinan Pacha, envoyé contre lui par Sultan Selim à son retour de Perse après la victoire de Tchaldiran. Il était âgé de quatre-vingt-dix ans. Ala Eddaulèh ne donna point de son plein gré passage sur ses terres à Châh Ismayl. Ce prince ravagea en 1507, les provinces soumises à Ala Eddaulèh et rentra en Perse après avoir pris Kharpout et Amid.

1. Un envoyé du Châh revenant d'Europe avait vu à plusieurs reprises, à son passage à Damas, le consul vénitien. Le gouverneur de Birèdjik avait arrêté, au mois de mai 1511, et fait conduire à Alep un Chypriote nommé Nicolin Surier, venant de Perse et porteur de lettres pour Pietro Zen, consul de Venise à Damas et Tommaso Contarin, consul à Alexandrie. Ces deux agents de la Seigneurie furent arrêtés et menés au Caire. On trouve tous les détails de cet incident dans les *Diarii* de M. Sanuto, tome XII, *passim*. Cf. l'Introduction placée en tête du *Voyage de Thénaud*. Paris, E. Leroux, 1884, pages LXXX-LXXXIII.

II

Dépêches de Pietro Duodo, ambassadeur de la Seigneurie de Venise près la cour d'Allemagne, relatives à la mission de Sir Anthony Sherley et de Hussein Aly Bek.

..... Alli 20, hanno fatto qui l'entrata li doi Amb[ri] di Persia; l'uno è un Inglese, nominato, perquanto intendo, Antonio Cherle, et è l'Amb[r] principale, et l'altro un Persiano, detto Assan Halevech; sono con forse vinti, ó vinticinque persone. S. M[ta], per tanto maggiormente honorarli, ha fatto montar a cavallo questi cittadini, che potevano essere al numero di 300, et inviato il maggiordomo maggiore del Regno, con forse 15 carrozze, oltre ad un numero grandissomo di popolo, che andò con loro à piedi fino alla Stella [1], discosto da due miglia Italiani di qua, dove furono incontrati. Qui nella città piccola poi, nella piazza della quale sono alloggiati, dalla porta fino a suo hospitio, era la strada tutta armata de soldati all'uso di questa natione, in modo che il spettacolo, et per l'incontro et per il concorso è riuscito per ogni parte honorevolissimo. S. M[ta] anch'essa era alle finestre del castello : ma, per esser molto lontana, se ben eminente, haverà potuto gustar del veder la moltitudine in generale, ma non del resto. Non hanno ancor' havuto audienza. Si dice, che habbiano lettere per tutti li potentati della Chistianità, et che vengano per cose di leghe, il che col tempo si saprà. Sono stati 17 mesi in viaggio, undeci de quali hanno consumato in Moscovia, per haver quel principe posto molte difficoltà nel licentiarli. Da Ispahan, dove lasciarono il Rè, partirono alli 24 di Maggio 1599, et per Cassan, Casmin e Gilan vennero à Ruisar su'l mar Caspio nel quale, sendosi imbarcati, hanno havuto grandissime fortune, et sono stati necessitati libar molte delle loro robbe. Capitorono poi in Astracan, paese del Duca di Moscovia, et per la Volga vennero fino a Nisnogorod. Quivi montati in carrozza, et per terra, capitorono prima a Moskua et poi a Suchno, dove di novo imbarcati nella Duina per Colmogvo [2] pervennero a S. Nicolas, porto del Gran Duca di Moscovia nel mare settentrionale, et di quà con le navi poi circondata tutta la costa di Norvegia, calarono, dicono questi suoi, nell'Olanda, di dove per terra poi attraversando

1. Sternschloss près de Prague.
2. Cholmogory.

tutta la Germania, sono venuti in questa città. Io scrivo questi particolari à Vostra Serenità, per che forse questo è un camino, che mai più altri, che sono venuti di Persia, l'hanno tentato. Ha l'Amb.r Inglese lasciato un' altro suo fratello detto Alberto, con forse otto servitori in quei Regni, et si crede il Rè l'habbia voluto tener per ostaggio della sua fede, et del suo ritorno. Grazie etc. etc.

Di Praga alli xxiii di Ottobre M. D. C.

Di V. Ser.tà

PIERO DUODO,
Cavalier Amb.r

III

..... È arrivato qui il Dottor Petzen, et hanno mandato anco a chiamare il Negroni Dragomano, per assistere alli Amb.ri Persiani, et per tradurre le loro lettere. Questi non si fidano molto di tale Ambasciata, raccordandosi quello lor successe di quel Gabriele Buonaventura hebreo, il quale già pochi dì hanno anco dato ordine che sia impiciato con tutti li suoi, eccetto uno. Mandò l'Amb.r Inglese a dire a Mons.r Nontio, ò almeno così mi disse S. S. R.ma, che le fosse raportato per un certo frate scalzo Portughese, che è venuto con loro, che desiderava, che S. S. R.ma lo favorisce, con dire, che egli fosse stato mandato in Persia per ordine di S. San.tà; a che il Nontio fece subito rispondere, che il Papa non era amico di gloria finta et vana et che gli perdonasse, perchè egli non poteva far questo. Intesa la risposta dall'Amb.re, che gli fù portata dal medesimo secretario del Nontio, disse egli, che non haveva mandato a dire così: ma che lo pregava, che dovesse escusarlo appresso S. S.tà, se egli non andava prima a Roma, come erano le sue commissioni, et che fosse venuto prima qui, et tutto esser causato dalla qualità del viaggio, che haveva fatto. Quello, che portano, di certo non si sà, non havendo ancora havuto l'audienza : ma però dicono esser cose di gran momento, il che viene interpretato cose di leghe scritte, et altri anco aggiongono paradossi maggiori assai, dicendo che quel Rè pensi di farsi Christiano. Il signor Ambasciator cattolico dubita di un' altra cosa, per la calità del camino, che hanno tenuto, che quel Rè non pensi, come altre volte si è trattato, di far voltare le specierie delle Indie per quella parte, et per più breve camino farle capitare in Inghilterra nelli Paesi bassi, et per tutta la Germania, et questo tanto più lo move, il veder che siano venuti per acqua contra la Volga tante giornate, dove più presto sarebbono venuti per terra. Io scrivo a vostra Ser^tà tutto quello passa qui in questo proposito..

Di Praga alli xxx di Ottobre M. D. C.

Piero Duodo,
Cavalier Amb^r.

IV

..... Hieri hebbero audienza questi Ambasciatori del Rè di Persia. Parlò l'Inglese in spagnolo, et in sostanza offerse per parte di quel Rè a Sua Majestà Ces^a la mossa d'arme contra il Turco, et di far uscire anco in campagna seco et gli Arabi et li Georgiani, et sicome la oblatione è stata fatta a tempo, così piacesse a Dio, che gli effetti non dovessero esser più tardi di quello sarebbe necessario.

Di Praga alli viii di Nov^bre M. D. C.

Piero Duodo.

V

..... Dopo che questi Amb^ri di Persia hanno havuto audienza, tutti li Amb^ri li hanno visitati, come ho fatto anch'io, per far quello havevano fatto gli altri, et l'Inglese mi confermò, le sue negotiationi esser per cose di leghe, et che starebbe attendendo quello gli forse commandato da S. M^tà, non aspettandosi altro, che la tradottione della lettera portata, non essendo ancora venuto Andrea Negroni, che aspettavano. Mi entrò poi a parlare della grandezza di quel Rè, il quale, dopò haver vinto Osbech et uccisolo con il figliolo, si era fatto padrone di cinque Regni, col mezzo de' quali di sopra il mar Caspio adesso confinava col Mocovito, et che stupiva come in Persia, essendovi tanto grande l'abbondanza delle sete, et tant'altre merci, alcuno delli nostri mercanti non andasse a resider' in quei paesi, et particolarmente nel Corazan, acquistato novamente da quel Rè, che per esser come il centro di tutte le Indie, sarebbe paese attissimo per far girar quasi tutte le specierie, che vanno nel Portogallo, per quest' altra parte, et mi entrò a discorere molto diffusamente della facilità, che ci sarebbe di inviarle per il mar Caspio, et la Volga, et Duina in questi mari settentrionali, affermandomi in Moscovia esservi un medico del Gran Duca che attentamente pensava a questo partito. . . . .

Di Praga alli xiii di Nov^(bre) M. D. C.

Piero Duodo.

VI

. . . . . . Hieri, partì il Petzen per Vienna con fama di andar con ordine di consigliare con quei colloneli il modo di proseguire la guerra secondo il disegno scritto nelle precedenti : ma altri credono anco habba portato seco qualche commissione nel proposito della pace. Andrea Negroni però che è finalmente arrivato qui questa settimana, non è andato con lui, et è fermato per occasione di questi Persiani, i quali ancora non sono spediti. . . . .

Questi Amb^(ri) Persiani ancora non partono; la sua trattatione contiene solo due capi : dimandano lega contra il Turco, et che si prometti di continuare la guerra, ciascuno dalla sua parte, nè far pace l'uno mai senza l'altro. Qui non si mettera difficoltà di dar parola del tutto, per quanto mi ha detto qualche ministro : ma il secondo articolo vedono ben difficile da osservare, quando si dovesse mandare in Persia ogni volta, che si rappresentasse occasione di cosa tale, o che la necessità constringesse. Quello, che pone un poco il cervello a partito alli ministri intorno le persone, et li negotij di questi Amb^(ri), a che l'Inglese dice, che prima bisogna che vadi in Inghilterra, et di là poi passerà in Ormus, et in Persia per mare ; il che affermo anco à me uno di questi di, che fù a restituirvi la visita, come ha anco fatto con tutti li altri, et questi non sanno vedere a che fine posso esser fatto questo viaggio, sapendo che la Regina è amica de Turchi, et poco desiderosa della grandezza et del bene di questa Casa, et però dubitano, che qui sotto ci sia altro che essi non veggano. Egli si escura, con dire, che quando fù trattenuto tanti mesi in Moscovia, il Gran Duca gli facesse prometter di andare in Inghilterra, et se tornasse per Moscovia senza haver atteso il concertato, dubitarebbe di incorrer in qualche disordine ; tuttavia lo vanno persuadendo destramente che voglia fare il viaggio per la Polonia, et per la Moscovia : per dove lui medesimo confessa, che senza impedimento tornerebbe in due mesi in Persia, et che manderanno innanzi et genti et altro, che facesse bisogno, per fare che il Gran Duca, il quale ha cosi stretta amicitia con S. M., desse loro il passo liberamente; ma li Persiani in particolare, che hanno provato il mal trattamento di quella barbaria, si mostrano renitentissimi di stornarsi, oltre al desiderio, che ha l'Ambasciatore, dopo che si è condotto tanto innanzi, di veder qualche altra parte di Europa, prima che transferirsi al padrone; et se questi tornassero per il camino desiderato dalli Cesarei, et veramente la loro Ambasciata fosse reale, ne havesse altra mica che questa, si potrebbe sperare di sentir qualche movimento all'anno venturo. Che faccia Dio segua per beneficio della Christianità.

. . . .

Di Praga alli xx di Nov^{bre} M. D. C.

PIERO DUODO.

VII

. . . . . Questi Amb^{ri} Persiani finalmente presto saranno licentiati. Desiderava S. M., che tornassero quanto prima in Persia, come avisai et che lasciassero a dietro tutte le lettere che hanno portato per diversi principi della Christianità, offerendosi lei, per messi espressi mandarle a tutti; ma essi non hanno voluto intenderla per alcun verso. In fine, si sono et una parte et l'altra accordati, che S. M. Ces^a mandi le procure et ratificationi in mano del fratello dell' Amb^{re} Inglese, che è restato in Persia, per persone espresse, et che queste siano accompagnate con lettere delli Amb^{ri} : che siano inviate queste et per Moscovia, et per Ragugia, et per Soria, et duplicate, affine che con certeza possano capitare in quel paese, et la sostanza è, che S. M. promette di continuare la guerra, nè fare la pace, se non con le conditioni da loro proposte. Non anderanno più questi Amb^{ri}, per puonto mi disse il principale ministro, in Inghilterra ne in Francia; ma passeranno in Italia, et di là a Genova, et in Spagna, dove dissegnano imbarcarsi poi per il loro ritorno. Portano salvi condotti del Rè di Persia per tutti li Christiani, che vorranno andar' in quel paese, et anco per l'essercitio publico della nostra religione, come V. Ser^{tà} potrà vedere più amplamente per la patente, che sarà con queste. E bene che le EE. V. V. ordinino che non si publichi, fin tanto ch' essi nol facciano, havendola io havuta da buona parte, senza però la loro saputa. . . . . .

Di Praga alli xvii di Novembre M. D. C.

PIERO DUODO.

VIII

In lettere di Germania di 27 Nov^{bre} 1600. — Copia.

PRIVILEGIO
DEL POTENTISSIMO CHAH ABBAS GRAN SOPHY DI PERSIA.

Noi il Gran Rè, l'Imperio di cui si estende fino alli quattro Cardini del mondo, la parola di cui nissuna forza, nè potenza potrà infringere, nè per noi stessi, nè per nostro figlio, nè anco per li nostri successori:

Dechiariamo per le presenti, che nostro mandamento, volontà et piacere è tale: Che nostri Regni, Dominii et Provincie siano da qui innanzi aperti a tutti li Christiani, et alla loro Religione, in ogni libertà di poter sciegliere i luoghi già fondati, o fondarne altri per l'essercitio di essa, siá in publico, o in privato, secondo che loro parerà buono in ogni luoco, di maniera che nessuno di nostri di qualonque conditione che sià, non sarà si ardito di pigliare impresa, per dar loro il minimo disturbo, o impedimento, in che sorte che si sià. Et per causa dell' amicitia, che havemo per il presente di stabilire, et mantenere con li Principi Christiani, mercanti, et ad altri di qualconque conditione, o qualità che siano, di poter conversare, et traficare dentro, et in ogni banda de li nostri Regni, Dominii et Territorii, senza pericolo, molestia, o danno qualconque, anzi senza esser caricati, o ricercati, per alcuno de nostri officiali, Duchi, Principi, Governatori, o dalli deputati di qualonque qualità, che siano, anzi ogni robba, che vi menerano, sia di tal maniera privilegiata, che nessuno di qualonque dignità, primenenza, o auttorità, che sia, non haverà potestà di ricercarli o arrestarli, per causa della commodità di nostra propria personna, sino al valore di un' aspro. Et con tutto ciò nessuno dei nostri Religiosi di qualonque qualità che sia, non pigliera ardimento di dar loro qualche fastidio in fato, o in parole, overo per gesti o segni, qualonque in materia di religione.

Nostra giustitia anco non si piglierà ardimento di metter la mano sopra le persone, o beni loro, per causa o attione di qualonque maniera che sia.

Che se per avventura qualche mercante Christiano vi morisse, non sarà permesso a nessuno di toccar qualche cosa appartenente al detto defunto; ma se il detto morto havera compagno, o società, il detto compagno, o sua società haveranno potestà di pigliare la possessione intiera di tutti li beni lasciati.

Et se per avventura, il defonto fosse trovato solo con suoi servitori, il Governatore del luogo, o chiunque sarà rispondente, et tenuto per la restitutione di tutti quei beni o qualonque della medesima natione, che si troveranno nelle Provincie nostre. Si vero accadesse, che questo mercante morisse subitaneamente senza lasciar dopò se herede, compagno, o servitore di modo che la voluntà del defunto restasse inconosciuta, il Governatore del luogo manderà quei beni al prossimo luogo dove si troverà qualche altro mercante della medesima natione dentro le provincie nostre. Et a quelli che in nostri Regni, Dominii et Territorii tengono i datii et gabelle defendemo espressamente di non pigliar cosa nessuna ne intromettersi per ricercare alcun mercante o altro qualunque cristiano di qualonque conditione che si siano.

Al resto, si qualche cristiano desse credito a qualcuno dei nostri sudditi di qualunque conditione, preminenza o qualità che essi siano, per queste nostre patenti averà o averanno potestà di ricercare ogni governatore et giustitiere, i quali subitamente saranno tenuti di far loro avere, senza induggio, il pagamento con debita sadisfatione, senza però pigliarne alcun dono o remunazione, accio li proseguenti ne siano totalmente disciolti et senza fatica. Perchè la nostra determinazione et volontà è direttamente tale che tutti li Cristiani siano trattati per tutti i nostri Reami et paesi con ogni benignità et mansuetudine alla loro intiera contentensa et senza che nessuno presumi da qui innanzi d'impedirli, o dar loro fastidio nessuno in domandare o ricercare qualche cosa da loro. Et non ostante che sia una consuetudine in nostro Regno ordinariamente osservata et fin qui inviolabilmente mantenuta, che tutte le nostre patenti siano d'un anno all'altro rinnovate, però vogliamo che la presente tenga vigore et pieno effetto a sempre mai, senza contravenzione o mutazione nessuna.

IX

...... Questi Amb^ri Persiani ancora non sono licentiati, et l'Inglese è stato molte volte dall' Amb^r cattolico, et si crede pure sopra queste loro trattationi. Già due settimane have(va) lettere di Persia per via di Venezia et disse, dopo haverle vedute, a chi le porto, che le lettere mandateli dal suo Rè erano restate costí in mano di colui, che ne haveva la cura, per dubbio che non si perdessero nell' inviarle, et che il Rè l'haveva anco gratiato di una importante signoria in quei paesi. Che teneva aviso haver il Turco mandato un Amb^re in Persia, per domandargli per ostaggio un suo figlio, et che il Ré haveva ordinato subito, che l'Amb^re fosse fatto morire : ma ad intercessione de suoi più cari, l'haveva liberato con alguante bastonate, et se bene questa cosa sia di molto tempo, et che forse V. Sert^a l'haverà saputa molto prima da altre parti, ho però creduto esser mio debito di scriverla ad ogni buon' fine : per che si veda la poca intelligenza, che passa, se sarà vero l'aviso. . . . . .
. . . .

Di Praga alli xviii di Dec^bre.

M. D. C.

Piero Duodo.

X

Commandement du Roy de Perse au vizier d'Aspahan à ce qu'il ait à donner logement aux Capucins dans ladite ville, en faveur du Roy de France.

Commandement de celuy qui gouverne dans le monde est donné pour estre manifesté au tres-noble vizier, prince Mehemmed Zaher c'est-à-dire pur vizier de la maison imperiale d'Aspahan, à ce qu'il sçache pour certain qu'à ces religieux capucins, subjets du Roy de haute gloire le roy de France couronné du soleil, leur volonté est d'habiter en la ville metropolitaine susdite, c'est pourquoy il est necessaire que la maison soit destinée pour l'amour d'eux, en laquelle vous les ferez habiter avec honneur, faveurs et graces et de tout cecy gardez de ne rien transgresser. Et quant à ce qui touche à vostre office envers ces Peres et leur continuel estat, il est necessaire que vous soyez tres-diligent et prompt, observant leurs besoings et que l'on me donne souvent advis de toutes leurs affaires et pretensions qu'ils pourront avoir à ce que avec parfait honneur je y satisfasse. Et que toutes ces choses se mettent en execution, chacune en particulier, et que chacun sçache que ce commandement est stable et vray. Donné au mois d'octobre 1038 selon les Mahometans, et des Chrestiens mil six cens vingt huit.

XI

Autre commandement du Roy de Perse au Cam ou duc de Babylone pour donner une maison aux Capucins en ladite ville de Babylone, capitale de Caldée.

Commandement de celuy qui gouverne dans le monde est donné pour estre manifesté à l'excellent gouverneur de grand et illustre domaine, grandement relevé et annobly en dignité, nourrisson d'Aly le prophete, Cefy Coly Cam, capitaine general des armées qui sont autour de Babylone, subjet du roi qui est protecteur d'icelle region et la gouverne avec faveur et graces Royalles. Estant ainsi que des religieux capucins subjects de la tres-haute majesté du Roy de France, couronné du soleil, ont volonté d'habiter en la maison de paix, Babylone ; il est necessaire que pour l'amour d'eux, maison leur soit destinée et vous aurez grand soin, cure et solicitude d'iceux : faites qu'ils soient receus avec honneur et qu'on n'oublie rien à leur faire caresse. Donné au mois d'octobre 1038 de Mehemmed, et des Chrestiens mil six cens vingt huit.

XII

Lettre du Roy de Perse Abbas à la Majesté Tres-chrestienne du Roy de France Louys le Juste, xiiie de ce nom.

Dieu soit loué et exalté.
Le soleil du monde de la majesté, de l'honneur et de l'acceptation est la présence du Roy des royaumes de France.

A la présence de tout l'ordre celeste, du gracieux aspect lunaire, de la subtilité intellectuelle de Mercure, de l'amiable conversation de Venus, de la splendeur du Soleil, de la victoire martiale, de la fortune de Jupiter et de la sublime grandeur de Saturne, de la force du Lyon, de la valeur du roy Rustan, du lustre et de la splendeur de Darius et de Giara, les exercites et armées desquels ne se pouvoient non plus nombrer que les estoilles du ciel, la couronne duquel et la gloire de tout ce que dessus est nostre beau soleil qui embrase le monde et reluit avec parfaite splendeur, le roy de France Louys XIII à qui Dieu donne une bonne et heureuse fin, auquel puisse arriver pour sort la multitude de toute exaltation et de sublimité. La quantité de tous les honneurs du monde qui sont ornez d'amitié, c'est-à-dire tous les honneurs qui, par, amour sont rendus aux hommes, soient choisis et triez et vous soient envoyez à notre souhait.

Ce que nous vous faisons maintenant sçavoir, à vous dis-je sur qui la grâce de Dieu se puisse infondre, est que nous vous conjurons qu'entre nous, l'edifice de parfaite amitié et concorde soit immuable pour jamais, que les fondemens et colomnes de la familiarité soient stabilicés avec toute perfection et complaisance et c'est surtout ce que nous recherchons de vos amoureux et relevez regards, de manière que tout ce que nous désirerons l'un de l'autre ne soit jamais caché ni retenu. En outre, nous donnons advis à vostre haute Sapience que desià est arrivé à nous un de vos apostres, sorti de vostre païs (il use de ce terme, pour le venerable P. Pacifique), qui nous a fait present de l'image acceptable qui ressemble à vostre haute personne et sublime presence, effigiée par main de maistre tres-excellent, de maniere qu'à present est desià changée l'amitié corporelle qui estoit entre nous, par le moyen de la spirituelle et l'allegresse que nous avons ressentie nous mesme vous voyant ainsi, nous a fait croire que le jardin de nostre amitié commençoit à fleurir de nouveau, car nous avons ressenty peu moins de joye, voyant ceste effigie que si nous avions veu son illustre presence et joïeux de sa splendide conversation et ainsi est adjoustée amitié sur amitié, se verifiant en cecy ce que dit un de nos poetes : Entre moy et mon amy, il y a un attrait si puissant que si je ne puis aller à luy, il court à moy. Et l'effet que nous attendons de tout cecy, est que l'amitié et union qui est entre nous deux soit éternelle et tout ce qui accusera à vostre pensée, tout ce que vostre noble mémoire pourra imaginer en quoi nous la puissions contenter par deçà, qu'elle le manifeste à son amy, à ce qu'il le mette à execution et l'achemine à sa perfection selon qu'il en aura les advis. Et sigillons et fermons la lettre avec l'amitié pour cause de briefveté, priant Dieu pour la longueur de vostre vie et pour la durée de vostre regne jusques au jour du jugement.

Donné à Cazbin le mois d'octobre 1038 des années de Mehemmed, et des Chrestiens mil six cens vingt huit.

XIII

Lettre du Roy à celuy de Perse.

Très haut, &c.

Les Rev^{ds} Pères Jesuites, qui sont dans vos Es^{ta}ts et que V. M. y a si favorablement accueillis, ayant une parfaitte cognoissance de l'estime que nous faisons de l'amitié de V. M., ont bien jugé qu'il n'y a point de nouvelle qui peut nous estre plus agreable que celle de la protection qu'ils reçoivent de V. M. et des diverses graces que vostre main liberalle espanche journellement sur eux : et, pour cette considération, ils ont pris soin de nous en advertir, en y adjoustant une autre qu'ils sçavent bien aussy que nous recevrions tres-agréablement. Que le règne de V. M. prospère et que sa puissance s'esleve de beaucoup au dessus de celle de tant de grands Empereurs qui l'ont precedé, et pour ne desfaillir pas de nostre part aux témoignages que nous recevons de vostre royalle affection, favorisant ceux que nous luy avons recommandés, nous avons estimé ne debvoir pas demeurer un moment de temps, sans remercier V. M. des bons traitemens qu'ont receus d'Elle les Pères Jesuistes et la liberté avec laquelle V. M. leur permet d'annoncer nostre sainte foy, et que nous esperons de la divine bonté qu'elle comblera vostre règne de mille benedictions, fera redoutter sa puissance de tous les princes ses voisins, et dans les occasions que la justice luy fera naistre, d'accroistre son Empire. Elle en aura la gloire et le bonheur. Nous aurions à souhaitter d'y pouvoir contribuer, affin que V. M. par des effets solides fut pleinement esclaircye que nous ne passionnons pas plus nostre grandeur que la sienne. Et attendant que les moyens s'en présentent, nous adresserons continuellement nos prières au Dieu Eternel Tout-puissant, Tout-bon et Tout-liberal, qu'il comble vostre personne Royalle de toutes les benedictions qui peuvent estre attendues de luy ; quelles passent à vostre posterité et qu'autant que ce monde doibt durer, l'Empire de Perse ne sorte point de la famille qui y regne présentement; et qu'en eux comme en vous, les bornes s'en esloignent et que sa divine Majesté vous ayt et en sa tres-sainte et tres-digne garde.

Escrit à Paris, ce 28 avril 1659.

XIV

Lettre du Roy au Châh de Perse.

Le 7 février 1664.

Tres-haut, tres-excellent, tres-puissant, tres-magnanime et invincible Prince, nostre tres-cher et bon amy, Dieu veuille augmenter vostre grandeur avec fin tres-heureuse. Comme il est du debvoir de tout Empereur chrestien de s'entremettre pour favoriser ceux qui professent la mesme creance, nous avons resolu, pour satisfaire à cette obligation, d'employer nos offices et nostre credit auprès de Vostre Hautesse en faveur des catholiques qui se sont habitués dans ses Estats; et d'autant que nous sommes persuadez qu'elle recevra bien agreablement nostre priere estant fondée sur la justice qui est la vertu principalle qui fait regner les Roys et sert de base pour eslever leurs throsnes et establir pour tousjours la grandeur de leurs Empires, nous ne ferons pas difficulté de representer sincerement à Vostre Hautesse l'estat deplorable des chrestiens habitués dans les pays de son obeissance; lequel provient sans doubte du traittement differend de celuy des Mahometans, non seulement par le peu de consideration que l'on a pour eux, mais mesme par les lois rigoureuses auxquelles on les a soubmis; ayant introduit cet usage que touttes les foys qu'un catholique change de Relligion et qu'il abjure la sienne pour professer la Mahomettane, dès ce moment, l'on despouille sa famille de tous ses biens pour luy en faire un don. Cette maxime nous ayant paru contraire à l'équité naturelle et trop sévère pour des estrangers qui cherchent à s'habituer dans les Estats d'un grand Empereur, nous avons creu qu'elle pourroit estre préjudiciable aux interests de Vostre Hautesse, puisque par ce moyen en acquerant un seul sujet, elle en perd en mesme temps plusieurs autres, lesquels sont obligés, par ce traittement de se retirer et quitter leur demeure pour aller chercher ailleurs une meilleure fortune. C'est pourquoy nous avons bien voulu luy faire cognoistre

combien il seroit proffitable et avantageux à Vostre Hautesse d'a-
broger cette loy; car, outre qu'elle feroit en cela un acte de tres-
grande justice, nous nous tiendrions obligés que Vostre Hautesse s'y
soit portée à nostre consideration et pour luy tesmoigner combien
nous nous interessons dans ses prosperités et dans sa grandeur et
que nous ne demandons rien qui puisse estre tiré à conséquence,
pour ses sujets naturels, nous avons expressement chargé le Père
Anthoine François Iani de l'ordre de Saint-Dominicque, docteur en
sainte théologie et vicaire général en Orient, qui présentera cette
lettre à Vostre Hautesse, de luy déclarer que le bon traitement que
nous desirons procurer à ces pauvres catholiques, se restrainct à
ceux qui sont appellés Francs et qui ne sont point schismatiques,
lesquels n'auront pas moins de soubmission pour vos ordres que
les Mahometans mesmes, ainsi que le Père Iani luy fera plus particulièrement entendre de nostre part; auquel nous remettant de tout
ce que nous pourrions adjouster à la présente sur ce sujet, nous
nous contenterons de le recommander à Vostre Hautesse comme
une personne d'un singulier mérite et d'une probité recognue et
après avoir tesmoigné à Vostre Hautesse que nous luy sçavons beaucoup de gré de touttes les faveurs qu'elle departira à ce bon religieux et à tous les catholiques qui sont soubs sa direction, nous
prierons Dieu pour la prosperité des armes de Vostre Hautesse,
pour l'affermissement de son throsne et qu'il veuille, tres-haut, tres-
excellent, tres-puissant, tres-magnanime et invincible Prince, nostre
tres-cher et bon amy, augmenter Vostre grandeur avec fin toute
heureuse.

Escript à Paris ce 7º jour de febvrier 1664.

Vostre tres-cher et bon amy,

LOUIS.

XV

A Paris, le 29º octobre 1664.

Monsieur,

Ayant establi depuis quelque temps une grande compagnie en ce
royaume par les ordres du Roy pour faire le commerce des Indes
orientales, et ladite compagnie envoyant vers le Roy de Perse trois
de ses deputés accompagnés des Srs Lallain et de la Boulaye qui
ont cognoissance du pays et de la langue, afin de commencer l'es-

tablissement dudit commerce dans les Estats de ce Prince, Sa Majesté m'a commandé de vous écrire de sa part qu'elle se promet de vostre zèle à son service, et de l'affection que vous avez sans doute pour l'advantage de ceux de vostre nation, que vous assisterez, autant qu'il vous sera possible, lesdits Srs Lallain et de la Boulaye et les favoriserez de vostre credit dans toutes les occasions où ils en pourront avoir besoin au lieu où vous estes. Ils sont chargés d'une lettre de Sa Majesté pour ledit Roy de Perse, et comme ils vous entretiendront amplement de vive voix du sujet de leur voyage, je me contenteray seulement de vous asseurer que je suis,

  Monsieur,
      Vostre tres-affectionné serviteur,
  N...
Valet de chambre du Roy de Perse.

XVI

Le 24 novembre 1664.

Au Roy.

Sire, .

L'exactitude avec laquelle nous devons exécuter les ordres dont il a plu à Vostre Majesté de nous honorer, nous fait prendre la liberté de l'informer des moindres particularités de nostre voyage et de luy dire que nous arrivasmes hier à Lion par la route de Bourgogne, et que nous en partons demain 25e, pour Avignon d'où nous faisons estat d'arriver vendredi ou samedi au plus tard à Marseille. Nous ne croyons pas y rester longtemps, car nous avons trouvé ici des lettres entre les mains des marchans, par lesquelles on leur donne advis que la santé y est tres-bonne et qu'il y a trois vaisseaux prests à faire voile pour Smyrne et un pour Alexandrette. Si ce dernier part aussi promptement que les autres, nostre pensée est de nous y embarquer pour gagner le temps et abreger le chemin. Nous eviterons autant que nous pourrons d'en faire d'inutile, n'ayant point d'autre but ny d'autre passion que de nous voir au plus tost en estat de travailler aux fins pour lesquelles Vostre Majesté nous a fait l'honneur de nous envoyer. Nous nous y disposons avec beaucoup d'esperance d'y réussir, et nous nous le promettons du bon succès que l'on doit raisonablement attendre d'une entreprise si grande et si digne de V. M., des lumières que nous ont données les instructions que nous avons receues et de la ponctualité avec laquelle nous prétendons les suivre ; comme c'est le seul moyen que nous avons de respondre à l'honneur que nous fait V. M. de se servir de nous, nous la supplions tres-respectueusement d'estre persuadée que nous conserverons toutte nostre vie tout le zèle et toutte la veneration avec laquelle nous sommes obligés de vivre et mourir,

Sire,

De Vostre Majesté,

Les tres-humbles, tres-obeïssants et tres-fideles sujets.

De Lalain, De la Boullaye Le Gouz.

XVII

Au Roy.

A Marseille. Le 2 décembre 1664.

Sire,

Nous sommes arrivés à Marseille le 29 du passé, où nous avons trouvé le vaisseau appelé le Dauphin de France prest à faire voile pour Smirne en Natolie; nous nous y embarquons aujourd'huy, n'y ayant point d'autre navire en estat de partir pour le Levant. Celuy-ci estant monté de 40 pièces de canon avec l'équipage de 150 hommes, nous n'avons rien à craindre sur mer et nous serons plus tost en estat d'exécuter les ordres de Votre Majesté et de luy tesmoigner que nostre inclination est egalle au devoir de nostre naissance en qualité de

Ses tres-humbles et tres-fideles sujets,

De la Boullaye Le Gouz, De Lalain.

XVIII

Au Roy.

1664.

Sire,

Nous sommes partis aujourd'huy de Smirne et sommes campés au pied d'une montagne proche le village appelé Hongarbachekoi[1] dont elle prend son nom à trois lieues de Smirne. Nous en partons demain pour la Perse par la voie de Tokat, Erivan et Tauris avec

---

1. Hunkiar bagtchèh keuy.

une caravane composée de plus de mille hommes de touttes nations de l'Asie. M. du Puy, consul de Votre Majesté en la Natolie, nous a voulu conduire jusques icy pour nous recommander aux principaux de la caravane et autres de ses amis. Il s'est engagé de faire tenir seurement nos lettres et de rendre tous services imaginables à la compagnie des Indes Orientales. Nous avons peur que Vostre Majesté n'aprenne de longtemps le succès de nostre route, parce que le port de Smirne est fermé et tous les vaisseaux y sont arrestés pour porter de la milice en Candie où l'on dit que la pluspart des Turqs sont morts de peste; mais l'esperance de nous veoir en estat bien tost d'exécuter les ordres de V. M., nous fera surmonter avec joie toutes les difficultés de notre voyage, nous la supplions tres-humblement de nous croire egallement,

Ses tres-humbles, tres-fideles et tres-obeissants sujets.

De la Boullaye Le Gouz, De Lalain.

XIX

D'Hispahan, le 15 febvrier 1665.

Monsieur mon tres-cher frère.

J'arrivay ici le 14e décembre de l'an passé, en fort bonne santé, et en compagnie d'un françois diamantaire et fort honeste homme. Nous fusmes vingt et deux jours depuis Tauris jusques icy. J'y trouvay M. Tavernier arrivé douze jours devant moy. Comme il s'estoit logé chez un orfeuvre françois, et qu'il me tesmoigna que je ne pouvois pas demeurer avec luy, je me suis mis dans le couvent des R. P. Augustins Portuguez, où je suis mieux que je n'aurois peu estre ailleurs, parceque je ne suis point icy obligé aux débauches des autres Francs, qui, demeurant tous dans Julpha, ne peuvent pas venir nous visiter souvent, à cause que nous sommes dans la ville esloignez d'eux aussy loin que Montoire l'est du pont Granger. Ce couvent icy est fort beau et bien compris; il y a un beau jardin qui entoure la maison; mais l'Eglize sur tout, assez grande pour le pays, pourroit faire honte à beaucoup des nostres de France que l'on estime belles. Depuis le haut jusques en bas; elle est enjolivée de moresques où la doreure n'est point épargnée. Les ornemens de l'autel sont riches; et pour tous les tems, les tapis dont on couvre le pavé sont très beaux. Enfin on y voit par tout la magnificence des anciens Portuguez, dont on n'a plus icy que le souvenir, les Hollandois les ayant tous ruinez par tout. Il y en avoit pourtant icy un dans la maison qui est encor riche et intendant des facendes du Roy de Portugal au Bandar Congue, lequel est fort honeste homme et avec qui j'ai contracté amitié. Cette maison est la première de relligieux établie icy.

Il y a trois Pères et un frère, qui est Lionnois. Ils sont tous braves gens, généreux et fort charitables. Dans la ville il y a encor deux couvenz, celuy des R. P. Carmes deschaux et celuy des R. P. Capucins où demeure M. Thévenot, gentilhomme parisien qui est icy depuis trois moys et qui passera aux Indes avec nous, dont je suis fort aise, parcequ'il est catholique et mon amy. Les R. P. Jésuites ont quitté la ville et sont allez demeurer à Julpha, où, comme j'ay dit, sont nos Francs qui servent le Roy au nombre de sept, deux horlogeurs, un orfeuvre et trois arquebuziers qui sont mariez. Il y a encore M. l'Estoille, qui est l'ancien d'icy, et qui est fort à son aise, et logé comme un prince. Il n'est point au service du Roy. De ces sept François, il n'y en a que deux catholiques. Ils ont tous bons gages du Roy. Pour la description de cette ville, vous la pouvez voir dans P. Della Valle, qui l'a faitte fort fidellement; il n'y a point d'autres nouveaux édifices qu'un pont sur le chemin de Schiras, qui est plus beau que celuy de Julpha, mais à peu près basty de la mesme manière.

J'ay veu une fois le Roy, qui est bien fait et d'âge de trente ans; il s'alloit promener sur le bord de la rivière et avoit peut estre deux cents cavaliers avec luy, qui marchoient tous sans ordre. C'est un prince fort absolu; mais la façon dont ils gouvernent en ce pays, s'appelleroit chez nous plustost tyranie qu'empire. M. Tavernier luy a vendu, tant pour tapisseries que pour mirouers et joyaux, pour la somme de 4,000 tomans; le toman vaut quinze piastres, et la piastre trois abassys un quart. Il en a reçeu mille courtoisies, avec un calat fort beau; c'est un habit complet à la persienne. Il a été payé comptant, et de plus, le Roy luy a donné un très beau passeport pour aller par touttes ses terres, luy et ceux qu'il envoyeroit, sans payer aucun droit. Je n'ay pas sçeu ce qu'il avoit vendu pour nostre compte, parceque je n'y ay point esté; il n'a eu point d'autre compagnon dans son commerce que le R. P. Raphaël, capucin, qui luy a servy de truchement. Quoy qu'il demeure fort loin, cela n'empesche pas que je n'aille souvent le visiter à Julpha. Je pense que, comme ses affaires sont expédiées, nous partirons dans sept ou huit jours pour le Bandar d'Ormus, ou nous aviserons si nous irons droit à Surat, ou à Bengale, pour achever de vendre nostre fait, car on dit que Chaiastacan, ce prince à qui M. Tavernier a vendu deux ou trois fois, y est gouverneur. Si nous allons là, nostre voyage s'allonge d'une année. Pour moy, je vis icy fort incognito de peur de la dépence, qui est fort grande, surtout pour les habitz; la Perse n'ayant esté jamais si chère, je me suis contenté d'un simple habit de campagne, sans tocque, ny caseby, qui est un justaucors fourré de peau d'agneau qui est fort belle, mais qui couste beaucoup, ce qui fait que les habillemens icy sont plus chers qu'en France, car tout le monde porte de ces fourrures. Depuis Tauris nous n'avons rien veu de beau que deux villes qui sont passables et assez grandes : Gom dont la situation est assez plaisante s'il ny faisoit point si chaud, le pays abondant surtout en grenades et melons qui se mangent toutte l'année dans la Perse; cette ville est encore fameuse parmy eux pour le sépulchre de Fatima fille de la femme de Mortuzali. Caschan est plus grande, et tient grand commerce d'estoffes de soye, qui s'y font les meilleures du pays. Le Roy y a de beaux jardins, ou plustost des forestz plantées d'arbres qu'ilz nomment chinards, qui croissent fort haut et droiz. Les feilles sont grandes comme la main et taillées comme une patte d'oye, elles tombent l'hyver. Il ne se trouve point d'arbres dans touttes les campagnes; il n'y en a que dans les villes et villages; mais aussy, pour récompenser, ils en remplissent tellement leurs jardins, qui ne manquent point à chaque maison, non plus que l'enclos de murailles, que de loin on prend les villes pour des bois de haute fustaye. Comme tout le pays est fort sec et qu'il y pleut rarement, ils sont curieux de resserrer les eaux dans des canaux qu'ilz conduisent quelquefois bien loin pour arrouzer les terres. Tous les batimenz de ce pays sont faitz de briques cuites au soleil; il y en a pourtant quelques uns, comme ceux du Roy et les carvenseraz, de briques cuites au feu. Ainsy il arrive que, dans l'hyver, qui est assez rude icy pour la neige et la pluye, que beaucoup de maisons tombent, promptement si on [n']oste la neige de dessus. Toutes les chambres sont voutées, et à cela particulièrement, les Perses sont habiles, car leurs voustes sont faites à merveilles, promptement et sans tous les instrumenz dont on se sert en chrestienté. Si les maisons ne paroissent pas fort belles à l'extérieur, elles sont fort enjolivées par dedans de ces moresques, dorures et pourcelaines, de tapis magnifiques sur lesquels on s'assit à plat s'appuyant le dos contre de beaux coussins; mais il faut quitter ses souliers à la porte. Les chambrettes sont ordinairement petites et ouvertes de tous costez de plusieurs portes, et, par en haut, de quantité de fenestres garnies de certains treillis de bois fort bien travaillez; à quelques unes les treillis sont de plastre, dont les trouz sont bouchez de verre de diverses couleurs. Ainsy toutes leurs chambres sont fort claires, et bien éventées. Le palays du Roy ne se voit point par dedans. Je n'ay rien veu qu'un divan, qui est fort grand et magnifiquement paré à la mode du pays; c'est d'où il voit exercer ses chevaux. Tous les batimenz sont platz par dessus comme en Turquie. Les mosquées ne sont pas des plus belles ; elles sont à peu prez comme en Turquie, avec leurs domes couverz de ces porcelaines de diverses couleurs, et une ou deux tours rondes, fort hautes et fort menues. Enfin P. de la Valle a fort bien discouru de tout ce païs, parcequ'il y a demeuré du tems, et soubz le règne de Schah-bas, avec qui il a eu assez de familiarité, comme j'ay sceu icy. Il n'a manqué que dans les contes qu'il a fait de sa Maani, dont il y a encore une sœur à Schiras. Ce qu'il a dit encore de la courtoisie des Perses envers les étrangers ne nous semble pas trop vray, si ce n'est quand il s'agit de leur intérest, car leur relligion, plus superstitieuse que celle des osmanlouz, leur commande de nous croire immondes, ce qui fait que plusieurs ne veulent pas qu'un chrestien les touche, et que quand ils n'ont que faire de nous, nous éprouvons quelle estime ils en font.

Cette ville est fort grande à cause de ses jardins. Il y a de fort beaux bazards autour du Meidan, et sur tout deux beaux carvanseraz à deux estages que le roy a fait bastir. Ces batimenz sont à peu prez comme un cloistre, et il y peut loger plus de deux cens personnes. Le vin est bon icy et en abondance ; le pain est comme la galette de nostre pays, mais fort blanc ; les raisins et les melons se mangent toutte l'année. Il n'y a pas de bonnes poires, ny de bonnes pommes, mais des coings excellenz. Dans la ville, il ne demeure de chrestiens que les relligieux; dans Julpha, il n'y a aucun mahométan; tous sont arméniens et en grand nombre, dont quelques-uns suivent le rit romain estant instruitz par les relligieux. Si jamais Dieu me donne le retour, mes mémoires vous instruiront du reste; néantmoins vous pouvez relire Pietro de la Valle, qui vous peut satisfaire. Je scay que vous recevez mes lettres avec grande joye, mais avec combien plus de contentement lirois-je les vôtres si j'estois assez fortuné d'en recevoir. Puisque nous partons dans peu, il faudra pourtant que je prenne patience, car je n'espère plus en recevoir d'un an, car les commoditez pour les Indes ne se trouvent pas plustost. Priez et faites prier Dieu pour moy, je salue mon frère Antoyne, le frère Duparc, ma sœur, ma cousine et tous nos parens. M. le Curé, M. Guyard, M. Epiard (?) et M. Martin, me recommandant à leurs prières et à celles de tout nostre voysinage, sans oublier la maison de M. de Granlay, M. de Blanchefontaine et M. Dugué et M. Buisson. Adieu, je ne seray jamais autre que tout à vous.

Deslandes.

Le jeudy gras, nous avons encor esté appelez devant le Roy pour faire le mesme tamacha devant luy que nous avions fait auparavant.

Post-scriptum. Depuis la présente escrite, le lendemain de la Chandeleur, il prit fantaisie au Roy d'appeler M. Tavernier avec un autre marchand hollandois et deux autres jeunes hollandois aussy, un de ses arquebuziers et un orfeuvre, tous deux françois, avec le P. Raphaël, capucin, qui servoit de truchement. Tout cela estoit parceque le Roy vouloit les régaler de boire du vin avec eux. La feste estoit fort joyeuse, et le Roy de si bonne humeur, qu'il donna contant un sac de 50 tomans, qui font 2000#, à l'arquebuzier, qui luy versa à boire tout le long du jour. Cecy avoit commencé sur les neuf heures du matin, et, comme le Roy fit joüer des orgues que les Moscovites lui ont présentées, et qui jouent touttes seules, M. Tavernier fit dire par le P. Raphaël au Roy que je sçavois toucher l'épinète. Comme il y en avoit une aussy là, le Roy commanda aussytost que l'on m'amenast promptement. Un sophy me vint querir et m'emporta en trousse de son cheval; j'attendis à la porte du Roy jusques à la nuit close, ce qui me plaisoit fort, parceque j'évitois de boire bien des tasses de vin, que les autres estoient obligez de vuider pendant ce festin, auquel le Roy avoit fait aussy venir tous ses joueurs d'instrumenz et quinze ou seize filles, qui dansoient à leur mode, de tems en tems, au son de certains gros tambours de basques. Il y avoit aussy un petit Gurgien qui jouoit à merveille de la harpe. Enfin, je fus appellé et introduit par le Nazer, qui est l'intendant de la maison du Roy. Après avoir salué le Roy avec une profonde inclination, je me mis proche de M. Tavernier à trois pas du Roy; puis me metz à toucher une fort petite épinète que l'on m'aporte; comme ils s'y connoissoient très mal, j'estois plus asseuré de mon jeu, et le Roy le trouvoit merveilleux. Enfin, voyant que le Roy nous donnoit toutte liberté, je me suis mis à chanter une chanson convenable à la feste, qui est :

> Enfans du mardy gras,
> Voicy la feste aux bons yvrognes.

Je la chantay si bien au goust du Roy, que, deux ou trois heures durant, je ne fis que chanter, tantost seul, tantost avec M. Tavernier et l'orfeuvre, qui faisoit cent boufoneries, dont le Roy crevoit de rire. Cependant la tasse d'or marchoit, que nous vuidions tour à tour. Nous beumes deux ou trois fois dans celle que le Roy beuvoit. Pour nous relayer, les balladines dansoient, avec lesquelles l'orfeuvre se mettoit aussy à danser; puis les joueurs d'instrumenz se mirent à jouer d'une façon assez agréable. Enfin, après cent autres bouffoneries, comme nous n'avions pas besoin de rester là plus longtemps, parce qu'il falloit toujours boire, nous demandasmes licence, que le Roy nous donna. Ainsy nous nous retirasmes qu'il estoit environ minuit. Voylà la façon dont j'ay veu le Roy.

L'adresse est : Monsieur
Monsieur Daulier,
Secrétaire de la Compagnie Royale d'Occident,
surchargeant :
M. Monsieur
Ruvigny [1].

XX

Schobenler, ce 17 de mars 1665.

Sire,

Une caravane de Perse qui porte de la soye à Smirne et qui vient de camper à une demi-lieue d'ici, nous donne occasion de faire sçavoir à Vostre Majesté à quoi nous en sommes de nostre voyage. Il n'est pas encore fort advancé, quoi qu'il y ait dejà dix huit jours que nous sommes en marche et que nous partions tous les matins à trois ou quatre heures au plus tard, et nous cheminons si peu et si lentement, que tout ce que nous avons pu faire a esté d'arriver hier à Karailar [2] et aujourd'huy à Schobenler [3], petit village qui en est esloi-

---

1. Cette lettre a été recueillie par le P. Léonard de Sainte-Catherine-de-Sienne, bibliothécaire des Petits-Pères, qui a écrit sur la chemise : « Cette lettre cy incluse, qui est de Monsieur Des Landes à M^r son frère, est curieuse à garder, à cause des particularitez de Perse qu'elle contient, et du papier de ce pays-là sur lequel elle est écrite. Monsieur Des Landes m'en fit présent au commencement de l'an 1702. » (Arch. nat., K. 1374, n° 33.)

2. Qaradjalar, bourg de la Turquie d'Asie, dans la province de Bozoug et l'arrondissement de Kianguery.

3. Tchobanlar, est un village située à dix lieues à l'est d'Erzroum.

gné d'environ six lieues. Nous serons obligés de continuer à pareilles journées jusques à Tocat où nous ne faisons point estat d'estre que dans trois grandes sepmaines ; mais ensuitte nous ferons plus de diligence et poursuivrons nostre routte jusques à Tauris avec la pluspart des Armeniens qui se detacheront de la caravane et ne prendront que des chevaux et leur argent qu'ils ont presque tous en sequins hongres, afin de se rendre d'autant plus vite dans la province de Ghilan pour y faire leur emplette de soye dont la saison les presse fort et sera passée avant trois mois. Nous gagnerons par ce moyen près de quarante jours et ne manquerons point d'ailleurs de satisfaire le plus promptement et le plus ponctuellement qu'il nous sera possible aux ordres de Vostre Majesté et au devoir qui nous oblige de demeurer à jamais avec toutte l'obeissance et le respect imaginable,

   Sire,

     De Vostre Majesté,

Les tres-humbles, tres-obeissants et tres-fideles subjets,

    De Lalain, De la Boullaye Le Gouz.

XXI

A Monseigneur de Lionne.

       De Schobenler, ce 17 mars 1665.

  Monseigneur,

Nous nous donnons l'honneur de rendre compte à S. M. de l'estat de nostre voyage ; vous verrez parce que nous en mandons qu'il n'est pas encore fort advancé, mais nous esperons le continuer de Tocat avec plus de diligence ; nous en ferons autant qu'il nous sera possible pour nous rendre où nous devons avant les vaisseaux qu'on y doibt envoyer, et nous vous supplions tres-humblement de croire que nous ne manquerons jamais de faire nostre devoir pour nous acquitter dignement des ordres que nous avons receus. Nous esperons que vous aurez la bonté d'en estre persuadé et que cela suffira pour vous obliger à nous accorder l'honneur de vostre protection et la liberté de nous dire,

   Monseigneur,

Vos tres-humbles et tres-obeissants serviteurs,

    De Lalain, De la Boullaye Le Gouz.

XXII

Au Roy.

A Erivan, 20 mai 1665.

Sire,

Nous avons beaucoup de joye de trouver à Erivan une caravane qui part pour Smirne et de rencontrer si promptement occasion de faire sçavoir à Vostre Majesté que nous sommes entrés dans les Estats du Roy de Perse. Ce n'a point esté sans quelques difficultés pour nostre passage à Erserum, le Bassa ayant tesmoigné assez de soupçon de voir cinq François passer en Perse en l'estat où sont les affaires du Grand Seigneur avec les chrestiens, et ayant fait faire beaucoup de perquisitions par ses gens et ceux de la doüane pour sçavoir précisement qui nous estions. Mais enfin, tout s'est heureusement terminé quand le doüanier qui est un homme de grande considération dans le pays l'a assuré qu'il avoit sceu du kiervanbaschi et des principaux marchands de la caravane que nous n'avions point d'autre but que nostre curiosité, et surtout quand il luy a porté un passeport que l'un de nous avait pris à Constantinople, par lequel il luy est permis de voyager librement par tous les Estats du Grand Seigneur avec tels gens que bon luy semblera, sans en spécifier ni le nombre ni la qualité. Ainsi, nous en avons esté quittes pour deux jours d'embarras, et quelques curiosités de France que nous avions distribuées aux principaux officiers du Bassa et du doüanier quand ils estoient venus visiter nos coffres et qui peut estre ont assez contribué à leur faire croire et reporter de nous ce que leur en disoient ceux à qui ils en demandoient des nouvelles. Ils venoient tous avec plus d'empressement qu'on n'a jamais esté à la foire de St-Germain voir un verre d'optique, un miroir ardent, un cilindre et autres semblables bagatelles dont il falloit toujours leur donner quelque pièce, parce qu'outre l'inclination et l'habitude qu'ils ont à prendre partout, la nouveauté de ces choses les leur rendoit fort considérables. Mais ce n'est pas ce qui les a plus surpris de ce qu'ils ont veu entre nos mains ; ils ont trouvé dans un de nos coffres des dernières estampes que Nanteuil a faites de Vostre Majesté et la grandeur de la mine et l'air qu'ils ont remarqués, les a tellement charmés que malgré l'aversion qu'ils ont pour les portraits, la déffence qui leur est faitte dans l'Alcoran d'en regarder seulement aucun et l'envie qu'avoient quelques gens de leur loy, qui estoient venus avec les autres, de paroistre gens de bien, ils n'ont pas laissé d'en demander presque tous et d'en emporter mesme pour le Bassa à qui ils disoient en vouloir donner en présent qui, sans doubte, luy seroit fort considérable. Cela nous a procuré beaucoup de visittes durant cinq jours que nous sommes demeurés à Erserum, et fait que nous nous sommes assez bien tirés de leurs mains, le doüanier nous ayant dit qu'il vouloit qu'on nous payast ce que nous avions donné, puisqu'il n'y avoit rien dans nos charges qui deubt aucun droit, de quoi nous lui rendismes grâces, disant que ce n'estoit point la coutume des François de vendre ce qu'ils donnoient, et le Nazir qui reçoit les droits du Bassa, sçavoir huit pour mille de l'argent qui se transporte, n'ayant rien voulu prendre de celuy que nous avions déclaré, ni ce qu'il auroit fallu pour nos chevaux de charge, qui est six piastres pour chacun. Nous avons aussi heureusement passé les armes que nous portons, mais nous avions pris nos précautions et les avions distribuées à des Arméniens pour les entrer et sortir, parce qu'elles auroient pu nous rendre plus suspects, si on nous les eut veües ou du moins demeurer entre leurs mains, à cause de leur beauté. Au reste, nous dirons à Vostre Majesté qu'il n'est rien de si misérable que cette frontière. Erserum qui est la seulle place qu'ils peuvent opposer aux Persans est située vers l'orient d'une grande plaine dont les montagnes qui l'environnent forment comme une ovalle qui a son estendue de l'ouest à l'est; elle est fort proche des montagnes, environ à une demie lieue de l'Euphrate qui luy passe au nord, et n'a pour toutte fortification qu'une double muraille à l'antique avec des tours de distance en distance, mais fort petittes et nullement capables de contenir, à beaucoup près, ce qu'il faudroit pour les deffendre. Nous n'avons remarqué dessus que dix ou douze couleuvrines dont la plus grosse n'estoit pas de plus de huit livres; et c'est tout ce que nous en avons pu voir, quoiqu'on nous eust assuré devant qu'il y avoit plus de cent pièces de grosse artillerie, ce que nous ne croyons nullement. Il y a dans la ville, sur une petite éminence, un chasteau fortifié de mesme manière, mais de si peu de considération que le Bassa n'y demeure pas, et habitte dans une maison qui en est assés esloignée et a toujours servi à ceux qui l'ont précédé dans cette charge. La garnison est d'environ mil hommes, outre quatre ou cinq cents qui sont dispersés dans les villages d'alentour.

A une journée d'Erserum, on trouve encore Hassankala[1] qui est

---

1. De Laboullaye Le Gouz a donné dans ses *Voyages et observations*, etc.,

un bourg et un chasteau situé et fortifié quasi de mesme avec trois cents hommes de garnison ; mais de là en avant, jusques aux terres de Perse où il y a sept journées de caravane, on ne rencontre quasi plus que des déserts et un seul bourg un peu gros et peuplé d'Arméniens, qui est Casüan où il y a encore un vieux chasteau tout ruiné et habité plustost que gardé par cent cinquante Turcs. Tout ce pays a esté autrefois ruiné par Schah Abbas qui en a bruslé et depeuplé presque tous les villages pour en transporter les habitants dans ses Estats, et le peu qui en sont restés sont encore tous chrestiens, aussi bien que ceux qui en sont sortis. Nous quittasmes ce malheureux païs pour entrer dans celui de Perse le 13 de ce mois ; le 14, nous passasmes l'Araxe à gué avec beaucoup de temps et de peine, tant à cause de sa grande largeur qui est à peu près esgalle à la Loire en cet endroit, quoiqu'elle soit bien moindre au-dessus, que pour la diversité de ses courants et la grande quantité d'eau qu'il y avoit alors. Le 15, nous entrasmes dans de grandes plaines fort cultivées et allasmes coucher à Utchekilissa, demeure du patriarche des Arméniens et le 16, arrivasmes à Erivan qui n'est proprement qu'un gros bourg mal basti, point fermé de murailles, mais agréable pour la quantité de vignes et de jardins dont il est rempli. Il y a un chasteau d'assés grande estendue situé à l'ouest de la ville, à laquelle il est joint par une longue avenue tirée en droitte ligne et garnie de boutiques et d'arbres des deux costés. Il est basti sur un terrein assés eslevé au pied duquel aussi à l'ouest passe une petitte rivière qui lui sert de fossé, et là il est un peu commandé d'une petitte éminence qui est de l'autre costé de l'eau. Mais comme elle est assés esloignée, et que les murailles qui lui sont opposées sont sur un roc assés escarpé et qui sert de rivage à la rivière, il n'en peut pas estre fort incommodé. Partout ailleurs, il est fermé d'une double muraille de terre espaisse de trois à quatre pieds avec quantité de tours assez grandes, mais sans aucun travail qui approche de nos fortifications modernes. Voilà quel est l'estat de la plus considérable et l'on peut quasi dire de la seulle place que le Roy de Perse ayt sur ses frontières. Elle est commandée par Abbasculi Kan dont le père en a esté autrefois gouverneur et dont le frère aisné, à qui elle avoit esté donnée après la mort du père, la rendit laschement à Sultan Amurath dans les dernières guerres, il y a environ trente ans. Il n'y en a que deux que l'on y a restabli

---

Paris, 1653, page 72, une courte description et une représentation grossière de Hassan Qalèh.

celui-ci et il y est avec assez d'approbation de son maistre et de satisfaction des peuples. Il y doibt avoir douze mil hommes en temps de guerre et trois mil durant la paix ; mais elle est tellement affermie qu'il ne se met pas fort en peine d'avoir ce nombre complet. Ce qu'il y en a sont la pluspart à la campagne et vivent soubs des tentes quasi toutte l'année, subsistant de leur paye ou de leur industrie et n'osant prendre la valeur d'un sol sans payer, ni dans les villages, ni sur les chemins où l'on peut marcher avec toute sorte d'assurance et de liberté. Il y a dans le chasteau aussi bien que dans la ville, quantité d'Arméniens et tous, tant qu'ils sont, de mesme que ceux que nous avons veus en Turquie gémir soubs la tirannie des Ottomans, attendent tous les jours la fin de leurs misères des armes victorieuses de Vostre Majesté, comme ils en connoissent la grandeur et la puissance, ils en ont les vertus et les grandes qualités en tres-particuliere veneration et ce qu'ils en apprennent de la renommée et de la voix publique leur fait croire qu'ils sont dans le temps de l'accomplissement de leurs propheties, et ils en sont tellement persuadés qu'ils ne parlent de Vostre Majesté que comme du restaurateur de leur liberté et du protecteur de leurs Églises et de la foy. Ils font éternellement des vœux pour voir bientost réussir leurs espérances et croient fermement qu'il n'y a point de pays si esloigné que Vostre Majesté n'y puisse porter la force de ses armées aussi bien que la gloire de son nom. Ce sont des vœux que nous ne manquons pas de seconder avec tout le zèle que nous devons et que nous continuerons toutte nostre vie ayant l'honneur d'estre,

Sire,

De Vostre Majesté,

Les tres-humbles, tres-obéissants et tres-fidèles subjets.

De Lalain, De la Boullaye Le Gouz.

XXIII

A Monseigneur de Lionne.

A Erivan, 20 mai 1665.

Monseigneur,

Nous nous donnons l'honneur d'informer le Roy de nostre arrivée en Perse et du petit embarras que nous avons eu à Erserum à la sortie des terres du Grand Seigneur ; nous mandons aussi ce que nous avons remarqué de l'estat des frontières des deux Empires, et de l'espérance qu'ont les Arméniens de voir l'accomplissement de leurs prophéties. Nous disons de touttes ces choses assez de particularités, mais comme nous en obmettons beaucoup d'autres que nous avons cru moins nécessaires, nous apprehendons d'avoir fait ou une lettre trop longue ou une relation trop succincte. Cela nous oblige de vous supplier tros-humblement de faire ce que vous pourrez pour ce que nous en avons escript ne soit point desagréable à Sa Majesté, de nous accorder tousjours l'honneur de vostre protection et la liberté de nous dire éternellement avec le respect que nous devons,

    Monseigneur,

Vos tres-humbles et tres-obeissants serviteurs.

    De Lalain, De la Boullaye Le Gouz.

XXIV

A Monseigneur de Lionne.

De Tauris, ce 16 juin 1665.

    Monseigneur,

La lettre que nous nous sommes donné l'honneur d'escrire au Roy vous apprendra le succès de nostre voyage et celle cy vous demeurera, s'il vous plaist, pour un gage que vous avez deux créatures en Perse en qualité de

    Monseigneur,

Tres-humbles et tres-obeissants serviteurs.

    De la Boullaye Le Gouz, De Lalain.

Nous ne cachetons point nos lettres avec de la soie parce qu'on les ouvre pour éviter les mauvais airs et l'on les faict passer par le vinaigre.

XXV

Au Roy.

De Tauris, capitale de Medie, ce 18 juin 1665.

Sire,

Nous partismes d'Erivan, frontière de Perse, le 28 may, et sommes arrivés à Tauris, autrefois ville impérialle, le 8 du courant; nous en partons ce soir avec passeport du Kan ou vice roy et nous espérons estre en Hispaham dans vingt-cinq jours, où il est arrivé un ambassadeur du Mogol qui s'en doit retourner dans peu. Nous pourrons prendre cette commodité et l'accompagner affin d'avoir plus de facilité d'exécuter les ordres de Vostre Majesté en qualité de

Tres-humbles, tres-fidelles et tres-obeissants sujets,

DE LA BOULLAYE LE GOUZ, DE LALAIN.

XXVI

A Monseigneur de Lionne.

Hispahan, ce 8 octobre 1665.

Monseigneur,

Vous verrez dans la lettre du Roy comme nous avons eu l'audiance du Sophi de Perse et obtenu les privilèges nécessaires pour la Compagnie. Nous espérons partir dans huit jours pour les Indes où nous nous estimerons heureux de recevoir vos ordres en qualité de

Monseigneur,

Tres-humbles et tres-obéissants serviteurs.

DE LA BOULLAYE LE GOUZ, DE LALAIN.

XXVII

Au Roy.

D'Ilispahan, ce 8 octobre 1665.

Sire,

L'onziesme Juillet, nous sommes arrivés en Hispahan, capitale de

Perse; nous n'y avons point trouvé la Cour et nous avons informé les principaux Ministres de nostre arrivée. L'on nous a remis au retour du Roy, et le 26 Septembre, l'on nous a appelés au megelis ou lieu de réjouissance. Le Roy estoit sur un trosne modestement vestu; les grands du pays estoient en dessoubs, assis en ordre. Nous luy avons rendu les lettres de Vostre Majesté et il nous a fait appeler à cinq diverses reprises et a tesmoigné toute la satisfaction imaginable de l'alliance des deux Couronnes. Il s'est fort enquis de la personne et famille de Vostre Majesté et a dit qu'il enverroit en France un de ses principaux officiers, aussitost que nos vaisseaux seroient arrivés au Bandar Abassi. Cette audience a esté suivie d'un beau feu d'artifice et d'un banquet avec de la musique, et nous avons esté assis devant le Roy neuf ou dix heures. Le lendemain, le grand Vizir, de l'ordre du Roy, nous a donné à disner, et deux jours après, le Nazir ou favory. Nous espérons avoir demain nos expéditions avec la calate ou veste que le Roy a ordonné que l'on nous donne. L'on dit que les nostres sont d'or et celles des députés d'argent. Nous en donnerons advis à Vostre Majesté, et nous nous acheminerons ensuite pour l'Inde où nous attendrons ses ordres en qualité de

Tres-fideles, tres-humbles et tres-obeissants sujets,

DE LA BOULLAYE LE GOUZ, DE LALAIN.

XXVIII

Copie d'une lettre de M. du Pont, envoyé par la Compagnie de l'Orient en Perse et aux Indes.

Le 16 novembre 1665, à Hyspaan.

Je n'ay point le loisir de vous entretenir par cette lettre comme par celle que je vous envoie par voye de Smirne; dans une heure ou deux, nous montons à cheval pour le Bandar Abassi.

Nous sommes icy arrivés du 13 Juillet, pendant de grandes chaleurs. Il y avoit quatre à cinq jours que le Roy estoit party de cette ville pour aller prendre du frais dans les montagnes; il n'est revenu que le 12e de Septembre, et quelques jours ensuite, il nous a donné audience. Il nous receut tres-bien et M. de Lalain lui rendant la lettre de nostre invincible monarque, il fit paroistre une joye toute extraordinaire en témoignage de quoy, quelque temps après, parut un feu d'artifice des plus grands qui se voient et il y avoit aussi quelque chose de beau et de surprenant. Sur les dix heures du soir, on servit à manger à Sa Hautesse, comme aussy à nous et sur les trois heures après minuit, Elle nous congédia. Nous estions si estourdis du tintamare de leurs instrumens et de leur musique que, trois à quatre jours ensuite, il nous sembloit l'avoir dans la teste. Le Nazer qui est la deuxiesme personne du Royaume, nous envoïa appeler et nous dit qu'il estoit nommé du Roy pour escouter nos demandes et, en mesme temps, qu'il avoit ordre de nous régaler. Nous parlasmes de nos affaires quelque temps, et nous mismes le reste à faire bonne chère, lui aïant donné ce que nous demandions par escrit. Il nous promit de les mettre en mains du Roy et qu'il nous serviroit en ce qu'il pourroit. Le Roy partit, un jour après que nous eusmes esté appellés, pour aller au Mezandran, à dix journées d'icy. Lorsqu'il fut à un de ses lieux de plaisance à trois journées d'icy, il commanda à un de ses officiers de nous faire venir ; il nous conduisit aussytost à la Cour, nous fit loger, et en mesme temps, vint un maistre des cérémonies de la part du Roy, nous souhaiter l'heureuse arrivée et nous présenter deux grands bassins de toutes sortes de fruits et quantité de flacons d'excellent vin de Chiras. Tout le temps que nous avons resté là, nous avons toujours esté traités des plats de la table du Roy ; le dernier soir que nous restasmes là, le mesme maistre des cérémonies vint nous aporter nos lettres de concessions, lesquelles il mit en mains de MM. Beber, Mariage et moy avec des passeports et une permission de passer quelques chevaux aux Indes. Ensuite de quoy, le Roy nous envoya calate à chacun, qui est un habit tout complet à la persienne. C'est par là qu'on reconnoist l'honneur qu'il veut faire quand il fait ce présent ; le lendemain matin, nous feusmes prendre congé du Roy avec ces habits et il donna à M. de Lalain une lettre pour nostre Roy.

Nous ne peusmes faire lire nos lettres de concession pour sçavoir si l'on nous accordoit tout ce que nous avions demandé. A nostre retour icy, nous les avons fait expliquer, et nous avons trouvé qu'il nous manquoit quelque article ; nous nous sommes assemblés pour délibérer de ce que nous avions à faire là dessus. Nous avons résolu que M. de Lalain avec M. Mariage qui desjà estoit destiné pour demeurer en Perse, suivroient la cour pour faire les instances nécessaires et que, cependant, MM. de la Boulaye, de Bebber et moy passerions aux Indes. Je n'ay pas de temps pour vous mander quelques intrigues sur le sujet de nos affaires.

En arrivant icy, il ne nous restoit à chacun que cent et tant de piastres ; nous sommes bien heureux d'avoir trouvé icy M. de Lestoille qui nous a fourny les choses nécessaires. Nous avons esté obligés de faire des frais en habits, car c'est icy la Cour où il se despense plus qu'en Cour du monde ; on ne voit que broderies, que brocards d'or et d'argent, jusques à sept ou huit François, comme orlogers, armuriers et lapidaires qui ne marchent qu'avec des justes aux corps et habits tout couverts d'or et d'argent, portent mesmes des plumes, et sont avec cela, tous les jours, à leur travail.

XXIX

A Monseigneur de Lionne.

De Hispaham, ce 18 novembre 1665.

Monseigneur,

Vous aurez veu, par nostre lettre du huitiesme du mois passé, comme nous nous imaginions recevoir nos depesches au premier jour et partir incontinent pour les Indes ; mais nos affaires ne se sont point finies ni sitost, ni de la sorte que nous espérions, comme vous le pourrez cognoistre par le destail que j'en fais à Sa Majesté. Je ne vous le répéterai point ici, n'ayant rien à adjouster et je vous dirai seulement que je ferai tout ce qui me sera possible pour expédier promptement, et avec succès, le voyage que nous allons faire dans le Mazanderan, afin de me mettre au plus tost en chemin pour Deli où je fais estat de me rendre par la routte de Candahar. Je ne manquerai pas de vous informer alors de ce que j'aurai appris qui se sera passé entre les Persiens et les Uzsbegs ; mais l'opinion commune n'est pas qu'il se doive respandre beaucoup de sang dans cette guerre, la coustume de ces derniers n'estant que de faire des courses, quand ils le peuvent avec avantage, et non pas de se mettre en campagne quand ils sçavent qu'on les cherche ou qu'on les attend. Cependant, Monseigneur, je prendrai la liberté de vous supplier de m'honorer tousjours de vostre protection, et de contribuer de ce que vous pourrez à rendre agréables au Roy les petits services que je m'efforceray de lui rendre. J'espère que les vaisseaux ne viendront pas en ces cartiers que nous ne recevions quelques ordres de

Sa Majesté et j'aurois bien de la joye qu'ils fussent accompagnés des vostres particuliers qui me donnassent lieu de vous tesmoigner qu'on ne sçauroit estre ni plus parfaittement, ni plus respectueusement que je suis,

 Monseigneur,

  Vostre tres-humble et tres-obeissant serviteur.

De Lalain.

XXX

Ispahan, le 18 de décembre 1665.

Monsieur,

 Je viens vous présenter mais traz humbles remerciemens de la bonne fortune que vous m'avez procuré auprais de Sa Magesté et de la paine que vous avez pris de me demmander de sa part de favoriser autant que je pourois en ce païs l'establisemant de l'ilustre Conpagnie dont elle a la bonté de se porter pour protecteur. Quelque peu de craidis et de pouvoir que j'use pour faire reusir une sy grande afaire, on ne s'est pas trompé quand l'on a creu que j'orais beaucoup de zelle pour servir ma patrie et une afaicsion singuliere pour la personne du Roy mon mestre. J'ay esté ravy de donner toute l'asistense quy dependoit de moy à Messieurs vos deputez pour le suget des chause que il avois à traiter en sette Cours et pour continuer de servir la Compagnie plus lontant. Je leur ay praisenté mon fils aîné que ils ont asepté en callité d'intraipraitre avec bon voulloir de Sa Magesté et Messieurs les directeurs, comme j'espaire qu'ils feront. Sy je n'avois veu qu'il est autant capable que aucun autre de soutenir cette charge et rendre se service je ne l'orais jamais engagé; mais je say que il a beaucoup de connoisense du commerse et parle tray bien les lengue comme fransoise, persienne, turguesgue et armainiene et indiene. J'ay toujours ellevé mais enfans dans les sentimant d'ung veritable fransois et s'est bien avec plaisir que je les voy plus fortemant ataché à la France pour ung sy beau suget.

 Pour ce quy concerne le suses (succès) de la negosiasion de ses Messieurs, je vous dy en general que ils optenen se que il ont demandé, essepté que l'on a restraint à quelques eunes les privillege que on leur a acordé. Le Roy les a tray bien reseu et avec une demonstration d'une joie singulliere de voir venir les François dans ses estats, se que luy et ses praideseseurs avoist toujours souheter. J'entreprandrois sur le droict de ses Messieurs sy je voullois escripre en detail toute les chause quy se sont passé, et je say que il le feront mieux que je ne sorais dire.

Aux reste, comme l'on atant icy quelques enbasadeurs et que l'on a parlé de quelque praisant, je me sans obligé pour l'honneur de la France et par la connaisance que j'ay du païs de vous donner avis que sy le tout n'est grandemant magnifique, on n'en fera poinct d'estisme, sy se nest que l'on juge la longueur du chemin. L'année passée, ung enbasadeur de Moscovie vient avec 200 homme et de tray riche praisant, et selluy du Mogol, un Indien quy est icy à praisant, maine avec luy quelque 400 hommes de sa suite et de tray riche praisant quy se monte, comme l'on dit, à plus de 15,000 escu. Il faut aucy estre abillé à l'avantage, le mieux que il se peut en sette cours. Les etofe d'or et d'argent sont fort commune entre les grands; mais Messieurs les deputés quy sont veneu sans esquipage ont esté contrins apsolumant de s'abiller à la françoise le mieux que il ont peu. S'est ainsi que en France, les plus brave de la Cour ne peuve estre mieux abillé, mais il le falloit faire, veu l'estime que l'on a de la nasion fransoise. J'espaire que de sy heureux commansemant seront suivis d'ung suses toujours plus aventageux et que l'on vera bientaut fleurir dans l'Asie, le nom et la grandeur des Fransois. S'est le sohet que je fay de tout mon cœur et aprais vous avoir prié, Monsieur, d'asurer Sa Magesté que elle a en moy et mais enfans de tray fidelle suget, je ne souhete rien avec plus de pasion que de n'estre pas indigne de me dire,

  Monsieur,

    Votre tray humble et tray obeisant serviteur,

        Lestoille.

XXXI

A Monseigneur de Lionne.

Du Bandar Congo, ce 9 mars 1666.

Monseigneur,

Je me suis donné l'honneur d'escrire à Sa Majesté mon embarquement pour les Indes sur un vaisseau arménien dont le capitaine est un Danois, et comme l'un des deputés est mort près de Schiras pour la trop grande fatigue du chemin qui, à la vérité, est fort rude. Mais l'on surmonte tout, quand on fait avec inclination son debvoir. Nouvelles sont icy venues que tout est en alarme sur la coste de l'Inde pour l'apréhension de nos navires ; les ennemis de nostre nation ayant faict courre le bruit que Lambert Heugo admiral des pirates françois venoit mettre tout à feu et à sang, de manière que je me suis hazardé sur ce petit vaisseau pour aller promptement désabuser ces peuples et obtenir toute liberté avant l'arrivée de nos navires. J'escriray plus amplement de Sourat si Dieu me faict la grâce que j'y arrive à bon port et demeureray éternellement,

Monseigneur,

Vostre tres-humble et tres-obeissant serviteur,

De la Boullaye Le Gouz,
Le voyageur.

XXXII

Au Roy.

A Sourat, 1er avril 1666.

Sire,

Je suis parti du port Congue en Perse le 9 de l'autre moys, et le 29, nous avons jetté les anchres à la barre de Sourat à la veüe des terres du Grand-Mogol. Nous y avons trouvé deux gros vaisseaux hollandois à l'embouchure de la rivière qui empeschent la sortie d'un autre anglois qui est au dedans. Nous avons faict advertir le gouverneur de la place de nostre arrivée, que nous venions comme amis, la teste et les aisles hautes. Il nous a faict beaucoup d'honneur, nous a envoïé sa chalouppe couverte nous quérir, n'a point voulu qu'on visitast nos hardes, et nous a ensuitte faict présent de six pièces d'estoffes. Il nous a promis d'escrire à son frère qui est favori du Roy pour nostre expédition, et, que de son chef, il escrira à l'empereur Ouransib son maistre en faveur de nostre nation et qu'il sçait les rares qualités de Vostre Majesté. Il nous a promis aussi un de ses gens pour nous accompagner pour plus de sureté pour nous. Ainsi les affaires de la Compagnie sont en bon train, et toute la grandeur des Indes est entre les mains de Vostre Majesté. Les Anglois nous ont faict grandes caresses et particulièrement le président qui est mon ami de longue main ; il nous a envoïé son carosse et ses chevaux avec toute son équirie à nostre descente de la barque et faict offre de tout ce qui estoit en son pouvoir. Les Hollandois nous ont aussi envoïé faire un compliment, fort long temps après nostre arrivée ; oultre la civilité du président anglois ; tous ceux du conseil de cette nation nous ont rendu visite. Nous espérons partir dans peu pour Agra où est Ouransib à cause de la mort de Schahgian son père, d'où je me donneray l'honneur d'escrire toutes particularités à Vostre Majesté en qualité de,

Sire,

Votre tres-humble, tres-obeissant et tres-fidelle sujet,

De la Boullaye Le Gouz.

XXXIII

A Monseigneur de Lionne.

Au Bender Abassi, ce 26 avril 1667.

Monseigneur,

Je vous envoie copie de la lettre que je me donne l'honneur d'escrire au Roy, touchant l'estat des choses de deçà, desquelles je ne vous répéterai rien dans la présente ne pouvant vous en mander ni plus ni moins que ce que j'en dis à Sa Majesté. Vous y pourrez voir comme je me trouve incertain du temps que je dois prendre pour passer aux Indes et les raisons pourquoi ; à quoi j'adjousterai que je suis encore fort desgousté d'y passer présentement, parce que je viens d'apprendre que le capitaine du vaisseau qui est ici, attend pour charger une caravane d'Ingue qui est une espèce d'assa fetida, mais de si mauvaise odeur et si puante que quand il en arrive ici, l'on ne souffre pas mesme qu'elle entre dans la ville, de peur qu'elle ne l'infecte et particulièrement les lieux ou l'on pourroit la descharger. Aussi peu de gens s'embarquent dans les navires où il en entre et l'on en prend cinq ou six fois plus de fret que de toutte autre marchandise à cause du mauvais air et autres incommoodités qu'en reçoivent les officiers et matelots du vaisseau, lequel aussi il faut ensuitte nettoyer et parfumer avec beaucoup de soin pour lui faire perdre cette villaine senteur. D'ailleurs, j'apprens que M. de Laboulaye est allé d'Agra en Bengalle sans qu'on sache si c'est à dessein d'y attendre l'arrivée des vaisseaux en ces mers ou de passer outre, et ainsi je vois peu de moyens de le pouvoir rejoindre et d'exécuter ensemble les ordres que nous avons de passer chez les autres Roys des Indes dont les Estats confinent au grand Océan. Ce n'est pas que s'il est allé plus avant je ne puisse de mon costé passer dans les Estats de Galouda de Bijàpour et des princes qui sont sur la coste des Malavarts, pour y reconnoistre les choses dont le Roy désire estre informé touchant la guerre et le commerce. Mais il faut encore, pour cela, attendre que les pluies soient cessées et j'y serai tousjours assez à temps en partant d'ici au mois de septembre. Au reste, je prendrai la liberté de vous dire que, quoique nous ne devions aller en tous ces lieux là qu'en qualité de particuliers et de voyageurs, il faut néantmoins y faire plus de despence qu'on ne croit pour s'y procurer l'accès nécessaire dans les Cours et auprès des grands, faire cent présents au tiers et au quart et voyager en honneste homme et non pas en misérable, si l'on ne veut devenir la risée du pays et des nations qui s'y rencontrent encore. Ce ne sont pas des peuples accoustumés à voir des voyageurs ni qui fassent distinction de gens establis pour des affaires de commerce et de gain et d'autres qui se promènent en particuliers par une simple curiosité de voir et connoistre le monde. Ils n'entrent pas dans ces précisions là et comme ils ne voyent guerres d'autres Francs que ceux des Compagnies qui ont des contoirs dans leurs Estats dont les officiers marchent avec plus de faste et de bruit qu'il ne conviendroit en Europe à des négotians, ils s'imaginent que chacun doibt en uzer de mesme et ne considèrent personne qu'à proportion de la despence qu'ils leur voyent faire et de l'utilité qui leur en revient. Je ne l'ay que trop reconnu et trop esprouvé en ce pays-ci, mesme bien que leurs mœurs et leurs coutumes soient en quelque façon plus approchantes des nostres que celles des Indiens, et quoique j'aye pu faire, il ne m'a jamais esté possible depuis que nous avons commencé de nous montrer à la Cour, d'esviter d'avoir toujours plus de huit et dix chevaux et presque autant de gens et de faire d'ailleurs une despense proportionnée en touttes choses, outre cent petits présens qu'on ne sçauroit jamais s'empescher de faire en touttes occasions. Comme tout génerallement est ici beaucoup plus cher ni que dans l'Estat du Turc, ni qu'en aucun autre lieu d'Asie, cela m'a fait trouver la fin de l'argent que le Roy a eu la bonté de me faire délivrer avant de partir et mesme fait advancer une somme assés honneste que j'avois apportée du mien, de manière que, passant plus outre, pour prévenir tout inconvénient, je me trouve obligé de recourir à l'emprunt. Je crois, Monseigneur, devoir vous mander ainsi nettement touttes ces choses pour vous informer au vrai de la manière dont il faut vivre en ces cartiers et pour vous supplier aussi tres-respectueusement d'avoir la bonté de procurer auprès de Sa Majesté qu'il lui plaise commander que les vaisseaux arrivant ici, il nous soit fourni les sommes nécessaires pour exécuter les ordres qu'elle nous fera l'honneur de nous envoyer, soit de retourner, soit de passer outre. Je sçay avec combien d'efficace et de facilité vous pouvez nous faire cette faveur et je vous en fais aussi ma tres-humble prière avec d'autant plus de confiance et de liberté que je suis certain que le Roy et vous mesme, Monseigneur, avez trop de magnanimité, de connoissance et de justice pour la trouver desraisonable et ne la point escoutter. Si c'est la volonté de Sa Majesté que nous allions vers les autres princes des Indes dans les Estats desquels la Compagnie prétend establir son commerce, il seroit à propos d'avoir des lettres pour eux, car n'en ayant pas, ni aucune autre de créance, quelque entrée que nous puissions avoir en leurs Cours et auprès de leurs personnes, nous ne pourrons parler que comme de nostre chef et sans charge, ni rien faire que disposer les choses pour les traitter et conclure définitivement quand on envoyera à nous ou à d'autres les ordres et pouvoirs nécessaires pour cela. A mon esgard, quand je seray de delà, je me gouvernerai selon le temps et les occurrences en ces affaires, comme en toutte autre chose, et ne puis vous en rien dire présentement, sinon que dans peu de jours, j'aurai l'honneur de vous donner advis du temps que je prendrai pour y passer, et si j'attends le mois de septembre, de ce que je pourrois faire dans cet intervalle de quatre ou cinq mois.

Du reste, pour des nouvelles particulières de ce Bandar, ce que je puis vous en mander est que, depuis que nous y sommes, il y est venu un nouveau Khan que nous fusmes visiter le lendemain de son arivée, le S^r deputé de la Compagnie et moy; mais comme il fut adverti que ledit S^r député devoit résider ici en qualité de capitaine pour la Compagnie et de chef de la nation françoise, il luy rendit sa visitte et ne vint pas en mon logis. Le Schah Bendar ou doüannier qui est aussi un homme considérable dans le païs et a un peu moins d'autorité que le Khan, estant arrivé peu après, n'en usa pas de mesme et vint nous voir esgallement l'un et l'autre et nous envoya aussi à chacun un cheval de présent. D'ailleurs, tout est allé avec plus de douceur et d'intelligence qu'auparavant, n'y ayant rien eu à faire qui aye pu nous donner occasion de différend comme par le passé. Je vous advoue que j'ay une extrême joye de voir touttes ces brouilleries terminées, et vous supplie tres-humblement de croire que si j'ai eu des desplaisirs incroyables de ne les pouvoir empescher à cause du scandale qu'elles ont causé, je n'en ay pas moins eu parce que je sçavois fort bien que tous ces procédés ne manqueroient pas de vous déplaire et que je suis aussi parfaittement et aussi respectueusement que je doibs,

    Monseigneur,
Vostre tres-humble tres-obeissant et tres-obligé serviteur,

                                  De Lalain.

Je prendrai la liberté d'adjouster encore ici ce mot pour vous supplier tres-humblement de nous faire advertir par les voyes de Smirne et d'Alep, d'où les consuls m'escrivent souvent, de ce que nous avons à faire à l'advenir, supposé que les vaisseaus ne doivent pas estre ici bientost.

XXXIV

A Monseigneur de Colbert.

                              Bandar Abassy, 26 avril 1667.

    Monseigneur,

Conformément à ce que je me suis donné l'honneur de vous escrire d'Hispahan par ma lettre du 30 octobre de l'année dernière, je me suis rendu au Bandar Abassi dans l'espérance d'y trouver les vaisseaux françois ou du moins de les aller chercher à Suratte; mais je ne les ay pas rencontrés icy ni je n'ai pu m'embarquer encore, et ne suis pas mesme certain du temps que j'y pourrai passer pour les raisons que vous verrez dans la lettre que je me donne l'honneur d'escrire au Roy. Vous y pourrez voir aussi comme je supplie tres-humblement S. M^{té} qu'il lui plaise nous faire advertir par les voyes d'Alep et de Smirne d'où les consuls m'escrivent souvent, de ce qu'il lui plaist que nous fassions à l'advenir, soit pour retourner, soit pour passer outre, cela suppose que nous n'en puissions pas estre esclaircis plus tost par les vaisseaux et qu'ils ne doivent pas encore venir la mousson prochaine, comme ils ne sont pas venus celle-ci et c'est une prière que je prends aussi la liberté de vous faire le plus respectueusement qu'il m'est possible, vous priant de sçavoir les intentions de S. M^{té} et de nous en informer par les voyes susdittes. J'espère, Monseigneur, que vous aurez trop de bonté pour me refuser cette grâce et aussi trop de connoissance de mes soubmissions et de mes respects pour ne me point accorder celle de croire que je demeurerai toute ma vie,

Monseigneur,

Vostre tres-humble et tres-obeissant serviteur,

De Lalain.

XXXV

Au Roy.

Le 26 avril 1667.

Sire,

Après avoir informé V. M. par mes lettres d'Hispahan du 4 et 30 octobre de l'année dernière de ce qui s'étoit passé à la mort du Roi de Perse Schah Abbas, et de ce que nous avions fait pour obtenir de Schah Sefi son fils aisné et successeur la confirmation des privilèges accordés à la Compagnie, je suis parti pour Schiras et après y estre resté quinze jours, me suis rendu au Bandar Abassi, le 9º de janvier de la présente année 1667. Selon les apparences et le cours ordinaire des choses, je ne devois pas y demeurer beaucoup de tems sans trouver occasion de passer aux Indes; mais l'interruption du commerce de ce païs là avec celui ci m'a contraint d'y faire un séjour assés long et fort désagréable, à cause de la misère du lieu et de l'intempérie du climat. Cette interruption du commerce a esté un effet du ressentiment qu'a eu le Mogol des mauvais traittements faits à son Ambassadeur en cette Cour et du dessein qu'il a eu de s'en venger par une forte guerre, laquelle il a commencée d'abord par une deffense à tous ses sujets d'avoir à l'advenir aucun commerce avec les Persiens, et un commandement au gouverneur de Suratte d'arrester tous les vaisseaux qui devoient faire voille pour le Sein Persique. De son costé, il se préparoit à aller en personne attaquer Candahar avec une armée de deux à trois cent mille hommes, à ce qu'on dit, et en avoit desjà fait marcher une bonne partie vers Lahor, Multan et Caboul. Mais comme il se disposoit à partir, il fut arresté par trois évènemens considérables qui lui firent tout d'un coup rompre son voyage et changer de résolution. L'un fut la nouvelle qu'il receut de la mort du Roy de Perse, l'autre que le feu se prit malheureusement à touttes les poudres qu'il conduisoit à son armée et le troisiesme, la mort de l'éléphant qu'il devoit monter, lequel s'estant mis, de soy mesme et sans raison, en une furie estrange, se debatit et tourmenta de telle manière qu'il se tua et cassa la teste contre la muraille. Touttes ces choses estant arrivées presques en mesme temps, les mullas et telles gens de sa loi qu'il croit et considère beaucoup plus que tous autres, ayant tousjours mené une vie pareille à la leur, lui représentèrent que Dieu qui avait pris soin de le venger par la mort de son ennemi lui faisoit connoistre évidemment par le désespoir de son éléphant et la perte de ses munitions qu'il ne vouloit pas qu'il poursuivit cette guerre, à quoi se laissant persuader sans faire de violence à son inclination, et disant aussi de son costé n'avoir rien à desmesler avec le jeune Schah Sefi, il fit faire suivant la coustume les prières et les ausmosnes ordinaires pour le repos de l'âme du feu Roi Schah Abbas, contremanda ses troupes et fit donner permission aux vaisseaux arrestés à Suratte de partir pour où bon leur sembleroit. Cependant, on ne tesmoigne pas ici lui sçavoir aucun gré de s'estre ainsi deporté de son entreprise. Le nouveau Roi de Perse se mettoit en estat de le bien recevoir; il envoyoit tous les jours des trouppes, des munitions et de l'artiglerie vers Candahar et avoit rendu la liberté et la charge de Sapesulhar ou generallissime à cet Haliculi Khan qui estoit prisonnier dans un chasteau vers Casbin depuis plusieurs années, lequel a repris Candahar la dernière fois, et s'est tellement rendu redoutable aux Indiens dans touttes les occasions qu'il a eu d'en venir aux mains avec eux, que le seul bruit de son nom porte la terreur jusques dans les extrémités des Indes. Au reste, la permission de sortir de Suratte n'ayant esté donnée aux vaisseaux que fort tard, ceux qui ont accoustumé d'y retourner de cette mesme mousson ne sont arrivés ici quasi que dans le temps qu'ils en auroient deu repartir. Le premier qui y a mouillé l'ancre a esté un Hollandois et d'abord les officiers de leur Compagnie résidant ici de qui j'ay receu d'ailleurs beaucoup d'honnestetés, vinrent me dire qu'il estoit à mon service si je voulois y passer, ce qu'ils n'accordent que rarement et avec peine aux gens d'Europe; mais, comme ils ne m'offrirent passage que pour moi et pour mes gens, et non pas pour mes chevaux, disant ne pouvoir mesme en embarquer autant qu'ils avoient ordre d'en envoyer et m'alléguant pour cela d'assés meschantes raisons, je les remerciai de leurs offres et ne crus pas devoir accepter cette demi civilité, je me suis ainsi réservé de m'embarquer sur un autre qui appartient à un banian de Suratte et dont le capitaine qui est un danois m'a offert la disposition toutte entière. Mais cependant, comme il tarde extrèmement à partir et qu'il est seul ici, je me trouve tous les jours de plus en plus incertain de ce que je ferai. L'incommodité d'arriver aux Indes au commencement des pluies et la nécessité de demeurer quatre ou cinq mois enfermé dans une chambre, assiégé par les caües et sans en pouvoir sortir me donne fort à songer, et il me semble que je pourrois mieux employer ce tems là à reconnoistre l'estat et la force des isles et des costes de ce golfe et passer peut estre jusqu'à Barheim pour y voir la pesche des perles et rendre ensuitte compte du tout à V. M. Une autre raison me fait encore doubter, qui est que c'est l'ordre que tous les vaisseaux qui retournent à Suratte partent de ces costes au 20 ou 25 avril au plus tard, ou s'ils attendent davantage, ils sont en danger de se perdre sur les costes des Indes, à cause des tourmentes continuelles qui précèdent les pluies, lesquelles font l'hiver de ce païs là et durant lesquelles il ne se parle pas de navigation ; et comme ce tems là est desjà passé, je crois que si celui ci n'a sa charge entière dans fort peu de jours, ou qu'il ne partira point ou que je lairai aller et attendrai à m'embarquer sur quelqu'un de ceux qui doivent venir hiverner dans les ports de ce golfe et partir au commencement de septembre. Je trouve d'autant moins d'inconvénient à prendre ce parti qu'il ne me retardera en rien et que, partant d'ici dans quatre mois, je pourrai arriver à Suratte, du moins aussi tost que les vaisseaux de la Compagnie (s'ils doibvent y venir en ce temps là), et y recevoir les lettres et instructions nécessaires pour exécuter les ordres dont V. M. nous a honorés, de passer chés les autres princes des Indes après avoir achevé ce qu'Elle nous avoit commandé de traitter auprès du Roi de Perse et du Mogol. Cela suppose qu'Elle n'aye point pris d'autres mesures et d'autres résolutions. Dans peu de jours, je me donnerai l'honneur de faire sçavoir à V. M. à quoi le tems et l'occasion m'auront fait déterminer, et je ne prendrois pas la liberté de lui escrire dans cette incertitude sans le départ précipité d'un exprés que le deputé de la Compagnie despesche à Balsera, que je n'ai pas cru devoir laisser partir sans escrire. Au reste, les vaisseaux françois sont attendus ici avec une impatience qu'on ne sçauroit exprimer ; je ne dis pas seulement en Perse, mais dans touttes les Indes, à Siam, à Macassar et autres lieux plus esloignés. J'ay veu passer ici, depuis peu, des gens venus de tous ces païs là qui m'ont assuré que les princes qui en sont maistres, informés par la réputation commune de la grandeur et puissance de V. M. et de l'establissement qu'Elle a fait d'une puissante Compagnie pour porter le commerce dans toutes ces mers orientalles, tesmoignent un desir extrême de voir des François chez eux pour se procurer quelque liaison avec un aussi grand Monarque que V. M. et aussi pour se délivrer de l'oppression des Hollandois qui se sont rendus odieux, par tout là, tant par leur manière d'agir avec les princes que par leur manière de traitter avec les peuples dont on dit que tous les particuliers qui font quelque négoce avec eux se perdent et ruinent absolument. Je me persuade facilement touttes ces choses par ce que je vois ici le mesme où l'on ne paroist guères satisfait d'eux ni à la Cour ni parmi le peuple et où les principaux marchands ne veulent plus faire aucune affaire avec eux par ce qu'ils disent n'en avoir jamais fait que de ruineuses et avec perte. Je prendrai aussi la hardiesse de dire à V. M. que, comme on a un desir extrême de voir les vaisseaux françois dans ces mers, on a de mesme un extrême estonnement de ne les y pas voir encore, et particulièrement ici, où l'on me mande d'Hispahan que le Nazer avec qui nous avons traitté paroist en estre fort surpris et commence à s'en plaindre un peu, attendu l'espérance que nous lui avions donnée d'abord qu'ils pourroient mesme arriver dès l'année dernière. D'ailleurs, le général en discourt, chacun selon sa pensée et son génie et comme on a sceu par plusieurs nouvelles publiques et particulières que l'an passé, au mois de mars, il en estoit parti dix de la Rochelle chargés de riches marchandises et de beaucoup d'argent, je ne trouve point d'excuse plus spécieuse à donner de ce qu'on ne les voit pas ici, que ce que les Hollandois m'ont dit et à quelques autres gens encore, qu'ils avoient eu nouvelles de leurs supérieurs que la pluspart de ces dix vaisseaux devoient passer à la Chine, au Japon et autres pays du Nort. Quelques uns disent que la Compagnie n'envoyera pas ses vaisseaux dans ces mers des Indes sans y avoir quelque place comme en ont les Anglois, Portugois et Hollandois et qu'elle attend sans doubte que V. M. s'en soit accommodé de quelqu'une avec le Roi de Portugal comme de Diu ou de Chaoul qui sont deux bons ports et propres pour le commerce, quoique l'air du premier soit assez mauvais et malsain. D'autres se figurent que l'occasion de la guerre avec les Anglois pourroit bien lui donner lieu d'entreprendre sur Bombäim qui n'est pas un moins bon poste que les deux premiers et qu'il semble qu'il seroit d'autant plus aisé d'emporter, qu'il y a peu de gens et est en assez mauvais estat, de quoi le commandant a envoyé donner advis en Angleterre par un homme qui passa ici ces jours derniers; et d'autres disent encore qu'il ne seroit pas moins advantageux ni plus difficile de se saisir de Mascati que les Arabes ont repris sur les Portugois, il y a quelques années. Mais comme ils sont continuellement menacés du retour desdits Portugois, ils demeurent tousjours fort sur leurs gardes et le succès de cette entreprise seroit peut estre plus doubteux qu'on ne croit, si l'on y venoit avec moins de cinq ou six mille hommes. On pourroit encore et apparemment avec moins de peine surprendre Ormus ou quelqu'une des isles voisines et se rendre par là maistre du commerce du Sein Persique, qui seroit un grand point; mais cela ne se pourroit sans rompre ouvertement avec le roi de Perse et il semble qu'on pourroit faire la mesme chose avec plus de bienséance et de facilité en se saisissant de quelques postes sur les costes d'Arabie où l'on n'auroit à faire qu'aux gens du païs et avec quelques petits princes peu considérables. Il y a lieu de croire que les Hollandois ont quelque pareil dessein, car ils envoyèrent, il y a un an et demi ou environ, reconnoistre toutte cette coste depuis Mascati jusques à Cattif et Barheim et y trouvèrent, dit-on, plusieurs bons abris pour les vaisseaus et de l'eau douce en abondance en trois ou quatre endroits. Cette disposition du commerce du Sein Persique estoit autrefois ce que les Portugois avoient de plus considérable dans tout l'Orient, et la décadence de leurs affaires n'a commencé que depuis qu'ils n'en ont plus esté les maistres ; aussi, dit-on, qu'ils songent fort à s'y restablir et que leur armée, que les dernières nouvelles des Indes assurent devoir estre sortie de Goa au commencement de mars, commandée par le Vice Roi mesme, vient pour reprendre les postes qu'ils y ont perdus. Néantmoins, comme elle ne paroist pas encore, on commence à ne la plus attendre et il court un certain bruit sourd venu de Suratte qu'elle doibt tirer du costé de Cochim et de Ceïlam, où elle est appellée par les princes du païs qui cherchent touttes sortes de moyens de se délivrer des mauvais traittements des Hollandois, et l'on dit mesme, ce qui est pourtant assés difficile à croire qu'il pourroit bien y avoir quelque intelligence avec le Sr Vangonce qui commande en Ceïlam pour la Compagnie hollandoise lequel, dit-on, est fort mescontent et veut se rendre indépendant du général, ayant envoyé desjà quelques vaisseaux directement à Ceïlam sans passer à Batavie. V. M. sera desjà, sans doute, informée de la pluspart des choses que dessus, et M. Delaboulaye qui est actuellement dans les Indes n'aura pas manqué de lui en faire sçavoir quantité d'autres plus importantes et plus particulières. Cependant, je me suis cru obligé de n'en obmettre aucune, et j'espère qu'elle aura la bonté de prendre le tout en gré, comme une partie du tres-humble service que je lui doibs. Je supplie aussi V. M. avec toutte sorte de soumissions et de respects, qu'il lui plaise commander que je sois adverti par les voyes d'Alep ou de Smirne de ce qu'Elle ordonne que je fasse doresnavant, soit pour retourner, soit pour passer outre, cela suppose que nous n'en puissions pas estre esclaircis par l'arrivée des vaisseaux et que, pour des raisons que je ne puis ni ne doibs pénétrer, ils ne viennent pas l'année prochaine, comme ils ne sont pas venus celle-ci. Quoiqu'il lui plaise m'ordonner, j'apporterai tousjours toutte l'exactitude et la diligence que je pourrai pour l'exécution de ses commandemens, et ne démentirai jamais l'honneur que j'ai de pouvoir me dire,

Sire,

De Vostre Majesté,

Le tres-humble, tres-obeissant et tres-fidele subjet

De Lalain.

Au Bandar Abassi, ce 27 avril 1667.

XXXVI

Au Roy.

A Chiras, le 17 juin 1667.

Sire,

J'ay bien du déplaisir de n'escrire présentement à V. M. que pour luy donner advis de la mort de M. de Lalain, gentilhomme ordinaire de Sa Maison; mais en mourant il m'y obligea et se fit promettre que je l'asseurerois de sa part qu'il avoit vescu et qu'il mouroit dans les respects et les sentimens d'un tres-fidelle et tres-obeissant sujet. Il mourut entre les neuf et dix de may à Bandar, petit village à trois lieues du Bandar Abassy d'où il estoit party avec moy pour retourner à Chiras, se faisant porter en palanquin, à cause d'une fiebvre intermitente qu'il avoit, chacun luy persuadant de sortir du mauvais air. Il n'avoit pu passer aux Indes parce que le premier navire qui fit voile estoit des Holandois qui luy refusèrent de passer avec luy deux de ses chevaux, quoy qu'ils en eussent embarqué des leurs; et comme il attendoit de s'embarquer sur un navire Indien, il tomba malade et ne fut pas en estat de partir avec luy. Il receut tous ses sacremens d'un père Jésuite que j'avois mené d'Hispahan, et nous l'enterrasmes au mesme lieu où il estoit mort, avec toutes les cérémonies de l'Eglise. Mais c'est entretenir trop longtemps Vostre Majesté sur un sujet de tristesse, et c'est assez que je luy renouvelle les protestations que, quelque seul que je sois dans la Perse, je soustiendray tousjours de tout mon possible la gloire de son nom, en qualité,

Sire,

De Vostre Majesté,

Le tres-humble, tres-obeissant et tres-fidelle sujet et serviteur.

Mariage.

XXXVII

Lettre du Roi au Chûh de Perse.

Le 23 juin 1667.

A tres-haut, tres-excellent, tres-puissant, tres-magnanime et invincible Prince, l'Empereur de Perse.

Tres-haut, tres-excellent, tres-puissant, tres-magnanime et invincible Prince. Le Père Mathieu, Provincial de l'ordre de Saint-Dominique en l'Arménie Majeure, ayant esté député vers Nous de la part des Catholiques arméniens de la province de Nachevan pour nous faire entendre la protection qu'il a plù au feu Empereur de Perse de glorieuse mémoire, père de Vostre Hautesse, de leur donner pendant sa vie, à nostre recommandation, nous n'avons pas fait difficulté de la réitérer à Vostre Hautesse dès que nous avons esté advertys de son heureux advènement à la couronne, ne doubtant pas qu'en succédant aux Estats, Elle n'ayt aussy succédé aux vertus et aux inclinations de ce grand Prince, lequel ayant reconnu que c'est principalement la justice qui maintient les Empires, a pris un soin particulier de la rendre auxdits catholiques par la publication de l'édit qu'il a faict en leur faveur, en vertu duquel il leur a permis de rappeller au giron de l'Eglise ceux qui abjureront la foy catholique, et en cas qu'ils désirent de persister dans leur erreur, il les prive de la faculté qu'ils avoient cy devant (lors qu'ils changeoient de religion) d'enlever et de s'approprier tout le bien qui se trouvoit dans leur famille, et deffend, en outre, par le mesme édit d'exiger desdits catholiques des tributs extraordinaires, enjoignant à ceux qui sont préposés pour en faire la levée, de se contenter de ceux que lesdits catholiques avoient accoustumé de payer avant ledit édit, sans qu'ils puissent estre augmentés soubs aucun prétexte.

Les mesmes considérations qui ont meu le feu Empereur de Perse à publier cet édit, seroient sans doubte suffisantes pour convier Vostre Hautesse à le faire exécuter; et bien que lesdits Catholiques l'attendent de l'équité de Vostre Hautesse, Nous avons crû qu'Elle y seroit mieux disposée, si nous luy tesmoignions comme nous faisons par la présente que nous luy sçaurons beaucoup de gré de tout le bon traitement qu'il luy plaira de faire auxdits Catholiques. Dans cette confiance, nous avons voulu faire cognoistre à Vostre Hautesse que nous nous intéressons véritablement dans les avantages desdits catholiques, et que nous conserverons chèrement le souvenir de toutes les grâces qu'ils recevront de Vostre Hautesse, pour luy donner des marques de nostre ressentiment, particulièrement si Elle daigne leur accorder le mesme honneur que leur a fait cy devant le feu Empereur de Perse, lequel n'a voulu confier le gouvernement de ladite province de Nachevan qu'à luy mesme ou à quelque prince de sa Maison. Cependant, nous prierons Dieu pour l'affermissement du trosne de Vostre Hautesse, et qu'il veuille, treshaut, tres-excellent, tres-puissant, tres-magnanime et invincible Prince, augmenter vostre grandeur avec fin toute heureuse.

Escrit en nostre camp de Tournay le 23ᵉ jour de juin 1667.

Vostre tres-cher et bon amy.

Louis.

XXXVIII

A Monseigneur de Colbert.

Le 20 aoust 1670.

Monseigneur,

Suivant les ordres qui m'ont esté déclarés par la lettre du R. P. Honoré d'Auxerre en date du 18 janvier 1670, de me donner l'honneur de vous rescrire touchant l'estat présent de la Perse, lieu de ma résidence depuis vingt-quatre ans comme aussi des Indes, suivant ce que nous en pouvons sçavoir, tant au regard du temporel, comme du spirituel, pour y satisfaire, je me trouve obligé de prendre un peu de loing. Les premiers Européens qui, ayant doublé le Cap, ont pénétré les Indes et ensuite la Perse ont esté les Portugois lesquels à l'ayde du grand zèle de la gloire de Dieu et de la religion ont estendu leurs conquestes et commerces sur tous les bords de l'océan d'Indostan et planté quantité de colonies, lesquelles, autant qu'elles ont perséveré au véritable culte de Dieu dans la piété et innocence de vie, elles ont flori dans la domination temporelle. A présent, font quelques quatre-vingts ans que le Roy de Portugal envoïa icy en Hispan fonder une maison d'Augustins portugois pour le service et assistance de ses subjects qui négotioient en ce païs. Quelques années ensuite, que la Perse commença à se donner à cognoistre aux estrangers par le bon traictement que leur faisoit Chabbas premier qui, par tous moyens, cherchoit l'alliance des Francs, les R. P. Carmes Italiens avec lettres du Pape se vinrent aussi habituer en Hispan en qualité de missionaires, se servant indifféremment de tous leurs religieux soit françois, polonois, alemans, et quelques fois en une mesme maison se trouvant de diverses langues et nations, leur vertu surpassant l'antipatie naturelle qui se rencontre entre les diverses nations, quoyque du mesme habit et profession. Ensuite les Capucins françois, font quelques quarante ans et ayant leurs missions fort estendues dans toute la Turquie, donnèrent jusques dans Hispan, soubs le nom, authorité et lettres de notre grand monarque, et bastirent leur maison et Eglise soubs le reigne de Cha Saphi qui l'authorisa par de belles patentes que nous conservons. Font quelques seize ans que les R. P. Jésuistes vinrent aussi s'y habituer soubs le reigne du deffunt roy Chabbas et fondés par la Reine de Pologne, ils ont pris leur demeure aux sousfaubourgs d'Hispan vers Julpha. Ceux cy comme les R. P. Carmes s'aident aussi dans leurs missions indifféremment de toutes sortes de nations, de sorte que dans l'enceinte des murs d'Hispan sont trois églises d'Augustins, Carmes et Capucins. Avec la suite des tems, comme le zèle, piété et intégrité de vie des Portugois se sont ralentis et les vices du païs, délices, femmes, voluptés infâmes, empoisonemens, avec ceux de l'Europe, le faste, vengeances, jalousies, meurtres, inimitiés mortelles et renaissantes parmi cette nation qui s'estoit desjà moitié entée sur le sang corrompu de la terre, partie par mariages légitimes, partie par illégitimes, la justice divine a amené du septentrion les Hollandois et conduict par la main pour exercer ses vengeances sur cette nation desvoyée; et affin que les effects de cette main toute puissante fussent plus évidens à un chacun, n'amena, du commencement, qu'un petit navire hollandois si pauvre et abandonné que son commandeur à Surrat ne pouvant rien advancer au fait du négoce, se procura la mort de déplaisir. L'année suivante, vinrent deux navires et ainsi, peu à peu, Dieu leur a mis en leurs mains toutes les places, forteresses, isles que possédoient les Portugois, desquelles tirant les espiceries, perles, ambre, diamants, toiles, couleurs et comme leur propre fond et domaine, faisoient des proficts immenses. Dieu, ne voulant pas tout à faict les destruire et chasser des Indes, leur a laissé quelques places, mais infructueuses au trafic, affin que leur laissant quelque peu de racine de ce grand arbre verdoyant à l'ombre duquel ils vivoient dans le comble de la prospérité, ils ouvrent les yeux pour recognoistre d'où vient le grand coup de hache qui a faict périr et ses fleurs et son fruit. La manière dont les Hollandois ont subjugué les Portugois aux Indes est si estrange et évidente de la part de Dieu qui troubloit leur conseil et les obligeoit eux mesmes de concourir à leur ruine que les Hollandois ne se vantent point que leur main seule aye faict les grands coups d'exploits de guerre; ils sont contraincts de confesser en telle et telle rencontre leur pauvreté et foiblesse qui pensoient à fuir et non à conquérir et vaincre. La dissention et aveuglement chez les Portugois vérifient bien les Saintes Escriptures, comment un chassera mille et deux donneront la route à dix mil, n'est-ce pas par ce que Dieu les a vendus, libvrés pieds et mains liés, à la discrétion de leurs ennemis. Le discours seroit trop prolixe si je voulois faire le récit de la manière dont ils ont perdu Ceilan, Malaka, Cheinan et infinies autres grosses places dont la dernière prise est Couchin, sans compter diverses rencontres où une chaloupe hollandoise s'asubjestisoit ces grandes forteresses de mer, ces caraques portugoises dont le boulet attrapant les vaisseaux hollandois les passoit de bord en bord, comme j'ay souvent ouy dire à des Hollandois qui s'estoient trouvés en telles rencontres. Je ne parle point de quantité d'autres places fortes et presque imprenables que les gens de terre moitié nuds et à coups de poing leur ont prises et ostées comme Melapour, St Thomé, Masquati et plusieurs autres. A nous autres qui sommes sur le païs comme spectateurs et avons l'œil désintéressé, cela nous paroist dans la dernière évidence d'une vengeance divine; aucuns de nosdits Portugois disent : c'est pour nos péchés; d'autres recognoissent la cause de ceci dans le mal gouverner, d'autres rejectent ce débris sur l'envie de Castille-Espagne qui, dans ce tems là, possédoit la couronne de Portugal et vouloit laisser les Portugois périr aux Indes, ne leur envoyant point de secours, pour les faire succomber et contraindre d'advouer qu'ils estoient incapables de gouverner les Indes desquelles ils s'estoient réservé le gouvernement en se donnant à l'Espagne. L'Hollandois ayant en sa possession toutes ces belles et riches terres des Portugois s'est mis à transporter les espiceries qui est leur principal et autres denrées de l'Inde par toute l'Europe, Turquie, Perse, et ont si bien contemperé leur négoce que un marchand particulier n'y trouvera pas son compte, s'il pense porter leurs marchandises de ville en ville où l'Hollandois pourra aussi faire passer ses commis. Icy en Perse, ils apportent le rebut de ces fines espiceries dont ils servent l'Occident et pour s'exempter des douanes et péages, ont fait contrat avec la Perse de prendre du Roy chaque année trois cens charges de soye à quarante huit tomans la charge où l'ordinaire est de trente tomans, affin de compenser par le surplus ce que autrement la douane de dix pour cent demanderoit d'eux dans les ports. A présent, se sentans surchargés par ce contract, ils attendent un agent extraordinaire de Batavia pour lever ce joug où ils ne trouvent pas leur compte et en faire un autre plus à leur profit; et ils le peuvent, car pour le présent, ils sont les roys de la navigation et de l'océan d'Indostan. Les Anglois, peu après les Hollandois, voyant leurs profficts immenses se mirent aussi à la voile pour les Indes sous le nom de Compagnie. Mais ils ne se sont pas enterrés en forteresses comme les Hollandois, n'ayant que Madres, Palan et, du despuis huit ou dix ans, Bombais que le Roy de Portugal leur a donné en faveur du mariage de sa sœur. Ceux-cy, permettant le trafic particulier à leur agens et commis, n'ont point advancé le profict du corps de la Compagnie là où les Hollandois sont terribles en ce point de confisquer, châtier sans miséricorde leurs commis, s'ils les trouvent faire négoce pour leur particulier; et ce point a enrichi leur Compagnie. Quelque grand fleuve que ce soit devient ruisseau, si, d'espace en espace, l'on se met à le saigner. Voicy la troisiesme Compagnie d'Angleterre relevée et abatue; ils ne battent que d'une aille dans les Indes; ce ne sont que vaisseaux particuliers soubs la bandière de Compagnie. Ils donnèrent au grand Chabbas premier et hommes et vaisseaux pour luy ayder à prendre Ormous sur les Portugois, à condition de transférer la douane au Commeron qui, pour ce subject, fut appelé Bender Abasssi, port de Chabbas, et en avoir la moitié d'icelle de laquelle, jusques à présent, ils ont jouy, mais avec tant de bassesses que, au lieu de six ou sept mille tomans qui leur apartiendroient, à peine en retirent-ils par an six ou sept cents et encor faut-il en donner une partie aux officiers pour avoir l'autre. Les Portugois après la perte d'Ormous et de Bahrin, isle dans le sein Persique où se peschent ces belles perles d'Orient, proche Balsora, firent un concordat avec la Perse de luy faire au Congo un port de mer tres-fameux et y amener les marchands et marchandises, à la charge d'en avoir la moitié de la douane dont ils ont jouy longtemps à mesmes titres et mesmes cérémonies que les Anglois, en tirant par les cheveux ce qu'ils pouvoient; et à présent, voilà deux ans que l'on leur a refusé et retranché tout à faict le droit. Nos Portugois sont ambarassés, pour le présent, contre les Arabes de Masquati qui, avec les navires qu'ils ont pris sur eux, en diverses rencontres, se sont rendus puissants et fascheux sur mer. Si Dieu leur donne la victoire sur ces infidelles, ils pourront ensuite venir tourmenter la Perse avec leurs canons, car suivant le propre de cette nation ne le faire que à coups de langue, cela n'advancera guerre leurs affaires, les gens de terre n'en ayant plus de peur que s'ils ne reviennent cette année relever icy leur honneur, suivant ce que je voy le présent génie de la Perse sur mesme confiance, elle pourra bien faire le mesme traictement aux Anglois en suite d'avoir bien réussi. Voicy plus de vingt ans qu'ils disent : l'année suivante viendra nostre flotte de guerre se faire païer exactement et encor redemandera les arrérages des tems passés. Voici deux ou trois ans que quelque vaisseau de la Compagnie françoise est venu ancrer aux ports de Perse (leurs autres navires en plus grand nombre poussant jusques en Balsora); ils ont porté leurs marchandises de droicture en leur maison et non à celle de la doüane avec toute sorte d'immunités. Cette année, le doüanier (qui a pris ces ports en party à quelque vingt trois mille tomans par an, car avant ce temps, c'estoit la récompense pour un officier qui en mangeoit une partie et en raportoit icy au Roy une autre), s'ennuyant des belles promesses que la flotte françoise viendra en Perse apporter et présents pour le Roy et un ambassadeur pour transiger en dernier ressort sur le droict des péages, vouloit se faire païer en argent comptant et non en belles paroles qui ne paient pas sa ferme; garde, si cette façon de procéder continuoit, que les Persans ne se paient pas de leurs mains et du présent et du passé, car icy le siècle est terriblement sur l'argent, le grand Visier faisant tout son possible pour remplir le trésor du Roy. Voicy quelques cinq années que Messieurs vos députés venus par terre ont manqué à leur parole, ayant dit au feu Roy que leurs navires devoient arriver au sein Persique en octobre de la mesme année et qu'ils apportoient de tres-riches présens qu'ils avoient veu tirer du cabinet du Roy. Pour moy qui servois d'interprète (le Roy n'en ayant point voulu d'autre), j'adjoutay que les mers n'estoient pas d'ordinaire en le pouvoir des pilotes et que une tempeste pouvoit les jetter en d'autres costes, contre leur volonté, mais que l'intention de la France estoit telle que j'avois veu dans vos lettres particulières. J'avois aussi persuadé à vos messieurs de demander trois ans d'immunités pour cognoistre le fort et le faible de la Perse, affin de faire ensuite un accord et pacte mieux concerté avec cognoissance de cause; et sur cette demande octroyée, le Roy leur donna ses patentes que je mis en langue françoise que M. de Lalain, l'honneur icy de la nation françoise et dont on parle encor icy à la Cour, vous envoya; vos agens et deputés retournants icy se comportèrent conformes au temps présent qui est bien différent du passé. L'on ne se contente point d'une fleur, d'une pièce rare et curieuse, de quelque bel ouvrage qui surpasse et la nature et la matière : il leur faut or, argent et autres tels métaux qui entrent en ligne de compte et de despence. Nous attendons de grand cœur l'establissement et affermissement de cette noble Compagnie. Nous avons icy les nouvelles du grand fond sur lequel elle est érigée que l'eslite des meilleurs esprits pour cette entreprise en concertent les moyens pour mieux réussir et ce qui est le principal, que le zèle de nostre grand monarque en est le premier moteur, non pour le désir des richesses, puisque les provinces de son royaume luy sont de riches minières renaissantes chaque année, mais pour dilater la gloire et royaume de Dieu; tous les advantages comme estants presants à vos yeux en la France doibvent donner aux susposts de cette belle Compagnie de belles espérances de bien réussir. Pour nous autres qui sommes dans l'Asie l'objet présent du débris de la domination catholique des Portugois aux Indes, les églises ruinées, les autels prophanés, les lieux de piété tournés en abomination, les vases sacrés employés aux usages profanes, la catolicité presque toute destruite et mil autres marques du châtiment de Dieu. Si le temps de miséricorde est venu et que la justice divine soit plainement satisfaite, nous envisageons vostre noble Compagnie de France pour celle que Dieu a ramassée pour rebastir son temple et ses autels et remettre son culte aux Indes. Les disputes, procès et antipathies de vos cinq premiers députés qui icy nous ont assés travaillé l'espace de deux mois, celles que nous entendons présentement de Surrat entre les vostres, soit à raison de la diversité de nation et religion qui sont pepinières d'antipaties, querelle et aversions, soit pour l'interest du gain, tous ces incidens qui ne tendent que à la ruine, ne nous empeschent point d'espérer que Dieu se pourra servir de nostre nation françoise pour ses desseins, si le temps de ses décrets est arrivé, pour faire voir aux siècles futurs l'effect de sa main toute-puissante d'avoir ameiné à ce commerce des Indes une nation de feu, plus propre aux exercices de Mars et Pallas que de Mercure. Cependant, nous continuons nos prières vers la divine bonté de continuer et la vie et les victoires de nostre invincible monarque et comme feu son père par sa justice à estre le premier exterminateur de la domination hérétique dans ses Estats, son fils Dieudonné soit le restaurateur et conservateur de la piété dans ces païs icy où nous entendons son zèle se porter, sur trois de nos provinces de Capucins en France, qui se sont partagé les missions d'Orient. Nous autres de Touraine, avons eu pour nostre ressort depuis Chipre, la Sirie, la Caldée, la Perse et les Indes. Nous sommes postés sur tous les grands passages en Chipre, à Nicotie et la Reneca, en Sirie Alep et Diarbecr, en Irac, Maussol et Bagdad, en Perse, Tauris et Hispan, aux Indes à Surrat et Madrespatan, comme aussi en Égipte au grand Caire. Lorsque les depesches de vostre noble Compagnie passent par nos maisons, suivant leurs ordres, nous faisons et ferons tousjours nostre possible pour les faire tenir par courriers du païs que nous cognoissons asseurés jusques en Alep ou Smirne où les nostres les mettent entre les mains des Consuls de France pour vous les faire tenir à Paris, si ce n'est que, quelque fois, l'on nous prescrive de les faire passer soubs nos envelopes et cachetées par le moïen de nos frères facteurs de Marseille, Lyon et Paris qui sont religieux deputés exprès, aptes et experimentés dans l'envoy et réception de nos lettres, fort ponctuels à nous redonner advis de leur réception et envoy et en quelles dates; et tant que nous sommes icy de Capucins sommes très prompts à rendre service à Messrs vos députés et agens, commis et comptoirs, suivant nostre condition. Lorsqu'il plaira à vous, Monseigneur, et à Messieurs les directeurs généraux de nous employer, vous nous trouverez tousjours, comme dans la France, dans l'exercice de notre très-humble profession, avec toute sincérité et nous vivons aussi en ces païs icy à la Providence divine, sans nous travailler de l'ayder par moyens illicites; aussi n'avons-nous point de fond pour négotier. Pour ce qui touche l'estat du commerce des denrées du païs, des transports d'argent, charges portées, profits, etc., nous n'en sçavons que ce que le grand bruict commun en faict sçavoir aux moins attentifs. Messieurs vos commis, par leurs mémoires, pour peu de residence, vous informeront plus plainement que nous ne pouvons faire. Pour le regard du spirituel et advance de la gloire de Dieu dans l'exercice des missions du Levant, Turquie, Perse et Indes le coeur des crestiens levantins schismatiques et hérétiques est encore bien endurcy dans l'opiniastreté, erreur et aversion contre l'Eglise romaine. Quantité de leurs prélats et évesques des plus fervens preschent quelquefois imprudemment à leurs peuples : « Faictes-vous plus tost mahométans que francs et romains » et s'ils avoient la domination temporelle comme les mahométans, nostre séjour en ces païs icy, soubs l'habit de religion seroit comme impossible, ce qui nous faict voir à l'oeil que la vengeance divine sur ces peuples rebelles et desvoyés n'est pas encor proche de finir. Le tems de sa justice et que les prophéties de leurs S^{ts} patriarches Nierses et St Grégoire porte flambeau des premiers siècles, avant la division de l'Eglise, est comme tres-bien verifié par l'estat présent des Grecs et Arméniens, par l'estat d'esclavage où ils sont et elles doibvent enfin s'accomplir. Leur teneur est que durant beaucoup d'années, ils seront esclaves soubs la domination tiranique des infidelles, sans roy, sans véritables pasteurs, et leur nation presque réduite à rien jusques à ce que un Prince franchi (françois) vienne à destruire ce grand empire tiranique, redonner l'union à l'Eglise, faire revivre la piété, zèle, innocence et simplicité des premiers siècles. Alors, dans ce bienheureux temps, les crestiens jouissant de ce bonheur diront : Malheur ! malheur à nos ancestres qui se sont trouvés enveloppés dans l'estat de la captivité et erreur de nos ancestres. Les prélats, pères et évesques mieux intentionés, nous monstrent en leurs propres libvres et anciens manuscripts ces prophéties et quantité d'autres que le temps a desjà verifiées. D'autres les cachent de peur que leurs peuples dévoyés n'ouvrant les yeux à leurs hérésies ne se remettent à la lumière de la véritable Eglise. Pour les mahométans, leur vie sensuelle depant de l'asseurance que leur croyance leur donne en vivant ainsi en sardanapales de ne pouvoir estre damnés. Le mérite à persécuter les crestiens et de voir que leur secte croist de plus en plus là où la nostre semble descroitre, leur domination temporelle qui, comme une tache d'huile, ne quitte jamais la pièce que elle a prise, que enfin malgré toutes sortes de crimes, que le Ciel est leur partage infaillible pour estre des vrays croyans, etc., sont les motifs qui les retiennent en cet estat, ne pouvant ni ne voulant souscrire aux croyances qui surpassent la portée de leur raison naturelle, joinct que Dieu conserve les vipères pour un poison et contrepoison. Les pechés des crestiens les maintienent, rendent et rendront victorieux jusques à ce que nous soyons plainement chatiés, malgré tous les convoys, secours, armées et aydes que nous nous donnerons les uns aux autres; garde que Candie ne soit la porte! Cependant, tout le Levant est rempli de missions et missionaires jésuistes, carmes, capucins et autres; un chacun s'évertue à faire son debvoir. Dieu leur donne à tous le zèle et constance de ne point trembler et rougir pour soustenir l'Evangile au péril de leur vie. L'on converse, confère, cathekise autant que l'aptitude d'un chacun luy a donné l'usage et la cognoissance de la langue. Ils taschent d'introduire le St Evangile là où il n'est pas receu; où il est receu le faire entendre avec les explications, sens et verités que les Sts Appostres nous ont laissés et par tous moïens de rameiner les âmes esgarées soubs un mesme chef qui est le légitime successeur de St Pierre et vicaire de J. Crist en terre, nostre St Père le Pape, déraciner les vices, erreurs, etc., et en leur place introduire l'intégrité de vie et de moeurs, de vouloir spécifier en particulier les fruicts et progrès de ces beaux emploicts évangéliques. Vos imprimeurs de Paris n'en donnent que trop souvent au public des mémoires et relations imprimées en plus beaux caractères et plus gros que je n'oserois pas entreprendre de faire avec la plume ordinaire, laquelle pour n'estre pas taillée si artistement pourroit avec son griffonement, peut estre, faire paroistre dans son caractère trop de diversité avec ceux-là que le peuple reçoit et lit plus volontiers. Pour nous autres pauvres Capucins, fort volontiers souscrivons à cette vérité d'estre serviteurs inutiles dans l'Orient comme dans l'Occident, de faire nostre petit possible qui, à le bien prendre est bien peu de chose ou rien du tout au prix de ce que nous voudrions pouvoir faire. L'usage et cognoissance des langues des païs où nous sommes postés avec un peu des sciences d'Europe peut s'introduire dans l'exercice de notre mission parmi les peuples, ne nous manquent point. Lors que la main toute-puissante de Dieu se mettra à opérer, lors, l'on pourra chanter victoire. Voilà, Monseigneur, l'estat de l'Asie la plus reculée, quant au temporel, et de tout le Levant; quant au spirituel, nous espérons que le zèle de nostre grand monarque présentement reignant remettra l'un et l'autre en son premier lustre et sera luy ou l'un de ses descendans de mesme tige, celuy que Niersses a eu en vision et révélation divine. Cependant, nous autres pauvres Capucins, ses tres-humbles subjects, sommes en ces pays ici à l'ombre de son authorité et protection royale, prompts à toutes sortes de service conformes à nostre profession que Sa Majesté, vous, Monseigneur, et Messrs les directeurs généraux voudront nous ordonner, vous nous trouverez tousjours dans ces païs icy dans la naïfve franchise et sincérité que porte nostre pauvre et humble condition à servir à tout le monde de coeur comme despendans volontairement de tout le monde. Cependant, je prie la divine Providence vouloir conserver vostre personne, vostre santé, pour le service et bien public. C'est

Monseigneur,

Vostre tres-humble serviteur

P. RAPHAEL DU MANS.

Hispan, capitale de Perse.

XXXIX

A Monseigneur de Colbert.

Monseigneur,

Suivant l'advis que le R. Père Honoré d'Auxerre, capucin de la province de Paris, agent des missions du Levant, nous a donné par la sienne, comme Vostre Grandeur souhoittoit estre informée de ce que font les pauvres pères capucins missionnaires au Levant dans ces lieux où ils ont des maisons de résidence, pour m'acquitter d'une partie de mon debvoir envers Vostre Grandeur, j'ay mis tout aussitost la main à la plume et après luy avoir protesté de coeur sincère qu'en quelque lieu du monde que je me trouve, je suis françois pour la vie, que je suis prest de consacrer pour le service de mon Roy et souverain, j'informerai Vostre Grandeur de l'estat de Tauris métropolitaine de la Médie, du domaine du Roy de Perse, où nous avons une petite maison avec son Église et y vivons plus pauvrement parmy les Persiens et Arméniens qu'on ne faict dans nos plus pauvres couvens de France. Dieu le sçait, au service duquel nous nous sommes consacrés dans le pays des Turcs pour leur estre au jour du jugement *in testimonium contra illos*, de n'avoir embrassé la vraye religion, car nous ne nous épargnons pas de leur dire les vérités de la divinité de N. Sg^r Jésus Christ, et de l'Évangile. Nous ne rougissons pas en leur présence, quand il est question de confesser cette vérité et de leur respondre aux interrogations qu'ils nous font. Nous sçavons, grâces à Dieu, la manière de traicter les matières de Religion par voie des Escritures Saintes qu'ils croient véritables, aussy bien que nous, et données de Dieu aux hommes par ses prophètes, par un bon raisonement, par des passages de leur Alcoran mesme qui, bien expliqué, admet la divinité de Jésus Christ, outre sa vie admirable, ses miracles ; eux mesmes le tiennent pour le plus sainct, chaste et irréprochable de tous les prophètes; qu'il est vivant au Ciel, qu'il viendra encore une fois et ainsy d'autres choses qu'ils admettent. Il est vrai qu'en Perse il y a plus de liberté pour la dispute sur la religion que chez les Osmanli qui sont plus rigoureux et tiennent les Persiens pour des hérétiques, et les Persiens leur font le mesme reproche. Nous confirmons les pauvres chrestiens, les encourageons à ne point perdre la foy pour quelque tirannie et persécution qu'on leur fasse, nous les preschons dans nostre Eglise où plusieurs viennent à la messe, tant de ceux de la ville que des estrangers qui viennent en commerce en cette ville, car Tauris est une grande ville bien marchande et un des plus grands abords de la Perse, pour toutes sortes de marchandises qui se débitent sur les terres du Persien. On y vient de Constantinople, de Smirne, de Bursa, de Tocat, d'Arserom, d'Erivan, d'Anaxivan, d'Alep, de Diarbekir, de Merdin, d'Orfa, de Betlis, de Van, de Chorsa, d'Akoulis, d'Eglis, de Teflis, métropolitaine de Géorgie, de tout le Gourgistan et Curdistan, de Gangea, de Chamaké, du Guilan, d'Ardeville, en somme de toutes les autres petites villes esloignées et proches, comme au grand passage pour aller à Hispan. Les marchands passent encore par icy pour aller au Guilan, à Chamaké, à Gangea qui sont les trois villes où se débitent les soyes de la Perse. Les Arméniens marchands de Julfa ont icy leurs factoreries et magasins pour les caravannes qui viennent de Smirne et Alep, qui apportent en Perse les draps de Londres, de France et Venise, le korail, l'ambre jaune, le papier, les miroirs de Venise, fer blanc et autres ouvrages de draps et étoffes et mercerie qu'on sçait estre de débit en Perse. Tauris a les prémices de toutes les marchandises qui se transportent à Hispan, passant par Casbin, Zengan, Kom, Kascian, Sultaniè qui sont les villes les plus remarquables qui sont au chemin d'icy à Hispan. Ardeville à quatre journées d'icy au chemin de Chamaké et du Guilan est considérable pour les sépultures des anciens Roys de Perse. A Kom, au chemin d'Hispan, sont les sépultures du grand Chaabas et du dernier décédé Chaabas son fils. Je puis dire sans exagération que la ville de Tauris a autant de circuit et d'estendue que Paris; c'est une grande villace plaine de jardins; il y a peu de maisons qui n'aye son jardin grand ou petit; les édifices sont pour la plupart de matons de terre non cuite, qu'il blanchissent par dedans avec le plastre. Les personnes de qualité font l'intérieur de leurs bastimens de matons cuits et de plastre avec quelques moresques et peintures. C'est la façon de toutes les villes de Perse. Je croy que Tauris pourroit estre l'ancienne Ekbatanis, ruinée par guerre et tremblement de terre; il y a des ruines qui tesmoignent son antiquité et qu'elle estoit autrefois enceinte de murailles; il y en a quelques vestiges. C'est un des premiers gouvernemens de la Perse, le général d'armée du Roy en est gouverneur. Comme il ne peut résider en personne, il a envoïé son fils aisné qui gouverne depuis deux ans; il tesmoigne aymer les Francs, nous faict caresses et ses officiers aussy. Il y a aussy un trésorier général des provinces qui en dépendent qu'on appelle visir d'Aderbegian qui est pour la recepte des deniers du Roy; il a sa justice indépendante, mais il ne peut condamner à mort, le gouverneur peut seul condamner à mort. Ce visir et ses fils nous ayment et conversent fort familièrement avec nous. Je dirai franchement à Vostre Grandeur que l'esprit des Capucins est de cacher plustost que de publier par escritures et livres imprimés le bien qu'ils font au Levant; sans vanité, les Turcs nous portent du respect et de l'affection, nous connoissans gens d'esprit et si détachés du monde par nostre profession et façon d'agir avec tous; le bon exemple, l'intégrité de vie, les bons entretiens et conversations leur font concevoir qu'il y a quelque chose de bon dans nostre religion. Nous ne sommes, à présent, que deux Pères prédicateurs, le R. Père Juen Joseph de Nevers et moy, nostre troisiesme compagnon le R. Père François Marie de Chinon est décédé depuis neuf mois, en odeur de saincteté; effectivement c'estoit un très digne religieux bien zélé de sa profession et de la gloire de Jésus-Christ nostre bon maistre. Il estoit fervent comme un séraphin dont il a présentement la couronne dans le Ciel. Il y a bien des Arméniens qui rendront compte au jugement de Dieu, s'ils ne se servent pas des bonnes instructions qu'il leur a données et des vérités qu'il leur a preschées, pour leur faire voir l'unité de l'Eglise soubs un seul chef, successeur de Nostre Seigneur Jésus-Christ. Nous leur preschons de mesme, tous les jours, puisque c'est nostre ministère. Monseigneur, après les obligations que j'ay de donner mon sang et ma vie pour les vérités de l'Evangile, mon devoir est de servir Vostre Grandeur en ce qu'elle daignera me commander; c'est un signe qu'elle ayme les pauvres Capucins, puisqu'elle daigne se servir d'eux dans les emplois qui concernent le bien de la Compagnie des Indes où nous n'avons point ny n'aurons jamais d'autre comerce que de gaigner les âmes à Dieu, et les peuples au service de nostre monarque pour lequel, tous les jours, nous offrons nos vœux et prières à Dieu. Qu'il le conserve pour sa plus grande gloire et le bien général de la chrestienté ! que sa divine Majesté vous comble de ses grâces et vous conserve de longues et tres-heureuses années ! c'est la prière que je luy fais en qualité,

Monseigneur,

De vostre tres-humble et
affectionné serviteur

F. Joseph Marie de Bourges
Capucin, Miss^{re} Sup^{r}.

XL

Commandement du Roy de Perse en faveur des marchands françois.

Sceau du Roy Cha-Soliman.

Que les honestes marchands de l'Empire de France soient certains et assurés de la faveur spéciale et de la protection sans bornes, ainsy que de la justice sans mesure de Nostre Majesté impériale. Qu'ils sçachent que le mémoire qu'ils ont présenté ces jours cy par lequel ils demandent que les marchands de la Compagnie du commerce puissent aller et venir dans tous les pays et provinces de nostre vaste Empire, ayant esté receu, leu et entendu des Ministres qui ont séance au conseil du Trosne majestueux et impérial, tousjours accompagné de bonheur, leur demande a esté accordée. Tout considéré, Je veux et ordonne que les officiers qui ont le soin des douannes et sorties annuelles, les regardent comme exempts de tous les droits susdits, et qu'ils ne leur demandent aucune chose pour ce sujet, afin de leur donner moyen d'entretenir le traitté qu'ils ont remis ès mains des officiers du Trosne qui est l'image du céleste ; et que conformément à icelui, ils soient en toutte manière assistés et protégés, de sorte qu'ils puissent en toutte seureté et plaisir aller et venir dans tous les pays et provinces de nostre puissant et florissant Empire. Et lorsque le signe Royal, brillant comme les astres et le scel auguste resplendissant comme le soleil, et qui doit estre obéi, sera apposé à cet ordre sublime, authentique, noble, sacré, auguste, haut et élevé, et qu'il en sera orné et honoré, je veux que foy et créance y soient adjoustées. Car tel est le haut et royal commandement qui doit rester perdurable et stable à tousjours.

Escrit en la lune de Chaban l'an de l'Hegire 1082, c'est-à-dire le mois de Décembre 1671. Contresigné par l'esclave du tres-noble dans la ville de Tabarestan et de Mazandran.

Traduit par Pétis de la Croix, à Ispahan, le 20 Juin 1675.

XLI

Mémoire des présens faits au Roy de Perse par M. de Jonchères, ambassadeur de Sa Majesté Tres-Chrestienne en l'an 1671.

BIJOUX

— Deux cassolettes d'or enrichies de pierreries.
Deux aigrettes enrichies de pierreries.
Un poignard enrichi de pierreries.
Une bague de pierreries.
Quatre montres.
Chaisnes d'or avec pierreries pesant 45 médicales.

POURCELAINE

Cent des plus grandes jattes.
Soixante dix jattes moyennes à bords renversés.
Quatre vingt neuf grandes tasses à schorbet.
Deux cents tasses de caffé.
Soixante assiettes de pourcelaine.

PEINTURES D'EUROPE

Le portrait de l'Empereur de France.
Autre portrait.
Quatre vingt deux pics de tapisserie.
Deux grands miroirs de huit pieds.
Autre grand miroir.

Un lustre de cristal de roche.
Deux grandes couleuvrines d'Europe.
Quatre canons faits en France.
Un canon de nouvelle invention.

DROGUERIES

Poivre, deux cent dix livres.
Canelle, quarante livres.
Clous de girofle, neuf livres.
Cardamome, quatre vingt dix livres.
Noix muscade, deux cents livres.
Thé, deux grands sacs.

Présens faits à l'Atemadolet de Perse.

Deux montres d'orloge.
Huit turbans bordés d'or.
Six indiennes calamkar.
Cinq pièces de camelot ondé.
Drap d'Angleterre, vingt aunes.
Une livre de thé.
Poivre, quarante livres.
Cardamome, dix livres.
Quatre vingts noix muscade.
Deux livres de canelle.
Deux livres de clous de girofle.

Présens faits au Nazer.

Deux montres d'orloge.
Six turbans de toile d'or.
Six belles indiennes calamkar.
Trois pièces de camelot ondé.
Drap d'Angleterre, vingt aulnes.
Une livre de thé.
Poivre, quarante livres.
Cardamome, dix livres.
Noix muscade, quarante.
Canelle, deux livres.
Cloux de girofle, une livre et demie.

Présens au Mehmandar.

Deux turbans de toile d'or.
Camelot ondé, deux pièces.
Trois indiennes calamkar.
Poivre, quatre vingts livres.
Cloux de girofle, demie livre.
Cardamome, deux livres.
Thé, demie livre.

Présens au Mirza Tahir, Nazir du premier commis du controlleur général.

Deux turbans de toile d'or.
Deux turbans d'or ou d'argent.
Deux pièces de camelot ondé.
Indiennes calamkar.
Cinq livres de poivre.
Une livre de canelle.
Cardamome, deux livres.
Thé, demie livre.

Fin des présens faits par M. de Jonchères.

XLII

Lettre du Roy au Roy de Perse pour accompagner les présens de la Compagnie des Indes Orientales.

Tres-haut, tres-excellent, tres-puissant, tres-magnanime et invincible Prince, le Roy de Perse en qui tout honneur et vertu abonde, nostre tres-cher et bon amy. La Compagnie des plus considérables de nos sujets qui s'est formée dans l'étendue de nostre Empire pour faire un commerce réciproque des marchandises qui y croissent ou y sont fabriquées et de celles qui se tirent de vos Estats, ayant résolu de donner à Vostre Grandeur une marque de la reconnoissance qu'elle conserve du bon accueil et du favorable traitement qu'elle a receus par quelques légers présens que le S^r..... aura l'honneur de vous offrir, nous avons profité avec plaisir de cette occasion pour vous témoigner la part que nous y prenons et en même temps de vous demander pour ladite Compagnie la continuation des mesmes grâces que vous luy avez accordées jusques à présent ; et comme vous connoissés, de plus en plus, combien ce commerce sera également avantageux à nos sujets communs, nous nous persuadons de même que vous aurés agréable de donner tous les ordres et toute la protection nécessaires à ceux qui ont esté chargés d'en faire l'établissement dans vostre Empire. C'est ce que nous nous promettons de votre amitié et du désir que vous avés de faire gouster à vos peuples la douceur et la félicité de vostre règne. Nous finissons en priant Dieu qu'il veuille augmenter Vostre Grandeur avec fin heureuse. Escrit en nostre ville royale de Paris, le cinquiesme jour de Mars 1673.

Vostre tres cher et bon amy.

Louis.

XLIII

Du Roy à M. l'Evesque de Naxivan.

Le 18e Avril 1674.

Monsieur l'Evesque de Naxivan, Nous avons receu par les mains des Pères Azaris et Antoine qui nous ont esté envoyés par le Roy de Perse nostre tres-cher frère la lettre que vous nous avez escrite par eux, et nous avons eu beaucoup de satisfaction d'y apprendre, qu'à nostre considération, ledit Roy vous départoit et à tous les chrestiens de ses Estats toute sorte de faveurs et de liberté. Nous luy en tesmoignons le gré particulier que nous lui en sçavons, et nous ne doutons pas qu'il ne vous continue à l'advenir les mesmes bontés, puisque nous luy tesmoignons que nous y serons toujours extrêmement sensible. Croyez qu'en vostre particulier, nous vous donnerons volontiers, dans les occasions, de nouvelles marques de nostre protection et de nostre bienveillance.

Cependant, nous prions Dieu, &c.

Louis.

XLIV

A Spahan, ce 20 Janvier 1683.

Sire,

Comme je suis obligé de rendre compte à Vostre Majesté de tout ce qui se passe au sujet de la lettre qu'elle a bien voulu écrire au Roy de Perse en faveur des pauvres chretiens catholiques armeniens de la province de Nakchivan, et dont elle a daigné me charger, je diray à Vostre Majesté, qu'à mon arrivée en cette ville, je fis sçavoir à un des Ministres du Cha (c'est le titre qu'on donne icy au Roy), que j'avois une lettre à rendre de la part de l'Empereur mon maistre. La nouvelle en fut portée d'abord à l'Atmadoulet qui est le premier Ministre, et aussi au Cha, selon toutes les apparences. On me donna d'abord un logement, et le nom de Vostre Majesté si vénérable par toute la terre me fit recevoir des honneurs extraordinaires. Mais comme il y avoit icy un Roy des Tartares qu'on appelle Yusbegs, dont la ville capitale est présentement Bokara, descendant du grand Tamerlan, on me dit qu'il falloit attendre, jusqu'après son départ pour la Mecque. Il y a eu encore d'autres causes de délay qui ont porté l'audience des ambassadeurs jusqu'au 3ᵉ d'octobre ; je parle des ambassadeurs au pluriel, parce que la coutume est de la donner à plusieurs tout à la fois, autant qu'il se peut, ce qu'on n'a pas manqué de faire en cette occasion, où se sont trouvés les ambassadeurs de Pologne, de Siam, d'un autre Roy Tartare dont la capitale est Balk, et celuy des Arabes. L'ambassadeur ou envoyé du Roy de Pologne prit son congé, ayant eu sa première audience longtems auparavant, et donné ses présens, selon la coutume; celuy de Siam en fit de grands et de tant de choses différentes qu'il s'en feroit une grande liste; les Tartares et les Arabes donnèrent des chevaux et des mulets. Pour moy qui n'avois rien à donner, comme je l'avois déclaré auparavant, je m'avançay tout auprès du Cha, je luy présentay la lettre de Vostre Majesté plus précieuse que tous les présens qu'on luy avoit apportés; je luy fis mon discours. Il eut la bonté de m'écouter d'un air fort gay, et d'un visage riant, autant de fois qu'il entendoit nommer l'Empereur de France. Il me fit des questions sur la personne royale de Vostre Majesté, sur ses guerres, sur ses conquestes, sur ses alliés. Je taschay de répondre à toutes ses demandes selon mon devoir, selon la justice et la vérité; il en parut satisfait et plein d'une grande estime pour Vostre Majesté, sur le simple récit que je luy fis de quelques-unes de ses actions et de ses dernières victoires. L'affaire de Chio, dont je luy fis le récit, luy donna du playsir aussy bien que l'expédition contre Alger, dont j'avois receu tout fraischement la nouvelle. Un entretien si particulier et si long donna de l'admiration à toute la cour, et aux ambassadeurs qui n'avoient eu qu'une seule parole pour réponse à leurs harangues : « vous estes les bien venus », selon sa coustume, et quelque fois même, il se contente d'un petit signe de teste. Aussitôt après, on servit plusieurs tables ou plutôt des napes sans tables, puisque tous étoient assis par terre sur de beaux tapis, les jambes croysées ; le Cha mangea aussi en la mesme posture, sur une estrade relevée de deux marches. Le repas dura fort peu ; selon la coustume, la musique et les instrumens s'y trouvèrent ; aussitôt après, on prit congé et chacun se retira. Voylà, Sire, tout ce que je puis dire à Vostre Majesté de cette première audience où l'on ne traita d'aucune affaire. L'on m'a fait connoistre depuis, que pour en avoir une seconde, il falloit attendre que les présens que Vostre Majesté a eu la bonté d'accorder fussent arrivés, et que dans ce temps là, on traiteroit des demandes que j'ay à faire ; ma réponse fut que je les attendois par le premier vaisseau de la Compagnie qui aborderoit au Bandar Abassi. Selon toutes les apparences, il y doit estre présentement, et dans peu de jours, j'espère d'avoir cette bonne nouvelle. Je tascheray dans la suite de cette affaire, et en toute autre occasion, de ne manquer à rien de ce que Vostre Majesté peut ordonner et vouloir de mon service tres-humble, selon l'obligation que j'ay d'estre toute ma vie,

Sire,

De Vostre Majesté,

Le tres-humble, tres-obeissant et tres-fidelle sujet et serviteur,

FRANÇOIS, Evesque de Cesarople,
Vicaire apostolique.

XLV

Lettre du Roy de Perse au Roy.

Le 5e Novembre 1685.

« C'est à Dieu à qui la gloire suprême est deüe. »

Louis, Empereur, qui faittes honneur aux Roix par la Majesté, par la grandeur d'âme, par la gloire et le bonheur qui est en vous, dont la dignité est aussy élevée que les douze maisons de l'Empirée, qui avez une ardeur de lion dans les combats, et une conscience si juste qu'elle donne de l'éclat au trosne Impérial que possède Vostre Majesté si digne de ce trosne sur lequel vous estes assis, et de la couronne qui couvre de gloire vostre teste, par vostre courage et vostre equité; qui estes le plus grand, le plus noble, le plus libéral, et le plus magnifique des Roix et des Empereurs crestiens, et le tres-puissant Monarque des Royaumes de France.

Nous donnons avis à Vostre haulte Majesté que nous avons heureusement receü par l'Evesque de Caesaropolis, la belle lettre dont vous l'avez chargé, qui marque vostre sincerité et la bonne intelligence que vous voulés garder avec nous, en fortifiant les fondemens de l'union qui a esté contractée entre les Pères et Ayeulx de Vostre Majesté Impériale et les Roix de nostre tres-glorieux et tres-auguste famille. Cette lettre a donc renouvelé dans nostre cœur la tendresse et l'amitié ancienne et nouvelle, et comme vous nous y avés recommandé les Crestiens arméniens de la province de Nakchivan, avec des termes obligeans, Je vous diray qu'il est vray qu'il arrive quelques fois que les gouverneurs de Nakchivan estant changés, ces nouveaux venus n'estant pas informés de la recommandation de Vostre tres-excellente Majesté ny de l'auguste commandement que nous avons fait en conséquence de cette recommandation, ils ont peut estre manqué de protéger ces Arméniens.

Pour ce qui concerne la demande que vous nous faittes d'un commandement plus exprès et plus fort en faveur de l'Evesque de Caesaropolis et des Crestiens Européens catholiques romains, principalement à l'égard des Pères vêtus de noir (ce sont les Pères Jésuites), je vous répondray que Nostre intelligence semblable au soleil qui pénètre tout, a esté pleinement informée de touttes ces affaires et qu'avant mesme que Vostre haulte et Impérialle Majesté nous eût fait l'amitié de nous écrire son intention pour la protection des uns et des autres, un ordre à papillon (dont la noblesse se fait obéir souverainement) avoit desjà esté délivré de nostre part en leur faveur, ainsy que nous avons marqué autres fois dans la lettre d'amitié que nous vous avons écritte sur ce sujet. Cet ordre est dans toutte sa force, et est présentement exécuté avec ponctualité par les nouveaux commandans, sans qu'il y ait sur ce sujet aucune innovation.

Si Vostre Majesté a quelques autres affaires dans ces païs icy, faittes le nous sçavoir, et nous donnerons nos ordres à ce que les esclaves de nostre Tribunal, qui est la figure de celuy de Dieu, les exécutent selon nostre plus grand plaisir. Fasse le Ciel que tous vos desseins ayent un succès aussy favorable que vous pouvés desirer.

S'ensuit le sceau du Roy de Perse où est gravé : SOLIMAN, esclave du grand Aly, Roy de la Sainteté. Et autour du sceau sont les noms des douze Imams ou prélats de la religion des Perses.

Interprétée du Persien, par Pétis de La Croix, le fils.

XLV

Mémoire et relation d'un voyageur qui a esté en Perse et Arménie, faisant la relation de ces pays ou commerce qu'on y peut faire ainsy qu'aux grandes Indes, Mogol, la Chine, Moscovie, Turquie.

Traitté du négoce qui se peut faire en France par les Arméniens. — Les sortes de marchandises que les Arméniens peuvent apporter en France du Levant.

Premièrement. — Les soyes qui viennent des provinces du Guilan et du Massandran. Il en peut sortir de ces deux provinces sans incommoder la Perse quarante mille balles, chaque balle pèse deux cent vingt-cinq livres ; le tout seroit neuf cent mille livres.

Ils distinguent ces soyes en trois sortes de qualités : la première ils l'appellent la teste, la seconde le ventre, et la troisième les pieds. En langue persienne, la teste se nomme Sarbafit, qui est la plus finne, le ventre Carvary qui est la seconde, Quenart les pieds qui est la plus grosse. Sarbafit est celle qui est la première vendue en Europe, car si on ne mesle de cette soye parmy nos soyes d'Europe, comme parmy celles de Sicile, Piedmont et autres lieux, le travail n'en est pas si bon ; ils peuvent aussy aporter jusques à plus de vingt mille livres de soye platte, teinte de touttes couleurs, et fort lustrée, quantité de ronde à coudre, fine et grosse ; et ce qui est de bon est que ces soyes teintes en noir ne sont point bruslées comme les nostres ; elles sont aussy fortes que celles qui sont teintes d'autres couleurs. Il sort quantité de ces soyes hors de la Perse, et les Arméniens les portent touttes vendre du côté du nord, comme en Moscovie, Suède, Pologne et dans l'Allemaigne, où ils trouvent bien leur compte, car en tous ces pays du nord, ils sont fort curieux de la broderie sur tous leurs mouchoirs, le devant de leurs chemises, et une partie de leurs meubles.

Pour ce qui est des étoffes or et argent, soye et cotton, touttes ces étoffes sont mieux fabriquées que les nostres et leurs ouvrages ont plus de lustre; de plus, c'est que quand on s'est servy de ces étoffes et qu'elles commencent à perdre leur lustre, il ne les faut que laver de cette manière. Il faut attendre que les pluyes soient passées et aussy tost que l'eau est encore bien trouble, lavez votre étoffe, puis laissez la seicher, et après, la relaverez trois ou quatre fois. Mais la dernière fois, il la faut laver dans un vaisseau, et mettre dans vostre eau une huitiesme partie d'eau de citron, et puis, quand elle est seiche, vous la lissez avec quelques morceau de marbre; l'étoffe est plus belle et plus lustrée qu'elle n'a jamais esté.

Les Arméniens peuvent aussy apporter quantité de peaux de chagrin de toutes sortes de couleurs. Ils n'ont point d'autres cuirs dans toutte la Perse et une partie des Indes; tant pour leurs chaussures que bottes, selles et brides de chevaux, ils ne se servent que des peaux de chagrin. Il y a plusieurs villes dans la Perse, où il ne se fait que de ces sortes de peaux, comme Toris, Arteville, Soltanie, Casbin, Com, et plusieurs villages de ce Royaume. La plus grande quantité de ce chagrin est fait de peau de boucq et de chèvre, et de quelques autres animaux; celui qui est fait de peau d'asne est de plus gros grain et, de plus, lustré. Touttes les peaux entières ne peuvent pas servir; il n'y a que le derrière et le dessus des fesses. Voici la manière dont ils font ce chagrin : premièrement, ils accommodent leurs peaux comme font les parcheminiers le parchemin; quand ils les ont raclées et mises de l'épesseur qu'il les faut, on étend chaque peau sur un métier, comme sont les métiers de nos brodeurs. Aussytost que le soleil est levé, ils mettent touttes ces peaux à l'air qui ont trempé toutte la nuit dans l'eau; puis, ils couvrent touttes ces peaux de graine de moutarde, et c'est la force de cette graine qui forme le grain de chagrin. Pour ce qui est de leur donner de belles couleurs, cela dépend en partie des eaux dans lesquelles on les lave. Le beau jaune ne se fait qu'à Bagdad, le beau bleu à Ninive, le beau rouge comme couleur de feu à Diarbet; pour les autres couleurs, elles se font en Perse, mais elles n'ont pas un si beau lustre. Pour le verd, ils en teignent en grande quantité dans la province de Curdestan. Il ne faut s'étonner si les eaux donnent de la vivacité à ces teintures, puisque nous voyons que dans les Indes, il faut laver les toilles quand les couleurs y sont appliquées et quand les rivières y sont encore troubles des pluyes, pour donner de la vivacité aux couleurs. Nous en avons un exemple en Europe, à Chambéry, principalle ville de Savoye; il passe au travers de la ville un ruisseau dont l'eau sent tres-mauvais, à cause des immondices de la ville qui tombent dedans; et après que ce ruisseau a traversé la ville, on y va laver le linge qui devient blanc comme de la neige, et si on le lave dans d'autres ruisseaux, il n'est pas la moitié si blanc, quoyqu'on y use plus de savon.

Cette province du Curdestan est une province de la haute Arménie et de la montagne où Noé laissa l'arche; une partie de cette province appartient au Grand Seigneur, au Roy de Perse, et à plusieurs de ses Rayas qui sont des princes qui habitent les montagnes de la Syrie. Dans cette province, il y a un lac qui s'appelle le lac de Van, qui a bien trente lieues de tour; il est plus long que large; il est quasy de la mesme forme et grandeur que le lac de Genève. Au bout du lac, du costé du levant, il y a une ville, et sortant du costé du nord, il y a une bonne forteresse avec quatre bastions sur une colline; tant dans la ville que dans le fort, il y a toujours deux mille cinq cents hommes en garnison, tant Spahis que Jannissaires. Le Bacha commande les Spahis, et les Jannissaires ont un Jannissaire aga qui les commande. La ville et la forteresse prennent leur nom du lac de Van. Il y a dans ce lac sept isles, la plus grande a un quart de lieue, et dans chaque isle il y a de bonnes fontaines d'eau douce; celle du lac n'est pas trop bonne à boire et a un goust de brai. Dans chacune de ces isles, il y a un couvent de chrestiens arméniens; dans chaque couvent il y a cinq ou six pères, et deux frères; ils vivent fort austèrement. Dans l'un de ces couvens, je vis un de ces moynes qui, il y avoit bien vingt ans, qu'il n'avoit parlé à personne. Tous ces moynes ne mangent ny chair ny poisson, ny beurre, ny huille, et ne boivent que de l'eau; ils sont pourtant dans un pays où on peut faire bonne chère, car dans cette province et celles qui lui sont frontières, comme au nord la haute Arménie, au levant les Mèdes, au midy la Sirye, et au couchant la Mésopotamie, dans touttes ces cinq provinces, on peut faire bonne chère. Il y a quantité de bon bœuf, mouton, touttes sortes de volailles, hormis le coq d'Inde. Pour le gibier de terre et d'eau, il est comme pour rien; du tems que j'estois dans ce pays là, on avoit la douzaine de grosses perdrix rouges pour quatre sols; ils en apportent aussy quantité de blanches qui sont plus petites et de meilleur goust, aussy sont elles plus chères de deux ou trois sols. Ils les prennent autour de cette montagne où Noé quitta l'arche, et d'autres qui sont aux environs, où la neige est presque toutte l'année. Pour les pleuviers, plongeons, canards, sarcelles, on a tout cela à fort bon marché; il y a des melons de touttes sortes, gros et bons; il y a des melons d'eau qui pèzent jusques à quarante livres, quantité de bons fruits, des abricots, des pêches, qui est une grande mane pour les pauvres gens, car ils les font seicher au soleil; quand ce fruit est bien meur, il est comme si on l'avoit trempé dans quelque sirop de miel ou de sucre, et ils les vont vendre jusques à Constantinople; mais la plus grande partie se consomme en Moscovie, pendant le caresme. Tous les peuples de ces cinq provinces sont la plus part chrétiens, arméniens ou nestoriens, mais beaucoup plus de chrestiens que d'autres. C'est eux qui font tout le négoce et le travail des champs; il y a toujours huit chrestiens contre un Turc, et ils ayment mieux estre soubs la domination du Turc que soubs celle des princes ou Républiques chrestiennes, car quand ils ont une fois payé leurs carages, on ne leur demande plus rien. Il n'y a point d'impost dans touttes ces provinces là; tout le peuple qui n'est point marchand ou laboureur travaille à ces peaux de chagrin, et c'est tout autour de ce lac, où se fait le plus beau chagrin vert. Les eaux de ce lac ont cette propriété, et aussy pour tous les maroquins; et encore qu'ils ayent un si beau lac, ils n'ont qu'une sorte de poisson, et on ne peut le manger que frais depuis le mois d'octobre jusques au commencement de may. C'est dans ce tems là que les neiges se fondent, hors dans quelques montagnes où il y reste toujours de la neige, comme celle où Noé laissa l'arche. Touttes les fois que je l'ay veue, elle estoit couverte de neiges depuis la moitié jusques au haut et dans six voyages que j'ay passé par auprès, je n'ay veu que deux fois le haut de la montagne. On sera quelques fois six mois sans le voir à cause des nuages qui la couvrent. Depuis le pied de la montagne jusques au quart, l'air y est bon et fort fertile. Il y a tout autour des couvens d'Arméniens. Les moynes et les évêques qui sont dans ces couvens, après la messe et l'office qui se dit de grand matin, vont travailler à la terre jusques à unze heures qu'ils viennent disner, et disent leur office jusques à deux qu'ils retournent travailler à la terre. C'est là tout leur revenu; au lieu qu'icy c'est le peuple qui leur fait l'aumône, c'est eux qui la font aux autres de ce qu'ils peuvent épargner au bout de l'année de leurs bleds, riz, vins. Je laisse cela, car il y auroit trop de choses à dire sur la vie de ces moynes, leurs Evesques, Archevesques et Patriarche qui a bien six cent mille escus de revenu par an, et n'a ny carrosse ny cheval, mais seullement une mulle pour le porter quand il va visiter ses couvens, et un bœuf pour porter son bagage et celuy d'un père, et de deux frères qui l'accompagnent. Il ne le dépense pas aussy à sa table, puisqu'il mange en commun avec les religieux, et ne fait pas si bonne chère qu'eux. Quand ce n'est point leur caresme, ils peuvent manger de la viande, du beurre et du poisson; mais depuis qu'ils viennent à la dignité d'Evesque, la plus part ne mangent point de viande; mais pour ce qui est du patriarche, il ne mange que du pain d'orge, des oignons, et autres herbages comme on les apporte du jardin, et quelques fruits secs. Il ne mange guères en commun que le jour de Pasques, car ce jour là quand touttes les viandes sont au réfectoire, que ceux du couvent sont à table, il bénit les viandes qui sont séparées à tout le monde, et ce jour là le grand patriarche mange deux œufs durs. C'est beaucoup quand l'année est finie qu'il ne doit rien, et ne garde jamais rien d'une année à l'autre; il fait des aumosnes de tout. Comme tous les chrestiens et autres sortes de religions qui sont soubs la domination du Turc et du Persan, hormis le Mahometan, payent par teste, passé seize ans, sçavoir tous les masles neuf abassis, qui vient à nostre monnoye de France à sept livres quatre sols; et ceux qui n'ont pas le moyen de payer, on prend leurs enfans qu'on vend pour esclaves, ou bien il faut qu'ils se fassent mahométans, et pour empescher que ces pauvres chrestiens ne tombent dans ce malheur, quand ce tems vient qu'il faut qu'ils payent ce tribut, le patriarche et deux ou trois évesques accompagnent celuy qui va de la part du Roy recevoir le carage et ces évesques payent pour ceux qui n'ont pas le moyen de payer, et comme il se trouve des années que les six cent mille escus ne suffisent pas, le patriarche les emprunte des plus riches marchands, luy et les évesques s'obligeant à les payer. Quand ces évesques vont avec celuy que le Roy a envoyé pour recevoir ce tribut, ils luy présentent une bourse de deux cents tomans, qui valent quinze escus de nostre monnoye chaque toman, pour l'obliger de remontrer au Roy que l'année a esté fort meschante. D'ordinaire, le Roy leur en fait remise. Le revenu de ce patriarche vient de ce que chaque chrestien luy doit par an un mamoudy, qui est quatre sols et demy. Ce qui est de bon dans la Perse, est qu'il n'y a point d'impost sur tout ce qui est pour la vie de l'homme; pour ce qui est des revenus du Roy, il a sur chaque chose une personne qui est gagée par luy, et il n'est tenu de faire apporter au trésor que ce qu'il reçoit, dont il est quitte en rendant son compte; on fait compte de sept millions de chrestiens dans l'empire de Perse.

Revenons au poisson du lac de Van. Tout ce poisson sort au mois de may de ce lac et entre dans plusieurs rivières qui se viennent dégorger dans ce lac; touttes ces rivières viennent du costé du nord, des montagnes de la haute Arménie. Ce poisson demeure dans ces rivières jusques au mois d'octobre où il prend une autre chair, devient fort gras, et tout d'un autre goust; quand ce vient au mois d'octobre que ce poisson veut rentrer dans son lac, ces pauvres chrestiens ferment les embouchures de ces rivières, ne laissant qu'un espace au milieu pour tendre leurs filets, où tout ce poisson se vient mettre et ainsy ils en prennent tant qu'ils veulent, et aussitost ils les sallent, et dans le mois de janvier et février, il vient des marchands de tous costés achepter de ce poisson qu'ils portent par toutte la Perse, Géorgie, Turquie, Moscovie, et surtout dans la Russie, et en général par tout le Levant, où ils ne croiroient pas avoir fait un bon repas s'ils n'en mangeoient à la fin pour les exciter à boire parce qu'il est fort sallé. Le lecteur prendra plaisir d'entendre le récit du miracle qui arriva à l'occasion de ce poisson. Voicy comme je l'ay appris dans un voyage; en revenant des Indes, je pris mon chemin estant dans la Perse, vers Toris, et de là à Van; estant arrivé à Van, je croyois aller loger dans un caravansera où entrant, je rencontrai un marchand de religion nestorienne, qui se vint jetter à mon col, qui me fit beaucoup de carresses et m'obligea d'aller loger chez lui. Il est vray que dans la Cour du Roy de Perse et du Mogol, je luy en avois fait la pareille, car dans ces Cours là j'avois toujours mon lôgis, qui estoit des plus grands. Il est bon dans ces pays là d'avoir de bons logis, car quand la saison des pluyes vient, elles durent depuis le mois de juin jusques à la fin de septembre que tout le pays ne paroist que comme un estang. Il faut encore attendre un mois ou un mois et demy que les eaux se seichent et s'écoulent, parce qu'il n'y a point de ponts pour passer les rivières, qui dans ces tems là, sont fort grandes. Ils n'ont que des batteaux d'ozier qui sont couverts d'une peau de bœuf, qui ne sont pas trop bons. Le plus incommode pour les étrangers, pendant cette saison là, sont les moucherons et les punnaises qui sont en grand nombre, car pour la chaleur, on y peut remédier.

Quand Dieu nous donna notre Monarque, ce fut moy qui portai ces bonnes nouvelles à Constantinople, Smirne, Alep, Damas, à la Cour du Roy de Perse et du Grand Mogol, tout le long du golfe de Bingalle, à la côte de Malabar, à Goa et autres lieux dans lesquels il y a toujours quelques François habitués. Après avoir fait sçavoir ces bonnes nouvelles aux Roys et gouverneurs de ces pays là, je leur demanday la permission de nous réjouir et de faire faire quelques feux d'artiffices; ces gouverneurs faisoient tirer le canon quand le feu jouoit. J'avois fait de grands proffits dans ce voyage sur les joyaux que j'y avois portés et raportés. Mais après avoir tout compté, je n'en ai guères trouvé de reste, je recevrois une grande joye, sy dans le voyage que j'entreprens de faire avec l'ayde de Dieu et l'assistance de mon Roy, l'occasion se présentoit d'en faire encore autant. Pour revenir à notre marchand de Van, il me voulut rendre la pareille de ce que je lui avois fait aux Indes, quoyque je pûsse dire je ne pùs jamais m'exemter d'aller loger chez lui; il est vray que je lui avois sauvé la vie à la Cour du Grand Mogol qui estoit pour lors en Fanabat. Il fut fort mal d'une dissenterie, et comme il y avoit là quatre chrestiens, deux François, un Anglais et un Hollandais, et un Arabe qui estoit premier médecin, qui m'aymoit bien parceque je luy faisois toujours quelque présent, ils s'y donnèrent tant de soin que le marchand recouvra sa santé. Estant donc arrivé à Van, et m'ayant reconnu, il voulut user envers moy de la même courtoisie. Je logeay chez lui et y restay tant que la caravanne demeura à Van, et comme il faut changer de voiture, il faut toujours vingt ou vingt cinq jours; pendant ce tems là, je fus tousjours en banquets, tantost chez lui, et tantost chez ses parens et amis, où on ne manquoit de servir de ce poisson pour exciter à boire. Dans la salle où nous mangions, il y avoit toujours deux ou trois de ces serpens ou vipères pendus sur la porte, qui étoient remplis de paille; l'un de ces marchands me demanda si je sçavois bien pourquoy dans la salle où l'on mangeoit, on y pendoit de ces animaux, qu'il estoit bon que je le sceusse pour le grand miracle qui en étoit arrivé. J'ay déjà dit que, dans le lac de Van, il n'y avoit qu'une sorte de poisson, qui en sort au mois de may et qui revient au mois d'octobre. Dans ce tems, il y avoit un Arménien, mis de la part du Bacha pour recevoir le carage de tous les chrestiens de cette province et les douannes. Voyant que la pêche de ce poisson donnoit un grand proffit, et que c'estoit de l'argent comptant, que le Grand Seigneur ny le Bacha n'en tiroient aucune douanne, il s'avisa d'aller trouver le Bacha, et luy dit que s'il vouloit faire faire deffences à tous les chrestiens de pêcher, qu'il luy donneroit chaque année dix mille piastres qui sont dix mille escus; comme le Bacha vit qu'on luy avoit offert dix mille piastres de prime abord, il en voulut avoir vingt mille. Enfin le marché fut conclu à quinze mille, dix argent comptant, et les cinq mille après la vente du poisson. La deffence fut faite de la part du Bacha de ne plus pêcher au mois d'octobre. Ce maltôtier fit mettre des filets à l'embouchure des rivières; quand ce maltôtier vint à faire tirer ces filets, au lieu de trouver du poisson, on ne trouva que serpens et vipères. Le maltôtier fut étonné, tout le peuple cria miracle, et les Turcs pareillement, et une partie des Turcs et Jannissaires voulurent que le Bacha le leur mit entre les mains parcequ'il s'estoit sauvé dans la citadelle, sinon qu'ils alloient député quelqu'un vers le Grand Seigneur. Cela étonna tant ce Bacha qu'il leur fit liver ce maltôtier. Quand il fut entre les mains de la populace, ils le lièrent sur un asne et le menèrent sur le bord de la plus prochaine rivière qui est à trois lieues de la ville, où ils n'eurent pas la patience de le faire confesser, parce qu'ils disoient qu'il estoit impossible que l'âme d'un maltôtier fût en paradis, et à l'instant, tout le peuple qui l'avoit accompagné prit des cailloux et le lapida, et on le jetta dans l'eau. C'est encore la coutume dans la province des Curdes que quand quelqu'un a mérité la mort, ils les fouettent avec de grands fouets dont les eguillettes ont trempé dans le vinaigre; il se fait la mesme justice dans les terres du Grand Mogol, et partout les autres royaumes du Levant jusques dans le Japon. Il n'y a qu'en Turquie et Perse où ils usent du baston; ny l'un n'y l'autre n'est pas trop bon pour ceux à qui cela tombe sur le dos ou sur les pieds.

Voyons quelles sortes de marchandises les Arméniens peuvent encore apporter : quantité de cuirs qu'on appelle icy maroquins de Levant, dont le rouge, le bleu et le jaune qui se font en Perse et Arménie sont plus beaux que ceux qui se font en France, et les peaux sont plus grandes. Il est à remarquer que là, où on lave les peaux pour teindre en rouge, on n'a garde d'y laver celles qu'on veut teindre en bleu. Ces maroquins se donnent à grand marché; les rouges sont les plus chers; il s'en fait un grand débit partout l'Orient, surtout dans la Cochinchine et encore plus au Japon des noirs; pour les autres couleurs, ils ne s'en soucient pas, et les noirs se donnent à meilleur marché que les autres.

Ces marchands arméniens peuvent encore apporter quantité de poil de chèvre, mais surtout celuy qui est fillé. C'est le principal négoce qu'ils font en Hollande et Flandre où il se fait quantité de beaux camelots, bas, camisoles qui se portent aux Indes Occidentalles pour les Espagnols. Les Arméniens peuvent aussi apporter quantité de cotton non filé, et les donner à meilleur marché que ceux qui viennent de Smirne, Allep et autres lieux; il n'y a jamais trop de cette marchandise en Europe si l'on considère la quantité qui s'en consomme pour les mèches de chandelles, flambeaux, bas, camisolles et autres ouvrages qui se font en Provence.

Mais sur touttes les marchandises que les Arméniens pourroient apporter, et qu'il faudroit tascher qu'ils nous apportassent à Marseille, c'est des noix de galles, car on ne peut teindre en noir que l'on n'en ait, et si cela se pouvoit faire, ce seroit un grand bien pour la France, car on ne sçauroit croire la quantité d'or et d'argent qui en sort pour ce seul négoce. Car, quand ces marchands les apportent en Allep ou à Alexandrie, Smirne et autres lieux du Levant, ils sont si superbes, qu'ils n'ouvrent pas seullement leurs sacs, si auparavant, ils ne voyent de quel or ou argent ils seront payés et que ce ne soit de bons ducats et bonnes realles d'Espagne. Il ne les en faut pas blâmer; ce sont nos marchands d'Europe qui en sont cause; les François, Hollandois et Anglois vont hors des villes au devant de ces marchands et à l'envi l'un de l'autre, en augmentent le prix. Chaque nation veut avoir le tout; c'est la meilleure marchandise qui puisse venir du Levant. Il s'en trouve bien en Europe, mais elle n'est pas bonne; une livre de celle du Levant en fait plus de couleur que huit de celle d'Europe; la plus grande quantité vient de la Mésopotamie, Caldée, Sirye, d'autres viennent des Curdes et de la haute Arménie, mais elles ne sont pas si pleines de couleur.

Dans ces cinq provinces, il n'y a guères d'autres arbres que ces chênes; il y en a parmy qui apportent la noix et le gland qui est fort gros, et aussy bon à manger que nos chataignes. On le mange cru, la plus grande partie du pauvre peuple en fait du pain, et s'ils en pouvoient avoir quantité, ils n'en feroient jamais de bled, le gland ne leur coustant que la peine de l'aller quérir dans les bois; de plus, il y a encore un autre proffit, c'est que la pointe de ce gland est couverte d'une coquille comme d'une calotte qui donne de la couleur plus pénétrante que la noix de galle. Mais ils n'en veulent point apporter, ils s'en servent dans le pays pour teindre les maroquins en noir, cela leur donne plus de lustre que la couleur qui vient de la noix de galle; on pourroit aussy apporter de ces pays là de bonne laine, car ils en ont quantité, à cause du grand nombre de moutons qu'ils nourrissent dans ces montagnes, et on pourroit avoir d'aussy bonne laine comme celle qui nous vient d'Espagne.

Pour faire que ces marchands arméniens et autres marchands du Levant reprennent leur première route, je croy qu'il seroit bon qu'on fit les mêmes manufactures de touttes sortes, or et argent, comme on les faisoit à Tours; mais la meilleure manufacture qu'on y pourroit établir, ce seroit de drapperie; car ce qui fait que les

Arméniens et autres marchands se sont adonnés à aller faire leur négoce en Hollande, c'est qu'aussitost qu'ils ont vendu leur marchandise, ils touchent leur argent, et par ainsy on ne leur fait point de banqueroute, comme autrefois on leur a fait en France dont ils n'ont pas eu de raison. De plus, c'est que sitost qu'ils sont arrivés en Hollande, ils s'accordent avec les marchands de leur fournir ce qui leur faut de drap de telle longueur et largeur, les pièces et les couleurs, après qu'ils auront vendu leur marchandise; et le plus souvent ce sont ces marchands qui leur acheptent; et s'ils veullent des draps d'Angleterre, ils vont à Roterdam, où il a une maison angloise où il ne se fait point d'autre négoce que de draps, ils les ont à aussy bon marché que s'ils alloient en Angleterre, car ceux qui sont à Roterdam, sont d'une autre compagnie et fort envieux les uns sur les autres.

Ce qui est de plus fâcheux pour ces marchands levantins, c'est quand ils veulent s'en retourner dans leur pays, il faut qu'ils attendent après un convoy, et il faut tout au moins trois ou quatre mois avant qu'ils se puissent mettre à la voille, parce que c'est l'admirauté qui donne ces vaisseaux, et plus souvent la faute vient de ces marchands arméniens qui ne conviennent pas avec ces Messieurs de l'admirauté pour le fret de leurs marchandises, car ils tondroient sur un œuf. De plus, il faut qu'ils fassent un grand tour tant par mer pour les corsaires que par terre pour les volleurs, ce qui fait qu'ils vont plus volontiers aux ports d'Espagne et de Portugal et de France, à Majorque, Minorque, Marseille, Nisse, Toullon, Gennes, Naples, Sicille, Candie, car dans tous ces lieux, il y a toujours quelque marchand qui a son facteur en Levant, à qui il faut qu'il envoye de l'argent ou des marchandises et par le mesme convoy, ils reçoivent leurs retours; ceux qui prennent la routte de Hollande se trouvent bien heureux quand ils font ce voyage, sortant de Hollande, en huit ou neuf mois.

Pour faire que ces marchands arméniens et autres marchands du Levant reprennent leur premiere route, il faudroit faire comme j'ay déjà dit, establir ces deux manufactures, l'une pour les étoffes d'or, argent et soye et l'autre pour les draps. Cela pourroit faire d'autant plus de bien à la France et auxdits marchands, qu'ils pourroient faire deux voyages contre un, et pourroient emporter des draps comme ils font de Hollande et plusieurs autres curiosités qu'on fait en France, qui plairoient fort aux seigneurs de leur pays, car ce n'est pas leur proffit que d'emporter de l'or et de l'argent en lingots ou monnoye, car devant qu'ils soient sur les terres du Grand Mogol, tant pour la voiture que pour le monnoyage, quand on le veut employer, on y perd près de neuf pour cent et c'est le contraire sur les marchandises que l'on emporte ; sur le drap que les Arméniens emportent d'Hollande en Perse, ils ont jusqu'à vingt-cinq pour cent, selon que les couleurs sont vives.

Pour ce qui est de moy, sur les joyaux et pièces d'orfévrerie que j'ay portées dans mes voyages jusques en Perse, j'ay toujours du moins fait vingt pour cent et bien plus chez le Grand Mogol et le Roy de Golconda et autres princes de l'Asie. J'ay une fois emporté dans un voyage, cinq perles qui estoient en forme de poire, qui m'avoient cousté à Anvers, vingt-trois mille livres. Je les vendis à Amadabat, au prince Chataquan, soixante quatre mille. Étant arrivé à Paris, après que les pierres furent travaillées de différentes manières, je vendis le tout à Monsieur le cardinal Mazarin. Touttes choses payées, j'eus deux cent une mille livres de bon, et Monsieur le Cardinal a dit plusieurs fois qu'il n'en avoit jamais achepté de si beaux, ny à si bon marché.

Ce fut dans ce voyage que je fus à trois mines, à celles de Golconda, Collour et Ganidans. Dès mon premier voyage, j'avois bien envie d'y aller, mais les Anglois, Hollandois et Portugois qui estoient à Agra et à Sira, m'en empêchèrent. Il est vray que j'ay esté le premier chrestien qui soit allé aux mines ; je m'en suis bien trouvé touttes les fois que j'y suis allé ; on a bien meilleur marché quand on les achepte de la première main, car si on achepte des diamans à Amadabat, ou à Sourat, ou Goa, il y a toujours jusques à dix-huit ou vingt pour cent d'augmentation, car devant qu'ils viennent entre les mains des marchands qui sont dans ces villes cy nommées, ils mettent toujours entre les bonnes parties quelque pierre salle ou de mauvaise eau.

Dans mes premiers voyages, on ne voyoit en Europe que de belles pierres, mais depuis que ces marchands arméniens et autres nations sont allés sur mes pas et venus en Europe, surtout à Paris, à Venise, en Hollande, à peine voit-on une belle pierre et rien que du menu. C'est un grand hazard quand ils apportent une belle pierre, les plus belles pèsent douze ou treize carrats, on ne risque rien aux Indes, quand on trouve une belle pierre de l'achepter quand elle peseroit trente ou cinquante jusques à cent carrats, mais ce qui gaste bien ce négoce de diamants, ce sont les serviteurs de la Compagnie hollandoise. Comme ils n'ont pas la liberté de négotier, ils n'osent point achepter de grosse marchandize ; ils n'acheptent que chose qu'ils puissent mettre en peu de lieu et secretement, et quand ils veullent revenir en Hollande, de peur que la Compagnie ne trouve ce qu'ils ont derobé, ils les mettent en diamants et autres pierreries, cela se peut cacher en peu de lieu.

C'est une chose étonnante à ceux qui pourroient sçavoir, comme moy, les larcins que font ces serviteurs de la Compagnie, quand ils peuvent parvenir à estre une fois chef de comptoir dans le moindre que la Compagnie a aux Indes. Le chef peut mettre, chaque année, mille escus en bourse et sa seconde personne ne s'oublie pas, ny son secrétaire, ni le courctier qui en prend bien autant que les trois autres. Cela n'est que pour les petits comptoirs, ceux qui sont dans les grands comme à Seuratte, Amadabat, Bengalle, Masulipatan, Balsoura ou Ormus et à plusieurs autres; tous les chefs de ces comptoirs là, quand ils ne dérobent par année que quarante ou cinquante mille escus, il ne faut pas que la Compagnie se plaigne, car il y en a qui pourroient en dérober beaucoup plus, sans que l'on pust s'en apercevoir.

Pour ce qui est de la Compagnie françoise, il y a quelques-uns de leurs serviteurs qui commencent à faire le même négoce que ceux de la Compagnie de Hollande, c'est où on devroit le plus prendre garde, car si ces serviteurs dérobent dans les Indes cinq sols à la Compagnie, cela leur fait tort en Europe de quinze.

XLVI

Recommandation au Roy de Perse pour le sieur Comte de Siry et les missionnaires Jésuites qui sont en Perse et qui vont à la Chine.

A Marly, le 7e Aoust 1688.

Tres-haut, tres-excellent, tres-puissant, tres-magnanime et invincible prince, nostre tres-cher et bon amy, Dieu veuille augmenter Vostre Grandeur avec fin heureuse. Le Comte de Siry, nostre sujet, s'en allant auprès de l'Empereur de la Chine avec quelques-uns de nos missionnaires pour y faire dans ce grand empire et sur le chemin, les observations d'astronomie et de physique qui peuvent le plus contribuer à la perfection de la géographie et des autres sciences et estre utiles à toutes les nations, nous vous prions de luy accorder et à nosdits missionnaires le libre et favorable passage par vos Estats avec toute sorte d'ayde et de secours dont ils pourroient avoir besoin pour se bien acquiter des ordres dont nous les avons chargés. Nous recommandons aussy à Vostre Majesté, les Jésuites, nos sujets, establis dans son royaume et surtout ceux de Schaminakez (Chamakhi) dont nous prions Vostre Majesté de prendre l'establissement sous sa protection particulière. Nous espérons que la considération que nous avons pour eux vous les fera aussy considérer, lors qu'ils auront recours à Vostre Majesté, à quoy nous nous promettons qu'elle sera d'autant plus portée, que ces Pères font profession de tascher à secourir et assister tous ceux qui ont besoin d'eux dans les pays où ils demeurent, et de porter tous les sujets à garder toujours une obéissance inviolable et fidèle à leurs souverains. Sur ce, nous prions Dieu qu'il veuille augmenter Vostre Grandeur, avec fin toute heureuse.

Louis.

XLVII

Commerce de Perse. — La manière dont ce commerce peut être fait avec avantage.

Il n'y a de commerce avantageux pour un état, que celuy qui luy procure le débouché de ses manufactures et denrées superflues et des retours en matières premières dont il a besoin pour ses fabriques et en marchandises nécessaires pour sa consommation. Suivant ce principe qui est certain, il faut pour juger de quelle utilité peut être le commerce de Perse pour la France, examiner si elle y trouveroit ses avantages et, pour cet effet, voir quelles sortes de marchandises la Perse peut fournir pour nos manufactures ou pour nostre consommation, et enfin, si le commerce direct et immédiat de France en Perse et de Perse en France se peut faire sans qu'il sorte trop de matières d'or et d'argent. C'est ce dont on peut juger par les deux états suivans :

État des marchandises de France propres pour la Perse.

Draps verds et rouges, les autres couleurs ne s'y vendent point. — Serges. — Quincailleries. — Lames de sabre. — Tableaux représentans des batailles. — Des portraits de Princes et Princesses de la Cour. — Des pendulles, orloges, montres. — Des verreries. — Des cristaux. — Des lustres. — Des émeraudes. — Des dentelles d'or et d'argent. — Des matières d'or et d'argent.

Il est certain, qu'avec ces marchandises, on ne peut composer des cargaisons assés considérables et telles qu'il seroit nécessaire de les faire, pour supporter les frais d'un aussy long voyage que celuy de Perse, qui ne se peut faire en moins de deux ans. Il faudroit indispensablement joindre à nos foibles cargaisons plus de deux tiers d'argent, autrement nos vaisseaux ne reviendroient chargés qu'à demy, ce qui seroit ruineux pour les négotians, mais d'ailleurs, quand on porteroit en Perse des fonds suffisans pour l'achapt d'autant de matières et marchandises qu'il en faudroit pour y faire un chargement complet, y trouveroit on de ces matières et marchandises telles qu'il nous les faut pour nos manufactures et notre consommation, en assés grande quantité pour faire l'objet d'un commerce, c'est ce que l'on peut connoistre par l'état qui suit :

État des matières et marchandises de Perse propres pour la France.

Laine de Carmenie pour la fabrique des chapeaux. — Soyes écrues. — Pierre d'azur. — Vermillon. — Des turquoises. — Quelques drogueries et gommes.

Il est vray que l'on trouve encore en Perse d'autres marchandises, comme étoffes d'or et d'argent, tapisseries, toiles de Perse et autres manufactures, mais l'intérêt des nostres ne nous permet pas de les recevoir dans le Royaume. Il ne convient d'y faire venir que des matières propres pour nos fabriques ou pour nostre consommation telles que celles mentionnées dans l'état cy dessus, et qui, certainement, ne suffisent pas pour faire l'objet d'une aussy grande entreprise qu'est celle d'un voyage en Perse, si on en excepte l'article des soyes desquelles on pourroit, à la vérité, composer des cargaisons entières. Mais, outre que l'entrée en est actuellement défendue, il ne conviendroit ny à l'intérêt de l'état ny à celuy des négotians d'en apporter en trop grande quantité, parce que les négotians n'en trouveroient pas un débit avantageux et qu'elles feroient tort aux soyes originaires du Royaume.

De ce qui vient d'être observé et des deux états cy dessus, il résulte que nous ne pouvons faire le commerce de Perse à droiture sans y porter beaucoup d'argent ; que nous ne trouverions la consommation que de fort peu de nos manufactures et que les matières et marchandises propres pour nos fabriques et nécessaires pour notre consommation que nous pourrions en tirer, ne suffisent pas pour faire l'objet d'une navigation aussy longue, d'où l'on doit conclure que le commerce direct et immédiat de France en ces pays et de ces pays en France, ne pourroit être désavantageux et pour l'état et pour les particuliers qui en feroient l'entreprise.

Mais ce même commerce pourroit être fait avantageusement et pour l'État et pour les négotians françois, en le joignant avec le commerce des Indes comme font les Anglois et Hollandois.

Projet d'armement de France en Perse.

Armer un vaisseau de cinq cents tonneaux ou environ ; le faire partir des costes de France au mois d'octobre pour aller relascher à l'isle de Ténérife avec une cargaison composée des marchandises suivantes dont moitié sont propres pour les Indes et l'autre moitié propres pour la Perse.

— Trois milliers de fer en barres plattes à 12# le quintal	3,600#
— Trente caisses de corail pesant cent cinquante livres chacune, poids de Marseille, assorties de cent vingt de menu, vingt de moyen et dix de gros à dix-huit cents livres la caisse.	54,000
— Cent quatre pièces de draps, trente quatraines de Carcassonne ; chaque balle assortie de cinq pièces d'écarlatte claire et de trois pièces verd de pistache en treize balles ; observer que chaque pièce tire vingt à vingt et une aulnes de $\frac{5}{4}$ de large entre deux lizières et que les lizières soient noires, à 12#,10^s l'aune	26,000
— Cent quatre pièces de drap vingt ans : chaque balle assortie de cinq pièces rouges de garance claire et non en foncé et de trois pièces verd de pistache id. comme dessus à 18# sur le pied de 2,080 aulnes.	16,640
— Cent pièces de serges vertes et rouges de vingt aulnes, sont deux mille aulnes à 40^s l'aulne. . . .	4,000
— Trois cents serrures de quatre et de cinq pouces à 3#,10^s pièce.	1,050
— Mille cadenats de huit pouces l'un dans l'autre. .	800
— Cinq cents de couteaux flamans avec leurs gaines à 3#,5^s la douzaine	1,625
A reporter.	107,715#

Report.	107,715#
— Trois cents lames de sabres courbées sans être montées, à 5# pièce	1,500
— Douze montres d'argent doré à 150# pièce, moitié unie, moitié cizelée	1,800
— Douze montres de métail, moitié unie, moitié cizelée, à 100# pièce	1,200
— Six montres à boëttes d'or, moitié unie, moitié cizelée, à 500# pièce	3,000
— Six pendules avec leurs consoles à 400# l'une dans l'autre	2,400
— Des tableaux et optiques pour	3,000
— Des cristaux comme goblets, tasses, bassins, aiguières, etc., pour	3,000
— Des verres et verres colorés pour des chassis de fenestres pour	3,000
— Des miroirs de plusieurs grandeurs pour.	6,000
— Des lustres et girandoles de cristal et des émeraudes bruttes pour	20,000
— Cinquante barriques de vin de Bordeaux, de Monferan, à 100# la barrique.	5,000
— Cinquante barriques de Malvoisie, je dis bottes à 240# la botte.	12,000
— Cinquante barriques d'eau-de-vie à 80# la barrique.	4,000
— Soixante marcs de fil d'or sans être tort à 52#.	3,120
— Fil d'argent, id. 40 marcs à 41#.	1,640
Total des marchandises.	184,375
Matières d'argent.	175,000
	359,375#

De l'isle de Ténérife, après y avoir chargé les cinquantes bottes de Malvoisie dont il vient d'être parlé, aller au Cap de Bonne Espérance pour s'y faire rafraischir, de là à Pondichéry, y débarquer les marchandises d'Europe qu'on avoit destinées pour cet endroit, et la quantité de matières d'argent nécessaire pour y achepter et faire préparer les marchandises de la coste qui sont du meilleur débit en Perse, les qualités de ces marchandises consistent en poivre, salempouris, betille, percales, toiles écrues, longy, toiles peintes, aleys de Masulipatam.

Cela fait, partir de Pondichéry en juin, entrer dans le Gange, aller prendre à Bengale d'autres marchandises qu'on a coutume de porter en Perse et qui consistent : — En sucre blanc, cassarie de Bengale, sucre candy, du bois de sapan, de la cire jaune, du bois de sandal, des mallemolles, des allegeas, des torquies, des ceintures de soye, des doreas, des porcelaines, des soucis, du riz ; des cabayes qui sont des toilles rayées de coton, propres pour habiller les hommes et des cotonnis de soye et de coton.

Si avec ces marchandises, celles qu'on doit revenir prendre à Pondichéry et celles qu'on auroit aportées de France, on remarquoit que la cargaison du vaisseau ne fut pas encore complette, on pourroit prendre à fret des marchandises pour le compte des marchands arméniens, qui font le commerce de Perse et ce fret est très considérable. Le 20 décembre, on mettroit à la voile, on reviendroit prendre à Pondichéry les marchandises qu'on y auroit commandées, d'où l'on partiroit, le 20 janvier, pour aller débarquer dans le port de Bender Abassy où le vaisseau pourroit arriver vers la fin de février.

Pendant les trois mois suivans, c'est-à-dire jusqu'à la fin de may, on auroit tout le tems nécessaire pour se procurer une vente avantageuse et pour assembler les marchandises dont il conviendroit de charger tant pour les Indes que pour la France et qui consistent en ce qui en suit :

— Soyes écrues, laines de Carmenie, vin de Chiras, eau rose, tapis, satins, zerbaffes et brocards, pierre d'azur, vermillon, fruits secs comme pistaches, avelines, amandes, raisins et autres sortes.

Lamas qui est un bois de racine rouge qui sert pour la teinture, et les autres drogueries et gommes que la Perse produit, quelques parties de perles si elles sont à bon compte, des sequins d'or et des abassis qui sont une monnoye d'argent. Son chargement fini, s'il ne se trouve pas complet, il embarquera encore des passagers avec des marchandises à fret qui est ordinairement de 8 ou 10 roupies faisant 12 ou 13# monnoye de France pour 75# pesant.

Il partiroit de Bender Abassy, au mois de juin suivant, pour aller à Pondichéry ; il y arriveroit dans la fin de juillet, y débarqueroit les marchandises de Perse destinées pour la coste de Coromandel et ne garderoit que celles destinées pour France, qui consistent, comme on l'a observé, en soyes écrues, laines de Carmenie, vermillon, pierre d'azur et quelques gommes et drogueries.

Il commanderoit à Pondichéry les marchandises du lieu, qu'il conviendroit d'embarquer pour France et qu'on luy prépareroit pendant qu'il iroit le long de la coste de Coromandel et à Bengale vendre celles qu'il auroit apportées de Perse pour cette destination et y débarquer les passagers qu'il auroit pris en Perse.

Il iroit à Bengale dans la fin d'aoust ; il pourroit rester jusqu'à la fin de décembre pour faire cette vente et pour achepter les matières et marchandises qui s'y trouvent propres pour la France, telles que toiles de coton blanches, mousselines, bois de sapan, poivres, bois rouges, cire jaune, cire blanche et autres drogueries et épiceries.

De Bengale, il reviendroit à Pondichéry où il prendroit les marchandises propres pour la France, qui luy auroient été préparées et en partiroit vers le 10 de février pour revenir en France, où il arriveroit en juin ou juillet, en sorte que le voyage seroit environ de trente-trois mois.

Le commerce de Perse, conduit de cette manière, ne pourroit manquer d'être très profitable aux particuliers qui l'entreprendront et à l'Etat ; il ne seroit pas besoin d'employer une si grande quantité d'argent que l'on en porte ordinairement dans ces sortes de voyages, parce que nous porterions de nos manufactures en plus grande quantité et de touttes les espèces dont nous nous déferions avec avantage, partie dans les Indes, partie en Perse ; le profit d'ailleurs qu'on retireroit tant de la vente des marchandises qu'on porteroit de l'Inde en Perse et de Perse aux Indes, que du frêt des marchandises qu'on prendroit dans la traversée pour le compte des Arméniens, serviroit à l'achapt des matières et marchandises de Perse et des Indes propres pour nos fabriques, et dont nous avons besoin pour nostre consommation. On peut même adjouter que la jonction du commerce de Perse avec celuy des Indes rendroit par cette raison non seulement le commerce de Perse utile à la France, mais, de plus, elle rendroit celuy des Indes beaucoup plus avantageux qu'il ne l'est de la manière dont on le fait, et empêcheroit qu'on y portast plus des trois quarts d'argent, comme on est obligé de faire présentement pour y commercer.

C'est ainsy qu'en usent les Anglois et les Hollandois, et c'est dans ces sortes de commerce d'Inde en Inde qu'ils font leurs profits les plus considérables.

On a reconnu, en différens tems, par les prises qu'on a faites de leurs vaisseaux allant aux Indes, qu'ils n'ont coutume d'y porter que pour 40 ou 50^m piastres de matières d'argent dans chaque vaisseau, et qu'après y avoir navigué et commercé d'un endroit à l'autre, pendant quelques années, ils en rapportent jusqu'à des deux ou trois millions.

Suivant le projet d'armement cy dessus, le vaisseau qu'on char-

geroit en France pour aller aux Indes et des Indes en Perse, partiroit d'un port de France avec une cargaison de la valleur de 359,375 l. sçavoir : — En marchandises et manufactures de France. 184,375 l.
— En matières d'argent . . . . 175,000 l.

On échangeroit dans les Indes une partie de cette cargaison avec des marchandises des Indes propres pour la Perse.

On pourroit compter sur trente pour cent de profit sur la vente de cette cargaison en Perse ; c'est-à-dire, qu'au lieu de 359,375 l. elle seroit de 467,187 l. en Perse, où l'on employeroit ce fonds en achapt de soyes écrues et laines de Carmenie propres pour la France et en d'autres marchandises propres pour les Indes, conformément aux états cy dessus.

On revendroit dans les Indes les marchandises qu'on auroit chargées en Perse pour le commerce de ces pays.

On suppose qu'on rechargeroit en Perse pour 450,000 l. de marchandises, sçavoir :

Marchandises pour être consommées dans le Royaume 30,000 milliers de soyes écrues qui reviendront l'une dans l'autre à quatre livres la livre rendues à bord du vaisseau, cy. 120,000 l.
60,000 l. de laine de Carmenie à 12 s. la l.
rendues à bord . . . . 36,000 ⎱ 176,000 l.
En drogueries et gomme . . . . 20,000 ⎰
En marchandises dont la vente se fera aux Indes . . 274,000

Total . . . . 450,000 l.

Le bénéfice qui se fait dans les Indes orientales sur les marchandises que les Anglois et les Hollandois y apportent de Perse, est ordinairement de cent pour cent. Sur ce pied, les 274,000 l. cy dessus donneront aux Indes la somme de 548,000 l. Ces 548,000 étant employées en marchandises des Indes propres pour la France, comme poivre, bois de teinture, drogueries et toiles de coton, produiront à la vente en France à trois pour un ou deux de net qui est le plus bas prix qu'on puisse évaluer la marchandise. 1,644,000 l.

Les trois parties cy dessus consistent en soyes écrues, laine de Carmenie, drogueries et gommes dont on a tiré le montant hors ligne pour 176,000 l. et que l'on chargera avec les autres marchandises dont on aura fait emplette dans les Indes orientales, au retour du voyage de Perse, produiront également à trois pour un 528,000

Total de la vente en France . . . . 2,172.000 l.

Pour la valeur desquelles 2,172,000 l. il n'aura été chargé en matières d'argent que 175,000 l. ; ainsy l'Estat profitera de 1,997,000 l. dont il sera débiteur de moins aux Anglois et aux Hollandois, sans parler de tous les avantages qui résulteront de ce commerce, tant pour le progrès des missions dans la Perse que par l'entretien de la navigation qui forme des pilottes et des matelots.

L'on ne met point icy en ligne de compte les marchandises que l'on prend à frêt aux Indes et en Perse et qui, cependant, comme on a observé cy dessus, bénéficient considérablement de ces sortes de voyages, parce qu'on ne regarde le bénéfice qui résulte du frêt que pour indemniser les armateurs des frais de la navigation d'Inde en Inde.

Le chevalier Matheus Anglois qui a fait deux voyages des Indes en Perse dans la dernière guerre, a fait jusques à 300,000 l. de frêt dans chaque voyage, n'ayant rien chargé pour son compte.

XLVIII

COMMERCE DE PERSE

Mémoire du Député de Marseille (1690).

Le commerce de Perse en France n'est pas à establir ; il l'est depuis des siècles, d'une manière dont la France se trouve bien. Il seroit très dangereux de le détourner de la Méditerranée pour le faire passer par l'Océan.

Lorsqu'on a proposé cette nouveauté, on s'est figuré qu'on épargneroit par là les frais des caravanes ou transport des marchandises par terre dans la Turquie, les proffits de la première main, et les droits des douanes du Grand Seigneur.

Les dépenses des caravanes sont peu de chose, à cause de l'abondance des victuailles et de la sobrieté des chameaux et de ceux qui les conduisent. Les négocians arméniens et juifs qui font ce commerce se contentent d'un proffit fort modique ; l'objet des douanes du Grand Seigneur est plus considérable et le priver de ses droits, ce seroit s'exposer à des grands malheurs.

Mais, on doit faire réflexion à ce que la navigation de France en Perse est prodigieusement longue et difficile ; il faut nécessairement pour y arriver, contourner l'Affrique, passer deux fois sous la ligne équinoxiale, et y repasser deux autres fois en revenant, dont les marchandises sont altérées ou gastées au lieu que la voye ordinaire de la Méditerranée est très courte et seure, sans que les marchandises en soient emdommagées ; un moindre vaisseau et un quart de l'équipage suffisent. Tout cela est capable de suppléer à l'économie qu'on peut se proposer, et au-delà.

Le plus ou moins d'économie n'est pourtant pas ce qui demande les grandes réflexions qui sont nécessaires dans une affaire de cette importance où il s'agist de faire essay d'une nouvelle manière de faire un mesme commerce, le succès de laquelle est incertain, et de s'exposer visiblement à perdre les establissemens anciens et importans qui subsistent dans les Echelles du Levant, lorsqu'elles entretiennent un commerce qui contient celuy de tout l'Estat.

Les soyes, laines, drogues et autres marchandises de Perse qui sont portées aux Échelles, font une des principales parties du commerce desdites Échelles. Les mêmes marchandises produisent un frêt aux vaisseaux françois qui y portent les denrées et ouvrages des manufactures de France, sans lequel frêt, ils ne sçauroient continuer ladite navigation. Un commerce qui vient à estre démembré est ordinairement perdu. On a esté sur le point d'en faire la triste expérience dans le même commerce du Levant, dans un cas tout pareil, mais bien moins important, ce fut lorsqu'on en détourna les épiceries. La moindre nouvelle secousse est capable de le détruire tout à fait. Les Anglois et les Hollandois se flattent déjà du doux espoir de voir déserter les sujets du Roy et leur céder la place dans le Levant. Ils méditent continuellement ce coup d'Estat qui abîmeroit tout le commerce de France pour toujours.

D'ailleurs, suivant les anciens édits renouvellés par celuy du mois de mars 1669, et les arrests rendus en conséquence, les soyes ne peuvent absolument, sous prétexte d'entrepost, ni autrement, entrer dans aucun port de France, que celuy de Marseille, et les autres marchandises de Perse ne peuvent entrer en franchise que par le même port et par le seul port de Rouën, en payant vingt pour cent de leur valeur, le tout, à peine de confiscation, en telle sorte que tous les autres ports de France sont *prohibés*. Les motifs de ces règlemens sont principalement :

1° De conserver les importantes manufactures de soyeries de Lyon et les privilèges de la ville où elles doivent estre portées de Marseille sans pouvoir estre débalées dans la route.

Le second de faire valoir les fermes des droits du Roy, et en assurer la levée dans les bureaux establis.

Le troisiesme d'oster aux Anglois et aux Hollandois le commerce desdites soyes et marchandises de Perse en France, pour laisser lieu aux sujets du Roy d'en profiter, d'entretenir leur navigation et de l'augmenter.

Le quatriesme d'empescher que la France ne devînt débitrice du prix desdites marchandises envers lesdites deux nations, toujours attentives à se rendre créancières de ce Royaume par toutes sortes de moyens, pour attirer par là nos espèces, et varier le prix des changes à leur avantage et à nostre préjudice.

Ces motifs sont devenus plus puissans que jamais depuis que par les traités de paix de Riswik et d'Utrecht, que nous exécutons avec les Hollandois, ceux cy ont la faculté de faire le commerce du Levant et de Perse aux mesmes conditions que les propres sujets du Roy. En telle sorte que, si nous avions la liberté de détourner le commerce de Perse de la voye ordinaire de la Méditerranée, pour le faire passer par l'Océan, sans nous assujetir aux seuls ports de Marseille et de Roüen, et au droit de vingt pour cent dans ce dernier, les Hollandois, en vertu des susdits traités feroient, dès à présent, ledit commerce, non seulement en concours avec nous, mais encore ils le feroient seuls à nostre exclusion après nos premiers voyages, parce qu'ils ont déjà depuis longtemps des establissemens en Perse. Nous n'y en avons aucun et nous ne sçaurions nous y establir et y subsister avec eux et avec les Anglois qui y sont encore plus puissans, outre que nous n'avons pas des denrées à y porter.

Il s'ensuit de là que l'essay que nous ferions de ce commerce de Perse en France par l'Océan ne pourroit servir qu'à ruiner, par cette diversion et par la cessation des caravanes, le commerce du Levant en France en faveur desdites deux nations qui y augmenteroient le leur par la diminution et le dérangement du nostre et à donner en même temps aux Hollandois, la liberté de voiturer dès à présent, pour toujours, avec titre, les marchandises de Perse en franchise dans tous les ports *prohibés* du Royaume, lorsqu'ils les auroient chargées dans l'Océan, supposé (et voicy le point) que ces marchandises peussent estre regardées comme dénaturées et rendues libres par la seule raison qu'elles n'auroient pas esté chargées comme à l'ordinaire, et comme de tout tems, dans la Méditerranée, mais dans l'Océan.

On pourroit avoir été flatté de cet espoir de liberté et de franchise, sans avoir consulté le conseil de commerce, par quelques particuliers qui, suscités peut-estre, par les Hollandois, ont paru dans des dispositions d'envoyer des vaisseaux charger dans le golfe d'Ormus des marchandises de Perse pour les porter en France. S'ils venoient à exécuter témérairement leurs projets, et qu'à leur retour, ils ne trouvassent ni cette liberté, ni cette franchise, ce seroit s'estre ruiné, et si elles leur estoient accordées, ce seroit céder ledit commerce pour toujours aux Hollandois, parce que par les susdits traités conclus à Riswik et à Utrecht, il leur est accordé la même liberté qu'aux sujets du Roy dans le commerce maritime.

Ainsy, il paroit nécessaire que le conseil ait la bonté d'expliquer ses intentions là-dessus, ou qu'elles soient rendues publiques, avant que, sur quelque exemple, des sujets du Roy veuillent avoir droit d'introduire en France les marchandises de Perse, non seulement par le port de Roüen avec exemption du droit de 20 pour 100, mais encore par tous les ports prohibés et passagers du Royaume avec la même exemption et avec les autres franchises et modérations des droits des fermes du Roy.

X LIX

MÉMOIRE POUR LE COMMERCE DE PERSE

Dans l'établissement que l'on propose en Perse, il faut avoir en vue, et distinguer deux sortes de commerce, celuy des Indes et celuy d'Europe. Le premier est très seur et très avantageux et peut, non seulement suffire en l'entretien des employés d'Ispaham et du Bender Abassi, mais encore donner de très grands profits touttes les années. — Pour y parvenir, il faut que la Compagnie destine deux ou trois vaisseaux qui fassent touttes les années un voyage d'Inde en Perse et dans la mousson convenable. — Ces vaisseaux se mettront sous le frêt et recevront les marchands, passagers Arméniens, Indiens et autres qui se présenteront avec leurs effets; on ne manquera pas de trouver dans ce seul frêt touttes les dépenses de l'armement par la raison que les François sont toujours préférés aux Anglois, sur lesquels lesdits marchands et passagers ne s'embarquent qu'à regret, parce qu'ils trouvent chez nous meilleure composition, beaucoup plus d'honnesteté et de civilité que chez les autres qui les tirannisent et les maltraitent; voilà qui est sans contredit.

Le lest de ces vaisseaux est ordinairement en ris et en sucre de

Bengalle ; si c'est pour le compte des chargeurs, le ris donne 50 pour 100 et le sucre 25 pour le frêt qui se prend en espèces et si la Compagnie le fournit elle-même, elle y trouve les profits que les chargeurs se proposent, qui sont ordinairement de trois pour un, touttes les autres marchandises des Indes propres pour la Perse rendues à Ispaham donnent, dans le cours ordinaire, l'une portant l'autre, de 80 à 100 pour 100 de profit. Les employés de la Compagnie angloise font leur fortune en peu d'années à ce commerce ; d'abord qu'ils sont parvenus à être chefs du comptoir, ils ont crédit ouvert ; ils empruntent 40 ou 50 mille écus au change courant de la place, les envoyent à Bengalle ou autres lieux de leur résidence ; leur retrait arrive en moins d'une année, parce qu'ils ont des vaisseaux destinés à ces voyages annuels. Quand il est arrivé, ils vendent à 80 ou 100 pour 100 de profit ; ils font faire un second voyage aux fonds qui leur demeurent après avoir acquitté leur emprunt, et ce second voyage les met en état de se retirer, nous en avons veu partir deux dans moins de cinq années, avec une fortune de cinquante ou soixante mille écus gagnés de cette façon. Il est constant aussi que les capitaines, sobreguargues et autres officiers des navires françois armés pour compte des particuliers, empruntent dans les Indes de l'argent à la grosse aventure à quarante pour cent et ne laissent pas, malgré ce gros intérest, de bien faire leurs affaires, quoy qu'ils ne vendent qu'à Bender Abassi, où le prix des marchandises est toujours plus bas de 40 pour 100 qu'à Ispaham. Pourquoy est-ce que la Compagnie qui est aujourdhuy puissante n'entreprendroit pas de faire elle-mesme un commerce auquel ses employés s'enrichissent et qui mesme en a soustenu plusieurs dans le temps que ses affaires languissoient, cela étant ainsi comme il est de fait, n'est-il pas évident que ce seul commerce peut, comme il a été dit, fournir à l'entretien des employés d'Ispaham et de Bender Abassi et donner de grands profits par dessus.

Mais voyons quelles sont les marchandises en question.

Marchandises d'entrée d'Inde en Perse.

Outre le ris et le sucre dont il est parlé cy dessus, on trouve un profit constant et presque toujours de 100 pour 100 sur les articles suivans qui sont les toileries blanches de toutte sorte, comme sanas, garas, malmoles, tocques, mousselines de toute façon, unies, rayées, fleuries, etc. ; les toiles peintes, comme chit ou indiennes, en tapis, couvertures, etc., les étoffes de soye, comme somis, aurengchays, tipayes, chaquila, chalbafs et plusieurs autres, les pièces de mouchoirs en soye, ou soye et cotton, tous ces effects donnent, sans contredit, des profits seurs et considérables et se consomment, partie en Perse et partie sont levés par les marchands grecs, turqs et arméniens qui les transportent en Turquie et en Europe où s'en fait la consommation. — La Compagnie peut aussi envoyer de tems en tems du caffé de Mocca ; les Anglois et Hollandois le pratiquent très avantageusement, elle peut encore mieux présentement qu'elle est en possession de Mahé, envoyer du poivre et du cardamone ; sur tout cela, il n'y a nulle perte à craindre, et beaucoup de profit à espérer ; il y a plusieurs autres marchandises des Indes qui se consomment directement en Perse, c'est la cochenille, le bois de sandal rouge pour la teinture, du blanc pour les parfums, du bois d'ébène, l'ivoire, des cocos, de l'huille de coco, des cannes à fumer et à écrire, du gingembre, des parfums, la lacque et le safran. Les vaisseaux qui ont porté ces marchandises se remettent au retour sous le frêt et chargent pour leur retrait.

Marchandises de sortie de Perse aux Indes.

Des eaux de vie, des eaux roses, du vin et autres distillations qui se vendent à très haut prix dans les Indes, de l'argent monoyé, des amandes, des pistaches, et touttes sortes de fruits secs, des racines pour la teinture appelées ruinas, des galles, des tapis, des peaux de vache de Russie, des maroquins, des chevaux, des étoffes brocards d'or et d'argent, et du sel d'Ormus, dont on fait le lest des bâtimens et qu'on trocque assés ordinairement avec du sucre, poids pour poids, dans les Indes. Voilà quel est le commerce des Indes en Perse ; il faut voir celuy de l'Europe.

Il n'est nullement nécessaire d'équiper des vaisseaux exprès en France pour porter au Bender Abassi les marchandises propres pour la Perse à moins que, dans le commencement, on ne voulût faire parade des forces de la Compagnie, ce qui dans le fonds faisoit un fort bon effect ; cette veüe à part, les vaisseaux qui font les voyages des Indes peuvent les porter à Pondichéri, ou à Bengalle, ou à tel autre lieu destiné pour le magasin général, et de là, avec moins de dépense, on les chargera sur ceux qui seront destinés pour le commerce d'Inde en Perse.

Voicy quelles sont ces marchandises.

Marchandises d'entrée d'Europe en Perse.

Les principales sont : le drap, la perpétuane, la serge, l'étain, le plomb, et le vif argent ; on peut y adjouter aussi des damas, des tabisoudes, des glaces de miroir, des verres coupés de touttes sortes de couleur, le corail travaillé ou non, les cristaux, l'horlogerie et la quincaillerie, tout cela est de débit, et les articles qui ne souffrent point en magasin ont leur rencontre, et sont toujours vendus avantageusement quand on veut attendre ; pour les autres comme draps, serges et perpétuanes, quoyque rien ne se gatte à Ispaham à cause de la bonté et sécheresse de l'air, il ne faut pourtant pas en surcharger les magasins, et n'en envoyer à la fois que ce qui peut être débité dans une année, pour tenir toujours les acheteurs en haleine sur l'incertitude de ce qui doit venir ; les matières d'or et d'argent, les sequins, les piastres, et touttes les espèces étrangères sont marchandise en Perse et y passent plus avantageusement qu'en aucun autre endroit de l'Orient.

Voicy ce que l'on tire de Perse.

Marchandises de sortie de Perse en Europe.

Diverses sortes d'étoffes et de brocards, les soyes fines du Guilan, les ardasses et les ardassines de Chamaki et de Ganges, les toiles peintes, l'assa fetida, les laines fines, celles de la première qualité viennent de Kerman, celles de la seconde de Machat, et celles de la troisième, on les tire de Tauris. On doit encore regarder comme marchandises de Perse, la rhubarbe, le séné, et la semensine quoy qu'elles soient apportées à Machat par les Yousbeks, peuples libres qui en sont voisins. On peut faire passer ces marchandises en Europe, ou par les Indes, ou par la Turquie, cela sera au choix de la Compagnie, quand les Persans seront en paix avec les Turqs, que la seureté sera rétablie, et que les caravanes iront leur train comme auparavant. Il n'est pas nécessaire de dire que ces marchandises achetées de la première main, donneront bien plus de profit qu'étant achetées en Levant de la main des Arméniens qui les y portent.

Pour prouver l'utilité de ce commerce, il n'y a sans entrer dans de longues discussions que quelques réflexions à faire. — Premièrement, touttes les marchandises d'entrée sont du crû de la France, et si elles ne donnent pas des profits éclatans, elles en donneront infailliblement de seurs et solides, et ce sera un moyen de faire valoir et augmenter nos manufactures ; mais à l'égard des draps, il est de conséquence qu'ils soient de bonne qualité, qu'ils ayent du corps, que les couleurs en soyent hautes et éclatantes, et que rien ne manque à la largeur ni à l'aulnage. Il faut se mettre en réputation dès le commencement, et de cette façon on pourra fort bien en faire passer deux mille pièces touttes les années, et mesme beaucoup plus, lorsque la Perse sera revenue de ses agitations ; pour les autres articles, cela va du plus au moins, ils sont sujets à révolution, mais le profit en est seur et constant.

Pour les marchandises de sortie, chacun sçait ce qui en est, les Arméniens qui sont très habiles marchands ne se bornent pas de les vendre en Levant, mais ils en font négoce pour toutte l'Europe ; ce négoce les enrichit malgré les droits excessifs dont ils sont chargés tant en Perse qu'en Turquie. Sur ce pied-là, n'est-il pas évident que la Compagnie achetant de la première main, et n'ayant pas tant de droits à supporter, y trouvera encore mieux son compte en réunissant tous ces profits qui se partagent ?

Voicy une autre preuve de la bonté et de l'avantage de ce commerce ; elle paroit incontestable, on la tire de la jalousie des autres nations, et de l'obstacle qu'elles tâchent d'apporter à nostre établissement. Laissons à part les Hollandois, dont le commerce n'a rien de commun avec le nostre, et qui ne nous croisent que parce qu'ils voudroient être seuls partout où ils sont, et revenons aux Anglois, qui font tous leurs efforts et mettent tout en usage pour nous décrier et empescher nostre établissement. D'où peut provenir cela, si ce n'est de la crainte où ils sont que nostre commerce qui est en tout et partout semblable au leur, ne porte préjudice à leur Compagnie, et ne la prive des grands profits qu'elle et ses employés trouvent en Perse. Car ils n'ignorent pas que les Persans nous souhaittent, que la Cour est dans des dispositions favorables à nostre égard, et que pour peu que nous veuillions travailler, nous obtiendrons la confirmation des privilèges que nous souhaittons, et, qu'en un mot, ils ne pourront plus tiranniser, pour ainsi dire, les Persans par des infractions manifestes aux traités, par des contrebandes sans bornes, et par des manières fières et arrogantes qu'on est obligé de dissimuler jusqu'assés qu'on ait veu à quoy aboutiront nos belles promesses.
— De plus, quelle apparence y a-t-il, si le commerce de Perse ne donnoit pas des grands profits à la Compagnie angloise, quelle apparence qu'elle y entretînt son établissement avec tant de soin et de dépense, car rien n'est borné aux employés d'Ispaham et de Bender Abassi ; elle supporte tous les frais qui se font, tant pour l'éclat et

l'entretien des deux maisons, que pour les gratifications, et autres dépenses extérieures, et ces employés qui ne sortent rien de leur bourse ne ménagent point celle de la Compagnie, et font des dépenses que cette Compagnie qui n'est d'ailleurs pas trop bien dans ses affaires ne sçauroit supporter, si les profits n'étoient bien grands. Notre commerce est, comme l'on sçait, tant d'entrée que de sortie, tout pareil à celuy des Anglois, et de là et de tout ce qui a esté dit plus haut, on conclut que notre établissement en Perse ne sçauroit être qu'avantageux par rapport au commerce et l'on adjoute qu'il devient honnorable et nécessaire par rapport à la religion.

On le dit honnorable parce qu'il paroit de la grandeur de nostre nation d'avoir des établissemens partout où les autres Européens en ont, et, qu'en outre, tous les catholiques, religieux et missionnaires établis dans l'étendue de ce vaste empire, sont tous sous la protection de nostre Monarque, à l'abri de laquelle les uns et les autres ont l'exercice libre de leur religion et s'acquittent en seureté des fonctions de leur ministère. On avance que cet établissement est aussi nécessaire parce que les mesmes catholiques, religieux et missionnaires, n'ont été jusqu'icy, ne sont actuellement soufferts, protégés et maintenus dans leurs privilèges, que dans la veue d'avoir un jour nostre nation solidement établie, et nostre commerce constamment entretenu, ainsi qu'on le fait espérer depuis si longtems.

Mais si ce projet échoue, et si cet établissement est entièrement abandonné, il n'y a pas de doute que les catholiques ne soient persécutés jusqu'à l'extinction, et les missionnaires honteusement chassés de tous leurs postes. Ce n'est pas icy une simple conjecture tirée de l'animosité que les Arméniens hérétiques nourrissent contre les catholiques, ni des efforts qu'ils ont faits du tems des rebelles pour parvenir à ces fins; mais c'est une certitude touchée sur l'intention de la Cour persane, car voicy comment s'en expliquoient les premiers Ministres du tems de Cha Sultan Hossein, avant la venue des rebelles et de quelle manière on en a parlé plusieurs fois, depuis l'avènement de Cha Tamas, lorsqu'il a plu à ce Prince d'accorder la confirmation des susdits privilèges. — Pourquoy est-ce, disoit-on à Gardane, frère du consul, que nous accorderons à vos religieux tant de privilèges au préjudice de nos propres sujets? pour quelle raison, en faveur d'une poignée de misérables que vous appellez vos catholiques, et qui ne nous sont d'aucune utilité, devons nous mécontenter un si grand nombre de riches marchands qui par leurs soins infatigables et leur commerce assidu enrichissent le pays, augmentent les revenus du Roy, et se mettent en état de subvenir commodément à toute sorte de sujétions? — L'objection est forte, on ne peut y opposer que les égards qu'ils doivent avoir à la recommandation du plus grand monarque de l'Europe. Bon, reviennent-ils à dire, nous distinguons le Roy de France au-dessus des autres princes d'Europe, c'est pour cela que nous avons accordé tant de privilèges à ses sujets sans en avoir encore veu le moindre bénéfice; mais, à la fin du compte, il faut qu'il fasse exécuter les traités et qu'il nous tienne la parolle que ses envoyés nous ont si souvent donnée au sujet d'un bon et solide établissement, sinon, nous pouvons bien sans injustice, préférer nos sujets à des étrangers; voilà sur quoy l'on fonde la nécessité de cet établissement. Supposant donc touttes les raisons cy dessus alléguées, tant pour le commerce que pour la religion, bonnes et valables, il ne reste plus qu'à voir comment on peut le fonder et l'entretenir. — Il est de toute nécessité d'avoir deux maisons, l'une à Ispahan et l'autre au Bender Abassi; deux ou trois employés à chacune suffiront dans le commencement, et dans la suite, quand les affaires seront bien établies, on pourra avoir des facteurs au Kerman et à Tauris, pour y lever ses belles laines et débiter des draps. Il seroit très convenable que le chef de la maison d'Ispahan eût titre de consul pour le Roy et directeur pour la Compagnie, ces deux qualités ne sont pas incompatibles, et celle d'homme du Roy donnera non seulement du relief à ce chef auprès des gens du pays, mais terminera tous les différends au sujet de la préséance que les Anglois et les Hollandois ne se disputent entre eux et aux François qu'à raison de l'ancienneté de leur Compagnie. Ce chef donc, en qualité de consul, répondra à la Cour, fera valoir les privilèges, protégera les missions et les missionnaires, et en qualité de directeur répondra à la Compagnie en Europe et aux Indes et il en régira les affaires et le commerce, le comptoir du Bender Abassi, et ceux qu'on pourroit établir dans la suite luy seront subordonnés, mais il ne fera rien de considérable que par délibération avec les employés subalternes que la Compagnie trouvera bon de tenir auprès de luy. Le comptoir dudit Bender Abassi étant subordonné à celuy d'Ispahan, aura soin d'entretenir la correspondance, de faire passer les dépêches, d'envoyer et recevoir les marchandises d'entrée et de sortie, et de percevoir les droits que la Compagnie règlera sur les effets des particuliers qui trafiqueront d'Inde en Perse. Chez les Anglois, c'est cinq pour cent moyennant quoy, ces effets qui entrent dans la loge sont exempts de tout autre droit de courtage, magasinage, interprète, etc., et de cette façon, touttes les affaires se font dans la maison de la Compagnie, et les passagers ny les officiers des vaisseaux ne sçauroient porter préjudice par des ventes précipitées et indiscrètes. — La maison que nous avons à Ispahan est une des plus vastes et des plus belles; la donation nous en a été confirmée par Cha Tamas; rien n'y manque ni pour les logemens ni pour les magasins, elle a besoin seulement de quelques réparations; nous n'en avons point au Bender Abassi, mais dans les commencemens, on peut en prendre une à louage et dans la suite, si la Compagnie trouve les profits qu'on se promet, on pourra en faire bâtir une et si pour éviter toutte concurrence avec les Anglois, on vouloit s'établir dans quelque autre port, à Congo, à Bender Bouchir. ou à Bender Rik, nous y attirerions tout le commerce, et la Cour a promis tout contentement là-dessus. Le Bender Bouchir paroit le plus commode de tous; il est véritablement plus enfoncé dans le golfe, mais il est de douze journées plus près d'Ispahan et de Chiras, et plus à portée de Bassora, où l'on peut aussi faire quelque commerce. — Outre les deux ou trois employés qui sont nécessaires dans les maisons d'Ispahan et du Bender Abassi, il faut aussi un interprète à chacune et un chapelain pour celle d'Ispahan; il seroit mesme bon pour éviter touttes contestations, que ce chapelain fût indépendant de l'évêque et qu'il pût faire les fonctions curiales dans la maison consulaire, ou tout au moins que les privilèges de la chapelle fussent si bien établis que ce ne fût plus un sujet de contestation entre l'évêque et le consul. Il n'en est pas de ce pays là comme des autres de l'Orient. Les Persans aiment le faste, et le consul, s'il veut être respecté comme les autres chefs de nation, il ne sçauroit sortir sans un grand cortège, et la maison religieuse la plus proche est trop éloignée pour pouvoir y aller en tout tems, sans s'exposer quelques fois à des inconvéniens. — Il est à présent question de voir comment on peut fournir à l'entretien de touttes ces personnes; les Persans, comme on vient de le dire, aiment le faste, et ne font cas des gens qu'à proportion de la figure qu'ils font, de sorte que nostre nation pour être considérée à la Cour de Perse doit y faire une figure proportionnée à celle des Anglois et des Hollandois. Ainsi donc, le moins qu'on puisse attribuer au consul, pour l'entretien de sa maison, c'est douze mille livres touttes les années, encore faut-il supposer la bonne règle et l'économie dans l'intérieur, sans quoy il ne sçauroit y subvenir; il n'y a pas de doute que le Roy ne veuille contribuer six ou sept mille livres pour son consul en faveur des missions que Sa Majesté protège, la Compagnie fournira le reste, et règlera des appointemens aux deux autres employés, au chapelain et à l'interprète; elle fixera aussi la dépense et règlera les appointemens des employés du Bender Abassi, de la manière qu'elle trouvera bon, mais il faut sur toutte chose qu'elle entretienne dans les deux maisons neuf ou dix chaters pour porter les dépêches d'un comptoir à l'autre et à Alep même lorsqu'il le faudra, sans quoy l'on ne sçauroit bien faire ses affaires. Les Anglois en entretiennent quinze ou seize, et les Hollandois bien davantage. Faute d'avoir eu de pareils courriers qui vont toujours deux à deux, la pluspart de nos lettres ont été interceptées ou détournées dans ces derniers tems et lorsque la jalousie des affaires s'en mêleroit, il n'en passeroit plus aucune.

Nous avons à Chiras une maison que feu Cha Sultan Hossein avoit accordée au sieur Paderi; cette maison est en état; elle a été sauvée de la fureur des rebelles et de l'insolence du soldat Persan, par le facteur que ledit sieur Paderi y avoit laissé. Il étoit véritablement honteux qu'un homme caractérisé fût établi dans un poste où les autres nations ne tiennent que des simples serviteurs, qu'ils laissent toujours à la nomination du chef d'Ispahan. En effet, ces sortes de gens ne sont préposés que pour faire du vin, de l'eau de vie et autres distillations qui sont demandées dans les Indes. Il est à croire que nostre Compagnie abandonnera aussi ce petit bénéfice au chef d'Ispahan pour luy donner quelque aisance à soutenir son caractère et ce sera à luy de réparer, d'entretenir la dite maison, et la munir des ustencilles nécessaires; il y mettra aussi tel homme qu'il trouvera bon, à condition qu'il fournisse à la Compagnie le vin et les eaux de vie dont elle aura besoin à un prix honneste et raisonnable, ainsi qu'on le pratique chez les Anglois.

Pour conclusion de ce mémoire, on ne doit pas dissimuler que pour bien et solidement faire ratifier tous nos traités et fonder notre établissement, il en coustera quelque chose; il seroit même convenable que celuy qui sera destiné pour chef à Ispahan, ait au commencement le titre d'envoyé ou de commissaire, qu'il soit muni de deux lettres de créance, l'une de la part du Roy et l'autre de la Compagnie, et aprez avoir bien établi tous nos privilèges, il demeurera à Ispahan, et ne retiendra plus que le titre de consul et de directeur; mais il faut se persuader qu'il ne réussira peut-être point du tout s'il n'a quelques présens honnêtes pour Cha Tamas et pour ses principaux ministres. On fera dans ces commencemens de règne avec peu de chose ce qu'on ne sçauroit faire après avec des grosses sommes; il n'y a qu'à profiter des dispositions favorables.

L

Relation du voyage de l'Archevesque d'Ancyre, envoyé légat du Pape et ambassadeur extraordinaire de Sa Majesté Impériale, vers le Grand Sophy de Perse : où l'on verra de quelle manière ce légat du Saint-Siège a esté reçu dans le Royaume de Perse, et son entrée dans Hispaham, ville capitale de Perse.

(1699)

L'archevesque d'Ancyre estant party de Moscovie dans ce royaume en qualité de légat apostolique, pour les missions de Perse et du Grand Mogol, le Grand Sophy lui envoya un Mamandar sur la frontière pour le défrayer et le faire servir dans les lieux de sa route, avec ordre de luy fournir trente chevaux, tant pour luy que pour les gens de sa suite. Le gouverneur de Camak, qui est la première ville de la frontière, le reçeut avec les honneurs deus à son caractère, selon les ordres du Sophy; il donna audience au légat qui le régala de quelques présens, et il le traita ensuite, et le 8 mars, après une longue marche assez pénible à cause des hautes montagnes et des chemins difficiles qu'il faut traverser, il arriva le onze may à Casbin, qui a esté autrefois le siége des Roys de Perse, où il s'arresta trois jours. Le 22, il vint à Hazen, et le lendemain il rencontra dans sa route un ambassadeur Turc qui retournoit à Constantinople avec une suite de huit cents personnes. Lorsqu'il fut arrivé à deux journées d'icy, il fut rencontré et complimenté par le clergé romain d'Hispaham qui estoit allé à sa rencontre, il s'arrêta à Gest qui est une petite ville à trois lieues d'icy, d'où le Mamandar Bassy qui est l'introducteur des ambassadeurs instruit de l'arrivée du légat, qui envoya icy son secrétaire avec quelques domestiques pour faire compliment de sa part à l'ambassadeur du Roy de Suède, et aux consuls Anglois et Hollandois, à qui le légat avoit esté recommandé par des lettres de leur souverain. Le 11, le légat fut complimenté par le Mamandar Bassy qui luy fit sçavoir le 14 que le Sophy avoit marqué le lendemain pour son entrée publique, et que les Arméniens du fauxbourg nommé Sulfa, qui sont de l'Église Romaine, lui feroient l'honneur de l'accompagner: le Père Elie de l'ordre des Carmes déchaussés, natif de Monts en Hainault, évesque d'Hispaham, régla l'ordre de la marche avec le légat. Le 15, l'envoyé de Moscovie envoya ses trompettes et ses timballes pour joindre ceux du légat, et rendre l'entrée plus éclatante ; sur les trois heures après midi, la marche commença par vingt-quatre soldats, suivis des trompettes et des timballes qui précédoient le Mamandar Bassy avec les officiers de sa suite et douze pages ; le légat venoit ensuite accompagné de l'évesque d'Hispaham, et immédiatement après, les consuls d'Angleterre et d'Hollande, suivis des Pères missionnaires de divers ordres, sçavoir : Capucins, Jésuites, Augustins et Dominicains, tous à cheval, allant deux à deux, de même que le clergé séculier, et les Arméniens du fauxbourg de Sulfa au nombre de cent quatre-vingts personnes ; le bagage chargé sur quatre-vingts chevaux ferma la cavalcade qui passa par les principales rues de la ville, et alla descendre au palais destiné pour le légat, qui, le 17, célébra une messe solennelle pour rendre grâces à Dieu de son heureuse arrivée. Le 18 et les jours suivans, il reçeut les visites du clergé, des missionnaires, d'un grand nombre de marchands et autres personnes. Le vingtième, le Mamandar Bassy alla visiter les présens que le légat devoit présenter au Sophy. Et le sixième de juillet, il luy fit sçavoir que le Sophy avoit marqué le 9 pour le jour de son audience publique ; le Mamandar le vint prendre ce jour-là sur les sept heures du matin, avec un magnifique cortège, et le conduisit au palais Royal. Il y avoit devant la porte trois éléphans et douze chevaux de l'écurie du Sophy avec des brides d'or massif et des harnois et couvertures, enrichis d'une infinité de pierreries. Les salles estoient remplies d'un grand nombre de seigneurs persans magnifiquement vêtus. Le Sophy estoit assis sur son thrône ; le légat s'estant avancé luy fit sa harangue, et luy présenta ses lettres de créance, après quoy, il fut reconduit à un autre appartement, où le Sophy luy fit sçavoir qu'il l'invitoit à manger à sa table, et qu'il pouroit amener trois personnes avec luy, qui furent le Père secrétaire de la Légation, le Père Eustache de Bary et l'évesque d'Hispaham, tous trois Carmes déchaussés ; ils furent surpris de la magnificence de ce festin, dont les plats et vazes au nombre de plus de sept cents, estoient tous d'or massif ; le Sophy beut deux fois à la santé du légat et aux trois Pères ; et après le repas, on les reconduisit en leur Palais, où le légat reçeut tous les jours des visites des principaux du païs.

Ceux qui ont lu la relation de l'Estat présent du royaume de Perse ne seront pas surpris de la magnificence du festin où se trouva l'archevesque d'Ancyre le jour que ce prélat eut son audience publique ; c'est toujours dans des festins publics que le Sophy traite des affaires d'Etat et qu'il donne audience aux ministres des princes étrangers. Ces festins sont toujours très superbes et très magnifiques, parce qu'on étalle dans ces occasions tout ce qu'il y a de plus précieux dans la Maison royale, les tapis sur lesquels on s'asseoit sont de la dernière beauté, et les nappes qu'on y estend sont de brocard : on sert le Roy dans un vase d'or qui a plus de trois pieds de diamètre, le couvercle et le cadenat sous lequel la portion de ce monarque est renfermée sont de la même matière et on porte ce vase en cérémonie sur une espèce de civière ornée de lames d'or ; l'escuyer tranchant ouvre le cadenat devant Sa Majesté, et il se met à genoux après en avoir fait l'épreuve, et il sert les mets dans plusieurs plats d'or qu'il remplit avec une cüiellère et une longue fourchette d'or qu'il porte toujours à son côté. Quand le Sophy boit, on luy sert le vin dans des bouteilles scellées ; le grand maître les ouvre devant luy et en fait l'épreuve. Après qu'on a servi le Sophy, on sert les conviés dans plus de cent cinquante plats d'or avec leurs couvercles qui pèsent deux fois autant, chaque plat n'a pas moins d'un pied et demy de diamettre, les plats d'entremets sont d'or aussi ; avant que l'on ayt servy en or, on a déjà servi les confitures en vaisselle d'argent et pourcelaine. Le service des confitures et des sucreries précède toujours le repas, on les sert aux conviés pendant que le Roy donne les audiences et c'est dans ce tems que ce Prince fait donner du vin aux seigneurs de la Cour, et cecy n'est pas moins somptueux que le reste. Les bouteilles et les tasses dans lesquelles on les sert sont d'or émaillé, on les range sur le bord d'un grand bassin de marbre qui est au milieu de la salle où se font les festins, et on place au coin de ce bassin quatre petits tonneaux d'or et quatre d'argent qui pèsent chacun la charge d'un homme, on les met en ordre avec les bouteilles, les tasses, les cassolettes et les pots de fleurs qui sont tous d'or, ce qui fait, comme on peut se l'imaginer, une très agréable simétrie. On met en parade devant la salle où se font les festins, quantité d'éléphans, de lions, de tigres, de léopards et toutes les bêtes rares de la ménagerie, les chaînes et les clouds avec lesquels on les attache sont d'or, et chacun de ces animaux a devant soy deux cuvettes d'or, dans l'une desquelles est sa boisson et dans l'autre sa nourriture. Mais il n'y a rien qui approche de la magnificence de dix-huit chevaux de main, qu'on expose devant cette salle, chaque cheval vaut un trésor. Les estriers sont d'or, les brides, les poistraux, les devans et les derrières des scelles sont d'or émaillé, garnies de pierres prétieuses aussi bien que les housses qui sont fort amples ; le harnois de l'un est garny de diamans, l'autre d'émeraudes, de rubis et de saphirs, de très grosses perles, et de toutes sortes de joyaux d'une grosseur et d'une beauté enchantée. Chaque cheval a aussi devant soy deux cuvettes d'or, comme les autres animaux dont je viens de parler.

Voilà une terrible magnificence; on range quelquefois parmy les chevaux des asnes sauvages. Un missionnaire espagnol se trouvant en cette Cour, y présenta au Sophy une lettre du Roy de Pologne, et surpris de voir des asnes si bien ornez et si richement couverts, il perdit sa gravité, et ne put s'empêcher de rire. Un officier de la Cour s'aprocha de luy, et luy demanda fort civilement ce qui luy donnoit occasion de rire; il répondit qu'il rioit de voir traiter avec tant de distinction des animaux qu'on traitoit avec le dernier mépris en Espagne. L'officier luy répliqua avec esprit : C'est que les asnes sont communs en votre païs, et nous en faisons grand cas dans le nostre, parce qu'ils y sont rares.

Les lettres de Hamadam du 6ᵉ aoust 1699, confirment que le Roy de Perse a fait une réception magnifique à l'archevesque d'Ancyre, Légat du Saint-Siége apostolique, et ambassadeur de Sa Majesté Impériale.

Ce Prélat célébra pontificalement la messe le jour de Saint-Pierre dans l'église des Jésuites, avec un si grand concours de peuple qu'on ne pouvoit s'y mettre à genoux. Cet archevesque va toujours accompagné de deux trompettes, faisant porter devant luy deux estandards, l'un du Pape et l'autre de Sa Majesté Impériale, et la croix élevée. Le Sophy l'a déjà régalé en trois divers lieux, une fois de jour, et deux fois de nuit, l'une de ces fêtes fut solemnisée dans l'une des maisons de plaisance du Sophy avec des illuminations et des feux d'artifices; dans la dernière audiance, il y eut une conférence secrète avec ce Monarque, de plus d'une heure et demie.

LI

Relazione dell' Ambasciata fatta al Re di Persia dal Padre Felice Maria da Sellano, Missionario Cappuccino della Provincia dell' Umbria, dall' anno 1692 sino all' anno 1702.

Doppo di esser dimorato per alcuni anni nel Regno della Persia, in qualità di missionario Apostolico, ed ivi sopportate molte calamità e miserie di quei barbari, ed insieme da quella gente scismatica, per ordine del Reverendo Padre Silvestro da Panicale della

Serafica Provincia di S. Francesco, Prefetto di quelle Missioni, ed insieme di tutti li PP. Missionarj Cappuccini, venni in Roma per rappresentare alla sacra Congregazione de Propaganda fide, gli bisogni di quelle missioni e missionarj. E nel mentre, che mi trattenevo in Roma per tale effetto, capitarono lettere di detto P^{re} Prefetto, ed altri missionarj notificando in esse le fiere persecuzioni mosse dagli Armeni scismatici alle due Missioni, l'una di Tiflis in Giorgia, l'altra di Cangia nel Regno di Persia a tal segno, che le volevano affatto desolare, et avrebbero eseguito il loro pessimo intento, se l'altissimo IDDIO per sua pietà e misericordia, non avesse mosso i cuori Giorgiani e Turchi ad accorrere agli poveri Cappuccini missionarj; e se bene in quel punto si sedarono alquanto, non di meno, a forza di danari, ottenero poi che la chiesa nostra di Tiflis fosse serrata, e che nessuno dei Cattolici sotto pena della vita, vi potesse comparire.

Sentendo dunque queste fiere persecuzioni il R^{mo} Padre Casini, Predicatore del sagro Palazzo, ed insieme Procurator generale dell' Ordine, e parlando meco del rimedio essendo poco prima venuto da quelle Missioni, gli proposi che l'unico mezzo si era pregare la Santità di Nostro Signore Papa Innocenzo XII. volersi degnare con sue lettere Apostoliche, spedire qualcheduno alla Corte di Persia, pregando quel Re rafrenare l'orgoglio de' nemici e dar libertà agli poveri missionarj e Cattolici, di poter senza contrasto esercitare il culto Divino, secondo l'uso della santa Romana Chiesa. Piacque al Sud° Padre Procurator Generale la mia proposta, che però m'impose farne il memoriale, e che di propria mano lo presentassi a Sua Beatitudine.

Oprai il tutto con somma prontezza, mi presentai a' suoi santi piedi, narrandoli quanto passavo, e le miserie di quei poveri missionarj e Cattolici. Al sentire tali calamità, piangea il santo Pontefice, e volendo che si provvedesse per quanto a lui s'aspettava, m'ordinò, che detto memoriale lo portassi all' Emin^{mo} Sr Card^{le} Sacripanti, e che al medesimo narrassi in lungo tutto il successo, e poscia si proponesse in Congregazione de Propaganda. Eseguij quanto Sua Santità m'ordinò; onde in breve tempo fu risoluto, che si spedisse uno al Re di Persia, e tale spedizione cadde sopra la mia povera persona, benchè scarso d'ogni talento ed indegno d'un tale ufizio. Per non contradire dunque alla Santità Sua, ed alla Sagra Congregazione, accettai colle lagrime agli occhi tale impiego. Mi diedero per il viatico cento cinquanta scudi Romani, e molte lettere da portarsi agli SSig^{ri} Nunzj Apostolici che si trovavano in Firenze,

Venezia, Impero, e Polonia, acciò questi mi assistessero per aver' altre lettere da' Principi Cristiani, pregando tutti insieme il re di Persia, voler concedere quanto da me si domandava, per parte del sommo Pontefice Innocenzio XII.

Partii dunque da Roma colle benedizioni di Sua Santità, e breve Apostolico, li 3 Febbrajo 1699, per la volta di Firenze; ivi pervenuto non vi trovai Sua Altezza Reale; onde mi convenne andare in Pisa, dove anco ritrovavasi Mons. Nunzio; li presentai le lettere della Sagra Congregazione, e con tutta benignità m'introdusse da Sua Altezza Reale. Questa scrisse al Re di Persia un' efficacissima lettera, in confirmità di quanto desiderava Sua Santità, con soprascritta d'oro, ricoperta con borsa di fondo d'oro, con donarmi due cassettine della sua fonderia, e cento talleri; ringraziatala di tanti favori allo meglio che potei, m'inviai verso Venezia, nel qual viaggio mi convenne soffrire gran freddo, perchè nella cima delle Alpi vi era gran neve con tuffa, che poco mancò non ci lasciassi la vita, e se una povera donna, che facea osteria, non mi stemperava i piedi agghiacciati, con vino caldo, era cosa facile il perderli. Non senza gran fatica proseguii il viaggio per Venezia, ove per mezzo di Mons. Nunzio parimente ottenni da quella Seren^{ma} Repubblica, un'altra lettera per il medesimo Re, non meno efficace di quella datami dal Gran Duca, pure ricoperta di un broccato di fondo d'oro, e sigillata con un gran sigillo parimente d'oro, spedito da quella Seren^{ma} Repubblica, e rimessi tutti li danari per Vienna, proseguii il mio viaggio, col cavallo del nostro serafico padrone S. Francesco, verso l'Impero. Pervenuto in Inspruch m'imbarcai sul Danubio, ed in sei giorni arrivai a Vienna.

Giunto a Vienna mi portai dal Mons. Nunzio Santa Croce, ora cardinale, il quale con somma benignità mi ricevette. Li presentai la lettera della sagra Congregazione, parlò con Sua Maestà Cesarea, m'introdusse alla sua udienza, gli esposi quanto dal sommo Pontefice si bramava; ed egli, come pieno di pietosissime viscere e zelantissimo dell' aumento della santa fede cattolica, non solo ebbe la bontà di pazientemente ascoltarmi, mà di più scrisse una lettera alla corte di Persia, sopra tutte l' altre efficacissima e nobilissima, con soprascritta d'oro, e di nobilissima borsa, di fondo d'oro ricoperta, qual lettera, frà tutte le altre eccettuatane quella di Sua Santità, ebbe grandissima forza presso del Re Persiano.

Nel mentre che mi trattenevo in Vienna, mi sopravenne una gravissima infermità, ed al certo sarei morto, se la somma bontà del **Gran Monarca IDDIO**, non mi avesse preservato, e la gran carità di quei buoni e perfetti nostri Religiosi, non mi avessero assistito con tenera carità, che non ho lingua sufficiente a poterlo spiegare. Nel medesimo tempo s' ammalò anco il R^{do} P^{re} Marco d'Aviano, predicatore Cappuccino, a tutti notissimo per le sue rare virtù e santità; ed appena postosi in letto, subito l' Augus^{mo} Imperatore, Imperatrice, Re de' Romani, Arciduca, Regina, ed Arciduchesse, per la grande stima e divozione, che gli portavano, vennero a visitarlo nella propria cella, assegnandogli nel medesimo tempo l'Augus^{mo} Imperatore il suo medico proprio, e spezieria, acciò cosa alcuna non mancasse per fargli ricuperare la pristina sanità. Mà perchè IDDIO aveva determinato di coronarlo della sua gloria, in ricompensa di tante fatiche sostenute per suo amore, non giovarono i tanti medicamenti addoprati che però il decimo terzo della sua infermità se ne passò a miglior vita, trovandosi presente alla sua morte l'Augus^{mo} Imperatore coll'Imperatrice, e doppo di averlo fatto stare insepolto, cinque giorni, con tanto concorso del popolo, che se le guardie del medesimo Imperatore non avessero custodito il suo corpo, non vi sarebbe restato nullo di quello. Basti il dire, che anco li PP. Gesuiti ponevano sopra di quello le corone, è con somma riverenza le baciavano. Vi tornò l'Imperatore, con tutta la Casa Augus^{ma} nel giorno dell'esequie, e fattogli cantare due messe da due arcivescovi, con solennissima musica, le fù data onorevole sepoltura; cosa, che fece maraviglia a tutta la città.

Ricuperata io perfettissima salute, e ringraziata Sua Maestà Cesarea, m'inviai verso Costantinopoli, con la grande ambasciata, li venti Ottobre del medesimo anno accennato, e ciò mi fù di gran sollievo tuttochè non mi mancassero travaglj e patimenti, si per avere cura di trenta sei schiavi tra uomini e donne Turche, che si riconducevano a Belgrado; come anco per li gran freddi, nevi e ghiacci sofferti. Basti il dire, che passato Belgrado, in una sola notte si congelò talmente il Danubio, che tutte le barche dell' ambasciadore e saiche de' Turchi, che erano da sessanta in circa, vi restarono congelate e così convenne lasciarle tutte, e trovare da quatro cento carri, per poter proseguire l'incominciato viaggio, quale durò mesi tre, e giorni venti.

Pervenuto in Costantinopoli, cominciai a procurare il passaporto del Gran Signore per andarmene in Persia, e fra questo tempo dimoravo ora in S. Lodovico, ora in S. Giorgio, chiese ed ospizj de' PP. Missionarj Cappuccini Francesi; e con tutto chè il Sig^{re} Ambasciatore Cesareo, molto perciò s'affaticasse, nulla di meno mi convenne aspettare da tre mesi, prima di poterlo avere. Ricevutolo finalmente partii nel principio di Maggio, ed arrivato alla bocca del Mare Nero, mi convenne stare ivi dodeci giorni, per il vento contrario. Poscia cessato tal vento, m'inbarcai li 14. detto, in compagnia di due Sig^{ri} Francesi, con il loro servidore in una saica Turchesca, che anco loro andavano in Persia; ed in dodeci giorni di viaggio, arrivassimo in Trabisonda, e trattenutici ivi da dieci giorni per aspettare ivi la caravana, dovendosi fino in Persia andar per terra. Congregata la caravana per Erzrum, in otto giorni vi pervenissimo. Anco in detta città vi trovai un capitano Francese ed un Padre Carmelitano, quali pure andavano in Persia. Doppo alcuni giorni ivi trattenuti con buona caravana, tutti inviassimo verso Erivan, prima città del Regno di Persia, ed in dodeci giorni in circa, vi arrivassimo. Giunto in Erivan, vi trovai un' ambasciatore Pollaco, che tornava da Persia. Con esso lui mi portai ad Esmiazino, sedia patriarcale degli Armeni; e ciò fece per fare l'ambasciata di Sua Santità a quel Patriarca, che era l'unione di quella chiesa colla Latina, acciò lasciasse una volta tanti errori, e se riducesse alla vera chiesa cattolica. Mà per quanto dicessi, nulla potei concludere: per tanto me ne ritornai ad Erivan, e l'ambasciadore Pollaco prosegui il sua viaggio verso Costantinopoli.

Ritornato in Erivan, spedii un messo a posta, con mie lettere, al P^{re} Prefetto de' nostri Missionarj Cappuccini in Giorgia, per sapere distintamente lo stato di quelle Missioni e le persecuzioni occorse doppo la mia partenza, come anco lo pregai, che mi mandasse il Sig^{re} Caieuro Tiflislu per interprete, et il Padre Alessio da Milano, con altre persone, acciò mi fossero di decoro per la mia ambasciata, insieme con tutto il necessario dei paramenti sacerdotali, per poter celebrare almeno gli giorni festivi in si lungo viaggio.

Subito il Padre Prefetto mi spedi l'interprete, il Padre Alessio da Milano, il Padre Tommaso da Leonessa, della Provincia Serafica, Fra Niccolò da Orta della Provincia di Roma, ed altre persone. Nel mentre che stavo aspettando la riposta e dette persone, mi cominciai a preparar de' vestimenti, e di tutto l'altro a me necessario per manifestarmi ambasciatore de' Principi sopradetti al Re di Persia. Fra questo mentre si sparse voce per la città, che vi era un' ambasciadore Franco. Subito quel Principe mandò a cercarmi da un signore Turco, assai confidente suo, per parlar meco e sapere se ciò era vero. Venne questo; mà io no volli vedere, nè dargli udienza, poichè ero impreparato, ed ancora non avevo posto in aspetto quanto era necessario per una tal manifestazione: mà gli feci intendere, che doppo alcuni giorni fosse ritornato, ed avrebbe veduto l'ambasciadore Franco. Se ne partì questo, e più non comparve sino al giorno prefisso. In pochi giorni adunque, messi in ordine e vestimenti e gente, sino al numero di vinte cinque persone, comprai un bel cavallo di rispetto, con tutti gli ornamenti necessarj, che tra ogni cosa portò la spesa di cento venti zecchini incirca. In questo fatto un Fratello Gesuita mi fece de' grandissimi servigj, come pratico di quella città ajutandomi a preparare tutto il bisognevole. Giunto il tempo prefisso, ritornò il messo di quel Principe e fattolo entrare lo ricevei, stando però nel mio posto, attorniato da que' Sig^{ri} Francesi, e da tutta l'altra mia gente, che mi serviva di corteggio; fattolo sedere, m' interrogò per part del suo principe d' onde io venissi, e chè mi mandava al suo Re: gli risposi, che ero mandato dal sommo Pontefice, dall' Imperatore e da altri Principi sovraccennati. Allora mi soggiunse, che era necessario mostrare gli riscontri al suo Kan; gli fece dire, che qualunque volta avesse voluto l' avrei fatto; doppo alcune altre pocce parole se ne partì. Passati due giorni, fui chiamato dal detto Kan, che vuol dire principe, e così andai alla sua udienza: il modo che tenni fù questo. Prima facevo andare avanti a cavallo alcuni per far fare largo nelle strade, dove era gran gente concorsa, poi lo stendardo grande che ivi aveva fatto fare, con una gran croce in mezzo, poscia duodeci archibugieri, poi andavo io con due lacchè avanti, vestiti di rosso, e due altri appresso di me ai lati del cavallo; poi vicino a me li gentilissimi Francesi, con altre persone civili, ed in ultimo veniva l'altra mia gente, con li SSig^{ri} mercanti, miei amici che in tutto erano da quaranta cavalli incirca. Arrivato dal principe, e fatte alcune ceremonie, messomi a sedere, cominciò a venire caffè ed altri sorbetti all' uso turco. Poi volle vedere le lettere, che portavo, e di che erano; gli dissi il tutto; m' interrogò poscia a che fine ero stato mandato; gli feci rispondere, che molto mi maramigliavo di lui che mi facesse tale interrogazione, mentre le cose de' principi grandi devon' esser segrete, e non palesi a tutti, e così mutato discorso, doppo qualche tempo me ne partii verso il mio albergo, con l'ordine sopradetto. Il giorno seguente, mandò a visitarmi, ed a vedere se portavo regali al suo Re: risposi, che gli portavo, e volendoli vedere, non volli mostrargli. Mirò poi tutta la gente, che avevo meco, interrogandomi se ero per fare qualche regalo al suo principe? Gli feci risposta, che sapevo quello che dovevo fare con un signore così benigno. Si partì, ritornando poscia il giorno seguente mi fece intendere, che il suo Kan mi aveva assegnato trenta piastre al giorno, e che mi aveva dato quindeci cavalli per portare le mie robe sino in Persia, e che un signore Turco, con suo' servidori mi avrebbe accompagnato per tutto il viaggio, e questo chiamavasi il Memendar, a cui toccava provvedere ogni sera l'alloggio, e risquotere per li villaggj e città per dove si passava, il denaro suddetto, sentendo io questo non ne facevo caso, nè stima esternamente, mà internamente, non mi dispiaceva, perchè altrimenti gli miei affari non sarebbero riusciti, e non mi sarei esposto a tale impresa, se non avessi saputo l'uso Persiano, che è di spesare tutti gli ambasciadori che passano alla corte di Persia. Onde vedendo la liberalità di quel Principe, lo regalai di un' orologio e di altre cose, che sapevo essere di suo genio. Regalai anco due altri ministri, che il tutto portò di spesa due cento e cinquanta piastre incirca. Questi regali erano molto necessarj a farsi, per acquistarsi nel principio buon nome, essendo tal città, la prima nel Regno di Persia, d'onde anche da quella fù spedito da quel Kan, corriere alla Corte dandogli parte della mia andata.

Mi trattenni per alcuni giorni in detta città pe' calori eccessivi, essendo il mese d'Agosto, ed in questo mentre mi venne l'interprete, ed altre persone da me desiderate per il mio viaggio. Feci anco in detti tempi alcuni conviti, necessarj a farsi secondo l'uso del paese, che mi fù di non poco spesa. Corse voce nella Giorgia ed in altri luoghi della venuta di nuovo ambasciatore Pontifizio al Re di Persia, onde gli nemici fierissimi de' PP. Franchi, e de' Cattolici, cominciarono a temere, che sopra di loro non si scaricasse qualche grave castigo, e fra gli altri quel fiero Vartabiette Armeno, che era stato il capo di si barbara rivoluzione contro gli Franchi, e che avea composto un sonetto infame contro del sommo Pontefice e de' Cattolici, quale faceva cantare nelle pubbliche chiese, e questa persecuzione e rivoluzione ebbe a mandare in rovina tutti li poveri Armeni Cattolici, obbedienti alla sagra Romana chiesa; che però ne patirono molto nella borsa. Il Vartabiette come reo di tanto male, per assicurarsi se ne fuggì nel regno del Gran Turco, e gli altri capi scismatici non potendo lasciare le loro case, ricorsero al Padre prefetto, volendosi pacificare; mà egli rispose loro, che senza l'Ambasciatore, che andava al Re, non poteva far niente, e così gli tenne molto tempo sospesi. Frattanto si partì verso Tauris, passando per la provincia di Narcivan, per vedere gli bisogni di quella Cristianità e religiosi Domenicani, come ne avevo l'ordine dalla sagra Congregazione; viddi e sentii quanto bramavano, e mi facero molte accoglienze, specialmente Mons. Arcivescovo, quale mi donò un bello stendardo del sommo Pontefice Pignatelli, che molto mi fù caro e ben mi servì nelle mie funzioni. Ringraziati adunque tutti e Mons.re ancora, me n'andai in Tauris, città doppo Ispahan, la maggiore. Prima di arrivare in detta città, spedii un corriere ai PP. Missionarj Francesi Cappuccini pregandoli a dare avviso aquel Principe della mia andata; eseguirono puntualmente il tutto, e detto Principe ordinò a tutti li mercanti cristiani, che dovessero venirmi incontro, come fecero, e gli Padri, come avevo scritto, mi condussero alcuni cavalli da mano, fattisi prestare da' loro amici, e così con tutta solennità entrai in detta città, ed in essa mi tratenni da dieci sette giornate, per non essere stato spedito da quel Kan, come anco in tal tempo, feci de' nuovi vestimenti per me e per altri, per fare l'entrata solenne in Ispahan.

Arrivò in questo mentre un ambasciatore Moscovito, a cui mandai quatro gentiluomini a visitarlo, ed il giorno seguente, mi rimandò il suo fratello, ed altri a restituirmi la visita, facendomi sapere, che volentieri si sarebbe abboccato meco. Gli feci rispondere, che se voleva era padrone, mentre ivi mi sarei trattenuto per due giorni ancora. Egli non venne, e così fatte le mie provvisioni, il primo di Ottobre me ne partii.

Inviatomi dunque verso Ispahan, non mi mancarono in tal viaggio travaglj, perchè trovandosi in tali luoghi de' barbari, che non stimano nè Re, nè molto meno Ambasciadori, onde appena si trova il pane da mangiare, e quel che è peggio, bisogno dormire all' aria, e volendosi far forza, non può succedere senza qualche ammazamento, infermità per l'aria cattiva, ed acque salse, oltre li caldi eccessivi senza trovare un' albero da potersi fermare all' ombra, per essere tutte campagne aperte. Per queste cagioni, non passarono molti giorni, che mi ammalai gravemente, e benchè avessi medici e medicine, nulle mi giovarono. Arrivai più morto che vivo, quando a DIO piacque, ad una città chiamata Kum, d'aria pessima, ed acque infame. In quella notte cadero infermi di febre vinti due persone della mia corte; onde mi convenne trattenermi da cinque giornate, nel qual tempo furono date molte medicine, colle quali molti si rimisero in istato di poter proseguire il viaggio, e benchè io non migliorassi apunto, tutta via convenne partire, dovendosi proseguire il cammino alla volta di Casciano, città ove si fabbricano bellissimi arazzi e panni di gran valuta di seta, d'oro ed argento. Ivi pure mi trattenni tre giorni, sì per la mia grand'infirmità, come per provvedermi di alcuni vestimenti necessarj alla mia persona ed alla mia corte, per l'entrata solenne in Ispahan.

Da detta città spedii un corriere per la Regia, come fece il Memandar Bascì mio conduttore. Questi per dar parte alla Corte, che conduceva un' ambasciatore Franco, ed io al Mons.re Vescovo Petri Francese, e specialmente al R.mo P.re Elia, Vicario Generale Residente del Re di Portogallo e religioso Agostiniano. E perchè questo era molto pratico nella Corte, gli notificai la mia andata ed il carattere che tenevo, pregandolo darmi alcuni indirizzi necessarj, come pratico nella Corte, notificandoli anco le persone, che conducevo meco, acciò se non fossero bastanti, ne pigliassi altri, avanti di arrivare in Tokicì, borgo d'Ispahan. Inteso il tutto, mi esortò a pigliarne altre dieci acciò mi servissero di sciatiri, e così egli medesimo mi venne incontro con le dette persone, ed io entrai nell' accennato borgo, ove per ordine Regio era preparata l'abitazione per me, con un bellissimo giardino.

Arrivato dunque in detto borgo li 9. Novembre, cadde si gran pioggia, neve e grandine, che pareva volesse subissare il mondo, e tutto quello inverno fù assai rigido, ed io stavo tanto male, che appena mi reggevo in piedi. La mattina seguente di buon'ora, mandò il Re il Memandar Bascì a visitarmi, e darmi il benvenuto, e sapere da chi ero mandato. Inteso il tutto, m'interrogò se avevo presenti per il suo Re, e rispostoli di sì. Soggiunse se erano mandati da Principi, oppure se fossero i miei, gli feci rispondere, che erano miei, e non de' Principi, perchè essendo passato sconosciuto per tutto il regno del Gran Turco, non potevo portare cosa di gran rilievo e degna de' miei Principi, per presentarsi ad un Re di Persia, per non mettere a rischio il tutto, ed essere scoperto. Questa ragione lo sodisfece, e numerate le persone, che avevo al numero di quaranta in circa, se ne partì.

Mi trattenni in detto luogo per alcuni giorni, e frattanto mi andavo disponendo per poter fare l'entrata in città. Feci fare un'altro stendardo, colle armi dell'Imperatore da una parte, e dall'altra una gran croce d'oro, avendo già l'altra del sommo Pontefice. Disposi ancora i regali, che dovevo fare, e quelli, che mi mancavano, gli comprai in detta città. Fra questo tempo ricevei molte visite, si di Religiosi, come di secolari, il chè non mi fù di poca spesa, per li rinfreschi, che sogliono darsi, consistenti in acqua vite, caffè, vini e confetture. Passati dieci giorni fui invitato ad entrare in città, venendo il Memendar del Re a prendermi; onde vestitomi di nuovi vestimenti, colla pompa maggiore che potevo, feci il mio ingresso, andando a dirittura al palazzo assegnatomi. Non era ancora ben guarito, e non di meno i ministri mi affrettavano ad andare all'udienza del Re, mà io non vollè andare, finchè non ebbi ripreso alquanto le forze, e che il tutto fosse ben preparato.

Passati dodeci giorni, ed essendo alquanto sollevato, mi disposi all' andata, onde assegnatomi il giorno dal Re, vennero quei che dovevano prendere i regali, e scritto il numero e qualità dei medesimi, se li portarono via, ed erano li seguenti. Un calione da fumare tabacco all' uso Persiano; questo era tutto d'argento dorato al di fuori, e smaltato di bellissime figure ed uccellami, con altre galanterie, il di cui prezzo era cento cinquanta Ungheri. Un' orologio piccolo da petto, colla sua campanella, piastre due cento. Uno scrigno fabbricato tutto di specchj, piastre cento sessanta. Tre specchj grandi, con bellissime cornice dorate, piastre cento e dieci. Alcune caraffine di cristallo et altre galanterie di Germania, che ben non mi ricordo: il prezzo di tutto però importava piastre nove cento incirca.

Il giorno seguente determinato per l'udienza, venne il Memandar Bascì con cinque cavalli del medesimo Re, con li soldati che sempre assistevano alla porta della mia abitazione; si cominciò la cavalcata, quale fù in questo modo. Prima andava avanti il Memandar Bascì con i suddetti soldati; poscià li cavalli di mano, dietro a questi i Iuz Basci, che vuol dire capo di cento uomini; di poi, un capitano Francese; a questi seguivano li stendardi del Papa, e dell' Imperatore, doppo li quali venivano li archibugieri, dieci sciatiri ò sia lacchè, ed altri due avanti il mio cavallo, vestiti di rosso, con beretta in forma del mio cappuccio. Doppo di me, veniva il primo gentiluomo, che portava in mano le lettere de' Principi; vicino a lui il mio interprete maggiore; di poi li gentiluomini, con tutti li altri della mia corte, oltre molte altre persone, che mi facean corteggio. Arrivati alla piazza del Reale Palazzo, vi erano ai balconi di quello diversi suoni di tamburi ed altri stromenti. Giunto alla porta, smontai da cavallo, ed entrato, fui rattenuto nella porta del giardino per lo spazio d' un' ora incirca a sedere; e questo fù fatto, acciò vedessi passare tutti li grandi del regno con il loro equipaggio, consistente in piatti e bacili tutto d'oro, suonatori di stromenti musicali; dodeci cavalli nobilissimamente bardati; due elefanti, in ultimo, docenti ragazzi, con pertiche in mano, sulla punta delle quale sostenevano teste d'uomini, per significare la bravura de' guerrieri persiani.

Terminato tal passaggio, colla gente più nobile e due camerieri fui introdotto nel giardino, in prospetto del quale vedevasi un bellissimo teatro, tutto lavorato di specchj, in cui stava il Re, assistito da' grandi, e da una nobilissima Corte, con gran musica e suoni. Giunto alla porta di quella, presi le lettere in mano, e due magnati del Re servendomi di braccieri, mi condussero alla presenza di sua

Maestà, che sedeva sotto d'una gran corona pendente da alto. Fatta gli umilissima riverenza, venne l'Ijtimadi Deulet, cioè primo Veziro, prese dalle mie mani le lettere, e presentolle al Re, quali l'alzò verso la testa e poi se le pose vicino, indi cominciò ad interrogarmi, come stava, se aveva avuto buon viaggio, come ritrovansi li miei Principi, ed altre cose simili di poco relievo, ed il tutto per mezzo del primo Veziro. Finito tal discorso, m' ordinò, che andassi a sedere; ma perchè il luogo non mi pareva conveniente al mio stato, stando sotto tutti li Grandi del Regno, non volli sedere; e ciò cagionò non poco bisbiglio : domandandone il Rè la cagione, il maestro di cirimonie gli disse che io non voleva in tal luogo sedere, per non essere proprio d'un' ambasciadore, che rappresentava li primi Principi d'Europa. Allora, ordinò che fossi portato dirimpetto a Lui, stando in mezzo di tutti li Grandi, e che veramente era doppo del Re il primo luogo; postomi a sedere da una parte mi assisteva il Memendar Bascì, e dall'altra, il mio interprete, che veramente era uomo di gran garbo. Doppo qualche spazio di tempo, mi cominciò a domandare il Re, se era vero che la pace fosse conclusa tra l'Imperatore e gli altri Principi con il gran Signore. Che cosa questi avesserò preso al gran Turco ed altre cose somiglianti: gli risposi a tutto, dandogli notizia di quanto era passato. Fatto questo, furono letti i regali, che io gli aveva mandati, ed in questo mentre passavano avanti la sua real presenza. Poscia licenziati alcuni ambasciatori Tartari, venne il mangiare, ed in gran quantità, tutto preparato sù bellissimi piatti d'oro; e perchè era giorno di sabato, non volli gustare di quei cibi, mà solo presi altre bagatelle, con alcuni sorbetti assai delicati e freschi, che tutto mi consolavano. In tempo del convito, non s'udivano che bellissime armonie di suoni e canti secondo l'uso di quella Corte : la mia gente [eccettuatine quatro che erano nel convito, essendo così l'uso], stavasene tutta fuori di quella gran sala, rimirando la grandezza del Re, che veramente era degna d'esser veduta, essendo questo in età di soli trenta tre anni e di gentilissimo aspetto. Terminato il convito, con mille onori me ne ritornai al palazzo collo stess' ordine, con cui era andato, tutto sodisfatto e contento.

Il giorno seguente, mi portai all'udienza del primo Ministro, colla stessa pompa, con cui era andato dal Re, eccettuati li cavalli del Re e quelli di mano, che gli lasciai. Già aveva mandato avanti li presenti per il medesimo Memandar Bascì, quali consistevano in orologj ed altre galanterie, che ascendevano alla somma di cento zecchini. Fui ricevuto con molto onore, e doppo alcune ceremonie, vennero diverse confetture, caffè e sorbetti; poi mi disse, se aveva a parlarli in segreto, che avrebbe fatto uscire tutta la sua gente ; gli risposi di si, mà che la mia potea restare. Onde licenziati tutti gli altri, ed accostandoci l'uno e l'altro, gli narrai la buona corrispondenza passata sempre tra il suo Re e gli Principi Cristiani, specialmente col sommo Pontefice e coll' Imperatore; mi rispose, che sempre era stato così, e che sarebbe inviolabile anco per l'avvenire. A questo soggiunsi che gli effetti non lo dimostravano; mentre li sudditi del Papa, dell' Imperatore e d'altri Principi Europei, erano assai maltrattati da' ministri, che governavano, come anco quei che per amicizia andavano da loro, ò per imparare lettere, ò per intervenire alle loro chiese alla spiegazione del vangelo ed altre funzioni. E qui gli narrai li travagli e persecuzioni che pativano, sotto un governo si inumano, e come non erano eseguiti gli ordini Regj, fingendo di averne altri in contrario, per fare avanie e risquotere ingiusti tributi, come per l'appunto era succedutto in Giorgia, nella città di Tifflis. A tutto ciò mi rispose di non saper nulla, ed io gli risposi, che ben lo sapevano li miei Principi, i quali per tal' effetto mi avevano mandato per vederne l'esito ; e se il Re gli avesse accordato quanto chiedevano nelle lettere, bene ; altrimente si sarebbe sciolta l'amicizia, ed avrebbero prese altre risoluzioni. Ciò inteso, mi promise che il Re mi avrebbe accordato tutto. Con tale occasione gli esposi ancora li travagli che soffrivano gli Cristiani della provincia di Narivan, come ne aveva ordine dalla Sacra Congregazione ; e sù questo pure mi diede buona speranza, con soggiungermi, che di tutto ne facessi memoriali, li quali sarebbero stati sottoscritti in mio favore ; poi sorridendo, mi disse che il Papa, ed altri Principi spesso mandavano ambasciatori al suo Re per ottenere grazie, mà chè egli non mandava mai nissuno al Papa, ne agli altri. Io risposi, che il suo Re non avrà questo bisogno ; poichè li suoi sudditi in Europa erano ben veduti e meglio trattati ; ma che se ne avesse mandato, sarebbero stati sempre ben' accolti ; soggiunse ancora, che quando gli Principi Cristiani hanno fatto una promessa, sono inviolabili nell' osservarla ; e così doppo alcuni altri discorsi fui licenziato.

Ritornato a palazzo, mi fece sapere il Memendar Bascì, che dal primo giorno, che era arrivato in Tockei, borgo d'Ispahan, mi correvano dieci sette piastre al giorno, mà che queste gli parevano poche, onde facessi instanza per altri denari, ch' egli l' avrebbe presentato. Io risposi, che non era venuto per motivo d'interesse, mà per trattare gli affari de' miei Principi, e finchè loro fossero stati vivi, non mi sarebbe mancato mai il pane, secondo il proverbio persiano.

Per tal risposta ne fui molto lodato, dimostrandomi disinteressato e non curante di denaro. Doppo qualche giorni feci il memoriale, secondo il tenore delle lettere, aggiungendovi molte condizioni, non espresse in quelle, come la franchigia delle nostre case e chiese, e l'esenzione dalle visite di quelle; che gli nostri Cattolici nelle imposizioni non fossero aggravati più dagli altri. Che li preti Armeni fossero astretti a seppellire li morti de' Franchi e fare i loro sposalizj e battesimi, altrimente facendo fossero gravemente puniti, e fosse levito ai PP. Franchi il far simile funzioni. Che ad ognuno fosse permesso l'entrare nelle nostre case e chiese, ò per sentire la spiegazione del vangelo, ò per assistere all' orazione, ò per apprendere lettere, ò per causa di medicina, etc. Che li medesimi PP. Missionarj potessero in Tiflis, Gori e Gangia fabbricar case e chiese nuove a loro piacere, fare provvisioni di vino ed altre cose necessarie per vivere. Che quel vartabietto, il quale aveva sparlato de' Franchi e del sommo Pontefice, fosse gravemente punito. Che quel nuovo comandamento pubblicato da' nemici de' Franchi di pagare dieci mila piastre, non solo fosse annullato, ma di più fossero restituiti li trenta sei tomani ingiustamente riscossi da' poveri Franchi Armeni. Che gli Missionarj non potessero essere giudicati daver un grande del Regno, fuorchè dal Re ò dal Governatore di quella città, in cui dimoreranno, con altre simili condizioni, etc. Tutte queste cose gli dimandai per parte di Sua Santità e dell'Imperatore e d'altri Principi, secondo le lettere, che aveva presentate. Chiesi pure alcune grazie per altre quatro persone, alle quali era molto obbligato. Feci un' altro memoriale per li Cattolici di Abravello, secondo l'ordine avuto dalla sagra Congregazione in Vienna. Questi memoriali erano in gran foglio, quali mandai all' Ijtimad Deulet primo Ministro, egli lo presentò al Re. Terminati questi primi affari, cominciai a render le visite, e tutti mi riceverono con somma benevolenza, eccettuati li molto Rev.di PP. Gesuiti; mà poscia pentiti s' umiliarono, e così per l' avvenire passammo di buona corrispondenza, non lasciando di addoperarmi in benefizio di tutto.

Doppo la mia dimora di tre mesi in Ispahan, risolvei di dare qualche sollievo alla mia gente, quali faceva vivere più da Religiosi, che da Secolari, di modo chè tutta la città ne restava sommamente edificata. Chiesi licenza al Re di vedere il suo giardino, quale volentieri m'accordò: ivi giunto col mio seguito; doppo contemplate quelle delizie, passai ad un monte chiamato Tactà Soliman, ove si scuopre tutta la città d'Ispahan, quale di grandezza non è puncto inferiore a Roma. Ci recreassimo con un picciol rinfresco, bevendo alla salute del sommo Pontefice, dell' Imperatore, e del Re di Persia, accompagnando gli Evviva il rimbombo de' musicali stromenti. Terminato questo, mi portai colla stessa comitiva in cavalcata a Ciulfa, città degli Armeni, ove giunto smontai in casa dei PP. Gesuiti, già meco riconciliati, doppo qualche spazio di tempo andai a visitare altre case di Religiosi nelle quali presi qualche rinfreschi, e mi fecero vedere la forza grande che aveva nelle mani un Turco, il quale col pugno spezzava grossissime pietre, ed io gli diedi una buona mancia. Frattanto fecessi notte, onde co' lumi accesi, fra lo strepito di suoni e tamburi me ne tornai al palazzo, passando per mezzo la città, ove tanto fù il concorso del popolo per vedermi, che attesa la grand calca, non si poteva passare le strade, che con molta fatica. Pervenuti al palazzo, stava preparata la cena solenne da me ordinata, alla quale intervennero Monsignore Vescovo Petri, ed il Signore Vicario Generale, e Residenti di Portogallo con altri Religiosi e Secolari, e così allegramente ce la passammo sino a mezza notte. Questo convito lo feci più per rispetto umano che per mia sodisfazione, essendo tale il costume di quei paesi fra le persone grandi; onde trovandomi ancor' io nel ruolo dei Grandi, dovevo fare una tale dimostrazione, benchè contro mio genio.

La mattina seguente che era il giorno di carnevale, venne il Memandar dal Re, portandomi li regali del medesimo, che tra denari, ed altre robe Persiane di drappi, broccati e simili potea portare la somma di mila piastre incirca; mi portò ancora la Galata, cioè la veste Regia, che soglion dare a tutti gli ambasciadori, e poi mi disse, che la sera era per portare le altri quatro per li gentiluomini che erano stati meco al convito del Re. Io già sapeva quello essere il segno che il Re mi voleva licenziare, cominciando il giorno seguente la loro quaresima; onde feci molti riflessi, è tanta più, che il Memandar non mi disse parola alcuna, che il Re mi avrebbe in quel giorno chiamato; ma questa fù astuzia dei Ministri per cogliermi nella trappola.

In detto giorno, in tempo di vespro, ecco che il Memandar manda i suoi lacchè con ordinarmi che mi preparassi per andare all' udienza del Re, il quale voleva licenziarmi, a tale effetto sarebbe egli venuto co' cavalli del Re a prendermi. In fatti mentre facevasi questo discorso, venne il Memendar co' cavalli sudetti, portando le quatro Galata accennate di sopra. Ciò vedendo, subito mi posi in trono, circondato dalla mia gente. Entrato quasi nella mia camera mi salutò, ed io con ciera brusca gli resi il saluto, poichè mi si era alterata la bile ; poi mi fece l'ambasciata con dirmi che il Re era uscito dall' harem, e che già stava aspettandomi. A queste parole alzatomi in piedi, tutto acceso nel volto gli risposi che il suo Re con tutta la corte fosse andato all' inferno, che io non curava de' fatti loro. Dove sono, dissi, le riposte dei memoriali presentati al Re? Impaurito il Memendar per si inaspettata mia riposta, tremendo mi disse che la sera sarebbero usciti dall' harem, e che il giorno seguente me li avrebbe portati: si, ripigliai io, cosi pretendi ingannarmi? pensi forse, che io sia un pazzo? E che vuoi tu io faccia dal Re? O mi ha concesso ciò che gli ho chiesto, ò nò : se me l' ha concesso, devo ringraziarlo ; se poi me l'ha negato, ben so io, che debbo dirli, però non avendo le risposte de' memoriali, come vuoi tu, che mi porti dal Re? Eh, che questo è un inganno manifesto di voi altri ministri, con cui pretendete pigliarmi al laccio. Già conosco voi altri Persiani, che siete ingannatori e che non stimate punto l'onore e la reputazione del vostro Re. Usci per tanto fuori da questa stanza, nè più abbi ardire di comparirmi avanti con simili astuzie, se prima non porti le risposte del Re, e cosi dispettosamente me lo cacciai dagli occhi, anzi mancò poco non lo facessi bastonare ben bene. Tutto ciò erasi ordimento de' Signori Ministri, trasportati dal maledetto interesso, poichè dicevano questi, se l' ambasciadore sarà licenziato dal Re, non potrà più ritornare dal medesimo, sicchè bisognerà si raccomandi a noi, e cosi facendolo noi stentare, converrà che ci regali per avere il suo intento. Mà io, che sapeva le loro furberie, feci tutto all' opposto di quello essi pensavano, e così non volendo mai andare, e stando saldo nel mio proposito, doppo un mese di tempo, ottenni tutto ciò che bramava, ed essi per coprire i loro inganni presso del Re gli dissero, che non era andato da lui, per aver fatto un convito a miei amici, in cui mi era ubriacato, e pure in quel giorno stetti senza mangiare e senza bere. Così, se non fossi stato costante nel mio proposito, tutte le mie fatiche sarebbero andate al vento.

Passato dunque il mese e terminato la loro quaresima, la vigilia del loro gran Bajram, fui di nuovo avvisato che, il giorno seguente, il Re mi voleva licenziare; gli risposi, che se mi avessero portato gli rescritti de' memoriali, sarei andato, e che altrimente non voleva in conto veruno andare. La sera sul tardi, lo stesso Memandar Bascì me li portò tutti, quali da me ben considerati, e vedendo, che erano secondo il mio desiderio, corrispondenti in tutto e per tutto alle dimande fatte.

La mattina seguente, mi portai dal Re, con quella pompa maggiore, che poteva coll' ordine stesso di prima, vestito colla Galata, mandatomi da lui, come fecero pure gli altri quattro gentiluomini. Questa Galata consisteva in una veste bellissima pavonazza, tutta fiorita d' oro, colla sua cinta e turbante di non inferiore bellezza, ed una sopraveste di lama di oro. Con tal vestimento comparvi alla Reale presenza, e fattagli una profonda riverenza, gli resi le dovute grazie per parte del sommo Pontefice e di tutti gli altri. Il Re mi augurò un buon viaggio, presentandomi nel tempo stesso le riposte de' Principi, eccetto quella del Gran Duca.

Quella della Repubblica di Venezia, che era la più piccola, me l'accomodarono sul turbante, che portava involto intorno al cappello, e l'altre due presele in mano, fui licenziato. Rimontato a cavallo con quella lettera sul turbante, mi portai per la città, sino alla mia abitazione. Nello stesso giorno terminò la spesa, che mi faceva il Re, secondo il costume del paese.

Il giorno seguente, mi portai dall' Itjimadi Deulet primo Ministro, licenziandomi ancora da lui, e dolendomi della riposta, che non avevano fatta al Gran Duca, intimandoli che non sarei partito della città, se non l'otteneva, come pure d'alcuni affronti fatti dal Kan di Narcivan ai Cattolici di quella provincia. Mi promise la risposta, e di scrivere in buoni termini al Kan sudetto, e che le cose in avvenire sarebbero camminate bene. Ciò inteso, gli ordinai di più che gli comandamenti del Re, voleva che fossero registrati nel Tefter, cioè nel libro della cancelleria; il tutto mi fù accordato; ed io me ne partii, augurandomi egli buon viaggio.

Ritornato dunque alla mia residenza, vennero molte visite, per rallegrarsi meco degli ottenuti Regj favori; cosi fui in impegno di renderle, come feci, nel qual tempo visitai tutte le chiese, e li Missionarj della città. Terminate le visite e registrati i Regj comandi nel Tefter, ne feci fare molte copie per tutte le Missioni di Giorgia, Tauris e della Provincia di Abranello, autenticate con sigillo di notajo Regio, e l' originale lo mandai a Tiflis, residenza del P.re Prefetto. Finalmente, ricevuta ancora la risposta del Gran Duca, ed assignatimi dal Memandar tredeci uomini per accompagnarmi per tutto il regno e risquotere il denaro che giornalmente mi correva, secondo il costume de'paesi per li quali passava, fatte le necessarie provvisioni, e spicciatomi d'ogni altro affare, me ne partii per Tauris li 24. di Aprile 1701 ove giunsi dopo trenta nove giornate di viaggio, per essermi trattenuto qualche giorni nella strada, a cagione della stanchezza, e per dar riposo a' cavalli. Prima d'entrare in detta città, mandai secondo il solito avviso, che nel tal giorno sarei arrivato. Onde quel Principe fece preparare l'alloggio; ordinando a tutti li mercanti Cattolici che dovessero venirmi incontro, come fecero, insieme co' PP. Missionari Francesi, i quali tutti avendo preparato un bel rinfresco in un giardino, mi obbligarono a reficiarmi; poscia ordinata una nobilissima cavalcata, con tutta solennità feci l'entrata, portandomi a dirittura al palazzo asegnatomi.

Passati i due giorni, andai all' udienza di quel Principe, e gli presentai l' ordine Regio, per la provincia di Abranello; ma questo, come Kan senza fede, si oppose ad alcune cose contenute in quello, non volendo sgravare quei popoli dall' ingiusta annua contribuzione di settanta tomani, che sono mile e quatro cento piastre, come veniva ordine dal Re; benchè dopo poi, per mio amore ne levò mile, onde quei popoli mi restarono molto obbligati per tal benefizio.

Con tale occasione gli raccomandai gli missionarj, quali tratto sempre bene, e mi promise di avere per l'avvenire, per essi, tutto il riguardo. Lasciai a' detti Religiosi una copia del memoriale, ò sia comandamento regio, il quale conteneva molti privilegj, necessarj al mantenimento delle missioni, come accennai di sopra. Per molti motivi fui astretto trattenermi in questa città da vinti sette giorni: primo per avere le spedizioni di quel Principe; 2do per la festa solenne del loro Profeta morto Ali, che durava dieci giorni; 3° per essere venuto nuovo governatore, le quali contingenze tutte mi furono di grande spesa. Non perdetti però il tempo, mentre in tale occasione rappacificai quell' arcivescovo co' missionarj e cattolici, i quali mi fecero un solenne convito; ed io ne feci un' altro a loro, tanto più sontuoso, quanto che ebbi in quel punto la felice novella della creazione del Sommo Pontefice Clemente XI. alla salute del quale fù bevuto più volte.

Terminato il convito con zuccheri, confetture etc. gli feci a tutti un brieve ragionamento, dimostrando loro, quanto il Re di Persia benchè Turco, stimasse il Sommo Pontefice, sopra tutti gli altri Principi Cristiani, e come lo chiamava Vicario di Cristo, e però quanto più dovean farlo essi, che si professavano Cattolici; poichè chè non lo riconosceva per tale e superiore a tutti li Vescovi, Arcivescovi e Patriarchi, non potea salvarsi, con altre cose, che lascio per brevità, del chè tutti sodisfatti se ne partirono.

Spedito finalmente anch' io, partii da Tauris sul fine di Giugno, inviandomi verso Giorgià, per accomodare gli affari di quella Missione; ma comecchè veniva meco di conserva il Padre Provinciale de' molto RR^{di} PP^{ri} Domenicani della Provincia di Abranello, questi volle per ogni modo condurmi al suo convento, poco distante dal mio cammino. Quel popolo Cattolico con alcuni Turchi del paese, ed il Padre David allora vicario generale per la morte dell'Arcivescovo suo zio, non solo mi vennero incontro da lontano con rinfreschi, ma ancora mi ricevettero con gran solennità, ringraziandomi dell'operato in lor favore presso il Re, come constava da' racami che diedi loro, e comecchè erano Cattolici, ricusai le trenta piastre il giorno, che mi correvano.

Passata questa provincia incontrai nel restante del viaggio molte difficoltà e disagj, si per l'asprezza de' monti, si per non esser soliti que' popoli di vedere ambasciatori; onde fuggendo tutti al solo nome, appena poteasi trovare da vivere, a segno che fui costretto di far mettere in prigione molti, e fra gli altri un Turco, il quale per non voler provvedermi del bisognevole, feci più volte bastonare. Finalmente, doppo infiniti travaglj e patimenti con l'ajuto di DIO, mi avvicinai a Cangia, luogo di nostra Missione, e dove aveva dimorato quattro anni in qualità di missionario. Intesa da quel Principe la mia vicinanza, mandomi incontro tutti li mercanti Cristiani ed Armeni. Vennero pure li missionari Cappuccini, co' quali entrai nella città con gran festa e solennità. Giunto alla parte dell'Armenismo, ove stava assegnato il mio alloggio, venne ad incontrarmi il Patriarca con tutti li vartabietti, sacerdoti, e chierici, vestiti con paramenti ecclesiastici, con istendardi e voce alzata, e fra suoni e canti all'uso loro, smontai alla nostra chiesa de' Cappuccini, cominciando in quel punto a prendere tal nome. Fù cantato da' religiosi il *Te Deum*, poscia rimontato a cavallo, mi portai alla chiesa degli Armeni, congiunta all'abitazione assegnatami, e qui vi ricevei molte visite, con regali di frutti, dandomi tutti il Hósgéldün.

Passati due giorni, mi portai assieme col superiore di quella Missione dal Principe, il quale mi accolse con tanta cortesia e grandezza, che fece ammirar tutti. Fattigli alcuni complimenti, gli presentai il comandamento Regio, quale ponendolo sul capo, e baciandolo, mi disse che allora non era il tempo da leggerlo, mà bensi di discorrere e stare allegramente, per alleviare qualche poco le fatiche del viaggio; onde doppo varj discorsi cominciarono a venire fruttami, sorbetti, caffè, etc. con altre simili galanterie; poscia fù preparato un pranzo con tanta quantità di vivande, e si bene accomodate, che sembrava un real convito; poichè oltre l'armonie de' suoni e canti all'uso del paese, per altro di poco buon gusto assisteva tutta la soldatesca schierata in bella ordinanza, parte della quale stava immobile colle sciabole sguainate, ed altri con cavalli riccamente bardati, tutti in prospettiva della gran sala. Terminato il convito, e licenziatomi dal Principe con umil ringraziamento, mi manda a regalare quel vaso d'argento e la tazza d'oro ove mi era stato dato da bere, acciò le conservassi per sua memoria. Il giorno seguente, mi rimandò il comandamento Regio, con una sua scrittura, nella quale mi concedeva potessi far fabbricare e casa e chiesa a mio piacere, e che gli Armeni dovessero assistere in tutti i bisogni di detta fabbrica; che fosse libero ad ognuno l'andare ai Padri Franchi, con tutti quei privilegj accennati di sopra: del chè tutti li Missionarj e Cattolici ne fecero gran festa. Doppo due altri giorni, fui convitato ad una ricreazione fuori di città, in un bosco lontano quattro miglia, da uno de' principali dell'Armenismo, detto Koggia, cioè superiore di tutti, il quale, quando dimorava in quella Missione, era uno de' più fieri nemici de' Franchi, a segno che moriendo il Padre Vincenzo da S. Eraclio, cappuccino missionario della mia Provincia, non volle dargli luogo nel cimiterio comune dei Cristiani, onde fù duopo seppellirlo altrove; ed io con tutta la mia gente mi feci porre un gran lapide, lavorato per tal effetto; mà poi in progresso di tempo, per causa della medicina esercitata dai Missionarj, cominciò a mansuefarsi in modo che mandava i suoi figlj alla scuola de' Padri. In questa occasione poi fù constituito dal Principe, provveditore di quanto era necessario per me e per la mia gente; onde io vi andai per maggiormente cattivarlo; e condussi meco non solo tutta la mia gente, mà ancora li Missionarj, ed altre persone. Si stette in quel convito assai allegramente, ed il medesimo s'ubriacò talmente, che appena si reggeva a cavallo; con tutto ciò al ritorno in città, che fù di notte, aveva fatto allumare tutta quella contrada, e di più, volle condurmi a casa sua.

Per corrispondere a tanta gentilezza, il dì seguente, feci Megélis nell'ospizio de' Missionari, rinvitandolo con tutti gli altri, e così fu fatta una grande amicizia col medesimo, et fù bevuto più volte alla prosperità dell Sommo Pontefice. In questo tempo, fui spedito da quel Principe, e fatte le mie provvigioni, partii verso Sciamiakia, ultima città del Regno di Persia, con pensiero di fare la strada di Moscovia. Pervenuto in detta città doppo otto giorni con mile stenti e fatiche, poichè essendo il sol nel leone, tutti credemmo di morire, non trovandosi altro, che acque fangose e le campagne aride tanto, che per mancanza di erbaggj, ebbero quasi a perire anco i cavalli. Quivi fui spedito presto da quel principe; perchè era lontano dal Mare Caspio quattro giornate, ne avevasi sicurezza per l'imbarco, onde mi convenne aspettarne la sicurezza del medesimo. In questo mentre caddi ammalato si gravemente, che tutti pensavano dovessi morire; mà come a DIO piacque, presi alcuni medicamenti e fattomi cavare sangue, in pochi giorni mi riebbi alquanto. Frattanto essendo giunta nuova per mezzo di alcune navi Moscovite, che in quel Regno vi erano molte turbolenze, fui consigliato a mutare disegno per il viaggio, e così risolvi di far ritorno a Cangia; onde, tutto che infermo, mi posi in viaggio, poichè erano di già terminate le spese del Re. Giunto in città, il Memandar che mi accompagnava, andò a parlare a quel Principe, narrandogli il successo; ed egli approvato il mio ritorno, mi mandò a regalare dei castrati, vino, buttiro e riso, facendomi anco dire, che dovessi aspettar qualche buona occasione per partire, acciò non fossi conosciuto nel regno del Gran Turco. Così mi trattenni quasi due mesi nell'ospizio dei Padri Missionarj, mà sempre infermo, anzi andava peggiorando, essendomi molto contraria quell'aria. In questo tempo, licenziai quasi tutti li servitori, ed il Padre Alessio da Milano, e Padre Tommaso da Leonessa, della mia Provincia, ritornarono in Giorgia, con li racami dal Re, acciò li mostrassero a quel Principe, e fossero pubblicati per dar campo a tutti di andare alla nostra chiesa liberamente, e li nemici sapessero gli ordini Regj, per non incorrere nelle pene tassate a' trasgressori. Questi Padri condussero seco loro li cavalli, che io aveva comprati, mandando io per li medesimi a quella tal Missione e chiesa, alcuni pezzi di broccati, per far pianete con molti medicamenti, per la qual cosa il P^{re} Prefetto mi scrisse, una lettera di ringraziamento, e mi disse che li racami erano ottimi, e che sperava felice esito, come fù.

In questo mentre, pensando alla povera Missione di Gangia che non aveva ne casa, ne pane da mangiare, fatti li conti di quanto aveva speso e di quello mi restava, levati cinquanta due zecchini per il mio ritorno, il rimanente tutto, con denari e regali ricevuti dal Re, vaso d'argento e tazza d'oro, vestimenti, cavallo, sella, briglia d'argento, ed altre masserizie alla somma di sei cento e più piastre, consegnai al Padre Reginaldo da Lentino, della Provincia di Siracusa, religioso di molto spirito ed ingegno, acciò facese fabbricare la casa, come prontamente esegui, secondo le notizie avute; consistendo detta casa in quattro stanze di sotto e cinque di sopra, tutte a volta; il che importava la spesa cinque cento piastre; il rimanente del denaro servi per gli intrighi di quella e della chiesa ancora assai povera: tanto oprai a benefizio di quelle povere Missioni, e Missionarj, il chè tutto sia sempre a maggior gloria di

DIO e salute dell' anime ricomprate col sangue preziosissimo di Gesù.

La spesa fatta in detta Ambasciata, per il mio ritorno, ascende alla somma di quatro mile trecento ottanta scudi romani incirca. Tutto questo denaro, levati da trecento ottanta scudi, lo ricevei dal medesimo Re di Persia, come accennai di sopra, e tutto quasi lo spesi nel medesimo regno; mà se io non avessi avuto quella cognizione, che aveva, per essere stato più anni colà, mai con si pochi denari, non mi sarei posto in tal' impegno si arduo, nè più mi ci metterei; anzi e sorto tutti a non accingersi ad una tale impresa, senza una buona somma di denaro, piena cognizione de' paesi, corrispondenza di fedelissime persone, dalle quali possa essere avvisato. Egli è vero, ch' io avevo pochissimi denari, mà nel principio mi servj di quelli delle Missioni che meco portavo; sapendo non esservi altro mezzo, per acquistar credito, che lo spendere dell' oro e far regali, come felicemente mi riuscì; poichè essendo quei popoli idolatri dell' oro e dell' argento, pensano che ne porti delle somme onde per farmi credito nelle spese pubbliche, e che potevansi propalare, sempre spendeva dell' oro, acciò vedessero che poco stimava l' argento, e che non aveva bisogno di loro. Oltre di chè cosi richiedeva l' impegno, in cui mi trovava, ed il decoro di chè mi avea spedito. Questo è il breve racconto di tutto il mio viaggio fatto di Roma sino in Persia, cioè in Ispahan città reale e da Ispahan in Gangia, dove lasciai il nome d'ambasciatore.

Spogliatomi dunque de' vestimenti nobili e preziosi, e rivestitomi da plebeo all' uso de' mercanti Armeni, uscij da detta città di Gangia di notte tempo, il primo di Novembre 1701. e con buona caravana m'inviai verso Erzrum, città nel regno del Turco, ma sempre con timore d' essere scoperto, e benchè da molti mercanti fossi riconosciuto, tutti però furono fedeli, proseguendo il viaggio verso Toccatis colla stessa caravana, non mancarono nevi, e ghiacci, con tutto il restante, che suole accompagnare la stagione del verno.

In detta città fui conosciuto da molti Cattolici, quali confessai e consolai allo meglio, e poi fatte le dovute provvisioni, partii per Smirna, ove giunsi, grazie a DIO, sano e salvo, tuttochè spendessi per il viaggio quattro mesi continui, ove li patimenti furono senza numero, dovendosi dimorare quasi sempre tuttochè il freddo fosse intensissimo alla campagna aperta, e quando si trovava qualche villaggio commodo, la stalla serviva per il più delizioso ristoro. Mi costò questo viaggio, tra il cavallo, servidore, vitto, da quatro cento scudi Romani, eppure feci una vita miserabilissima.

Arrivato in Smirne l'ultimo di Febbraro, fui cortesemente accolto nell' ospizio de' PP. Missionarj Cappuccini Francesi : ivi mi rivestii del sagro abito di cui n' era stato senza, un' anno e dieci mesi: con essi dimorai quaranta giorni, aspettando l' imbarco per l' Italia; finalmente, giunta l' occasione di un vascello Francese, fui da quel capitano ricevuto con molta amorevolezza, ed alli 10. d' Aprile, spiegarono le vele alla volta di Messina, ove doppo venti otto giorni arrivammo in porto a salvamento. Fatti giorni dieci otto di contumacia, me n' anda al convento, d'onde partii per Napoli e da Napoli giunsi a Roma li 28 di Giugno 1702.

Arrivato al Convento, poco doppo mi portai dell' Sommo Pontefice Clemente XI. essendo già passato all' altra vita Innocenzio XII. di felice memoria che mi aveva spedito. Gli presentai la risposta dal Re di Persia, e gli narrai quanto aveva operato, secondo gli ordini avuti dalla Sagra Congregazione. Ascoltò il tutto con piacere; mi dimostro un' affabilità molto speciale, applaudendo a quanto aveva operato, e doppo esser dimorato ivi quasi un' ora e mezzo, m' ordinò, che dovessi mettere in carta, quanto a bocca gli aveva narrato ed il modo tenuto in tale ambasciata. Obbedii al comando. La lesse con molta sodisfazione, e perquanto mi disse, la mandò in Propaganda, acciò fosse registrata.

La lettera di Venezia la trasmisi a quella Serenissima Repubblica, per il mio interprete. Quella dell' Imperatore la consegnai, per ordine del Papa, (giacchè io non potevo più camminare per li gran patimenti) al Conte di Lamberg suo ambasciatore, acciò la presentasse a Sua Maestà, come fù eseguito per un corriere. Ma quella del Gran Duca, volle Sua Santità che io medesimo per esser breve il viaggio, gli la presentassi, onde doppo tre mesi di dimora in Roma, rinfrescatasi l' aria, ringraziata Sua Beatitudine dell' onore compartito a me ed agli Religiosi, colla sua benedizione, partii per Firenze.

Giunto colà, consegnai a Sua Altezza Reale la detta lettera, quale mi fece molte offerte, da me tutte ricusate con umil ringraziamento; e così povero Cappuccino feci ritorno all' amata mia Provincia, lodando, e benedicendo DIO, il quale aveva operato tante maraviglie, con un istromento si debole.

FINIS

INDEX

DES MOTS PERSANS, ARABES ET TURCS

ا

آبادان *abadan*, prospère, 112 n.

آب بینی *abi biny*, mucosité, morve, 111 n.

آب دهان *abi déhan*, crachat, salive, 69 n., 110.

ابراهیم *Ibrahim*, Abraham, 43 n.

آبریز *abriz*, latrines, 233 n.

ابریشم *ibrichoum*, soie, 181 n.

ابلیس *iblis*, démon, diable, 150 n., 221 n.

آب لیمو *abi limou*, eau de limon, 234 n.

آتشك *atchèk*, chancre, 125 n.

اجاره *idjarèh*, somme que l'on perçoit d'un loyer, 179 n.

اجاره‌دار *idjarèhdar*, fermier, qui tient un bien à loyer, 223 n.

اجتماع *idjtima'*, conjonction des astres, 221 n.

اجدع *edjda'*, diablotins, 57 n.

اجل *èdjèl*, mort naturelle, 88 n.

احاد *ahad*, personnes du tiers état, 19 n.

احادیث *èhadis*, traditions, 79 n.

احادیث معتبره *èhadisi mou'tèbèrèh*, traditions respectées, 79 n.

احرام *ihrâm*, manteau pénitentiel, 82 n.

احکام *èhkâm*, décisions basées sur les calculs astrologiques, 165 n.

اختراع *ikhtira'*, invention, 133 n.

اخراجات *ikhradjat*, revenus que l'on tire d'un domaine, dépenses, 179 n.

INDEX DES MOTS PERSANS,

آخرت *akhirêt*, vie future, 86 n.

اخلاق ناصری *akhlaqi Nassiry*, Traité de morale composé par Nassir Eddin Thoussy pour Nassir Eddin Mouhtechem Kouhistany, 164 n.

اخون *akhoun*, اخوند *akhound*, docteur, 163 n.

آدمی زاده *adémi zadèh*, de bonne famille, 120 n.

ادوندار باشی *odoundâr bachy*, maistre ou chef de ceux qui dispensent le bois pour la maison du Roy, 22 n.

آذرکان *Asurkân*, nom de ville, 5 n.

ارباب *èrbâb*, homme qui a des terres en fonds de domaine, 19 n., 238 n.

اربابی *èrbâby*, biens d'un propriétaire, 226 n.

ارتفاع *irtifaʿ*, action de prendre la hauteur d'un astre avec l'astrolabe, 219 n.

ارج *èrdj*, cygne, 237 n.

ارخدلوق (t.), *arkhalouq*, camisole, 101 n.

اردو بازاری *ordou bazary*, marché du camp, 156 n.

آرو بسو *àrou bessou*, corruption de امروز بس است, *imrouz bès èst*, aujourd'hui, c'est assez, 251 n.

آری بلی *ary, bély*, oui, oui, 116 n.

آزاد *àzad*, libre, 124 n.

آسایشی *àsaïchi*, espèce de pomme, 229 n.

اسباب *èsbâb*, vêtements, habits, 115 n.

استاد *oustâd*, maître, 132 n.

استخاره *istikhârèh*, action de consulter le sort, 221 n.

استر *astèr*, doublure (de vêtement), 101 n.

استر *èstèr*, mulet, 233 n.

استسقا *istisqâ*, hydropisie, 149 n.

استیفا *istifâ*, estimation, 20 n., 227 n.

اسطرلاب *èstèrlâb*, astrolabe, 166 n.

اسماعیلی *Ismaʿyly*, sorte de melon, 228 n.

آسیاب *àsiâb*, moulin à eau, 243 n.

اسیر *èssir*, prisonnier, esclave, 81 n.

آش *àch*, soupe, potage, 39 n., 244 n.

اشارت *ichârèt*, signe, ordre, 109 n.

آشپز *àch-pèz*, cuisinier, 216 n.

اشتها *ichtihâ*, appétit, 235 n.

اشكل *ichkil*, fourbe, 31 n.
آشيانه *achiânèh*, nid, 241 n.
اشبك آغاسى (t.), *èchik âgassy*, aga du seuil de la porte, 30 n.
اشبك اقلسى *èchik âgassy*, grand portier du Roy, 20 n.
اصابع *asabi'*, doigts, 167 n.
اصناف *èsnâf*, artizans de la ville, 30 n.
اطفال *èthfâl*, petits enfants, 114 n.
اعتماد الدوله *i'timâd èd-daoulèh*, l'appui du gouvernement, titre du premier ministre, 12 n., 80 n., 128 n.
آغا (t.), *âgha*, 105 n.
اغراق *ighrâq*, exagérations, 16 n.
اغزندان (t.), *aghzindèn*, par sa bouche, 49 n.
اغلام *ighlâm*, crime de sodomie, 51 n.
آفتابه *âfitâbèh*, vase de cuivre plein d'eau, aiguière, 66 n.
افسانه *èfsânèh*, fable, 45 n.
افطار *ifthâr*, action de rompre le jeûne, 64 n.
افيون *éfioun*, opium, 139 n.
اقتدا *iqtida*, faire sa prière sous la direction de quelqu'un, action de prendre quelqu'un pour modèle et pour guide, direction spirituelle, 57 n., 161 n.
آق دکز (t.), *âq dèniz*, mer Caspienne, 1 n.
اکحل *èkhèl*, veine médiane, 177 n.
التزام *iltizâm*, conséquence nécessaire, 132 n.
الله اکبر *Allahou èkbèr*, Allah est le plus grand, 67 n., 171 n.
الله کريم *Allah kérim*, Dieu est généreux, 77 n.
المجسطى *almadjèsty*, nom des deux traités de Ptolémée relatifs au mouvement des astres et à la sphère céleste, 164 n.
آلو *âlou*, prune, 229 n.
آلو بالو *âlou bâlou*, cerise aigre, 229 n.
آلوچه *âloutchèh*, petite prune, 229 n.
الوداع *elvida'*, le dernier adieu, 52 n.
ام *oumm*, la mère (de l'astrolabe), 167 n.

اما عیبکی دارد *ammá 'aïbèki dârèd*, mais elle a un petit défaut, 133 n.

امانت *amanèt*, dépôt, 93 n.

امتلا *imtilâ*, réplétion, 113 n.

امر *èmr*, ordre, commandement affirmatif, 222 n.

امروز بس است *imrouz bès est*, aujourd'hui, c'est assez, 251 n.

اموته ou اموتیا *amoutèh* ou *amoutia*, anc. mot persan qui a le sens de « servante », 122 n.

امیر *émir*, prince, 80 n.

امیر الحاج *émir oul-hadjdj*, chef de la caravane des pèlerins, 83 n.

امیر المومنین *émir oul-moumenin*, le chef des croyants, 52 n.

انبار *ènbâr*, monceau, 234 n.

انباردار *ènbârdâr*, celuy qui a les magazins entre ses mains, 22 n.

انتظار *intizhar*, attente, 39 n.

انتقام *intiqâm*, vengeance, 55 n.

انجیل *indjil*, évangile, 78 n.

انحراف *inhirâf*, déviation, 83 n.

انصاف *insâf*, justice, droiture, équité, 241 n.

انصافی *insâfy*, juste, équitable, 126 n.

انعام *èn'am*, présent, 26 n.

انگور *èngour*, raisin, 230 n.

آنوك (t.), *ân-un*, de lui, 49 n.

آواره *âvârèh*, vagabond, oisif, 17 n.

آواز *âvâz*, renommée, 80 n.

اوج کلسیا (t.), *utch kilissia*, les trois églises, 81 n.

اوردك (t.), *eurdèk*, canard, 19 n., 236 n.

وزنکی قورجیسی (t.), *ouzenguy qourtchissy*, celuy qui tient l'estrié pour monter, 24 n.

اوق ویای قورجیسی (t.), *oq vè yay qourtchissy*, celui qui garde l'arc et la flèche du Roy, 27 n.

اولاد پیغامبر *aoulad peighambèr*, les enfants du Prophète, 81 n.

اولکۀ عجم *eulkéhi 'adjèm*, la Perse, 1.

اولور (t.), *eulur*, il meurt, 49 n.

اولوغی (t), *ouloughy*, sorte de raisin, 230 n.

اولیا *aoulyà*, les saints, 60 n., 162 n.

آهك *àhèk*, chaux vive, 144 n.
اهل استحقاق *èhli istihqaq*, les gens de mérite, dignes de remplir les fonctions qui leur sont confiées, 160 n.
اهل ماش *èhli màch*, gens de ménage, 154 n.
آهنگر *àhènguèr*, ferronnier, taillandier, 200 n.
آهو *àhou*, gazelle, 19 n., 239 n.
آه *àyèh*, verset (du Coran), 171 n., 222 n.
ايکار آت (t.), *aiguèr àt*, cheval de selle, 105 n.
آینه *aynèh*, miroir, 181 n.

ب

باب *bàb*, chapitre, 78 n.
باب الابواب *bàb èl-èbouàb*, portes de fer, nom arabe de Derbend, 3 n.
بابا شجاع الدين *bàbà choudjà' èddin*, le bon père vaillant de la loy, 51 n.
بادام *bàdàm*, amande, 85 n.
بادزن *bàdzèn*, qui fait descendre le vent, 210 n.
بادغيس *Badghis*, nom de ville, 5 n.
بادکویه *Bàdkoubèh*, Badkoubèh ou Bad-kouh ou Bakou, ville sur le bord de la mer Caspienne, 35 n.
بادکبر *bàdguir*, qui fait descendre le vent, 210 n.
باران *bàràn*, pluie, 70 n., 248 n.
بارخانه *bàrkhànèh*, présent de fruits nouveaux, 22 n., 152 n.
بارك الله *barèk Allàh*, Dieu soit bénist, 50 n.
باروت ساز *bàrout sàz*, faiseur de poudre à canon, 204.
باری *bazy*, jeu, 113 n.
باطل *bathil*, inutile, 69 n.
باسليق *bassiliq*, la veine basilic, 177 n.
باشلق (t.), *bachliq*, argent envoyé à une fiancée, 115 n.
باغ *bagh*, jardin, 238 n.
بالابام *bàlà-bàm*, terrasse, balcon, 117 n.
بالغ *bàligh*, adolescent, qui a atteint l'âge de puberté, 124 n.

باميان *Bamiân,* nom de ville, 5 n.

بت برستى *bout peresty,* idolastrerie, 44 n.

بحر الجرجان *Bahr èl-Djourdjân,* mer Caspienne, 1 n.

بحر الخزر *Bahr èl-Khazar,* mer Caspienne, 1 n.

بحر الديلم *Bahr el-Dilèm,* mer Caspienne, 1 n.

بحر غز *Bahri Ghouzz,* mer Caspienne, 1 n.

بحر قلزم *Bahri Qoulzoum,* mer Caspienne, 1 n.

بحرين *Bahréïn,* Bahréïn (île de) dans le golfe Persique, 188 n.

بخارى *boukhâry,* cheminée, 97 n.

بد يمن *bèd youmn,* mauvais augure, 130 n.

برات *bérât,* papier, brevet, diplôme, 73 n., 227 n.

برج *bourdj,* tour, colombier, 236 n.

برزخ *bèrzakh,* purgatoire, 63 n.

برزكر *berzèguèr,* laboureur, 223 n.

برص *bèrès,* ladrerie, 148 n.

برف *bèrf,* neige, 227 n.

برك *bèrk* ou *bèlk,* feuille (prononciation d'Ispahan), 67 n.

برنج *birindj,* riz, 224 n.

بره *berrè,* agneau, 235 n.

بريان *bériân,* rôti, viande rôtie, 109 n., 245 n.

بريسى (t.), *birisi,* son un, 49 n.

بزاز *bèzzâz,* marchand d'étoffes, 181 n.

بزغاله *bouzghalèh,* chevreau, 235 n.

بس است *bès èst,* c'est assez, 220 n.

بستى *bisty,* pièce de monnaie qui valait au XVIIᵉ siècle en monnaie de France un sol et six deniers, 163 n.

بغرا *boghra,* bouillie de farine inventée par Boghra Khan Khorassany, 39 n.

بقال *baqqal,* marchand de légumes, boutiquier, épicier, 84 n., 156 n., 216 n.

بكلربكى (t.), *beïlerbeghi,* seigneur des seigneurs, titre au-dessus de khân, 151 n.

بلخ *Bèlch,* nom de la ville de Balkh, 5 n.

بلوت *balout,* chêne, 230 n.

بلى *bély,* oui, 116 n.

بلی آقا *bély aga*, oui maistre, monsieur, 40 n.
بنا *bènnâ*, maçon, 207 n.
بنج *bèndj*, pâte ou boisson faites avec des plantes ou des graines enivrantes, 140 n.
بندر *bèndèr*, port, 246 n.
بندر ریك *Bèndèr rig*, port du sable, ville de la côte du golfe Persique, 9 n.
بندر كنكون *Bèndèr congoun*, nom d'un petit port du golfe Persique, 8 n.
بنك *bèngue*, voyez بنج, 140 n.
بواسیر *bévassir*, hémorrhoïdes, 149 n.
بورغو *bourgou*, foret quarré, 205 n.
بوشنج *Puschèntz* (Bouchendj), nom de ville, 5 n.
بوغچه‌دار *boghtchèhdâr*, porte-paquet, 104 n.
بوق (t.), *boq*, excréments, 49 n.
بول *baoul*, urine, 33 n.
بولاردان (t.), *bounlardan*, d'eux, 49 n.
به *bèh*, coing, 231 n.
بهار *béhâr*, printemps, 114 n., 241 n.
بهانه *béhânè*, bourdes, mauvaises raisons, vains prétextes, 119 n.
بی ادب *by èdèb*, impoli, 251 n.
بی ادبی *by èdèby*, incivilité, impolitesse, manque d'éducation, 250 n.
بی انصاف *by inssaf*, sans équité, sans droiture, 251 n.
بیت اللطیف *béit èllèthif*, maison de plaisir, 212 n.
بی حیا *bi haya*, sans honte, 96 n., 250 n.
بی خیر *bi khéir*, vaurien, 251 n.
بی دیانت *by dianèt*, sans loyauté, 251 n.
بیشه *bichèh*, bois, forêt, 230 n.
بعت *bèyat*, charte, 37 n.
بیكلاربیكی *beglerbéguis*, grands gouverneurs, 11 n.
بیل *bil*, bêche, 225 n., 233 n.
بی مروت *by mourouvvèt*, sans sentiments humains, 250.
بی موسم *bi maussem*, intempestif, déplacé, 129 n.
بی نماز *bi namaz*, hors d'estat de faire la prière, 80 n.
بینی *bini*, nez, 111 n.
بی وفا *bi vèfâ*, ingratitude, sans fidélité, 132 n., 250 n.

پ

باتیل *patil*, chaudron, 201 n.

پاتاوه *pataveh*, bande de toile qui entoure les jambes, 248 n.

پارنجه *parintchèh*, seigle (mot arménien), 244 n.

پازند *pazènd*, le dialecte zend, 44 n.

پالان *palan*, bât d'un âne ou d'un chameau, 241 n.

پایز *païz*, automne, 241 n.

پرتو *pertau*, rayon, réflexion de lumière, 85 n.

پرده *perdè*, taies (sur les yeux), 149 n.

پرستو *pèrèstou*, hirondelle, 236 n.

پریشان *pèrichân*, pauvre, incommodé, 26 n.

پزند *pézènd*, ils font cuire, 39 n.

پسر *pèsèr*, fils, 122 n.

پسین *pessin*, après-dîner, 108 n.

پشت خاران *poucht kharan*, gratte-échine, 82 n.

پشم *pèchm*, laine, 235 n.

پشه *pèchèh*, cousin (insecte), 244 n.

پلاو *pilau*, plat de riz bouilli avec du beurre, 27 n., 109.

پل شاه *pouli châh*, pont du roi, 9 n.

پل صراط *pouli Sirath*, le pont de Sérat, 57 n.

پناه *pénah*, refuge, appuy, 15 n.

پنیر *pénir*, fromage, 141 n., 235 n.

پول تنباکو *pouli tounbakou*, monnoye du tabac, 141 n.

پهلوان *pehlivân*, lutteur, 92 n.

پیاز *piaz*, oignons, 226 n.

پیاله *pialèh*, coupe, petite tasse de porcelaine pour boire le café, 101 n., 137 n.

پیاله زدن *pialèh zèdèn*, choquer la coupe, 137 n.

پیر *pir*, vieillard, patron, supérieur d'une communauté religieuse, 86 n.

پیراهن *pirahèn*, chemise, 101 n.

پیس *pis*, sale, immonde, ladrerie, 148 n.

پیشانی *pichâny*, front, 68 n.

پیش خدمت *pich khidmèt*, valet de chambre, 57 n., 109 n.

بيش نماز *pich namâz*, celui qui fait les prières canoniques à la tête des fidèles et en règle les mouvements, 38 n., 161 n.

پیشه *pichèh*, métier, profession, 131 n.

پیغامبر *péighambèr*, prophète, 49 n.

پلهور *pilèhvèr*, ramasseur de guenilles, fripier, 194 n.

پینه دوز *pinèh douz*, qui rapièce, qui raccommode, savetier, 211 n.

بيوك *peyouh*, dragonneau ou ver de Médine, 148 n.

ت

تابستان *tâbistân*, été, 241 n.

تابع *tâbi'*, suivans et adhérens, 87 n., 161 n.

تابوت *tâbout*, cercueil, 89 n.

تاج *tâdj*, ancien bonnet des Persiens, 16 n., 86 n.

تازى *tâzi*, chien courant, 19 n.

تالار *tâlar*, chambre ou salon avec des lambris de plafond de menuiserie par petits compartiments, le tout soutenu par de grandes colonnes, 29 n., 209 n.

تاوه *tâvèh*, poêle, 196 n.

تبردار *tèbèrdâr*, qui porte une hache, 215 n.

تبرك *tébèrrouk*, choses de dévotion, 65 n., 216 n.

تبع نصيب *taba' nassib*, selon la chance, 125 n.

تپه (t.), *tèpèh*, partie de la coiffure couvrant le sommet de la tête, 247 n.

تثليث *tèslis*, Trinité, 61 n., 131 n.

تجارت *tidjârèt*, taxe sur les marchés, 33 n.

تجربه *tèdjroubèh*, expérience, 123 n.

تحصيلدار *tahsildâr*, percepteur, collecteur des impôts, 179 n.

تحفه *touhfèh*, chose rare et digne d'être offerte en présent, 232 n.

تحويل *tahvil*, action de passer d'un état dans un autre, renouvellement, 76 n.

تخته *takhtèh*, planche, tablette, 223 n.

ترب *tourb*, rave, radis, 233 n.

نرس *tèrs*, bouclier, 212 n.

ترشیز *Turchis*, nom de ville, 5 n.

تسبیح *tèsbih*, chapelet, 67 n.

تسمه *tèsmèh*, sangles, 205 n.

تسویة البیوت *tèsvviet oul bouïout*, érection d'un thesme céleste, 84 n.

تصریف *tèsrif*, les conjugaisons, 168 n.

تصویرات *tèsvirat*, portraits, dessins, figures, 71 n., 197 n.

تعبیر *ta'abir*, explication des songes, 221 n.

تفتیش *tèftich*, information, 130 n.

تفتیك *tèftik*, laine fine, 12 n.

تفدان *tèfdan*, crachoir, 101 n.

تفسیر *tèfsir*, explication (des songes), 221 n.

تفنكچی آقاسی (t.), *tufènktchy agassy*, commandant des fusiliers, 25 n.

تقلتوق *téqaltouq*, coussinet, 204 n.

تقلیدی *taqlidy*, objet imité, contrefaçon, 181 n.

تقویم *taqwim*, éphémérides, 166 n.

تكز (t.), *Tenghiz* ou *Deniz*, mer Caspienne, 1 n.

تلفظ *telaffouz*, parler ordinaire, 15 n.

تماشا *témacha*, spectacle, 74 n., 213 n.

تناسخ *ténassoukh*, métempsycose, 234 n.

تنباكو *toumbakou*, tabac, 38 n.

تنبان *tènban*, haut de chausse, 99 n.

تواتر *tèvatur*, vieille tradition, 45 n., 250 n.

توت *tout*, mûrier blanc, mûres, 118 n., 230 n.

توحید *taouhid*, confession de l'unité de Dieu, 44 n.

توراة *taurat*, Vieil Testament, 44 n.

توشمال *touchmâl*, intendant de la cuisine, 21 n.

تون *Thun*, nom de ville, 4 n.

تهدید *tehdid*, menaces, 58 n.

تیتال *tital*, flatteur, 251 n.

تیرکر *tirguèr*, fabricant de flèches, 198 n.

تیشه *tichèh*, hachette, 200 n.

تیغ *tigh*, rasoir, 126 n.

تیغ ساز *tigh sâz*, faiseur de rasoirs et lancettes, 205 n.

تیم *tyemmoum*, purification avec du sable ou de la terre à défaut d'eau, 69 n.

ث

نقبتین *soqbeteïn*, pinnules de l'astrolabe, 167 n.

ثلثی *soulsy*, de trois en trois, 166 n.

ج

جادوکر *djadouguèr*, enchanteur, 221 n.

جاروب *djaroub*, balai, 103 n.

جاروب کش *djaroub kèch*, balaieurs de chambre, allée, 87 n.

جاروب متوضی *djarroubi moutéwezza*, balai de latrines, 103 n.

جاغر *djaguir*, ombrageux, 106 n.

جالشنجی باشی (t.), *tchalichtchy bachy*, chef des joueurs d'instruments, 24 n.

جام *djam*, verre, vitre, 145 n.

جامع عباسی *Djami' 'Abbassy*, la somme d'Abbas, recueil juridique par Beha eddin Amily, 79 n.

جانشین امام *djanichini imami*, qui occupe la place de l'imam, 162 n.

جانشین *djanichin*, qui occupe la place, successeur, lieutenant du Prophète, 49 n.

جاهل *djahil*, bec jaune, ignorant, inexpérimenté, 116 n.

جبر *djebr*, contrainte, violence, 239 n.

جبرائیل *Djébrayl*, l'ange Gabriel, 43 n.

جبهدار باشی *djèbèhdâr bachy*, grand intendant de l'arena, 18 n.

جدید الاسلام *djédid oul islam*, qui a embrassé nouvellement l'islamisme, 47 n.

جر انقال *djerri eçqal*, mécanique, 165 n.

جراح *djerrah*, chirurgien, 176 n.

جرید *djérid*, barre de fer ronde, longue et pesante, 92 n.

جریمه *djérimèh*, amendes, 40 n.

جزیه *djizièh*, impôt, 46 n.

جلاب *djoulâb*, sirop, julep, 94 n.

جلودار باشی *djeloudar bachy*, celuy qui tient la bride du cheval du Roy, 24 n.

جماع *djimâ'*, copulation, 43 n.

جنت *djinnèt*, paradis, 63 n.

جنين djénin, embryon, 88 n.
جوال djouwal, sac, 242 n.
جوراب djourab, brodequins, 102 n.
جوزجان Tzuztân, Djouzdan, nom d'une province et d'une ville, 5 n.
جولا ou چلوارى tchoula ou tchoulwary, taffetas, 187 n.
جهنم djéhennèm, enfer, 39 n.
جهنم کناهکار است djéhènnem, gounah kâr èst, qu'il aille en enfer, c'est un criminel, 41 n.
جيره djirèh, vivres, 26 n.
جيلانى djilany, hématite, 129 n.

چ

چادر tchadir, voile, 119 n.
چارکزى tcharguezy, ceinture (longue de 4 coudées), 102 n.
چاروق (t.), tcharouk, chaussure grossière, 248 n.
چاشت tchacht, repas vers 10 ou 11 heures du matin, 112 n.
چاقشور (t.), tchaqchour, chausses (vêtements), 102 n.
چالوق (t.), tchalouq, cheval qui n'est pas dressé, 105 n.
چاودار tchavdar, seigle, 244 n.
چاه tchâh, puits, 146 n.
چغندر tchoughoundour, betterave, 226 n.
چلغوزه tcholghouzèh, fiente (de pigeon), 236 n.
چله tchellèh, corde (d'un arc), 119 n., 198 n.
چنار tchenâr, platane, 199 n., 231 n., 239 n.
چه نسبت است tchih nisbèt èst, quelle comparaison y a-t-il?, 133 n.
چهار سو tchéhar sou, carrefour, 126 n.
چهل منار tchéhil minâr, les quarante colonnes, 35 n.
چيت tchit, toile peinte, 96 n.
چيت ساز tchit sâz, imprimeur sur toile, 203 n.
چيچك (t.), tchitchèk, variole, 149 n.
چينه tchinèh, murailles faites de terre, 238 n.
چينى tchiny, porcelaine de Chine, 98 n., 197 n.

ح

حافظه   *hafizèh*, mémoire, 221 n.

حامله   *hamilèh*, grosse, enceinte, 122 n.

حج   *hadjdj*, le pèlerinage de la Mecque, 82 n., 123 n.

حدوث دنيا   *houdousi dounia*, le commencement, l'apparition du monde, 168 n.

حديث   *hadis*, traditions du Prophète, 79 n., 162 n.

حرام   *harâm*, défendu, 180 n.

حرارت   *hérârèt*, chaleur, 241 n.

حرم   *harem*, lieu dont l'accès est interdit, gynécée, 95 n.

حريت   *hourrièt*, pureté, 69 n.

حسود   *hassoud*, envieux, 251 n.

حشر   *hèchr*, résurrection, 63 n.

حشم   *hachem*, suite, train et serviteurs, 128 n.

حصار   *hissar*, muraille, 35 n.

حصبه   *hasbèh*, pétéchies, 149 n.

حصير   *hassir*, natte, 97 n.

حضرت عيسى   *hazrèti 'Issa*, Sa Majesté Jésus, 62 n.

حضرى   *hazari*, ce qui est prêt, 107 n.

حق   *haqq*, Dieu qui est la vérité absolue, 218 n.

حقه باز   *houqqah baz*, joueur de gobelet, 213 n.

حقيقت   *haqiqat*, la vérité, 49 n.

حكاك   *hekkâk*, graveur, émouleur de pierre à fusil, lapidaire, 194 n., 199 n.

حكيم   *hékim*, médecin, 176 n.

حكيم باشى   *hékim bâchi*, chef des médecins, 22 n.

حلال   *helal*, permis, 180 n.

حلال وحرام   *helal* ou *haram*, de bon acquis et mal acquis, 16 n.

حلوا   *helva*, douceurs (pâtes), confitures, 90 n., 142 n.

حمّال   *hammal*, portefaix, 90 n., 211 n.

حمامدار   *hammamdâr*, baigneur, maître de bains, 145 n.

حوادث   *havadis*, nouveautés, accidents, 30 n., 226 n.

حوريان   *hourian*, les houris, 60 n.

حوض   *haouz*, bassin, 66 n., 100 n.

حيلةٌ شرعيه *hilêhi cher'iyèh*, subterfuge juridique, légal, 47 n., 173 n.

حيض *haïz*, menstrues, 69 n.

حيوان دو پا *haïvani dou pâ*, bestes à deux pieds, 61 n.

خ

خاتم الانبیا *khatem oul enbia*, le sceau des prophètes, 61 n.

خاتون *khatoun*, impératrice de Perse, 28 n.

خارجى *kharidjy*, kharidjite, hérétique, 49 n.

خاص *khass*, bien particulier, 122 n.

خاص سر تراش *khass ser trach*, celui qui rase les cheveux du prince, barbier, 55 n.

خاصه‌لى *khassely*, officieux, 104 n.

خان *khân*, titre honorifique, gouverneur de province, titre supérieur à sultan, 27 n., 128 n., 151 n., 152 n.

خانه *khânèh*, maison, 94 n.

خانه آبادان *khanèh âbadân*, que votre maison prospère, 112 n.

خانه‌زاد *khânèhzâd*, nés dans le logis, 124 n.

ختنه *khètnèh*, circoncision, 77 n.

خدا پروردگار است *Khouda perverdegar èst*, Dieu est le nourricier, 77 n.

خدم *khadem*, suite, train et serviteurs, 128 n.

خدمت *khidmet*, service, corvée, 240 n.

خر *khar* ou *khèr*, âne, 103 n., 162 n., 233 n.

خرابه, خرابى *kharabèh, kharaby*, ruines, maisons à moitié tombées, 114 n.

خراج *kharadj*, impôt, 46 n.

خراط *kharrat*, tourneur sur bois, 203 n.

خربزه *khèrbouzèh*, melon, 141 n., 228 n.

خرجى *khardjy*, de l'avance, 31 n.

خرفه *khourfèh*, pourpier, 233 n.

خرگوش *khergouch*, lièvre, lapin, 235 n.

خرما *khourma*, datte, 226 n., 231 n.

خروس *khourous*, coq, 75 n., 236 n.

خزینه‎ *khazinèh*, trésor, 143 n.
خزینه‌دار‎ *khazinèhdar*, thrésorier, 21 n.
خشت‎ *khicht*, brique cuite, 94 n., 207 n.
خشت مال‎ *khicht mâl*, qui pétrit les briques, 207 n.
خط استوا‎ *khatti istiwa*, ligne équinoxiale, équateur, 167 n.
خطوط مواجهه‎ *khoutouti mouwadjèhèh*, lignes parallèles (dans l'astrolabe), 167 n.
خلعت‎ *khil'aât*, vêtement d'honneur, 153 n.
خمره‎ *khoumrèh*, jarre, cruche, 126 n.
خمس‎ *khoums*, la cinquième partie, 81 n.
خمسی‎ *khomsy*, de cinq en cinq, 166 n.
خنازیر‎ *khenazir*, scrofules, écrouelles, 149 n.
خواجه‎ *khadjèh*, chastré, 20 n.
خوب است‎ *khoub èst*, est-ce bien?, 66 n.
خوب تصرف است‎ *khoub tessarrouf èst*, voilà une belle invention, 133 n.
خود پرست‎ *khod perest*, égoïste, 251 n.
خود پرستی‎ *khod peresty*, philaftie = égoïsme, 131 n.
خود رو‎ *khod rou*, qui pousse spontanément, 231 n.
خوش قدم‎ *khoch qadem*, dont les pas sont heureux, 129 n.
خوك‎ *khouk*, pourceau, 71 n.
خون‎ *khoun*, sang, 69 n.
خویش‎ *khich*, parent, 115 n.
خیار‎ *khiar*, concombre, 228 n.
خیر جاری‎ *khéir djary*, bien courant et éternel, 245 n.
خیش‎ *khich*, charrue, 233 n.
خیك‎ *khik*, outre, 235 n.
خیمه‎ *khimèh*, pavillon, tente, 246 n.

د‎

دار السلطنه‎ *dàr èssalthanèh*, la résidence du Roy, 33 n.
دار الشفا‎ *dàr ech-chefà*, hôpital (maison de la guérison), 219 n.
دار مرك‎ *dàri mèrg*, lieu de la mort, 219 n.
دارند‎ *dàrènd*, ils ont, 39 n.
داروغه‎ *darougha*, lieutenant de la police, prévôt, 26 n., 39 n.

دام *dam*, filet, 240 n.
دايره *daïrèh*, cercle, 131 n.
دباغ *debbagh*, tanneur, 203 n.
دبر *doubr*, derrière, 66 n.
دپه *depèh*, partie de la coiffure couvrant le sommet de la tête, 247 n. V. تپه.
دجاج *dedjadj*, l'Antéchrist, 57 n.
دختر *doukhtèr*, fille, 116 n.
در (t.), *dur*, est, il est, 49 n.
در آمدن *der ámedèn*, entrer (revenus, rentrées), 127 n.
دربند *Derbend*, défilé, 3 n.
در تنك *Déri tengue*, porte étroite, 9 n.
درخت طوبی *dirakhti Thouba*, arbre qui croit à la limite du paradis, 60 n.
درزی *derzy*, couturier, 201 n.
درمنه *dermènèh*, plante appelée *Artemisia santonica*, 198 n.
درنا *derná*, grue, 19 n.
درو *deroou*, moisson, récolte, 222 n., 241 n.
دروغ كو *dourough gou*, menteur, 250 n.
درویش *dervich*, pauvre, moine musulman, mendiant, 216 n.
دره *derrèh*, vallée, 239 n.
دزد *douzd*, voleur, 39 n., 251 n.
دست قابل *désti qâbil*, main habile, 132 n.
دستگاه *dèstgah*, métier, 187 n.
دستمال *destmâl*, mouchoir, serviette, 28 n., 109 n.
دست نداد *dest nè-dâd*, cela n'a point donné la main, n'a point réussi, 222 n.
دستور *destour*, plats pour faire l'astrolabe, 166 n.
دعاكو *do'a gou*, qui fait des vœux, 216 n.
دعوی کار *da'wa kar*, processif, plaideur, 251 n.
دغدغه *daghdaghah*, scrupule, alarme, appréhension, 69 n.
دفتر خانه *dèfter khanèh*, chambre des comptes, 26 n., 178 n.
دكاندار *doukkandár*, boutiquier, 156 n., 245 n.
دكن (t.), *diken*, épine, branche épineuse, 241 n.
دلاك *dellak*, barbier, masseur, 77 n.

ARABES ET TURCS 415

دلال *dellal*, courtier, 190 n.
دلدل *douldoul*, nom de la mule de Mahomet, 52 n.
دلودوز *deloudouz*, couseur de seaux en cuir pour puiser de l'eau, 204 n.
دماغ *dimâgh*, palais, cerveau, 136 n.
دمر قپو (t.), *démir qapy*, porte de fer, nom turc de Derbend, 3 n.
دمل *doummel*, furoncle, 125 n.
دواتکر *dévatguer*, fabricant d'écritoires, travailleur en fer blanc, lanternier, 202 n.
دوازده معصوم *douazdèh ma'ssoum*, les douze innocents et purs, les douze successeurs du Prophète, 128 n.
دوزخ *douzakh*, enfer, 48 n., 63 n.
دوشاب *douchâb*, moût de vin, 202 n.
دوشك (t.), *duchèk*, lit, 237 n.
دولتیار *daulet yar* (n. pr.), favorisé par la fortune, 129 n.
دوینجه *dévitdjèh*, châssis, 201 n.
ده *déh*, village, 225 n.
دهاتی *dehaty*, paysan, villageois, 223 n.
دهل *dehoul*, gros tambour, 117 n.
دیك *dik*, chaudière, marmite, 48 n., 196 n.
دیکر بکو *diguer begou*, dites encore, 251 n.
دیلنجی (t.), *dilendji*, mendiant, 87 n.
دیوار *divâr*, mur, 94 n.
دیوان بکی *diwân beguy*, seigneur du divan, 18 n., 42 n.
دیوان خانه *diwân khânèh*, pièce du dehors où on reçoit les personnes du dehors, 95 n.
دیوانی *divany*, sorte d'écriture persane, 164 n.

ذ

ذکر *zikr*, invocations, litanies, 68 n.
ذو الفقار *zoul feqâr*, vertébré, nom du sabre d'Aly, 52 n.

ر

رأس *râs*, 215 n.
رافضی *rafezy*, hérétique, 49 n.

راهدار *rahdar*, préposé à la sûreté d'une route, 246 n.

رباعیه متناسبه *rèby'èh moutenassibèh*, les quatre quantités proportionnelles, règle de trois, 167 n.

رخت *rakht*, meubles, vêtements, 99 n., 247 n.

رختکن *rakhtkèn*, endroit où l'on se déshabille dans un bain, 143 n.

رخصت *roukhsat*, permission, 109 n.

رزاق *rezzaq*, nourricier, 86 n.

رسوم *roussoum*, certaine taxe déterminée, 15 n.

رسم *resm*, coutume, 133 n.

رشته *richtèh*, dragonneau ou ver de Médine, 148 n.

رشوت *ruchvèt*, présent pour corrompre, 59 n.

رشوی *rouchvèty*, qui se laisse corrompre par des présents, 39 n.

رصد *ressed*, observation du ciel, 22 n.

رعشه *ra'chèh*, tremblement, 137 n.

رعیت *ra'ièt*, subjects, 14 n., 36 n.

رفو *refou*, reprise dans une étoffe, 249 n.

رقاع *riqa'*, valet de pied, 32 n.

رقص *raqs*, danse, 119 n.

رکعت *rika'at*, inclination du corps dans la prière, 68 n.

رمال *remmâl*, qui prédit l'avenir au moyen du sable, 220 n.

رمل *rèml*, sable, 220 n.

رنک ساز *rengue sâz*, teinturier, 203 n.

رو *rou*, face, visage, 100 n.

روباه *roubah*, renard, 239 n.

روبك *roupâk*, sorte de fichu qui couvre la tête et le front, 115 n.

روح توتیا *rouhi toutia*, oxyde de zinc, 201 n.

روده *roudèh*, entrailles, intestins, 75 n.

روز جمعه *rouzi djouma'a*, vendredi, 58 n.

روز قیامت *rouzi qiamèt*, le jour du jugement, 49 n., 218 n.

روزه *rouzèh*, jeûne, 64 n.

روغن *rougan*, beurre, 235 n.

رویکر *rouiguèr*, étameur, 196 n.

ریاضی *riazy*, mathématiques, 165 n.

ریاکار *riakar*, hypocrite, 251 n.

ریخته‌گر *rikhtèh guèr*, fondeur de chandeliers, lampes, mortiers, clochettes, etc., 201 n.

ریسمان *rismân*, corde, 205 n.

ریسمان باز *rismân bâz*, danseur de corde, 213 n.

ریسمان باف *rismân bâf*, cordier, 205 n.

ریوند *rivènd*, rhubarbe, 190 n.

رئیس *reïs*, chef, 62 n.

ز

زالو *zâlou*, sangsue, 29 n.

زبان *zebân*, langue, 250 n.

زبان در قفا *zeban der qafa*, pied d'alouette, plante (litt. : qui a la langue dans la nuque), 232 n.

زربافت *zèrbaft*, toile d'or, d'argent, 96 n.

زربفت *zerbaft*, brocart, 186 n.

زردالو *zèrd-âlou*, abricot, 228 n.

زرگر *zèrguèr*, orfèvre, 195 n.

زرگر باشی *zèrguèr bâchy*, chef des orfèvres, 25 n.

زرکش *zerkèch*, tireur d'or, 195 n.

زرنیخ *zernikh*, orpiment, 145 n.

زغال *zoughal*, charbon, 98 n.

زقوم *zakkoum*, nom d'un arbre de l'enfer, 60 n.

زکاة *zékat*, la dîme, 81 n.

زمرد *zoumourroud*, émeraude, 189 n.

زمستان *zémistân*, hiver, 102 n., 240 n.

زن *zèn*, femme, 64 n.

زنبق *zenbaq*, lys, 232 n.

زندان خانه *zendân khânèh*, prison, 40 n.

زندیق *zendiq*, impie, incrédule, 82 n.

زور خانه *zour khanèh*, la maison de la force, académie de lutte, 92 n.

زهگیر *zèhguir*, anneau de corne qui sert à bander un arc (litt. : qui saisit la corde), 197 n.

زینت *zinèt*, ornement, 98 n.

زیندار باشی *zindâr bâchi*, celuy qui garde les selles des chevaux, 24 n.

زینساز *zinsâz*, fabricant de selles de chevaux, 203 n.

س

سادات   *sadat*, seigneurs (pluriel de سیّد, *seyyd*), 80 n.

ساربان   *sarbán*, chamelier, 45 n.

ساعت ساز   *sa'at sáz*, horloger, 207 n.

ساعت نیك و بد   *sa'ati nik ou bèd*, l'heure favorable et funeste, 222 n.

سالوس   *salous*, trompeur, 251 n.

سبزوار   *Sebzvar*, nom d'une ville du Khorassan, 5 n.

سبزواری   *sèbzvary*, nom d'une espèce de poule originaire de la ville de Sèbzvàr, 114 n.

سبزی   *sèbzy*, herbes potagères, 232 n.

سبیل   *sebil*, moustache, 103 n.

سپهسلار   *sipèhsalar*, généralissime, 155 n.

سجود   *soudjoud*, génuflexions, 68 n.

سحر   *sihr*, magie, 223 n.

سد   *sedd*, barrière, digue, 224 n.

سدرة المنتهی   *sidrèt el-muntéha*, arbre du lotus qui croit à la limite du Paradis, 60 n.

سدسی   *soudsy*, de six en six, 166 n.

سر   *ser*, tête, commencement, 171 n.

سربان   *serbán*, chamelier, 157 n., 242 n.

سر بیابان   *sèri biábán*, le commencement du désert, nom d'une forteresse, 182 n.

سرچه   (t.), *sertchèh*, moineau, 236 n.

سرحد   *serhadd*, frontière, 151 n.

سر خیابان   *sèri khiábán*, le commencement de la chaussée, nom d'une forteresse, 182 n.

سردار   *serdár*, général en chef, 155 n.

سر و یا ندارند   *ser ou pá nè-darènd*, qui n'ont ni tête ni pied, 16 n.

سرکار شاه   *sèrkári cháh*, le travail du roi, 31 n.

سرما   *sermá*, froid, 248 n.

سرنا   *sourna*, clarinette, 117 n.

سست   *soust*, faible, mou, sans vigueur, 138 n.

سعی   *sa'i*, espace compris entre Safa et Merwèh, 82 n.

سفر *sefer*, voyage, 65 n., 245 n.

سفره‌جى باشى *soufrèdji bâchi*, estendeur de nappe, 21 n.

سقا *saqqa*, porteur d'eau, 126 n.

سقاجى (t.), *saqqatchy*, porteur d'eau, qui distribue de l'eau, 157 n.

سقف *saqf*, voûte, 88 n.

سك *sègue*, chien, 69 n.

سلام عليك يا حضرة عمر امير المومنين *selamoun 'aleïka ya hazeret Omer émir el-moumenin*, bonjour, majesté d'Omer, prince des croyans, 82 n.

سلطان *soulthân*, sultan, monarque, 128 n.

سلطنت *salthanet*, domination, 81 n.

سمور *semmour*, martre, zibeline, 71 n., 102 n.

سنباده *sènbadèh*, émeri, 199 n.

سنبوسك *senboussèk*, pâté, 245 n.

سنت *sounnèt*, loi orale, tradition servant de précepte obligatoire, circoncision, 48 n., 186 n.

سنجان *Sendjan*, nom de ville, 5 n.

سنى *sounny*, sunnites, 48 n.

سواره *souvarèh*, cavalier, 105 n.

سورة *sourèt*, nom des chapitres du Qoran, 78 n.

سورة النحل *sourèt èn-nahl*, le chapitre des Abeilles (XVIᵉ chap. du Qoran), 78 n.

سوزناك *souznak*, bubon, 125 n.

سوزن ساز *souzèn sâz*, faiseur d'aiguilles, 207 n.

سوزنى *souzeny*, travail fait à l'aiguille, 96 n.

سوس *Sous*, nom de ville, 5 n.

سوسن *sousen*, tulipe, 232 n.

سوكمه (t.), *sokoulmèh*, coup d'estoc, 212 n.

سياهه *siahèh*, escript, liste, 23 n.

سياهى *siahy*, l'escript, liste, 23 n.

سيب *sib*, pomme, 229 n.

سيد *seyyd*, seigneur, 80 n.

سير *séir*, promenade, 77 n.

سيس *sesse* (mot hindoustani), étoffe légère tissée avec des fils d'or, qui formait la coiffure des gens de la cour à l'époque des Séfévis, 90 n.

سينى *siny*, bassin, 114 n., 196 n.

ش

شا دانه *châh danèh*, graine de roi, chanvre, 230 n.

شارع *chari'*, les grands chemins, 244 n.

شارع شهر *chari' cheher*, les rues de la ville, 33 n.

شاطر *chatir*, valet, laquais, 103 n., 157 n.

شاقول *chaqoul*, fil à plomb, 224 n.

شاكرد *chaguird*, apprenti, 131 n.

شال *châl*, ceinture, 102 n., 190 n.

شام *Châm*, la Syrie, Damas, 53 n.

شاهبلوط *châh balout*, châtaigne, 230 n.

شاه عباس ثانی *Châh Abbas Çany*, le Roy Abbas deuxiesme, 16 n.

شباهت *chébâhèt*, ressemblance, 62 n.

شب برات *chèbi Bérat*, la nuit du Bérat qui se célèbre le 15 du mois de cha'aban, 73 n.

شب بو *chèb bou*, giroflée, 232 n.

شب عید است *chèbi 'yd est*, c'est la nuit ou veille de la fête, 76 n.

شبهه *choubhèh*, objection, doute, 132 n., 162 n.

شپش *chepèch*, pou, 82 n.

شتر *choutour*, chameau, 45 n.

شرابجی باشی *cherabdjy bâchy*, maistre de la bouteillerie, 24 n.

شربت *chèrbèt*, boisson, limonade, 111 n.

شرط *chart*, convention, 114 n.

شرعی *cher'y*, ecclésiastique, 134 n.

شریعت *chery'at*, la loi divine, 162 n.

شریف *chérif*, noble, descendant du Prophète, 80 n.

شریک باری *chériki bâri*, associé du Créateur, 61 n.

شطرنج *chatrèndj*, échecs, 113 n.

شعرباف *che'erbaf*, tisserand, 187 n., 195 n.

شغال *chaghal*, chacal, 239 n.

شفتالو *chèftâlou*, pêche, 231 n.

شکار *chikar*, chasse, 240 n.

شکایت *chikaïèt*, plaintes, 153 n.

شکر *cheker*, sucre, 108 n.

شکسته *chikestèh*, sorte d'écriture persane cursive, dont les lettres sont enchevêtrées et qui est plus particulièrement employée pour les lettres et les billets, 164 n.

شکسته نفس *chikèstèh nèfs*, humilité (litt. : âme brisée), 38 n.
شلتاق *cheltaqy*, querelleur, 251 n.
شلتوك *cheltouk*, riz brut, 226 n.
شمسی *chemsy*, espèce d'abricot, 228 n.
شمشاد *chemchad*, buis, 239 n.
شمشیر *chêmchir*, sabre, 38 n.
شمشیر باز *chemchir bâz*, qui joue du sabre, spadassin, 211 n.
شمع *cham'*, bougie, 117 n.
شوره *chourèh*, salpêtre, 204 n.
شون *choun*, petit chariot destiné à fouler le blé et à faire sortir le grain de l'épi, 234 n.
شوهر *chauher*, mari, époux, 121 n.
شهر *chehr*, ville, 241 n.
شهرت *chouhrèt*, réputation, renommée, 133 n., 161 n.
شهوت *chèhvèt*, désir ardent, concupiscence, 71 n., 123 n.
شهید *chéhid*, martir, 43 n.
شیخ *cheikh*, cheikh, vieillard, notable, 39 n.
شیخ الاسلام *cheikh oul-islam*, juge, 37 n.
شیخ صفی *cheikh sefi*, l'ancien pur, 17 n.
شیرازی *chirazy*, espèce de raisin, 230 n.
شیرینی *chiriny*, confitures, bonbons, douceurs, 73 n., 142 n.
شیشه‌گر *chichèhguèr*, verrier, fabricant de bouteilles, 198 n.
شیطان *chéïtân*, démon, 39 n.
شیعه *chia*, chiites, 48 n.

ص

صاحب الزمان *sahib ouzzémân*, le maistre du temps, 57 n.
صحاف *sahhaf*, libraire, relieur, 200 n.
صحبت یساول (t.), *sohbet yessaoul*, petit maistre des cérémonies, 20 n.
صدا *seda*, son, voix, chant, 237 n.
صدارت پناه *sèdârèt pènâh*, asyle de la magistrature suprême, surnom donné au *Sedr*, 160 n.
صد دینار *sad dinar*, cent dinars, 23 n.

صدر *sedr*, docteur investi de la plus haute fonction de la magistrature, 160 n.
صدف *sedef*, coquille, écaille, 188 n.
صراف *serraf*, essayeur de monnoye, changeur, banquier, 192 n.
صفا *Safa*, nom de lieu près la Mekke, 82 n.
صفات *sifat*, attributs, 61 n.
صفیحه *sefihèh*, plaque de métal (de l'astrolabe), 167 n.
صمغ *samgh*, gomme, 208 n.
صندوق خانه *sandouq khânèh*, maison des coffres, 99 n.
صندوق ساز *sandouq sâz*, bahutier, 206 n.
صنف *sinf*, catégorie, classe, espèce, forme, 31 n., 113 n.
صوفی *soufi*, sorte de secte, 84 n.
صیغه *sighèh*, formules employées dans les contrats de mariage, 116 n.

ض

ضامن *zamin*, caution, 93 n.
ضبط *zebth*, action de garder, d'enregistrer, 173 n.
ضرب *zèrb*, coup, 212 n.
ضرور *zerour*, nécessaire, 226 n.

ط

طالع *thali'*, horoscope, 219 n.
طالقان *Thalecan*, nom de ville, 5 n.
طاوس *thaous*, paon, 237 n.
طاوشان (t.), *taouchân*, lièvre, 235 n.
طبس کیلکی *Thabès Kileki*, nom d'une ville, 5 n.
طبس مسینان *Thabès Mesinân*, nom d'une ville, 5 n.
طبق *thabaq*, bassin, 112 n.
طبیب *thebib*, médecin, 228 n.
طلاق *talaq*, répudiation, 119 n.
طلالی *thilaly*, manières douces et flatteuses, 169 n.
طلب علم *thalibi 'ilm*, estudians, escoliers, 39 n.
طلسم *thelesm*, talisman, 141 n., 220 n.
طلوق (t.), *dolouq*, paye, 27 n.

طناب *thenab*, câble, 205 n.
طنبور *tanbour*, espèce de petite guitare dont le corps est gros comme un sabot, 118 n.
طواف *thewaf*, les sept tournées prescrites autour de la Kaʿabâh, 82 n.
طوبجى باشى (t.), *touptchy bâchy*, grand maître de l'artillerie, 25 n., 158 n.
طوبى *thouba*, nom d'un arbre qui croît à la limite du Paradis, 60 n.
طورنا (t.), *thourna* ou *dourna*, grue, oiseau, 237 n.
طولانجى (t.), *dolandjy*, vaurien, fourbe, 185 n.
طول *toul*, étendue, 2 n.
طونلق (t.), *donlouq*, argent destiné à acheter des chausses, des vêtements, solde, 154 n., 179 n.
طهارت *tèharèt*, purification légale, 100 n.

ظ

ظرف *zèrf*, vase, gobelet, 98 n
ظلال *zilal*, ombres, 167 n.

ع

عابدينى ʿ*abediny*, sorte de melon, 228 n.
عاجز ʿ*adjiz*, faible, impuissant, 132 n.
عادل ʿ*adil*, juste, 86 n.
عاسف ʿ*assif*, maltôtier, 24 n.
عاقل ʿ*aqil*, homme intelligent, spirituel, 222 n.
عالم ارواح ʿ*âlèmi erwah*, le monde des esprits, 85 n.
عبّاسى ʿ*abbassi*, pièce de monnaie, 164 n.
عبور ʿ*oubour*, fissures, 91 n.
عجب ʿ*oudjb*, vanité, orgueil, 131 n.
عجماباى ʿ*adjèmâbâdy*, sorte de melon, 228 n.
عداوت ʿ*adavèt*, inimitié, 48 n.
عدس دارم ʿ*ads darèm*, j'ai des lentilles, 251 n.
عرض ʿ*arz*, largeur, 2 n.
عرضه ʿ*arzèh*, requête, 131 n.

INDEX DES MOTS PERSANS,

عرفاة '*Arafat* montagne, au pied de laquelle campent les pèlerins le jour de la fête des Sacrifices, 82 n.

عرفى '*ourfy*, civil, 134 n.

عرق مدنى '*erqi médéni*, dragonneau ou ver de Médine, 148 n.

عروس '*arous*, mariée, 46 n.

عسس '*assès*, garde de nuit, 41 n.

عسل '*assel*, miel, 202 n.

عشور pl. عشر '*ouchr*, pl. '*ouchour*, impôt du dixième, dîme, taxe, 186 n.

عشق خدا '*ichqi khoda*, pour l'amour de Dieu, 218 n.

عشق شما '*ichqi choumá*, à votre santé, 136 n.

عصر '*asr*, la troisième heure après midi, 65 n.

عضاد العضاده '*ouzad el 'idadèh*, bras de l'alidade (dans l'astrolabe), 167 n.

عطار '*atthar*, droguiste, parfumeur, 176 n.

عقد دوام '*aqdi dewâm*, lien perpétuel, 116 n.

عقول فلكيه '*ouqoul fèlèkièh*, les intelligences célestes, 223 n.

عقيم '*aqim*, stérile, 77 n.

علاج '*iladj*, remède, moyen, 34 n., 43 n., 121 n.

علاقات دنيا '*alaqati dounia*, les embrouilles du monde, les liens qui attachent au monde, 161 n.

علف شمشير '*alefi chèmchir*, l'herbe pour l'épée, 155 n.

علما '*oulémá*, savants, 60 n.

علم حساب '*ilmi hissab*, arithmétique, 165 n.

علم غريب '*ilm gharib*, science curieuse, merveilleuse, 223 n.

عنبر '*ènbèr*, ambre, 129 n.

عنبرچه '*ènbertchèh*, sorte de coiffure, 115 n.

عنكبوت '*enkebout*, araignée, 167 n.

عورات '*aourât*, parties honteuses tant antérieures que postérieures, 143 n.

عيار '*ayyâr*, fourbe, fripon, rusé, finaud, 55 n., 251 n.

عيارى '*ayyary*, malice, 31 n.

عيد الاضحى, عيد قربان la fête du Sacrifice qui se célèbre le 10 du mois de zilhidjèh, 73 n.

عيسوى '*icévi*, chrétien, 131 n.

عيسى '*Issa*, Jésus, 62 n.

عين ذات '*aïni zât*, essence, 61 n.

عينك '*eynèk*, lunettes, 181 n.

غ

غليان *galiân*, pipe à eau, narguilé, 38 n., 215 n.
غليان دار *galiân dâr*, porte-pipe, 104 n.
غايط *ghaït*, matière fécale, 69 n.
غدير خم *Ghadiri khoumm*, la mare de la cage, nom de localité, 52 n.
غرغره *ghergherèh*, poulie, 206 n.
غريو *ghiriv*, cris particulièrement de femmes, 88 n.
غسل ميكنم براى جنابت *ghousl my-kounèm béray djenâbèt...*, je fais la purification à cause d'avoir..., 144 n.
غلام *ghoulam*, esclave, serviteur, page qui doit servir les vrais croyants, 19 n., 60 n., 124 n.
غلام على *Ghoulâm 'Aly*, n. pr., 128 n.
غلام قديم *ghoulami qadim*, ancien serviteur, esclave, 130 n.
غلبير *ghelbir*, crible, 242 n.
غلمان *ghilmân*, les pages qui doivent servir les vrais croyants, 60 n.
غير ملت *ghair millet*, les différentes religions, 49 n.

ف

فاحشه *fahichèh*, fille publique, courtisane, 212 n.
فاخته *fakhtèh*, tourterelle, 237 n.
فارياب *Fariâb*, nom de ville, 5 n.
فاسق دنيا برست *fassiq dounia perest*, libertin qui adore les biens de ce monde, 161 n.
فاله *falèh*, apprenti, homme de peine, 84 n., 209 n.
فتنه *fitnèh*, discorde, dispute, 122 n.
فتوا *fètva*, décision juridique, 162 n.
فراش *ferrach*, tendeur de pavillons, 175 n.
فراغت باش *fèrâighèt bâch*, mettez-vous à votre aise, 100 n.
فرس *feres*, petit chevalet qui est un coin qui passe par le clou pour serrer l'araignée sur les tables de l'astrolabe, 167 n.
فرسخ *fersakh*, parasange, lieue, 244 n.

فرسنك *ferseng*, parasange, lieue, 244 n.
فرشته *fèrichté*, ange, 43 n.
فستق *fistouq*, pistache, 230 n.
فصيح *fessih*, éloquent, 129 n.
فقه *fiqh*, jurisprudence, 162 n.
فقرا *fouqéka*, jurisconsultes, n. 60
فقيه *faqih*, jurisconsulte, 60 n.
فلذات *felezat*, minéraux, 13 n.
فن جبر و مقابله *fenni djèbr ou mouqabeleh*, algèbre, 165 n.
فن مناظر *fenni mènazir*, optique, 165 n.
فوطه ou فوته *foutèh*, toile dont les personnes qui vont au bain se ceignent le milieu du corps, 143 n.
فيروزه *firouzèh*, turquoise, 187 n.
فيض *feiz*, abondance de l'eau, 226 n.

ق

قابليت *qabilièt*, aptitude, 124 n.
قادين (t.), *qadin*, dame impératrice de Perse, 28 n.
قاز (t.), *qaz*, oie, 19 n., 236 n.
قاشوق (t.), *qachouq*, cuiller, 19 n.
قاضى *qazy*, juge, 37 n., 39 n.
قافله *qafilèh*, caravane, 83 n., 193 n.
قاليچه *qalitchèh*, petit tapis, 66 n.
قايجى *qäitchy*, ciseaux, 130 n.
قاين *Qain*, nom de ville, 5 n.
قبا *qaba*, tunique serrée à la taille et ouverte sur le devant, 55 n.
قباله *qoubálèh*, contrat, 47 n., 131 n.
قبرستان *qabrestán*, cimetière des mousolmans, 91 n., 114 n., 239 n.
قبله *qiblèh*, direction de la Mecque, 65 n.
قبله نما *qiblèh numá*, sorte de petit quadran aimanté pour indiquer la direction de la Mekke, 84 n.
قتل *qatl*, meurtre, 55 n.
قچنكه (t.), *qatchanki*, lorsque, 49 n.
قحبه *qahbèh*, fille de joie, fille publique, courtisane, 118 n., 212 n.

قحبهٔ مجلسی *qahbèh-i mèdjlissy*, danseuse publique, 120 n.

قرب *qourb*, faveur, 22 n.

قربان *qourbán*, sacrifice, victime, 72 n.

قربت *qourbèt*, avoisinement proche de Dieu, 85 n.

قرض *qarz*, dette, emprunt, 93 n.

قرنفل *qarenfoul*, œillet, 232 n.

قزلباش (t.), *qizilbâch*, soldat (tête rouge), 25 n., 155 n.

قصاص *qassas*, conteur public, 214 n.

قصد ثواب *qasdi sewab*, intention de faire une bonne œuvre, 126 n.

قطار *qathar*, file de sept chameaux, 242 n.

قطب *qouthb*, clou ou pôle dans l'astrolabe, 167 n.

قطع الزاویتین *qathi' ezzawouyetéïn*, tirant la diagonale, 130 n.

قطعین *qath'aïn*, règle de fausse position, 167 n.

قفل *qoufl*, cadenas, 97 n.

قلزم *Qoulzoum*, mer Caspienne, 1 n.

قلعه *qala'a*, château, forteresse, 238 n.

قلندر *qalender*, espèce de religieux musulman derviche, 216 n.

قلم *qalem*, roseau, plume, 131 n.

قلی *qély*, soude, 196 n.

قنادی *qannady*, confiturier, faiseur de dragées, 202 n., 216 n.

قند *qand*, sucre candi, 142 n.

قوت *qout*, fumier, 233 n.

قورجی باشی (t.), *qourtchy bâchy*, chef des gardes du corps, 25 n.

قوروقچی (t.), *qourouqtchy*, personnes chargées de faire fuir et écarter le monde devant le passage des femmes de condition quand elles sortent du harem pour faire un tour, 95 n.

قوروق *qourouqy*, sorte de melon, 228 n.

قوغو (t.), *qoughou*, cygne, 237 n.

قوللر آقاسی (t.), *qoullar agassy*, chef des gardes. 25 n.

قوللوقچی (t.), *qoullouqtchy*, valetaille, 105 n.

قوم *qaoum*, famille, parents, 115 n.

قونداق ساز *qondaq sâz*, monteurs ou faiseurs de fûts de mousquets et d'arquebuses, 205 n.

قوهٔ حافظه *qouvvèi hafizé*, mémoire, faculté de la mémoire, 221 n.

قهوه *qahvèh*, café, 38 n., 214 n.

قهوه خانه *qahvèh khanèh*, lieu où l'on prend le café, 214 n.

قیساریه ou قیصریه *qaïcerièh* ou *qaïssarièh*, bâtiment carré à Ispahan dans lequel se trouvaient des chambres, des magasins et des boutiques loués à des marchands, 217 n.

قیسی *qaissy*, espèce d'abricot, 228 n.

قیفال *qeyfal*, la veine céphalique, 177 n.

ك

كاتب *katib*, écrivain, commis, 141 n.

كاتبی *katiby*, juste au corps, 102 n.

كچل *ketchel*, teigneux, 249 n.

كارد *kard*, couteau, 108 n.

كاردكر *kardguèr*, coutelier, 204 n.

كاروانباشی *karavanbâchy*, chef de la caravane, 193 n.

كاروانسرای *kârvânséraï*, caravanséraï, 192 n.

كاریز *kariz*, canal souterrain, 225 n.

كاسب *kassib*, artisan, 211 n.

كاسنی *kasny*, chicorée, 233 n.

كاسه لیس *kassèh lis*, parasite (litt. : qui lèche les écuelles), 169 n.

كاشی پز *kachy pèz*, potier en faïence, 196 n.

كاغذ ساز *kaghaz sâz*, fabricant de papier, 200 n.

كافر *kafir*, infidelles, 47 n., 251 n.

كاوه *kavèh*, crible, 189 n.

كاهگل *kahguil*, terre forte détrempée avec de la paille en qualité de mortier, 95 n., 208 n.

كاهو *khou*, laitue, 23 2 n.

كبریت *kébrit*, soufre, 204 n.

كبك *kèbk*, perdrix, 237 n.

كبوتر *kebouter*, pigeon, 236 n.

كپه *keppèh*, panier doublé de peau, 209 n.

كتابت *kitâbèt*, lettre, 131 n.

ARABES ET TURCS

كتاب سماوي *kitâbi sémawy*, livre céleste, divin, 44 n.

كحال *kehhâl*, oculiste, 178 n.

كراكن *kèrakèn*, nouveau marié, 46 n.

كرام علي *Kiram 'Aly*, n. pr., 128 n.

كرباس *kerbas*, toile, 89 n., 247 n.

كردى *kourdy*, veste, pourpoint, 71 n.

كرسى *koursy*, chaise, 97 n.

كرم *kèrm*, ver, vermisseau, 100 n.

كرمانى *kirmany*, faïence, porcelaine du Kermân, 98 n., 197 n.

كرناى *kernay*, vulg. *kerna*, long tube de cuivre jaune de la longueur de deux mètres. On sonne le kernay dans les grandes fêtes, 76 n.

كره *kourrèh*, poulain, 106 n.

كشف *kechef*, tortue, 44 n.

كشكول *kèchkoul*, écuelle ovale, 217 n.

كشمش *kichmich*, espèce de raisin, 230 n.

كشيكجى (t.), *kechiktchy*, garde du roi, 25 n.

كعبه *kè'abèh*, la Caaba à la Mecque, 80 n.

كفتار *kèftâr*, hyène, 239 n.

كفتر *kèfter*, pigeon, 236 n.

كفش *kèfch*, souliers, 102 n.

كفشدوز *kèfch douz*, cordonnier, 200 n.

كفگير *kèfguir*, écumoire, 109 n.

كلاغ *kèlagh*, corbeau, 44 n.

كلافچه *kèlâftchèh*, vieilles savates, 120 n.

كلانتر *kelanter*, le plus grand officier de la ville, 36 n.

كلب علي *Kèlb 'Aly*, n. pr., 128 n.

كنتين *koullètin*, fosse de hauteur d'homme et pleine d'eau chaude, 143 n.

كلفه *koulfèh*, train, cour, 28 n.

كلم *kelem*, choux, 226 n.

كلنك *koulengue*, héron, 19 n.

كلندى *kelendy*, homme grossier, rustre, 242 n.

كلوخ كوب *keloukh koub*, grand marteau de bois, 233 n.

كلوزه *koulouzèh*, fruit du cotonnier, 226 n.

كليات *koulliat*, choses universelles, cognoissance de Dieu, 61 n.

كليم *kelim*, tapis ras, 220 n.
كانكر *kemanguer*, faiseur d'arcs, 197 n.
كنتلى *kentely* pour كندى, homme grossier, rustre, 242 n.
كندر *koundour*, encens, 216 n.
كنكران *kengueràn*, seigle, 244 n.
كنيز *keniz*, servante, femme esclave, 27 n., 122 n.
كوهپاى *kouhpay*, espèce de raisin, 230 n.
كوتل *koutèl*, cheval de laisse, 105 n.
كوتوال *koutouwal*, gouverneur de bastille ou château, 153 n.
كور *kever*, câpre, 231 n.
كورتان *kourtan*, seau à queue, 226 n.
كوره پز *kourèh pèz*, qui fait cuire les briques, 207 n.
كوكنار *kouknár*, pavot blanc, 138 n.
كوكنار خانه *kouknár khanèh*, boutique ou l'on débite les préparations opiacées, 139n.
كه *ki*, que, 49 n.
كيسه مال *kissèh mal*, qui frotte avec un sac de crin, masseur, 143 n.

گ

كازور et كازر *gazour*, blanchisseur, 99 n.
كبر *Guèbr*, Guèbre, adorateur du feu, 42 n.
گچ *guètch*, plâtre, 207 n., 243 n.
گدا *guéda*, mendiant, gueux, pauvre, 54 n., 218 n.
گدا على *Guéda 'Aly*, n. pr., 128 n.
گراز *gouraz*, sanglier, porc, 19 n., 229 n.
گران *guiràn*, cher, 120 n.
گردو *guèrdou*, noix, 230 n.
گرسنكى *gouresnegui*, faim, 108 n.
گرسنه *gourésnèh*, affamé, 225 n.
گرگ *gourg*, loup, 239 n.
گرمك *guèrmèh*, nom des premiers melons (litt. : un peu chaud), 228 n.
گز *guèz*, aune, coudée, 131 n.

كلابى *gouláby*, poire, 229 n.

كل بده *guil bèdèh*, donne-moi du mortier, 208 n.

كله *guèlèh*, troupeau, 71 n.

كنبيزه *gounbizèh*, melon vert, 228 n.

كنجفه *guèndjéfèh*, jeu des cartes, 113 n.

كنجه *guèndjèh*, endroit où l'on enferme le trésor, 97 n.

كندم *guèndoum*, blé, 226 n.

كوزن *guèvzen*, cerf, 239 n.

كوسفند كوسپند *gousfend, gouspend*, brebis, mouton, 71 n., 235 n.

كوشت *goucht*, viande, 235 n.

كوه خوردى *gouh khourdy*, tu as mangé des excréments, 173 n.

كيلاس *guilas*, bigarreau, 229 n.

ل

لاجورد *ladjivèrd*, lapis-lazuli, 189 n.

لباس *lebas*, vêtements, 247 n.

لبنتين *loubneteïn*, les pinnules de l'astrolabe, 167 n.

لجن *ledjèn*, vase, bassin, 225 n.

لذت *lezzet*, goût, 136 n.

لعبه باز *la'abèh baz*, joueur de marionnettes, 214 n.

لعنت *la'anèt*, malédiction, 216 n.

لعنت بر عمر *la'anèt bèr 'Omar*, malédiction sur 'Omar, 50 n.

لعنت بر فلان *la'anèt bèr felàn*, malédiction sur un tel, 72 n.

لغات *loughat*, la lexicographie, 168 n.

لكلك *leklek*, cigogne, 241 n.

لواج *levatch*, pain mince comme une feuille de papier, 108 n.

لوندره *londrèh*, drap anglais, 248 n.

م

ما حضرى *ma hazary*, ce qui est prêt naturellement (fruit, lait, fromage), 107 n.

ماديان *madiàn*, jument, 106 n.

مار *mâr*, serpent, 44 n.
ماز اندر آن *mâz endèr ân*, Mâz est dans elle, 4 n.
مازو *mazou*, noix de galle, 2 n.
ماكو كوب *makou koub* batteur d'or, 195 n.
مال شاه است *mâli châh èst*, c'est le bien du Roy, 36 n.
مالنجنه *mâlindjenèh*, espèce de ver qui ronge le bois, 232 n.
مال وقف *mâli vaqf*, les biens de mainmorte, provenant de legs pieux, 160 n., 219 n.
ماله *malèh*, truelle, 208 n.
ماماچه *mâmâtchèh*, sage-femme, 123 n.
مایه *mayèh*, capital, mise de fonds, 34 n., 194 n.
مبارك *moubârek*, béni, 129 n.
مترادف *mouteradif*, rythmes, 170 n.
متصنف *moutessannif*, auteur, 133 n.
متعارف *mouté'arèf*, ce qui est plus ordinaire, 99 n.
متعفن *moute'affin*, infect, rempli de miasmes, 238 n.
متكبر *moutekebbir*, orgueilleux, 251 n.
متوضی *moutévezza*, latrines, 103 n., 144 n.
متولی *moutevelly*, administrateur d'une fondation pieuse, 162 n.
مثلث *moucelles*, triangle, 130 n.
مجتهد *moudjtéhid*, celui qui combat pour la foi, magistrat qui éclaircit les points de doctrine et les cas de conscience, docteur, 160 n., 162 n., 58 n.
مجلس *medjlis*, lieu où le Roy et toute sa cour est assise, 15 n.
مجاز *medjaz*, expression figurée, métaphore, 2 n.
محتسب *mouhtessib*, juge de police, lieutenant de police, 36 n., 39 n.
محرم *mahrem*, proche parent à qui l'accès du harem est permis, 95 n., 125 n.
محكمه *mehkemèh*, tribunal du cazy, 173 n.
محله *mahallèh*, quartier, 175 n.
محمد المهدی *Mohammed el-Mehdy*, le douziesme imam, 57 n.
محمد تقی مجلسی *Mohammed Téqi Mèdjlisi*, nom d'un imposteur, 58 n.
محمودی *Mahmoudy*, nom des sectateurs d'un imposteur nommé Mahmoud ibn el-Faradj, 87 n.

محيط *Mouhit*, l'Océan, 2 n.
محيل *mouhil*, rusé, intrigant, 251 n.
مدرس *mouderris*, professeur attaché à un collège, 163 n.
مدرسه *medrèssèh*, collège, 163 n.
مرتضى *mourtéza*, celui qui est agréable (à Dieu), épithète du khalife Ali, 213 n.
مردانه *mèrdanèh*, bains réservés aux hommes, 147 n.
مرجان *merdjân*, corail, 181 n.
مردخور *mèrdkhour*, anthropophage, 42 n.
مرده شور *mourdèh chour*, laveur des morts, 89 n.
مرسل *moursèl*, prophète, 44 n.
مرغ *mourgh*, oiseau, 236 n.
مرفق *merfeq*, coude, 111 n.
مرو *Merv*, nom de ville, 5 n.
مرواريد *mourvarid*, perle, 188 n.
مرو الرود *Merverroud*, nom de ville, 5 n.
مروة *Merwèh*, nom de lieu près de la Mekke, 82 n.
مريدان *mouridân*, disciples, suivants, 223 n.
مزاج *mizadj*, tempérament, 137 n.
مزلف *mouzellef*, jeunes gens ayant le poil qui leur noircit le menton, 171 n.
مساوى *mousâwy*, égal, 130 n.
مست *mest*, ivrogne, 120 n.
مستطيل *moustethil*, rectangle, 130 n.
مستوجب *moustaudjèb*, capable d'être exaucée, 67 n.
مستوفى الممالك *moustaufy oul-memalik*, apprêteur du bien, administrateur des provinces, 26 n., 179 n.
مسرى *mousry*, contagieux, 126 n.
مسكر *missguèr*, ouvrier en cuivre, 196 n.
مسكر باشى *misguer bàchy*, chef des joailliers, 25 n
مسلم *moussellem*, qui s'est abandonné aux mains de Dieu, exempt de toute préoccupation mondaine, 58 n., 161 n.
مشترى *mouchtéri*, chaland, 84 n.
مشرف *mouchrif*, inspecteur, 39 n.
مشرف الممالك *mouchrif oul-memalik*, qui fait les escriptures, 26 n.

مشعلدار باشی *mach'aldar bâchi,* chef des porte-flambeaux, 23 n., 113 n.

مصالح *messalih,* matière, 201 n.

مطبوخ *methboukh,* cuit, 107 n.

مطلب *methleb,* prétention, intention, 105 n., 132 n.

معاودت *mou'avedet,* retour des corps à la résurrection, 61 n.

معاویه *Mo'awièh,* fils d'Abou Sofian, 53 n.

معجون *ma'djoun,* électuaire, 140 n.

معرّف *mou'arrif,* celui qui fait connaître, 38 n.

معزول *ma'azoul,* destitué, 226 n.

معمار *mi'mar,* architecte, 209 n.

مغبون شدم *maghboun choudem,* j'ai esté trompé, 191 n.

مغرور *maghrour,* vaniteux, 251 n.

مغز *maghz,* pulpe, 230 n.

مفت *mouft,* gratis, pour rien, sans exiger de paiement, 245 n.

مفتول *mèftoul,* fil tordu, 118 n.

مفتی *moufty,* magistrat chargé de donner des réponses aux consultations juridiques, 38 n.

مفرش *mefrech,* lit, matelas, coissins, 25 n.

مفلوك *mèflouk,* réduit à l'indigence, 128 n.

مقابله *mouqabelèh,* opposition, 221 n.

مقات *Miqât,* nom des premières stations du territoire sacré du Hedjaz, 82 n.

مقراض *miqraz,* ciseaux, 103 n.

مقلف *mouqlef,* pigeonneau, se dit aussi d'un enfant qui n'a point encore été circoncis, 236 n.

مكتب *mèktèb,* école, 171 n.

مكر *mèkr,* tromperie, ruse, subterfuge, 116 n.

مكروه *mekrouh,* qui inspire du dégoût, dont on doit s'abstenir, 240 n.

ملاقشه در لفظ *moulaqechèh dèr lèfz,* embrouille de paroles, 132 n.

ملحد *moulhid,* athées, hérétiques, 61 n., 251 n.

ملك التجار *melik èt-toudjdjar,* le prévôt des marchands, 190 n.

ملك شاهی *moulki chahy,* bien du roi, 227 n.

ممیز *moumeyyz,* arbitre amiable, 246 n.

من *man*, au XVIIᵉ siècle représentait cinq livres, quatorze onces, poids de Paris, 24 n, 228 n.

منارهٔ كله *minarèhi kellèh*, tour des têtes (à Ispahan), 240 n.

منبوره *mènbourèh*, canal, 126 n.

منجم *mounèdjdjim*, astrologue, 166 n., 222 n.

منجمان *mounedjdjimân*, astrologues, 22 n.

منحرف *mounharéf*, trapèze, 130 n.

منجلاب *mendjelâb*, égout, 146 n.

مندل *mendil*, mouchoir, serviette, 194 n.

منزل *menzil*, station, gîte, 244 n.

منسوب *mènssoub*, approprié, 221.

منسوخ *mènssoukh*, abrogé, 61 n.

منصب *mènsèb*, charge, office, 127 n.

منغل *mèngâl*, brasier, 98 n.

منقاش *minqâch*, pincettes, 145 n.

منكر *Munkir*, nom de l'un des deux anges qui interrogent les morts, 91 n.

مودن *mouezzin*, crieur, chanteur public, 163 n.

مورجه *mourtchèh*, fourmi, 147 n., 224 n.

موستان *mouvestân*, vignoble, 226 n.

موسی *Moussa*, Moïse, 62 n.

موشك *mouchèk*, petit rat, souris, 44 n.

مولانا *moulânâ* (notre maître), recteur, qui les vendredis fait la prière et l'exhortation, 162 n.

مولانای مکتب *maulanai mèktèb*, précepteur de petites écoles, 171 n.

مولتانی *Moultany*, originaire du Moultan, province et ville du Pendjâb, 180 n.

مومن *moumin*, croyant, 217 n.

مومن خدا ترس *moumin khouda tèrs*, bon croyant, craignant Dieu, 91 n.

مهتر *mehter*, charge remplie par un chastré, palefrenier, 20 n., 157 n.

مهر *mouhr*, petit palet fait en terre de la Mecque ou de Meched, 67 n.

مهر *mehr*, don nuptial, 116 n.

مهر *mouhr*, cachet, sceau, 129 n.

مهردار *mouhourdar*, qui garde un des cachets du Roy, 21 n.

مهمان *mihmân*, hôte, 97 n.
مهماندار *mihmandâr*, hoste de la part du Roy, 30 n.
ميته *meytèh*, cadavre, 70 n.
مير *mir*, contraction de *émir*, امير, prince, 80 n.
ميرآب *mirâb*, répartiteur des eaux, seigneur de l'eau, 225 n.
مير اخور باشى *mir akhor bâchy*, grand escuier, écuyer en chef, 19 n., 106 n.
ميرزا خان *mirza khan*, monsieur le gouverneur, 129 n.
مير شكار باشى *mir chikar bâchy*, prince, chef de la chasse, 19 n.
ميك باشى (t.), *min bâchy*, chef de mille hommes, 35 n.
ميوه *mivèh*, fruits, 141 n.

ن

نابديد *nabedid*, invisible, 57 n.
نار *nâr*, grenade, 229 n.
نا رسيده *nâ ressidèh*, à moitié mûr, qui n'est pas encore arrivé à maturité, 137 n., 228 n.
نارنج *narendj*, limon, orange, citron, 231 n.
نازبالش *nazbalich*, coussin, oreiller, 237 n.
ناظر *nazir*, intendant, 17 n., 179 n.
نا مقيد *nâ mouqayyèd*, non lié, détaché, 72 n.
نانوا *nanva*, boulanger, 202 n.
نجار *nèdjdjar*, menuisier, 199 n.
نجار باشى *nedjdjar bâchy*, chef des menuisiers, 25 n.
نجاست *nedjassat achara*, les dix impuretés, 66 n.
نجاسات عشره *nédjâssèt*, immondicité, 69 n.
نجس *nedjis*, impur, 34 n.
نجيب *nedjib*, noble, de race illustre, 238 n.
نحو *nahv*, la syntaxe, 168 n.
نخود دارى *noukhoud dari*, as-tu des pois chiches?, 251 n.
نرجس بانو *Nerdjes Banou*, esclave de l'imam Aly Naqy et mère de Mohammed el-Mehdy, le douzième imam, 57 n.
نرخ *narkh*, taxe sur les denrées de bouche, 37 n.

نَرد *nèrd*, trictrac, 113 n.
نَرکس *nèrguès*, narcisse, 232 n.
نسخ *neskh*, sorte d'écriture, 164 n.
نسختعليق *neskhta'aliq* (vulg. *nesta'liq*), sorte d'écriture persane, 163 n.
نسیه *nessièh*, crédit, 107 n.
نشاسته *néchastèh*, amidon, colle d'amidon, 108 n., 200 n.
نصفی *nisfy*, de un à un, 166 n.
نظر *nazar*, regard, 221 n.
نعل *na'al*, fer (qu'on met au talon de la chaussure), 103 n.
نعلبکی *na'albeky*, assiette, 196 n.
نعلکر et نعلیچی (t.), *na'altchy* et *na'alguèr*, fabricant de fers de chevaux, maréchal-ferrant, 202 n.
نفرین *néférin*, dégoût, malédiction, mépris, 72 n.
نفیر *néfir*, trompette, 117 n.
نقاره *naqqarèh*, nacaires, tambour, 51 n.
نقاش *naqqach*, peintre, 197 n.
نفره‌جی (t.), *nouqaretchy*, tambourineur, 123 n.
نقرۀ کروَن *nouqrèhi kervèn*, argent de la mine de Kerven, 13 n.
نقشکار باشی *naqchkâr bâchy*, chef des peintres, 25 n.
نقطه *nouqtèh*, cordeau qui sert de licol, 75 n.
نقل *naql*, transport, 91 n.
نقل *nouql*, fruits secs, dragées, 108 n., 142 n.
نکاح *nikâh*, mariage légitime, 116 n.
نکبتی *noukbèty*, gueux, misérable, 39 n.
نکیر *Nékir*, nom de l'un des deux anges qui interrogent les morts, 91 n.
نماز نه‌کردم *namâz nè-kèrdèm*, je n'ai pas faict ma prière, 65 n.
نمد *nèmèd*, feutre, 96 n., 248 n.
نمکدان *némèkdân*, salière, 108 n.
نواب *newwab*, pl. de *naib*, نایب, titre donné au vizir, 15 n.
نوبر *nauber*, nouveauté, 22 n.
نوروز *nourouz*, première journée de printemps, le 21 mars, lorsque le soleil entre dans le premier degré du signe du Bélier, 76 n.
نوره *nourèh*, pâte épilatoire, 144 n.
نهی *nehy*, défense, commandement négatif, 222 n.
نی *ney*, roseau, canne d'Inde, tuyau, 131 n., 255 n.

نیزه   *nizèh*, lance, 74 n.
نیمتنه   *nimtènèh*, veste, 115 n.

و

واجب   *vadjib*, d'obligation canonique, 66 n.
واعظ   *va'iz*, prêcheur, prédicateur, 38 n., 214 n.
واقعه نویس   *vaqaàh nivis*, secrétaire d'État, 18 n.
واهى   *wayh*, cri de douleur, 94 n.
وجود   *voudjoud*, existence, 85 n., 223 n.
وحشى   *wahchy*, bêtes fauves, sauvages, 239 n.
وسواس   *vesvas*, qui est l'objet d'une suggestion, d'un scrupule, d'une tentation, celui qui suggère, diable, Satan, 76 n., 222 n.
وشانى سر آیه   *vichany ser aièh*, la pièce d'or qu'on donne lorsqu'un enfant commence la lecture des versets (du Qoran), 171 n.
وزغ   *vèzègh*, grenouille, 44 n.
وزیر   *vezir*, ministre, 179 n.
وزیر چپ   *véziri tchep*, vizir à main gauche, 18 n.
وزیر راست   *véziri rast*, le vizir du costé droit, 15 n.
وضو   *vouzou*, ablution, 70 n.
وقت نماز است   *vaqti namaz èst*, le temps de ma prière est venu, 65 n.
وکیل   *vékil*, procureur, 124 n.
ول گو   *voul gou*, hâbleur, 250 n.
ولى   *véli*, un saint, 60 n.

ه

هفت پرده   *hèft perdèh*, les sept voiles, 60 n.
هفت ده   *hèft dèh*, surnom de la pièce d'or appelée *vichany*, parce que sur dix parties elle en avait sept d'alliage, 171 n.
هزار بار   *hézâr bâr*, mille fois, 50 n.
هلو   *hélou*, brugnon, 231 n.
همى   *himméty*, qui est d'un heureux auspice, 34 n.

هم در خواب ندید *hèm dèr khâb nè-did*, il ne l'a même pas vu en songe, 132 n.
هو *hou*, Lui, c'est-à-dire Dieu, 131 n.
هوایی *hévay*, léger comme l'air, se dit d'une mauvaise pièce de monnaie usée, 193 n.
هیلندری *heylendery*, espèce d'abricot, 229 n.
هیمه *himèh*, petites pièces de bois, 98 n.

ی

یابو *yabou*, cheval de charge, 105 n.
یاپنجی *yapendjy*, manteau pour la pluie, 248 n.
یاقوت *yaqout*, rubis, 189 n.
یبوست *yebousset*, sécheresse, 249 n.
یتیم *yétim*, orphelin, 124 n.
یخ *yakh*, glace, 141 n., 227 n.
یخنی *yakhny*, viande bouillie, 109 n., 245 n.
براق حمام *yaraqi hammam*, meubles du bain, 115 n.
براق خانه *yaraqi khânèh*, meubles de la maison, 115 n.
یرد (t.), *yourd*, chambre, 94 n.
یزید *Yézid*, fils de Moawièh, 53 n.
یمشجی باشی (t.), *yemichtchybâchy*, celuy qui a l'œil sur les fruits, 22 n.
یورش (t.), *yuruch*, assaut, 53 n.
یورغه (t.), *yourghèh*, cheval qui va l'amble, 105 n.
یوز باشی (t.), *yuz bâchy*, capitaine commandant une compagnie de cent hommes, 26 n.
یوزماج (t.), *yuzmadj*, sorte de guimpe que se mettent les femmes pour se cacher le nez, 45 n.
بوکدان (t.), *yukdân*, coffre, malle, 207 n.

INDEX ALPHABÉTIQUE

A

Abbadan, 11 n.
Abbas (Châh), voy. Châh Abbas.
Abbas Qouly Bek, xliv.
Abbas Qouly Khan, xii.
Abbasabat, 182, 184.
Abbassi (monnaie), 146, 164, 188 n., 192.
Abdaly, 5 n.
Abdel Samad Qassim, xciii.
Abdoul Lathif, fils de Mirza Oulough Beik, 165 n.
Abedini (sorte de melon), 228.
Abou Bekr, 46 n., 49, 50, 52, 60, 82.
Abou Ibrahim Moussa, fils de Djafer el Kazhim, 259 n.
Abou 'l-Abbas Ahmed el-Moustayn billah, khalife abbasside, 164 n.
Aboul Hassan, 164 n.
Aboul Wefa Mohammed Bouzdjany, 164 n.
Abou Zéïd Balkhy, 11 n.
Abou Zeyd ibn Noqthah, 164 n.
Abraham, 43, 73, 88.
Abranello (Province d'), en Perse, 391, 392.

Acier, 6 n.
Adam, 88, 171.
Ærak, 11.
Afghanistan, 4 n.
Afghans (Les), cxv, 5 n.
Agemabati (sorte de melon), 228.
Agra, xcii, 311, 352.
Ahmed, 128.
Ahmed (Mirza), fils de Zeïn oul-Abidin el Alevy, xciii.
Ahmed Bek (Koudèh), 266 n.
Ahmed Châh Abdaly (prince afghan), 5 n.
Ahmed ibn Sayd el-Hèrèwy, 164 n.
Ahmed Razy, 260 n.
Ahssan outtewarikh, 273 n.
Ahwaz, 11 n.
Aïché, fille d'Abou Bekr, 49.
Aider, roi, 261 n.
Aïssa (Jésus-Christ), 57, 62, 81.
Aïssai (chrétiens), 81, 131
Ak Deniz (mer Caspienne), 1 n.
Akbar (Châh), xciii.
Akhlaqi Nassiry, 164 n.
Ala Eddauleh (Aladolat), 274, 275, 276 n.

Aladolat (Le prince), voy. le précédent.

Alais (Le camp d'), xli.

Albanie, 268.

Albuquerque, lxii.

Alcala, xvii.

Alem Châh Begoum, 262 n.

Alep, v, viii, xxxix, xl, xlvi, xlvii, lvi, lvii, lxii, lxiii, lxvii, lxviii, lxxi, lxxv, lxxvi, lxxxv, lxxxvii, ci, cvii, cxv, 6 n., 12, 181, 272 n., 274, 276, 314, 320, 328, 347, 349, 350.

Alessio da Milano (Le P.), 380, 395.

Alexandre, 5 n., 52, 87 n., 275.

Alexandre VII, pape, ci.

Alexandre de Rhodes (Le P.), xlvi.

Alexandrette, v, lxii, lxxi.

Alexandrie, 276 n.

Alger, 340.

Allah, 68, 84, 86, 89, 90, 91 n.

Allah Verdy Bek, xiv.

Allah Verdy Khan (Le vizir), vi, xxv, xxvi, 265 n.

— gouverneur du Kerman, 266 n.

Alma Boulaghy, 272 n.

Almageste (L') de Ptolémée, 164.

Alun, 13, 14.

Alvant (Le roi), 268, voy. El-vend Bek.

Aly, fils d'Abou Thalib, 4 n., 50, 51, 52, 53, 54, 56, 60, 83, 121 n., 259 n., 260, 268.

Aly Allahy, 9 n.

Aly Bek, xxvii, 262 n.

Aly Cheref Eddin Yezdy, xcix.

Aly Naqy (L'imam), 57 n.

Aly Qouchdjy, 165 n.

Aly Qouly Bek, x, xxvii.

Aly Qouly Khan (Haliculi Khan), 316.

Amadabat, dans l'Inde, 352, 353.

Amadis, 53.

Ambroise (Le P.), lxxiii.

Amid, 276 n.

Amol, 4 n.

Amsterdam, xlii.

Ancyre (L'archevêque d'), légat du pape en Perse, x, 373.

Andrinople, xcviii, 264 n.

Ange de Saint-Joseph (Le P.), ci-cv.

Anglais dans l'Inde, xlviii, lxxiv, 318, 325, 352, 359, 360, 361, 362-372.

Anglais en Perse, xxv, xxvi, xxvii, xxviii-xxxvii, xlii, lxvi, lxxiv, 6 n., 7.

Angleterre (L') et la Perse, xxiii, 280.

Anis (plante), 6 n., 8 n.

Antoine (Le P.), 338.

Anvers, lxii.

Apollonius, 165.

Aq Qouiounlou (Dynastie des), 262 n., voy. Mouton blanc (Dynastie du), — (Tribu des), 272 n.

Aqsou (ville), 3 n.

Arabes (Les), 6 n., 9 n., 49, 50, 52, 53, 63, 82, 83, 188 n.

Arabes, à Ormuz, xxxiv.

Arabes (Ambassadeur des), en Perse, 339.

Arabie (L'), lxxxi, 2, 6 n., 9, 51, 53, 189 n., 319, 326.

Arafat (mont), 82 n.
Aranjuez, xvii.
Aras, Araxe (L'), 10 n.
Archangel, vii.
Archimède, 165, 193.
Ardebil (Ardvel, Ardeville), xliv, liv, lxiv, 4 n., 10 n., 33, 260 n., 262 n., 265, 266, 332, 343.
Ardebily, 259 n., voy. Ardvelin.
Ardechir, 36.
Ardevil, Ardval, Ardvel, voy. Ardebil.
Ardvelin (Ardebily), 259, 260, 262.
Arétin, 71.
Arias Saldanha (Dom), vice-roi des Indes, xiii.
Aristote, 168.
Arménie (L'), lxxii, lxxiii, lxxiv, lxxxi, 2 n., 10 n., 274.
Arméniens (Les), xxxvii, xl, xli, xlii, xlv, lvii, lviii, lxxxvi, c, ci, cii, 3 n., 6 n., 28, 33, 45, 47, 48 n., 80, 81 n., 181, 182, 183, 184, 185, 244, 302, 303, 329, 332, 333, 339, 341, 342-353, 367, 368, 373, 374, 377, 382, 388, 393, 394.

Artabaze, 57.
Arzeron, voy. Erzeroum.
Arzimine, 275.
Asie centrale (L'), iii.
Asie Mineure (L') ou Anatolie, lxxi, lxxii, lxxiv, lxxvi, lxxxvii, ci.
Asker Moukrem, 11 n.
Assuérus, 36.
Asta (Château d'), 273 n.
Astrakan, vii, xii, xlv, lxxxviii, lxxxix, 1 n.
Asurkan (ville), 5 n.
Athemadeulet, voy. Itimad eddaoulèh.
Athos (Le mont), xcv.
Atropatène, 10 n.
Aubonne (Baronnie d'), lxx.
Augustins (Les), en Perse, xiii, xiv, xlv, cxii, 185, 322, 374.
Auvergne, 33.
Avanic (Matthieu de), lvi, lxxxv, cx.
Avicenne, 168.
Avignon, x.
Azaris (Le P.), 338.
Azerbaïdjan (L'), xv, lxxii, lxxvi, lxxxix, 3 n., 9 n., 10 n., 265 n., 266 n., 270 n.
Azrayl (ange de la mort), 73 n.

B

Baal, 86.
Bab el Ebouab (Portes de), 3 n.
Babylone (L'évêque de), xlvi, lvii, lviii, cv, cvi, cxii.
Bachu, voy. Bakou.
Bactriane, 4 n.

Badajoz, xxii n.
Badkhis, 5 n.
Badkoubèh, Badkouh, 35 n., voy. Bakou.
Bagdad, v, xxxv, xl, lviii, lxii, lxiii, lxviii, lxxi, lxxvi,

INDEX ALPHABÉTIQUE

lxxxvii, ci, cvii, 6 n., 9, 56, 83, 164 n., 270 n., 272 n., 274, 285, 328, 343.
Bahr el Dilem, Bahr el Djourdjân (mer Caspienne), 1.
Bahr el Khazar, 1.
Bahrein, xxi, 7 n., 8 n., 188, 189 n., 317, 326.
Bahri Ghouzz, 1 n.
Bahri Qoulzoum (mer Caspienne), 1 n.
Bakarem (île Bahreïn), 7 n.
Bakhtiary (tribu), 9 n.
Bakou (Bachu), xc, 35, 268 n. — (Mer de), mer Caspienne, 1 n.
Balbi (Jehan de), ii n.
Balkh, 4 n., 10 n., 339.
Ballou (ville), 231.
Balsara (ville), 189 n.
Balzac, 254.
Bamian (ville), 5 n.
Bander Congo, voy. Bender Congo.
Baqir, 46 n.
Barbaro (Josaphat), lxvii.
Barbier de Meynard (M.), 11 n.
Barcelone, x, xvi, xli.
Barum (Chevaux de), 6 n.
Baruth, 276.
Basra, Bassora, lxii, lxviii, lxxi, lxxvi, lxxxvii, ci, 6 n., 9, 11 n., 83, 326, 353, 371.
Batavia, lxxxviii, xc, 319.
Baudoin (J.), lxv.
Baugé, lxxii.
Baverouk, 74.
Bayezid (Le sultan), 264 n., 267, 275.
Bayle (P.), lxxxiii.
Bayndiry, 262 n.
Bayonne, xix.

Baysonqor Mirza, 265 n.
Beausse (Logis de), 29, 35.
Beber (M.), l, li, liv, lv, 306.
Bedi Ouzzeman Mirza, 265 n.
Bedik (Bedros), lxxxv, lxxxvi, cix, cx.
Beglerbeguis, 11, 27, 151.
Beha Eddin Amily, 79 n.
Beha Eddin Qara Osman, 262 n.
Beharistan (Le), xcix.
Beièhpes (partie du Guilan), 263 n.
Belch (ville), 5 n.
Belgrade, 379.
Bender Abassi, xxiii, xxv, xxxvi, xxxvii, l, liv, lv, lxiv, lxxi, lxxvi, lxxxiv, lxxxviii, xci, cviii, 5, 6 n., 8, 10, 148, 186, 192, 246, 305, 311, 314, 315, 320, 325, 340, 358, 364, 365, 366, 370, 371.
Bender Bouchir, 9 n., 371.
Bender Congo, 8, 188, 189 n., 309, 326, 371.
Bender Gambron, 7 n., voy. Goumroun.
Bender Kommeron, 5, voy. Goumroun.
Bender Rig, lxxvi lxxxvii, 9, 371.
Bendi-Aly, village, liv.
Bengale (Le), 359, 365, 366.
Bénians (Les) ou Guèbres, voy. Gaures.
Berchet (M.), iii n.
Bernard de Sainte-Thérèse, xlvi.
Bernier (François), ciii.
Best, facteur anglais en Perse, lxxiii.
Bethléem, xxxvii.

Beyat (Les), tribu kurde, ix n.
Béziers, xxxix n.
Bhaar Colzun, 1.
Bichéhi-Narven (forêt d'ormes), nom ancien du Mazandérân, 4 n.
Birèdjik, lxxxi, 276 n.
Blyth (Le capitaine), xxviii, 7 n.
Bombay, xlvii, 325.
Borghèse (Le cardinal), xvi.
Boris (grand-duc de Moscovie), xi.

Bossine (Bosnie), 268.
Boukhara, xxi, 339.
Bouniat Bek, xi.
Boustan (Le), xcxi.
Boutan (Royaume de), dans l'Inde, 190 n.
Brugmann (Otto), xliii, xliv, xlv.
Bucéphale, 52.
Buckhurst (Lord), iv.
Buonaventura (Gabriel), 278.

C

Caboul, 315.
Caicuro Tiflislu (Sr), 380.
Caire (Le), xcv, 276, 328.
Caisserié (Qaïcerièh ou Qaïssarièh), à Ispahan, 217.
Camoron, voy. Goumroun.
Camak, 373.
Candahar, 4 n., 5, 9, 10, 33, 315, 316.
Candelore, 276.
Cangia, en Perse, 377, 393.
Capucins (Les), en Syrie et en Perse, xl, xli, xlv, lvi, c, cvii, cviii, cxii, 285, 323, 328, 331, 333, 374, 376, 377, 393.
Caramanie, 275.
Carleton (Sir Dudley), xix.
Carmes, en Perse, xli, xlv, cxii, 323.
Carneau (Le P. Étienne), lxv.
Caron (Le Sr), lv.
Cartuel (Province de), 2 n.
Cartwright (John), vii n., lxii, lxvii.

Casbequis (sorte de monnaie), 89.
Casini (Le P.), 377.
Caspienne (La mer), xc, 1, 3 n., 10 n., 35, 181, 188, 263, 265.
Castonnet des Fosses (M.), cxiv.
Catifa, 189 n.
Cavé (café), 104, 108, 214.
Cefy Coly Cam, gouverneur de Babylone (Bagdad), 285.
Cehil Sutun, lxxxv.
Cerray (Michel-Ange), d'Alep, viii.
Cesarople (évêque de), voy. Picquet (François).
Césy (M. de), xxxvii.
Ceylan, xlviii, lv, 349, 324.
Chaféites, 9 n.
Chagrin (Peaux de), en Perse, 343.
Châh Abbas, v, vi, viii, ix, xi, xii, xiii, xiv, xv, xvi, xviii, xix, xxi, xxii, xxv, xxxvi, xxxvii, xxxviii, xli, xlii,

LXIV, LXV, LXVI, LXVII, LXXIX, LXXXVI, XCIII, CVII, CIX, CXII, 5, 6, 7, 13, 16, 17 n., 44, 79 n., 181, 182, 183, 185, 186, 285, 315, 316, 323, 325, 332.
Châh Boudaq, 276 n.
Châh Djihân, 5 n.
Châh Hussein, voy. Sultan Hussein.
Châh Ismayl (Le Sophy), I, II n., CXIII, CXV, 259-276.
Châh Sefy, XLII, XLIII, XLIV, XLV, XLVII, LI, LII, CVIII, 17 n., 315, 316, 323.
Châh Suleyman (Soliman), LV, LVIII n., LIX, LXXVII, LXXIX, LXXXI, LXXXIV, XC, CV, CVI, 17 n.
Châh Sultan Hussein, 369, 372.
Châh Tahmasp, III, 369, 371.
Châhroukh Mirza, 165 n.
Chamberlain (M.), XIX.
Chambéry, en Savoie, 344.
Chamsabat (ville), 182, 184, 185.
Chappes (L'abbé de), LXX.
Chardin, XLVI n., LXXVI, LXXIX-LXXXV, CIX, 2 n., 17 n.
Charles Ier, d'Angleterre, XXIII.
Charles II, d'Angleterre, LXXX.
Charles XI, roi de Suède, LIX.
Charles-Quint, II n.
Charpentier (François), XLIX.
Chartres, 29.
Chataquan (Le prince), 352.
Chehirzor (ville), 9 n.
Cheikh Sephi, 17.
Chemakhy (ville), XLIII, XLVII, LVI, LXXXVIII, 3, 35 n., 266 n., 354, 367.
Chems Eddin Ibn Aly, 264 n.
Chezaud (Le P. Aimé), XLVII.
Chiites (Les), 5 n., 9 n., 48, 49, 52 n., 59, 60 n., 63, 67, 261.
Chiampan (Bois de), 8 n.
Chine (La), XLVI, 197.
Chio, 340.
Chiraz (Syras), XXI, XXII n., XXIV n., XXXV, XXXVI, L, LIV, LXIV, LXV, LXXI, LXXVI, LXXXVII, LXXXVIII, LXXXIX, XC, XCI, CVIII, CXV, 6 n., 24, 33, 35, 36, 198, 270, 272, 320, 371.
Chirwan, 2 n., 3 n., 260 n., 262 n., 263 n., 265 n., 266 n.,
— (Princes du), 35 n.
Chodzko (Alex.), 4 n., 263 n.
Cholmogory, 277 n.
Chouchter, 272 n.
Choum (La Syrie), 53.
Christophe du Saint-Esprit (Le P.), XIII.
Christophorovitch, LX.
Chronique d'Ormuz, LXI.
Chuchan (ville), 36.
Chypre, XL, 328.
Clément VIII, pape, V, XIV.
Coagé Neseir (Khadjèh Nassir Eddin Mohammed Thoussy), 164.
Cochin, 319, 324.
Cochinchine (La), XLVI, 349.
Colbert, XLVII, LXXXVII, LXXXVIII n., CXIV, 321, 322.
Collour (Mines de), 352.
Commerce des Anglais, LXXIV;
— des Arméniens, XLII, 342-

353; — des Français dans l'Inde, LV, 318; — des Français en Perse, 326, 327, 334, 356; — de Perse, XLII, CXV, 354-356, 358, 359, 361-372; — de Tauris, 332.
Compagnie française des Indes (La), XLVIII-LVI, LXXIV, LXXVIII, CVIII, CXIV, 304, 312, 313, 315, 318, 326, 334, 353.
Congo, voy. Bender Congo.
Constantinople, II, IX, XXXVII, XXXVIII, XXXIX, LXIII, LXX, LXXI, LXXII, LXXVI, LXXVVII XCV, CI, CII, 266 n., 275.
Contarin (Tommaso), LXVII, 276 n.

Coran (Le), 49, 60, 63, 73, 78, 87 n., 221, 222, 267.
Corassan (Le), voy. Khorassan.
Cornélius Agrippa, 221, 223.
Cornaro (Giovanni et Mario), IIn.
Cosaques de Pérécop (Les), XXI, LXVI.
Costa (Francesco da), XIV.
Cotolendi, LXII.
Cottington (François), XVII, XVIII.
Cotton (Sir Dormer), XXIII, XXIV.
Cowel (Robert), LXVII.
Crespo (Nicolò), II n.
Crusius (Philippe), XLIII, XLIV, XLV.

D

Daghestan (Le), 2 n.
Damas, LXIII, LXXVI, 53, 54, 56, 159, 276 n., 347.
Danemark (Le), XXXVIII, XXXIX n.
Darius, 35, 275.
Daulier-Deslandes (André), LXXVI, LXXVIII, LXXIX, CVIII.
Dehistân (Le), 4 n.
Deïleman (montagnes), 263 n.
Deïnaver (ville), 9 n.
Della Valle (Pietro), LXIII-LXVII.
Demavend (District de), 272 n.
Deniz (Mer Caspienne), 1 n.
Derbend, XLIII, 3.
Derbend nameh, 3 n.
Deri Tengue, 9 n.
Derlengue (Montagne de), 9.
Des Hayes (Louis), baron de Courmenin, XXXVII, XXXVIII, XXXIX n.
Despina Theodora, II n.
Des Vallées (Pierre), interprète du roi, XCV n.
Diarbekir, LXXXVII, 270 n., 328, 343.
Diar Rebiah, 9 n.
Dias (pays), 6 n.
Diego (Don), XI.
Dieu (Louis de), XCIII, XCIV.
Divani (écriture), 164.
Dizfoul, 11 n.
Dizi Behmen (Château de), 260 n.
Djadjerm (ville), 4 n.
Djafer (Imam), 46 n.
Djagatay (Turcomans), 273 n.
Djelal Eddin Roumy, LXXXVII.

Djemchid, 76 n.
Djihan numa, 5 n., 260 n.
Djihanguir, successeur de Châh Akbar, xcIII.
Djihanguir Mirza, 262 n.
Djihanguir-Sefy-Mirza, 17 n.
Djihoun (Le), 4 n.
Djilè, 11 n.
Djinghizkhan, LXXXVIII n.
Djouhfah, 52 n.
Djoulfa, près d'Ispahan, XL, C, CI, CVI, 80, 182-185, 323, 332, 373, 374.
Djoundi Sabour, 11 n.
Djouneïd (Tombeau de), 264 n.
Dominicains (Les), en Perse, LVI, LXXXVI, CXII, 374, 392.
Dorn (J.), 264 n.
Douldoul, 52.
Dourry Efendi, LXXXVIII.
Dragonneau (ver de Médine), 148 n.
Du Chemin (M,), LVII.
Du Lauzière, CXIV.
Duodo (Pietro), VIII n., 277-284.
Dupont (Le Sr), L, LIV.
Du Rieu (M.), XCVIII n.
Dutertre (Jacques), CVI. Voyez Raphaël du Mans (Le P.).

E

Echref, XXIII, XXV n., LXIV, LXVI, 5 n.
Eçnachary (Les Chiites), 259 n., 261, 262 n.
Égypte (L'), LXXVI, XCV, 62.
Élias Bek, 273 n.
Élie (Le P.), évêque d'Ispahan, LX, 373, 374, 384.
Élisabeth d'Angleterre, III, IV, VI.
Elvend Bek (Alvant), 266 n., 268 n., 269, 270, 272 n.
Emmanuel, roi de Portugal, 273.
Envari Souheïly, XCV.
Épiphane de Saint-Jean-Baptiste (Le P.), LXVIII.
Érivan, L, LVI, LXX, XCI, 2 n., 10 n., 14, 33, 80, 181, 182, 183, 304, 380.
Erran (Province d'), 3 n.
Erzeroum (Arzeron), LXX, 181, 302, 380, 396.
Erzindjan, 268 n., 270 n., 275 n.
Esculape, 62, 175.
Esnault (L'abbé G.), CVI n.
Espagne (L'), 6 n., 192.
Espagne (L') et la Perse, voy. Philippe II et Philippe III.
Essex (Le comte d'), V.
Esterâbâd, 4 n.
Este (Don César d'), V.
Esther, 36.
Etchmiadzin, LXXXVI, 81 n., 380.
Euclide, 165.
Eustache de Barry (Le P.), 374.

F

Fabre (Le S^r), LVI, LX.
Fabricius (Louis), LIX, LX, LXXXIX, XC.
Faiély (Tribu), 9 n.
Fanabat, 348.
Faradj ba'd echchidèh, LXXXVII.
Fariab (ville), 5 n.
Fars (Le), 7 n., 11 n., 262 n., 266 n., 272 n.
Fathimah, fille du Prophète, 50, 51, 53, 57, 259 n.
Fedreddin, 261 n.
Felice Maria da Sellano (Le P.), LIX, 375.
Ferahâbad, XXI, LXIV, LXVI.
Ferroukh Yessar, 262 n., 263 n., 265 n., 266 n.
Ferwah, 46 n.
Figueroa (Don Garcias de Silva), XX, XXI, XXII, LXVI.
Firouzkouh (District de), 187 n., 188, 272 n., 273 n.

Firouzkouh (Château de), 273 n.
Fontainebleau, XLIX.
Forest (De), huissier de la reine de France, LXXIII.
Formaleoni (Vincenzio), III n.
Fourbin (Paul-Albert de), LXVIII.
Français (Les) dans l'Inde, XLVIII-L.
Français (Les) en Perse, XLI, XLII, LI, LXXXI, 307, 308.
France (La), 19, 192.
François Ier, I.
François, évêque de Césaropole, 340, 341.
François Marie de Chinon (Le P.), 333.
Frankeston, 27.
Frédéric, duc de Holstein, XLII, XLIII.
Freyberg, en Saxe, XCVII.
Friedrichstadt, XLII.

G

Gabriel (L'ange), 43, 63, 78.
Gabriel de Chinon (Le P.), LXXI, LXXV, C, CI.
Gabriel de Paris (Le P.), XL.
Galien, 175.
Gamba, 3 n.
Gambron, Gamron, voy. Goumroun.
Gancia (M.), LXV.
Gangia, 395, 396.
Ganidans (Mines de), 352.

Gardane (M.), CXV, 369.
Gatien de Gallizean, LIX.
Gaulmyn (Gilbert), XCIV, XCV.
Gaures (Les), Guèbres, Bénians, LXXI, C, CI, 6 n., 11 n., 42, 43, 44, 45.
Gebrabat (ville), 184.
Gemea Abbassi (Djami' Abbassy), 79.
Gênes, X, 32, 231.
Gentius, XCVI.

Géorgie (La), 2.
Géorgiens (Les), ix, 377, 395, voy. Tiflis.
Gest, 373.
Ghaznah, 10 n.
Gisbrecht (Nicolas), xcviii.
Glanius (M.), lxxxix.
Gmelin, 1 n.
Goa, xiii, xx, xxi, lxxii, 319, 347, 352.
Golconde, 181, 188, 189, 352.
Golius, xcviii.
Gombron, voy. Goumroun.
Gonzague (Le duc Vincent de), viii.
— (Marie-Louise de), reine de Pologne, xlvi.
Gottorp, xliii, xlv, 3 n.
Gouget (L'abbé), lxxxvii.
Goulam Ali, 128.
Goumroun (Bandar Combron, Camoron, Gambron, Gamron), xxi, xxvii, xxxiv, xxxv, lxxxix, 5, 7 n., 52, 192.
Gourua, lxxxvii.

Gouvea (Ant. de), vi n., xiii, xiv, xv n., xviii, lxvi, xcii.
Grand-Électeur (Le), lxx.
Gravius, voy. le suivant.
Greaves (Jos.), xcv, xcvi.
Grèce (La), 79, 267, 268.
Grelot, lxxxiv.
Grimaud (Prieuré de), en Provence, lvii.
Guadagnoli (Le P.), xciii n.
Guasque (Don Francisco), x.
Guèbres (Les), lxxi, voy. Gaures.
Guéda Ali, 128.
Guéda Alibec, 128.
Guedalikan, 128.
Guerend, 9 n.
Guerendil, 11 n.
Guermroud, 10 n.
Guilan (Le), vii, lxxxix, 3 n., 4 n., 10 n., 12, 33, 181, 183, 262 n., 263 n., 367.
Gulistan (La forteresse de), 268 n.
Gulkendan (Château de), 273 n.
Gurdjistan, 10, 27, 136, 230.

H

Hachem, 128.
Hadaïq ous-siahâh, 3 n., 5 n., 9 n.
Hadji Khalfa, xcix n., 5 n., 11 n., 260 n.
Hafiz (Tombeau de), xc.
Hakluyt, lxii.
Hakwirdy, xcvii.
Haliculi Khan, voy. Aly Qouly Khan.
Halle-sur-Saale, xcvi.

Hamadan, lviii, lix, lxxi, cv, 33, 36, 270 n., 272 n., 376.
Hamdoullah Moustaufy Qazbiny, xciv.
Hampton-Court, xix.
Hamzèh Mirza, xiii.
Hanbalite, 46 n.
Hanéfite, 9 n., 11 n.
Harem (Le), 20, 21, 25, 27, 28, 32, 95, 97, 107, 119, 125.
Haroun Errechid, 165 n.

INDEX ALPHABÉTIQUE 451

Hassan, fils d'Ali, 53.
Hassan Bek Roumlou, 273 n.
Hayder, voy. Sultan Cheikh Hayder.
Hayder (Tombeau de Sultan), 264 n.
Hazen, 373.
Hazeret Aissa, 62, 63, 81.
Hedjadj ibn Youssouf bin Mathar, 165 n.
Hedjaz, 82 n.
Heft Iqlim, 4 n., 260 n.
Helian (Louis), 275.
Hemmy (Nicolas), LXVII.
Henri IV, roi de France, IV, LXIII.
Hérat (Here), 4 n., 6 n., 33, 273.
Herbelot (B. d'), LXXVI.
Herbert (Sir Thomas), XXIV n., XXVII, XXXVI, 7 n.
Heri (Province de), 4 n.
Hermites de Saint-Augustin (Ordre des), XIII, XLI, XCII.
Hersin (ville), 9 n.
Heyd (W.), 263 n.
Hibelroud (district et rivière), 272 n., 273 n.
Hieropoli (L'évêque de), LXXXV.
Hilal ibn Hilal de Hims, 165 n.
Hims (ville), 53 n.
Hisn Mansour (ville), 276 n.

Hisni Mehdy, 11 n.
Hispan, voy. Ispahan.
Hobbs, LXIII.
Hollandais (Les) aux Indes, LXXIV, 314, 316, 318, 319, 320, 324, 325, 352, 359, 360, 362-372; — en Perse, XXXVI, XXXVII, XLII, XLIV, LXXIV, 6 n., 7 n., 8, 181, 323, 362-372.
Holstein (Duc de), voy. Frédéric.
Honaïn ibn Ishaq, 164 n.
Hongrie (La), 275.
Honoré d'Auxerre (Le P.), 322, 331.
Houlagou, 164 n.
Houssein, 53, 54, 55, 56, 59, 83 n., 259 n.
Houssein Vaïz Kachify, XCV.
Houtsma (M.), XCIX n.
Houweizèh, 11 n.
Howard (John), V.
Hussein Aly Bek, VI, VII, IX, X, XI, 277.
Hussein Keya Djilawy (L'émir), 272 n., 273 n.
Hyde (Thomas), XCVIII, XCIX, CIV.
Hyrcanie (Mer d'), 1.

I

Iani (Le P. Anthoine-François), 289.
Ibérie (L'), 2 n., 10.
Ibn el Mouqanna, 87 n.
Ibrahim Bey, L, voy. La Boullaye Le Gouz.

Ignace de Jésus (Le P.), LXVIII, LXIX.
Ilkhan Tchobanlou (tribu), 3 n.
Imam Djafer Essadiq, 46 n., 56.
Imam Qouly Khan, XVIII, XXIV n., XXV, XXVI, XLV, 7.

Imérithie (L'), 2 n.
Inde (L'), xiii, xxv, xlv, xlviii, lxviii, lxxii, 2, 4 n., 5, 6 n., 7 n., 8, 10 n., 14, 180, 185, 186, 188, 189, 190 n., 192, 193, 198, 199, 201, 202, 217, 219, 246, 273, 310-313, 324, 325, 352, 356-361, 365, 366.
Iraq (L'), 4 n., 9 n., 10 n., 11 n., 266 n., 272 n., 328.
Iraq Adjemy (L'), 9 n., 10 n.
Isaac, 73.
Isaac Vertabiete (évêque arménien), 183.
Isfendiar, 3 n.
Ishaq ibn Honein, 164 n., 165 n.
Ishaq Khan, fils de Zeno, ciii n.
Ismaël, 73.
Ismayl (Châh), voy. Châh Ismayl.
Ismayl Khan, xvi.
Ismayliens, 164 n.

Ispahan, xiv, xx, xxi, xxii n, xxiv n., xxxv, xxxvi, xl, xli, xlii, xliv, xlv, xlvi, xlvii, l, li, liv, lvi, lix, lxiv, lxv, lxvii, lxx, lxxi, lxxii, lxxv, lxxviii, lxxxi, lxxxii, lxxxiv, lxxxvi, lxxxvii, lxxxix, xc, xci, c, ci, cvi, cvii, cviii, cix, cxii, cxiii, 4 n., 6 n., 7, 8, 11 n., 14, 28, 33, 35, 39, 58, 74, 120, 138, 178, 182, 183, 186, 191, 193, 198, 217, 218, 219, 226, 228, 240, 250, 265 n., 266 n., 272 n., 277, 284, 304, 323, 328, 339, 364, 365, 367, 370, 371, 373, 383, 388.
Istakhr (Château d'), 262 n., 265 n.
Istakhry, 10. n.
Itimad Eddaoulèh (Athemadeulet), li, lii, 12, 14, 80, 128.

J

Jacobbech, voy. Yaqoub Bek.
Jacques Ier, d'Angleterre, xvi, xvii, xviii, xix, xx.
Japon (Le), xc, xci, 349.
Jasse (Goulfre de la), 276.
Jean, empereur de Trébizonde, ii n.
Jean de Gand, comte de Flandre, xxxi.
Jean-Baptiste de Loches (Le P.), cviii.
Jean Thadée du Saint-Esprit (Frère), xxi.
Jenkinson (Anthony), iii, iv n., lxvii, 1 n.

Jérôme de la Croix (Le P.), xiii, xv.
Jérôme Xavier (Le P.), xcii, xciii, xciv.
Jérusalem, xxxvii, lxiii, 276.
Jésuites (Les), en Perse, xlvi n., xlvii, lii, lvi, xci, cix, cxii, 287, 323, 341, 353, 374, 388.
Jonchères (M. de), lv. 335.
Joret (M.), lxx.
Joseph, 78, 184.
Joseph (Le P.), lxx.
Joseph Marie de Bourges (Le P.), 334.
Joyeuse (Le cardinal de), lxiii.

Juan de Persia (Don), ix, xi.
Juen Joseph de Nevers (Le P.), 333.
Juifs (Les), 3 n., 6 n., 11 n., 46, 193, 274.
Julpha, voyez Djoulfa.
Juste de Beauvais (Le P.), xl.

K

Kaabèh (Le), 80, 82 n., 91 n.
Kachan (Casciano), vii, xiv, xliv, lxvi, lxx, lxxxvii, 33, 383.
Kaempfer (Engelbert), lxxxix, xc, cxi, cxiii.
Kafer (Les infidèles), 47, 57, 63, 64, 69, 72, 91, 213.
Kain (ville), 5 n.
Kakasch (Étienne), de Zalonkemeny, xi.
Kaket (Province de), 2 n.
Kalmaq, 1, 4.
Kar Keya Mirza Aly, 262 n., 263 n., 264 n.
Kasbekis (monnaie), 14, 138, 176, 177, 220, 221.
Kasbin, voy. Qazbin.
Kassem, 128.
Kazelbache, voy. Qizilbach.
Kazem Beg (A.), 3 n.
Keboud Gounbed, près de Rey, 273 n.
Kelb Aly, 128.
Kemal Eddin Hussein (L'émir), 273 n.
Keram Aly, 128.
Kerbela, lxii, 56, 84, 93.
Kerim Khan, lxi, 9 n.
Kerman (Le), lxviii, 12, 33, 42, 187, 197, 272 n., 367, 370.
Kermanchâhan, 9 n.

Kervân, 13.
Keucèh Hadji, gouverneur d'Ispahan, 265 n.
Keyan (Château de), 273 n.
Khadjèh Nassir Eddin Mohammed Thoussy, 164 n.
Khalil Bek, 263 n.
Khalil Pacha, lxxxv.
Kharou (Château de), 273 n.
Kharpout, 276 n.
Khatchadour (Le vartabed), xi.
Khazares (Les), 3 n.
Khiska (District de), 2 n.
Khodja Nazar, xl.
Khoï (Rivière de), 263 n.
Khondemir, 3 n.
Khorassan (Le), iii, v, 4 n., 6 n., 10 n., 12, 56, 83, 217, 222, 265 n., 273, 279.
Khorassany (Boghra), 39 n.
Khourremâbad, 9 n.
Khouz, 11 n.
Khouzistan (Le), 9 n., 11 n., 272 n.
Khoy, 10 n.
Khulkham, 10 n.
Khwalisses, 1 n.
Kich (Ile de), xxi, xxvii.
Kilis, en Anatolie, lxxxv.
Kinneir (J.-M.), 8 n., 9 n., 11 n.
Kirmân, voy. Kerman.
Kisik (Province de), 2 n.

Kom Kadir (Ghadir Khoumm), 52.
Kommoron, voy. Goumroun.
Koudèh Ahmed Bek, 266 n.
Kouhistân, 165 n.
Kouphè (Koufa), ville d'Arabie, 53, 56.
Kourtchis (Les), vi, x, 154.
Kurdes (Les), 2, 9 n., 187.
Kurdistan (Le), lxxiv, lxxxvii, cv, 9, 10 n., 11, 343, 344.

L

Labat (Le P.), lviii n.
La Boullaye Le Gouz (Lè Sʳ de), xlvi, l-liv, lxxii-lxxiv, cxv, 289-311.
Labrosse (Le P. Ange de), voy. Ange de Saint-Joseph (Le P.).
La Chapelle (Le Sʳ de), xlvii.
Laet (Jean de), lxvii.
La Haye (M. de), lv.
Lahidjân (ville du Guilan), iii, xii, 263 n., 265.
Lahore, v, xxxv, xciii, 6 n., 315.
Lairesse (Hubert de), cix.
La Jonchère (M. de), lv, 335.
Lalain (Le Sʳ de), l-liv, cxv, 289-320, 327.
Lambert Heugo, amiral, 310.
Lamberti (Archangelo), 2 n.
La Meilleraye (Le maréchal de), xlviii.
Langlès (M.), lxxxiv, lxxxviii.
Langueran, xii.
Lanz (Karl), ii n.
Lar (Côte et ville de), xxi, lxiv, 7, 148.
Larack, xxix.
Laristan (Le), xxxvi.
Larnaca (La Reneca), en Chypre, 328.

La Rochelle, 318.
Laud, archevêque de Cantorbéry, xcv.
Lazare (Le P.), ci.
Le Brun (Corneille), cvi n., 261 n.
Le Capellain (Claude), xcv n.
Le Clerc (Le P.), lxxv.
Le Comte (Le P. François), lxv.
Legrand (horloger du Châh de Perse), lxxiii.
Lek (tribu), 9 n.
Lemgo, lxxxix.
Lempereur (Le Sʳ), xxxvii.
Lerme (Le duc), xvii, xviii.
Lescot (Mᵐᵉ), lxxx.
Lestoille (Isaac Botet de), l, lix, ciii, 307.
Leyde, xcv, xcvi, xcviii.
Lezian, 263, voy. Lahidjan.
Lionne (M. de), l n., cxv, 307.
Lisbonne, x n., xi, xix.
Livourne (Ligourne), xlii, 12, 181.
Logau (Henri de), xii.
Londres, lxxx, xcv, xcvi.
Loubb out-tewarikh, xcv n.
Louis XIII, xli, 285.
Louis XIV, xlii, l, lv, lxx, lxxii, lxxxviii, cv.

Loys (facteur anglais en Perse), LXXIII.
Lubeck, XLIII.
Lucar (Cyrille), XCV.
Luristan (Louriston), 9, 11.
Lyon, 362.

M

Machat, 367.
Machault (Jacques de), XLVII.
Madagascar, XLVIII, XLIX.
Madrespatan, 328.
Madrid, XVII, XIX.
Mahé, 366.
Mahmoud ibn el-Faradj, 87 n.
Mahmoud, 88.
Mahmoudi, 87.
Mahoie (Moawièh), 53, 59.
Mahomet (Le Prophète), 17, 45, 47, 49, 50, 52, 54, 57, 61, 62, 63, 78, 80, 83, 88, 91 n., 161 n., 222, 259, 260, 267, 275.
Mahomet II, II, III, 266 n.
Mahométans, 88, 185.
Maigret (George), XIV n.
Malacca, 324.
Malathia, 276 n.
Malaucène (Bourg de), LXVIII.
Mamoun (Le khalife), 83 n., 165 n.
Mans (Le), CVI.
Mantoue, VIII.
Manuscrits orientaux, XCV, XCVIII, XCIX n.
Maqçoud Bek, 265 n.
Mara'ch, 276 n.
Mardaka (Mardochée), 36.
Mardin, LXIII.
Mariage (Le S^r), L, LII, LIII, LIV, 306, 324.

Maroc (Le), LIX.
Maroquin du Levant, 349.
Marot (Louis), pilote, LXXVIII.
Marseille, XXXIX, XLVII, LVI, LXV, 190, 192, 328, 351, 362, 363.
Mascarenhas (Dom), vice-roi des Indes, XIII.
Mascate, XXXIII, 188 n., 319, 326.
Masulipatam, 353, 357.
Mathelin, 276.
Matheus (Le chevalier), 361.
Mathieu (Le P.), CIV.
Matthieu de Avanic, voy. Avanic (Matthieu de).
Maures (Les), 6 n., 28, 40, 43, 45, 46, 47, 74, 80, 81, 83, 138, 184, 185, 186, 194, 202, 207, 276.
Maximilien (L'empereur), 275.
Mayr (Le P.), XCI.
Mazandéran (Le), XXI, LXVI, 2, 4 n., 10, 12, 33, 182, 225, 231, 240, 273 n., 306.
Mazarin (Le cardinal), 352.
— (Le duc de), XLVIII.
Mechhed, XIII, 4 n., 33, 56, 65, 83, 93, 188 n., 217, 222.
Médine, 52 n., 83, 148 n.
Mehdi (Mohammed), 57.
Mehemmed Haleby, LXXXVIII.
Mehemmed Riza Bek, voy. Riza Bek.

Mehemmed Zaher, gouverneur d'Ispahan, 284.
Mehrouïan, 11 n.
Meïdan (Le), 51, 56, 183, 214, 217, 260 n.
Mekke (La), 52 n., 53, 54, 65, 66, 80, 81, 82, 83, 84, 93.
Melapour, 324.
Mendil (Le), XLIV.
Ménélaus d'Alexandrie, 164.
Menessez (Alexis de), XIII.
Menker (Munkir), 91.
Meraghah, 10 n., 164 n.
Merv (ville), 5 n., 82 n.
Merwèh, 82 n.
Mesnevy (Le), LXXXVII.
Mésopotamie, 274.
Métélin (Ile de), 276.
Mianbend (Le), XLIV.
Mianèh, LXXVI.
Michel (Le Sr), LVI, LX.
Michel Féodorovitch, XLII, XLIII.
Mihmandar Bachi (Le), XLIV, 30, 373, 374, 382, 383, 384, 385, 386, 387-391, 395.
Mille et un jours (Les), LXXXVII.
Mina, sur le golfe Persique, XXVI, LXIV, 82 n.
Mingrélie (La), LXXXII, 2 n.
Miqât, 82.
Mir Mourteza, CIX.
Mir Seyyd Hussein, 79 n.
Miranda (Diego de), XIV.
Mirkhond, LXI.
Mirza Gafer, 80.
Mirza Riza, CIX.
Mirza Tahir, LI, CIX.
Miskin, 10 n.
Modon, 268.
Mogol (Le Grand), 190, 315, 316, 352.

Mogol (Ambassadeur du), en Perse, XXI, 304, 309, 315.
Mohammed II (Sultan), 266 n.
Mohammed Ali, 129.
Mohammed Baqir, 46 n.
Mohammed Châh Khoudabendèh, XII, XIII.
Mohammed Dara Choukouh, 5 n.
Mohammed el-Hassan el-Mehdy L'imam), 261 n.
Mohammed ibn Qassim, 180 n.
Mohammed Khan Guirèh, 273 n.
Mohammed Mehdi, 57, 58.
Mohammed Mirza, 266 n.
Mohammed Takhi Megelessi, 58.
Mohammed Tizin, XCIX.
Moïse, 62, 87 n., 265.
Mollas (Les), Moulna, 17, 39, 54, 55, 58, 59, 73, 74, 89, 90, 116, 121, 122, 162, 171, 173, 175, 221, 249.
Monaxe (Edward), XXVII n.
Monteith (Le colonel), 264 n.
Montoire, en Vendômois, LXXVIII.
Montpellier, X.
Montpensier (Mlle de), XLVI n.
Moralès (Le P.), XIII, XCII.
Morath Gam, voy. Murad Mirza.
Morée (La), 268.
Morellet (L'abbé), XLVIII n.
Moreri (Louis), C.
Moresini (Zuan), 276 n.
Morteza Ali, 250.
Moscou, VII, XI, XLIII, XLV, LXXI, LXXXIX.
Moscovie, IX, XII, XXI, XXXIX n., XLII, LXXXVIII, 136, 189 n.,

INDEX ALPHABÉTIQUE

190, 194, 237, 277, 280, 309, 395.
Mossoul, LXXI, LXXXVII, 328.
Moukhlis (Le cheikh), LXXXVII.
Moulna, voy. Mollas (Les).
Moultan, 180, 315.
Mourdestân (Le), 4 n., 7.
Moussa ibn Djafer (Imam), 83 n.
Moutewekkil (khalife), 87 n.
Mouton blanc et du Mouton noir (Dynastie du), LXI, 262 n., 263 n., 266 n.
— (Tribus turcomanes du), I, LXI.
Murad (Sultan), XLI n., 272 n.
Murad Mirza, ou Murad Khan (Morath Cam), 266 n.. 270, 271, 272 n.
Murzin (esclave), LV.

N

Nadir Abad (ville), 5 n.
Nadir Châh, LX, LXI, 3 n., 5 n.
Nairizy, 164 n.
Nakhchivan, XLVII, LVI, LXXXVI, 10 n., 182, 268 n., 322, 339, 341, 382, 387.
— (L'évêque de), LVI, 338, voy. Avanic (Matthieu de).
Naples, 177.
Naqchi-Roustem (Bas-reliefs de), XC.
Naqd Aly Bek, XXIII, XXIV.
Narbonne, X, XLI.
Narva, XXXIX n.
Nassir Eddin, 164 n.
Nassir Eddin Abdallah Mouchtechem, 165 n.
Nassir Eddin Toussy, 164 n.
Nazir (Le), grand maître de la cour du roi de Perse, LI-LIII, 305, 306.
Nedjef, LXII, 83 n.
Negroni (Andrea), 278, 279.
Nemroud, 43.
Nerdjès Banou, 57 n.
Neskhi (écriture), 164.
Nesta'liq (écriture), 163.
Newberry (John), LXVII.
Niccolò da Orta (Le P.), 380.
Nice, 351.
Nichapour, 4 n., 87 n., 188 n.
Nicosie, en Chypre, XL, 328.
Nijni Novgorod, 277.
Nimes, X.
Niris (en Perse), 199.
Nissibin, LXXI.
Nointel (Olier de), CI, CII.
Noix de galle (Commerce de), 2, 350.
Norvège, 253.
Nouchirévan, 3 n., 35 n., 266 n.

O

Oelschlager, voy. Oléarius.

Oghourlou Mohammed Bek, 266 n.

Oghouz Khan, 262 n.

Okesra Presqu'île d'), xc.

Oléarius, XLIII, XLV n., XCVII, 2 n., 3 n., 4 n.

Olkei Agemi, 1.

Oloug Beg, XCVI, XCIX, 165.

Omar (Le khalife), 50, 51, 52, 60, 82.

Omont (H.), XCV n.

Ormuz, XV, XXI, XXII, XXIII, XXV-XXXVI, LXI, LXII, LXVI, LXVII, LXVIII, LXXI, LXXIX, 5 n., 7, 8, 188 n., 189 n., 319, 325, 326, 353, 366.

Osman (khalife), 52, 60.

Osman (Sultan), XXXIX.

Osmanlou, 47, 48, 49, 82, 135.

Otter, 11 n.

Oudjan, 270 n.

Oumm Ferwah, 46 n.

Ourfa, LXXI.

Ourmiah, 10 n.

Ouroudj Bek, IX n., X.

Ouzoun Hassan, I, II, III, LXVII, 262, 263, 266 n., 272.

Ouzoun Hassan Bek, 262 n.

Oxford, XCV, XCIX.

Ozibek, 2.

P

Pacifique (Le P.), XXXVIII, XXXIX, XL, XLI, 286.

Packering (Sir John), V.

Paderi (Le Sr), 372.

Palestine (La), XXXVII, XXXIX, LXIII, LXVIII.

Panicale (Le P. Silvestro da), 376.

Paris, LXXV, LXXIX, LXXXVII, 35.

— (Capucins de la province de), 328, 331.

— (Arméniens à), XLII.

Parrot (John), V.

Parry (William), VII n.

Passer (place à Bender-Abassi), 6 n.

Paul V, pape, XVI, LXIII.

Paulet, L n.

Pegu, 189.

Pendjab (ville), 180 n.

Persans, 1 n., 10 n., 59, 63, 78, 83, 86.

Perse (La), 1, 2, 83, 88, 273.

Persépolis (Ruines de), XXII n., XXIV n., LXV, LXXVI, LXXXIX, XC.

Persique (Golfe), 2, 5, 7 n., 11 n., 148, 192, 246.

Pétis de la Croix (François), LV, LXXVI n., LXXVII, LXXXVII, LXXXVIII, CIII, CIX, CXIII, 342.

Petit (Jacques), 166.

Petit de Troyes (Jean), 166 n.

Petzen (Le Dr), 278, 280.

Pharaon, 33, 78, 184.
Philippe II, roi d'Espagne, xii.
Philippe III, roi d'Espagne, ix n., xiii, xiv, xviii, xxi, xxxvii, lxvi.
Philippe de Bourgogne (Le duc), 263.
Philippe de la Très-Sainte Trinité (Le P.), lxviii, lxix, 9 n.
Picquet (François), lvi-lviii, lx, lxxxv, c.
Pidou de Saint-Olon (M.), lviii, lix.
Pierre de Saint-André (Le P.), lxviii.
Pierre du Mont-Liban (Fr.), i n., ii n.
Pinder (W.), xxvii n.
Pir Ali, 128.
Pir Kail, voy. Kar Keya Mirza Aly.

Platon, 168.
Pococke (Édouard), xcv.
Pollot beg, xxvii.
Pologne (Ambassadeur de) en Perse, lx, 339, 376.
Pondichéry, 357, 366.
Porter (Sir Ker), 9 n.
Portugais (Les), xv, xxi, xxv, xxviii-xxxv, xli, lxiv, 5 n., 6 n., 7, 8, 188, 195, 318, 319, 323, 324, 325, 326, 352.
Pouli Châh, 9 n.
Poullet (Le S^r), lxxiv, lxxv, ci n., 48 n.
Powel (Le capitaine), v, xvi.
Prada, xvii.
Prague, vii, viii, xi, xii, xvi, 278.
Pronis (Le S^r), xlviii.
Ptolémée, 164, 165 n.
Purchas (S.), iv n., xxvii n.
Puschentz (ville), 5 n.

Q

Qacim Bek, gouverneur du Fars, 266 n.
Qacim Bek, gouverneur de Bagdad, 270 n.
Qafilan-Kouh (Montagne de), lxxvi.
Qandahar, 5 n.
Qarabagh, 10 n.
Qaradagh, 10 n.
Qazbin, v, vii, xxi, xxii n. xxiv, xl, xliv, lxvi, cv, 33, 343, 373.
Qazi Zadeh Roumy (surnom de Salah Eddin), 165 n.
Qizilbach (Les), xxxi, 3 n., 25, 26, 34, 99, 154, 155, 194, 259 n., 262 n.
Qizil-Ouzen (rivière rouge), 10 n.
Qosta ibn Louqa, 164 n., 165 n.
Qoulzoum (mer Caspienne), 1 n.
Qoum (Kom), ville, vii, xxv n., xliv, liv, lxx, lxxxvii, 265 n., 332, 343, 383.
Qourtchy (Les), vi, x, 154.

R

Radjpour, LXXII.
Ram-Chehristan, 10 n.
Ram-Hormouz, 11 n.
Ramusio, LXVII.
Raouzet ous-sefa, LXI, 262 n.
Raphaël du Mans (Le P.), LI-LIII, LXXI, LXXV, LXXVI, LXXVIII, LXXXVI, LXXXIX, CVI-CXIV, 166 n., 331.
Raqam, LIII, LV.
Ratisbonne, LXX.
Raverty, 5 n.
Ravestain (Philippe, comte de), 276.
Razembeck, voy. Ouzoun Hassan.
Regimont (Le capitaine), XLVIII.
Remon (Le licencié), IX n.
Rey, 273 n.
Rhodes (Ile de), XCV, 276.
Rhodes (Le P. de), voy. Alexandre de Rhodes (Le P.)
Ricaut (Le capitaine), XLVIII.
Richard (Le Sr), XCIX n.
Richelieu (Le cardinal de), XXXVII, XXXIX, XLVII, XLVIII n., XCIV.
Rieu (Charles), CXIII n.
Riga, XLIII.
Rigourdy (Le P.), XLVI n.
Riza Bek (Mehemmed), LIX, LX.

Riza (Imam), 4 n., 56, 83, 218, 222.
Roboly (M.), XCIX n.
Rocchi (Girolamo), LXIV n.
Rodolphe (L'empereur), VII, XI, XVI.
Rome, X, XVI, XXIII, LXIII, LXIV, 141.
Rostell (Thomas), XXV.
Rota, médecin vénitien à Alep, CXV, 264 n., 273 n.
Rotterdam, 351.
Roudbar, 11 n.
Roudser (rivière), 263 n.
Rouen, LXXX, 362, 363, 364.
Roughâd (district), 4 n.
Roukn Eddin Khourchâh, 164 n.
Ruisar, sur la mer Caspienne, 277.
Ruselbas, voy. Qizilbach.
Russes (Les), 3 n., voy. Moscovie.
Rustem Bek, 262 n., 263 n.
Rustem Bek, fils de Maqçoud Bek, 265 n., 266 n.
Rustemdar (District de), 4 n., 272 n.
Ruy Frera, capitaine du château de Kich, XXVII, XXXIII.
Ruy Frera (L'amiral), XXV, XXX.

S

Saadi, XCVI, XCVII.
— (Tombeau de), XC.

Sadr Eddin (Tombeau de), 261 n.

INDEX ALPHABÉTIQUE

Safa, près de la Mekke, 82 n.
Sain, orfèvre en Perse, CVIII.
Saint-Christophle, 138.
Saint-Jean (Le S^r de), LXXIII.
Saint-Liebau (De), LXX.
Saint-Olon (Pidou de), voy. Pidou de Saint-Olon.
Saint-Thomé, LV.
Salah Eddin, connu sous le nom de Qazi Zadèh Roumy, 165 n.
Salbank, LXVII.
Salisbury (Le comte de), XVI, XVIII.
Salmoun, 164 n.
Samarqand, 165 n.
Samarra, 57 n., 87 n., 261 n.
Sam Mirza, 17 n.
Sanson (Le P.), CV, CVI.
Santa Cruz (Le marquis de), XI.
Sanuto (Marino), II n., 275 n., 276 n.
Saouq-Boulagh, 10 n.
Savary, 7 n.
Sari, LXVI.
Savone, X.
Say, 82 n.
Schaculibeg, XXVII, XXX.
Scharekary Mohamet Sultan, XXVII.
Schaminakez, voy. Chemakhy.
Schillinger (Le P.), XCI.
Schipano (Mario), LXV.
Sebzvar (ville), 5 n., 114.
Sectes musulmanes, 267.
Sedjestan (Le), 10 n. 11 n.
Sèfèvis (Dynastie des), I, X n., LX, LXI, LXVI, LXXIX, 259 n.
Sefid roud (rivière), 263 n.
Sefy (Châh), voy. Châh Sefy.

Sefy Eddin (Le cheikh), 260 n., 261 n.
Seïd Mahomet Schah, roi d'Ormuz, XXXV.
Seïf Aga, L n.
Seistan (Le), 4 n., 10 n.
Selden, XCVI.
Selim, fils de Bayezid, 275 n., 276 n.
Sellano (Le P. Felice Maria da), 375.
Semkan (ville), 5 n.
Seraban, près d'Erivan, 182, 183, 185.
Sergius, moine grec, 78.
Seri Biabân, 182 n.
Seri Kheiaban, 182 n.
Seriphy de Mahomet (Les), 260.
Seyd Ibrahim, fils de Sultan Cheikh Hayder, 262 n., 265 n., 266 n.
Shirley (Sir Anthony), IV-X, XIX, XX, 277.
Shirley (Robert), V, VI, XIV, XV, XVI, XVII, XVIII, XIX, XXII-XXV, LXVI.
Siah Roustaq, 4 n.
Siam, LVI.
Siam (Ambassadeur de), en Perse, LX, 339.
Sienne, VIII, IX.
Sigismond (Le roi), XVI.
Si-Hai (mer Caspienne), 1 n.
Sikhs (Les), 180 n.
Silan (Le mont), 260 n.
Silvestro da Panicale (Le P.), 376.
Simiacque, voy. Chemakhy.
Simnan (Château de), 273 n.
Sinan Pacha, 276 n.
Sirab, 10 n.

Siry (Le comte de), 353.
Sistan (Le). 10 n., 11 n,
Sitti Maani, femme de Pietro Della Valle, LXIII, LXIV, LXVI.
Smyrne, LXXIV, 12, 181, 314, 320, 328, 347, 350, 396, 397.
Soies de Perse, III, 263 n., 266, 342, 358, 360.
Solyman, LXXVII, voy. Châh Suleyman.
Sophy, 16, 17, 87, 259, voy. Sèfèvy, ou Châh Sefy, ou Châh Ismayl.
Soualy, près de Surate, XXV.
Soukhra (Race de), 4 n.
Sous (ville), 5 n., 11 n.
Sovaleston, 10.
Steele (Robert), LXVIII.
Sternschloss, près de Prague, 277 n.
Strauss (Jans Janszoon), LXXXVIII, LXXXIX, 1 n.
Struys, voy. le précédent.
Suchen (Province de) en Chine, 190 n.

Suède (La), XXXVIII, XXXIX n., LIX, LXXXIX, CXIII.
Suleymanièh, 9 n.
Sultan Aider, fils de Fedredin, 261 n.
Sultan Aly, fils de Sultan Cheikh Hayder, 262 n., 263 n., 265 n., 266 n.
Sultan Aly Bek, IX n.
Sultan Cheikh Hayder, 262 n., 263 n.
Sultan Hussein, CVI, CVII, CXII.
Sultanièh, en Perse, LXXXVII, 165 n., 343.
Sunnites (Sonni), 48, 49, 50, 67, 213.
Surate, LIV, CVII, 8 n., 192, 310, 314, 315, 316, 317, 328, 352, 353.
Surier (Nicolin), 276 n.
Susan (ville), 36.
Susiane (La), CV.
Suski (Le comte), LX.
Suyutli Dèrèh, près d'Andrinople, 264 n.
Syrie, 79 n., 274, 276.

T

Tab (rivière), 11 n.
Tabaristan, 3 n.
— (Mer de), 1 n.
Tabès (Trava), 273 n.
Tadj-Abad, LIII.
Takhti Suleiman, 388.
Talich (ville), 260 n.
Tarikhi Khany, 264 n.
Tartarie, 1, 2, 13, 136, 138, 180, 189, 190, 263, 265.
Tauris, II, IX, XI, XLVII, LIV, LXX, LXXIII, LXXV, LXXVI n., LXXII, C, CI, n., 10 n., 14, 33, 182, 260 n., 262 n., 268, 269, 270, 271, 273, 274, 304, 328, 331, 332, 333, 343, 347, 367, 382, 391.
Tavernier (Jean-Baptiste), LXIX-LXXII, LXXIV, LXXVI, LXXVIII, CI, CVII, CVIII, CXV, 2 n.
Tawus (Jacques), 94.

Tchaldiran (Bataille de), 275 n.
Tchelminar, 35, 36.
Tectander von der Jabel, xii.
Téhéran, lxvi.
Teixeira, lxi, lxii, lxviii, 4 n.
Telicheri, c.
Tenghiz (mer Caspienne), 1 n.
Thabes Kileki, 4 n.
Thabes Mesinan, 5 n.
Thabit ibn Qourrah, 164 n., 165 n.
Thalecan (ville), 5 n.
Théodose, 164.
Thévenot (Jean), iv n., lxxv-lxxviii, cviii.
Thous (Mechhed), 4 n., 83 n., 164 n.
Thun (ville), 4 n.
Tib (ville), 11 n.
Tibet (Le), 190 n.
Tiflis, 332, 377, 387, 387, 388, 391.
Timour (Tamerlan), lxxxvii, 165 n., 180 n.
Tokharistan (Le), 10 n.
Tokici (Tockci), près d'Ispahan, 384, 387.
Tokmatcher, 1 n.
Tommaso da Leonessa (Le P.), 380, 395.

Tonkin (Le), lxvi.
Tornberg (C.-J.), cxiv.
Toulon, 351.
Toulouse, ci, cii.
Touran Châh, lxi, lxii.
Touster, 11 n.
Transoxiane (La), 165 n.
Trava, voy. Tabès.
Trébizonde, 275.
Tripoli de Syrie, ci.
Tripoli (Théodose de), 164 n.
Turchis (ville), 5 n.
Turcomans (Les), 266 n., 268, 272 n., 273, 274, 276 n.
Turcs (Les), ii n., iii, v, vi, viii, ix, x n., xiii, xiv, xix, xx, xxi, xxiii, xxxvii, xxxix, xlvi n., lx, lxiv, lxvi, 2 n., 6 n., 9 n., 10 n., 52, 59, 60, 65, 261 n., 262 n., 263, 264, 268, 274, 275, 280, 301, 333, 345, 361, 367, 377, 379.
Turkmen tchay, 270 n.
Turquie (La), 2, 6 n., 9, 80, 83, 180, 181, 187, 190 n., 192, 267, 275.
Tzenid (Djouneid), 261 n.
Tzurtzan (ville), 5 n.

U

Upsal (Bibliothèque d'), cxiii.
Urbain VIII, pape, lxiv.
Usbeks (Les), iii, x n., xxxvii, 1, 2, 4, 138, 307, 339, 367.

Utch Kilissi (Outche Ecclesia), 81.
Uzum Cassan, voy. Ouzoun Hassan.

V

Valentin d'Angers (Le P.), cviii.
Van (Lac de), 344, 347.
Vangonce (Le Sr), 319.
Vardelan (ville), 9 n.
Vassit (Pays de), 11 n.
Venise, viii, xlii, 12, 29, 33, 181, 195, 197, 263, 274, 276.
Vénitiens (Les) en Syrie, 276 n.
— en Perse, ii, iii, 263 n., 266.
Veramin (Château de), 273 n.
Verceil, 275.
Verdeen (van), 1 n.
Vienne, lx.
Vincennes, xlix.
Vincent (Le P.), lxxiii.

W

Walton (B.), xcix, civ.
Warner (Levinus), xcviii, xcix.
Weber (Le P.), xci.
Wedal (Le capitaine), xxviii, 7 n.
Wellock, xcviii.
Wicquefort (Abraham de), xlv n., 3 n.
Wilson (T.), xxvii n.
Wiston, iv, xix.
Woodcock (Le capitaine), xxviii, xxxv, 7 n.

Y

Yahia ibn Abdoul Lethif Qazbiny, xcv n.
Yahia ibn Khalid le Barmécide, 164 n.
Yahia ibn Mohammed el Ifriqy, 164 n.
Yaqoub Bek, 262 n., 263 n., 265 n., 268, 269.
Yaqout, 10 n., 11 n.
Yezd, 12, 33, 42, 187, 189, 195, 229.
Yézid, fils de Moawièh, 53, 54, 56, 57, 59, 83 n.
Yves (Le P.), capucin, cvii.

Z

Zaboulistan, 10 n.
Zampi (Le P. Dom Joseph Marie), lxxxii.
Zarèndj (ville), 5 n., 10 n.
Zehir Eddin Marachy, 4 n.
Zeïn el Abidin Chirwany, 3 n., 5 n., 9 n.
Zen (Pietro), consul de Venise à Damas, 276 n.
Zeno (Caterino), ii n., iii n.
Zenon (Le P.), l, lxxii.
Zinet oul-Medjalis, 10 n.
Zoul Qadr (Dynastie des), 276 n.
Zulphacar (sabre d'Aly), 52.

TABLE DES MATIÈRES

	Pages
Introduction.	1
Estat de la Perse en l'an 1660.	1
Appendice.	259
Hystoire moderne du prince Syach Ysmail, surnommé Sophy Ardvelin.	259
Dépêches de Pietro Duodo, ambassadeur de la Seigneurie de Venise près la cour d'Allemagne, relatives à la mission de Sir Anthony Shirley et de Hussein Aly Bek.	277
Commandements, lettres et documents divers.	284
Mémoire et relation d'un voyageur qui a esté en Perse et en Arménie.	342
Recommandation au Roy de Perse, pour le sieur Comte de Siry et les missionnaires Jésuites qui sont en Perse et qui vont en Chine.	353
Commerce de Perse.	354
Commerce de Perse. Mémoire du député de Marseille (1690).	361
Relation du voyage de l'archevesque d'Ancyre, envoyé légat du Pape et ambassadeur extraordinaire de Sa Majesté Impériale vers le Grand Sophy de Perse	373
Relazione dell'Ambasciata fatta al Re di Persia dal Padre Felice-Maria da Sellano.	376
Index des mots persans, arabes et turcs	399
Index alphabétique	441
Table des matières	465

ANGERS, IMP. ORIENTALE DE A. BURDIN ET Cie, RUE GARNIER, 4.

www.ingramcontent.com/pod-product-compliance
Lightning Source LLC
Chambersburg PA
CBHW070359230426
43665CB00012B/1177